Voigt
IT-Sicherheitsrecht

D1722697

IT-Sicherheits-recht

*Pflichten und Haftung
im Unternehmen*

von

Paul Voigt

Lic. en Derecho, Rechtsanwalt in Berlin

2018

ottoschmidt

Zitierempfehlung:
Voigt, IT-Sicherheitsrecht, Rz. …

Bibliografische Information
der Deutschen Nationalbibliothek

Die Deutsche Nationalbibliothek verzeichnet diese
Publikation in der Deutschen Nationalbibliografie;
detaillierte bibliografische Daten sind im Internet
über http://dnb.d-nb.de abrufbar.

Verlag Dr. Otto Schmidt KG
Gustav-Heinemann-Ufer 58, 50968 Köln
Tel. 02 21/9 37 38-01, Fax 02 21/9 37 38-943
info@otto-schmidt.de
www.otto-schmidt.de

ISBN 978-3-504-56107-9

©2018 by Verlag Dr. Otto Schmidt KG, Köln

Das verwendete Papier ist aus chlorfrei gebleichten
Rohstoffen hergestellt, holz- und säurefrei, alterungs-
beständig und umweltfreundlich.

Einbandgestaltung: Lichtenford, Mettmann
Satz: WMTP, Birkenau
Druck und Verarbeitung: Stückle, Ettenheim
Printed in Germany

Vorwort

Die Sicherheit der unternehmenseigenen IT vor internen wie externen Bedrohungen ist für Unternehmen von hoher Bedeutung. Nahezu alle Unternehmensbereiche sind heute mehr oder weniger stark von einer funktionierenden IT abhängig, sei es zu Kommunikations-, Produktions- oder Datenverarbeitungszwecken. Die technische Sicherheit dieser Systeme wird deshalb auch von Seiten des Gesetzgebers zunehmend eingefordert. Eine steigende Regulierung ist dabei auf nationaler wie europäischer Ebene zu beobachten. In Deutschland wurden mit dem IT-Sicherheitsgesetz sowie dem NIS-Richtlinien-Umsetzungsgesetz unlängst die IT-Sicherheitspflichten für Unternehmen verschiedener Branchen konsolidiert und verstärkt. Die Einhaltung der gesetzlichen IT-Sicherheitspflichten sollte für Unternehmen eine hohe Priorität einnehmen, um allgemeine Haftungsrisiken sowie Bußgelder für die Verletzung spezialgesetzlicher IT-Sicherheitspflichten zu vermeiden.

Bisher lag ein umfassendes Praxisbuch für Unternehmen zum „Recht der IT-Sicherheit" nicht vor. Mit diesem Werk soll ebenjene Lücke geschlossen werden. Das Werk liefert Unternehmen praxisorientierte und verständliche Hinweise zu den anwendbaren IT-Sicherheitspflichten, Möglichkeiten zu deren Erfüllung sowie zu drohenden Haftungsrisiken bei Sicherheitsdefiziten. Dabei wird auch umfassend die künftige Rechtslage berücksichtigt, die sich aus dem Inkrafttreten des NIS-Richtlinien-Umsetzungsgesetzes ergibt. Grundlagen und Probleme aus dem IT-Sicherheitsrecht werden mit Hilfe von Beispielen, Praxishinweisen und Zusammenfassungen veranschaulicht. Darüber hinaus ist dem Handbuch eine Checkliste vorangestellt, die die wichtigsten IT-Sicherheitspflichten für Unternehmen in Kurzform darlegt. Im Anhang des Handbuchs wurden die wichtigsten Vorschriften zur IT-Sicherheit zusammengestellt.

Für die umfassende Unterstützung bei diesem Projekt möchte ich mich bei Herrn Ulrich Gasper, LL.M. (Edinburgh) sowie Frau Sonja Behrens-Khaled vom Verlag Dr. Otto Schmidt bedanken. Ein besonderer Dank gilt auch meinen wissenschaftlichen Mitarbeitern Rita Danz und Florian Rinnert sowie Timm Düwel und Maximilian Vonthien, LL.M. (Columbia) für die wertvolle Unterstützung beim Erstellen des Buchs.

Stets dankbar bin ich für Hinweise, Anregungen und Kritik zu diesem Buch, die Sie gerne per E-Mail an *p.voigt@taylorwessing.com* richten können.

Berlin, im Januar 2018   Paul Voigt

Inhaltsverzeichnis

Seite

Anhang: Wichtigste Vorschriften zur IT-Sicherheit

Literaturverzeichnis

Altenburg, Johannes, Unternehmerische (Fehl-)Entscheidungen als Untreue?: Eine gefährliche (Fehl-)Entwicklung!, BB 2015, 323-328

Ann, Christoph, EU-Richtlinie zum Schutz vertraulichen Know-hows – Wann kommt das neue deutsche Recht, wie sieht es aus, was ist noch offen?, GRUR-Prax 2016, 465-467

Arbeitskreis Externe und Interne Überwachung, Aktuelle Herausforderungen im Risikomanagement - Innovationen und Leitlinien, DB 2010, 1245-1252

Auer-Reinsdorff, Astrid/Conrad, Isabell (Hrsg.), Handbuch IT- und Datenschutzrecht, 2. Aufl. 2016

Bamberger, Georg/Roth, Herbert/Hau, Wolfgang/Poseck, Roman (Hrsg.), BeckOK BGB, 43. Edition, Stand: 15.6.2017

Barton, Dirk M., Der Compliance-Officer im Minenfeld des Strafrechts – Folgewirkungen des Urteils des BGH vom 17.7.2009 – 5 StR 394/08 – auch für den Datenschutzbeauftragten?, RdV 2010, 19-27

Baumbach, Adolf/Hopt, Klaus J. (Hrsg.), HGB, 37. Aufl. 2016

Baumbach, Adolf/Hueck, Alfred (Hrsg.), GmbH-Gesetz, 21. Aufl. 2017

Berg, Kai, Korruption in Unternehmen und Risikomanagement nach § 91 Abs. 2 AktG, AG 2007, 271-278

Bergt, Matthias, Die Bedeutung von Verhaltensregeln und Zertifizierungen nach der Datenschutz-Grundverordnung, DSRITB 2016, 483-500

Beucher, Klaus/Utzerath, Julia, Cybersicherheit – Nationale und internationale Regulierungsinitiativen – Folgen für die IT-Compliance und die Haftungsmaßstäbe, MMR 2013, 362-367

Bicker, Eike, Compliance – organisatorische Umsetzung im Konzern, AG 2012, 542-552

Binder, Jens-Hinrich, Geschäftsleiterhaftung und fachkundiger Rat, AG 2008, 274-287

Blasche, Sebastian, Die Mindestanforderungen an ein Risikofrüherkennungs- und Überwachungssystem nach § 91 Abs. 2 AktG, CCZ 2009, 62-67

Boos, Karl-Heinz/Fischer, Reinfrid/Schulte-Mattler, Hermann (Hrsg.), KWG, CRR-VO, 5. Aufl. 2016

Böttcher, Lars, Bankvorstandshaftung im Rahmen der Sub-Prime Krise, NZG 2009, 1047-1052

Brammsen, Jörg, „Durchlöcherter" Bestandsschutz – Wirtschaftsgeheimnisse im 21. Jahrhundert, ZIP 2016, 2193-2201

Bräutigam, Peter/Klindt, Thomas, Industrie 4.0, das Internet der Dinge und das Recht, NJW 2015, 1137-1142

Brink, Stefan, Empfehlungen zur IuK-Nutzung am Arbeitsplatz, Rechtsgrundlagen und Regelungsmöglichkeiten bei betrieblicher und privater Nutzung, ZD 2015, 295-300

Brühl, Friederike Gräfin von/Brandenburg, Anne, Cyberbedrohungen: Rechtliche Rahmenbedingungen und praktische Lösungen, ITRB 2013, 260-263

Bürkle, Jürgen, Corporate Compliance als Standard guter Unternehmensführung des Deutschen Corporate Governance Kodex, BB 2007, 1797-1801

Busekist, Konstantin von/Hein, Oliver, Der IDW PS 980 und die allgemeinen rechtlichen Mindestanforderungen an ein wirksames Compliance Management System (1) – Grundlagen, Kultur und Ziele, CCZ 2012, 41-48

Busekist, Konstantin von/Hein, Oliver, Der IDW PS 980 und die allgemeinen rechtlichen Mindestanforderungen an ein wirksames Compliance Management System (2) – Risikoermittlungspflicht, CCZ 2012, 86-95

Bussche, Axel Frhr. von dem/Voigt, Paul (Hrsg.), Konzerndatenschutz Rechtshandbuch, 1. Aufl. 2014, 2. Aufl. im Erscheinen

Byok, Jan, Informationssicherheit von Kritischen Infrastrukturen im Wettbewerbs- und Vergaberecht, BB 2017, 451-455

Calliess, Christian/Ruffert, Matthias (Hrsg.), EUV/AEUV, Das Verfassungsrecht der Europäischen Union mit Europäischer Grundrechtecharta, 5. Aufl. 2016

Djeffal, Christian, Neue Sicherungspflicht für Telemediendiensteanbieter, Webseitensicherheit jetzt Pflicht nach dem IT-Sicherheitsgesetz, MMR 2015, 716-721

Dorschel, Joachim, IT-Sicherheit und Datenschutz in der Vertragsgestaltung, DSRITB 2010, 651-664

Ebenroth, Carsten Thomas/Boujong, Karlheinz/Joost, Detlev/Strohn, Lutz (Hrsg.), Handelsgesetzbuch, 3. Aufl. 2014

Fleischer, Holger, Corporate Compliance im aktienrechtlichen Unternehmensverbund, CCZ 2008, 1-6

Fleischer, Holger, Aktuelle Entwicklungen der Managerhaftung, NJW 2009, 2337-2343

Fleischer, Holger/Goette, Wulf (Hrsg.), Münchener Kommentar zum GmbHG, Band 2, 2. Aufl. 2016 (zit.: *Bearbeiter* in MünchKomm/GmbHG)

Forgó, Nikolaus/Helfrich, Marcus/Schneider, Jochen (Hrsg.), Betrieblicher Datenschutz, Rechtshandbuch, 2. Aufl. 2017

Gausling, Tina/Baumgartner, Ulrich, Datenschutz durch Technikgestaltung und datenschutzfreundliche Voreinstellungen – Was Unternehmen jetzt nach der DS-GVO beachten müssen, ZD 2017, 308-313

Gehrmann, Mareike/Klett, Detlef, IT-Sicherheit in Unternehmen - Weiterhin viel Unsicherheit bei der Umsetzung des IT-Sicherheitsgesetzes, K&R 2017, 372-378

Gehrmann, Mareike/Voigt, Paul, IT-Sicherheit – Kein Thema nur für Betreiber Kritischer Infrastrukturen, CR 2017, 93-99

Geppert, Martin/Schütz, Raimund (Hrsg.), Beck'scher TKG-Kommentar, 4. Aufl. 2013

Gerlach, Carsten, Sicherheitsanforderungen für Telemediendienste – der neue § 13 Abs. 7 TMG, CR 2015, 581-589

Gersdorf, Hubertus/Paal, Boris P. (Hrsg.), BeckOK Informations- und Medienrecht, 17. Edition, Stand: 1.8.2017

Giebel, Christoph/Malten, Marc, Schadensersatz bei Ausfällen von TK-Netzen, Haftung des Diensteanbieters gegenüber Unternehmenskunden, MMR 2014, 302-307

Gierschmann, Sibylle, Was „bringt" deutschen Unternehmen die GS-DVO? Mehr Pflichten, aber die Rechtsunsicherheit bleibt, ZD 2016, 51-55

Goette, Wolfgang/Habersack, Mathias (Hrsg.), Münchener Kommentar zum Aktiengesetz, Band 2, 4. Aufl. 2014 (zit.: *Bearbeiter* in MünchKomm/AktG)

Gola, Peter/Schomerus, Rudolf (Hrsg.), BDSG, 12. Aufl. 2015

Graf, Jürgen-Peter (Hrsg.), BeckOK OWiG, 16. Edition, Stand: 15.7.2017

Graf, Jürgen-Peter (Hrsg.), BeckOK StPO mit RiStBV und MiStra, 27. Edition, Stand: 1.1.2017

Groß, Wolfgang, Kapitalmarktrecht, 6. Aufl. 2016

Grunewald, Barbara, Gesellschaftsrecht, 8. Aufl. 2011

Grünwald, Andreas/Nüßing, Christoph, Machine To Machine (M2M) – Kommunikation, Regulatorische Fragen bei der Kommunikation im Internet der Dinge, MMR 2015, 378-383

Grützmacher, Malte, Dateneigentum – ein Flickenteppich, CR 2016, 485-495

Grützner, Thomas/Jakob, Alexander (Hrsg.), Compliance von A-Z, 2. Aufl. 2015

Harte-Bavendamm, Henning,/Henning-Bodewig, Frauke (Hrsg.), Gesetz gegen den unlauteren Wettbewerb (UWG), 4. Aufl. 2016

Härting, Niko, Internetrecht, 6. Auflage 2017

Häublein, Martin/Hoffmann-Theinert, Roland (Hrsg.), BeckOK HGB, 17. Edition, Stand: 1.7.2017

Hauschka, Christoph E./Moosmayer, Klaus/Lösler, Thomas (Hrsg.), Corporate Compliance, Handbuch der Haftungsvermeidung im Unternehmen, 3. Aufl. 2016

Heckmann, Dirk, Rechtspflichten zur Gewährleistung von IT-Sicherheit im Unternehmen – Maßstäbe für ein IT-Sicherheitsrecht, MMR 2006, 280-285

Heckmann, Dirk, IT-Sicherheit auf Raten?, MMR 2015, 289-290

Heidinger, Andreas/Leible, Stefan/Schmidt, Jessica (Hrsg.), Kommentar zum Gesetz betreffend die Gesellschaften mit beschränkter Haftung (GmbH-Gesetz), 3. Aufl. 2017

Hennrichs, Joachim/Kleindiek, Detlef/Watrin, Christoph (Hrsg.), Münchener Kommentar zum Bilanzrecht, Band 2, 1. Aufl. 2013 (zit.: *Bearbeiter* in: MüKo Bilanzrecht)

Hoeren, Thomas/Sieber, Ulrich/Holznagel Bernd (Hrsg.), Handbuch Multimedia-Recht, 44. Ergänzungslieferung, 2017

Hoffmann-Becking, Michael (Hrsg.), Münchner Handbuch des Gesellschaftsrechts, Band 4, 4. Aufl. 2015

Holleben, Kevin Max von/Menz, Monika, IT-Risikomanagement – Pflichten der Geschäftsleitung, CR 2010, 63-68

Hölters, Wolfgang (Hrsg.), Aktiengesetz, 2. Aufl. 2014

Hornung, Gerrit, Neue Pflichten für Betreiber kritischer Infrastrukturen: Das IT-Sicherheitsgesetz des Bundes, NJW 2015, 3334-3340

Hornung, Gerrit, Eine Datenschutz-Grundverordnung für Europa?, Licht und Schatten im Kommissionsentwurf vom 25.1.2012, ZD 2012, 99-106

Hüffer, Uwe/Koch, Jens, Aktiengesetz, 12. Aufl. 2016

Hütten, Christoph/Stromann, Hilke, Umsetzung des Sarbanes-Oxley Act in der Unternehmenspraxis, BB 2003, 2223-2227

Joecks, Wolfgang/Miebach, Klaus (Hrsg.), Münchener Kommentar zum StGB (zit.: *Bearbeiter* in MünchKomm/StGB)

Kahlert, Fabian, Neue Regelwerke für den Online-Zahlungsverkehr: Auswirkungen von MaSI und PSD II auf Verbraucher, Zahlungsdienstleister und die FinTech-Branche, DSRITB 2016, 579-590

Karg, Moritz, Anwendbares Datenschutzrecht bei Internet-Diensteanbietern – TMG und BDSG vs. Konzernstrukturen?, ZD 2013, 371-375

Keppeler, Lutz Martin, Was bleibt vom TMG-Datenschutz nach der DS-GVO? Lösung und Schaffung von Abgrenzungsproblemen im Multimedia-Datenschutz, MMR 2015, 779-783

Kiethe, Kurt, Vermeidung der Haftung von geschäftsführenden Organen durch Corporate Compliance, GmbHR 2007, 393-400

Kilian, Wolfang/Heussen, Benno/Taeger, Jürgen/Pohle, Jan (Hrsg.), Computerrechts-Handbuch, 33. Ergänzungslieferung, 2017

Kipker, Dennis-Kenji, Der BMI-Referentenentwurf zur Umsetzung der NIS-RL – Was dürfen Betreiber von Kritischen Infrastrukturen und Anbieter von digitalen Diensten erwarten?, MMR 2017, 143- 147

Kipker, Dennis-Kenji, Der 2. Korb der BSI-Kritisverordnung tritt in Kraft, MMR-Aktuell 2017, 393037

Klein, Franz/Orlopp, Gerd (Begr.), Abgabenordnung – einschließlich Steuerstrafrecht, 13. Aufl. 2016

Klindt, Thomas (Hrsg.) Produktsicherheitsgesetz ProdSG, 2. Aufl. 2015

Koch, Frank A., Updating von Sicherheitssoftware – Haftung und Beweislast, Eine Problemskizze zur Verkehrssicherungspflicht zum Einsatz von Antivirenprogrammen, CR 2009, 485-491

Koch, Jens, Compliance-Pflichten im Unternehmensverbund?, WM 2009, 1013-1020

Koch, Robert, Haftung für die Weiterverbreitung von Viren durch E-Mails, NJW 2004, 801-807

Koenig, Ulrich (Hrsg.), Abgabenordnung, 3. Aufl. 2014

Köhler, Markus, Der Schutz kritischer Infrastrukturen im Gesundheitswesen – gesetzliche Anforderungen an die IT-Sicherheit, GesR 2017, 145-149

Köhler, Helmut/Bornkamm, Joachim/Feddersen, Jörn, Gesetz gegen den unlauteren Wettbewerb, 35. Aufl. 2017

Koreng, Ansgar/Lachenmann, Matthias (Hrsg.), Formularhandbuch Datenschutzrecht, 2. Aufl. im Erscheinen

Kort, Michael, Verhaltensstandardisierung durch Corporate Compliance, NZG 2008, 81-86

Kort, Michael, Was ändert sich für Datenschutzbeauftragte, Aufsichtsbehörden und Betriebsrat mit der DS-GVO? Die zukünftige Rolle der Institutionen rund um den Beschäftigtendatenschutz, ZD 2017, 3-7

Krupna, Karsten, IT-Compliance - Informationspflichten nach dem Bundesdatenschutzgesetz bei Hackerangriffen, BB 2014, 2250-2254

Kühling, Jürgen/Buchner, Benedikt (Hrsg.), Datenschutz-Grundverordnung, 2017

Laars, Reinhard/Both, David, NomosBundesrecht Erläuterungen, Versicherungsaufsichtsgesetz, 4. Online-Aufl. 2017

Laue, Philip/Nink, Judith/Kremer, Sascha, Das neue Datenschutzrecht in der betrieblichen Praxis, 2016 (zit.: *Laue/Nink/Kremer*, Datenschutzrecht)

Leisterer, Hannfried/Schneider, Florian, Staatliches Informationshandeln im Bereich der IT-Sicherheit, K&R 2015, 681-688

Lensdorf, Lars, IT-Compliance - Maßnahmen zur Reduzierung von Haftungsrisiken von IT-Verantwortlichen, CR 2007, 413-418

Lensdorf, Lars/Steger, Udo, IT-Compliance im Unternehmen, ITRB 2006, 206-210

Libertus, Michael, Zivilrechtliche Haftung und strafrechtliche Verantwortlichkeit bei unbeabsichtigter Verbreitung von Computerviren, MMR 2005, 507-512

Lösler, Thomas, Das moderne Verständnis von Compliance im Finanzmarktrecht, NZG 2005, 104-108

Lurz, Hanna/Scheben, Barbara/Dolle, Wilhelm, Das IT-Sicherheitsgesetz: Herausforderungen und Chancen für Unternehmen – vor allem für KMU, BB 2015, 2755-2762

Marly, Jochen, Praxishandbuch Softwarerecht, 6. Aufl. 2014

Mehrbrey, Kim Lars/Schreibauer, Marcus, Haftungsverhältnisse bei Cyber-Angriffen, Ansprüche und Haftungsrisiken von Unternehmen und Organen, MMR 2016, 75-82

Müller-Broich, Jan D., Nomos-Kommentar TMG, 1. Aufl. 2012

Nacimiento, Grace/Bornhofen, Roland, Neuordnung des Kundenschutzes im Entwurf der TKV vom 30.4.2003, K&R 2003, 440-448

Nolte, Norbert/Becker, Thomas, IT-Compliance, BB Beilage 2008, Nr. 5, 23-27

Ohly, Ansgar/Sosnitza, Olaf, Gesetz gegen den unlauteren Wettbewerb mit Preisangabenverordnung, 7. Aufl. 2016

Paal, Boris P./Pauly, Daniel A. (Hrsg.), Datenschutz-Grundverordnung, 2017

Palandt, Otto (Begr.), Bürgerliches Gesetzbuch mit Nebengesetzen, 77. Aufl. 2018

Plath, Kai-Uwe (Hrsg.), BDSG/DSGVO, 2. Aufl. 2016

Preußner, Joachim/Becker, Florian, Ausgestaltung von Risikomanagementsystemen durch die Geschäftsleitung – Zur Konkretisierung einer haftungsrelevanten Organisationspflicht, NZG 2002, 846-851

Raue, Benjamin, Haftung für unsichere Software, NJW 2017, 1841-1846

Rechenberg, Wolf-Georg von/Ludwig, Rüdiger, Kölner Handbuch Handels- und Gesellschaftsrecht, 4. Aufl. 2017

Redeke, Julian, Zur gerichtlichen Kontrolle der Angemessenheit der Informationsgrundlage im Rahmen der Business Judgment Rule nach § 93 Abs. 1 Satz 2 AktG, ZIP 2011, 59-64

Reiners, Wilfried, Datenschutz in der Personal Data Economy – Eine Chance für Europa, ZD 2015, 51-55

Richardi, Reinhard (Hrsg.), Betriebsverfassungsgesetz mit Wahlordnung, 15. Aufl. 2016

Rockstroh, Sebastian/Kunkel, Hanno, IT-Sicherheit in Produktionsumgebungen – Verantwortlichkeit von Herstellern für Schwachstellen in ihren Industriekomponenten, MMR 2017, 77-82

Rodewald, Jörg/Unger, Ulrike, Corporate Compliance – Organisatorische Vorkehrungen zur Vermeidung von Haftungsfällen der Geschäftsleitung, BB 2006, 113-117

Rolfs, Christian/Giesen, Richard/Kreikebohm, Ralf/Udsching, Peter (Hrsg.), BeckOK Arbeitsrecht, 44. Edition, Stand: 1.6.2017

Roos, Philipp, Das IT-Sicherheitsgesetz – Wegbereiter oder Tropfen auf den heißen Stein?, MMR 2015, 636-645

Roos, Philipp/Schumacher, Philipp, Botnetze als Herausforderung für Recht und Gesellschaft – Zombies außer Kontrolle?, MMR 2014, 377-383

Rosenthal, Simone/Trautwein, Frank, NIS-Richtlinie und IT-Sicherheitsgesetz in 2017, PinG 2017, 148-150

Roßnagel, Alexander, Das neue Datenschutzrecht, 2017 (zit.: *Roßnagel*, DSGVO)

Roth, Birgit/Schneider, Uwe K., IT-Sicherheit und Haftung, ITRB 2005, 19-22

Säcker, Franz Jürgen/Rixecker, Roland/Oetker, Hartmut/Limperg, Bettina (Hrsg.), Münchener Kommentar zum Bürgerlichen Gesetzbuch (zit.: *Bearbeiter* in MünchKomm/BGB)

Schallbruch, Martin, Die EU-Richtlinie über Netz- und Informationssicherheit: Anforderungen an digitale Dienste – Wie groß ist der Umsetzungsbedarf der NIS-Richtlinie in deutsches Recht im Bereich digitaler Dienste?, CR 2016, 663-670

Schantz, Peter, Die Datenschutz-Grundverordnung - Beginn einer neuen Zeitrechnung im Datenschutzrecht, NJW 2016, 1841-1847

Scheurle, Klaus-Dieter/Mayen, Thomas (Hrsg.), Telekommunikationsgesetz: TKG, 2. Aufl. 2008

Schneider, Florian, Meldepflichten im IT-Sicherheitsrecht – Datenschutz, Kritische Infrastrukturen und besondere IT-Dienste, 2017

Schneider, Jochen, Datenschutz nach der Datenschutzgrundverordnung, 2017

Schneider, Jochen (Hrsg.), Handbuch EDV-Recht, 5. Aufl. 2017

Schneider, Sven H./Schneider, Uwe H., Vorstandshaftung im Konzern, AG 2005, 57-66

Schneider, Uwe H., Compliance im Konzern, NZG 2009, 1321-1326

Schneider, Uwe H./Schneider, Sven H., Konzern-Compliance als Aufgabe der Konzernleitung, ZIP 2007, 2061-2065

Schultze-Melling, Jyn, IT-Sicherheit in der anwaltlichen Beratung, CR 2005, 73-80

Schulze, Reiner (Hrsg.), Bürgerliches Gesetzbuch Handkommentar, 9. Aufl. 2017

Schwark, Eberhard/Zimmer, Daniel (Hrsg.), Kapitalmarktrechts-Kommentar, 4. Aufl. 2010

Senge, Lothar (Hrsg.), Karlsruher Kommentar zum Gesetz über Ordnungswidrigkeiten, 4. Aufl. 2014

Simitis, Spiros (Hrsg.), Bundesdatenschutzgesetz, 8. Aufl. 2014

Simon, Stefan/Merkelbach, Matthias, Organisationspflichten des Vorstands betreffend das Compliance-System – Der Neubürger-Fall, Kommentar zu LG München I v. 10.12.2013 – 5HK O 1387/10, AG 2014, 318-321

Spickhoff, Andreas (Hrsg.), Medizinrecht, 2. Aufl. 2014

Spies, Axel, Bruch der Datensicherheit: ein Albtraum, ZD 2015, 293-294

Spindler, Gerald, IT-Sicherheitsgesetz und zivilrechtliche Haftung – Auswirkungen des IT-Sicherheitsgesetzes im Zusammenspiel mit der endgültigen EU-NIS-Richtlinie auf die zivilrechtliche Haftung, CR 2016, 297-312

Spindler, Gerald, IT-Sicherheit und Produkthaftung – Sicherheitslücken, Pflichten der Hersteller und der Softwarenutzer, NJW 2004, 3145-3150

Spindler, Gerald, Compliance in der multinationalen Bankengruppe, WM 2008, 905-918

Spindler, Gerald/Schuster, Fabian (Hrsg.), Recht der elektronischen Medien, 3. Aufl. 2015

Spindler, Gerald/Stilz, Eberhard (Hrsg.), Kommentar zum Aktiengesetz, 3. Aufl. 2015

Sydow, Gernot (Hrsg.), Europäische Datenschutzgrundverordnung, 2017

Taeger, Juergen/Gabel, Detlev (Hrsg.), BDSG, 2. Aufl. 2013

Terhaag, Michael, IT-Sicherheitsgesetz – Auswirkungen, Entwicklung und Materialien für die Praxis, 2015

Voigt, Paul, Dauerbrenner IT-Sicherheit – Nun macht Brüssel Druck, MMR 2016, 429-430

Voigt, Paul/Bussche, Axel Frhr. von dem, EU-Datenschutz-Grundverordnung (DSGVO) Praktikerhandbuch, 1. Auflage (im Erscheinen)

Voigt, Paul/Gehrmann, Mareike, Die europäische NIS-Richtlinie – Neue Vorgaben zur Netz- und IT-Sicherheit, ZD 2016, 355-358

Westphalen, Friedrich Graf von/Thüsing, Gregor (Hrsg.), Vertragsrecht und AGB-Klauselwerke, 39. Ergänzungslieferung, 2017

Wicker, Magda, Haftet der Cloud-Anbieter für Schäden beim Cloud-Nutzer? – Relevante Haftungsfragen in der Cloud, MMR 2014, 715-718

Wilhelmi, Rüdiger, Beschränkung der Organhaftung und innerbetrieblicher Schadensausgleich, NZG 2017, 681-690

Wilsing, Hans-Ulrich/Ogorek, Markus, Kündigung des Geschäftsführer-Anstellungsvertrags wegen unterlassener Konzernkontrolle, NZG 2010, 216-217

Wolff, Heinrich Amadeus/Brink, Stefan (Hrsg.), BeckOK Datenschutzrecht, 21. Edition, Stand: 1.8.2017

Wybitul, Tim, E-Mail-Auswertung in der betrieblichen Praxis – Handlungsempfehlungen für Unternehmen, NJW 2014, 3605-3611

Wybitul, Tim, DS-GVO veröffentlicht – Was sind die neuen Anforderungen an die Unternehmen?, ZD 2016, 253-254

Wybitul, Tim/Draf, Oliver, Projektplanung und Umsetzung der EU-Datenschutz-Grundverordnung im Unternehmen, BB 2016, 2101-2107

Ziemons, Hildegard/Jaeger, Carsten (Hrsg.), BeckOK GmbHG, 32. Edition, Stand: 1.8.2017

Zöllner, Wolfgang/Noack, Ulrich (Hrsg.), Kölner Kommentar zum Aktiengesetz, Band 2/I, 3. Aufl. 2009 (zit.: *Bearbeiter* in KölnKomm/AktG)

Einleitung

I. Einführung

Informationstechnologie ist aus dem Unternehmensalltag nicht mehr wegzudenken und **dominiert alle Unternehmensbereiche** – von der Kommunikation bis hin zur Produktherstellung oder Buchhaltung. IT-Systeme ermöglichen aber nicht nur eine effizientere Organisation und Geschäftsabwicklung, sondern eröffnen gleichzeitig ein hohes Risikopotential. So ist die IT-Infrastruktur eines Unternehmens nicht nur Bedrohungen von außen, z.B. durch Viren oder gezielte Cyber-Angriffe ausgesetzt, sondern auch solchen von innen durch die Mitarbeiter des Unternehmens, z.B. durch Fehler im Umgang mit der Technik oder gar durch eine Mitnahme vertraulicher Dateien aus dem Unternehmen.[1] Mit der zunehmenden Vernetzung von Gegenständen steigt auch im Machine-to-Machine-Bereich das Risikopotential. Schon heute kommen in Unternehmen viele Geräte zum Einsatz, die über Schnittstellen an das Internet oder Firmennetzwerk angeschlossen sind und automatisch kommunizieren. Diese übernehmen Bereiche, welche in der Vergangenheit weitestgehend der menschlichen Kommunikation vorbehalten waren.[2] Die **Sicherheit der eigenen IT-Systeme** bildet aus diesen Gründen ein **zentrales Thema** für Unternehmen.   1

IT-Sicherheit beschreibt den **Zustand der Sicherheit** vor Gefahren oder Schäden aller Art im Hinblick auf die IT-Infrastruktur.[3] Zur Umsetzung kommen verschiedene technische, organisatorische oder rechtliche Maßnahmen in Betracht. Dabei besteht nicht nur ein praktisches Bedürfnis nach IT-Sicherheit: ein möglichst hohes Sicherheitsniveau liegt im **Eigeninteresse des Unternehmens**, um die eigenen Geschäftsabläufe und Betriebsgeheimnisse zu schützen. Unternehmen, gleich welcher Branche, trifft überdies eine diesbezügliche Rechtspflicht. Der Umfang dieser Pflicht ist jedoch schwer zu erfassen. Ein **„Recht der IT-Sicherheit"** im eigentlichen Sinn gibt es nicht.[4] IT-Sicherheitspflichten ergeben sich aus Gesetzen diverser Rechtsgebiete. Dabei handelt es sich teilweise um branchenspezifische oder auf bestimmte Technologien bezogene Normen, so dass sich ein genereller Sicherheitsstandard nicht ohne weiteres identifizieren lässt.   2

Der Gesetzgeber hat die Bedeutung hinreichender Sicherheitsstandards erkannt und wird auf diesem Gebiet zunehmend tätig. Besonders die **Rechtsetzung durch die Europäische Union** spielt dabei eine wichtige Rolle. Teils durch neue Gesetze geschaffene **Haftungsansprüche** nehmen Unternehmen immer stärker in die Pflicht – ein Ende dieser gegenwärtigen Rechtsentwicklung ist nicht absehbar.[5] So veröffentlichte die **Europäische Kommission** gemeinsam mit dem Hohen Vertreter der EU für Außen- und Sicherheitspolitik im September 2017 eine Mitteilung bzgl. der nächsten Schritte zur **Stärkung der Maßnahmen gegen Cyber-Angriffe**.[6] Neben einer beabsichtigten Reform zur Stärkung der Europäischen Agentur für Netz- und Informationssicherheit (ENISA) und der Unterstützung der Mitgliedstaaten bei der vollstän-   3

---

1 *Conrad/Huppertz* in Auer-Reinsdorff/Conrad, IT- und Datenschutzrecht, § 33 Rz. 1.
2 *Grünwald/Nüßing*, MMR 2015, 378, 378.
3 *Roth/Schneider*, ITRB 2005, 19, 19; *Conrad/Huppertz* in Auer-Reinsdorff/Conrad, IT- und Datenschutzrecht, § 33 Rz. 8.
4 *Conrad/Huppertz* in Auer-Reinsdorff/Conrad, IT- und Datenschutzrecht, § 33 Rz. 9.
5 *Conrad/Huppertz* in Auer-Reinsdorff/Conrad, IT- und Datenschutzrecht, § 33 Rz. 3, 7.
6 Europäische Kommission, Joint Communication JOIN(2017) 450 final, abrufbar in englischer Sprache unter: http://eur-lex.europa.eu/legal-content/de/TXT/?uri=CELEX:52017JC0450, zuletzt aufgerufen am 12.1.2018.

gen und effektiven Umsetzung der NIS-Richtlinie (s. Rz. 342 ff.) möchte die EU auch Unternehmen mit präventiven Hilfestellungen zur proaktiven Umsetzung und Aufrechterhaltung von IT-Sicherheit anhalten.[1] IT-Sicherheit bildet damit aus wirtschaftlicher wie rechtlicher Sicht ein zentrales Thema für Unternehmen.

II. Checkliste der wichtigsten IT-sicherheitsrechtlichen Pflichten

4 Dieses Handbuch schafft einen Überblick zum bestehenden Rechtsrahmen und legt das sich daraus ergebende **Pflichtenprogramm aus Unternehmenssicht** dar. Zu diesem Zweck umfasst dieses Werk als Abschluss der verschiedenen Kapitel kurze übersichtsartige Zusammenfassungen („Das Wesentliche in Kürze"). Die **wesentlichen IT-Sicherheitpflichten** lassen sich **im Rahmen einer „Checkliste" wie folgt systematisieren:**

5 ☐ Jedes Unternehmen treffen nach allgemeinen Rechtsvorschriften (überwiegend aus dem Handels- und Gesellschaftsrecht) **grundlegende IT-Sicherheitspflichten**, die insofern gewissermaßen den **branchen- und sektorübergreifenden „IT-Sicherheits-Mindeststandard"** bilden (s. Rz. 9 ff.). Die **Umsetzung** der IT-Sicherheit im Unternehmen fällt dabei **in den Verantwortungsbereich der Geschäftsleitung** (s. Rz. 32 ff.). Es bestehen folgende grundlegende IT-Sicherheitspflichten:

– Pflicht zur Einhaltung der anwendbaren IT-sicherheitsrechtlichen Vorschriften, die insbesondere branchen- oder sektorspezifischer Natur sein können, sog. **IT-Compliance** (s. Rz. 50 ff.);

– Pflicht zur Einrichtung eines Systems zur Früherkennung und Überwachung bestandsgefährdender IT-Sicherheitsrisiken (s. Rz. 40 ff.);

– Pflicht zur **Überwachung und Steuerung aller IT-Sicherheitsrisiken** (s. Rz. 50 ff.); zur praktischen Umsetzung empfiehlt sich in vielen Fällen die Einrichtung eines **IT-Risikomanagementsystems** (s. Rz. 149 ff.);

– eine EDV-gestützte **Buchführung** macht die **Einrichtung eines Internen Kontrollsystems** mit Steuerungs- und Überwachungselementen erforderlich, um eine ordnungsgemäße Buchführung zu gewährleisten (s. Rz. 61 ff.);

– zum präventiven **Schutz eigener Geschäftsgeheimnisse** müssen Unternehmen **IT-Sicherheitsvorkehrungen** treffen, da der wettbewerbsrechtliche Schutz letztlich nur repressiv nach Offenlegung der Geheimnisse wirkt (s. Rz. 115 ff.);

– die unternehmerischen IT-Sicherheitspflichten bilden bei Verträgen mit Dritten regelmäßig einen Bestandteil des vertraglichen Pflichtenprogramms (s. Rz. 87 ff.).

6 ☐ Nahezu alle Unternehmen verarbeiten auf irgendeine Weise personenbezogene Daten (z.B. von Mitarbeitern und Kunden), so dass **bei der Verarbeitung dieser Daten datenschutzrechtliche IT-Sicherheitsvorgaben** einzuhalten sind (s. Rz. 290 ff.):

– Das Ergreifen **technischer und organisatorischer Maßnahmen** zum Schutz der personenbezogenen Daten während ihrer Verarbeitung (s. Rz. 313 ff.);

---

1 Vgl. auch Hunton & Williams, https://www.huntonprivacyblog.com/2017/09/13/eu-publishes-measures-strengthen-eu-cybersecurity-structures-capabilities/, zuletzt aufgerufen am 12.1.2018.

- das **Umsetzen präventiver Datenschutzmaßnahmen** im Vorfeld der Verarbeitung, indem neue Produkte und Dienste möglichst datenschutzfreundlich eingestellt werden (Datenschutz durch Technikgestaltung und durch datenschutzfreundliche Voreinstellungen), (s. Rz. 321 ff.);

- die Benennung eines **Datenschutzbeauftragten** (s. Rz. 329 ff.);

- das Führen eines **Verzeichnisses der Datenverarbeitungtätigkeiten** zu Dokumentationszwecken (s. Rz. 326 f.);

- die **Durchführung einer Datenschutz-Folgenabschätzung** zur Ermittlung des Schutzbedarfs bei risikoreichen Verarbeitungsvorgängen (s. Rz. 328);

- kommt es zu **Datenschutzverletzungen**, werden regelmäßig **Meldepflichten** des Unternehmens ausgelöst (s. Rz. 332 ff.).

☐ Ergänzend dazu müssen Unternehmen **zur Erreichung einer IT-Compliance auf sie anwendbare branchen- und sektorspezifische IT-Sicherheitsvorgaben erfüllen.** Diese erfordern regelmäßig die Erreichung eines erhöhten IT-Sicherheitsstandards: 7

- Unternehmen, die als **Versorgungsdienstleister** in bestimmten Sektoren regelmäßig mehr als 500.000 Personen versorgen, unterfallen als KRITIS-Betreiber dem Pflichtenprogramm des BSIG (s. Rz. 352 ff.). Sie müssen:

  - angemessene technische und organisatorische Sicherheitsvorkehrungen zum Schutz der KRITIS-Anlagen treffen und dies regelmäßig nachweisen;

  - eine Kontaktstelle für das Bundesamt für Sicherheit in der Informationstechnik einrichten;

  - erhebliche Störungen der IT-Systeme an das Bundesamt melden.

- Anbieter von Online-Marktplätzen, Online-Suchmaschinen und Cloud-Computing-Diensten treffen als **„Anbieter digitaler Dienste"** mit den vorbeschriebenen Pflichten vergleichbare, eigene Pflichten aus dem BSIG (s. Rz. 386 ff.).

- **Telemediendiensteanbieter** müssen gem. § 13 Abs. 7 TMG technische und organisatorische Vorkehrungen treffen, um ihre Dienste gegen Datenschutzverletzungen, Störungen und unerlaubten Zugriff durch Dritte zu schützen (s. Rz. 409 ff.).

- Unternehmen, die ganz oder teilweise geschäftsmäßig **öffentlich zugängliche Telekommunikationsdienste** erbringen, müssen die im TKG vorgesehenen IT-Sicherheitspflichten erfüllen (s. Rz. 422 ff.):

  - Ergreifen technischer und organisatorischer Vorkehrungen zur Verhinderung erheblicher störungsbedingter Beeinträchtigungen der Dienste;

  - Benennung eines Telekommunikationssicherheitsbeauftragten;

  - Erstellung eines Sicherheitskonzepts;

  - Meldung von Beeinträchtigungen der Dienste und über Datenschutzverletzungen.

- Unternehmen, die **Gas-, Elektrizitäts-, Übertragungsnetze oder Energieanlagen betreiben**, müssen auf Grundlage des EnWG einen Katalog mit Sicherheitsanforderungen einhalten sowie erhebliche Störungen melden (s. Rz. 449 ff.).

– **Unternehmen, die Kernbrennstoffe aufbewahren oder verwenden**, unterliegen IT-Sicherheitspflichten auf Grundlage des AtG. Eine Genehmigung zur Verfolgung entsprechender Wirtschaftstätigkeiten erfordert den Nachweis angemessener IT-Sicherheitsvorkehrungen. Genehmigungsinhaber müssen IT-Störungen unverzüglich melden (s. Rz. 460 ff.).

– **Unternehmen, die zum Betrieb oder zur Nutzung der Telematikinfrastruktur** nach dem SGB V zugelassen werden möchten, müssen den Nachweis eines angemessenen IT-Sicherheitsstandards erbringen. Wurden sie zugelassen, müssen sie auftretende Störungen unverzüglich melden (s. Rz. 466 ff.).

– **Versicherungsdienstleister** sind zur Einführung eines allgemeinen Risikomanagementsystems auf Grundlage des VAG verpflichtet (s. Rz. 472 ff.).

– **Kredit- und Finanzdienstleistungsinstitute** müssen hohe IT-Sicherheitsvorkehrungen treffen. Dies umfasst (s. Rz. 478 ff.):

  – die Gewährleistung eines wirksamen Risikomanagements;

  – die Einführung eines angemessenen Notfallkonzepts für IT-Systeme;

  – das Vorhandensein einer angemessenen technisch-organisatorischen Ausstattung.

  – Hinzu kommen tätigkeitsbezogene IT-Sicherheitspflichten im Onlinezahlungsverkehr und bei der Erbringung von Wertpapierdienstleistungen.

8 ☐ Kommt es im Unternehmen zu **IT-Sicherheitsdefiziten, droht stets ein erhebliches Haftungsrisiko**, wobei die Haftungsverhältnisse alle für entsprechende Defizite verantwortlichen Akteure und betroffenen Personen umfassen. Eine entsprechende Darstellung der Haftungsgrundlagen erfolgt in Rz. 197 ff. Während die Haftung innerhalb des Unternehmens letztlich die Geschäftsleitung trifft, droht **bei Schäden Dritter durch IT-Sicherheitsdefizite überwiegend eine Inanspruchnahme des Unternehmens** selbst. Die Verletzung auf das Unternehmen anwendbarer spezialgesetzlicher IT-Sicherheitsvorgaben führt regelmäßig zur **Verwirklichung spezialgesetzlicher Ordnungswidrigkeiten** mit entsprechenden Haftungsfolgen.

A. IT-Sicherheit im Unternehmen

I. Vorbemerkung

Ein angemessener IT-Sicherheitsstandard ist für Unternehmen von **großer wirtschaftlicher** 9
Relevanz, sei es zur Verhinderung einer haftungsrechtlichen Inanspruchnahme oder zur Vermeidung von Absatzeinbußen. Software- und Hardware-Hersteller müssen die Sicherheit ihrer IT-Produkte gewährleisten. Dies erfordert einigen Aufwand. Die diesbezügliche Verantwortlichkeit, die aus einer Vielzahl an Rechtsgrundlagen hergeleitet wird, bspw. auf der Grundlage von Verträgen mit Dritten oder gar als wettbewerbsrechtliche Pflicht, liegt in unterschiedlich starkem Maße bei den verschiedenen **Organen** der Gesellschaft. Im Rahmen dieses Teils soll auf die **IT-sicherheitsrechtlichen Kernpflichten** im Unternehmen auf Grundlage allgemeiner gesellschaftsrechtlicher Vorschriften eingegangen werden.

II. Bedeutung für Unternehmen

Nur eine funktionierende IT ermöglicht einen reibungslosen Geschäftsablauf im Unterneh- 10
men. Viele Prozesse lassen sich heute ohne entsprechenden Technologieeinsatz nicht mehr oder nicht in effizienter Weise umsetzen, so dass eine sichere IT-Infrastruktur immer (auch) dem **Selbstschutz des Unternehmens** vor Geschäftsausfällen dient. Dieses Eigeninteresse tritt jedoch im Hinblick auf die zur Umsetzung erforderlichen finanziellen und zeitlichen Ressourcen häufig in den Hintergrund, was im schlimmsten Fall unternehmensbedrohlich werden kann. IT-Sicherheit sollte damit ein Kernthema für Unternehmen bilden.

IT-Sicherheit wird über **zwei verschiedene Instrumente** erreicht: die Einhaltung verschiede- 11
ner technischer und rechtlicher Standards, sog. **IT-Compliance**, und **präventive Maßnah-**
men zur Verhinderung von Risiken in Bezug auf die eingesetzte IT (s. Rz. 32 ff.).[1] Während die Einhaltung technischer und rechtlicher Standards Unternehmen von „außen", insbesondere durch den Gesetzgeber, auferlegt wird, müssen Präventionsmaßnahmen vom Unternehmen regelmäßig eigenständig ergriffen werden. Diese gewissermaßen **„innere" Pflicht**
zur IT-Sicherheit kann nur erfüllt werden, wenn Unternehmen IT als Risikofaktor begreifen[2] und mittels einer Risikoanalyse geeignete Maßnahmen zur Prävention von Bedrohungen ergreifen.

1. IT als Risikofaktor

Wie bereits in der Einleitung erwähnt, bedeutet IT-Sicherheit die **Sicherheit vor Gefahren** 12
oder Schäden im Hinblick auf die eingesetzte IT im Unternehmen. Unternehmen sind alltäglich verschiedenartigen Risiken ausgesetzt, die sich häufig auf die eine oder andere Weise auf den allgegenwärtigen Einsatz von IT zurückführen lassen.[3]

---

1 *Conrad/Huppertz* in Auer-Reinsdorff/Conrad, IT- und Datenschutzrecht, § 33 Rz. 8; *Schmidl* in Hauschka/Moosmayer/Lösler, Corporate Compliance, § 28 Rz. 36.
2 *Schmidl* in Hauschka/Moosmayer/Lösler, Corporate Compliance, § 28 Rz. 2.
3 *Schmidl* in Hauschka/Moosmayer/Lösler, Corporate Compliance, § 28 Rz. 1.

Beispiele für auf IT-Sicherheitslücken zurückzuführende Zwischenfälle:

– Systembedingter Ausfall von Betriebsstätten;

– Preisgabe vertraulicher Informationen an Dritte;

– Installation von Viren oder Trojanern;

– Malware im IT-System des Unternehmens.

13 IT-Sicherheit trägt entscheidend zur Gewährleistung praktisch aller Infrastrukturen und Prozesse im Unternehmen bei.[1] Maßnahmen zur Risikoprävention sind somit für einen reibungslosen Geschäftsablauf unerlässlich. Zur **Einschätzung der Bedrohungslage** müssen Unternehmen eine Risikoanalyse durchführen. Dabei sind sowohl interne als auch externe Risiken zu berücksichtigen.

a) Interne und externe Risiken

14 Viele Unternehmen unterschätzen **interne Bedrohungen** durch die eigenen Angestellten.[2] Dabei ist es keineswegs eine Seltenheit, dass Mitarbeiter, die ihren Arbeitsplatz verloren haben, vertrauliche Daten mitnehmen, sei es durch den Versand der Kundendatenbank des Unternehmens an das Postfach der privaten E-Mail-Adresse oder durch Mitnahme einer entsprechenden Kopie auf einem Datenträger.[3] Ein nachlässiger Umgang des Unternehmens mit Passwörtern oder anderweitigen Zugangsbarrieren erleichtert ein solches Vorgehen. Eine Abgrenzung interner und externer Risiken ist jedoch häufig nicht ohne weiteres möglich, da die Übergänge fließend sind.[4] Dies wird am Beispiel von Viren deutlich, die über Anhänge von E-Mails extern ins Unternehmen geschleust, jedoch erst intern von Mitarbeitern geöffnet und auf diese Weise aktiviert werden.[5] Entsprechende Gefahren werden ggf. durch die private Nutzung der Unternehmens-IT durch Angestellte begünstigt.

15 Trotz des unternehmensinternen Risikopotentials überwiegt die praktische Relevanz **externer Bedrohungen**. Das Internet wird immer häufiger von Dritten als Angriffsmittel auf Unternehmen genutzt.[6] Laut einer Studie der Bitkom aus dem Jahr 2016[7] waren in den zwei vorangegangenen Jahren 69 % der befragten Unternehmen von digitaler Wirtschaftsspionage, Sabotage und Datendiebstählen betroffen. Die Arten und Ziele dieser Angriffe sind vielfältig. So kommt es durch Malware oder Denial of Service-Attacken z.B. zu Beeinträchtigungen der Betriebsfähigkeit von Unternehmen, zu Erpressungen als Gegenleistung für die Einstellung von

---

1 *Spindler*, CR 2016, 297, 297.

2 *Conrad/Huppertz* in Auer-Reinsdorff/Conrad, IT- und Datenschutzrecht, § 33 Rz. 1.

3 *Ponemon Institute*, Data Loss Risks During Downsizing, 2009, abrufbar unter http://media.techtarget.com/Syndication/NATIONALS/Data_Loss_Risks_During_Downsizing_Feb_23_2009.pdf, zuletzt aufgerufen am 12.1.2018; *Conrad/Huppertz* in Auer-Reinsdorff/Conrad, IT- und Datenschutzrecht, § 33 Rz. 1.

4 *Schmidl* in Hauschka/Moosmayer/Lösler, Corporate Compliance, § 28 Rz. 17 f.

5 *Schmidl* in Hauschka/Moosmayer/Lösler, Corporate Compliance, § 28 Rz. 18.

6 *BMI*, Bericht zur Polizeilichen Kriminalstatistik 2016, S. 15, abrufbar unter: https://www.bka.de/DE/AktuelleInformationen/StatistikenLagebilder/PolizeilicheKriminalstatistik/PKS2016/pks2016_node.html, zuletzt aufgerufen am 12.1.2018; *Mehrbrey/Schreibauer*, MMR 2016, 75, 75.

7 *Bitkom*, Spionage, Sabotage und Datendiebstahl – Wirtschaftsschutz in der Industrie, abrufbar unter: https://www.bitkom.org/noindex/Publikationen/2016/Studien/Spionage-Sabotage-und-Datendiebstahl-Wirtschaftsschutz-in-der-Industrie/161110-Studie-Wirtschaftsschutz.pdf, zuletzt aufgerufen am 12.1.2018.

Cyber-Angriffen oder zum Ausspähen von Unternehmensdaten.[1] Aber auch bei der Auswahl und Kontrolle externer Anbieter (auch nicht technischer Leistungen, wie z.B. Reinigungsfirmen) sollten Unternehmen Sorgfalt walten lassen, da diese in Einzelfällen Zugang zu Teilen der IT-Infrastruktur und damit zu sicherheitsrelevanten Bereichen oder Informationen haben können.[2]

Vorfälle wie die globale Cyberattacke der WannaCry-Ransomware[3], die sich auf über 150 Länder erstreckte und weitreichende Folgen für private Haushalte und öffentliche Einrichtungen mit sich brachte, bis hin zu aktuellen Vorfällen wie dem tiefgreifenden Datendiebstahl von sensiblen Daten etwa 143 Millionen überwiegend amerikanischer Staatsbürger bei Equifax[4] im Mai 2017, rücken die IT-Sicherheit zunehmend in den medialen Fokus und bestätigen, dass **Informationssicherheit** längst ein **essentieller Bestandteil ordnungsgemäßer Unternehmensführung** ist. Verdeutlicht wird dies auch durch Schätzungen der ENISA, die von weltweiten Verlusten durch Cyber-Angriffe und -Spionage i.H.v. 260 bis 340 Milliarden Euro pro Jahr ausgeht.[5] Allein in Deutschland beläuft sich der jährliche Verlust schätzungsweise auf 13 Milliarden Euro.[6] 16

Neue technische Entwicklungen, wie Cloud Computing, Big Data und das Internet of Things, verstärken die Bedrohungslage weiter. Mit der Komplexität der IT-Infrastrukturen und -Systeme steigt auch deren Angreifbarkeit.[7] Die IT-Sicherheit ist damit ein wichtiger Bestandteil des **internen Risikomanagements** zum Schutz der (insbesondere finanziellen) Ressourcen des Unternehmens. Eine ordnungsgemäße Unternehmensorganisation erfordert es, die mit dem IT-Einsatz zusammenhängenden Risiken zu analysieren und entsprechend auf diese zu reagieren.[8] 17

b) Risikoanalyse

Um IT-Risiken zu erkennen und Schäden zu verhindern, muss eine auf die **konkrete Unternehmenssituation zugeschnittene Risikoanalyse** durchgeführt werden.[9] Dabei muss das Unternehmen die eingesetzte IT auf Schwachstellen hin überprüfen, wobei interne und externe Risiken Beachtung finden müssen. Die verschiedenen Unternehmensabteilungen sollten in 18

---

1 *Bitkom*, Spionage, Sabotage und Datendiebstahl – Wirtschaftsschutz in der Industrie, abrufbar unter: https://www.bitkom.org/noindex/Publikationen/2016/Studien/Spionage-Sabotage-und-Daten diebstahl-Wirtschaftsschutz-in-der-Industrie/161110-Studie-Wirtschaftsschutz.pdf, zuletzt aufgerufen am 12.1.2018; *Mehrbrey/Schreibauer*, MMR 2016, 75, 75; zu Funktionsweise und Bedrohung durch Botnetze s. *Roos/Schumacher*, MMR 2014, 377 ff.
2 *Schmidl* in Hauschka/Moosmayer/Lösler, Corporate Compliance, § 28 Rz. 19.
3 BSI, Weltweite Cyber-Sicherheitsvorfälle durch Ransomware, abrufbar unter: https://www.bsi .bund.de/DE/Presse/Pressemitteilungen/Presse2017/PM_WannaCry_13052017.html, zuletzt aufgerufen am 12.1.2018.
4 http://www.spiegel.de/netzwelt/netzpolitik/hackerangriff-auf-equifax-kriminelle-erbeuten-daten-von-etwa-143-millionen-us-buergern-a-1166659.html, zuletzt aufgerufen am 12.1.2018.
5 Threat Landscape Report 2016, abrufbar unter: https://www.enisa. europa.eu/publications/enisa-threat-landscape-report-2016, zuletzt aufgerufen am 12.1.2018.
6 Studie im Auftrag von Veracode durchgeführt vom Centre for Economics and Business Research (Cebr), abrufbar unter: https://info.veracode.com/analyst-report-cebr-germany.html, zuletzt aufgerufen am 12.1.2018.
7 *von Holleben/Menz*, CR 2010, 63, 63.
8 *Schmidl* in Hauschka/Moosmayer/Lösler, Corporate Compliance, § 28 Rz. 2.
9 *Schmidl* in Hauschka/Moosmayer/Lösler, Corporate Compliance, § 28 Rz. 16.

diesen Evaluationsprozess einbezogen werden, wobei eine entsprechende Einschätzung mittels Workshops, spezieller Befragungen oder Selbsteinschätzungen durchgeführt werden sollte.[1] Ein besonderes Augenmerk ist dabei auf die folgenden Aspekte zu legen[2]:

- die im Unternehmen **eingesetzte IT** in Form von Firmencomputern, Hard- und Software aber auch elektronischen Hilfsmitteln jeder Art, wie bspw. mobile Speichermedien, Smartphones oder andere mobile Endgeräte;

- die Art und Weise der **Wartung** und/oder Modernisierung der IT bzw. des Geräteaustauschs;

- die **Zugriffsberechtigungen** der verschiedenen Softwareanwender innerhalb und außerhalb des Unternehmens;

- die vorhandenen **Datenbestände** und die Zugriffsbefugnisse im Hinblick auf diese Daten;

- bestehende **Sicherheitsvorkehrungen** im Hinblick auf die IT (v.a. auch zur Datensicherung);

- ggf. vorhandene **IT-Sicherheitsrichtlinien** im Unternehmen.

19   Ausgehend vom erarbeiteten Risikoinventar erfolgt eine Risikoanalyse und -bewertung.[3] Klassische Ansatzpunkte sind dabei **Eintrittswahrscheinlichkeit und drohendes Schadensausmaß**.[4] Es existieren diesbezüglich verschiedene Bewertungsmethoden, von denen diejenige auszuwählen ist, die im Hinblick auf Art und Größe des Unternehmens angemessen ist.[5] So kann bspw. die IT-Grundschutz-Vorgehensweise des BSI zur Kategorisierung der Risiken Verwendung finden.[6]

20   Mit Hilfe der Risikoanalyse kann das Unternehmen ein individuelles **IT-Sicherheitskonzept** ausarbeiten, um auf Bedrohungslagen zu reagieren und Schäden zu verhindern. Dabei kann es sich u.a. um ein IT-Risikomanagementsystem und Betriebsrichtlinien handeln (s. Rz. 127 ff.). Ein angemessenes IT-Sicherheitskonzept ist zur Erfüllung der unternehmerischen IT-Sicherheitspflichten unerlässlich.

---

1   Siehe auch *Egle/Zeller* in von dem Bussche/Voigt, Konzerndatenschutz, Datenschutzmanagement, Rz. 15 ff.

2   *Schmidl* in Hauschka/Moosmayer/Lösler, Corporate Compliance, § 28 Rz. 6 f.

3   *Bitkom*, IT-Risiko- und Chancenmanagement im Unternehmen, S. 20, abrufbar unter: https:// www.bitkom.org/noindex/Publikationen/2006/Leitfaden/Leitfaden-IT-Risiko-und-Chancenmanagement-fuer-kleine-und-mittlere-Unternehmen/060601-Bitkom-Leitfaden-IT-Risikomanagement-V10-final.pdf, zuletzt aufgerufen am 12.1.2018.

4   *Conrad* in Auer-Reinsdorff/Conrad, IT- und Datenschutzrecht, § 33 Rz. 158; *Bitkom*, IT-Risiko- und Chancenmanagement im Unternehmen, S. 20, abrufbar unter: https://www.bitkom.org/noin dex/Publikationen/2006/Leitfaden/Leitfaden-IT-Risiko-und-Chancenmanagement-fuer-kleine-und-mittlere-Unternehmen/060601-Bitkom-Leitfaden-IT-Risikomanagement-V10-final.pdf, zuletzt aufgerufen am 12.1.2018.

5   *Bitkom*, IT-Risiko- und Chancenmanagement im Unternehmen, S. 21, abrufbar unter: https:// www.bitkom.org/noindex/Publikationen/2006/Leitfaden/Leitfaden-IT-Risiko-und-Chancenmanage ment-fuer-kleine-und-mittlere-Unternehmen/060601-Bitkom-Leitfaden-IT-Risikomanagement-V10-final.pdf, zuletzt aufgerufen am 12.1.2018.

6   Diese ist abrufbar unter https://www.bsi.bund.de/SharedDocs/Downloads/DE/BSI/Publikationen/ ITGrundschutzstandards/BSI-Standard_1002.pdf?__blob=publicationFile&v= 1, zuletzt aufgerufen am 12.1.2018.

c) Typische Sicherheitsversäumnisse

Eine Risikoanalyse kann nur mit erheblichem zeitlichem, personellem und damit finanziel- 21
lem Aufwand durchgeführt werden.[1] Allerdings haben sich (nahezu unabhängig von Unternehmensgröße und Branche) in den vergangenen Jahren **typische Fehler und Versäumnisse**
beim IT-Einsatz herausgebildet, die Unternehmen im Rahmen der Risikoanalyse in jedem
Fall berücksichtigen sollten:[2]

– **unzureichende Informationssicherheitsstrategie**: im Vergleich zu anderen Anforderungen hat Informationssicherheit häufig einen zu geringen Stellenwert im Unternehmen, so
dass ein durchgängiges internes System zum IT-Risikomanagement häufig nicht oder nur
unzureichend implementiert wird;

– **unzureichende Konfiguration von IT-Systemen**: aus Zeitgründen wird bei der Einräumung von Zugriffsrechten unternehmensintern häufig nicht restriktiv genug vorgegangen;
auch Softwareanwendungen werden aus diesem Grund nicht entsprechend dem konkreten
Einsatz im Unternehmen konfiguriert;

– **unsichere Vernetzung und Internet-Anbindung**: Schwachstellen in der Konfiguration
der Internetverbindung sind nicht unüblich und ermöglichen Cyber-Angriffe durch Dritte;

– **Nichtbeachtung von Sicherheitsrichtlinien und Vorgaben durch Mitarbeiter**: entsprechende Schulungen können Mitarbeiter für IT-Sicherheit sensibilisieren;

– **unzureichende Wartung der IT-Systeme**;

– **sorgloser Umgang mit Passwörtern und Sicherheitsmechanismen**;

– **mangelhafter Schutz vor Einbrechern und Elementarschäden**.

2. IT-Compliance

Wie bereits dargelegt (s. Rz. 10 ff.), umfasst IT-Sicherheit nicht nur interne Maßnahmen zur 22
Risikoprävention, sondern auch die **Einhaltung rechtlicher Standards**, was als „IT-Compliance" bezeichnet wird. Dieser Begriff umschreibt die Einhaltung aller rechtlichen Anforderungen, die sich auf den Einsatz von IT beziehen.[3] Die Umsetzung erfolgt über einen **organisatorischen Compliance-Ansatz**. Die gesetzlichen Vorgaben sollen Sicherheitsvorfälle
verhindern, da diese u.U. erhebliche Nachteile mit sich bringen: Sie können die Ausübung
wirtschaftlicher Tätigkeiten beeinträchtigen, beträchtliche finanzielle Verluste verursachen,
das Vertrauen von Kunden untergraben und der Wirtschaft damit großen Schaden zufügen.[4]
Damit ist die Gewährleistung von IT-Sicherheit nicht nur aus betriebswirtschaftlicher Sicht
angezeigt, sondern gleichzeitig Teil des Pflichtprogramms eines jeden Unternehmens, dessen Nichtbeachtung neben empfindlichen Haftungsrisiken (s. Rz. 197 ff.) auch andere Nachteile (s. Rz. 27 ff.) mit sich bringt.

---

1 *Schmidl* in Hauschka/Moosmayer/Lösler, Corporate Compliance, § 28 Rz. 16.
2 Die nachfolgenden Ausführungen stammen aus BSI, Leitfaden Informationssicherheit, S. 26 ff.,
abrufbar unter: https://www.bsi.bund.de/SharedDocs/Downloads/DE/BSI/Grundschutz/Leitfaden/
GS-Leitfaden_pdf.pdf;jsessionid=5181FA80A1AB0AB722783A5BB840B3F9.1_cid341?__blob=pub
licationFile&v= 3, zuletzt aufgerufen am 12.1.2018.
3 *Nolte/Becker*, BB Beilage 2008, Nr. 5, 23, 23; *Lensdorf*, CR 2007, 413, 413; *Lensdorf/Steger*, ITRB
2006, 206, 206.
4 Siehe auch ErwGr. 2 NIS-Richtlinie; ErwGr. 10 DSGVO.

23 Ein branchenübergreifendes „Recht der IT-Sicherheit" existiert als solches zwar nicht (s. Rz. 2). Der normative Rahmen der IT-Compliance ergibt sich jedoch aus einem Bündel ganz unterschiedlicher Vorschriften.[1] Auf sektoraler Ebene ist dabei insbesondere das **Gesetz über das Bundesamt für Sicherheit in der Informationstechnik (BSIG)** zu berücksichtigen, welches Unternehmen, die wichtige Infrastruktur- und Versorgungsleistungen erbringen, zur Einhaltung von Mindest-Sicherheitsstandards verpflichtet. Diese rechtlichen Mindestvorgaben beziehen sich zwar nur auf bestimmte Branchen, schaffen aber zumindest **im Rahmen ihres Anwendungsbereichs einen einheitlichen Rechtsrahmen**. Außerhalb dieses Anwendungsbereichs ist für Unternehmen ihr Pflichtenprogramm aufgrund der bestehenden **Rechtszersplitterung** jedoch nur schwer zu erfassen. Auf Grundlage des vorhandenen Rechtsrahmens lassen sich die rechtlichen Anforderungen an die IT-Sicherheit grob wie folgt unterteilen:[2]

24 (1) **Mittelbare Anforderungen**: Dabei handelt es sich um allgemeine unternehmerische Sorgfalts- und Leitungspflichten, die mittelbar Anforderungen an den Einsatz von IT stellen. Diese ergeben sich aus der grundsätzlichen Verantwortung der Unternehmensleitung für die Compliance (s. Rz. 32 ff.);

25 (2) **Unmittelbare Anforderungen**: Diese Vorschriften beziehen sich ihrem Inhalt nach spezifisch auf den Einsatz von IT. Dazu gehören nicht nur Datenschutzvorschriften (s. Rz. 290 ff.), sondern auch branchen- und sektorspezifische Regelungen für bestimmte Unternehmen (s. Rz. 342 ff.).

26 Für Unternehmen ergibt sich aus der Normenvielfalt ein **umfassender Pflichtenkatalog**, der aufgrund unterschiedlicher Anwendungsbereiche der Vorschriften immer im konkreten Fall bestimmt werden muss. Die Identifizierung der für die IT-Compliance relevanten Anforderungen stellt Unternehmen damit vor eine komplexe Aufgabe.[3]

Praxishinweis zum IT-Sicherheitsstandard im Unternehmen: Die gesellschafts-, handels- und zivilrechtlichen IT-Sicherheitspflichten finden auf Unternehmen aller Branchen Anwendung, so dass sie gewissermaßen den rechtlichen IT-Sicherheits-Mindeststandard bilden. Hinzu treten verstärkte IT-Sicherheitspflichten aus Spezialgesetzen, wie dem BSIG, dem TKG oder dem KWG, die auf Unternehmen bestimmter Sektoren oder Branchen Anwendung finden.

3. Nachteile durch Sicherheitsdefizite

27 Neben finanziellen Verlusten durch eine Inanspruchnahme für die Verletzung von IT-Sicherheitspflichten (s. Rz. 197 ff.) kann das Bekanntwerden von IT-Mängeln im Unternehmen zum **Reputationsverlust gegenüber Kunden und Geschäftspartnern** führen. Die Folgen einer entsprechenden negativen Außenwirkung sollten nicht unterschätzt werden. Die höchsten Kosten durch IT-Sicherheitsvorfälle entstehen für Unternehmen neben solchen für die Rechtsverfolgung vor allem durch Imageschäden.[4] Deren Tragweite ist dabei kaum absehbar, da nicht nur das Vertrauen der konkret betroffenen Kunden beeinträchtigt wird.[5] Schließlich

---

1 *Nolte/Becker*, BB Beilage 2008, Nr. 5, 23, 23.

2 Siehe zu dieser grundsätzlichen Aufteilung *Lensdorf/Steger*, ITRB 2006, 206, 206; *Lensdorf*, CR 2007, 413, 413 f.

3 *Lensdorf*, CR 2007, 413, 413.

4 *Bitkom*, Spionage, Sabotage und Datendiebstahl – Wirtschaftsschutz in der Industrie, S. 15, abrufbar unter: https://www.bitkom.org/noindex/Publikationen/2016/Studien/Spionage-Sabotage-und-Datendiebstahl-Wirtschaftsschutz-in-der-Industrie/161110-Studie-Wirtschaftsschutz.pdf, zuletzt aufgerufen am 12.1.2018.

5 *Krupna*, BB 2014, 2250, 2254.

erregen IT-Sicherheitsvorfälle in der Regel ein großes Aufsehen in der Öffentlichkeit, insbesondere im Falle von Veröffentlichungen durch die Presse.[1] Ähnliche Schäden können in Bezug auf den vorhandenen Kundenbestand auch durch gesetzlich zwingende Meldungen des Vorfalls an die Betroffenen entstehen. Verschiedene Datenschutzvorschriften sehen eine Pflicht von Unternehmen zur Benachrichtigung betroffener Personen im Falle von Verletzungen des Schutzes ihrer personenbezogenen Daten, z.B. durch eine unrechtmäßige Übermittlung an Dritte, vor (Art. 34 DSGVO, § 109 Abs. 5 TKG; s. Rz. 290 ff. und Rz. 342 ff.). Unternehmen sollten daher entsprechende Vorfälle – unabhängig von einer dahingehenden Rechtspflicht – auch im Hinblick auf deren negative Außenwirkung in jedem Fall durch präventive Sicherheitsmaßnahmen vermeiden.

Daneben bringen IT-Sicherheitsvorfälle ggf. auch anderweitige **Wettbewerbsnachteile** für das Unternehmen mit sich. So können öffentlich bekannt gewordene IT-Sicherheitsdefizite zu Ausfällen zukünftiger Aufträge oder zu einem Unterliegen in Auftragsausschreibungen führen.[2] Über Cyber-Angriffe könnten konkurrierende Unternehmen zudem Kenntnis von Betriebsgeheimnissen oder neuartigen Fertigungsmethoden gewinnen und versuchen, daraus entsprechende Vorteile zu ziehen.[3]   28

Überdies drohen **Finanzierungsrisiken**. Banken bewerten bei Unternehmen vor jeder Kreditentscheidung individuell deren Bonität auf Grundlage der Baseler Eigenkapitalvereinbarungen (Basel II und III). Ein solches Rating bewertet und gewichtet zwar Kreditrisiken, nicht unmittelbar die IT-Sicherheit.[4] Allerdings ist ein relevantes Bewertungskriterium auch ein etwaiges Verlustrisiko, das aufgrund inadäquater oder fehlerhafter interner IT-gestützter Prozesse entsteht.[5] Bestehen IT-Sicherheitsdefizite, wird das Unternehmen u.U. schlechter geratet und erhält weniger vorteilhafte Kreditkonditionen. Dadurch können Refinanzierungsprobleme entstehen.   29

Verletzt das Unternehmen durch unzureichende IT-Sicherheit ihm obliegende Sorgfaltspflichten, werden entstandene Schäden vom **Versicherungsschutz** unter Umständen nicht oder nur teilweise gedeckt. Zu einem vollständigen Entfallen der Versicherungsdeckung wird es nur in Extremfällen kommen (z.B. § 81 Abs. 1 VVG, vorsätzliche Herbeiführung des Versicherungsfalles).[6] Weitaus häufiger werden Versicherungsunternehmen eine Kürzung der Versicherungsleistung vornehmen, wenn das Unternehmen übliche Sicherungsmaßnahmen, wie bspw. eine Datensicherung oder die Implementierung ausreichender Kontroll- und Erkennungssysteme, unterlassen hat.[7]   30

---

1 *Schmidl* in Hauschka/Moosmayer/Lösler, Corporate Compliance, § 28 Rz. 150.
2 *Bitkom*, Spionage, Sabotage und Datendiebstahl – Wirtschaftsschutz in der Industrie, S. 15, abrufbar unter: https://www.bitkom.org/noindex/Publikationen/2016/Studien/Spionage-Sabotage-und-Datendiebstahl-Wirtschaftsschutz-in-der-Industrie/161110-Studie-Wirtschaftsschutz.pdf, zuletzt aufgerufen am 12.1.2018.
3 *Bitkom*, Spionage, Sabotage und Datendiebstahl – Wirtschaftsschutz in der Industrie, S. 15, abrufbar unter: https://www.bitkom.org/noindex/Publikationen/2016/Studien/Spionage-Sabotage-und-Datendiebstahl-Wirtschaftsschutz-in-der-Industrie/161110-Studie-Wirtschaftsschutz.pdf, zuletzt aufgerufen am 12.1.2018.
4 *Conrad/Huppertz* in Auer-Reinsdorff/Conrad, IT- und Datenschutzrecht, § 33 Rz. 289.
5 *Conrad/Huppertz* in Auer-Reinsdorff/Conrad, IT- und Datenschutzrecht, § 33 Rz. 287.
6 *Schmidl* in Hauschka/Moosmayer/Lösler, Corporate Compliance, § 28 Rz. 106; *Lensdorf/Steger*, ITRB 2006, 206, 209.
7 *Schmidl* in Hauschka/Moosmayer/Lösler, Corporate Compliance, § 28 Rz. 106 f.; *Lensdorf/Steger*, ITRB 2006, 206, 209.

31 Die vielfältigen drohenden Nachteile durch Sicherheitsdefizite zeigen, dass die Einhaltung der IT-Sicherheitspflichten im Unternehmen einen hohen Stellenwert einnehmen muss. Die bestehenden Vorgaben zur IT-Compliance müssen daher im Hinblick auf das bestehende Risikopotential gewissenhaft umgesetzt werden.

III. IT-Sicherheitspflichten der Geschäftsleitung

32 Kapitalgesellschaften sind als juristische Personen des Privatrechts organisiert. Im Rechtsverkehr handeln ihre Gesellschaftsorgane für sie nach außen.[1] Vor allem den jeweiligen Geschäftsführungsorganen obliegen daher die entscheidenden Pflichten zur Leitung der Gesellschaft und zur Einhaltung von Rechtspflichten, die die Gesellschaft treffen. Als Ausfluss dieser Leitungsaufgabe **obliegt** auch die **Gewährleistung der IT-Sicherheit der Geschäftsleitung**, was die Prävention von Risiken und die IT-Compliance umfasst.

33 Die jeweils anwendbaren **gesellschaftsrechtlichen Vorschriften** konkretisieren den allgemeinen Pflichtenkreis der Gesellschaftsorgane und können daher auch zur Bestimmung des Umfangs der Pflicht zur IT-Sicherheit herangezogen werden. So lassen sich etwa aus den Pflichten zur Früherkennung von Risiken (s. Rz. 40 ff.) und den sonstigen Compliance-Pflichten der Geschäftsführung (s. Rz. 50 ff.) Vorgaben für die IT-Sicherheit ableiten.

1. Grundlagen der Verantwortlichkeit von Vorstand bzw. Geschäftsführung

§ 91 AktG – Organisation; Buchführung

[…]

(2) Der Vorstand hat geeignete Maßnahmen zu treffen, insbesondere ein Überwachungssystem einzurichten, damit den Fortbestand der Gesellschaft gefährdende Entwicklungen früh erkannt werden.

34 Als Ausprägung seines Rechts und seiner Pflicht zu Geschäftsleitung nach § 76 Abs. 1 AktG hat in der AG der Vorstand die Aufgabe, den Fortbestand des Unternehmens zu sichern.[2] Dabei handelt es sich um einen allgemeinen, in § 91 Abs. 2 AktG normierten **Risikoverteilungsgrundsatz**.[3] Die Vorschrift wurde vor etwa 20 Jahren als Reaktion auf zahlreiche Unternehmenskrisen eingeführt.[4] Der Vorstand muss im Wege eines **Früherkennungs- und Überwachungssystems** in der Lage sein, bestandsgefährdenden Krisen vorzubeugen.[5] Bei derartigen Krisen kann es sich auch um durch IT-Sicherheitsverstöße ausgelöste Bedrohungen für das Unternehmen handeln.

35 Daher besteht ausgehend von § 91 Abs. 2 AktG Einigkeit, dass die Erreichung und Aufrechterhaltung von IT-Sicherheit in der AG die Aufgabe des Vorstands ist.[6] Der allgemein normierte Risikoverteilungsgrundsatz hat zudem eine „Ausstrahlungswirkung" auf den Pflich-

---

1 Dazu grundlegend *Reuter* in MünchKomm/BGB, vor § 21 Rz. 50 f.
2 *Spindler* in MünchKomm/AktG, § 76 Rz. 14 f.
3 *Koch* in Hüffer/Koch, AktG, § 91 Rz. 1; *Spindler* in MünchKomm/AktG, § 91 Rz. 1.
4 *Spindler* in MünchKomm/AktG, § 91 Rz. 1.
5 *Fleischer* in Spindler/Stilz, AktG, § 91 Rz. 29.
6 *Schmidl* in Hauschka/Moosmayer/Lösler, Corporate Compliance, § 28 Rz. 46; *Conrad* in Auer-Reinsdorff/Conrad, IT- und Datenschutzrecht, § 33 Rz. 36; *Nolte/Becker*, BB Beilage 2008, Nr. 5, 23, 23; *Lensdorf*, CR 2007, 413, 414; *von Holleben/Menz*, CR 2010, 63, 63 ff.

tenkreis der Geschäftsführer anderer Gesellschaftsformen.[1] Dies gilt insbesondere für die Geschäftsführer der GmbH.[2] Die Ausstrahlungswirkung sollte jedoch auch bei anderen Kapitalgesellschaften gegeben sein.[3] Damit ist die **IT-Sicherheit Aufgabe der Geschäftsleitung**. Diese muss ihr allgemeines Auswahl- und Entschließungsermessen zur Risikoüberwachung an den Vorgaben des § 91 Abs. 2 AktG orientieren.[4] Der Pflichtenumfang ist dabei jeweils von der Größe, Komplexität und Struktur des Unternehmens abhängig.[5] Vor allem kleinen Unternehmen kann die Einrichtung umfassender Systeme zur Erkennung und Verhinderung von IT-Krisen nicht in gleichem Maße abverlangt werden wie großen Konzernen.

a) Besonderheiten der Aktiengesellschaft

Bei Aktiengesellschaften sollte zusätzlich Beachtung finden, dass die Tätigkeit des Vorstands der **Kontrolle durch den Aufsichtsrat** unterworfen ist. Diesen trifft insoweit eine Überwachungspflicht nach § 111 Abs. 1 AktG. Damit obliegt die Erreichung und Einhaltung der IT-Sicherheit in der AG nachgelagert auch dem Aufsichtsrat.[6] Bei bestehenden Defiziten muss er unter Anwendung geeigneter Maßnahmen und Sanktionen auf ein rechtmäßiges Verhalten des Vorstands hinwirken.[7]   36

b) Ressortverantwortlichkeit für IT-Sicherheit

In der **Praxis** werden **einzelnen Mitgliedern** des Vorstands bzw. der Geschäftsführung regelmäßig **bestimmte Ressorts** zugewiesen, so dass die Zuständigkeit für die IT-Sicherheit des Unternehmens letztlich ein einziges Mitglied der Geschäftsleitung trifft.[8] Das Gesellschaftsrecht lässt im Interesse der Effektivität der Geschäftsführung eine solche Geschäftsverteilung zu.[9]   37

Diese interne Aufgabenverteilung führt allerdings nicht zur Abweichung von dem Grundsatz, dass die Gesamtverantwortung für IT-Sicherheit dem gesamten Vorstand bzw. der gesamten   38

---

1 *Bundesrat*, Drucksache 872/97, S. 37; *Spindler* in MünchKomm/AktG, § 91 Rz. 1; *von Holleben/Menz*, CR 2010, 63, 63.

2 *Spindler* in MünchKomm/AktG, § 91 Rz. 80; *Fleischer* in Spindler/Stilz, AktG, § 91 Rz. 40; *Schmidl* in Hauschka/Moosmayer/Lösler, Corporate Compliance, § 28 Rz. 59; *Conrad* in Auer-Reinsdorff/Conrad, IT- und Datenschutzrecht, § 33 Rz. 29; *Lensdorf*, CR 2007, 413, 414.

3 *Conrad* in Auer-Reinsdorff/Conrad, IT- und Datenschutzrecht, § 33 Rz. 29; *Schmidl* in Hauschka/Moosmayer/Lösler, Corporate Compliance, § 28 Rz. 59 f.; *Lensdorf*, CR 2007, 413, 414. Wegen der expliziten Regelung der Bestandssicherungspflicht in § 91 Abs. 2 AktG für die AG lässt sich das Pflichtenprogramm des Vorstands auch im Bereich der IT-Sicherheit dem Gesetz entnehmen. Aus diesem Grund beziehen sich die folgenden Abschnitte, die das Pflichtenprogramm der Geschäftsleitung in Bezug auf IT-Sicherheit darlegen, zur klareren Darstellung auf die Regelungen des AktG.

4 *Spindler* in MünchKomm/AktG, § 91 Rz. 80; *Fleischer* in Spindler/Stilz, AktG, § 91 Rz. 40.

5 *Spindler* in MünchKomm/AktG, § 91 Rz. 80; vgl. *Deutscher Bundestag*, Drucksache 13/9712, S. 15; *von Holleben/Menz*, CR 2010, 63, 63; *Schmidl* in Hauschka/Moosmayer/Lösler, Corporate Compliance, § 28 Rz. 61.

6 *Schmidl* in Hauschka/Moosmayer/Lösler, Corporate Compliance, § 28 Rz. 46.

7 Zu den verschiedenen zur Verfügung stehenden Mitteln und Sanktionen, s. *Spindler* in Spindler/Stilz, AktG, § 111 Rz. 28 f.; *Habersack* in MünchKomm/AktG, § 111 Rz. 59.

8 *Spindler* in MünchKomm/AktG, § 93 Rz. 148; *Conrad* in Auer-Reinsdorff/Conrad, IT- und Datenschutzrecht, § 33 Rz. 64.

9 *Spindler* in MünchKomm/AktG, § 93 Rz. 148; *Hölters* in Hölters, AktG, § 93 Rz. 235 f.; zur GmbH *Haas/Ziemons* in Michalski, GmbHG, § 43 Rz. 154.

Geschäftsführung zukommt.[1] Bei der Zuteilung von Ressortverantwortlichkeiten wandelt sich lediglich die konkrete Pflicht der Geschäftsleitungsmitglieder im Hinblick auf andere Ressorts um. In dieser Konstellation sind die ressortfremden Mitglieder statt zur Vornahme von Geschäftsführungsmaßnahmen zur **Überwachung des ressortverantwortlichen IT-Vorstands** verpflichtet.[2] Der konkrete Umfang der Überwachungspflicht ist einzelfallabhängig ausgehend von verschiedenen Faktoren zu bestimmen: so werden die Größe und der Gegenstand des Unternehmens, die Bedeutung der Geschäfte, die Art der übertragenen Aufgaben sowie die persönliche Befähigung des ressortverantwortlichen Geschäftsleitungsmitglieds, seine Erfahrung und Bewährung auf dem jeweiligen Gebiet ins Gewicht fallen.[3]

39 Auch wenn letztlich der gesamten Geschäftsleitung in unterschiedlicher Ausprägung die IT-Sicherheitspflicht obliegt, können sich über die Verteilung von Ressortverantwortlichkeiten für die nicht IT-zuständigen Geschäftsleitungsmitglieder **Haftungserleichterungen** ergeben (s. Rz. 209 ff.). In der Praxis bietet die Verteilung von Verantwortlichkeiten somit Vorteile.

2. Pflicht zur Früherkennung bestandsgefährdender Risiken

§ 91 AktG – Organisation; Buchführung

[...]

(2) Der Vorstand hat geeignete Maßnahmen zu treffen, insbesondere ein Überwachungssystem einzurichten, damit den Fortbestand der Gesellschaft gefährdende Entwicklungen früh erkannt werden.

40 IT-Sicherheit umfasst Maßnahmen zur Prävention von sowohl internen als auch externen Risiken in Bezug auf die eingesetzte IT (s. Rz. 12 ff.). Wie soeben gezeigt, fällt die Pflicht zu Früherkennung und Verhinderung derartiger Krisen auf der Grundlage von § 91 Abs. 2 AktG in die Verantwortlichkeit des Vorstands bzw. der Geschäftsführung (s. Rz. 34 ff.). Dem Wortlaut der Vorschrift nach bezieht sich die Pflicht der Geschäftsleitung insbesondere auf die Einrichtung eines Überwachungssystems, um den **Fortbestand der Gesellschaft gefährdende Entwicklungen** früh zu erkennen. § 91 Abs. 2 AktG verknüpft damit ein Sicherheitsziel mit organisatorischen Grundanforderungen, wobei die Reichweite der erforderlichen Maßnahmen zur Risikoprävention nicht unumstritten ist.[4]

a) Geeignete Maßnahmen zur Früherkennung

41 Bei der **Früherkennungspflicht** handelt es sich um eine besondere Ausprägung der allgemeinen Geschäftsleitungspflicht, für eine ordnungsgemäße Organisation im Unternehmen zu sorgen.[5] Damit ließe sie sich für den Vorstand der AG bereits aus der Leitungs- und Sorgfalts-

---

1 BGH, Urt. v. 8.7.1985 – II ZR 198/84, NJW 1986, 54, 55 = GmbHR 1986, 19; BGH, Urt. v. 26.6.1995 – II ZR 109/94, NJW 1995, 2850, 2850 f. = GmbHR 1995, 653; *Haas/Ziemons* in Michalski, GmbHG, § 43 Rz. 153; *Spindler* in MünchKomm/AktG, § 93 Rz. 149.

2 BGH, Urt. v. 26.6.1995 – II ZR 109/94, NJW 1995, 2850, 2850 f. = GmbHR 1995, 653; *Spindler* in MünchKomm/AktG, § 93 Rz. 149; *Conrad* in Auer-Reinsdorff/Conrad, IT- und Datenschutzrecht, § 33 Rz. 65.

3 *Hölters* in Hölters, AktG, § 93 Rz. 236; *Spindler* in MünchKomm/AktG, § 93 Rz. 152.

4 *Fleischer* in Spindler/Stilz, AktG, § 91 Rz. 30; *Koch* in Hüffer/Koch, AktG, § 91 Rz. 8 ff.; *Spindler* in MünchKomm/AktG, § 91 Rz. 29 ff.; *Conrad* in Auer-Reinsdorff/Conrad, IT- und Datenschutzrecht, § 33 Rz. 45 ff.; *von Holleben/Menz*, CR 2010, 63, 63 f.; *Nolte/Becker*, BB Beilage 2008, Nr. 5, 23, 24.

5 *Spindler* in MünchKomm/AktG, § 91 Rz. 18.

pflicht der §§ 76 Abs. 1, 93 Abs. 1 AktG ableiten.[1] Die explizite Regelung des § 91 Abs. 2 AktG entfaltet eine entsprechende Ausstrahlung dieser Pflicht auf die Geschäftsleitungsorgane anderer Gesellschaftsformen.

Die Geschäftsleitung hat demnach interne Maßnahmen zu ergreifen, um **bestandsgefährdende Entwicklungen** frühzeitig zu erkennen. Darunter sind Risiken zu verstehen, die sich wesentlich auf die Vermögens-, Finanz- und Ertragslage der Gesellschaft auswirken können.[2] Hinsichtlich des Risikopotentials kann als Anhaltspunkt dienen, ob die Situation das Insolvenzrisiko der Gesellschaft erheblich steigert oder hervorruft.[3] Die Auslegung des unbestimmten Begriffes der „Bestandsgefährdung" bereitet hierbei einige Schwierigkeiten. Aufgrund des regelmäßig allgegenwärtigen IT-Einsatzes, der praktisch alle Infrastrukturen und Prozesse im Unternehmen unterstützt, können Sicherheitsvorfälle durch Bedrohungen von innen und außen schnell ein hohes Risiko für Unternehmen bergen. 42

Beispiel für eine bestandsgefährdende Entwicklung: Über einen Cyber-Angriff verschaffen sich Hacker Zugang zum Swift-System, welches Banken nutzen, um untereinander Transaktionen abzuwickeln und Nachrichten auszutauschen. Sie veranlassen dann Geldüberweisungen zu Lasten einer mittelständischen Bank in Millionenhöhe. Auch wenn ein großer Teil der Überweisungen blockiert werden kann, erleidet die Bank erhebliche Verluste. Zudem wird der Vorfall in der Presse bekannt.

In diesem Beispiel erleidet die mittelständische Bank, die dem Cyber-Angriff zum Opfer fiel, nicht nur erhebliche finanzielle Einbußen, sondern zugleich einen Reputationsverlust, der zum Verlust von Kunden führen kann. Die erheblichen Auswirkungen des IT-Sicherheitsvorfalls auf die Vermögens- und Ertragslage dürften als bestandsgefährdend einzustufen sein.

Beispiel für eine bestandsgefährdende Entwicklung: Ein Unternehmen betreibt eine Online-Plattform, die Kunden gegen Bereitstellung ihrer personenbezogenen Daten nutzen können. Das Unternehmen finanziert sich über Werbeeinnahmen auf der Plattform. Über einen öffentlichkeitswirksamen Cyber-Angriff erlangen Dritte Zugriff auf die Datenbank der Nutzerdaten und veröffentlichen diese. Infolge des Reputationsverlustes verliert das Unternehmen den überwiegenden Teil seines Kundenstamms.

In diesem Beispiel verliert das Unternehmen seine Nutzer und damit seine Ertragsgrundlage. Da dadurch ein erhebliches Insolvenzrisiko ausgelöst wird, ist der IT-Sicherheitsvorfall als bestandsgefährdend zu bewerten.

Die frühzeitige Erkennung bestandsgefährdender Entwicklungen erfordert, dass die Geschäftsleitung sie zu einem solchen Zeitpunkt identifiziert, zu dem noch **geeignete Maßnahmen** zur Sicherung des Fortbestands der Gesellschaft **getroffen werden können**.[4] Das Unternehmen muss bestandsgefährdende IT-Sicherheitslücken also so frühzeitig erkennen, dass risikoreiche Entwicklungen noch verhindert werden können.[5] Diesem Zweck soll nach § 91 Abs. 2 AktG insbesondere die Einrichtung eines Überwachungssystems dienen (s. sogleich unter Rz. 44 ff.). 43

---

1 *Fleischer* in Spindler/Stilz, AktG, § 91 Rz. 29; *Conrad* in Auer-Reinsdorff/Conrad, IT- und Datenschutzrecht, § 33 Rz. 36.

2 *Fleischer* in Spindler/Stilz, AktG, § 91 Rz. 32; *Spindler* in MünchKomm/AktG, § 91 Rz. 21; *Nolte/Becker*, BB Beilage 2008, Nr. 5, 23, 23.

3 *Koch* in Hüffer/Koch, AktG, § 91 Rz. 6; *Spindler* in MünchKomm/AktG, § 91 Rz. 21 ff.; *Fleischer* in Spindler/Stilz, AktG, § 91 Rz. 32.

4 *Deutscher Bundestag*, Drucksache 13/9712, S. 15; *Koch* in Hüffer/Koch, AktG, § 91 Rz. 7; *Spindler* in MünchKomm/AktG, § 91 Rz. 27; *Fleischer* in Spindler/Stilz, AktG, § 91 Rz. 32.

5 *Spindler* in MünchKomm/AktG, § 91 Rz. 27.

b) Implementierung eines Früherkennungs- und Überwachungssystems ...

44 Dem Wortlaut des § 91 Abs. 2 AktG lässt sich nicht eindeutig entnehmen, worauf sich das einzurichtende „Überwachungssystem" beziehen soll, so dass teilweise die Einrichtung eines umfassenden Risikomanagementsystems gefordert wird.[1] Aus dem Regelungszusammenhang lässt sich allerdings erkennen, dass die **Einrichtung eines zweistufigen Systems** erforderlich wird, bestehend aus:

– dem Früherkennungssystem

– und dem Überwachungssystem.[2]

45 Damit müssen organisatorische Maßnahmen nicht nur eine **methodische und fortdauernde Risikoerkennung** sicherstellen, sondern zugleich für die **systematische Überwachung** der erkannten Risiken Sorge tragen.[3] Zur Risikofrüherkennung muss im Unternehmen ein entsprechendes Risikobewusstsein geschaffen und es müssen Risikofelder festgelegt werden, die zu bestandsgefährdenden Entwicklungen führen können, so dass eine Risikobewertung und Risikokommunikation stattfinden wird.[4] Zur Überwachung des Funktionierens der Früherkennung müssen entsprechende Zuständigkeiten in den relevanten Unternehmensbereichen klar festgelegt und detaillierte interne Berichts- und Dokumentationspflichten vorgegeben werden.[5] Die genaue Ausgestaltung der Maßnahmen wird nicht vorgeschrieben, sie muss jedoch jedenfalls nach Einschätzung der Geschäftsleitung angemessen sein.[6] Der Vorstand muss über diese Systeme in der Lage sein, bestandsgefährdenden Krisen vorzubeugen.[7]

46 Rein rechtlich schreibt § 91 Abs. 2 AktG kein bestimmtes betriebswirtschaftliches Modell zur Risikofrüherkennung vor.[8] Dennoch besteht in der praktischen Umsetzung der Vorgaben eine **Unterscheidung zum allgemeinen Risikomanagementsystem** (hierzu sogleich unter Rz. 47 ff.) letztlich meist nur terminologisch.[9] Bereits aus betriebswirtschaftlicher Sicht ist die Einrichtung eines solchen Systems ab einer gewissen Unternehmensgröße angezeigt.[10] In derartigen Fällen bildet das Früherkennungssystem für bestandsgefährdende Risiken nur einen **Teilbestandteil des allgemeinen Risikomanagementsystems** für alle Risiken. Die organisatorischen Vorgaben des § 91 Abs. 2 AktG stellen dann letztlich vielmehr Zielvorgaben für das Risikomanagementsystem dar.

---

1 So z.B. von *Berg*, AG 2007, 271, 271; *Preußner/Becker*, NZG 2002, 846, 848; *Koch* in Hüffer/Koch, AktG, § 91 Rz. 8 m.w.N.

2 *Fleischer* in Spindler/Stilz, AktG, § 91 Rz. 29, 36; *Koch* in Hüffer/Koch, AktG, § 91 Rz. 8 f.; *Spindler* in MünchKomm/AktG, § 91 Rz. 29; im Grundsatz *von Holleben/Menz*, CR 2010, 63, 63 f.; *Blasche*, CCZ 2009, 62, 64.

3 *von Holleben/Menz*, CR 2010, 63, 64 dort Fn. 16.

4 *Fleischer* in Spindler/Stilz, AktG, § 91 Rz. 36.

5 *Fleischer* in Spindler/Stilz, AktG, § 91 Rz. 36; *Koch* in Hüffer/Koch, AktG, § 91 Rz. 10.

6 *Nolte/Becker*, BB Beilage 2008, Nr. 5, 23, 23.

7 *Fleischer* in Spindler/Stilz, AktG, § 91 Rz. 29.

8 *Spindler* in MünchKomm/AktG, § 91 Rz. 31.

9 *Spindler* in MünchKomm/AktG, § 91 Rz. 30; *Fleischer* in Spindler/Stilz, AktG, § 91 Rz. 36; dahingehend auch *von Holleben/Menz*, CR 2010, 63, 64.

10 *Fleischer* in Spindler/Stilz, AktG, § 91 Rz. 36; ähnlich *Koch* in Hüffer/Koch, AktG, § 91 Rz. 10; *von Holleben/Menz*, CR 2010, 63, 64.

c) ... als Bestandteil eines allgemeinen Risikomanagementsystems

Auch wenn sich eine **generelle Pflicht zur Einführung eines allgemeinen Risikomanage-** **47**
mentsystems aus § 91 Abs. 2 AktG **nicht herleiten lässt**, wird die Geschäftsleitung ihr Lei-
tungsermessen häufig dennoch dahingehend ausüben, ein allgemeines Risikomanagementsystem im Unternehmen einzurichten. Teilweise wird die Geschäftsleitung auch aufgrund von
anderen Rechtsvorschriften ohnehin zur Einrichtung eines spezifischen IT-Risikomanagementsystems verpflichtet sein, etwa auf der Grundlage von § 11 EnWG (s. Rz. 452 ff.).[1] Dieses
allgemeine Risikomanagementsystem ist nicht bloß auf bestandsgefährdende Risiken ausgerichtet, sondern besteht aus mehreren Komponenten und Funktionen, die dem proaktiven
Umgang mit allen operationellen, finanziellen und strategischen Risiken eines Unternehmens
dienen.[2] Mögliche Risiken sind dabei alle unsicheren vermögensmindernden Ereignisse.[3] Davon sind auch **jegliche IT-Sicherheitsrisiken** umfasst, da diesen zumeist ein hohes Schadenspotential anhaftet (s. Rz. 12 ff.). Besonderes Gewicht kommt häufig der Prävention gegen
Ausfälle der in aller Regel vollständig von einer funktionierenden IT-Infrastruktur abhängigen Buchführungssysteme eines Unternehmens zu (s. Rz. 61 ff.).[4]

Da das allgemeine Risikomanagementsystem über die Bewältigung der bestandsgefährden- **48**
den Risiken i.S.d. § 91 Abs. 2 AktG hinausgeht und möglichst umfassend der Bewältigung
aller Risiken dient, ist das nach § 91 Abs. 2 AktG erforderliche zweistufige **Risikofrüherken-**
nungssystem integraler Bestandteil dieses Systems.[5]

Die Einrichtung eines allgemeinen Risikomanagementsystems bildet einen Teilbereich der **49**
allgemeinen Leitungs- und Sorgfaltspflicht der Unternehmensleitung, vgl. §§ 76 Abs. 1, 93
Abs. 1 AktG, sog. Compliance (dazu sogleich unter Rz. 50 ff.), wonach die Geschäftsleitung dazu beitragen muss, etwaige Risiken frühzeitig zu individualisieren und zu minimieren.[6]

3. Weitere Compliance-Pflichten

§ 76 AktG – Leitung der Aktiengesellschaft

(1) Der Vorstand hat unter eigener Verantwortung die Gesellschaft zu leiten.

[...]

Nach § 76 Abs. 1 AktG hat der Vorstand das **Recht und die Pflicht, die Gesellschaft zu lei-** **50**
ten.[7] Dieser Prozess umfasst die strategische Führung des Unternehmens und mithin eine
Fülle an Entscheidungen, wobei eine genaue Definition des Aufgabenspektrums nur schwer

---

1 *Conrad* in Auer-Reinsdorff/Conrad, IT- und Datenschutzrecht, § 33 Rz. 34, 45 ff.; teilweise wird
§ 91 Abs. 2 AktG derart interpretiert, dass dieser die Pflicht zur Einrichtung eines allgemeinen Risikomanagementsystems ohnehin umfasst. Siehe nur *von Holleben/Menz*, CR 2010, 63, 64; *Berg*,
AG 2007, 271, 271; *Preußner/Becker*, NZG 2002, 846, 848 ff.
2 *Arbeitskreis Externe und Interne Überwachung*, DB 2010, 1245, 1245.
3 *Arbeitskreis Externe und Interne Überwachung*, DB 2010, 1245, 1245.
4 *Schmidl* in Hauschka/Moosmayer/Lösler, Corporate Compliance, § 28 Rz. 48.
5 *Arbeitskreis Externe und Interne Überwachung*, DB 2010, 1245, 1245.
6 *Koch* in Hüffer/Koch, AktG, § 76 Rz. 11; *Kiethe*, GmbHR 2007, 393, 394.
7 *Spindler* in MünchKomm/AktG, § 76 Rz. 14 m.w.N.; *Fleischer* in Spindler/Stilz, AktG, § 76
Rz. 10.

auszumachen ist.[1] Anhaltspunkte werden dabei häufig in der betriebswirtschaftlichen Organisations- und Managementlehre gesucht.[2]

a) Compliance-Pflichten mit IT-Sicherheitsbezug

51 Verschiedene dieser Leitungs- und Organisationsaufgaben weisen einen Bezug zur IT-Sicherheit auf. Diese betrifft insbesondere die Pflicht zur sog. Compliance, die auch die Sicherstellung der IT-Sicherheit im Unternehmen umfasst und sich im Allgemeinen grob in folgende Teilbereiche untergliedern lässt:[3]

- **die Pflicht, im Einklang mit der geltenden Rechtsordnung zu handeln**: Diese in Bezug auf die EDV häufig mit dem Schlagwort „IT-Compliance" umschriebene Legalitätspflicht (s. Rz. 22 ff.) erfordert die Einhaltung der rechtlichen Anforderungen, die sich auf den Einsatz von IT beziehen. Der Pflichtenkreis ergibt sich aus einer Vielzahl ganz unterschiedlicher Rechtsquellen, s. die Einzelheiten unter den Rz. 290 ff., Rz. 342 ff. und Rz. 471 ff.;

- **die Überwachungspflicht**: die Geschäftsleitung muss Aufsichtsmaßnahmen ergreifen, um zu verhindern, dass die Gesellschaft Schäden erleidet.[4] IT-Sicherheitsrisiken müssen daher möglichst frühzeitig erkannt werden. Wie diese Überwachung organisatorisch umgesetzt wird, liegt grundsätzlich im Ermessen der Geschäftsleitung.[5] Wie bereits dargestellt, ist zu diesem Zweck allerdings häufig die Einrichtung eines allgemeinen Risikomanagementsystems angezeigt (s. Rz. 47)[6]; sowie

- **die Pflicht zur sorgfältigen Unternehmensführung im engeren Sinne**: Es ist notwendiger Teil der ordnungsgemäßen Unternehmensführung, auf erkannte IT-Sicherheitsrisiken auch entsprechend zu reagieren, um Schäden der Gesellschaft zu verhindern.[7] Welche Gegenmaßnahmen ergriffen werden, liegt im Entscheidungsermessen der Geschäftsleitung.[8]

b) Umsetzung durch die Geschäftsleitung

52 Die **konkrete Umsetzung** der Pflichten ist von der **Einschätzung der Geschäftsleitung** abhängig (s. auch Rz. 54 ff. zum anzuwendenden Sorgfaltsmaßstab und zum Ermessensspielraum). Es wird unterschiedlich beurteilt, wie weit die einzelnen Compliance-Pflichten reichen und ob sie sich derart standardisieren lassen, dass daraus allgemeine Verhaltensanforderungen

---

1 *Spindler* in MünchKomm/AktG, § 76 Rz. 15; *Fleischer* in Spindler/Stilz, AktG, § 76 Rz. 15; ähnlich *Koch* in Hüffer/Koch, AktG, § 76 Rz. 9.

2 *Spindler* in MünchKomm/AktG, § 76 Rz. 15; *Fleischer* in Spindler/Stilz, AktG, § 76 Rz. 15; *Koch* in Hüffer/Koch, AktG, § 76 Rz. 9.

3 *Conrad* in Auer-Reinsdorff/Conrad, IT- und Datenschutzrecht, § 33 Rz. 37; *Koch* in Hüffer/Koch, AktG, § 76 Rz. 11.

4 *Koch*, WM 2009, 1013, 1014; *Koch* in Hüffer/Koch, AktG, § 76 Rz. 11; *Kiethe*, GmbHR 2007, 393, 394.

5 *Koch* in Hüffer/Koch, AktG, § 76 Rz. 13 ff.; *Fleischer* in Spindler/Stilz, AktG, § 76 Rz. 59.

6 *Koch* in Hüffer/Koch, AktG, § 76 Rz. 13 ff.; *Schmidl* in Hauschka/Moosmayer/Lösler, Corporate Compliance, § 28 Rz. 48 ff.; ähnlich *von Holleben/Menz*, CR 2010, 63, 66.

7 Siehe nur *Koch* in Hüffer/Koch, AktG, § 76 Rz. 13; zur Abgrenzung von der Pflicht zur Risikoerkennung *Spindler* in MünchKomm/AktG, § 91 Rz. 28.

8 *Koch* in Hüffer/Koch, AktG, § 76 Rz. 13 ff.; auch *Spindler* in MünchKomm/AktG, § 91 Rz. 28; *Koch* in Hüffer/Koch, AktG, § 91 Rz. 7.

und konkrete Strukturvorgaben gefolgt werden können.[1] Hinsichtlich der konkreten Anforderungen an die Umsetzung sind jedenfalls die Art und Größe, die besondere Lage des Unternehmens sowie das Risikopotential der verfolgten Geschäftstätigkeiten zu berücksichtigen.[2] Vor allem bei kleineren Unternehmen mit geringem Risikopotential können institutionalisierte Compliance-Strukturen von Gesetzes wegen nicht gefordert werden.[3] Allerdings werden im Falle vermuteter Verstöße gegen die Organisations- und Leitungspflichten aus §§ 76, 93 AktG die getroffenen Maßnahmen unter Umständen an den herkömmlichen Praxisstandards gemessen, nach denen standardisierte Compliance-Strukturen in Form eines **umfassenden Compliance-Systems** üblich sind.[4]

Da die Compliance-Pflichten gesellschaftsschädigende Vorgänge verhindern sollen, dienen sie u.a. auch der **Verhinderung von IT-Sicherheitsvorfällen**.[5] Es handelt sich aus Unternehmenssicht um einen Risikobereich von hoher Relevanz, so dass eine gewissenhafte Umsetzung der IT-Compliance erforderlich ist. Dabei müssen sowohl präventive Maßnahmen, wie ein umfassendes IT-Sicherheitskonzept und regelmäßige interne Personalschulungen, als auch organisatorische Sicherheitsmaßnahmen zur Einhaltung rechtlicher Vorgaben und zur Eindämmung erkannter Risiken getroffen werden.[6]   53

4. Umfang der Geschäftsleitungspflichten

§ 93 AktG – Sorgfaltspflicht und Verantwortlichkeit der Vorstandsmitglieder

(1) Die Vorstandsmitglieder haben bei ihrer Geschäftsführung die Sorgfalt eines ordentlichen und gewissenhaften Geschäftsleiters anzuwenden. Eine Pflichtverletzung liegt nicht vor, wenn das Vorstandsmitglied bei einer unternehmerischen Entscheidung vernünftigerweise annehmen durfte, auf der Grundlage angemessener Information zum Wohle der Gesellschaft zu handeln. [...]

IT-Sicherheitspflichten ergeben sich für die Geschäftsleitung bereits aus ihrer Stellung als Organ der Gesellschaft in Bezug auf die Früherkennung bestandsgefährdender Risiken (s. Rz. 40 ff.) und die Compliance (s. Rz. 50 ff.). Der insbesondere für eine etwaige Haftung maßgebliche Umfang dieser Pflichten ist von zweierlei Faktoren abhängig. Zum einen muss die Geschäftsleitung bei der Umsetzung ihrer Pflichten einen gesetzlich vorgegebenen Sorgfaltsmaßstab anwenden, und zum anderen ergeben sich auch hinsichtlich des Ermessensspielraums der Geschäftsleitung Beschränkungen. Daraus folgt, dass die Geschäftsleitung dafür verantwortlich ist, ihre **organschaftlichen IT-Sicherheitspflichten in einer bestimmten Weise umzusetzen.**   54

---

1 Aus der Vielzahl der Quellen beispielhaft *Koch* in Hüffer/Koch, AktG, § 76 Rz. 13; *von Busekist/Hein*, CCZ 2012, 41, 41 ff. und 86, 86 ff.
2 *Deutscher Bundestag*, Drucksache 13/9712, S. 15; *Spindler* in MünchKomm/AktG, § 91 Rz. 28; *Koch* in Hüffer/Koch, AktG, § 91 Rz. 7.
3 *Koch* in Hüffer/Koch, AktG, § 76 Rz. 15; *von Busekist/Hein*, CCZ 2012, 41, 43.
4 *Koch* in Hüffer/Koch, AktG, § 76 Rz. 15; *Hölters* in Hölters, AktG, § 93 Rz. 94; *von Busekist/Hein*, CCZ 2012, 41, 41 ff.
5 *Conrad* in Auer-Reinsdorff/Conrad, IT- und Datenschutzrecht, § 33 Rz. 37.
6 Zu den typischen Bestandteilen eines IT-Sicherheitskonzepts s. *Schmidl* in Hauschka/Moosmayer/Lösler, Corporate Compliance, § 28 Rz. 48 ff.

a) Anzuwendender Sorgfaltsmaßstab

55 § 93 Abs. 1 Satz 1 AktG legt fest, welchen Sorgfaltsmaßstab der Vorstand seinen unternehmerischen Entscheidungen zugrunde legen muss. Die im Fall einer Verletzung dieser Vorgabe drohende Haftung (s. Rz. 197 ff.) soll die Geschäftsleitung zur sorgfältigen Wahrnehmung ihrer Funktionen und zur Loyalität gegenüber der Gesellschaft anhalten.[1] Den Verhaltensstandard für die Geschäftsleitung bildet „die **Sorgfalt eines ordentlichen und gewissenhaften Geschäftsleiters**".

56 Ein einheitlicher Geschäftsleitertyp existiert als Maßstab nicht.[2] Vielmehr beurteilt sich die anzuwendende Sorgfalt danach, wie sich ein Geschäftsleiter, der ein Unternehmen vergleichbarer Art und Größe unter eigener Verantwortung leitet, zu verhalten hat.[3] Damit sind verschiedene Faktoren für die Bewertung maßgeblich: die Art und Größe des Unternehmens, die Zahl der Beschäftigten, die Konjunkturlage, das wirtschaftliche Umfeld und die Art der Geschäftsführungsmaßnahmen.[4] Daraus ergibt sich, dass den Vorstand einer großen AG im Vergleich zum Geschäftsführer eines kleinen Unternehmens eine erhöhte Sorgfaltspflicht trifft.[5] Im Hinblick auf Maßnahmen zur IT-Sicherheit spielen damit die **Umstände des Einzelfalls** bei der Beurteilung des Sorgfaltsmaßstabs eine wichtige Rolle, was sich insbesondere auf die **Sensibilität der** von Risiken **betroffenen Daten**, mögliche **Schadensszenarien** und die Möglichkeit sowie Kosten einer **Schadensbeseitigung** bezieht.[6] Da der Datenbestand der Gesellschaft regelmäßig einen bedeutenden Unternehmenswert darstellt, je nach Branche und Geschäftsmodellen auch den bedeutendsten Wert, und da beim Verlust dieser Daten irreversible Schäden und empfindliche rechtliche Konsequenzen drohen können, sind die Anforderungen an die IT-Sicherheit regelmäßig hoch.[7]

57 Neben dem objektiven Sorgfaltsmaßstab finden auch **spezielle Kenntnisse und Fähigkeiten** der jeweiligen Geschäftsleitung Berücksichtigung.[8] Dadurch wird, soweit vorhanden, insbesondere das IT-ressortverantwortliche Mitglied der Geschäftsleitung in die Pflicht genommen (s. Rz. 37 ff.). Nicht zuletzt erfolgt die Zuteilung von **Ressortverantwortlichkeiten** häufig gerade aus dem Grund, dass das jeweilige Geschäftsleitungsmitglied Spezialkenntnisse oder Fähigkeiten auf dem jeweiligen Gebiet besitzt.[9] Im Übrigen müssen alle Geschäftsleitungsmitglieder diejenigen Fähigkeiten und Kenntnisse besitzen, die zur Wahrnehmung der Geschäftsleitung erforderlich sind.[10] Eine dahingehende Unfähigkeit zur Geschäftsführung

---

1 *Mertens/Cahn* in KölnKomm/AktG, Band 2/I, § 93 Rz. 6.

2 *Spindler* in MünchKomm/AktG, § 93 Rz. 25.

3 *Spindler* in MünchKomm/AktG, § 93 Rz. 25; *Fleischer* in Spindler/Stilz, AktG, § 93 Rz. 41; *Hölters* in Hölters, AktG, § 93 Rz. 26.

4 *Spindler* in MünchKomm/AktG, § 93 Rz. 25; *Fleischer* in Spindler/Stilz, AktG, § 93 Rz. 41; *Hölters* in Hölters, AktG, § 93 Rz. 26.

5 *Spindler* in MünchKomm/AktG, § 93 Rz. 25; *Böttcher*, NZG 2009, 1047, 1050.

6 *Conrad* in Auer-Reinsdorff/Conrad, IT- und Datenschutzrecht, § 33 Rz. 39.

7 *Conrad* in Auer-Reinsdorff/Conrad, IT- und Datenschutzrecht, § 33 Rz. 39.

8 *Hölters* in Hölters, AktG, § 93 Rz. 27; *Spindler* in MünchKomm/AktG, § 93 Rz. 25; besondere subjektive Stärken sind aus Gründen des Verkehrs- und Vertrauensschutzes zu berücksichtigen: BGH, Urt. v. 9.1.1990 – VI ZR 103/89, NJW-RR 1990, 406 = MDR 1990, 612; *Grundmann* in MünchKomm/BGB, § 276 Rz. 56.

9 *Spindler* in MünchKomm/AktG, § 93 Rz. 25.

10 *Spindler* in MünchKomm/AktG, § 93 Rz. 25; *Hölters* in Hölters, AktG, § 93 Rz. 27; *Mertens/Cahn* in KölnKomm/AktG, Band 2/I, § 93 Rz. 136 f.

kann Geschäftsleitungsmitglieder nicht aus ihrer organisatorischen Verantwortlichkeit entheben (s. Rz. 38).[1]

Beispiel zum Sorgfaltsmaßstab[2]: Ein Unternehmen führt seine **Handelsbücher** elektronisch. Bei der Erfassung der Handelsgeschäfte kommt es zur Aufzeichnung verschiedener Rechnungen. Allerdings werden trotz entsprechender handels- und steuerrechtlicher Pflichten (s. Rz. 61 ff.) vollständige und inhaltlich richtige Belege über diese Zahlungen nicht erfasst. Dies ist dem Umstand geschuldet, dass es sich in Wirklichkeit um Scheinrechnungen handelt. Die Geschäftsleitung hat kein System zur Überwachung der ordnungsgemäßen Buchhaltung eingerichtet. Ein solches hätte es ermöglichen können, das Fehlen der in Rechnung gestellten Lieferungen und Leistungen unabhängig von etwaig formal ausgestellten Scheinrechnungen aufzudecken.

Rechtlich ist im Rahmen der elektronischen Buchführung die Einrichtung eines Internen Kontrollsystems (**IKS**), welches auch eine Überwachung der Buchhaltung ermöglichen muss, vorgeschrieben. Ein ordentlicher und gewissenhafter Geschäftsleiter würde dieser Rechtspflicht nachkommen. Weil die Geschäftsleitung in diesem Beispiel kein Überwachungssystem eingerichtet hat, hat sie den auf ihre Entscheidungen anzuwendenden Sorgfaltsmaßstab verletzt.

b) Ermessensspielraum: Business Judgement Rule

Hinsichtlich der unternehmerischen Leitungs- und Organisationsentscheidungen kommt der Geschäftsleitung ein erheblicher Ermessensspielraum zu. Dieser wird von der sog. **Business Judgement Rule** näher ausgeformt. Sie ist für den Vorstand der AG explizit in § 93 Abs. 1 Satz 2 AktG geregelt, findet nach der Rechtsprechungspraxis aber auch auf andere Gesellschaftsformen Anwendung und billigt der Geschäftsleitung einen breiten Handlungsspielraum zu.[3] Übt die Geschäftsleitung ihr Ermessen entsprechend der Business Judgement Rule aus, ist ihre unternehmerische Entscheidung der gerichtlichen Prüfung entzogen, so dass ein haftungsrechtlicher „safe harbor" entsteht.[4] Nach § 93 Abs. 1 Satz 2 AktG liegt eine Pflichtverletzung nicht vor, wenn die Geschäftsleitung bei einer unternehmerischen Entscheidung vernünftigerweise annehmen durfte, auf der Grundlage angemessener Information zum Wohle der Gesellschaft zu handeln.[5]   58

Entsprechend der unternehmerischen Eigenverantwortlichkeit der Geschäftsleitung und weil unternehmerische Entscheidungen Freiraum benötigen, um dynamischen Marktentwicklungen Rechnung tragen zu können, liegen die Leitungsentscheidungen im **Ermessen** der Geschäftsleitung.[6] Unternehmerische Entscheidungen sind stets zukunftsgerichtet und beruhen   59

---

1 *Hölters* in Hölters, AktG, § 93 Rz. 27 m.w.N.

2 Angelehnt an OLG Jena, Urt. v. 12.8.2009 – 7 U 244/07, NZG 2010, 226, 226 ff. = GmbHR 2010, 483.

3 BGH, Urt. v. 21.4.1997 – II ZR 175/95, NJW 1997, 1926, 1927 = AG 1997, 377; OLG Zweibrücken, Urt. v. 22.12.1998 – 8 U 98/98, NZG 1999, 506, 507; OLG Jena, Urt. v. 8.8.2000 – 8 U 1387/98, NZG 2001, 86, 87 = GmbHR 2001, 243; *Mertens/Cahn* in KölnKomm/AktG, Band 2/I, § 93 Rz. 13 f.; *Haas/Ziemons* in Ziemons/Jaeger, BeckOK GmbHG, § 43 Rz. 101 ff.; *Hölters* in Hölters, AktG, § 93 Rz. 29; *Spindler* in MünchKomm/AktG, § 93 Rz. 36.

4 *Spindler* in MünchKomm/AktG, § 93 Rz. 37; *Mertens/Cahn* in KölnKomm/AktG, Band 2/I, § 93 Rz. 13; *Fleischer* in Spindler/Stilz, AktG, § 93 Rz. 60; *Wiesner* in Münchner Hdb d. Gesellschaftsrechts, Band 4, § 25 Organpflichten des Vorstands, Rz. 58.

5 *Wiesner* in Münchner Hdb d. Gesellschaftsrechts, Band 4, § 25 Organpflichten des Vorstands, Rz. 57.

6 *Spindler* in MünchKomm/AktG, § 93 Rz. 36; *Fleischer* in Spindler/Stilz, AktG, § 93 Rz. 60; *Hölters* in Hölters, AktG, § 93 Rz. 29.

auf Planungen und Prognosen, so dass ihnen stets ein Element der Unsicherheit anhaftet.[1] Allerdings muss die Geschäftsleitung gemäß der Business Judgement Rule ihre unternehmerischen **Entscheidungen auf der Grundlage angemessener Informationen** treffen.[2] Daher muss vor der Entscheidungsfindung eine entsprechende Informationsgrundlage geschaffen werden. Welche Informationen als „angemessen" anzusehen sind, lässt sich nur anhand des konkreten Falles feststellen.[3] Der Umfang der Informationsgrundlage hängt u.a. von der Art und Bedeutung der Entscheidungen, der für den Informationsgewinn zur Verfügung stehenden Zeit, anerkannten betriebswirtschaftlichen Verhaltensmaßstäben, den tatsächlichen und rechtlichen Möglichkeiten des Informationszugangs sowie dem Verhältnis von Informationsbeschaffungskosten und voraussichtlichem Informationsnutzen ab.[4] Grundsätzlich muss die Geschäftsleitung alle vorhandenen Informationsquellen ausschöpfen.[5] In Abhängigkeit von den zuvor beschriebenen Faktoren kann es ggf. zudem erforderlich sein, neue Informationsquellen zu erschließen oder Sachverständigengutachten einzuholen.[6]

60 Zur angemessenen Umsetzung ihrer IT-Sicherheitspflichten muss sich die Geschäftsleitung die mit der **Nutzung der IT im Unternehmen** verbundenen Gefahren vergegenwärtigen und auf der Grundlage dieser Informationen die Entscheidungen treffen, von denen sie ausgehen kann, dass sie dem Wohle des Unternehmens dienen.[7] Damit bildet der Informationsgewinn über mögliche IT-Risiken ein Kernelement des allgemeinen Risikomanagementsystems.[8] Die Unternehmensleitung muss daher den Ist-Zustand der eingesetzten IT erfassen, Risikopotentiale erkennen und eine Prognose bezüglich dieser Risiken vornehmen (s. Rz. 12 ff.).[9] Erst auf Grundlage dieser Informationen kann sie ihre Entscheidungen in Bezug auf für die IT-Sicherheit erforderlichen Maßnahmen treffen.

■ **Das Wesentliche in Kürze:**

Einrichtung und Aufrechterhaltung von IT-Sicherheit im Unternehmen fällt in den Aufgabenbereich der Geschäftsleitung (vgl. § 91 Abs. 2 AktG):

– Praktische Umsetzung: Benennung eines IT-ressortverantwortlichen Geschäftsleitungsmitglieds, das von den anderen Mitgliedern überwacht wird.

– Konkrete IT-Sicherheitsmaßnahmen beruhen auf unternehmerischer Entscheidung der Geschäftsleitung im Einzelfall.

Grundlegende gesellschaftsrechtliche IT-Sicherheitspflichten:

– IT-Compliance = Einhaltung der anwendbaren IT-sicherheitsrechtlichen Vorschriften

---

1 *Hölters* in Hölters, AktG, § 93 Rz. 30; *Spindler* in MünchKomm/AktG, § 93 Rz. 36.

2 *Hölters* in Hölters, AktG, § 93 Rz. 29; *Mertens/Cahn* in KölnKomm/AktG, Band 2/I, § 93 Rz. 12 ff.; *Fleischer* in Spindler/Stilz, AktG, § 93 Rz. 70 ff.; *von Holleben/Menz*, CR 2010, 63, 66.

3 *Koch* in Hüffer/Koch, AktG, § 93 Rz. 20; *Fleischer* in Spindler/Stilz, AktG, § 93 Rz. 70.

4 *Hölters* in Hölters, AktG, § 93 Rz. 34; *Fleischer* in Spindler/Stilz, AktG, § 93 Rz. 70; *Mertens/Cahn* in KölnKomm/AktG, Band 2/I, § 93 Rz. 33.

5 *Spindler* in MünchKomm/AktG, § 93 Rz. 48; *Hölters* in Hölters, AktG, § 93 Rz. 34; *Binder*, AG 2008, 274, 281; *Fleischer*, NJW 2009, 2337, 2339; *Redeke*, ZIP 2011, 59, 60; BGH, Beschl. v. 14.7.2007 – II ZR 202/07, NZG 2008, 705, 706 = GmbHR 2008, 1033.

6 *Hölters* in Hölters, AktG, § 93 Rz. 34; *Fleischer* in Spindler/Stilz, AktG, § 93 Rz. 70; *Spindler* in MünchKomm/AktG, § 93 Rz. 48 ff.

7 *Conrad* in Auer-Reinsdorff/Conrad, IT- und Datenschutzrecht, § 33 Rz. 41.

8 *von Holleben/Menz*, CR 2010, 63, 66.

9 *von Holleben/Menz*, CR 2010, 63, 66; *Spindler* in MünchKomm/AktG, § 91 Rz. 20.

– Einrichtung eines Systems zur Früherkennung und Überwachung bestandsgefährdender (= existenzbedrohender) IT-Sicherheitsrisiken (vgl. § 91 Abs. 2 AktG)

– Pflicht zur Überwachung und Steuerung aller IT-Risiken (vgl. § 93 AktG) → praktische Umsetzung regelmäßig über Einrichtung eines allgemeinen (IT-)Risikomanagementsystems

IV. Pflicht zur Buchführung

Jedes Unternehmen ist zum Führen von Handelsbüchern zum Zwecke der Rechnungslegung und als Grundlage zur Erstellung von Jahresabschlüssen verpflichtet, §§ 238 ff. HGB. Die Umsetzung dieser Aufgabe trifft die Geschäftsleitung des Unternehmens (vgl. §§ 91 Abs. 1 AktG, 41 Abs. 1 GmbHG) und wird heute in der Regel – innerhalb des zulässigen Umfangs – in Form einer **elektronischen Buchführung** erfüllt. Dabei sind die Rechnungslegungsvorschriften der §§ 238 ff. HGB und der Abgabenordnung zu berücksichtigen.   61

Bei der EDV-Buchführung muss sichergestellt sein, dass die Daten während der gesetzlichen Aufbewahrungsfrist verfügbar sind und jederzeit innerhalb einer angemessenen Frist lesbar gemacht werden können, §§ 239 Abs. 4 Satz 2 HGB, 146 Abs. 5 Satz 2 AO.[1] Hintergrund dieser sog. **Revisionssicherheit** ist die Überprüfung und Überprüfbarkeit von Daten und Systemen durch die interne und ggf. externe Revision, wobei die betroffenen Daten über Sicherheitsvorkehrungen vor inhaltlichen Veränderungen geschützt wurden.[2] Um eine solche Überprüfung zu ermöglichen, muss die Geschäftsleitung die **Sicherheit der zu diesem Zweck eingesetzten IT gewährleisten**. Umfang und Gegenstand dieser handels- und steuerrechtlichen IT-Sicherheitspflicht werden über die Grundsätze zur ordnungsmäßigen Führung und Aufbewahrung von Büchern, Aufzeichnungen und Unterlagen in elektronischer Form sowie zum Datenzugriff (kurz: **GoBD**) konkretisiert.[3] Die Einhaltung dieser IT-Sicherheitspflicht muss in jedem Fall sichergestellt werden, da bei Verstößen ggf. im Rahmen von externen Prüfungen eine Verweigerung des Bestätigungsvermerks durch den Wirtschaftsprüfer droht.   62

1. Zulässiger Umfang elektronischer Buchführung

Nach § 293 Abs. 4 HGB ist die Führung der Handelsbücher auch elektronisch möglich, sofern die Grundsätze der ordnungsgemäßen Buchführung eingehalten werden. Für den zulässigen Umfang der elektronischen Buchführung sind die Anforderungen an die Erfüllung der **Aufbewahrungspflicht** für Unterlagen nach § 257 Abs. 3 HGB zu beachten. Diese Vorschrift ermöglicht zwar die Aufbewahrung von Unterlagen in elektronischer Form, allerdings sind die **Eröffnungsbilanz, die Jahres- und die Konzernabschlüsse in Urschrift** (mit Unterschrift und ggf. Bestätigungsvermerk oder Vermerk über dessen Versagung) aufzubewahren.[4]   63

---

1 Siehe zu den gesetzlichen Aufbewahrungsfristen und dem Datenumfang *Ballwieser* in MünchKomm/HGB, § 257 Rz. 3 ff.

2 *Conrad/Hausen* in Forgó/Helfrich/Schneider, Betrieblicher Datenschutz, Teil III, Kap. 3, Rz. 1.

3 Diese gelten für alle Veranlagungszeiträume, die nach dem 31.12.2014 beginnen. Für die Zeiträume davor müssen die Grundsätze ordnungsgemäßer DV-gestützter Buchführungssysteme (**GoBS**) und die Grundsätze zum Datenzugriff und Prüfbarkeit digitaler Unterlagen (**GDPdU**) beachtet werden.

4 *Böcking/Gros* in Ebenroth/Boujong/Joost/Strohn, HGB, § 257 Rz. 21.

64 Grundsätzlich sind Unterlagen in der Form (ausgedruckt oder elektronisch) aufzubewahren, in der sie entstanden oder eingegangen sind.[1] Schließlich gibt nur das Original die inhaltliche und äußerliche Aufmachung einschließlich der Urheberschaft der Unterlagen im Handelsverkehr wieder.[2] Das lässt sich an Handelsbriefen verdeutlichen: Werden Handelsbriefe zwar im Computer gespeichert, aber in Papierform mit Unterschrift verschickt, dann entspricht der gespeicherte Brief nicht mehr automatisch dem „Original" in Papierform.[3] Möchte man die Bücher also im zulässigen Umfang vollständig elektronisch führen, muss bei der **Archivierung** auf Bild- oder sonstigen Datenträgern die **Übereinstimmung mit dem Original gewährleistet** werden:[4]

– Für empfangene **Handelsbriefe** und **Buchungsbelege** wird bildliche Übereinstimmung verlangt, damit die Urheberschaft der angebrachten Sicht-, Kontroll- und Bearbeitungsvermerke sowie von deren Inhalt festgestellt werden kann.[5]

– Für die übrigen Unterlagen genügt inhaltliche Übereinstimmung, d.h. Vollständigkeit und inhaltliche Richtigkeit der Wiedergaben.[6]

Werden diese Vorgaben beachtet, dürfen Originale nach ordnungsgemäßer Aufnahme bzw. Speicherung grundsätzlich vernichtet werden.[7]

65 **Steuerrechtlich** wird Unternehmen eine **bestimmte Form** für Bücher und Aufzeichnungen **nicht vorgeschrieben.**[8] § 146 Abs. 5 AO eröffnet dem steuerpflichtigen Unternehmen somit ein Wahlrecht bzgl. der Aufzeichnungsform, etwa in elektronischer Form.[9] Entscheidet sich das Unternehmen für eine elektronische Buchführung, sind die Grundsätze für die ordnungsgemäße Buchführung einzuhalten.[10]

2. Sicherungspflichtige Daten und IT-Systeme

66 Die steuerrechtlichen und handelsrechtlichen Anforderungen an den Umfang der Buchführung entsprechen sich weitgehend, wonach zahlreiche Daten aufbewahrungspflichtig sind.[11] Neben **Handelsbüchern, (Jahres-)Abschlüssen** und **Lageberichten** sowie den zur Aufstellung des Jahresabschlusses erforderlichen **Buchungsbelegen** sind auch entsprechende **Arbeitsanweisungen** und **Organisationsunterlagen** aufzubewahren, die Dritten die Überprüfung der Buchführung ermöglichen, so dass z.B. auch Kontenpläne und Systemdokumentationen betroffen sind.[12] Auch der E-Mail-, Telefax- und anderweitige Kommunikationsfluss des Unternehmens muss in Teilen archiviert werden.[13] Von einer Aufbewahrungspflicht sind darüber hinaus **jegliche Unterlagen** betroffen, die zur **Überprüfung einer Besteuerung erforderlich**

---

1 *Regierer* in Häublein/Hoffmann-Theinert, BeckOK HGB, § 257 Rz. 10.
2 *Regierer* in Häublein/Hoffmann-Theinert, BeckOK HGB, § 257 Rz. 10 m.w.N.
3 *Regierer* in Häublein/Hoffmann-Theinert, BeckOK HGB, § 257 Rz. 10; *Ballwieser* in MünchKomm/HGB, § 257 Rz. 14 m.w.N.
4 *Böcking/Gros* in Ebenroth/Boujong/Joost/Strohn, HGB, § 257 Rz. 22.
5 *Böcking/Gros* in Ebenroth/Boujong/Joost/Strohn, HGB, § 257 Rz. 23 m.w.N.
6 *Böcking/Gros* in Ebenroth/Boujong/Joost/Strohn, HGB, § 257 Rz. 24 m.w.N.
7 *Böcking/Gros* in Ebenroth/Boujong/Joost/Strohn, HGB, § 257 Rz. 22.
8 *Cöster* in Koenig, AO, § 140 Rz. 8.
9 *Rätke* in Klein, AO, § 146 Rz. 106 m.w.N.
10 *Rätke* in Klein, AO, § 146 Rz. 106 m.w.N.
11 *Graf* in MüKo Bilanzrecht, § 257 HGB Rz. 1.
12 *Graf* in MüKo Bilanzrecht, § 257 HGB Rz. 12.
13 *Graf* in MüKo Bilanzrecht, § 257 HGB Rz. 13.

sind, was sich – abhängig vom jeweiligen Unternehmen – auch auf **Kassenzettel** oder **Lohn-stundenzettel** beziehen kann.[1] Da unzählige Daten aufbewahrungspflichtig sind, unterliegen auch viele IT-Systeme im Unternehmen der handels- und steuerrechtlichen IT-Sicherheits-pflicht. Davon betroffen sind u.a. folgende Systeme[2]:

– Finanz-, Lohn-, Anlagenbuchhaltung;

– PC- und Registrier-Kassen;

– Zahlungsverkehrssysteme;

– Office-Programme für die Textverarbeitung, Tabellenkalkulation und den E-Mail-Ver-kehr;

– Dokumentenmanagement-Systeme;

– Zeiterfassungssysteme.

3. Anforderungen an die IT-Sicherheit der Buchführung

Die Anforderungen an die IT-gestützte Buchführung sollen die Verfügbarkeit der Informa-tionen, deren Fälschungssicherheit und nachträgliche Unveränderbarkeit sicherstellen.[3] Da-bei sind u.a. **folgende Grundsätze** einzuhalten: 67

– **Nachvollziehbarkeit und Nachprüfbarkeit**: Die Buchführung muss einem sachverstän-digen Dritten innerhalb angemessener Zeit einen Überblick über die Geschäftsvorfälle und die Lage des Unternehmens ermöglichen, weshalb die Geschäftsvorfälle aufgezeich-net und durch Belege nachgewiesen werden müssen.[4]

– **Vollständigkeit**: Alle Geschäftsvorfälle sind vollzählig und lückenlos aufzuzeichnen, wenn-gleich dies nur im Rahmen der Zumutbarkeit und Praktikabilität zu erfolgen hat.[5]

Beispiel für Zumutbarkeit und Praktikabilität:

– In einem Einzelhandelsgeschäft kommt zulässigerweise eine PC-Kasse ohne Kundenverwaltung zum Einsatz. Dass die Namen der Kunden bei Bargeschäften nicht erfasst und beigestellt werden, ist nicht zu beanstanden, da dies weder praktikabel noch zumutbar ist.

– **Richtigkeit**: Die Geschäftsvorfälle müssen inhaltlich zutreffend durch Belege abgebildet werden.[6]

– **Zeitgerechte Buchungen und Aufzeichnungen**: Die Geschäftsvorfälle sind zeitgerecht zu erfassen, was bei einer elektronischen Buchführung unmittelbar erfolgen muss, da dies zumutbar und praktikabel sein sollte.[7]

– **Ordnung**: Der Grundsatz der Klarheit verlangt u.a. eine systematische Erfassung und übersichtliche, eindeutige und nachvollziehbare Buchungen.[8]

---

1 *Graf* in MüKo Bilanzrecht, § 257 HGB Rz. 15; *Rätke* in Klein, AO, § 147 Rz. 27.
2 Siehe *Conrad* in Auer-Reinsdorff/Conrad, IT- und Datenschutzrecht, § 33 Rz. 326 für eine aus-führlichere Aufzählung.
3 *Conrad* in Auer-Reinsdorff/Conrad, IT- und Datenschutzrecht, § 33 Rz. 325.
4 GOBD-Schreiben, S. 9.
5 GOBD-Schreiben, S. 10.
6 GOBD-Schreiben, S. 11.
7 GOBD-Schreiben, S. 13.
8 GOBD-Schreiben, S. 13.

– **Unveränderbarkeit**: Die erfassten Daten dürfen nicht nachträglich so veränderbar sein, dass ihr ursprünglicher Inhalt nicht mehr feststellbar ist. Aus diesem Grund sind Veränderungen und Löschungen von und an elektronischen Buchungen oder Aufzeichnungen entsprechend zu protokollieren.[1]

4. Umsetzung der Anforderungen: internes Kontrollsystem

68 Die Umsetzung dieser Anforderungen an die zur Buchhaltung eingesetzte IT erfordert die Einrichtung eines **internen Kontrollsystems** (IKS), welches deren dauerhafte Einhaltung absichert.[2] Dieses besteht aus zwei Elementen:[3]

(1) Internes Steuerungssystem: Dieses sieht Maßnahmen zur Steuerung der Unternehmensaktivitäten vor und stellt auf diese Weise die ordnungsgemäße Erfassung von Geschäftsvorfällen und die Einhaltung der weiteren Buchhaltungsgrundsätze sicher. Es gewährleistet nicht nur den reibungslosen Arbeitsablauf der Buchhaltung, sondern auch aller rechnungslegungsrelevanten Bereiche der Unternehmensorganisation.

(2) Internes Überwachungssystem: Dieses stellt die Nachhaltigkeit der internen Steuerung über prozessintegrierte und prozessunabhängige Überwachungsmaßnahmen sicher.

Beispiele für Überwachungsmaßnahmen:

– EDV-Zugangs- und Zugriffsberechtigungskontrollen

– Vier-Augen-Prinzip

– Funktionstrennungen

– Erfassungskontrollen (Fehlerhinweise, Prüfung der Plausibilität der Erfassungen)

– Schutzmaßnahmen gegen die Verfälschung von Programmen, Daten und Dokumenten

69 Die Implementierung eines IKS ist zur Gewährleistung der Ordnungsmäßigkeit und Verlässlichkeit des Rechnungswesens unerlässlich.[4] **Art und Umfang des Systems** sind von der Komplexität des Unternehmens, dessen Organisationsstruktur, der Diversifikation der Geschäftstätigkeiten und der eingesetzten IT abhängig.[5]

5. Besonderheiten für an der US-Börse notierte Unternehmen

70 Die Pflichten zur ordnungsgemäßen elektronischen Buchführung treffen in verstärkter Ausprägung **deutsche Unternehmen, die an der US-Börse notiert sind**. Die Grundlage dafür bildet überwiegend der amerikanische **Sarbanes-Oxley Act** (SOX) aus dem Jahr 2002, der auf diese Unternehmen Anwendung findet und in diesem Zusammenhang eine Vielzahl zu lösender **Aufgaben im „Compliance"-Bereich** stellt.[6] Die Vorschriften sind eine Konsequenz zahlreicher Bilanzskandale von US-Firmen um die Jahrtausendwende und sollen das Vertrauen

---

1 GOBD-Schreiben, S. 14.

2 *Conrad* in Auer-Reinsdorff/Conrad, IT- und Datenschutzrecht, § 33 Rz. 325.

3 Für die folgenden Ausführungen s. *Deussen* in Ziemons/Jaeger, BeckOK GmbHG, § 41 Rz. 11 ff.

4 *Deussen* in Ziemons/Jaeger, BeckOK GmbHG, § 41 Rz. 13.

5 GOBD-Schreiben, S. 23; *Deussen* in *Ziemons/Jaeger*, BeckOK GmbHG, § 41 Rz. 13.

6 *Conrad/Huppertz* in Auer-Reinsdorff/Conrad, IT- und Datenschutzrecht, § 33 Rz. 258.

von Anlegern in die Korrektheit der veröffentlichen Unternehmensfinanzdaten sichern.[1] Der Anwendbarkeit des SOX unterfallen sowohl deutsche Unternehmen, deren Aktien an der US-Börse gehandelt werden, als auch deutsche Unternehmen, deren Konzernmutter an der US-Börse notiert ist.[2]

Die wohl bedeutendste IT-sicherheitsrechtliche Vorschrift bildet Sec. 404 SOX, der Unternehmen zur **Einrichtung eines effektiven internen Kontrollsystems** zur Sicherstellung einer funktionsfähigen Finanzberichterstattung an die amerikanische Börsenaufsichtsbehörde (United States Securities and Exchange Commission) verpflichtet. Jeder **Bericht** an die Aufsichtsbehörde muss Informationen über das Rahmenkonzept des Kontrollsystems und eine Eigenbewertung zu dessen Effektivität enthalten.[3] Während dieser Report von US-Unternehmen vierteljährlich abgegeben werden muss, sind ausländische und damit auch deutsche Unternehmen nur einmal im Jahr dazu verpflichtet.[4] Diese besonderen Finanzberichterstattungspflichten sind bei der steuer- und handelsrechtlichen Pflicht zur Einführung eines internen Kontrollsystems unbedingt zu berücksichtigen. Darüber hinaus verlangt Sec. 302 SOX vom **Vorstand** des Unternehmens die **Abgabe einer Erklärung**, in der er seine **Kenntnis** aller rechnungslegungsbezogenen Informationen bestätigt, was sich auch auf die **Funktionsweise des internen Kontrollsystems** bezieht.[5] Falsche Erklärungen, die wissentlich oder vorsätzlich abgegeben wurden, werden mit Geldbußen bis zu einer Höhe von 5 Mio. US-Dollar sowie Freiheitsstrafen von bis zu 20 Jahren sanktioniert.

71

■ **Das Wesentliche in Kürze:**

Buchführung kann im Unternehmen weitestgehend IT-basiert erfolgen (§§ 293 Abs. 4, 257 Abs. 3 HGB, § 146 Abs. 5 AO) unter Berücksichtigung folgender Besonderheiten:

- Für Eröffnungsbilanz, Jahres-, Konzernabschlüsse ist elektronische Aufbewahrung unzulässig.
- Handelsbriefe und Buchungsbelege müssen in elektronischer Form bildlich mit Papieroriginal übereinstimmen.

Nach den **GoBD** sind folgende IT-Sicherheitsziele bzgl. der Unterlagen einzuhalten: Nachvollziehbarkeit, Nachprüfbarkeit, Vollständigkeit, Richtigkeit, zeitgerechte Buchungen und Aufzeichnungen, Ordnung sowie Unveränderbarkeit.

Die Umsetzung dieser Grundsätze wird über ein **Internes Kontrollsystem** mit Steuerungs- (sichere Erfassung und Aufbewahrung der Informationen) und Überwachungselementen (Kontrolle der IT-Sicherheit) gewährleistet.

Für an der **US-Börse** notierte deutsche Unternehmen gilt eine Besonderheit: Die Effektivität des Internen Kontrollsystems ist jährlich gegenüber der amerikanischen Börsenaufsichtsbehörde nachzuweisen (Sec. 404 SOX).

---

1 *Conrad/Huppertz* in Auer-Reinsdorff/Conrad, IT- und Datenschutzrecht, § 33 Rz. 259; *Obermayr* in Hauschka/Mossmayer/Lösler, Corporate Compliance, § 44 Rz. 111; etwa Meldung http://www.spiegel.de/wirtschaft/bilanzskandal-bei-worldcom-schlimmer-als-enron-a-202626.html, zuletzt aufgerufen am 12.1.2018.
2 *Conrad/Huppertz* in Auer-Reinsdorff/Conrad, IT- und Datenschutzrecht, § 33 Rz. 260.
3 *Conrad/Huppertz* in Auer-Reinsdorff/Conrad, IT- und Datenschutzrecht, § 33 Rz. 263 m.w.N.
4 *Hütten/Stromann*, BB 2003, 2223, 2225.
5 *Conrad/Huppertz* in Auer-Reinsdorff/Conrad, IT- und Datenschutzrecht, § 33 Rz. 263.

V. Rechtslage im Konzern

72 In der Praxis sind die meisten Gesellschaften nicht uneingeschränkt selbständig, sondern in eine Konzernstruktur eingegliedert.[1] Konzerne bestehen aus mehreren rechtlich selbstständigen Unternehmen, davon ein herrschendes Unternehmen und mehrere beherrschte Unternehmen, unter einheitlicher Leitung des herrschenden Unternehmens, vgl. § 18 Abs. 1 AktG. Seit einigen Jahren verstärkt sich die **Diskussion** über eine konzernweite Compliance-Pflicht, die in die **Verantwortlichkeit des Mutterunternehmens** fällt.[2] Diese wird in der Rechtswissenschaft überwiegend, aber mit unterschiedlichen Begründungen, befürwortet.[3] Die Schaffung einer umfassenden konzernweiten Compliance-Struktur dürfte aus Praktikabilitätsgründen angezeigt sein, muss rechtlich aber lediglich in Form konzernweiter Überwachungsmaßnahmen umgesetzt werden.

1. Konzernweite Compliance-Pflicht

73 Die Geschäftsleitung des Mutterunternehmens hat für eine ordnungsgemäße, **konzernweite Compliance-Organisation** zu sorgen.[4] Dazu gehört die Verabschiedung einheitlicher **Konzernrichtlinien** und die Schaffung einheitlicher Compliance-Strukturen (s. auch Rz. 52 f.).[5] Die konkrete Ausgestaltung liegt im Ermessen der Geschäftsleitung des Mutterunternehmens (s. Rz. 54 ff.), wobei sich allgemein verbindliche Leitlinien noch weniger herausbilden lassen als für die einzelne Gesellschaft.[6]

74 In der Praxis ist die IT-Prozess- und Systemlandschaft im Konzern in der Regel gesellschaftsübergreifend konzipiert und damit zentralisiert. Dies birgt nicht nur die Vorteile einer vereinfachten globalen Interaktion, sondern schafft zugleich ein erhöhtes Risikopotential. Cyber-Angriffe auf die **zentralisierten IT-Systeme** können gesellschaftsübergreifende Schäden auslösen. Die konzernweite Compliance-Organisation muss daher auf die besonderen Gegebenheiten im Konzern zugeschnitten werden und erfordert überdies teilweise die Berücksichtigung nationaler oder regionaler Besonderheiten.

75 Während die Compliance-Organisation der Geschäftsleitung des Mutterunternehmens obliegt, fällt die konkrete **Umsetzung dieser Compliance-Vorgaben** in den Pflichtenkreis der **Geschäftsleitung der einzelnen Konzernunternehmen**.[7] Die jeweiligen Leitungsorgane der

---

1 *Koch*, WM 2009, 1013, 1013 dort Fn. 4.
2 *Conrad* in Auer-Reinsdorff/Conrad, IT- und Datenschutzrecht, § 33 Rz. 102; *Koch*, WM 2009, 1013, 1013; *Fleischer*, CCZ 2008, 1, 4 ff.; *Schneider/Schneider*, ZIP 2007, 2061, 2061 ff.; *Bürkle*, BB 2007, 1797, 1798 f.
3 *Bicker*, AG 2012, 542, 548; *Bürkle*, BB 2007, 1797, 1798 f.; *Fleischer*, CCZ 2008, 1, 5; *Lösler*, NZG 2005, 104, 105 ff.; *Schneider*, NZG 2009, 1321, 1323 ff.; *Schneider/Schneider*, ZIP 2007, 2061, 2064 f.; enger *Koch* in Hüffer/Koch, AktG, § 76 Rz. 21 f.; *Koch*, WM 2009, 1013, 1015 ff.; *Spindler* in MünchKomm/AktG, § 76 Rz. 46; *Fleischer* in Spindler/Stilz, AktG, § 91 Rz. 70 dort auch mit Überblick.
4 *Bürkle* in Hauschka/Moosmayer/Lösler, Corporate Compliance, § 36 Rz. 82 ff.; *Fleischer* in Spindler/Stilz, AktG, § 91 Rz. 70; *Kort*, NZG 2008, 81, 84; *Schneider/Schneider*, AG 2005, 57, 59; *Simon/Merkelbach*, AG 2014, 318, 319.
5 *Fleischer* in Spindler/Stilz, AktG, § 91 Rz. 70 f. m.w.N.; *Bürkle* in Hauschka/Moosmayer/Lösler, Corporate Compliance, § 36 Rz. 83.
6 *Fleischer* in Spindler/Stilz, AktG, § 91 Rz. 71; *Fleischer*, CCZ 2008, 1, 5 f.
7 *Fleischer* in Spindler/Stilz, AktG, § 91 Rz. 72; *Bicker*, AG 2012, 542, 548; *Fleischer*, CCZ 2008, 1, 6; *Hölters* in Hölters, AktG, § 93 Rz. 111; *Spindler*, WM 2008, 905, 916.

Tochtergesellschaften trifft damit die Pflicht zur Erreichung von IT-Sicherheit.[1] Je stärker allerdings die Verantwortlichkeiten des Mutterunternehmens hinsichtlich der konzernweiten Compliance-Organisation ausgestaltet sind, desto mehr können sich die Verantwortlichkeiten der Geschäftsleitungsorgane in den Tochtergesellschaften in Überwachungs- und Kontrollpflichten hinsichtlich der IT-Sicherheit umwandeln.[2]

2. Konzernweite Überwachungspflicht

Obwohl IT-Sicherheitsvorfälle über eine konzernweite Compliance-Struktur am einfachsten und effektivsten abzuwenden sind, stößt die **Einwirkungsmacht der Muttergesellschaft** auf die Tochtergesellschaften mitunter auf gesellschaftsrechtliche **Grenzen**.[3] Da die Konzernunternehmen trotz ihrer Verbundenheit rechtlich selbständige Einheiten bilden, hat das Mutterunternehmen kein uneingeschränktes Informationsrecht gegenüber den Tochterunternehmen, so dass die konzernweite Überwachung der Compliance nicht umfassend möglich ist.[4] Je nach Intensität der gesellschaftsrechtlichen Einflussmöglichkeiten kann die Muttergesellschaft ihren Willen im Bereich der Compliance nicht vollständig durchsetzen.[5] Einflussmöglichkeiten und Verantwortungsbereich der Geschäftsleitung der Konzernmutter decken sich insofern.[6] 76

Das rechtliche Mindestmaß der Einflussnahme der Konzernleitung ergibt sich daher auch aus ihren gesellschaftsrechtlichen Pflichten. Die Geschäftsleitung muss als Teil ihrer Leitungskompetenz Schäden von der Gesellschaft abwenden.[7] Ihre **Pflicht zur Risikoüberwachung** muss sich daher auch auf solche Schäden beziehen, die sich mittelbar oder unmittelbar durch die Beteiligungen an den Tochtergesellschaften ergeben können.[8] Damit trifft die Konzernleitung zumindest eine begrenzte Compliance-Pflicht in Form einer Überwachung von IT-Sicherheitsrisiken in den Tochterunternehmen im Rahmen ihrer Möglichkeiten. Obwohl auch hier grundsätzlich ein weites Handlungsermessen der Geschäftsleitung bzgl. der Umsetzung besteht (s. Rz. 58 ff.), dürfte die Schaffung eines **konzernweiten Kontrollsystems** zur Überwachung der Compliance in den Tochtergesellschaften erforderlich sein.[9] 77

Beispiel zur konzernweiten Überwachungspflicht[10]: Ein Unternehmen, welches als beherrschtes Tochterunternehmen Teil einer Konzernstruktur ist, erfasst im Rahmen der Buchführung Scheinrechnungen über Lieferungen und Leistungen, die tatsächlich nicht oder nicht wie belegt stattgefunden haben. Somit erfasst das Tochterunternehmen trotz entsprechender handels- und steuerrechtlicher Pflicht (s. Rz. 61 ff.) vollständige bzw. inhaltlich richtige Belege über diese Zahlungen nicht.

---

1 *Fleischer* in Spindler/Stilz, AktG, § 91 Rz. 72 m.w.N.; *Bürkle* in Hauschka/Moosmayer/Lösler, Corporate Compliance, § 36 Rz. 88; *Spindler* in MünchKomm/AktG, § 91 Rz. 78.

2 *Spindler* in MünchKomm/AktG, § 91 Rz. 78.

3 *Fleischer* in Spindler/Stilz, AktG, § 91 Rz. 74; *Spindler* in MünchKomm/AktG, § 91 Rz. 76 ff.

4 Zu den Einzelheiten s. *Spindler* in MünchKomm/AktG, § 91 Rz. 76 ff. mit zahlreichen Nachweisen.

5 *Bürkle* in Hauschka/Moosmayer/Lösler, Corporate Compliance, § 36 Rz. 83; *Koch* in Hüffer/Koch, AktG, § 76 Rz. 20 ff.

6 *Bürkle* in Hauschka/Moosmayer/Lösler, Corporate Compliance, § 36 Rz. 83.

7 *Fleischer* in Spindler/Stilz, AktG, § 91 Rz. 70; *Koch*, WM 2009, 1013, 1014.

8 *Fleischer* in Spindler/Stilz, AktG, § 91 Rz. 70; *Koch*, WM 2009, 1013, 1014; *Fleischer*, CCZ 2008, 1, 5.

9 *Beurskens* in Baumbach/Hueck, GmbHG, § 43 Rz. 60 ff.; OLG Jena, Urt. v. 12.8.2009 – 7 U 244/07, NZG 2010, 226, 228 m.w.N. = GmbHR 2010, 483.

10 Angelehnt an OLG Jena, Urt. v. 12.8.2009 – 7 U 244/07, NZG 2010, 226, 226 ff. = GmbHR 2010, 483.

Die Geschäftsleitung des Mutterunternehmens kann davon keine Kenntnis erhalten, denn es bestehen keine Überwachungsmaßnahmen in Bezug auf den Geschäftsgang der Tochtergesellschaft.

In Konzernstrukturen ist die Konzernleitung (= Geschäftsleitung der Muttergesellschaft) dazu verpflichtet, konzerninterne Strukturen zu schaffen, die es ihr ermöglichen, sich grundsätzlich über den wesentlichen Geschäftsgang der Tochtergesellschaften zuverlässig zu unterrichten. In diesem Beispiel konnte das Mutterunternehmen mangels vorhandener Überwachungsmaßnahmen keine Kenntnisse über schwerwiegende Verstöße des Tochterunternehmens gegen die EDV-Buchführungspflicht erlangen. Darin liegt ein Verstoß gegen die konzernweite Überwachungspflicht.

78 Unabhängig von einer teilweise umfassend anerkannten konzernweiten Compliance-Pflicht trifft die Konzernleitung also zumindest eine **konzernweite Überwachungspflicht**.[1] Es ist erforderlich, konzerninterne Strukturen zu schaffen, die zumindest eine grundsätzliche Überwachung des wesentlichen Geschäftsgangs der Tochtergesellschaften ermöglichen.[2] Zumindest gravierende Unregelmäßigkeiten dürfen der Konzernleitung nicht über einen längeren Zeitraum verborgen bleiben.[3] Auch wenn eine umfassende Compliance-Pflicht an rechtliche Grenzen stößt, müssen die konzernleitenden Geschäftsführer wenigstens über Kontrollmechanismen auf die konzernweite Compliance hinwirken.[4]

■ **Das Wesentliche in Kürze:**

Konzerne bestehen aus einem herrschenden und mehreren beherrschten Unternehmen. Die Einhaltung IT-sicherheitsrechtlicher Pflichten wird dabei z.B. folgendermaßen sichergestellt:

– Entwicklung konkreter IT-Sicherheitsvorgaben in Übereinstimmung mit anwendbarem Recht durch herrschendes Unternehmen;

– Umsetzung jeweils durch die beherrschten Unternehmen;

– konzernweite Überwachung der Umsetzung zur Verhinderung von IT-Sicherheitsrisiken durch herrschendes Unternehmen.

VI. Einbeziehung des Betriebsrats

79 Unternehmen mit Betriebsrat sollten stets beachten, dass Maßnahmen rund um die IT-Infrastruktur des Unternehmens häufig zwingende Mitbestimmungsrechte des Betriebsrats auslösen. Der Betriebsrat wird als Arbeitnehmervertretungsorgan auf Initiative der Arbeitnehmer hin eingerichtet, vorausgesetzt, dass ein Betrieb mindestens fünf ständig wahlberechtigte Arbeitnehmer beschäftigt, § 1 Abs. 1 BetrVG. Zur **rechtskonformen Erreichung von IT-Sicherheit** im Unternehmen ist die **ordnungsgemäße Beteiligung des Betriebsrats** unerlässlich. Dieser hat u.a. die Pflicht, darüber zu wachen, dass die zugunsten der Arbeitnehmer geltenden Gesetze, Verordnungen, Unfallverhütungsvorschriften, Tarifverträge und Betriebsvereinbarungen eingehalten werden, § 80 Abs. 1 Nr. 1 BetrVG. Um den **Schutz der Arbeitnehmer** auch gewährleisten zu können, hat der Betriebsrat verschiedene Mitwirkungs- und Mitbestimmungsrechte.

---

1 OLG Jena, Urt. v. 12.8.2009 – 7 U 244/07, NZG 2010, 226, 228 = GmbHR 2010, 483; *Wilsing/Ogorek*, NZG 2010, 216, 217.

2 *Wilsing/Ogorek*, NZG 2010, 216, 217.

3 *Wilsing/Ogorek*, NZG 2010, 216, 217.

4 *Conrad* in Auer-Reinsdorff/Conrad, IT- und Datenschutzrecht, § 33 Rz. 101; ähnlich *Bürkle* in Hauschka/Moosmayer/Lösler, Corporate Compliance, § 36 Rz. 84.

1. Mitwirkungsrechte

Umfassende Mitwirkungsrechte ermöglichen dem Betriebsrat **Zugriff auf Informationen.** 80
Das Zugriffsrecht umfasst auch Informationen bezüglich der IT-Sicherheitsvorkehrungen
des Unternehmens, sofern die mit den Vorkehrungen umgesetzten IT-sicherheitsrechtlichen
Vorschriften auch auf Arbeitnehmer Anwendung finden, was zumindest im Bereich des **Datenschutzrechts** der Fall ist.[1] Der Betriebsrat wacht etwa darüber, dass ein Datenschutzbeauftragter bestellt wird (s. Rz. 290 ff.) und dass der Datenschutz im Unternehmen beachtet wird.[2] So muss der Arbeitgeber dem Betriebsrat u.a. Informationen zur Planung oder
Anpassung von IT-Systemen oder zur geplanten Einführung einer zentralisierten Personal-
planung innerhalb einer Konzernstruktur (§ 92 BetrVG) geben.[3] Unter die Überwachungs-
aufgabe fällt insbesondere auch die Durchführung von zugunsten der Arbeitnehmer geltenden Betriebsvereinbarungen.[4] So hat der Betriebsrat etwa die Aufgabe, dafür einzutreten,
dass der Arbeitgeber Pflichten erfüllt, die sich für diesen aus IT-Betriebsrichtlinien (s. dazu
Rz. 167 ff.) ergeben.[5] Zur Ausübung dieser Überwachungsaufgaben hat der Betriebsrat gegenüber dem Arbeitgeber u.a. Informationsrechte und einen Anspruch auf Überlassung für
die Aufgaben erforderlicher Unterlagen, § 80 Abs. 2 BetrVG.

Zu beachten bleibt allerdings, dass die (durchsetzbaren) Mitwirkungsrechte des Betriebsrats 81
nicht zu dessen Mitbestimmungsrecht in den betroffenen Angelegenheiten führen.[6] Der Betriebsrat kann Vorschläge bzgl. der verschiedenen Angelegenheiten machen, aber der Arbeitgeber ist nicht dazu verpflichtet, diese auch anzunehmen. Damit haben die Mitwirkungsrechte
keinen signifikanten Einfluss auf die Entscheidungen des Arbeitgebers bzgl. der IT-Sicherheit.

2. Mitbestimmungsrechte

Allerdings lösen zahlreiche Angelegenheiten im Unternehmen, die einen IT-Sicherheitsbezug 82
aufweisen, **Mitbestimmungsrechte** des Betriebsrats aus. Dies ergibt sich insbesondere aus
folgenden Vorschriften:

– **§ 87 Abs. 1 Nr. 1 BetrVG (Verhalten und Ordnung im Betrieb)**: Gegenstand der Mit- 83
bestimmung ist das betriebliche Zusammenleben und -wirken der Arbeitnehmer, welches
der Arbeitgeber beeinflussen und koordinieren kann.[7] Daraus ergibt sich ein Mitbestimmungsrecht des Betriebsrats, wenn Fragen der Ordnung des Betriebs bzw. des Ordnungs-
verhaltens der Arbeitnehmer geregelt werden sollen, da diese das reibungslose betriebliche
Zusammenleben und Zusammenwirken der Arbeitnehmer sicherstellen sollen.[8] Entsprechende Vorgaben werden häufig über verbindliche Vorgaben in **Betriebsvereinbarungen**
geregelt,[9] so dass **IT-Betriebsrichtlinien** (s. Rz. 82 ff.) meist ein Mitbestimmungsrecht auf
Grundlage dieser Vorschrift auslösen werden.

---

1 Zum Datenschutzrecht *Kort*, ZD 2017, 3, 5; s. auch *Wedde* in von dem Bussche/Voigt, Konzerndatenschutz, 2. Aufl. (im Erscheinen), Beschäftigtendatenschutz, Rz. 70.
2 *Thüsing* in Richardi, BetrVG, § 80 Rz. 10.
3 Siehe auch *Wedde* in von dem Bussche/Voigt, Konzerndatenschutz, 2. Aufl. (im Erscheinen), Beschäftigtendatenschutz, Rz. 78-81.
4 *Thüsing* in Richardi, BetrVG, § 80 Rz. 13.
5 Vgl. *Thüsing* in Richardi, BetrVG, § 80 Rz. 13.
6 Siehe auch BAG, Beschl. v. 16.7.1985 – 1 ABR 9/83, DB 1986, 231.
7 *Werner* in Rolfs/Giesen/Kreikebohm/Udsching, BeckOK ArbeitsR, § 87 BetrVG Rz. 27 m.w.N.
8 *Werner* in Rolfs/Giesen/Kreikebohm/Udsching, BeckOK ArbeitsR, § 87 BetrVG Rz. 27 f. m.w.N.
9 *Werner* in Rolfs/Giesen/Kreikebohm/Udsching, BeckOK ArbeitsR, § 87 BetrVG Rz. 27 m.w.N.

Beispiele für mitbestimmungspflichtige IT-Sicherheitsregelungen[1]:

– Regelungen zur Benutzung betrieblicher Einrichtungen zu privaten Zwecken, insb. des Telefons, des Internets oder eines E-Mail-Systems;

– Regelung über die Mitnahme von Arbeitsunterlagen nach Hause;

– Regelungen zu **Bring your own Device (BYOD)**-Vorgaben (s. Rz. 179 ff.), etwa Passwortschutzpflicht, Verbot dienstlicher Nutzung des Datenroamings im Ausland.

84 – **§ 87 Abs. 1 Nr. 2 BetrVG (Verteilung und Lage der Arbeitszeit):** Gegenstand des Mitbestimmungsrechts sind der Beginn und das Ende der täglichen Arbeitszeit, einschließlich der Pausen, sowie die Verteilung der Arbeitszeit auf die einzelnen Wochentage. Auch wenn dieses Mitbestimmungsrecht zunächst keinen IT-Sicherheitsbezug aufzuweisen scheint, ist es denkbar, dass in IT-Betriebsrichtlinien zugleich Regelungen zur Arbeitszeit getroffen werden. Dies betrifft etwa **BYOD-Regelungen**, die Vorgaben zur zeitlichen dienstlichen Erreichbarkeit oder Rufbereitschaft umfassen.

85 – **§ 87 Abs. 1 Nr. 6 BetrVG (Einführung und Anwendung technischer Einrichtungen):** Dieses Mitbestimmungsrecht betrifft die Einführung und Anwendung von technischen Einrichtungen, die dazu bestimmt sind, das **Verhalten oder die Leistung der Arbeitnehmer zu überwachen**. Im Bereich der IT-Sicherheit kommt dieser Vorschrift erhebliche Bedeutung zu. Sie soll den Schutz des einzelnen Arbeitnehmers gegen anonyme Kontrolleinrichtungen bezwecken, die in sein Persönlichkeitsrecht eingreifen können und häufig Überwachungsmöglichkeiten bieten, die nicht wahrnehmbar sind.[2] Aus diesem Grund unterfallen nicht nur IT-Systeme einem Mitbestimmungsrecht, die tatsächlich der Überwachung von Arbeitnehmern dienen, sondern auch solche, die dies nur objektiv ermöglichen.[3] Eine Vielzahl von EDV-gestützten Anwendungen ist dazu geeignet, Mitarbeiterverhalten am Arbeitsplatz zu beobachten. Daher müssen Unternehmen regelmäßig die Zustimmung des Betriebsrats einholen, sobald neue IT-Systeme oder Software eingeführt werden sollen oder bestehende IT umgestaltet werden soll.[4] Der weite Anwendungsbereich dieses Mitbestimmungsrechts führt zu einem Beteiligungsrecht des Betriebsrats bei einer Vielzahl von IT-Sicherheitsfragen.

Beispiele für mitbestimmungspflichtige IT-Sicherheitsregelungen[5]:

– Sicherheitssoftware gegen Angriffe von innen und außen

– Key Cards

– E-Mail-Anwendungen

– Internetbrowser

– Überwachungsanlagen

– Vorkehrungen zur Zugangskontrolle

– Regelungen zu BYOD

---

1 *Werner* in Rolfs/Giesen/Kreikebohm/Udsching, BeckOK ArbeitsR, § 87 BetrVG Rz. 32 m.w.N.

2 *Mengel* in Hauschka/Moosmayer/Lösler, Corporate Compliance, § 39 Rz. 76.

3 Siehe auch *Wedde* in von dem Bussche/Voigt, Konzerndatenschutz, 2. Aufl. (im Erscheinen), Beschäftigtendatenschutz, 1. Aufl., Rz. 95; BAG, Beschl. v. 6.12.1983 – 1 ABR 43/81, NJW 1984, 1476, 1476.

4 *Voigt/von dem Bussche*, Handbuch DSGVO, 1. Aufl. (im Erscheinen), Teil 8.2.3.

5 *Voigt/von dem Bussche*, Handbuch DSGVO, Teil 8.2.3.

Unternehmen müssen sicherstellen, den **Betriebsrat** bei der Umsetzung von IT-Sicherheit 86
im Unternehmen entsprechend **frühzeitig einzubeziehen**, um dessen Zustimmung zu bewirken. Kommt es zu einer **Verletzung des Mitbestimmungsrechts**, hat der Betriebsrat einen **einklagbaren Unterlassungsanspruch** in Bezug auf die Maßnahme des Arbeitgebers,
die der Mitbestimmung durch den Betriebsrat unterliegt. Darüber wird der Arbeitgeber dazu verpflichtet, die vom Unterlassungsanspruch betroffenen Maßnahmen rückgängig zu machen und zu beseitigen. Dies würde für Unternehmen zu erheblichen Verzögerungen bei der
Umsetzung von IT-Sicherheitsvorkehrungen führen und damit die Einhaltung von Sicherheitsstandards erheblich erschweren. Sofern der **Betriebsrat** ordnungsgemäß beteiligt wurde, aber seine **Zustimmung verweigert**, kann der Arbeitgeber eine **Einigungsstelle** anrufen,
die einen verbindlichen Beschluss in der Angelegenheit fassen wird.

■ **Das Wesentliche in Kürze:**

Rechtskonforme Umsetzung von IT-Sicherheit im Unternehmen ohne Beteiligung des Betriebsrats ist regelmäßig nicht möglich, denn:

– Er hat ein Zugriffsrecht auf Informationen bzgl. der IT-Infrastruktur.

– Er überwacht die Durchsetzung von Mitarbeiterrechten, z.B. aus dem Datenschutzrecht
  oder aus IT-Betriebsrichtlinien.

– Er hat ein zwingendes Mitbestimmungsrecht bzgl. Verhalten und Ordnung im Betrieb
  (z.B. verbindliche Vorgaben zur IT-Nutzung durch Mitarbeiter) sowie bzgl. der Einführung und Anwendung technischer Einrichtungen (§ 87 Abs. 1 Nr. 1, 6 BetrVG).

VII. IT-Sicherheit als vertragliche Pflicht

IT-Sicherheit wird nicht nur im Innenverhältnis des Unternehmens aufgrund bestehender 87
Risiken und Rechtspflichten beim Einsatz von IT relevant, sondern nimmt auch im Rahmen
von Verträgen des Unternehmens mit Dritten eine immer bedeutendere Rolle ein. IT-Sicherheit kann dabei nicht nur als vertraglich geschuldete Leistung, sondern auch aus Vertrauensgesichtspunkten relevant werden. Nicht nur Anbieter von IT-Produkten oder -Leistungen
sind von der Gewährleistung von IT-Sicherheit als vertraglicher Pflicht betroffen. Diese kann
auch bei Verträgen relevant werden, die auf den ersten Blick gar keinen entsprechenden IT-Sicherheitsbezug aufweisen. Unternehmen sollten daher in jedem Fall prüfen, inwiefern sich ihre **eigenen IT-Sicherheitspflichten auf Verträge mit anderen Parteien auswirken**. Dies ist
auch zur Steuerung von Haftungsrisiken besonders bedeutsam (zur vertraglichen Haftung s.
Rz. 227 ff.).

1. IT-Sicherheit als Hauptleistungspflicht

IT-Sicherheit bildet mit der fortschreitenden Digitalisierung einen zunehmend wichtigen 88
Teil des vertraglichen Pflichtenprogramms. Die Widerstandsfähigkeit von IT-Produkten und
-Leistungen gegen innere und äußere Sicherheitsbedrohungen liegt beim allgegenwärtigen
Technologieeinsatz maßgeblich im Interesse von Kunden. Von IT-Anbietern wird **IT-Sicherheit** dann regelmäßig **als Teil der vertraglichen Hauptleistungen** erbracht. Im Rahmen
von Verträgen treffen Unternehmen aber auch zum Schutz der eigenen IT-Systeme teilweise
spezifische Vereinbarungen zur IT-Sicherheit.

a) Verträge mit IT-Sicherheitsbezug

89 Angesichts der hohen Bedeutung von **IT-Sicherheit** aus Unternehmenssicht (s. Rz. 10 ff.) ist es durchaus üblich, dass diese zur wesentlichen Leistungspflicht von Verträgen wird. Welche Leistungen von den Vertragsparteien zu erbringen sind, richtet sich danach, welcher Erfolg oder welches Verhalten **nach den konkreten Vereinbarungen jeweils geschuldet wird.**[1] Vertraglich können die Parteien vereinbaren, dass die Vornahme und Aufrechterhaltung bestimmter IT-Sicherheitsvorkehrungen geschuldet wird oder gar ein bestimmter IT-Sicherheitsstandard eingehalten werden muss.

90 Beispiele für Verträge, in denen IT-Sicherheit regelmäßig als **wesentliche Leistungspflicht** erbracht werden muss, sind:[2]

– **Geheimhaltungsvereinbarungen:** Im Rahmen der Vorprüfung neuer Geschäftsmodelle, aber auch im Rahmen von Entwicklungs- oder Dienstleistungsverträgen kommt es häufig zum Abschluss von Non-Disclosure-Agreements.[3] Unter teilweiser Androhung von Vertragsstrafen wird der Vertragspartner dabei häufig vom Unternehmen zum Ergreifen technischer oder organisatorischer Maßnahmen verpflichtet, um sicherzustellen, dass übermittelte Daten und Informationen gegen Einsichtnahme durch unberechtigte Personen gesichert sind.[4] Der IT-Sicherheitsstandard zum Schutz der Daten gegen unberechtigten Zugriff bildet insoweit eine vertragliche Leistungspflicht.

– **Vereinbarungen zur Auftragsdatenverarbeitung:** Unternehmen können andere Unternehmen mit einer Verarbeitung ihres Datenbestands beauftragen. Der Auftragsverarbeiter führt in diesen Fällen bestimmte Vorgänge für den Auftraggeber aus, was bspw. bei Cloud Computing-Anbietern oder Anbietern von Rechenzentren der Fall ist. Die Einbeziehung eines Auftragsverarbeiters in die Verarbeitung der unternehmenseigenen Datensätze unterliegt besonderen datenschutzrechtlichen Anforderungen (s. Rz. 304 ff.), die zur Gewährleistung eines angemessenen Datenschutzniveaus u.a. den Abschluss eines Vertrags mit bestimmtem Mindestinhalt vorsehen. Auftragsverarbeiter werden dabei zur Anwendung bestimmter technischer und organisatorischer Maßnahmen zur Sicherung der Daten verpflichtet, so dass diese datenschutzrechtlichen IT-Sicherheitspflichten eine wesentliche Vertragspflicht darstellen.

– **Verträge über die Wartung und Pflege im Unternehmen eingesetzter Hard- und Software:** Verträge über die Wartung und Pflege von im Unternehmen eingesetzter Hard- und Software sollen die dauerhafte Gebrauchsfähigkeit dieser IT-Produkte sicherstellen, indem insbesondere vorhandene Mängel behoben und Aktualisierungen vorgenommen werden.[5] Viele dieser Pflege- und Wartungsleistungen stellen mit der Funktionstüchtigkeit der IT-Produkte auch deren Sicherheit gegen insbesondere externe Bedrohungen sicher. Weil mit der Gebrauchsfähigkeit auch die Sicherheit der IT-Produkte erhalten wird, bildet letztere eine wesentliche Vertragsleistung.

---

1 *Bachmann* in MünchKomm/BGB, § 241 Rz. 18; *Sutschet* in Bamberger/Roth/Hau/Poseck, Beck-OK/BGB, § 241 Rz. 33; *Grüneberg* in Palandt, BGB, § 241 Rz. 4.

2 *Conrad* in Auer-Reinsdorff/Conrad, IT- und Datenschutzrecht, § 33 Rz. 254; *Roth/Schneider*, ITRB 2005, 19, 20.

3 *Schultze-Melling*, CR 2005, 73, 75.

4 *Schultze-Melling*, CR 2005, 73, 75.

5 *Conrad/Schneider* in Auer-Reinsdorff/Conrad, IT- und Datenschutzrecht, § 14 Rz. 1, 65 ff.

– **Cloud-Services**: Über Cloud-Services erhalten die Nutzer einen zeitlich begrenzten Fernzugriff auf Soft- und Hardware-Ressourcen des Anbieters und können auf diese Weise externe IT nutzen, wobei die Verträge regelmäßig Bestimmungen zur Sicherheit der IT und zum Datenschutz enthalten.[1] Dies ist insbesondere dem Umstand geschuldet, dass es sich regelmäßig (auch) um eine Auftragsdatenverarbeitung durch den Cloud-Anbieter handelt. Damit bildet IT-Sicherheit regelmäßig eine Hauptleistungspflicht von Cloud Computing-Verträgen.

aa) Hohe Praxisrelevanz: Outsourcing-Verträge

Besonders häufig schließen Unternehmen mit externen Dienstleistern Verträge, um bestimmte **IT-Leistungen outsourcen** zu können. Diese Outsourcing-Vereinbarungen sind in der Praxis vielgestaltig und reichen von der Übertragung von Verantwortung aus der unternehmenseigenen IT-Abteilung an einen externen Dienstleister bis hin zur umfassenden Erbringung von IT-Leistungen mit unternehmensexterner Hard- und Software oder zur Erbringung spezifischer IT-Sicherheitsdienste.[2] Die geschlossenen Verträge sind dabei regelmäßig umfangreich. Da beim IT-Outsourcing meist hochkomplexe interne Prozesse auf andere Unternehmen ausgelagert werden, **berühren die Outsourcing-Verträge zahlreiche Rechtsgebiete** – vom allgemeinen Vertragsrecht und Datenschutzrecht bis hin zu spezialgesetzlichen Regelungen im Telemedien-, Finanzdienstleistungsbereich oder anderen Bereichen.[3] Outsourcing-Projekte umfassen zudem regelmäßig ganz **unterschiedliche vertragliche Leistungsarten**, so dass es sich schuldrechtlich um typengemischte Verträge mit kauf-, miet-, dienst- oder werkvertraglichen Elementen (z.B. Kauf von Netzwerkkomponenten, mietweise Zurverfügungstellung von Rechenzentrumsplatz, Support, Softwarepflege, Netzwerkleistungen) handelt.[4]

91

Auch wenn das Unternehmen im Rahmen des Outsourcings eigene Aufgaben an Dritte überträgt, wird es nicht von seinen IT-Sicherheitspflichten entbunden. Wenngleich die **Umsetzung der IT-Sicherheitsvorgaben durch die Vertragspartner** erfolgt, bleibt die **Verantwortung** für IT-Risiken zumindest gegenüber Dritten – wie Kunden oder Geschäftspartnern – **beim auslagernden Unternehmen**.[5] Aus diesem Grund enthalten die Vertragswerke Vereinbarungen zu vom Outsourcing-Partner zu erbringenden IT-Sicherheitsleistungen, zur ordnungsgemäßen Leistungserbringung sowie zur Überwachung der Leistungserbringung:

92

– **Vereinbarte IT-Sicherheitsleistungen**: Diejenigen IT-Sicherheitspflichten, die das Unternehmen bei der eigenen Durchführung der ausgelagerten IT-Prozesse einhalten müsste, werden beim Outsourcing dem Vertragspartner auferlegt. Dem Outsourcing-Anbieter werden dabei regelmäßig **Vorgaben zu erforderlichen technischen und organisatorischen Sicherheitsmaßnahmen** gemacht, über die ein bestimmtes IT-Sicherheitsniveau erreicht wird. Die vereinbarten IT-Sicherheitspflichten können dabei vor allem im Falle von anwendbaren spezialgesetzlichen IT-Sicherheitspflichten, z.B. im Versicherungs- oder Bankenbereich (s. Rz. 471 ff.), sehr detailliert festgelegt sein. Das auslagernde Unternehmen gibt beim Outsourcing die eigenen IT-Sicherheitspflichten gewissermaßen vertraglich weiter, so dass diese eine Hauptleistungspflicht bilden.[6]

---

1 *Strittmatter* in Auer-Reinsdorff/Conrad, IT- und Datenschutzrecht, § 22 Rz. 5, 24.
2 *Thalhofer* in Auer-Reinsdorff/Conrad, IT- und Datenschutzrecht, § 19 Rz. 3 ff.
3 *Thalhofer* in Auer-Reinsdorff/Conrad, IT- und Datenschutzrecht, § 19 Rz. 1.
4 *Thalhofer* in Auer-Reinsdorff/Conrad, IT- und Datenschutzrecht, § 19 Rz. 36 f.
5 *Nolte/Becker*, BB Beilage 2008, Nr. 5, 23, 25.
6 *Conrad* in Auer-Reinsdorff/Conrad, IT- und Datenschutzrecht, § 33 Rz. 254; *Beucher/Utzerath*, MMR 2013, 362, 367; ähnlich *Dorschel*, DSRITB 2010, S. 651, 656.

– **Art und Weise der Leistungserbringung**: Auch die Regelungen zur Art und Weise der Leistungserbringung fallen entsprechend vielschichtig aus.[1] Üblich sind Vereinbarungen über die Auswahl und Qualifikation der vom Outsourcing-Anbieter mit der Projektdurchführung **beauftragten Mitarbeiter**.[2] Dies ist dem Umstand geschuldet, dass das Mitarbeiterverhalten ein hohes IT-Sicherheitsrisiko birgt (s. Rz. 14). Da Outsourcing-Projekte meist eine längere Laufzeit haben, bedürfen die zu erbringenden IT-Sicherheitsmaßnahmen einer fortwährenden Aufrechterhaltung. Die Parteien treffen daher regelmäßig Vereinbarungen bzgl. der **Anforderungen an die einzusetzende Technologie**, einschließlich einer Aktualisierungspflicht in bestimmten Intervallen, im Sinne einer Mindestanforderung an die Art und Weise der Leistungserbringung.[3] Dadurch wird der Outsourcing-Anbieter verpflichtet, seine Sicherheitsvorkehrungen veränderten Bedrohungslagen und technischen Gegebenheiten anzupassen.

– **Überwachung der Leistungserbringung**: Um nachvollziehen zu können, ob der Outsourcing-Anbieter die ihm auferlegten IT-Sicherheitpflichten auch entsprechend der vertraglichen Vereinbarungen erbringt, werden zugunsten des Outsourcing-Kunden **Kontroll- und Steuerungsrechte** vertraglich eingeräumt.[4] Diese Überwachung der Leistungserbringung wird häufig so umgesetzt, dass der Outsourcing-Anbieter seine Leistungserbringung durch computergestützte Monitoring-Systeme aufzeichnet und die Ergebnisse der Aufzeichnung dem Outsourcing-Kunden in regelmäßigen Abständen zur Verfügung stellt.[5]

93 Die vorgenannten Vereinbarungen erlauben es Unternehmen, die eigenen **IT-Compliance-Pflichten** über das komplexe Vertragswerk dem Outsourcing-Anbieter aufzuerlegen und auf diese Weise **im Vertragsverhältnis** zu **verrechtlichen**.

bb) Unternehmen als Schuldner oder Gläubiger von IT-Sicherheitsleistungen

94 **Unternehmen** können **Schuldner oder Gläubiger** vertraglicher IT-Sicherheitsleistungen sein. Bieten Unternehmen bestimmte IT-Produkte oder IT-basierte Leistungen an, müssen diese gewisse Sicherheitsstandards erfüllen, so dass das Unternehmen zum IT-Sicherheitsschuldner wird. Hat die vertraglich geschuldete Leistung einen starken IT-Bezug, so hat sie in der Regel auch einen starken IT-Sicherheitsbezug. Nutzen Unternehmen IT-Produkte oder nehmen sie IT-basierte Leistungen in Anspruch, so stehen ihnen gegenüber den Anbietern dieser Produkte und Leistungen vertraglich regelmäßig auch Ansprüche auf IT-Sicherheitsleistungen zu, so dass Unternehmen in diesen Fällen IT-Sicherheitsgläubiger sind. In der Praxis dürften viele Unternehmen als Anbieter von Leistungen oder Produkten und Kunden sowie als Abnehmer von Produkten und Leistungen durch andere zeitgleich sowohl Schuldner als auch Gläubiger von IT-Sicherheitspflichten sein. Ausgehend von diesem Vertragsgeflecht ist es aus Haftungsgründen (s. Rz. 197 ff.) für Unternehmen erforderlich, festzustellen, wann sie aus vertraglichen IT-Sicherheitspflichten in Anspruch genommen werden können und wann sie andere diesbezüglich in Anspruch nehmen können.

95 Die Regelung von Leistungspflichten mit IT-Sicherheitsbezug muss im Vertrag nicht explizit erfolgen. Derartige Pflichten können auch durch eine Auslegung des Vertrags nach §§ 133, 157 BGB ermittelt werden. Um das **Pflichtenprogramm** für beide Seiten näher eingrenzen

---

1 *Thalhofer* in Auer-Reinsdorff/Conrad, IT- und Datenschutzrecht, § 19 Rz. 63.
2 *Thalhofer* in Auer-Reinsdorff/Conrad, IT- und Datenschutzrecht, § 19 Rz. 63 ff.
3 *Thalhofer* in Auer-Reinsdorff/Conrad, IT- und Datenschutzrecht, § 19 Rz. 68.
4 *Nolte/Becker*, BB Beilage 2008, Nr. 5, 23, 25.
5 *Thalhofer* in Auer-Reinsdorff/Conrad, IT- und Datenschutzrecht, § 19 Rz. 73.

zu können, ist allerdings eine **ausdrückliche Regelung** in jedem Fall vorzugswürdig.[1] In der Praxis legen größere Unternehmen bei der Inanspruchnahme externer IT-Leistungen den Anbietern regelmäßig bei Vertragsschluss umfassende Regelwerke zur Umsetzung rechtlicher IT-Sicherheitspflichten vor.[2] Eine Anpassung der Vorgaben im Einzelfall sollte jedoch stattfinden, um die genauen IT-Sicherheitsmaßnahmen festzulegen, die der Anbieter umsetzen soll und mit seinen Mitteln auch kann.[3] Der Auftraggeber wird sich bezüglich der IT-Sicherheit beim Anbieter regelmäßig **Kontrollrechte** vertraglich einräumen.[4] Dies ist für den Auftraggeber zur Einschätzung und Vermeidung von Unternehmensrisiken erforderlich (zur diesbezüglichen Pflicht der Geschäftsleitung s. Rz. 32 ff.). Je stärker die IT-Risikofaktoren und deren Vermeidung in die Sphäre des Anbieters verlagert werden, desto stärker fallen regelmäßig auch dessen Berichtspflichten und die Kontrollrechte des Auftragnehmers aus.[5]

b) „Sichere" IT-Produkte

Besonders bei der Veräußerung oder Bereitstellung von IT-Produkten (z.B. Hardware, Software, Smart Devices etc.) weisen Verträge regelmäßig einen besonders starken Bezug zur IT-Sicherheit auf. Davon sind Unternehmen sowohl als Anbieter als auch als Abnehmer derartiger Produkte betroffen. Beim Handel mit IT-Produkten wird vertraglich eine bestimmte **Beschaffenheit dieser Produkte** entweder vereinbart oder kann vernünftigerweise vorausgesetzt werden.[6] Dazu gehört auch regelmäßig ein **bestimmter IT-Sicherheitsstandard**. Kann dieser nicht gewährleistet werden, kommt es regelmäßig zur Entstehung von Ansprüchen des Nutzers (s. Rz. 221 ff.). Ob und in welchem Umfang ein bestimmtes Maß an IT-Sicherheit geschuldet wird, ergibt sich aus den Vereinbarungen der Vertragsparteien.

aa) Verträge über die dauerhafte Überlassung von IT-Produkten

Werden IT-Produkte dauerhaft überlassen, kommt es regelmäßig zum Abschluss eines Kaufvertrags.[7] Dabei vereinbaren die Parteien regelmäßig, dass der Kaufgegenstand **bestimmte** (positiv oder negativ beschriebene) **Eigenschaften** und damit eine vereinbarte Beschaffenheit i.S.d. § 434 Abs. 1 Satz 1 BGB hat.[8] Eine entsprechende Vereinbarung liegt vor, wenn der Vertrag vorsieht, dass das **IT-Produkt** nach dem Willen der Parteien in einem bestimmten Zustand zur Verfügung gestellt werden soll.[9] Eine ausdrückliche Verhandlung über die Beschaffenheit ist dafür nicht zwingend erforderlich. Besonders beim Online-Verkauf können vorvertragliche **Qualitätsangaben des Verkäufers** Beschaffenheitsangaben sein, wenn

96

97

1 *Conrad* in Auer-Reinsdorff/Conrad, IT- und Datenschutzrecht, § 33 Rz. 255.
2 *Dorschel*, DSRITB 2010, S. 651, 656.
3 *Conrad* in Auer-Reinsdorff/Conrad, IT- und Datenschutzrecht, § 33 Rz. 255.
4 *Dorschel*, DSRITB 2010, S. 651, 659 f.; *Conrad* in Auer-Reinsdorff/Conrad, IT- und Datenschutzrecht, § 33 Rz. 256.
5 *Conrad* in Auer-Reinsdorff/Conrad, IT- und Datenschutzrecht, § 33 Rz. 256.
6 Siehe bspw. zur Beschaffenheit von Kaufgegenständen *Westermann* in MünchKomm/BGB, § 434 Rz. 6 ff.; *Weidenkaff* in Palandt, BGB, § 434 Rz. 9 ff. oder zur Mietsache *ders.*, a.a.O., § 535 Rz. 14.
7 Spätestens mit der UsedSoft-Rechtsprechung von EuGH und BGH bildet der Abschluss eines Kaufvertrags beim Download von zeitlich ungebrenzt überlassener Software den Regelfall. Bei der Herstellung von Individualsoftware für Kunden oder wenn Standardsoftware auf Grundlage von Kundenbedürfnissen in nicht unerheblichem Umfang angepasst wird, liegt dagegen regelmäßig ein Werkvertrag vor.
8 *Weidenkaff* in Palandt, BGB, § 434 Rz. 9 f.; *Rockstroh/Kunkel*, MMR 2017, 77, 78.
9 *Weidenkaff* in Palandt, BGB, § 434 Rz. 15; *Westermann* in MünchKomm/BGB, § 434 Rz. 16.

sie maßgebliche bzw. wertbildende Faktoren des Produkts betreffen.[1] Werden Angaben zu vorhandenen IT-Sicherheitsvorkehrungen gemacht, wie z.B. ein Passwortschutz, sollte vom Anbieter allerdings zugleich auch deren Schutzniveau beschrieben werden, um das gewährleistungsrechtliche Haftungsrisiko zu steuern (s. Rz. 227 ff.).[2]

Beispiel für eine Beschaffenheitsvereinbarung zur IT-Sicherheit[3]: Beim Kauf von **Antiviren-Programmen** wird die Programmversion genau bezeichnet. Dies ist dem Umstand geschuldet, dass sich diese Programme immer nur auf bereits bekannte Bedrohungen, wie bspw. sich im Umlauf befindliche Malware oder Viren, beziehen können und gerade der Verhinderung dieser IT-Risiken dienen. Die Versionsbezeichnung enthält Informationen darüber, welche Bedrohungen in der Software berücksichtigt sind. Der Anbieter macht dadurch deutlich, welches Schutzniveau das Programm bietet. Ein Kauf derartiger Software wird in der Regel per Download aus dem Internet abgewickelt. Der Zweck von Antiviren-Programmen liegt gerade in der Abwehr von IT-Sicherheitsrisiken, so dass die Funktionalität der gekauften Version ein wesentlicher bzw. wertbildender Faktor ist. Damit stellt die Versions-„Signatur" regelmäßig eine Beschaffenheitsvereinbarung i.S.d. § 434 Abs. 1 Satz 1 BGB dar.

98 Auch wenn es an einer Beschaffenheitsvereinbarung fehlt, kann ein bestimmter IT-Sicherheitsstandard dennoch vertraglich geschuldet sein. Das IT-Produkt muss sich zur ggf. vertraglich vorausgesetzten Verwendung, also für den bei Abschluss des Vertrages erkennbaren Verwendungszweck, eignen oder sich andernfalls für eine **gewöhnliche Verwendung eignen** und eine **Beschaffenheit aufweisen**, die bei **Produkten der gleichen Art üblich ist** und vom Käufer erwartet werden kann, § 434 Abs. 1 Satz 2 BGB. Aufgrund umfangreicher IT-Sicherheitspflichten (s. insbesondere Rz. 342 ff., Rz. 471 ff.) bestehen rechtliche Mindestanforderungen hinsichtlich der IT-Sicherheit bestimmter Produkte und Dienste. Kunden können daher bspw. objektiv erwarten, dass Software bzgl. ihrer Fehlerhaftigkeit und Angreifbarkeit mit qualitativ ähnlichen Softwareprodukten vergleichbar ist.[4] Einen wichtigen Hinweis auf eine solche **objektive IT-Sicherheitsbeschaffenheit** liefern bspw. **Industriestandards**. Einer solchen marktüblichen Einschätzung des IT-Sicherheitsstandards haftet allerdings ein erhebliches Unsicherheits- und damit Haftungspotential an. Die rasante technologische Entwicklung führt laufend zur Änderung der Bedrohungslagen, so dass ein derzeit gültiger Stand der IT-Sicherheit in kurzer Zeit veraltet sein kann.[5] Es ist daher vorzugswürdig, die Sicherheitsvorkehrungen und das dementsprechende Sicherheitsniveau bei Vertragsschluss zu beschreiben, da es bei Vorliegen einer solchen Beschaffenheitsvereinbarung auf eine im Einzelfall schwer zu bestimmende objektive IT-Sicherheitsbeschaffenheit vergleichbarer Software nicht mehr ankommt.[6]

99 Eine objektive Sollbeschaffenheit des Kaufgegenstands kann auch auf Grundlage **öffentlicher Äußerungen des Herstellers**, insbesondere in der Werbung, nach § 434 Abs. 1 Satz 3 BGB unter bestimmten Umständen von den Käufern vorausgesetzt werden. Zum Schutz der Käufererwartungen muss sich der Verkäufer dann beim Vertrieb von IT-Produkten Herstelleranga-

---

1 *Westermann* in MünchKomm/BGB, § 434 Rz. 16; BGH, Urt. v. 29.11.2006 – VIII ZR 92/06, NJW 2007, 1346, 1349 = ZIP 2007, 583; KG, Urt. v. 17.6.2011 – 7 U 179/10, NJW-RR 2012, 290 = CR 2011, 616.

2 *Rockstroh/Kunkel*, MMR 2017, 77, 78.

3 *Koch*, CR 2009, 485, 486.

4 *Rockstroh/Kunkel*, MMR 2017, 77, 79.

5 *Rockstroh/Kunkel*, MMR 2017, 77, 79.

6 *Rockstroh/Kunkel*, MMR 2017, 77, 79.

ben zurechnen lassen.[1] Die Regelung beruht auf der Erwägung, dass der Verkäufer von der Werbung durch den Hersteller regelmäßig durch eine Absatzsteigerung profitiert, weshalb er sich deren Äußerungen grundsätzlich auch zurechnen lassen muss.[2] Dies bezieht sich jedoch nur auf Äußerungen des Herstellers im Vorfeld des Vertragsabschlusses, da die Äußerungen einen Einfluss auf die Erwartungen des Käufers bei der Kaufentscheidung haben können müssen.[3] Überdies kommt eine Zurechnung der Herstellerangaben nur in Betracht, wenn sich diese auf eine bestimmte Eigenschaft des IT-Produkts beziehen.[4] Diese Voraussetzung ist auch erfüllt, wenn der **Hersteller das Produkt** allgemein einem bestimmten Qualitätsstandard – also auch einem **bestimmten IT-Sicherheitsstandard** – öffentlich **zuordnet.**[5]

Es lässt sich damit feststellen, dass IT-Sicherheit von Unternehmen beim **Vertrieb ihrer eigenen IT-Produktpalette** regelmäßig aufgrund subjektiver Vereinbarungen oder ggf. objektiv aufgrund marktüblicher Standards geschuldet wird. Auch öffentliche Herstellerangaben können dazu führen, dass Unternehmen auch beim Vertrieb fremder Produkte für ein bestimmtes IT-Sicherheitsniveau haftbar gemacht werden können. Da Unternehmen ihren Haftungsumfang nur schwer feststellen können, wenn dieser durch äußere Faktoren – wie Marktstandards oder Herstellerangaben – vorgegeben wird, sind **Beschaffenheitsvereinbarungen** beim Abschluss von **Kaufverträgen über IT-Produkte vorzugswürdig.** 100

bb) Verträge über die zeitweise Überlassung von IT-Produkten

Bezüglich diverser IT-Produkte findet längst eine Marktentwicklung hin zu deren überwiegend zeitweiser Überlassung statt.[6] Während bei der dauerhaften Überlassung von Softwareprodukten, wie soeben dargestellt, ein bestimmter IT-Sicherheitsstandard bei Überlassung des Produkts geschuldet wird, sind die **vertraglichen Pflichten** bzgl. IT-Sicherheitsleistungen bei **Verträgen über die zeitweise Überlassung von IT-Produkten** regelmäßig **stärker ausgeprägt.** Dabei handelt es sich schließlich um Verträge, bei denen kein einmaliger Leistungsaustausch stattfindet, sondern die Erbringung von Leistungen für die vereinbarte Vertragslaufzeit geschuldet wird.[7] Das IT-Produkt muss dann nicht nur bei Übergabe an die Kunden eine bestimmte **IT-Sicherheitsbeschaffenheit** aufweisen, sondern diese für die **Laufzeit des Vertrages** auch **beibehalten.** 101

Wird bspw. Software im Rahmen von ASP- oder Cloud Computing-Verträgen über einen Fernzugriff gegen Entgelt zeitlich begrenzt bereitgestellt, handelt es sich regelmäßig um einen **Mietvertrag** i.S.d. § 535 BGB und der Anbieter hat als Vermieter die Software in einem zum vertragsgemäßen Gebrauch geeigneten Zustand zu überlassen und diesen Zustand wäh- 102

---

1 *Faust* in Bamberger/Roth/Hau/Poseck, BeckOK/BGB, § 434 Rz. 75 ff.; *Saenger* in Schulze, BGB, § 434 Rz. 15; beide auch zur geringen praktischen Relevanz der Vorschrift in Bezug auf öffentliche Äußerungen des Verkäufers, die ebenfalls in den Anwendungsbereich der Regelung fallen sollen.

2 *Saenger* in Schulze, BGB, § 434 Rz. 15.

3 *Saenger* in Schulze, BGB, § 434 Rz. 16.

4 *Faust* in Bamberger/Roth/Hau/Poseck, BeckOK/BGB, § 434 Rz. 83.

5 *Faust* in Bamberger/Roth/Hau/Poseck, BeckOK/BGB, § 434 Rz. 83 m.w.N. auch zur Gegenansicht.

6 *Schneider* in Schneider, Handbuch EDV-Recht, M, Rz. 17; zur zeitweisen Softwareüberlassung *Roth-Neuschild* in Auer-Reinsdorff/Conrad, IT- und Datenschutzrecht, § 13 Rz. 1-3.

7 *Sutschet* in Bamberger/Roth/Hau/Poseck, BeckOK/BGB, § 241 Rz. 27.

rend der Mietdauer zu erhalten.[1] Damit muss auch der vertraglich **vereinbarte IT-Sicherheitsstandard** der Software während dieser Zeit **aufrechterhalten** werden.

103 Aufgrund der mietvertraglichen Erhaltungspflicht wird hinsichtlich **geschuldeter Anpassungen des IT-Sicherheitsstandards** des zeitlich begrenzt überlassenen Produkts eine Differenzierung erforderlich: Der Anbieter schuldet während der Vertragslaufzeit die Behebung von Produktmängeln, aber keine darüber hinausgehenden Aktualisierungen und Weiterentwicklungen.[2] Entsprechende IT-Sicherheitsmängel entstehen, wenn sich die für die Vertragsgemäßheit des Gebrauchs relevanten Parameter, vorrangig in Form von Gesetzesänderungen, ändern.[3] Tritt also während der zeitlich begrenzten Überlassung des IT-Produkts eine Änderung des IT-Sicherheitsrechts ein, muss der Anbieter das **Produkt an die neuen rechtlichen Anforderungen anpassen** und daher ggf. auch den IT-Sicherheitsstandard erhöhen, was regelmäßig über **Updates** umgesetzt wird. Das IT-Sicherheitsrecht gibt jedoch stets ein Mindestniveau an IT-Sicherheit vor, so dass nur zwingend notwendige Anpassungen geschuldet werden. Ein bestmögliches oder gar umfassendes IT-Sicherheitsniveau in Form regelmäßiger Anpassungen an technische oder faktische Risikolagen wird dagegen nicht zwingend vertraglich geschuldet.[4] Somit ist nur eine **begrenzte Update-Pflicht** Bestandteil der vertraglichen IT-Sicherheitsleistung bei Verträgen auf Zeit.

104 Eine umfassendere vertragliche Update-Pflicht kann sich allerdings im Einzelfall aus der vertraglichen Leistungsvereinbarung ergeben. Dies sollte Verträge betreffen, bei denen ein möglichst **umfassender IT-Sicherheitsstandard** als **dauerhafter Erfolg geschuldet** wird.[5]

Beispiel für einen als dauerhaften Erfolg geschuldeten IT-Sicherheits-standard[6]: Antiviren-Programme dienen dem Zweck eines möglichst umfassenden Schutzes der IT vor externen Sicherheitsbedrohungen. Werden Antiviren-Programme zeitlich begrenzt zur Verfügung gestellt, sollen sie für die Vertragsdauer die Abwehr von IT-Sicherheitsrisiken sicherstellen. Da sich die Programme immer nur auf bereits bekannte Bedrohungslagen, wie sich im Umlauf befindliche Malware oder Viren, beziehen können, kann der geschuldete, möglichst umfassende IT-Sicherheitsstandard nur über regelmäßige Updates des Antiviren-Programms erreicht werden. Da der Zweck des Vertrags ein umfassender Sicherheitsstandard ist, schuldet der Anbieter einen bestimmten Sicherheitserfolg und muss Maßnahmen ergreifen, um diesen dauerhaft sicherzustellen. Damit schuldet der Anbieter regelmäßige Aktualisierungs-Updates. Diese muss er zur Verfügung stellen, während die Installation – je nach technischer Infrastruktur – auch ein Tätigwerden des Software-Anwenders erfordern kann.

cc) Fazit: Anbieterseitige Pflichten zur Anpassung des IT-Sicherheitsstandards

105 **IT-Sicherheitsstandards bedürfen für** ihre **Effektivität einer Aufrechterhaltung**, damit sie auf veränderte technische Gegebenheiten oder geänderte Bedrohungslagen eingestellt sind. Rasche technische Entwicklungen führen andernfalls zur zügigen Veraltung der IT-Sicherheitsbeschaffenheit von Produkten. Wie soeben gezeigt, hängt die vertraglich geschuldete Sicherheit von IT-Produkten maßgeblich vom geschlossenen Vertrag ab.

---

1 Siehe auch *Roth-Neuschild* in Auer-Reinsdorff/Conrad, IT- und Datenschutzrecht, § 13 Rz. 57; *Marly*, Praxishandbuch Softwarerecht, Rz. 1345.
2 *Roth-Neuschild* in Auer-Reinsdorff/Conrad, IT- und Datenschutzrecht, § 13 Rz. 71 ff.
3 *Roth-Neuschild* in Auer-Reinsdorff/Conrad, IT- und Datenschutzrecht, § 13 Rz. 72.
4 *Roth-Neuschild* in Auer-Reinsdorff/Conrad, IT- und Datenschutzrecht, § 13 Rz. 73.
5 *Koch*, CR 2009, 486, 486.
6 *Koch*, CR 2009, 485, 486.

Bei der **dauerhaften Überlassung von IT-Produkten** (s. Rz. 97 ff.) wird eine bestimmte IT-Si-   106
cherheitsbeschaffenheit bei Übergabe des Produkts geschuldet. Enthält das Produkt Sicherheitslücken, ist es mangelhaft und der Kunde hat gegenüber dem Anbieter Gewährleistungs-
ansprüche.[1] Dies bezieht sich jedoch nur auf Fehler, die bereits bei Gefahrübergang angelegt
waren und nicht solche, die erst im Nachhinein durch eine weiterentwickelte Risikolage auftreten.[2] Entspricht das Produkt also nach einer Weile nicht mehr dem marktüblichen Sicherheitsstandard und ist auf geänderte Bedrohungslagen nicht entsprechend aktualisiert
worden, ergibt sich daher keine zwingende Verpflichtung des Anbieters zur Aktualisierung
und Modernisierung des IT-Sicherheitsstandards.[3] Das Produkt darf zeitlich auf dem technischen Stand zum Zeitpunkt des Vertragsabschlusses gehalten werden, sofern die Parteien
nichts anderes vereinbart haben.[4] Es besteht damit grundsätzlich **keine ungeschriebene Aktualisierungspflicht** des Anbieters, so dass dafür der Abschluss gesonderter **Wartungs- oder
Pflegeverträge** erforderlich wird.[5] Allerdings treffen den Anbieter auf Grundlage des Vertrags nachwirkende **Treuepflichten**, gemäß derer er dem Kunden die durch den Vertrag ge-
währten Vorteile nicht wieder entziehen oder diese wesentlich schmälern darf.[6] Daraus leitet
die **Instanz-Rechtsprechung** teilweise eine **zeitlich erweiterte Verpflichtung zur Aufrechterhaltung des IT-Sicherheitsstandards** ab: danach muss der Anbieter auch nach Ablauf der
Gewährleistungsfrist für einen gewissen Zeitraum notwendige Erhaltungs-Updates zur Sicherung der Funktionsfähigkeit des Produkts – zumindest gegen Bezahlung – anbieten.[7]

Bei der **zeitweisen Überlassung von IT-Produkten** ist bei der vertraglich geschuldeten An-   107
passung des IT-Sicherheitsstandards, wie bereits kurz dargelegt (s. Rz. 101 ff.), zu differenzie-
ren: **Updates** des Sicherheitsstandards werden **auf der Grundlage von Rechtsänderungen**
während der Vertragslaufzeit **geschuldet**, wohingegen allein auf Grundlage von technischen
oder faktischen Änderungen des Risikopotentials Updates nicht zum vertraglich geschuldeten
Leistungsspektrum gehören.[8] Für den Abschluss gesonderter Wartungs- und Pflegeverträge
bei der zeitweisen Überlassung von IT-Produkten ist damit nur Raum, wenn der Kunde Aktualisierungen und Weiterentwicklungen zur Erreichung möglichst umfassender IT-Sicherheit
wünscht. Würde hingegen der Anbieter für die vertraglich geschuldeten Mindest-Aktualisie-
rungen eine zusätzliche Vergütung verlangen, würde der Kunde unangemessen benachteiligt,
da er für eine bereits mit der Miete abgegoltene Leistung noch einmal zahlen müsste.[9]

---

1 *Raue*, NJW 2017, 1841, 1843; *Spindler*, NJW 2004, 3145, 3146.
2 *Raue*, NJW 2017, 1841, 1843.
3 *Roth-Neuschild* in Auer-Reinsdorff/Conrad, IT- und Datenschutzrecht, § 13 Rz. 57.
4 *Roth-Neuschild* in Auer-Reinsdorff/Conrad, IT- und Datenschutzrecht, § 13 Rz. 68; *Weidenkaff* in
   Palandt, BGB, § 535 Rz. 39; s. auch BGH, Urt. v. 6.10.2004 – VIII ZR 355/03, NJW 2005, 218,
   218 f. = MDR 2005, 743; BGH, Urt. v. 7.7.2010 – VIII ZR 85/09, NJW 2010, 3088, 3088 f. = MDR
   2010, 1041; OLG Düsseldorf, Urt. v. 6.6.2002 – 10 U 12/01, NZM 2002, 737, 737 ff. bzgl. einer
   Pflicht zur Anpassung an veränderte Sicherheitsstandards.
5 *Roth-Neuschild* in Auer-Reinsdorff/Conrad, IT- und Datenschutzrecht, § 13 Rz. 73 zur Softwarepflege.
6 *Raue*, NJW 2017, 1841, 1843; *Sutschet* in Bamberger/Roth/Hau/Poseck, BeckOK/BGB, § 241 Rz. 99
   m.w.N.
7 *Raue*, NJW 2017, 1841, 1843 m.w.N. in Fn. 26.
8 *Roth-Neuschild* in Auer-Reinsdorff/Conrad, IT- und Datenschutzrecht, § 13 Rz. 73.
9 *Roth-Neuschild* in Auer-Reinsdorff/Conrad, IT- und Datenschutzrecht, § 13 Rz. 74.

2. IT-Sicherheit als Nebenpflicht

108 IT-Sicherheit kann nicht nur zum Gegenstand der vertraglichen (Haupt-)Leistungspflichten werden, sondern kann auch aus Vertrauensgesichtspunkten im Rahmen von Verträgen relevant werden. Dabei muss es sich nicht notwendigerweise um Verträge handeln, die einen offensichtlichen IT-Sicherheitsbezug aufweisen. § 241 Abs. 2 BGB verpflichtet Vertragsparteien zur gegenseitigen Rücksichtnahme auf die Rechte, Rechtsgüter und Interessen der jeweils anderen Partei. Verträge begründen eine Sonderbeziehung zwischen den Parteien, die nicht nur die Erbringung der geschuldeten Leistungen, sondern auch gegenseitige Rücksichtnahme als **Nebenpflicht** erforderlich machen.[1] Die **Einhaltung der eigenen IT-Sicherheitspflichten durch das Unternehmen** kann daher auch eine vertragliche Pflicht sein, da den Vertragspartnern durch Zwischenfälle materielle oder immaterielle Schäden entstehen können.

109 **Umfang und Inhalt** der Nebenpflichten gibt § 241 Abs. 2 BGB nicht vor. Wichtige Fallgruppen bilden jedoch Schutz- und Aufklärungspflichten.[2] Während **Schutzpflichten** die Vertragsparteien zu einem Verhalten verpflichten, durch das die Rechte, Rechtsgüter und Interessen des anderen Teils nicht verletzt werden, verpflichten **Aufklärungspflichten** zur unaufgeforderten Information der anderen Partei über erkennbar entscheidungserhebliche Umstände.[3] Umfang und Inhalt der Nebenpflichten sind vom konkreten Fall und daher vom vereinbarten Vertragszweck, der Verkehrssitte, den beiderseitigen Interessen und den Anforderungen des Geschäftsverkehrs abhängig.[4] **Je mehr eine Partei** auf die Zusammenarbeit angewiesen ist oder auf die **IT-Sicherheitsvorkehrungen** der anderen Partei **vertrauen muss** und je größer die Sicherheitsrisiken sind, denen sie durch die vertragliche Beziehung ausgesetzt wird, **desto mehr** erlangen die Nebenpflichten im konkreten Fall an **Gewicht**.[5] Ein generelles Pflichtenprogramm lässt sich allerdings nicht ablesen.

110 Sind die gesetzlichen IT-Sicherheitsverpflichtungen des Unternehmens besonders intensiv ausgeprägt, stellt deren Einhaltung regelmäßig eine Nebenpflicht im Rahmen der vom Unternehmen mit Dritten abgeschlossenen Verträge dar. Dies ist z.B. beim **Online-Banking** (s. insbesondere Rz. 290 ff., Rz. 471 ff.) der Fall.[6] Das Bestehen umfassender IT-Sicherheitspflichten ist auf ein **hohes Risikopotential** zurückzuführen, so dass IT-Sicherheitsvorfälle nicht nur ein hohes Risiko für die Interessen des Unternehmens, sondern auch für diejenigen der Vertragspartner bergen. Die IT-Sicherheitspflichten sind dann zugleich **Schutzpflichten**. Unternehmen sollten prüfen, wann und wie sich die unternehmensinterne **Verletzung eigener IT-Sicherheitspflichten auf Vertragspartner nachteilig auswirken kann**. Wird deren vermögens- und persönlichkeitsrechtlicher *status quo* durch Sicherheitsvorfälle im Unternehmen potentiell beeinträchtigt, bildet dies ein starkes Indiz dafür, dass die IT-Sicherheit eine Schutzpflicht zum Vertrag ist.

---

1 *Grüneberg* in Palandt, BGB, § 241 Rz. 6; *Sutschet* in Bamberger/Roth/Hau/Poseck, BeckOK/BGB, § 241 Rz. 15.

2 *Grüneberg* in Palandt, BGB, § 241 Rz. 7.

3 *Grüneberg* in Palandt, BGB, § 241 Rz. 7 und § 280 Rz. 30; *Bachmann* in MünchKomm/BGB, § 241 Rz. 110.

4 *Grüneberg* in Palandt, BGB, § 241 Rz. 6; *Bachmann* in MünchKomm/BGB, § 241 Rz. 52; BGH, Urt. v. 30.9.2009 – VIII ZR 238/08, NJW 2010, 1135, 1137 = MDR 2010, 18.

5 *Sutschet* in Bamberger/Roth/Hau/Poseck, BeckOK/BGB, § 241 Rz. 44; *Bachmann* in MünchKomm/BGB, § 241 Rz. 52.

6 *Roth/Schneider*, ITRB 2005, 19, 20; *Beucher/Utzerath*, MMR 2013, 362, 367.

Beispiel für IT-Sicherheit als vertragliche Nebenpflicht: Eine Bank wird zum Opfer eines Cyber-Angriffs, wodurch zahlreiche Überweisungen von Kundenkonten an Dritte veranlasst werden, die nicht alle rückgängig gemacht werden können. Auch Kunde X ist davon betroffen und erleidet einen Schaden i.H.v. 400 Euro. Der Angriff ist auf eine Schwachstelle im IT-System der Bank zurückzuführen, die von Hackern ausgenutzt wurde.

Die Sicherheitsrisiken beim Online-Banking sind besonders hoch. Die Nutzung von Zahlungsdiensten ist für Kunden zur Abwicklung alltäglicher Geschäfte besonders wichtig, macht eine Verarbeitung vertraulicher Zahlungsdaten erforderlich und Banken unterliegen dementsprechend strengen IT-Sicherheitspflichten. Aus den vorgenannten Gründen ist die Einhaltung der IT-Sicherheitspflichten für Banken und Kunden gleichermaßen von besonderer Bedeutung. Sicherheitsvorfälle können leicht zu Schäden beim Kunden führen. So hat Kunde X durch den Cyber-Angriff 400 Euro verloren. Durch den Vorfall ist es damit zu einer Verletzung der Rechtsgüter des X gekommen. Die Einhaltung der IT-Sicherheitspflichten ist eine Nebenpflicht der Bank bzgl. ihres Vertrags mit X.

Gesetzliche IT-Sicherheitspflichten überschneiden sich insofern **mit** entsprechenden **vertraglichen Nebenpflichten**, als dass sie auch einen Hinweis auf über den Umfang gesetzlicher Pflichten hinausgehende Schutzpflichten liefern können. Vor allem im Datenschutzrecht sind (teilweise bereichsspezifische) **Benachrichtigungspflichten** vorgesehen, die Unternehmen zur Meldung von Datenschutzverletzungen an betroffene Personen verpflichten, etwa in Art. 34 DSGVO, § 15a TMG, § 109a TKG. Dabei geht es häufig um IT-Zwischenfälle im Unternehmen, durch die Daten von Kunden oder Vertragspartnern an unberechtigte Dritte gelangen. Die gesetzlichen Benachrichtigungspflichten wurden zum Schutz der Betroffenen geschaffen, um diesen das Ergreifen von Gegenmaßnahmen zu ermöglichen, und dienen somit deren **Integritätsinteresse**.[1] Es handelt sich dabei gewissermaßen um die Verrechtlichung von **Aufklärungspflichten**. Diese Benachrichtigungspflichten sind jedoch durch ihren Anwendungsbereich und etwaige Ausnahmeregelungen beschränkt. Wenn die gesetzliche Benachrichtigungspflicht nicht zur Anwendung gelangt, kann daher unter Umständen eine vertragliche Benachrichtigungspflicht entstehen[2], da die Aufklärung über Datenschutzverletzungen für Vertragspartner zumeist eine erhebliche Information darstellen sollte. Damit liefern normierte IT-Sicherheitspflichten mit Bezug auf betroffene Personen außerhalb des Unternehmens einen wertvollen Hinweis auf den Mindestumfang vertraglicher Nebenpflichten, die je nach Umständen des Einzelfalls auch darüber hinausgehen können.[3]

3. Hinweise zur Vertragsgestaltung

Da IT-Sicherheitspflichten im Rahmen von Verträgen nicht nur als Leistungs-, sondern auch als Nebenpflichten relevant werden, ist ein **gänzlicher Ausschluss** der IT-Sicherheit als Vertragspflicht **kaum denkbar**. Zumindest aus der Pflicht zur gegenseitigen Rücksichtnahme müssen Unternehmen ihre IT-Sicherheitspflichten auch zum Schutz der Interessen, Rechte und Rechtsgüter ihrer Vertragspartner wahren.

Werden beim Vertragsschluss ausdrücklich Leistungspflichten mit IT-Sicherheitsbezug vereinbart, sollte die Vertragsgestaltung besonders sorgfältig erfolgen. Auch aus Haftungsgründen (s. Rz. 221 ff.) sollte ein Anbieter im Vertrag eine möglichst genaue Beschreibung des eigenen Pflichtenprogramms vornehmen, also die internen IT-Sicherheitsmaßnahmen präzise darle-

111

112

113

---

1 Siehe dazu etwa ErwGr. 85 f. DSGVO.
2 *Mehrbrey/Schreibauer*, MMR 2016, 75, 81 m.w.N.
3 *Spindler*, CR 2016, 297, 308.

gen.[1] Aus Anbietersicht gilt es, soweit möglich, zu **vermeiden**, für einen **bestimmten Sicherheitserfolg als Hauptleistungspflicht einstehen zu müssen**. Aus diesem Grund wären für Anbieter bspw. dienstvertragliche Regelungen vorzugswürdig, da dann zwar eine **bestimmte Leistung**, wie z.B. das Bemühen um einen vereinbarten Sicherheitszustand, aber **kein bestimmter IT-Sicherheitszustand als Erfolg geschuldet** wird.[2] Ist das Unternehmen Abnehmer oder Nutzer von IT-Produkten oder -Leistungen, wären dahingegen entsprechend Werkverträge günstiger, da sie dann von ihrem Vertragspartner einen vereinbarten IT-Sicherheitserfolg verlangen können.

114 Lagert ein Unternehmen eigene IT-Prozesse auf **externe Dienstleister** aus, sollte auch hier darauf geachtet werden, dass das Pflichtenprogramm des Dienstleisters in Bezug auf anzustrebende Sicherheitsstandards klar umrissen wird. Das Unternehmen sollte außerdem entsprechende **Kontroll- und Berichtspflichten** im Vertrag vorsehen, um die Einhaltung der Vorgabe überprüfen zu können.[3]

4. Übersicht zu typischen Fallgruppen

IT-Sicherheit als Leistungspflicht		
= wird ausgehend von den vertraglichen Vereinbarungen als Leistung geschuldet → Bestimmung des Pflichtenprogramms im Einzelfall		
Vertrag	**IT-Sicherheitspflichten**	**Mögliche Verletzungsfolgen**
IT-Outsourcing-Verträge Beispiele: Cloud Computing, Beauftragung externer IT-Sicherheitsbeauftragter, …	Auftraggeber gibt die eigenen IT-Sicherheitspflichten im Rahmen des Vertrags an den Outsourcing-Anbieter weiter – als **Dienstvertrag**: Leistungserbringung unter Berücksichtigung der IT-Sicherheitsvorgaben wird geschuldet – als **Werkvertrag**: vereinbarter IT-Sicherheitsstandard wird als Erfolg geschuldet	– **Dienstvertrag**: keine umfassenden Gewährleistungsansprüche, daher insb. Schadensersatzansprüche des Auftraggebers (statt der Leistung oder neben der Leistung bei unzureichender oder nicht rechtzeitiger Leistungserbringung) und ggf. Recht zur Kündigung des Vertrags – **Werkvertrag**: umfassende Gewährleistungsansprüche (Behebung von Mängeln, Rücktrittsrecht, Minderung der Vergütung, …) einschließlich Schadensersatzansprüche (statt oder neben der Leistung), Recht zur Kündigung bis zur Vollendung des Werks

---

1 *Conrad* in Auer-Reinsdorff/Conrad, IT- und Datenschutzrecht, § 33 Rz. 255.
2 *Conrad* in Auer-Reinsdorff/Conrad, IT- und Datenschutzrecht, § 33 Rz. 255 f.; s. zum Leistungsmaßstab des Dienstrechts *Müller-Glöge* in MünchKomm/BGB, § 611 Rz. 19 ff.
3 *Conrad* in Auer-Reinsdorff/Conrad, IT- und Datenschutzrecht, § 33 Rz. 256.

IT-Sicherheit als Leistungspflicht		
= wird ausgehend von den vertraglichen Vereinbarungen als Leistung geschuldet → Bestimmung des Pflichtenprogramms im Einzelfall		
Vertrag	**IT-Sicherheitspflichten**	**Mögliche Verletzungsfolgen**
Auftragsdaten- verarbeitung	– Auftraggeber (= für die Verarbeitung personenbezogener Daten Verantwortlicher) verpflichtet den Auftragnehmer (= Auftragsverarbeiter) zu IT-Sicherheitsmaßnahmen – eigene datenschutzrechtliche IT-Sicherheitspflichten des Auftragsverarbeiters	– Schadensersatzansprüche des Verantwortlichen – Bußgelder auf Grundlage des allg. Datenschutzrechts – bei **Werkvertrag:** umfassende Gewährleistungsansprüche
Kaufverträge über IT-Produkte	– Produkt muss bestimmte IT-Sicherheitseigenschaften aufweisen (vereinbarte/gewöhnliche Beschaffenheit) – **Pflicht zum Bereitstellen von Erhaltungs-Updates** zur Sicherung der Funktionsfähigkeit des Produkts (zumindest während der Gewährleistungsfrist auf Kosten des Verkäufers)	– umfassende Gewährleistungsansprüche (Nacherfüllung bei Mängeln, Rücktrittsrecht, …) sowie Schadensersatzansprüche (statt oder neben der Leistung bei unzureichender oder nicht rechtzeitiger Vertragserfüllung)
Verträge über die zeitweise Überlassung von IT-Produkten Beispiele: ASP, SaaS, …	– Produkt muss vereinbarte IT-Sicherheitsbeschaffenheit während der Laufzeit des Vertrags aufweisen → Herstellung des vertraglich vereinbarten Zustands des Produkts – **mietvertragliche Erhaltungspflicht:** begrenzte Update-Pflicht zur Erhaltung des vereinbarten Sicherheitsstandards, keine Pflicht zur umfassenden Anpassung an geänderte Sicherheitsrisiken	– Schadensersatzansprüche (statt oder neben der Leistung bei unzureichender oder nicht rechtzeitiger Leistungserbringung) – Minderungsrecht bzgl. vereinbarter Vergütung – Recht zur Selbstvornahme bei Mängeln des Produkts
Verträge über die Wartung und Pflege von IT-Produkten	– Erhalt der Gebrauchsfähigkeit und Sicherheit der IT-Produkte wird geschuldet – **häufig dienst- und werkvertragliche Elemente**	– s. Anmerkungen zu möglichen Verletzungsfolgen bei IT-Outsourcing-Verträgen

IT-Sicherheit als Nebenpflicht (§ 241 Abs. 2 BGB) = Verpflichtung zur Einhaltung eigener IT-Sicherheitspflichten zur gegenseitigen Rücksichtnahme auf die Rechte, Rechtsgüter und Interessen der Vertragspartner		
Pflicht	**Umfang**	**Verletzungsfolge**
Schutzpflichten	= Unternehmen schuldet IT-Sicherheit, damit die Rechte, Rechtsgüter und Interessen der Vertragspartner nicht verletzt werden – je intensiver die IT-Sicherheitspflichten des Unternehmens, desto weitreichender seine Schutzpflichten	– Schadensersatzansprüche des Vertragspartners – kann Recht zum Rücktritt oder zur Kündigung des Vertrags auslösen (§§ 314, 324 BGB)
Aufklärungspflichten	= Unternehmen schuldet seinen Vertragspartnern unaufgeforderte Information über IT-Sicherheitsvorfälle, die diese schädigen könnten – Aufklärungspflichten in Form spezialgesetzlicher Benachrichtigungspflichten (z.B. Art. 33 DSGVO, § 8b Abs. 4 BSIG) weitgehend verrechtlicht	

VIII. IT-Sicherheit als wettbewerbsrechtliche Pflicht

115   Die Einhaltung der **IT-Sicherheitspflichten** ist für Unternehmen, wie bereits gezeigt (s. Rz. 27 ff.), nicht nur aus rechtlicher, sondern auch aus **unternehmerischer Sicht bedeutsam**. Ein unzureichender IT-Sicherheitsstandard kann zum Reputationsverlust und damit zu empfindlichen Umsatzeinbußen führen. Investitionen in die unternehmenseigene IT-Sicherheit sind daher Investitionen in die Zukunfts- und Wettbewerbsfähigkeit am Markt.[1] Die Wettbewerbsfreiheit wird durch die Vorgaben des UWG sichergestellt. Das Gesetz dient dem Schutz der Interessen von Mitbewerbern und Verbrauchern vor einer **Beeinträchtigung durch unlautere geschäftliche Handlungen**, § 1 UWG. Auch unzureichende IT-Sicherheit kann einen Einfluss auf die Wettbewerbsfreiheit haben: mangelnde Sicherheitsstandards bieten nicht nur Dritten eine Angriffsfläche auf die Betriebsgeheimnisse des Unternehmens, sondern können zugleich einen Wettbewerbsverstoß darstellen.

1. IT-Sicherheit zum Schutz von Betriebsgeheimnissen

116   Die wettbewerbliche Entfaltungsfreiheit kann insbesondere durch IT-gestützte Industriespionage verletzt werden. Wirtschaftsgeheimnisse bestimmen regelmäßig den geschäftlichen Erfolg zahlloser Unternehmen und stehen daher immer mehr im Zentrum vielfältiger konkurrierender Interessen.[2] **Betriebs- und Geschäftsgeheimnisse** sind häufig ein wesentlicher Vermögensbestandteil des Unternehmens; mit ihrem **Geheimbleiben steht und fällt deren Wert**.[3] Mit der zunehmenden Digitalisierung **wächst** auch die **Wirtschaftsspionage exponentiell**, wobei sich das genaue Ausmaß von Industriespionage und Geheimnisverrat man-

---

1 *Byok*, BB 2017, 451, 453.
2 *Brammsen*, ZIP 2016, 2193, 2193.
3 *Köhler* in Köhler/Bornkamm, UWG, Vorbem. §§ 17-19 Rz. 1 m.w.N.

gels verlässlicher Daten, hoher Dunkelziffern und geringer Aufklärungsquoten kaum verlässlich abschätzen lässt.[1] Die Offenlegung von Geschäftsgeheimnissen birgt ein **gewichtiges Schadenspotential** und kann für Unternehmen zum existenzbedrohenden Risiko werden.[2] **Unzureichende IT-Sicherheit bietet erfolgreicher Industriespionage** regelmäßig erst einen **Nährboden.** Mit der zunehmenden Vernetzung der Unternehmensdaten innerhalb der eigenen IT-Systeme und der allgegenwärtigen Nutzung von Internet und Telekommunikationsnetzen werden Daten- und Wirtschaftsspionage erheblich begünstigt.[3]

Werden Betriebs- oder Geschäftsgeheimnisse das Ziel externer Angriffe auf die IT eines 117 Unternehmens, so können **Straftaten nach §§ 17–19 UWG** vorliegen. Diese Vorschriften schützen sowohl Unternehmensinhaber vor einer Verletzung ihrer Geschäfts- und Betriebsgeheimnisse als auch den Wettbewerb vor Verfälschung.[4] § 17 UWG enthält drei Straftatbestände: den **Geheimnisverrat** durch einen Beschäftigten (Abs. 1), die **Betriebsspionage**, also das Ausspähen eines Geheimnisses mit bestimmten Mitteln und Methoden (Abs. 2 Nr. 1), und die **Geheimnisverwertung**, also die unbefugte Verwertung eines durch Verrat oder Ausspähung erlangten Geheimnisses (Abs. 2 Nr. 2).[5] § 18 UWG stellt die unbefugte Nutzung anvertrauter Geheimnisse durch Selbstständige unter Strafe. § 19 UWG dient einer Erweiterung des strafrechtlichen Schutzes vor Geheimnisverrat durch §§ 17, 18 UWG, indem er bestimmte Vorbereitungshandlungen unter Strafe stellt.[6] Entsprechende Taten sind mit **Freiheits- oder Geldstrafe** bedroht. Neben den strafrechtlichen Folgen von Industriespionage kommen auch **Schadenersatzansprüche des betroffenen Unternehmens** in Betracht, deren Grundlage überwiegend das Deliktsrecht bildet (s. Rz. 253 ff.). So sind die **§§ 17–19 UWG** Schutzgesetze i.S.d. § 823 Abs. 2 BGB.[7] Die in der Theorie bestehenden Ansprüche können in der Praxis dem betroffenen Unternehmen aufgrund **mangelnder Erfolge in der Strafverfolgung** jedoch häufig kaum finanzielle Abhilfe verschaffen.

Da ein **rechtlicher Schutz** von Betriebsgeheimnissen lediglich **repressiv** gewährleistet wird, 118 müssen Unternehmen deren präventiven Schutz selbst herbeiführen. Industriespionage kann von Unternehmen durch die **Einhaltung eigener IT-Sicherheitspflichten** zwar nicht immer verhindert, ein **Angriffsrisiko** aber zumindest gesteuert bzw. **minimiert** werden. Wollen Unternehmen den Wert der eigenen Geschäftsgeheimnisse erhalten, sollten sie alle zumutbaren Mittel daran setzen, deren Offenlegung zu vermeiden. Dazu bieten umfangreiche inner- wie außerbetriebliche IT-Sicherheitskonzepte, ergänzt durch klassischere Hilfsmittel wie etwa vertragliche Geheimhaltungsvereinbarungen, den bestmöglichen Weg.[8] Eine etwa durch fehlende IT-Sicherheit ermöglichte Offenlegung und **Verbreitung von Betriebs- und Geschäftsgeheimnissen** kann auch dazu führen, dass diese **keinem Geheimnisschutz** über die §§ 17 UWG **unterfallen.** Taugliche Tatobjekte dieser Straftaten sind nur solche Geheimnisse, die nicht offenkundig – d.h. weder allgemein bekannt noch leicht zugänglich – sind.[9] So liegt ein schutzfähiges Geheimnis zumindest dann nicht (mehr) vor, wenn dessen Veröffentlichung in

---

1 *Brammsen*, ZIP 2016, 2193, 2193 f. m.w.N.
2 Siehe etwa die Beispiele bei *Brammsen*, ZIP 2016, 2193, 2194 f.
3 *Brammsen*, ZIP 2016, 2193, 2197.
4 *Köhler* in Köhler/Bornkamm, UWG, § 17 Rz. 2.
5 *Köhler* in Köhler/Bornkamm, UWG, Vorbem. §§ 17-19 Rz. 7.
6 *Köhler* in Köhler/Bornkamm, UWG, Vorbem. §§ 17-19 Rz. 7.
7 *Köhler* in Köhler/Bornkamm, UWG, § 17 Rz. 53.
8 So auch *Brammsen*, ZIP 2016, 2193, 2201 m.w.N.
9 Dazu eingehend *Köhler* in Köhler/Bornkamm, UWG, § 17 Rz. 6 ff.

allgemein zugänglichen Medien stattgefunden hat, wie etwa in (Fach-)Zeitschriften und Büchern, im Internet oder in Datenbanken.[1]

119 Unternehmen sollten sich in diesem Bereich auf **künftige Rechtsänderungen** einstellen. Bis zum 9.6.2018 müssen die Mitgliedstaaten der EU die **Geheimnisschutz-Richtlinie**[2] in nationales Recht umsetzen. Diese führt in der EU nicht nur einen einheitlichen Geheimnisbegriff ein, der die Problematik um die Bestimmung tauglicher Straftatgegenstände grundsätzlich hinfällig machen wird, sondern wird auch zu einer Anpassung der Sanktions- und Ausgleichsansprüche von Unternehmen führen, die zum Opfer einer Betriebsspionage geworden sind.[3] **Geschützte Informationen** sind nach Art. 2 Abs. 1 Geheimnisschutz-Richtlinie solche, die angemessenen **Geheimhaltungsmaßnahmen unterliegen**, innerhalb des Betriebs weder allgemein bekannt noch ohne weiteres zugänglich sind und aufgrund ihrer Geheimhaltung eine kommerziellen Wert besitzen.

2. IT-Sicherheitsdefizite als Rechtsbruch

120 Die **Verletzung eigener IT-Sicherheitspflichten** kann für das Unternehmen selbst **wettbewerbsrechtliche Relevanz** entfalten. Dafür bietet insbesondere § 3a UWG die Grundlage.

§ 3a UWG – Rechtsbruch

Unlauter handelt, wer einer gesetzlichen Vorschrift zuwiderhandelt, die auch dazu bestimmt ist, im Interesse der Marktteilnehmer das Marktverhalten zu regeln, und der Verstoß geeignet ist, die Interessen von Verbrauchern, sonstigen Marktteilnehmern oder Mitbewerbern spürbar zu beeinträchtigen.

121 § 3a UWG ist eine Transformationsnorm, welche die Voraussetzungen normiert, unter denen der **Verstoß** gegen eine **gesetzliche Vorschrift außerhalb des Wettbewerbsrechts** als unlautere geschäftliche Handlung zu beurteilen ist.[4] Dies ist nicht bei jedem Gesetzesverstoß der Fall, der Auswirkungen auf den Wettbewerb haben kann.[5] Vielmehr muss die verletzte Rechtsvorschrift **zumindest auch dazu bestimmt** sein, **im Interesse der Verbraucher, Mitbewerber und sonstigen Marktteilnehmer** das **Marktverhalten zu regeln**.[6] Ob Vorschriften des Rechts der IT-Sicherheit als interessenschützende Markverhaltensregelungen anzusehen sind, lässt sich nur anhand des konkreten Charakters der relevanten Verpflichtungen bestimmen. Die pauschalisierende Aussage, dass IT-Sicherheitsrecht marktverhaltensregelnd ist, lässt sich nicht treffen.

a) IT-sicherheitsrechtliche Vorschriften als Marktverhaltensregelungen

122 Eine Vorschrift regelt das Marktverhalten, sofern sie das Anbieten und Nachfragen von Waren und Dienstleistungen, die Geschäftsanbahnung oder den Abschluss und die Durchführung

---

1 *Köhler* in Köhler/Bornkamm, UWG, § 17 Rz. 7 m.w.N.
2 Richtlinie (EU) 2016/943 des Europäischen Parlaments und des Rates vom 8.6.2016 über den Schutz vertraulichen Know-hows und vertraulicher Geschäftsinformationen (Geschäftsgeheimnisse) vor rechtswidrigem Erwerb sowie rechtswidriger Nutzung und Offenlegung.
3 Siehe dazu etwa *Ann*, GRUR-Prax. 2016, 465, 465 ff.
4 *Ohly* in Ohly/Sosnitza, UWG, § 3a Rz. 1.
5 *Köhler* in Köhler/Bornkamm, UWG, § 3a Rz. 1.6.
6 *Köhler* in Köhler/Bornkamm, UWG, § 3a Rz. 1.6, 1.61.

von Verträgen Handlungs- oder Unterlassungspflichten unterwirft.[1] Den Gegensatz dazu bilden Vorschriften über Verhaltensweisen, die der Betätigung auf dem Markt vorangehen oder nachfolgen, wie z.B. die Produktion, Forschung und Entwicklung.[2] Von hoher Praxisrelevanz sind dabei **Marktzutrittsregelungen**, bei denen Verstöße **keine wettbewerbsrechtlichen Folgen** nach sich ziehen. Dabei handelt es sich um solche Normen, die Personen den Marktzutritt aus Gründen verwehren oder bestimmten Bedingungen unterwerfen, die nichts mit deren **Art und Weise des Agierens am Markt** zu tun haben, sondern z.B. dem Schutz bestimmter Personen oder der Festlegung von Rahmenbedingungen des Wettbewerbs dienen.[3] Die Abgrenzung von Marktverhaltens- und -zutrittsregelungen wird allerdings dadurch erschwert, dass **Normen häufig** einen **Doppelcharakter** besitzen. Regeln die Vorschriften zumindest auch das Marktverhalten, kann ein Verstoß nach § 3a UWG wettbewerbsrechtliche Konsequenzen nach sich ziehen.[4]

Von einer Doppelfunktion kann nach der Rechtsprechung in der Regel ausgegangen werden, wenn eine Betätigung am Markt einer öffentlich-rechtlichen Erlaubnis unterliegt bzw. die betreffende Norm gleichzeitig im Interesse der Marktteilnehmer – insbesondere der Verbraucher – eine **bestimmte Qualität, Sicherheit oder Unbedenklichkeit der angebotenen Waren** oder Dienstleistungen sicherstellen will.[5] IT-Sicherheitsverstöße eines Unternehmens können, wie bereits gezeigt (s. Rz. 12 ff.), nicht nur negative Folgen für das Unternehmen selbst, sondern auch für dessen Kunden und Geschäftspartner – also andere Marktteilnehmer – haben. Damit liegt es auf den ersten Blick nahe, dass das IT-Sicherheitsrecht bestimmte Standards schafft, die zumindest auch die Marktteilnehmer vor IT-Risiken schützen sollen. Wie bereits gezeigt (s. Rz. 87 ff.), können Kunden bspw. beim Erwerb von IT-Produkten oder der Inanspruchnahme IT-basierter Dienste einen bestimmten Sicherheitsstandard und damit eine bestimmte Qualität erwarten. Eine **pauschalisierende Klassifizierung** von IT-Sicherheitsvorschriften als Marktverhaltensregelungen ist dennoch **nicht möglich**, sondern muss immer anhand der verletzten Einzelnorm bestimmt werden. Es ist entscheidend, ob die IT-Sicherheitspflicht (auch) der Förderung des Unternehmensabsatzes dient, auf die Marktteilnehmer einwirkt und deren Schutz bezweckt.[6] Nicht immer kann zweifelsfrei vom Vorliegen aller drei Voraussetzungen ausgegangen werden.

aa) Datenschutzrecht

Als Marktverhaltensregelungen kommen insbesondere datenschutzrechtliche Vorgaben in Betracht. In den ErwGr. 2, 7 der im Mai 2018 in Kraft tretenden Datenschutz-Grundverordnung heißt es, dass das Regelungswerk nicht nur dem Schutz der Rechte und Freiheiten natürlicher Personen, deren Daten verarbeitet werden, dient, sondern auch der Förderung der digitalen Wirtschaft. Damit weist das Datenschutzrecht grundsätzlich sowohl einen Marktbezug als auch einen Schutzcharakter auf. Daher kann es sich im Bereich des **Datenschutzrecht**s teil-

123

124

---

1 *Ohly* in Ohly/Sosnitza, UWG, § 3a Rz. 15; *Köhler* in Köhler/Bornkamm, UWG, § 3a Rz. 1.62.
2 *Köhler* in Köhler/Bornkamm, UWG, § 3a Rz. 1.62.
3 *Köhler* in Köhler/Bornkamm, UWG, § 3a Rz. 1.76.
4 *Köhler* in Köhler/Bornkamm, UWG, § 3a Rz. 1.82 f.
5 *Köhler* in Köhler/Bornkamm, UWG, § 3a Rz. 1.83; BGH, Urt. v. 25.4.2002 – I ZR 250/00, GRUR 2002, 825, 826 = ZIP 2002, 1645; BGH, Urt. v. 2.6.2005 – I ZR 215/02, GRUR 2005, 875, 876; BGH, Urt. v. 15.1.2009 – I ZR 141/06, GRUR 2009, 881, 882 f.
6 *Byok*, BB 2017, 451, 453.

weise um Marktverhaltensregelungen handeln.[1] Beziehen sich datenschutzrechtliche Regelungen (auch) auf Unternehmenshandlungen, die personenbezogene Daten von Verbrauchern betreffen und kommerziellen Zwecken dienen, liegt die Annahme einer Marktverhaltensregel nahe.[2]

bb) Vorgaben des IT-Sicherheitsgesetzes und des NIS-Richtlinien-Umsetzungsgesetzes

125 Die Bestimmung des Vorliegens von sonstigen Marktverhaltensregelungen im Bereich der IT-Sicherheit fällt schwer, da bisher **Rechtsprechung** dazu **fehlt**, ob Verstöße gegen das Schutzgut der IT-Sicherheit einen Rechtsbruch gem. § 3a UWG darstellen können.[3] Die wettbewerbsrechtliche Relevanz von Verstößen gegen IT-Sicherheitsrecht unterliegt damit einer **großen Rechtsunsicherheit**. In Anbetracht der weitreichenden Folgen von IT-Sicherheitsverstößen für Unternehmen und ihre Kunden wird jedoch bereits **teilweise befürwortet**, dass zumindest **Teilbereiche des IT-Sicherheitsrechts als Marktverhaltensregelungen** zu qualifizieren sind. So wird ein Zusammenhang zwischen Informationssicherheit und Absatzförderung im Anwendungsbereich der **NIS-Richtlinie** (s. Rz. 346 f.) diskutiert, da die von den Regelungen betroffenen Betreiber wesentlicher Dienste, die der Bevölkerung Energie-, Finanz- oder andere Versorgungsleistungen erbringen, diese Dienste nur mit Hilfe sicherer IT-Systeme fortlaufend bereitstellen können und damit sowohl der Absatz als auch der Schutz der Nutzer vom IT-Sicherheitsstandard abhängen.[4] In Anbetracht dieser Diskussion sollten Unternehmen in jedem Fall künftige Rechtsentwicklungen beobachten. Die bestehende Tendenz der Verschärfung des IT-Sicherheitsrechts unterstreicht den Bedeutungsgewinn des Schutzguts IT-Sicherheit, so dass dessen Rolle für den Absatz am Markt im Wandel befindlich ist.

b) Wettbewerbsrechtliche Verletzungsfolgen

126 Künftige Rechtsentwicklungen, insbesondere auf Grundlage der Rechtsprechung, können zur Annahme eines Rechtsbruchs gem. § 3a UWG führen. In solchen Fällen führt die Verletzung von IT-Sicherheitsrecht potentiell zu empfindlichen wettbewerbsrechtlichen Konsequenzen. Dabei spielt das Risiko von auf Beseitigung und/oder Unterlassung gerichteten **Abmahnungen** für Wettbewerbsverstöße nach § 8 UWG eine eher untergeordnete Rolle, da mangelnde IT-Sicherheit im Unternehmen von außen kaum erkennbar oder gar nachweisbar ist.[5] Angesichts des hohen Schadenspotentials von IT-Sicherheitsmängeln (s. Rz. 12 ff.) dürften vor allem die übrigen Rechtsfolgen des UWG, insbesondere **Schadensersatz und Gewinnabschöpfung** gem. §§ 9, 10 UWG, von Relevanz sein.[6] Von noch höherer Relevanz dürften **nicht-materielle Folgen am Markt** sein, insbesondere der Reputationsverlust des Unternehmens gegenüber Kunden und Geschäftspartnern (s. Rz. 27 ff.).

---

1 *Köhler* in Köhler/Bornkamm, UWG, § 3a Rz. 1.74; *Ohly* in Ohly/Sosnitza, UWG, § 3a Rz. 79; *v. Jagow* in Harte-Bavendamm/Henning-Bodewig, UWG, § 3a Rz. 33 jeweils m.w.N.; s. zum Telemediendatenschutz *Gerlach*, CR 2015, 581, 581 ff.

2 *Köhler* in Köhler/Bornkamm, UWG, § 3a Rz. 1.74 m.w.N.

3 *Byok*, BB 2017, 451, 453.

4 *Byok*, BB 2017, 451, 453.

5 *Gerlach*, CR 2015, 581, 589; *Byok*, BB 2017, 451, 454.

6 *Byok*, BB 2017, 451, 454.

■ **Das Wesentliche in Kürze:**

– IT-Sicherheitsvorkehrungen sind zum präventiven Schutz eigener Betriebsgeheimnisse unerlässlich, da der wettbewerbsrechtliche Schutz lediglich repressiv wirkt, also wenn die Geheimnisse durch Offenlegung bereits ihren wirtschaftlichen Wert verloren haben.

– Die Verletzung der eigenen IT-Sicherheitspflichten durch Unternehmen stellt ggf. einen sanktionsfähigen Rechtsbruch gem. § 3a UWG dar. Diesbezüglich besteht aufgrund fehlender Kasuistik zu dieser Thematik allerdings ein hohes Maß an Rechtsunsicherheit.

IX. Praktische Umsetzung: IT-Sicherheitskonzept des Unternehmens

Während die Verantwortlichkeit der Unternehmensleitung für IT-Sicherheit grundsätzlich nicht vollständig delegiert werden kann, ist bei der **praktischen Umsetzung** der IT-Sicherheitspflichten die **Beteiligung verschiedener Akteure im Unternehmen** unerlässlich. Zur effektiven Risikoerkennung und -behandlung bieten sich in der Praxis verschiedene Instrumente an, wobei drei Möglichkeiten in diesem Abschnitt eine Darstellung erfahren werden. Zur Implementierung eines möglichst umfassenden IT-Sicherheitsstandards ist insbesondere eine **Kombination dieser Instrumente** in der Praxis angezeigt, die mittlerweile durchaus als marktüblich anzusehen ist.[1] | 127

Unabhängig davon, welche Maßnahmen im Unternehmen zur Schaffung eines hinreichenden IT-Sicherheitsstandards zum Einsatz kommen, sind vor allem zwei Dinge unerlässlich: ein **klares IT-Sicherheitskonzept** und dessen **konsequente Umsetzung**. Unternehmen sollten daher zunächst prüfen, welche Sicherheitsmaßnahmen ihrer Gesellschafts- bzw. Konzernstruktur und vor allem ihren personellen und finanziellen Ressourcen am besten entsprechen und auf dieser Grundlage ein entsprechendes IT-Sicherheitskonzept ausarbeiten. Dabei müssen insbesondere der Umfang und die inhaltliche Ausprägung der auf das Unternehmen anwendbaren Rechtspflichten zur IT-Sicherheit (s. dazu insbesondere Rz. 290 ff.) Berücksichtigung finden. Über eine dauerhafte und effektive Umsetzung des entwickelten Konzepts muss die Einhaltung der IT-Sicherheitspflichten fortlaufend sichergestellt werden. | 128

1. Benennung betrieblicher Beauftragter für IT-Sicherheit

Unternehmen sollten die Ernennung eines betrieblichen Beauftragten für IT-Sicherheit erwägen. Dieser soll im Wesentlichen die **Geschäftsleitung** bei der Wahrnehmung ihrer IT-Sicherheitspflichten **beraten und unterstützen**.[2] Die dabei anfallenden Verpflichtungen in Bezug auf die Informations-, Daten- und IT-Sicherheit werden auf verschiedene Rollen im Unternehmen verteilt, so dass grundsätzlich die Benennung **verschiedener betrieblicher Beauftragter mit Bezug zur IT-Sicherheit** in Betracht kommt. | 129

Unter den verschiedenen betrieblichen Beauftragten **spielt der IT-Sicherheitsbeauftragte die wesentliche Rolle hinsichtlich der technischen Sicherheit** der IT-Infrastruktur des Unter- | 130

---

1 *Schmidl* in Hauschka/Moosmayer/Lösler, Corporate Compliance, § 28 Rz. 217.
2 Vgl. dazu BSI, IT-Sicherheitsbeauftragter, S. 1, abrufbar unter: https://www.bsi.bund.de/Shared Docs/Downloads/DE/BSI/Grundschutz/Hilfsmittel/Extern/07itsibe_pdf.pdf?__blob=publicationFile, zuletzt aufgerufen am 12.1.2018.

nehmens.[1] Grundsätzlich existieren jedoch weder eine gesetzliche Pflicht noch gesetzliche Vorgaben zur Einrichtung und Stellung von IT-Sicherheitsbeauftragten.[2]

Ausnahme: Gesetzliche Pflicht zur Benennung eines IT-Sicherheitsbeauftragten

In folgenden Fällen ist die Benennung eines IT-Sicherheitsbeauftragten gesetzlich vorgeschrieben:

– gem. § 109 TKG für Telekommunikationsanbieter (s. Rz. 429);

– gem. § 11 Abs. 1a EnWG für Betreiber von Energieversorgungsnetzen (s. Rz. 452).

131 Am Fehlen einer allgemeinen Rechtspflicht zur Benennung des IT-Sicherheitsbeauftragten wird ein besonders starker Unterschied zum Datenschutzrecht deutlich (s. zu Einzelheiten Rz. 290 ff.), durch welches Unternehmen gem. Art. 37 ff. DSGVO sowie § 38 BDSG-neu zur Benennung eines Datenschutzbeauftragten, der eine vergleichbare Funktion erfüllt, verpflichtet werden. Allerdings lässt sich ggf. **mittelbar** aus der Pflicht der Gesellschaftsorgane zur Erkennung und Abwehr von IT-Risiken (s. Rz. 32 ff.) eine **Pflicht zur Ernennung** des IT-Sicherheitsbeauftragten und anderer Beauftragter, deren Aufgaben Bezug zur IT-Sicherheit aufweisen, ablesen: Fie „übliche Sorgfalt", die die Geschäftsleitung bei der Erfüllung ihrer Aufgaben walten lassen muss, wird von der Rechtsprechung regelmäßig anhand von etablierten Marktstandards beurteilt, wobei sich die Benennung von IT-Sicherheitsbeauftragten bereits als marktüblich bezeichnen lässt.[3] Zumindest von Unternehmen ab einer gewissen Größe kann damit die Benennung eines IT-Sicherheitsbeauftragten regelmäßig erwartet werden. Aufgaben, Funktion und Stellung eines IT-Sicherheitsbeauftragten können bspw. mehr oder weniger stark an diejenigen eines Datenschutzbeauftragten i.S.d. Art. 37 ff. DSGVO (s. Rz. 329 ff.) angelehnt werden.[4] Ob die Aufgaben von einer Einzelperson, einer Abteilung im Unternehmen oder nur in Teilzeit ausgeübt werden, ist von der Größe des Unternehmens, den vorhandenen Ressourcen und dem angestrebten IT-Sicherheitsniveau abhängig. Die **konkrete Ausgestaltung** dieser Position – wie auch anderer Positionen mit IT-Sicherheitsbezug – liegt damit im **Ermessen des Unternehmens**.[5]

a) Abgrenzung verschiedener betrieblicher Beauftragter

132 Während der **IT-Sicherheitsbeauftragte** maßgeblich Funktionen bzgl. der **technischen Sicherung der IT-Infrastruktur** des Unternehmens erfüllt, kann es zu einer **Überschneidung mit anderen unternehmensinternen Rollen** kommen. Damit wird eine Abgrenzung der verschiedenen betrieblichen Beauftragten erforderlich, deren **Aufgaben einen Bezug zur IT-Sicherheit aufweisen**. Nicht alle dieser Positionen werden stets im Unternehmen vorgesehen sein. So ist deren **Schaffung teilweise rechtlich vorgeschrieben** und teilweise zur Abwehr von Risiken vom Unternehmen (s. Rz. 32 ff.) angezeigt:[6]

---

1 *Müller* in Koreng/Lachenmann, Formularhandbuch Datenschutzrecht, 2. Aufl. (im Erscheinen), E. I. 3.

2 *Schmidl* in Hauschka/Moosmayer/Lösler, Corporate Compliance, § 28 Rz. 251.

3 Zu Einzelheiten *Schmidl* in Hauschka/Moosmayer/Lösler, Corporate Compliance, § 28 Rz. 252.

4 Siehe dazu ausführlich *Voigt/von dem Bussche*, Handbuch DSGVO, 1. Aufl. (im Erscheinen), Teil 3.6; sowie mit einer Gegenüberstellung möglicher Aufgaben *Müller* in Koreng/Lachenmann, Formularhandbuch Datenschutzrecht, 2. Aufl. (im Erscheinen), E. I.4.

5 *Schmidl* in Hauschka/Moosmayer/Lösler, Corporate Compliance, § 28 Rz. 253.

6 Siehe dazu ausführlich *Müller* in Koreng/Lachenmann, Formularhandbuch Datenschutzrecht, 2. Aufl. (im Erscheinen), E. I.3.

Position	Rechtspflicht zur Benennung	Funktionen
IT-Sicherheitsbeauftragter	Grds. nein, Ausnahmen: § 109 TKG, § 11 Abs. 1a EnWG	– Gewährleistet v.a. technische Sicherheit der IT-Infrastruktur – Unterstützung der Geschäftsleitung bei der Einhaltung der IT-Sicherheitspflichten – Erstellung, Integration und Pflege von IT-Sicherheitskonzept und Betriebsrichtlinien, Aufrechterhaltung der IT-Sicherheit im laufenden Betrieb
Datenschutzbeauftragter	Art. 37 ff. DSGVO, § 38 BDSG-neu	– Gesetzlich geregelte Funktionen (s. Rz. 329 ff.) – Wichtige Rolle zur Gewährleistung des Datenschutzes im Unternehmen, einschließlich Datensicherheit
Zentrales Risikomanagement	Ggf. §§ 76, 93 AktG	– Zentrale Stelle zur Entgegennahme von Risikomeldungen aus den verschiedenen Unternehmensteilen (auch: IT-Risiken) – Steuerung unternehmerischer Risiken
IT-Risikobeauftragter	Ggf. §§ 76, 93 AktG	– Erkennung, Bewertung und Management von IT-Risiken – Durchführung entsprechender Risikoanalysen in Zusammenarbeit mit IT-Sicherheits- und/oder Datenschutzbeauftragtem – Beteiligung an Konzeption und Umsetzung des IT-Risikomanagementsystems
Informationssicherheitsbeauftragter (Chief Information Security Officer, CISO)	Ggf. §§ 76, 93 AktG	– Definiert IT-Sicherheitspolitik des Unternehmens anhand der Unternehmensstrategie – Für IT-Sicherheitsrahmen im Unternehmen strategisch verantwortlich – Ausschließlich auditive Tätigkeiten: Überwachung der verantwortlichen Abteilungen und Beauftragten
Compliance-Officer	Ggf. §§ 76, 93 AktG	– Überwacht die Einhaltung aller Compliance-Vorgaben im Unternehmen (Gesetze, Organisationsgrundsätze, Unternehmensrichtlinien …)

b) Stellung des IT-Sicherheitsbeauftragten

133 Da die **Stellung** des IT-Sicherheitsbeauftragten im Unternehmen **gesetzlich nicht vorgegeben** ist, kann das Unternehmen diese an seine konkreten Bedürfnisse und seine Gesellschaftsstruktur anpassen. Grundsätzlich kann die Geschäftsleitung ihr Ermessen auch dahingehend ausüben, auf einen betrieblichen IT-Sicherheitsbeauftragten zu verzichten und lediglich punktuell auf externes Know-how zurückzugreifen.[1] Gleichwohl ist von einem solchen Vorgehen häufig abzuraten, da die bestmögliche Risikominimierung nur mit Hilfe eines betrieblichen IT-Sicherheitsbeauftragten gewährleistet werden kann.[2] Eine wichtige Grundsatzentscheidung trifft das Unternehmen bei der Auswahl zwischen der Benennung eines **internen oder externen IT-Sicherheitsbeauftragten**. Die folgenden Anhaltspunkte sind bei der Entscheidung u.a. zu berücksichtigen:[3]

134

Interner IT-Sicherheitsbeauftragter	Externer IT-Sicherheitsbeauftragter
Besserer Einblick in das Unternehmen und Kenntnis der Unternehmensabläufe (Insider-Perspektive)	Bereits bestehende Expertise und (hoffentlich) hoher Grad an Professionalität
Genießt als Arbeitnehmer besonderen Schutz: Kündigungsschutz, Haftungsprivilegierung etc.	Keine Arbeitnehmerprivilegien
–	Zumeist angemessene Versicherung vorhanden, die die Folgen etwaiger Aufgabenverletzungen abdeckt
Benennung löst ggf. Mitbestimmungsrechte des Betriebsrats aus	–
Potentielle Kollision mit anderen Aufgaben des ausgewählten Arbeitnehmers (Interessenkonflikt)	Risikofaktor, da unternehmensexternen Person der Zugriff auf sicherheitsrelevante unternehmensinterne Daten eingeräumt wird

135 Der IT-Sicherheitsbeauftragte unterscheidet sich insofern von anderen Beauftragten wie dem Datenschutzbeauftragten, als dass seine Funktion und Position nicht gesetzlich legitimiert oder geschützt ist.[4] Damit er dennoch seine im Unternehmen äußerst wichtige Funktion für die Einhaltung der IT-Sicherheit ausüben kann, **obliegt** es dem **Unternehmen**, seine **Position entsprechend detailliert auszugestalten** und ihn **mit hinreichenden Befugnissen auszustatten**:[5]

– **Interner IT-Sicherheitsbeauftragter**: Bei der Benennung eines Arbeitnehmers zum IT-Sicherheitsbeauftragten sollte von den Beteiligten eine detaillierte Vereinbarung (im Arbeitsvertrag oder ggf. als Zusatzvereinbarung) abgeschlossen werden, in welcher dem Be-

---

1 *Schmidl* in Hauschka/Moosmayer/Lösler, Corporate Compliance, § 28 Rz. 253.

2 *Schmidl* in Hauschka/Moosmayer/Lösler, Corporate Compliance, § 28 Rz. 254.

3 Siehe dazu auch *Schmidl* in Hauschka/Moosmayer/Lösler, Corporate Compliance, § 28 Rz. 258 ff.; vgl. ähnliche Erwägungen zum Datenschutzbeauftragten in *Voigt/von dem Bussche*, Handbuch DSGVO, 1. Aufl. (im Erscheinen), Teil 3.6.2.2.

4 *Schmidl* in Hauschka/Moosmayer/Lösler, Corporate Compliance, § 28 Rz. 261 ff.

5 Siehe zu den nachfolgenden Erwägungen *Schmidl* in Hauschka/Moosmayer/Lösler, Corporate Compliance, § 28 Rz. 280 ff.

auftragten konkrete und detaillierte Aufgaben zugewiesen werden. Aus Nachweisgründen ist dabei für die Vereinbarung die Schriftform anzuraten.

– **Externer IT-Sicherheitsbeauftragter**: Der Vertrag mit dem externen Beauftragten wird inhaltlich speziell auf die zu erfüllenden Aufgaben zugeschnitten. Durch den Vertrag muss er in die Pflicht und Lage versetzt werden, seine Aufgaben mindestens so gut wie ein interner IT-Sicherheitsbeauftragter zu erfüllen. Der Vertrag wird regelmäßig sowohl werkvertragliche (umfangreiche Sicherungsmaßnahmen oder IT-Infrastrukturen werden als Erfolg geschuldet) als auch dienstvertragliche Elemente (fortlaufende Überwachung bestimmter Prozesse und Maßnahmen) enthalten. Da an den externen Beauftragten eine Unternehmensfunktion ausgelagert wird, sollte die Vereinbarung möglichst genaue Angaben zur Umsetzung dieser Funktion vorsehen, z.B. Anforderungen hinsichtlich der Qualifikation des externen Beauftragten, Zugriffs- und Zutrittsrechte, Berichtspflichten, Vertraulichkeitsvereinbarung und Auftragsdatenverarbeitungsvereinbarung.

Damit der IT-Sicherheitsbeauftragte auch gegenüber Mitarbeitern und Abteilungen im Unternehmen Befugnisse ausüben kann, muss ihm ein gewisser Geltungsanspruch verschafft werden.[1] Daher sollten ihm eine ganze Reihe von **Kompetenzen eingeräumt** werden, wobei insoweit auf das entsprechende Muster des BSI verwiesen werden kann.[2] Zur effektiven Ausübung seiner Befugnisse sollte der **interne IT-Sicherheitsbeauftragte** im Unternehmen zudem einen gewissen **Grad an Unabhängigkeit** innehaben. Dieser kann über eine funktionelle Trennung von anderen Unternehmensabteilungen erreicht werden. Die wichtige Bedeutung des internen IT-Sicherheitsbeauftragten ließe sich bspw. dadurch hervorheben, ihn an die Unternehmensleitung anzubinden und auf diese Weise seinen Geltungsanspruch zu unterstreichen.[3]   136

c) Haftung des IT-Sicherheitsbeauftragten

Bei der Auswahl zwischen einem internen oder externen IT-Sicherheitsbeauftragten sollten Unternehmen besonders haftungsrechtliche Aspekte berücksichtigen. Während die Inanspruchnahme des externen IT-Sicherheitsbeauftragten von hoher Praxisrelevanz ist, kann ein interner IT-Sicherheitsbeauftragter regelmäßig nicht oder nur unter starken Einschränkungen für IT-Sicherheitsverletzungen im Unternehmen in Anspruch genommen werden.   137

aa) Geringe Praxisrelevanz: Haftung des internen IT-Sicherheitsbeauftragten

Soweit benannt, spielt der IT-Sicherheitsbeauftragte im Unternehmen eine essentielle Rolle für die Erreichung und Aufrechterhaltung von IT-Sicherheit. Während sich die **Geschäftsleitung** bei der Umsetzung ihrer IT-Sicherheitspflichten maßgeblich auf die Expertise des **IT-Sicherheitsbeauftragten** verlässt und diesem diesbezüglich mehr oder weniger stark **eigene Verantwortlichkeiten überträgt**, hat die Haftung des internen IT-Sicherheitsbeauftragten gegenüber der Gesellschaft kaum praktische Relevanz. Dies ist dem Umstand geschuldet, dass die **Haftung** des internen IT-Sicherheitsbeauftragten als Arbeitnehmer **weitgehend beschränkt** ist. Anders stellt sich die Lage allerdings dar, sofern sich das Unternehmen für die Benennung eines **externen IT-Sicherheitsbeauftragten** entschieden hat, der insoweit   138

---

1 *Schmidl* in Hauschka/Moosmayer/Lösler, Corporate Compliance, § 28 Rz. 287 f.
2 BSI, Muster für eine Bestellung des/der IT-Sicherheitsbeauftragten, abrufbar unter: https://www.bsi .bund.de/SharedDocs/Downloads/DE/BSI/Grundschutz/Hilfsmittel/Muster/muster_bestellung_it-sibe_doc.doc?__blob=publicationFile, zuletzt aufgerufen am 12.1.2018.
3 *Schmidl* in Hauschka/Moosmayer/Lösler, Corporate Compliance, § 28 Rz. 287.

keine Arbeitnehmerprivilegien genießt und daher grundsätzlich nicht beschränkt haftet (s. Rz. 144 f.).

139 Anspruchsgrundlagen sind für eine Haftung der internen IT-Sicherheitsbeauftragten zunächst vorhanden. Erfüllt der IT-Sicherheitsbeauftragte das ihm **vertraglich übertragene Pflichten-programm** nicht oder nicht ordnungsgemäß, **verletzt** er seine Leistungspflichten (s. grundsätzlich Rz. 146 f.). In Betracht kommen damit Ansprüche des Unternehmens aus dem Arbeitsvertrag bzw. der Zusatzvereinbarung über die Benennung als IT-Sicherheitsbeauftrager, etwa auf Schadensersatz gem. §§ 280 ff. BGB. Auch **deliktische Schadensersatzansprüche** gem. §§ 823 ff. BGB sind grundsätzlich denkbar, soweit der IT-Sicherheitsbeauftragte durch seine Handlungen dem Unternehmen einen Schaden zugefügt hat. Grundlage dafür bildet häufig eine Verletzung des sog. **Rechts am eingerichteten und ausgeübten Gewerbebetrieb**, welches – verkürzt gesagt – den Schutz des Unternehmens bezweckt.[1] Es handelt sich um einen Auffangtatbestand, der gegenüber spezielleren Schutzvorschriften zurücktritt und das Unternehmen gegen Beeinträchtigungen schützen soll, um dessen ungestörte Betätigung und Entfaltung im Wirtschaftsleben zu gewährleisten.[2]

140 Die Durchsetzbarkeit von Ansprüchen des Unternehmens gegen den internen IT-Sicherheitsbeauftragten wird über die **Grundsätze der beschränkten Arbeitnehmerhaftung** stark eingeschränkt. So kommt der interne IT-Sicherheitsbeauftragte in den Genuss einer nach Verschuldensgraden abgestuften Haftungsprivilegierung, sofern er Schäden an den Rechtsgütern des Unternehmens im Rahmen einer **betrieblich veranlassten Tätigkeit** herbeiführt.[3] Dabei handelt es sich um die Tätigkeiten, die dem IT-Sicherheitsbeauftragten arbeitsvertraglich übertragen wurden oder die er im Interesse des Unternehmens ausführt (s. Rz. 146 f.).[4] Kommt es zu diesbezüglichen Pflichtverletzungen, muss der IT-Sicherheitsbeauftragte **nicht für jedes Verschulden** einstehen.[5] So haftet der IT-Sicherheitsbeauftragte lediglich im Falle **vorsätzlicher Pflichtverletzungen** für den gesamten Schaden.[6] Diese Haftungskonstellation dürfte im Unternehmen eine **Seltenheit** darstellen: Der IT-Sicherheitsbeauftragte müsste wissentlich und willentlich nicht nur die Pflicht- und Rechtsgutsverletzung, sondern auch den konkreten Schaden in Kauf nehmen.[7] In Anbetracht der Auswahl des IT-Sicherheitsbeauftragten anhand seiner Zuverlässigkeit und fachlicher Qualifikation (s. Rz. 148) wird er derartig gravierende Folgen nicht vorsätzlich bezwecken wollen. Daher spielt vor allem die Haftung von IT-Sicherheitsbeauftragten für **fahrlässige Pflichtverletzungen eine praktische Rolle**, also wenn er bei der Erfüllung seiner Aufgaben die im Verkehr erforderliche Sorgfalt außer Acht gelassen hat.[8] In solchen Fällen haftet der IT-Sicherheitsbeauftragte beschränkt auf Grundlage einer einzelfallbezogenen Interessenabwägung: Grundsätzlich wird bei leichter Fahrlässigkeit ein Haftungsausschluss, bei mittlerer eine anteilige Haftung und bei grober Fahrlässigkeit eine volle Haftung angenommen, wobei im Einzelfall auch bei grober und gröbster Fahrlässigkeit Haftungsbeschränkungen nicht ausgeschlossen sind.[9]

---

1 Siehe nur die ausführlichen Darstellungen bei *Wagner* in MünchKomm/BGB, § 823 Rz. 316 ff.; sowie *Förster* in Bamberger/Roth, BeckOK/BGB, § 823 Rz. 177 ff.
2 *Sprau* in Palandt, BGB, § 823 Rz. 133 f.
3 *Henssler* in MünchKomm/BGB, § 619a Rz. 8.
4 *Mehrbrey/Schreibauer*, MMR 2016, 75, 79.
5 *Schreiber* in Schulze, BGB, § 619a Rz. 6.
6 *Weidenkaff* in Palandt, BGB, § 611 Rz. 157; *Henssler* in MünchKomm/BGB, § 619a Rz. 38.
7 *Henssler* in MünchKomm/BGB, § 619a Rz. 38.
8 *Schulze* in Schulze, BGB, § 276 Rz. 10.
9 *Weidenkaff* in Palandt, BGB, § 611 Rz. 157 m.w.N.; *Henssler* in MünchKomm/BGB, § 619a Rz. 32 ff. m.w.N.; *Mehrbrey/Schreibauer*, MMR 2016, 75, 79.

Um den Umfang der Haftung des IT-Sicherheitsbeauftragten zu bestimmen, sind die von **141** **Arbeitnehmer und Arbeitgeber zu tragenden Anteile am** entstandenen **Schaden abzuwägen**.[1] Neben dem Verschulden des Arbeitnehmers spielen dabei u.a. dessen Stellung im Betrieb, die Höhe seiner Vergütung, sein bisheriges dienstliches Verhalten sowie die Gefahrneigung seiner Tätigkeit eine Rolle.[2] Arbeitgeberseitig sind etwa das Betriebsrisiko, der Wert des geschädigten Wirtschaftsguts und das eigene Organisationsverschulden zu berücksichtigen.[3] Auch die Versicherbarkeit des Risikos durch den Arbeitgeber ist zu berücksichtigen. Allerdings ist die zur Abdeckung von Schäden durch IT-Sicherheitsvorfälle äußerst relevante D&O-Versicherung (s. Rz. 207 f.) als private Versicherung nicht berücksichtigungsfähig.[4]

Muss der Arbeitnehmer als Ergebnis dieser Abwägung grundsätzlich haften, so kann aus- **142** nahmsweise dennoch eine **Haftungserleichterung** in Betracht kommen, wenn der Verdienst seiner Tätigkeit in einem deutlichen Missverhältnis zu deren Schadensrisiko steht und eine Haftung die **Existenzgrundlage des Arbeitnehmers zerstören würde**.[5] Da IT-Sicherheitsvorfälle regelmäßig ein sehr hohes Schadenspotential besitzen, könnten die Folgen von Pflichtverletzungen des IT-Sicherheitsbeauftragten durchaus dessen Existenzgrundlage bedrohen.

Die Grundsätze der beschränkten Arbeitnehmerhaftung sind **vertraglich nicht abdingbar**.[6] **143** Zudem greift die Haftungsfreistellung des Arbeitnehmers auch, wenn er von Dritten in Anspruch genommen wird: Der Arbeitnehmer muss im Außenverhältnis dem Dritten zwar für seine Pflichtverletzung haften, hat aber im Innenverhältnis gegen den Arbeitnehmer einen Freistellungsanspruch.[7] Die Grundsätze der Arbeitnehmerhaftung sollten aufgrund der vorstehenden Erwägungen im Vorfeld der Benennung eines IT-Sicherheitsbeauftragten hinsichtlich der Entscheidung zwischen einem internen oder externen Beauftragten unbedingt berücksichtigt werden.

bb) Hohe Praxisrelevanz: Haftung des externen IT-Sicherheitsbeauftragten

Während die Haftung von internen IT-Sicherheitsbeauftragten aufgrund ihrer Stellung als Ar- **144** beitnehmer weitgehend beschränkt ist, genießt der externe IT-Sicherheitsbeauftragte als bloßer **Vertragspartner des Unternehmens** keine Arbeitnehmerprivilegien, die eine Einschränkung seiner Haftung herbeiführen. Der IT-Sicherheitsbeauftragte erfüllt für das Unternehmen wichtige Funktionen bei der Erreichung und Aufrechterhaltung von **IT-Sicherheit**, so dass IT-Sicherheitspflichten die **Hauptleistungspflichten** des Vertrags zwischen Unternehmen und IT-Sicherheitsbeauftragtem bilden (s. Rz. 89 f.). Kommt es zu **IT-Sicherheitsdefiziten** im Unternehmen, sollte das **Bestehen von Ansprüchen** gegen den IT-Sicherheitsbeauftragten daher unbedingt **geprüft werden**. Insbesondere eine vertragliche Haftung des externen IT-Sicherheitsbeauftragten bildet einen wichtigen Unterfall der Haftung Dritter gegenüber dem Unternehmen.

---

1 *Weidenkaff* in Palandt, BGB, § 611 Rz. 157; *Henssler* in MünchKomm/BGB, § 619a Rz. 32.

2 *Weidenkaff* in Palandt, BGB, § 611 Rz. 157; *Henssler* in MünchKomm/BGB, § 619a Rz. 37.

3 *Weidenkaff* in Palandt, BGB, § 611 Rz. 157.

4 *Henssler* in MünchKomm/BGB, § 619a Rz. 39 m.w.N.

5 *Henssler* in MünchKomm/BGB, § 619a Rz. 36 m.w.N.; *Mehrbrey/Schreibauer*, MMR 2016, 75, 79.

6 Siehe etwa BAG, Urt. v. 5.2.2004 – 8 AZR 91/03, NJW 2004, 2469, 2469 = MDR 2004, 1005; *Schmidl* in Hauschka/Moosmayer/Lösler, Corporate Compliance, § 28 Rz. 131.

7 Dazu etwa *Schulze* in Schulze, BGB, § 276 Rz. 8 m.w.N.

145 Wie noch dargestellt wird (s. Rz. 221 ff.), haftet im Fall von internen IT-Sicherheitsdefiziten grundsätzlich das **Unternehmen für Schäden bei seinen Kunden und Geschäftspartnern.** Dies umfasst über § 278 BGB auch die vertragliche Haftung für Fälle, in denen sich das Unternehmen eines externen IT-Sicherheitsbeauftragten zur Erfüllung eigener IT-Sicherheitspflichten bedient hat und dessen Pflichtverletzung haftungsbegründend war.[1] Die finanziellen Verluste durch eine solche Inanspruchnahme auf Schadensersatz kann sich das **Unternehmen** allerdings ggf. **über eine vertragliche Haftung des externen IT-Sicherheitsbeauftragten zurückholen.** Um dies zu ermöglichen, sollten Unternehmen beim Abschluss des Vertrags mit dem externen IT-Sicherheitsbeauftragten besonders darauf hinwirken, ein für das Unternehmen möglichst günstiges Haftungssystem zu vereinbaren. So bietet die Auswahl eines externen IT-Sicherheitsbeauftragten für das Unternehmen nicht zuletzt den erheblichen Vorteil, dass dieser regelmäßig eine **angemessene Versicherung abgeschlossen** hat, die die Folgen etwaiger Aufgabenverletzungen angemessen abdeckt. Der Abschluss einer solchen Versicherung sollte ggf. vertraglich vereinbart werden.

Checkliste für die Bestellung von externen IT-Sicherheitsbeauftragten (s. auch Rz. 148)**:**

☐ Sorgfältige Auswahl: technisches und fachliches Wissen, Referenzprojekte, …

☐ Klare Beschreibung der Verantwortlichkeiten und Befugnisse im Vertragswerk

☐ Klare Beschreibung des zu realisierenden IT-Sicherheitsstandards im Vertragswerk

☐ Vertragliche Regelungen zur Haftung des externen IT-Sicherheitsbeauftragten (Vereinbarung einer für das Unternehmen möglichst günstigen Haftungsregelung)

☐ Vorhandensein einer angemessenen Versicherung auf Seiten des IT-Sicherheitsbeauftragten

d) Aufgaben des IT-Sicherheitsbeauftragten

146 Die Entscheidung, durch welche Aufgaben der IT-Sicherheitsbeauftragte die Unternehmensleitung bei der Erfüllung ihrer IT-Sicherheitspflichten beraten und unterstützen soll, liegt letztlich in deren Ermessen. In der Praxis haben sich bereits **typische Aufgabenfelder** bzw. gewisse Standards bewährt. Diese lassen sich insbesondere entsprechenden Leitfäden des BSI entnehmen.[2] Vor allem die Übertragung folgender Aufgaben an den IT-Sicherheitsbeauftragten hat sich als sinnvoll erwiesen:

– Verantwortlichkeit für den Aufbau, den Betrieb und die Weiterentwicklung des IT-Sicherheitskonzepts im Unternehmen (inkl. Anpassung an Gesetzesänderungen);

– Dokumentation des angewandten IT-Sicherheitskonzepts;

– Erstellung der IT-Betriebsrichtlinien für das Unternehmen und Abstimmung mit der Unternehmensleitung;

– Beratung der Geschäftsleitung in allen Fragen der technischen IT-Sicherheit;

---

1 *Mehrbrey/Schreibauer*, MMR 2016, 75, 81.
2 Siehe nur BSI, Muster für eine Bestellung des/der IT-Sicherheitsbeauftragten, abrufbar unter: https://www.bsi.bund.de/SharedDocs/Downloads/DE/BSI/Grundschutz/Hilfsmittel/Muster/muster_bestellung_it-sibe_doc.doc?__blob=publicationFile, zuletzt aufgerufen am 12.1.2018.

– regelmäßige Unterrichtung der Geschäftsleitung zum Stand der IT-Sicherheit im Unternehmen;

– Untersuchung und Analyse von IT-Sicherheitsvorfällen in Kooperation mit anderen zuständigen Beauftragten (s. Rz. 132);

– Koordination von Sensibilisierungs- und Schulungsmaßnahmen zur technischen IT-Sicherheit für die Mitarbeiter im Unternehmen.

Da IT-Sicherheit nicht nur die Herstellung sondern auch die fortwährende Aufrechterhaltung eines bestimmten Sicherheitsstandards erfordert, treffen den IT-Sicherheitsbeauftragten nicht nur **einmalige** Organisations-, sondern **auch laufende Aufgaben.**[1]   147

e) Kriterien zur Auswahl des IT-Sicherheitsbeauftragten

Bei der Auswahl eines internen bzw. externen IT-Sicherheitsbeauftragten muss die Unternehmensleitung sicherstellen, dass der Kandidat bestimmte Qualifikationen und Eigenschaften hat. Aufgrund der für die IT-Sicherheit des Unternehmens wichtigen Funktionen des Beauftragten ist dessen hinreichende Befähigung zur Umsetzung der entsprechenden Aufgaben unerlässlich. Dabei müssen in Betracht kommende Kandidaten nicht nur **fachliches und technisches Wissen**, sondern auch **Personalführungskompetenzen** besitzen, um die Mitarbeiter des Unternehmens für IT-Sicherheit zu sensibilisieren und ihnen notwendiges Wissen zu vermitteln sowie die kohärente Umsetzung der IT-Sicherheitspflichten im Unternehmen durch alle Beteiligten zu koordinieren.[2] Das BSI empfiehlt, bei der Auswahl eines IT-Sicherheitsbeauftragten u.a. auf die **folgenden Qualifikationen und Eigenschaften** zu achten:[3]   148

– Überblick über Aufgaben und Ziele des Unternehmens;

– Identifikation mit den Zielsetzungen der IT-Sicherheit;

– Kooperations- und Teamfähigkeit (wenige andere Aufgaben erfordern so viel Fähigkeit und Geschick im Umgang mit anderen Personen);

– Fähigkeit zum selbstständigen Arbeiten;

– Durchsetzungsvermögen;

– Erfahrungen im Projektmanagement.

2. Einrichtung eines IT-Risikomanagementsystems

Die Geschäftsleitung ist regelmäßig dazu verpflichtet, ein System zu schaffen, welches IT-Sicherheitsrisiken steuert, und gleichzeitig Maßnahmen zur Überwachung dieses Steuerungssystems zu treffen (s. Rz. 47 ff.). Auch wenn Umfang und Ausgestaltung dieses IT-Risikomanagements letztlich im Ermessen der Geschäftsleitung liegen, sollte die **Schaffung eines zentralen Systems** ernsthaft in Betracht gezogen werden. Durch die Einführung eines IT-Risikomanagementsystems schafft das Unternehmen ein **umfassendes IT-Sicherheitskonzept,**   149

---

1 *Schmidl* in Hauschka/Moosmayer/Lösler, Corporate Compliance, § 28 Rz. 291 f.
2 Vgl. *Schmidl* in Hauschka/Moosmayer/Lösler, Corporate Compliance, § 28 Rz. 264 f.
3 BSI, Aufbau einer geeigneten Organisationsstruktur für Informationssicherheit, abrufbar unter: https://www.bsi.bund.de/DE/Themen/ITGrundschutz/ITGrundschutzKataloge/Inhalt/_content/m/ m02/m02193.html?nn= 6610630, zuletzt aufgerufen am 12.1.2018.

in welches verschiedene Elemente und Personen/Abteilungen eingebettet sind. Ein solches Zentralsystem bildet die optimale Lösung zur Erreichung eines möglichst hohen IT-Sicherheitsstandards.

150   Aufbau und Ausgestaltung des IT-Risikomanagementsystems werden auf das **jeweilige Unternehmen individuell zugeschnitten,** wobei gewisse Elemente in der Praxis typischerweise vorhanden sind. Unternehmen sollten ihre personellen und finanziellen Ressourcen zur Schaffung eines solchen Systems oder zur Optimierung und zum Ausbau vorhandener Systeme überprüfen und ihre IT-Sicherheitsbemühungen entsprechend verstärken. Den Anlass dafür bietet nicht nur die Bedeutung der IT im Geschäftsalltag, sondern auch die steigende Zahl von Sicherheitsvorfällen sowie die stattfindende Verschärfung des IT-Sicherheitsrechts. Ist ein zentrales IT-Risikomanagementsystem im Unternehmen noch nicht vorhanden, liefert die **Praxis bereits erprobte Vorgehensweisen zur Schaffung** eines solchen Systems.

Praxishinweis zur Einbindung des IT-Risikomanagementsystems in das allgemeine Risikomanagement[1]: Das IT-Risikomanagementsystem bildet eine Teilkomponente des allgemeinen Risikomanagementsystems. Letzteres dient wesentlich folgenden Zwecken:

– Aufbau, Einführung und Abstimmung unternehmensweit einheitlicher Risikomanagementprozesse (s. Rz. 50 ff.);

– Aufdeckung bestandsgefährdender Risiken (s. Rz. 40 ff.).

Das IT-Risikomanagementsystem wird dabei in das unternehmensweite Risikomanagement zur Aufdeckung von IT-Sicherheitsrisiken eingebunden.

a) Vorteile des IT-Risikomanagementsystems

151   Ein zentrales IT-Risikomanagementsystem vermeidet erheblichen Mehraufwand bei den täglichen IT-Sicherheitsherausforderungen im Unternehmen.[2] Für den Umgang mit Risiken sind **Kontrolle und Transparenz** in der modernen Unternehmenspraxis mittlerweile anerkannte Notwendigkeiten.[3] Diese Notwendigkeiten lassen sich in einem zentralen System sinnvoll umsetzen. Schließlich ermöglicht es die Nutzung von Synergien innerhalb des Systems bei der Schaffung von IT-Sicherheitskonzepten, der Durchführung von Überprüfungen, der Dokumentation getroffener Sicherheitsmaßnahmen sowie der Sensibilisierung der Mitarbeiter des Unternehmens.[4] Die gegenseitige Verschränkung dieser Maßnahmen ermöglicht einen einheitlichen **Umgang mit Bedrohungslagen.** Dabei dient das IT-Risikomanagement vor allem der **Erfüllung gesellschaftsrechtlicher und spezialgesetzlicher Pflichten** des Unternehmens in Bezug auf IT-Sicherheit (s. Rz. 32 ff. sowie ab Rz. 290).

152   Noch verlässlicher wird das IT-Risikomanagementsystem durch eine **Einbettung in das Interne Kontrollsystem** (s. Rz. 68 f.) des Unternehmens. Dieses stellt über Steuerungs- und Überwachungsmaßnahmen einen proaktiven Umgang mit allen operativen, strategischen und finanziellen Risiken für das Unternehmen sicher.[5] Über die Behandlung von IT-Sicherheits-

---

1   *Müller* in: Koreng/Lachenmann, Formularhandbuch Datenschutzrecht, 2. Aufl. (im Erscheinen), E. I.2.

2   *Egle/Zeller* in von dem Bussche/Voigt, Konzerndatenschutz, 2. Aufl. (im Erscheinen), Teil 2 Kap. 2, Rz. 5.

3   *Arbeitskreis Externe und Interne Überwachung*, DB 2010, 1245, 1245.

4   *Egle/Zeller* in von dem Bussche/Voigt, Konzerndatenschutz, 2. Aufl. (im Erscheinen), Teil 2 Kap. 2, Rz. 5.

5   *Arbeitskreis Externe und Interne Überwachung*, DB 2010, 1245, 1245.

bedrohungen als Teilbereich des allgemeinen Risikomanagements können innerbetriebliche Abläufe umfassend überwacht und die Risiken ausgehend von der Bedrohungsintensität und den vorhandenen Ressourcen priorisiert behandelt werden.[1] Dieser **ressourcenschonende, risikobasierte Ansatz** trägt maßgeblich zur Überlebensfähigkeit des Unternehmens bei.[2] Diese positiven Effekte werden in **Konzernen** bei einer gesellschaftsübergreifenden Einbettung des Systems noch weiter verstärkt.

Unabhängig von der strukturellen Einbettung des IT-Risikomanagementsystems im Unternehmen bietet es über die **Vereinheitlichung von Prozessen** stets bestimmte Vorteile. Der einheitliche Umgang mit IT-Risiken ermöglicht die Einsparung personeller und finanzieller Ressourcen. Über eine kontinuierliche Anpassung des Systems wird dabei gleichzeitig die Nachhaltigkeit des Sicherheitskonzepts und dessen größtmögliche Qualität gewährleistet.[3]   153

b) Struktur des IT-Risikomanagementsystems

Das IT-Risikomanagement unterscheidet sich strukturell grundsätzlich nicht von anderen Managementsystemen und kann daher auf bereits **vorhandenen bzw. vertrauten Strukturen aufbauen.**[4] In der Ausgestaltung sind die Unternehmen damit weitestgehend frei. Eine Hilfestellung bieten anerkannte Branchen- oder Industriestandards. Typischerweise sind u.a. folgende **Bestandteile** vorgesehen: 154

- **Technische Maßnahmen:** Je nach vorhandener IT-Infrastruktur treffen Unternehmen unterschiedliche Schutzmaßnahmen zur Abwehr interner wie externer Risiken, um eine möglichst sichere IT-Nutzung zu ermöglichen. Aufgrund ständiger technischer Entwicklungen bedürfen diese einer kontinuierlichen Aktualisierung und Anpassung.[5] Neben Maßnahmen zum Schutz von Computern und Mobiltelefonen gegen Cyber-Angriffe, zur Beschränkung von Zugriffs- und Zugangsrechten oder zur Sicherung von Daten, ist dabei auch an Maßnahmen zum Schutz gegen „traditionellere" Gefahren zu denken, wie etwa der Schutz der IT-Systeme vor Brand, Diebstahl und Wasserschäden.[6]   155

- **Organisatorische Maßnahmen:** Um IT-Sicherheit zu gewährleisten, ist eine klare Verteilung von Verantwortlichkeiten im Unternehmen unerlässlich.[7] Die in den verschiedenen Abteilungen für die Gewährleistung der IT-Sicherheit verantwortlichen Mitarbeiter müssen sorgfältig ausgewählt, instruiert und überwacht werden.[8] Gleichzeitig müssen Weisungs-, Kontroll- und Berichtsstrukturen eingerichtet werden, um sicherzustellen, dass die Geschäftsleitung ihre Leitungs- und Kontrollfunktionen effektiv ausüben kann.[9]   156

- **Maßnahmen zur Umsetzung spezialgesetzlicher Rechtspflichten:** Spezialgesetzliche IT-Sicherheitspflichten erfordern teilweise das Ergreifen bestimmter Sicherheitsmaßnahmen.   157

---

1 *Egle/Zeller* in von dem Bussche/Voigt, Konzerndatenschutz, 2. Aufl. (im Erscheinen), Teil 2 Kap. 2, Rz. 11.
2 *Arbeitskreis Externe und Interne Überwachung,* DB 2010, 1245, 1245.
3 *Egle/Zeller* in von dem Bussche/Voigt, Konzerndatenschutz, 2. Aufl. (im Erscheinen), Teil 2 Kap. 2, Rz. 15 f.
4 *Voigt/von dem Bussche,* Handbuch DSGVO, 1. Aufl. (im Erscheinen), Teil 3.2.1; *Egle/Zeller* in von dem Bussche/Voigt, Konzerndatenschutz, 2. Aufl. (im Erscheinen), Teil 2 Kap. 2, Rz. 6.
5 *von Holleben/Menz,* CR 2010, 63, 67.
6 *von Holleben/Menz,* CR 2010, 63, 67.
7 *von Holleben/Menz,* CR 2010, 63, 67; *Lensdorf,* CR 2007, 413, 417.
8 *von Holleben/Menz,* CR 2010, 63, 67.
9 *von Holleben/Menz,* CR 2010, 63, 67.

Besonders im Bereich des Datenschutzrechts sind Unternehmen von derartigen Verpflichtungen betroffen, wie etwa von der Pflicht zur Meldung von Datenschutzverstößen (s. Rz. 332 ff.). Um diese tatsächlich umsetzen zu können, müssen Unternehmen interne Berichtsstrukturen einrichten, damit in einem Unternehmensbereich auftretende Verstöße möglichst rasch der Unternehmensleitung kommuniziert werden, die dann den Sachverhalt prüfen und ggf. die erforderliche Meldung an die Datenschutzbehörde machen kann. Bei der Schaffung eines IT-Risikomanagementsystems müssen derartige spezialgesetzliche Pflichten im Vorfeld identifiziert und entsprechend im System umgesetzt werden.

158 – **Zielgruppenorientierte IT-Betriebsrichtlinien**: Besonders bei größeren Unternehmen empfiehlt es sich, zielgruppenorientierte Richtlinien zum IT-Umsatz zu vereinbaren (dazu sogleich ausführlich unter Rz. 167 ff.).[1] So können die IT-Sicherheitsvorgaben spezifisch auf verschiedene Abteilungen oder Mitarbeitergruppen zugeschnitten werden und auf diese Weise unterschiedlichen Gegebenheiten im Unternehmen angepasst werden.

159 – **Notfallkonzept**: Ausgehend von der starken Abhängigkeit aller Unternehmensprozesse von der IT muss ein Notfallkonzept für Sicherheitsvorfälle zu den getroffenen Risikomanagement-Maßnahmen gehören (s. Rz. 186 ff.).[2] Dies umfasst neben der Vorhaltung redundanter Systeme auch die Ausarbeitung von Wiederanlaufplänen für IT-Ausfälle.[3]

c) Vorgehensweise bei der Schaffung des IT-Risikomanagementsystems

160 Falls ein Unternehmen noch kein IT-Risikomanagementsystem eingeführt hat, kann es sich bei dessen Schaffung an bewährten Industriestandards orientieren. Ein in der Praxis üblicher Standard ist die Norm **ISO/IEC 27001**, welche die grundlegenden Anforderungen an ein solches System im Unternehmen beschreibt und die diesbezüglich v.a. über die ISO/IEC 27002 ergänzt wird. Eine zur Umsetzung dieses Standards sinnvolle Vorgehensweise wird vom BSI ausführlich beschrieben.[4] In der Praxis hat sich zur Schaffung derartiger Systeme in Anlehnung an das klassische Projektmanagement eine **Vorgehensweise in vier Schritten** als sinnvoll erwiesen:[5]

161 (1) **Analyse**: Der Prozess zur Einführung des IT-Risikomanagementsystems muss von der Unternehmensleitung initiiert werden. Am Anfang steht die Analyse der eingesetzten IT und der bestehenden IT-Sicherheitsmaßnahmen. Diese Maßnahmen sollten dann auf ihre Aktualität und Wirksamkeit im Vergleich zu Industrie- oder Branchenstandards überprüft werden. Zudem müssen die auf das Unternehmen anwendbaren gesetzlichen IT-Sicherheitspflichten ermittelt werden. Der Umfang der rechtlichen Verpflichtungen

---

1 *Egle/Zeller* in von dem Bussche/Voigt, Konzerndatenschutz, 2. Aufl. (im Erscheinen) Teil 2 Kap. 2, Rz. 37; *von Holleben/Menz*, CR 2010, 63, 67.

2 *Lensdorf*, CR 2007, 413, 414; *Holleben/Menz*, CR 2010, 63, 67.

3 *Holleben/Menz*, CR 2010, 63, 67.

4 BSI, BSI-Standard 100-2, IT-Grundschutz-Vorgehensweise, abrufbar unter: https://www.bsi.bund .de/SharedDocs/Downloads/DE/BSI/Publikationen/ITGrundschutzstandards/BSI-Standard_1002 .pdf?__blob=publicationFile&v= 1, zuletzt aufgerufen am 12.1.2018.

5 Vgl. zum Datenschutzmanagementsystem *Egle/Zeller* in von dem Bussche/Voigt, Konzerndatenschutz, 2. Aufl. (im Erscheinen), Teil 2 Kap. 2, Rz. 74 ff. bzw. *Voigt/von dem Bussche*, Handbuch DSGVO, 1. Aufl. (im Erscheinen), Teil 10; s. auch BSI, BSI-Standard 100-2, IT-Grundschutz-Vorgehensweise, S. 12 ff., abrufbar unter: https://www.bsi.bund.de/SharedDocs/Downloads/DE/BSI/ Publikationen/ITGrundschutzstandards/BSI-Standard_1002.pdf?__blob=publicationFile&v= 1, zuletzt aufgerufen am 12.1.2018.

und die bereits getroffenen Maßnahmen sind gegenüberzustellen, um eine etwaig bestehende Schutzlücke zu ermitteln. Als Ergebnis dieses Schritts identifiziert das Unternehmen den bestehenden Handlungsbedarf zum Erreichen eines hinreichenden IT-Sicherheitsstandards, der den gesetzlichen Vorgaben entspricht.

(2) **Konzeption:** Ausgehend vom identifizierten Handlungsbedarf wird das Konzept für ein IT-Risikomanagementsystem erarbeitet, welches auf die konkrete Unternehmenssituation zugeschnitten ist. Im Kern steht die Erstellung von IT-Betriebsrichtlinien (dazu sogleich unter Rz. 167 ff.), um eine kohärente Vorgehensweise innerhalb des Unternehmens zu gewährleisten. Dazu gehört es auch, eine Organisationsstruktur zu schaffen und Verantwortlichkeiten im Unternehmen zuzuweisen. Die Konzeption schließt notwendigerweise auch die Ressourcen- und Budgetplanung ein.   162

(3) **Umsetzung:** Das entstandene IT-Sicherheitskonzept wird im Unternehmen eingeführt. Bei der Umsetzung unterstützt die Geschäftsleitung die Verantwortlichen innerhalb des Unternehmens bei der Anpassung der Prozesse innerhalb ihrer Verantwortungsbereiche und Abteilungen. Interne Schulungen können dabei hilfreich sein, auch die Mitarbeiter des Unternehmens für IT-Sicherheit zu sensibilisieren und zu schulen.   163

(4) **Aufrechterhaltung:** Der Prozess ist mit der erfolgreichen Umsetzung des Konzepts jedoch keinesfalls abgeschlossen. Um das erreichte IT-Sicherheitsniveau dauerhaft aufrechterhalten und ggf. an eintretende Änderungen anpassen zu können, muss das System regelmäßig überprüft werden. Die Überprüfung sollte sich nicht nur auf die Wirksamkeit und Effizienz der Maßnahmen, sondern auch auf deren korrekte Umsetzung und fortwährende Rechtskonformität beziehen.   164

Bei der Schaffung eines IT-Risikomanagementsystems spielen der **IT-Sicherheitsbeauftragte** sowie die anderen betrieblichen Beauftragten mit Bezug zur unternehmensinternen IT-Sicherheit (s. Rz. 132) eine wichtige Rolle. Diese unterstützen die Geschäftsleitung im Rahmen ihrer Aufgabenbereiche bei allen Projektphasen. Insbesondere der IT-Sicherheitsbeauftragte wird bei der Konzeption des IT-Risikomanagementsystems erheblich mit seinem technischen Fachwissen beitragen.   165

Das Ergebnis der Einrichtung des IT-Risikomanagementsystems ist die Schaffung eines **unternehmensweit einheitlichen IT-Sicherheitsniveaus.** Werden die Vorgaben der ISO/IEC 27001 mit Hilfe der IT-Grundschutz-Anleitung des BSI umgesetzt, kann sich das Unternehmen entsprechend zertifizieren lassen. Durch eine solche **Zertifizierung nach ISO/IEC 27001** kann ein Unternehmen nach innen und außen dokumentieren, dass IT-Sicherheit in der nach diesem Standard erforderlichen Art und Weise umgesetzt wurde. Dadurch haben Unternehmen die Möglichkeit, ihre IT-Sicherheitsbemühungen transparent zu machen, was gegenüber Kunden und Geschäftspartnern als Qualitätsmerkmal dienen und ggf. zu einem Wettbewerbsvorteil führen kann.[1] Überdies bietet die Zertifizierung einen Sorgfalts- und Leistungsnachweis, über den auch das Haftungsrisiko zu einem bestimmten Grad reduziert werden kann.   166

---

1 BSI, BSI-Standard 100-2, IT-Grundschutz-Vorgehensweise, S. 88, abrufbar unter: https://www.bsi .bund.de/SharedDocs/Downloads/DE/BSI/Publikationen/ITGrundschutzstandards/BSI-Standard_ 1002.pdf?__blob=publicationFile&v= 1, zuletzt aufgerufen am 12.1.2018.

3. Implementierung von IT-Betriebsrichtlinien

167 Um IT-Sicherheitsvorgaben in den unternehmerischen Alltag zu integrieren, sind zielgruppenorientierte IT-Betriebsrichtlinien sinnvoll.[1] Diese Richtlinien geben eine bestimmte **Vorgehensweise beim Einsatz von und Umgang mit IT** vor und werden dabei auf die spezifischen Bedürfnisse und Gegebenheiten unterschiedlicher Gruppen innerhalb des Unternehmens zugeschnitten. Bei diesen Zielgruppen handelt es sich bspw. um Mitarbeiter der Personal- oder IT-Abteilung, Leitungsverantwortliche und andere **Mitarbeiter** des Unternehmens.

a) Schaffung eines internen Handlungsstandards

168 IT-Betriebsrichtlinien stellen eine **Anweisung an die Arbeitnehmer** des Unternehmens dar, wie sie sich zur Erreichung von IT-Sicherheit zu verhalten haben.[2] Da den Mitarbeitern über die Richtlinien ein **bestimmter Umgang mit der IT** des Unternehmens vorgegeben wird, hat in der Regel der **Betriebsrat** des Unternehmens in Bezug auf diese Richtlinien ein **Mitbestimmungsrecht** gem. § 87 Abs. 1 Nr. 1 BetrVG bzw. gem. § 87 Abs. 1 Nr. 6 BetrVG (s. Rz. 82 ff.).[3] Unternehmen sollten den Betriebsrat daher frühzeitig einbeziehen und seine Zustimmung erreichen. Im Falle von Verletzungen eines bestehenden Mitbestimmungsrechts muss das Unternehmen sonst ggf. die erlassene IT-Betriebsrichtlinie wieder beseitigen.

169 Als wichtiger IT-Sicherheitsbaustein bilden Betriebsrichtlinien regelmäßig den **Kernbestandteil des IT-Risikomanagementsystems** des Unternehmens (s. Rz. 149 ff.). Um IT-Risiken möglichst zu minimieren, müssen allen Mitarbeitern, aber ggf. auch externen Beratern und Kunden, vertragliche Verpflichtungen zum verantwortungsvollen Umgang mit der IT auferlegt werden.[4]

b) Zentrale Elemente von IT-Betriebsrichtlinien

170 Typischerweise regeln IT-Betriebsrichtlinien die **berufliche Nutzung der IT-Infrastruktur** durch die Mitarbeiter oder anderweitig Nutzungsberechtigten.[5] Die IT-Infrastruktur umfasst dabei die vom Unternehmen zur Verfügung gestellte Hard- und Software wie Laptops, Mobiltelefone oder Präsentationstechnik, Internetzugänge und andere Kommunikationsnetze.[6] Häufig ist es wegen der fließenden Grenzen zwischen beruflicher und privater IT-Nutzung durch Mitarbeiter ratsam, auch die **private Nutzung der betrieblichen IT-Infrastruktur** zu regeln.[7] Dabei handelt es sich um ein besonders praxisrelevantes Problemfeld, welches mit erheblichen Sicherheitsrisiken verbunden ist (dazu nachfolgend Rz. 173 ff.). Übliche Regelungen reichen von einem gänzlichen Verbot der Privatnutzung bis hin zu detaillierten Rahmenbedingungen für eine zulässige Privatnutzung.

---

1 Vgl. *Egle/Zeller* in von dem Bussche/Voigt, Konzerndatenschutz, 2. Aufl. (im Erscheinen), Teil 2 Kap. 2, Rz. 37.

2 *Schmidl* in Hauschka/Moosmayer/Lösler, Corporate Compliance, § 28 Rz. 218.

3 *Schmidl* in Hauschka/Moosmayer/Lösler, Corporate Compliance, § 28 Rz. 218; *Richardi* in Richardi, BetrVG, § 87 Rz. 186.

4 *Schmidl* in Hauschka/Moosmayer/Lösler, Corporate Compliance, § 28 Rz. 223 f.

5 *Schmidl* in Hauschka/Moosmayer/Lösler, Corporate Compliance, § 28 Rz. 225.

6 *Schmidl* in Hauschka/Moosmayer/Lösler, Corporate Compliance, § 28 Rz. 225.

7 *Schmidl* in Hauschka/Moosmayer/Lösler, Corporate Compliance, § 28 Rz. 226.

Aus den beiden Regelungskomponenten der privaten und beruflichen IT-Nutzung ergeben 171
sich einige zentrale inhaltliche Elemente von IT-Betriebsrichtlinien:[1]

– **Kategorisierung von Mitarbeitern**: Bzgl. des Umgangs mit der IT ist es nicht ratsam, alle
    Mitarbeiter den gleichen Richtlinien zu unterwerfen. Aus diesem Grund sollte das Unter-
    nehmen eine Kategorisierung der Mitarbeiter vornehmen und zielgruppenorientierte
    Richtlinien schaffen. Bspw. können so den Mitarbeitern der IT-Abteilung die für ihre Auf-
    gaben erforderlichen umfassenden Zugriffsrechte eingeräumt und andere Verhaltensstan-
    dards auferlegt werden als z.B. den Mitarbeitern anderer Unternehmensbereiche.

– **Kategorisierung von Daten**: Auch eine Kategorisierung der vom Unternehmen genutz-
    ten und generierten Daten soll die Festlegung kritischer Datensätze ermöglichen, um die
    Art und Weise der gestatteten Nutzung der Sensibilität der verschiedenen Datenkatego-
    rien innerhalb der Richtlinien anzupassen. Dazu gehören bspw. auch Vorgaben zur Spei-
    cherung vertraulicher Daten.

– **Privatnutzung und ggf. deren Intensität**: IT-Betriebsrichtlinien sollten in jedem Fall Re-
    gelungen dazu enthalten, ob eine Privatnutzung der Unternehmens-IT zulässig ist. Sollte
    dies der Fall sein, muss geregelt werden, in welchem Umfang die Privatnutzung gestattet
    wird. Üblich ist dabei die Regelung allgemeiner Nutzungsgrenzen, bspw. hinsichtlich des
    Nutzungszeitrahmens, und die Vorgabe, dass die arbeitsvertraglich geschuldete Tätigkeit
    sowie sonstige betriebliche Belange durch die Privatnutzung nicht beeinträchtigt werden
    dürfen (Näheres sogleich unter Rz. 174 ff.).

– **Handhabung der elektronischen Kommunikation**: Da die Kommunikation im Unter-
    nehmen heute überwiegend elektronisch stattfindet, werden regelmäßig Vorgaben zur
    Handhabung der Kommunikationsmittel gemacht. Üblich sind dabei Regelungen zur Ar-
    chivierung von auf lokalen Rechnern gespeicherten E-Mails, die v.a. zur Erfüllung von
    Buchhaltungspflichten unerlässlich sind (s. Rz. 66).

– **Umgang mit Passwörtern**: Zur Sicherung der Unternehmensdokumente und -daten
    gegen unberechtigten Zugriff enthalten Betriebsrichtlinien Regelungen zur Handhabung
    von Passwörtern und sonstigen Zugangsberechtigungen. Dabei wird sowohl die Weiter-
    gabe eigener Passwörter und Berechtigungen an Dritte als auch die Nutzung fremder Be-
    rechtigungen untersagt. Der Zugang zur IT ist Mitarbeitern nur mit einer persönlichen
    Zugangsberechtigung möglich, wobei die Richtlinien regelmäßig Vorgaben zur Auswahl
    (z.B. bestimmte Passwortlänge oder die Verwendung bestimmter Zeichenarten) und zur
    Verwaltung der Berechtigungen enthalten.

– **Installationsverbote**: Um externe Sicherheitsrisiken insb. durch Viren und Trojaner zu
    minimieren, wird den Mitarbeitern des Unternehmens üblicherweise das Downloaden
    von Programmen oder die eigenmächtige Installation von Software untersagt. Das Verbot
    umfasst überdies in der Regel die Verwendung fremder Hardware oder die Einrichtung
    und Verwendung paralleler Internetzugänge. Wegen der Gefahr von Datenverlusten soll-
    ten zudem Vorgaben zur lokalen Abspeicherung von Daten auf mobilen Geräten gemacht
    werden.

– **Sicherheit des Arbeitsplatzes und der Arbeitsmittel**: Viele Unternehmen treffen keine
    Regelungen zur Sicherheit des Arbeitsplatzes und der Arbeitsmittel, obwohl durch ent-
    sprechende Vorgaben in den IT-Betriebsrichtlinien Sicherheitsrisiken vermieden werden

---

1 Siehe zu den nachfolgenden Ausführungen *Schmidl* in Hauschka/Moosmayer/Lösler, Corporate
   Compliance, § 28 Rz. 229 ff.

können. So können bspw. Mitarbeiter dazu verpflichtet werden, beim Verlassen ihres Arbeitsplatzes (z.B. abends oder in Pausen) Computer abzuschalten oder passwortgeschützte Bildschirmsperren zu verwenden, um eine unbefugte Nutzung in deren Abwesenheit auszuschließen. Beim Gebrauch des Laptops außerhalb des Büros kann die Verwendung einer speziellen Sichtschutzfolie für den Bildschirm vorgeschrieben werden, um das Mitlesen vertraulicher Daten durch Dritte zu erschweren. Vorgaben zur Sicherung von Arbeitsplatz und -mitteln helfen häufig dabei, datenschutzrechtliche Anforderungen an die IT-Sicherheit zu erfüllen.

– **Verpflichtung zur Meldung von Sicherheitsrisiken:** IT-Betriebsrichtlinien sollten Pflichten der Mitarbeiter zur Meldung sicherheitsrelevanter Vorkommnisse enthalten. Für ein funktionierendes Meldesystem sollten nicht nur die Empfänger der Meldungen, sondern auch die eine Meldepflicht auslösenden Ereignisse umschrieben werden. Um Risiken möglichst umfassend erkennen zu können, sollten die Meldeanlässe in der Richtlinie nicht zu eng gefasst werden. Meldepflichtige Vorkommnisse könnten neben Ereignissen mit offensichtlicher Sicherheitsrelevanz (wie z.B. Cyber-Angriffe über E-Mail-Anhänge) auch unerklärliches Systemverhalten, Datenverluste, die Veränderung von Daten oder Programmen oder ein Verdacht auf Missbrauch der eigenen Benutzerkennungen sein.

– **Regelung der Haftung:** Auch Haftungsfragen sollten in den IT-Betriebsrichtlinien behandelt werden. Dies betrifft insbesondere Fälle des Datenverlusts oder der Offenlegung von Unternehmensdaten durch Mitarbeiter gegenüber Dritten. Zu beachten ist dabei auch die arbeitsrechtliche Haftungsbeschränkung für Mitarbeiter in Form des innerbetrieblichen Schadensausgleichs (s. auch Rz. 138 ff.).

172 Die Schaffung der IT-Betriebsrichtlinien kann nur dann IT-Sicherheit im Unternehmen gewährleisten, wenn deren praktische Umsetzung durch die Mitarbeiter gelingt. Es empfiehlt sich daher, den unterschiedlichen Zielgruppen innerhalb der Richtlinien **konkrete Hilfestellungen und Werkzeuge** an die Hand zu geben, wie etwa Formulare, Checklisten oder konkrete Arbeitsanweisungen.[1] Überdies sollte die Einhaltung der IT-Betriebsrichtlinien durch die Arbeitnehmer regelmäßig einer Überprüfung unterzogen werden. Bei Verstößen sollte ggf. eine Ahndung stattfinden.

c) Praxisrelevante Problemfelder

173 IT-Betriebsrichtlinien sollten, wie soeben erwähnt, sowohl Regelungen zur betrieblichen als auch zur privaten Nutzung von IT im Unternehmen enthalten. Viele Unternehmen unterschätzen interne Bedrohungen durch die eigenen Angestellten (s. auch Rz. 14). IT-Risiken treten insbesondere dort vermehrt auf, wo Unternehmens-IT auch privat genutzt wird oder wo private IT im Arbeitsalltag zum Einsatz kommt. In diesem Zusammenhang lassen sich im Bereich der IT-Sicherheit **praxisrelevante Problemfelder** ausmachen, die in den IT-Betriebsrichtlinien Berücksichtigung finden sollten.

aa) Private Internetnutzung

174 Die private Internetnutzung durch Mitarbeiter am Arbeitsplatz stellt für Unternehmen ein **dauerhaftes Sicherheitsproblem** dar. Beinahe jeder zweite Arbeitnehmer in Deutschland

---

1 *Egle/Zeller* in von dem Bussche/Voigt, Konzerndatenschutz, 2. Aufl. (im Erscheinen), Teil 2 Kap. 2, Rz. 38.

nutzt das Internet während der Arbeitszeit für private Zwecke.[1] Dies betrifft sowohl die private Nutzung telekommunikationsfähiger mobiler Endgeräte als auch des betrieblichen E-Mail-Accounts. Diese Nutzung birgt ein erhebliches IT-Sicherheitsrisiko, z.B. indem Mitarbeiter über E-Mail-Anhänge versehentlich Malware oder Trojaner auf betrieblichen Rechnern installieren. Wie zuvor erwähnt (s. Rz. 170 ff.), sollten die IT-Betriebsrichtlinien daher unbedingt Regelungen dazu erhalten, ob eine Privatnutzung zulässig ist und, falls dies der Fall ist, in welcher Intensität. Dabei sind durchaus großzügige Regelungen denkbar, die eine Privatnutzung gestatten. Wird diese allerdings aus IT-Sicherheitserwägungen heraus **gänzlich verboten**, sollte zur Vermeidung von Missverständnissen und gar einer Unwirksamkeit des Verbots darauf hingewiesen werden, dass eine etwaig betrieblich veranlasste Privatnutzung sowie eine Privatnutzung in Notfällen nicht vom Verbot erfasst werden.[2]

Falls die **private Internetnutzung nicht verboten** wird, sollten **detaillierte Vorgaben zur zulässigen Art und Weise** der Privatnutzung gemacht werden. Die private Nutzung der IT-Infrastruktur des Unternehmens kann bspw. in den Arbeitspausen oder bis zu einer bestimmten Gesamtdauer pro Tag zugelassen werden.[3] Regelungen zu Zeitpunkt und Dauer der Nutzung sollten unbedingt vorgesehen werden, um einer Beeinträchtigung der arbeitsvertraglich geschuldeten Leistung durch exzessive Internetnutzung vorzubeugen.   175

Praxistipp: Um zu vermeiden, dass sich Dritte über Cyber-Angriffe, die durch die private Internetnutzung ermöglicht werden, Zugriff auf Unternehmensdaten verschaffen, können Unternehmen bspw. einen separaten Rechner eigens zur privaten Internetnutzung durch Mitarbeiter bereitstellen. Dieser Rechner ermöglicht als einziger den Zugriff auf private E-Mail-Dienste, und ein entsprechender Zugriff von den anderen PCs im Unternehmen aus wird gesperrt. Dadurch wird eine Trennung von privat genutzter und betrieblich genutzter Hardware möglich.

Wird die private Internetnutzung gestattet, ist der **Arbeitgeber nach derzeit vorherrschender Ansicht als Anbieter von Telekommunikationsdiensten** i.S.d. § 3 Nr. 6, 10 TKG anzusehen (s. auch Rz. 423 ff.).[4] Um dies zu vermeiden, bietet sich einzig die strenge Linie eines gänzlichen Verbots der privaten Internetnutzung an.[5] Ist der Anwendungsbereich des TKG eröffnet, so muss der Arbeitgeber u.a. das **Fernmeldegeheimnis** des § 88 TKG wahren. Danach unterliegen der Inhalt der Telekommunikation durch die Arbeitnehmer und ihrer näheren Umstände dem Fernmeldegeheimnis, so dass es dem Arbeitgeber untersagt ist, sich Zugriff auf die Kommunikationsinhalte und -umstände über dasjenige Maß hinaus zu verschaffen, welches für die technische Bereitstellung des Dienstes erforderlich ist, § 88 Abs. 1, 3 TKG. Da die Bereitstellung eines Internetzugangs bzw. E-Mail-Postfachs technisch eine solche Kenntnisnahme in der Regel nicht erforderlich macht, ist ein Zugriff auf die Kommunikation der Arbeitnehmer überwiegend unzulässig, was mangels Trennbarkeit sowohl die private als auch die berufliche Kommunikation erfasst.[6] Unternehmen setzen üblicherweise eine E-Mail-Filterung ein, um unerwünschte E-Mails (z.B. Spam) oder E-Mails mit gefährdenden Inhalten (z.B. mit Viren in E-Mail-Anhängen) herauszufiltern, wovon regelmäßig   176

---

1 http://www.rheinpfalz.de/ratgeber/ausbildung-beruf/artikel/fast-jeder-zweite-surft-waehrend-der-arbeitszeit-privat/; zuletzt aufgerufen am 12.1.2018.
2 *Schmidl* in Hauschka/Moosmayer/Lösler, Corporate Compliance, § 28 Rz. 228.
3 *Schmidl* in Hauschka/Moosmayer/Lösler, Corporate Compliance, § 28 Rz. 230.
4 *Munz* in Taeger/Gabel, BDSG, § 88 TKG Rz. 20 m.w.N.
5 *Schmidl* in Hauschka/Moosmayer/Lösler, Corporate Compliance, § 28 Rz. 231; *Bergt* in Koreng/Lachenmann, Formularhandbuch Datenschutzrecht, 2. Aufl. (im Erscheinen), D. III.1.
6 Siehe zu den Ausnahmefällen *Munz* in Taeger/Gabel, BDSG, § 88 TKG Rz. 15 ff.; *Bock* in Geppert/Schütz, Beck'scher TKG-Kommentar, § 88 Rz. 27.

der gesamte Kommunikationsfluss und damit sowohl berufliche als auch private E-Mails betroffen sind. In diesem Zusammenhang wird **teilweise** eine **Strafbarkeit des Arbeitgebers nach § 206 StGB** wegen Verletzung des Fernmeldegeheimnisses **befürwortet**, wenn der Kommunikationsvorgang technisch so beeinflusst wird, dass E-Mails gescreent, verzögert übertragen oder gar gelöscht werden (s. auch Rz. 277 ff.).[1] Im Ergebnis soll nach dieser Ansicht die gesamte E-Mail-Korrespondenz des Arbeitnehmers dem Zugriff des Arbeitgebers entzogen sein, was letzteren vor übermäßige Hürden stellt.[2] So lässt sich in der Praxis die Einsicht in für das Geschäft des Unternehmens wichtige E-Mails seiner Arbeitnehmer, z.B. nach deren Kündigung oder bei längerfristigen Krankheitsfällen, kaum vermeiden. **Wird** eine solche **Einsichtnahme erforderlich**, sollten Unternehmen im Vorfeld der E-Mail-Sichtung ein **Team zur Auswertung** der betroffenen Kommunikationsflüsse **auswählen und** unter Einbeziehung des Datenschutzbeauftragten (s. Rz. 329 ff.) entsprechend **schulen**. Die **betroffenen Arbeitnehmer sollten frühzeitig informiert** und der **Untersuchungsumfang** sollte **so weit wie möglich eingegrenzt** werden, damit nur solche E-Mails gesichtet werden, die unbedingt erforderlich sind.[3]

177 Eine **Ermächtigungsgrundlage zur Einsicht in betriebliche E-Mails** kann das Unternehmen schaffen, indem es eine entsprechende **Einwilligung der betroffenen Arbeitnehmer** einholt. Dabei ist zu beachten, dass die Einwilligung sämtlicher Kommunikationspartner vorliegen muss.[4] Die Einwilligungserklärung muss nach DSGVO bzw. BDSG-neu schriftlich vorliegen. Weil dem Arbeitgeber die grundsätzliche Erlaubnis der privaten Internetnutzung freisteht, kann er diese auch an Einschränkungen knüpfen. So kann er etwa die **Erlaubnis an die Bedingung knüpfen**, dass der **Arbeitnehmer in eine Einschränkung des Fernmeldegeheimnisses einwilligt**. Eine Hilfestellung zur praktischen Umsetzung einer solchen bedingten Erlaubnis liefert etwa eine entsprechende Orientierungshilfe der Datenschutzkonferenz.[5]

178 Wird eine private Internetnutzung durch die Arbeitnehmer vom Unternehmen (trotz bestehendem Verbot) geduldet oder billigend in Kauf genommen, kann sich ein **Maßstab zulässiger privater Internetnutzung durch betriebliche Übung** herausbilden.[6] In derartigen Fällen wirkt das nicht effektiv durchgesetzte Verbot wie eine Gestattung. Leiten sich im Unternehmen bestimmte Bräuche und Gewohnheiten in ihrer tatsächlichen Übung zwar nicht aus dem Gesetz, Tarif- oder Arbeitsvertrag oder anderen Vereinbarungen ab, aber werden in bestimmter gleichbleibender Weise wiederholt ausgeübt, so kommt ihnen als betriebliche Übung eine **Verbindlichkeit** zu.[7] Ab welcher Dauer der privaten Internetnutzung durch die Arbeitnehmer eine solche betriebliche Übung entsteht, bleibt unklar, wobei Zeiträume zwischen drei und zwölf Monaten diskutiert werden.[8] Entsteht eine betriebliche Übung, muss sich Arbeitgeber daran jedenfalls festhalten lassen. Daher sind in jedem Fall **klare Vorgaben** zum gestatteten

---

1 *Schmidl* in Hauschka/Moosmayer/Lösler, Corporate Compliance, § 28 Rz. 307 ff.; *Munz* in Taeger/Gabel, BDSG, § 88 TKG Rz. 20 ff.; weitere Nachweise bei *Wybitul*, NJW 2014, 3605, 3607.

2 So auch *Wybitul*, NJW 2014, 3605, 3607 m.w.N.

3 Einzelheiten zur Vorgehensweise bei *Wybitul*, NJW 2014, 3605, 3609 ff.

4 *Brink*, ZD 2015, 295, 297.

5 *Datenschutzkonferenz*, Orientierungshilfe der Datenschutzaufsichtsbehörden zur datenschutzgerechten Nutzung von E-Mail und anderen Internetdiensten am Arbeitsplatz, abrufbar unter: https://www.datenschutz.rlp.de/fileadmin/lfdi/Dokumente/DSK_OH_E-Mail_Internet_Arbeitsplatz_Jan16.pdf, zuletzt aufgerufen am 10.11.2017.

6 *Schmidl* in Hauschka/Moosmayer/Lösler, Corporate Compliance, § 28 Rz. 226; *Bergt* in Koreng/Lachenmann, Formularhandbuch Datenschutzrecht, 2. Aufl., D. III.1.

7 *Müller-Glöge* in MünchKomm/BGB, § 611 Rz. 411 m.w.N.

8 *Schmidl* in Hauschka/Moosmayer/Lösler, Corporate Compliance, § 28 Rz. 227 m.w.N.

Umfang der privaten Internetnutzung **vorzugswürdig.** Deren Einhaltung sollte durch den Arbeitgeber auch kontrolliert werden.[1] Auf diese Weise setzt er die Zulässigkeitsmaßstäbe und diese werden nicht nur durch das Verhalten der Arbeitnehmer festgelegt. Es sollte Beachtung finden, dass der Arbeitgeber auch bei bestehender betrieblicher Übung zum Telekommunikationsdienste-Anbieter wird.

bb) Bring your own Device

Als „Bring your own Device" (BYOD) wird die **Einbindung privater Endgeräte** der Mitarbeiter, wie Mobiltelefone oder Tablets, **in die IT-Struktur des Unternehmens** bezeichnet. Dabei verwischt die Grenze zwischen privatem und dienstlichem Endgerät und dessen jeweiliger Nutzung.[2] In der Privatwirtschaft scheint dieser Trend zuletzt eher rückläufig zu sein.[3] Dies könnte sich u.a. daraus ergeben, dass BYOD **zahlreiche Problemfelder** eröffnet und zu erheblichen Rechtsunsicherheiten führen kann.

Besonders im Hinblick auf **datenschutzrechtliche IT-Sicherheitspflichten** (s. Rz. 290 ff.) macht BYOD im Vergleich zur Nutzung betriebsinterner IT-Infrastruktur einen erhöhten Organisationsaufwand erforderlich. Aufgrund der Doppelnutzung der betroffenen Geräte werden Daten zu unterschiedlichen – privaten oder betrieblichen – Zwecken von oder für unterschiedliche Verantwortliche – Arbeitnehmer oder Arbeitgeber verarbeitet. Aus diesem Grund wird eine **Trennung der Daten** im Hinblick auf die dienstliche und die private Datenverarbeitung erforderlich.[4] Darüber hinaus muss der Arbeitgeber dafür Sorge tragen, dass über **technische und organisatorische Maßnahmen** ein angemessenes Datensicherheitsniveau auch bei Nutzung privater Endgeräte zu betrieblichen Zwecken sichergestellt wird.[5] Dafür sollte verschiedene Hard- und Software für die betrieblichen und privaten Daten und Anwendungen zum Einsatz kommen.

Praxistipp: Zur Umsetzung der Trennung von privaten und betrieblichen Daten auf den BYOD-Geräten kann sich eine sog. **Zwei-Container-Lösung** anbieten. Dabei werden durch technische Mittel die privaten und dienstlichen Anwendungen und Daten klar in verschiedenen Containern voneinander getrennt. Die Umsetzung kann bspw. über die Abschottung der betrieblichen von den privaten Anwendungen und Daten in einem passwortgeschützten Container erfolgen. Noch strikter wirkt die Trennung über die Installation von zwei verschiedenen Containern auf dem Gerät, wobei der Arbeitgeber auf den privaten Container keinen Zugriff erhält. Da diese Lösungen einigen administrativen Aufwand erfordern, bieten sie sich eher für größere Unternehmen an. Ein vollumfassender Schutz kann jedoch aufgrund technischer Hürden auch bei einer Zwei-Container-Lösung häufig nicht gewährleistet werden.

Um die effektive Datentrennung und Anwendung der technischen und organisatorischen Sicherheitsmaßnahmen und damit die Einhaltung eines angemessenen IT-Sicherheitsniveaus überprüfen zu können, muss der **Arbeitgeber** entsprechende **Kontrollmöglichkeiten** haben.[6] Zur Umsetzung bieten sich Protokoll- und Dokumentationsfunktionen als Bestandteil der technischen und organisatorischen Maßnahmen an, wobei deren Einführung regelmäßig nicht nur Mitbestimmungsrechte des Betriebsrats auslöst (s. Rz. 82 ff.), sondern regelmäßig

---

1 *Schmidl* in Hauschka/Moosmayer/Lösler, Corporate Compliance, § 28 Rz. 227.
2 *Conrad* in Auer-Reinsdorff/Conrad, IT- und Datenschutzrecht, § 37 Rz. 279.
3 *Conrad* in Auer-Reinsdorff/Conrad, IT- und Datenschutzrecht, § 37 Rz. 277.
4 *Conrad* in Auer-Reinsdorff/Conrad, IT- und Datenschutzrecht, § 37 Rz. 282 ff., 294, 299.
5 *Conrad* in Auer-Reinsdorff/Conrad, IT- und Datenschutzrecht, § 37 Rz. 294 ff., s. auch für den nachfolgenden Praxistipp.
6 *Conrad* in Auer-Reinsdorff/Conrad, IT- und Datenschutzrecht, § 37 Rz. 288.

zugleich eine Einwilligung des Arbeitnehmers erforderlich machen wird.[1] Unklar bleibt, ob und inwiefern sich eine Beschränkung dieser Kontrollmöglichkeiten aus dem Fernmeldegeheimnis des § 88 TKG ergibt, weil der Arbeitgeber als Telekommunikationsdienste-Anbieter anzusehen sein könnte (s. Rz. 174 ff.).[2]

182   Auch darüber hinaus besteht für **BYOD-Richtlinien** ein **erhöhter Regelungsbedarf**, da das Eigentum am Gerät und die Verantwortlichkeiten für die Daten regelmäßig zwischen Arbeitnehmer und -geber auseinanderfallen.[3] Auch lizenzrechtliche Fragen müssen geklärt werden. Besonders die **Haftung** beider Beteiligter sollte deshalb klar geregelt werden (s. Rz. 170 ff. bzgl. der weiteren Elemente von Betriebsrichtlinien).

cc) Social Media-Nutzung

183   Die **Nutzung** von Social Media-Kanälen wie Xing, Linkedin, Facebook oder Twitter erfolgt heute **durch Arbeitnehmer und Arbeitgeber gleichermaßen.** Für Unternehmen haben diese Kanäle einen festen Platz in der Marketingstrategie.[4] Aus diesem Grund geben immer mehr Unternehmen sich und ihren Mitarbeitern konkrete Richtlinien zur Social Media-Nutzung.[5] Dabei spielt nicht nur die Zulässigkeit der Social Media-Nutzung während der Arbeitszeit eine Rolle, sondern auch, **welche Äußerungen** über den Arbeitgeber, Kunden oder Kollegen überhaupt **zulässig** sind und welche Folgen eine **Verletzung dieser Vorgaben** mit sich bringen soll.[6]

184   Das Gefahrenpotential im Bereich Social Media ergibt sich insbesondere aus drohenden Persönlichkeitsrechtsverletzungen sowie der potentiellen Offenlegung von Unternehmensinterna. Eine angemessene Darstellung des Unternehmens in Social Media-Kanälen ist ohne Beteiligung der Mitarbeiter und deren eigener Profile kaum umsetzbar.[7] Dabei kommt es aus Unternehmenssicht zu „gewollter" und „ungewollter" Kommunikation, wobei letztere schlimmstenfalls zu einem **Kontrollverlust des Unternehmens** über die Kommunikationsinhalte führen kann, so dass ein **anderes Bild vom Unternehmen und seinen Produkten im Social Media-Bereich entsteht**, als ursprünglich geplant war.[8] Überdies besteht das Risiko, dass von **Mitarbeitern Geschäfts-, Betriebsgeheimnisse** oder fehlerhafte Informationen **geteilt werden** oder Urheberrechtsverletzungen durch die Verbreitung bestimmter Inhalte begangen werden.[9] Auch datenschutzrechtliche IT-Sicherheitspflichten müssen Beachtung finden, da innerhalb der Social Media-Kanäle Daten von Mitarbeitern, Kunden, Bewerbern, Interessenten etc. verarbeitet werden, deren Sicherheit zu gewährleisten ist.[10]

Beispiele für durch Social Media-Nutzung ausgelöste IT-Sicherheitsvorfälle:

– Ein Arbeitnehmer veröffentlicht fälschlicherweise Bilder oder Videos auf einem Profil, aus denen sich interne Betriebsabläufe ablesen lassen. Durch diese unternehmensseitig ungewollte Veröffent-

---

1 *Conrad* in Auer-Reinsdorff/Conrad, IT- und Datenschutzrecht, § 37 Rz. 289.
2 Dies ist umstritten, s. etwa *Conrad* in Auer-Reinsdorff/Conrad, IT- und Datenschutzrecht, § 37 Rz. 292 m.w.N.
3 *Conrad* in Auer-Reinsdorff/Conrad, IT- und Datenschutzrecht, § 37 Rz. 307.
4 *Conrad/Huppertz* in Auer-Reinsdorff/Conrad, IT- und Datenschutzrecht, § 37 Rz. 330.
5 *Conrad/Huppertz* in Auer-Reinsdorff/Conrad, IT- und Datenschutzrecht, § 37 Rz. 328.
6 *Conrad/Huppertz* in Auer-Reinsdorff/Conrad, IT- und Datenschutzrecht, § 37 Rz. 328.
7 *Conrad/Huppertz* in Auer-Reinsdorff/Conrad, IT- und Datenschutzrecht, § 37 Rz. 332.
8 *Conrad/Huppertz* in Auer-Reinsdorff/Conrad, IT- und Datenschutzrecht, § 37 Rz. 332.
9 *Conrad/Huppertz* in Auer-Reinsdorff/Conrad, IT- und Datenschutzrecht, § 37 Rz. 332.
10 *Conrad/Huppertz* in Auer-Reinsdorff/Conrad, IT- und Datenschutzrecht, § 37 Rz. 332.

lichung kann eine unbekannte Zahl Dritter Kenntnis von vertraulichen Geschäftsabläufen erhalten.

– Ein Arbeitnehmer veröffentlicht Fotos von Mitarbeitern auf dem Unternehmens-Profil ohne Wissen der betroffenen Mitarbeiter. Dabei handelt es sich um eine Veröffentlichung der personenbezogenen Daten dieser Arbeitnehmer, für deren Rechtmäßigkeit es eines materiellen Erlaubnistatbestands (bspw. der Einwilligung der Mitarbeiter) bedarf.

Die Risiken der Social Media-Nutzung können Unternehmen mit Hilfe spezifischer Betriebs- **185** richtlinien mindern, indem der **zulässige Umgang mit Social Media-Kanälen festgelegt** wird und so ein einheitlicher Verhaltensmaßstab geschaffen wird.[1] Besonders ein Hinweis auf Geheimhaltungs- und Datensicherheitspflichten der Mitarbeiter sollte enthalten sein.[2] Mitarbeitern muss u.a. kommuniziert werden, welche **Haftungsrisiken** durch ihr Verhalten und ihre Äußerungen v.a. in Bezug auf das Datenschutz- und Urheberrecht ausgelöst werden können.[3]

4. Notfallkonzept und Verhalten im Falle von IT-Sicherheitsvorfällen

Ein Notfallkonzept für IT-Sicherheitsvorfälle gehört in jedem Fall zu einem rechtskonfor- **186** men IT-Sicherheitskonzept. Die Grundlage bildet die Pflicht von Unternehmen zur **Erkennung und Verhinderung bestandsgefährdender Risiken** (s. Rz. 40 ff.). Ausgehend von der starken Abhängigkeit nahezu aller Unternehmensprozesse von der IT müssen im Unternehmen zum Umgang mit Bedrohungslagen klare Vorgaben vorhanden sein.[4] Das **Notfallkonzept** setzt dabei **nicht präventiv** bei der Abwehr bestandsgefährdender Risiken an, **sondern** ist vorzuhalten, **um Risiken, deren Verwirklichung** im Unternehmen **nicht verhindert werden konnte, bestmöglich zu steuern.**

a) Konzeption und Inhalt

Das Notfallmanagement (auch Business Continuity Management, kurz: BCM) verfolgt im **187** Wesentlichen zwei Ziele:

(1) Im Fall einer Störung sollen kritische Geschäftsprozesse nicht beeinträchtigt werden.

(2) Im Fall einer Unterbrechung der Prozesse muss deren **rechtzeitige Wiederaufnahme sichergestellt sein.** Dafür werden sog. Disaster Recovery-Pläne vorgesehen.[5]

Um ein Notfallkonzept zu erstellen, müssen zunächst die kritischen Geschäftsprozesse des **188** Unternehmens identifiziert werden. Damit steht am Anfang der Konzeption stets eine **Risikoanalyse**, um zu bestimmen, bzgl. welcher Systeme und Komponenten ein Ausfall am wenigsten toleriert werden kann. Die Vorgehensweise bei der Schaffung des Notfallvorsorgekonzepts entspricht im Wesentlichen den Projektphasen zur Schaffung eines Risikomanagementsystems, so dass auf die entsprechenden Ausführungen verwiesen werden kann

---

1 *Conrad/Huppertz* in Auer-Reinsdorff/Conrad, IT- und Datenschutzrecht, § 37 Rz. 341.
2 *Conrad/Huppertz* in Auer-Reinsdorff/Conrad, IT- und Datenschutzrecht, § 37 Rz. 345.
3 *Conrad/Huppertz* in Auer-Reinsdorff/Conrad, IT- und Datenschutzrecht, § 37 Rz. 345 mit weiteren Einzelheiten sowie einem entsprechenden Muster für Social Media-Richtlinien.
4 *Lensdorf*, CR 2007, 413, 414; *von Holleben/Menz*, CR 2010, 63, 67.
5 *Wittmann*, Business Continuity Management, abrufbar unter: https://www.computerwoche.de/a/business-continuity-management-sind-sie-auf-den-ernstfall-vorbereitet,2546356, zuletzt aufgerufen am 12.1.2018.

(s. Rz. 160 ff.). Ein Notfallvorsorgekonzept sollte im Wesentlichen die folgenden Punkte regeln:[1]

- **Vorgehensmodell und Umsetzung**: Es wird ein klar definierter Rahmen vorgegeben, wie die Fähigkeit zur Geschäftsfortführung im Notfall erfolgen soll. Die Vorgehensweise im Fall von IT-Sicherheitsvorfällen wird phasenweise beschrieben. Neben einer Beschreibung der Notfallbewältigungsorganisation muss der Ablauf bei der Umsetzung des Notfallkonzepts klar sein.

- **Definition Störung – Notfall – Krise**: Sobald ein Notfall ausgerufen ist, ruhen die normalen Geschäftsabläufe und das Notfallkonzept wird umgesetzt. Nicht jede Störung ist jedoch ein Notfall, so dass die Anwendung des Notfallkonzepts nicht stets notwendig ist. Jedes Unternehmen muss definieren, wann eine Störung, ein Notfall oder eine Krise vorliegt und wer im Unternehmen autorisiert ist, dies zu entscheiden.

- **Vorsorgemaßnahmen**: Maßnahmen, die im Falle eines Notfalls ergriffen werden müssen, sind im Konzept detailliert aufzuführen, damit betroffene Unternehmensbereiche wissen, wie sie sich im Notfall verhalten müssen. Zu entsprechenden Maßnahmen gehört etwa die Festlegung von generellen Ausweichstandorten und deren Anforderungen, Alarmierungsverfahren, die Beschreibung risikoreduzierender Maßnahmen, Datensicherung, Meldetechniken und Vereinbarungen mit externen Dienstleistern. Ziel ist es, den normalen Geschäftsbetrieb unter Beseitigung der Störung und Gefahrenquelle wiederherzustellen.

189 Das **Funktionieren** des Notfallkonzepts im Bedarfsfall **hängt wesentlich von dessen nachhaltiger Einbindung in die Unternehmenskultur ab**, so dass eine entsprechende Schulung und Sensibilisierung der Mitarbeiter, die in den kritischen Geschäftsprozessen tätig sind, unerlässlich ist.[2] Unter deren Beteiligung lässt sich das Notfallkonzept im Rahmen von Übungen und Testläufen zudem überprüfen und kontinuierlich verbessern.[3]

b) Verhalten bei und Bewältigung von IT-Sicherheitsvorfällen

190 Im Falle eines IT-Sicherheitsvorfalls lassen sich, unabhängig davon, ob es sich um einen Notfall oder um eine weniger existenzbedrohliche Risikolage handelt, **grundlegende Verhaltensschritte zur Bewältigung der Krise** einteilen:[4]

(1) **Meldung und Eskalation**: Nach Eintritt eines Schadensereignisses ist die schnellstmögliche Meldung des Vorfalls an die verantwortlichen Stellen im Unternehmen erforderlich. Je schneller und geeigneter der Informationsfluss, desto wahrscheinlicher ist die erfolgreiche Bewältigung des Vorfalls. Die Meldungswege im Unternehmen ergeben sich

---

1 BSI, BSI-Standard 100-4 Notfallmanagement, S. 58 ff., abrufbar unter: https://www.bsi.bund.de/ SharedDocs/Downloads/DE/BSI/Publikationen/ITGrundschutzstandards/BSI-Standard_1004.pdf? __blob=publicationFile&v= 1, zuletzt aufgerufen am 12.1.2018.

2 BSI, BSI-Standard 100-4 Notfallmanagement, S. 58 ff., abrufbar unter: https://www.bsi.bund.de/ SharedDocs/Downloads/DE/BSI/Publikationen/ITGrundschutzstandards/BSI-Standard_1004.pdf? __blob=publicationFile&v= 1, zuletzt aufgerufen am 12.1.2018.

3 BSI, BSI-Standard 100-4 Notfallmanagement, S. 58 ff., abrufbar unter: https://www.bsi.bund.de/ SharedDocs/Downloads/DE/BSI/Publikationen/ITGrundschutzstandards/BSI-Standard_1004.pdf? __blob=publicationFile&v= 1, zuletzt aufgerufen am 12.1.2018.

4 BSI, BSI-Standard 100-4 Notfallmanagement, S. 64 ff., abrufbar unter: https://www.bsi.bund.de/ SharedDocs/Downloads/DE/BSI/Publikationen/ITGrundschutzstandards/BSI-Standard_1004.pdf? __blob=publicationFile&v= 1, zuletzt aufgerufen am 12.1.2018.

z.B. aus dem Notfallplan. So können für unterschiedliche Ereignisse unterschiedliche Meldestellen vorgesehen sein (z.B. IT-Support, zentrales Risikomanagement, ...). Je gravierender der Vorfall, desto eher erfolgt eine Eskalation: Die Meldestelle veranlasst in Rücksprache mit der Geschäftsleitung ggf. die Alarmierung nicht betroffener Geschäftsbereiche.

(2) **Sofortmaßnahmen**: Nach der Meldung müssen unverzüglich Sofortmaßnahmen ergriffen werden, um größere Schäden zu vermeiden. Dabei kann es sich um technische oder organisatorische Maßnahmen handeln, etwa die Evakuierung von Unternehmensbereichen im Falle von Elementarschäden.

(3) **Behebung der Störung**: Die zur Risikobewältigung verantwortliche Stelle (z.B. ein Krisenstab) findet zusammen und beginnt mit der eigentlichen Behebung der Störung. Dafür werden die zum Vorfall vorhandenen Informationen ausgewertet, die aktuelle Lage in den betroffenen Unternehmensbereichen bewertet und Handlungsoptionen und Maßnahmen zur Behebung der Störung festgelegt und durchgeführt.

(4) **Geschäftsfortführung**: Während der Zeit der Störungsbehebung läuft der betroffene Geschäftsbereich im Notfallbetrieb fort. Vorrangig mit Hilfe gesicherter Daten, in Ausweichräumlichkeiten und mit Hilfe von Backup-Systemen.

(5) **Rückführung zum Normalbetrieb**: Ist die Behebung der Störung abgeschlossen, kehrt der betroffene Geschäftsbereich zum Normalbetrieb zurück.

(6) **Analyse und Dokumentation**: Nach Abschluss der Vorfallsbewältigung werden die Maßnahmen analysiert, um das Verbesserungspotential für künftige Risikolagen auszumachen. Zudem wird das gesamte Vorgehen dokumentiert.

5. Nutzung technischer Regelwerke

Zur Bestimmung des Umfangs oder zur rechtskonformen Umsetzung von IT-Sicherheitspflichten spielen technische Regelwerke eine **wichtige Rolle**. Teilweise ist die **Umsetzung** entsprechender Regelwerke sogar **Teil des IT-sicherheitsrechtlichen Pflichtenprogramms**, etwa die Zertifizierung Pflicht der Betreiber von Energieversorgungsnetzen gem. § 11 Abs. 1a EnWG zur Zertifizierung nach ISO/IEC 27001 (s. Rz. 452 ff.). Unternehmen sollten sich bei der Umsetzung ihrer IT-Sicherheitspflichten **an vorhandenen technischen Regelwerken orientieren**. Nachfolgend sind aus diesem Grund **überblicksartige Informationen zu in der Praxis verbreiteten technischen Regelwerken** zusammengestellt.

191

a) BSI-Grundschutzkatalog

Das **Bundesamt für Sicherheit in der Informationstechnik (kurz: BSI)**, das national für die Einschätzung der IT-Sicherheitslage und die Herausgabe entsprechender Informationen verantwortlich ist (s. Rz. 403 ff.), hat sein Knowhow im **BSI-Grundschutzkatalog** gebündelt. Bei diesem 1994 eingeführten Standard handelt es sich um den wohl meistgenutzten in Deutschland.[1] Der BSI-Grundschutzkatalog enthält **Empfehlungen zu Methoden, Prozessen und Verfahren sowie Vorgehensweisen und Maßnahmen zu unterschiedlichen Aspekten der IT-Sicherheit**. Unternehmen, die IT-Systeme nutzen, Hersteller von IT-Produk-

192

---

1 https://www.heise.de/security/meldung/IT-Grundschutz-BSI-schliesst-Modernisierung-ab-3859945 .html, zuletzt aufgerufen am 12.1.2018.

ten sowie IT-Dienstleister können mit den BSI-Standards ihre Geschäftsprozesse und Daten sicherer gestalten.[1] **Erst im Oktober 2017** wurde eine **Aktualisierung** des BSI-Grundschutzes abgeschlossen.[2] Dieser besteht aus drei verschiedenen **Standards**, die von Unternehmen **entweder einzeln oder in Kombination miteinander genutzt** werden könne. Dadurch eröffnet der BSI-Grundschutzkatalog die Möglichkeit zur Schaffung eines flexiblen IT-Sicherheitskonzepts. Die Standards dienen nachfolgenden IT-Sicherheitszwecken:[3]

– **BSI-Standard 200-1**: Er definiert allgemeine Anforderungen an ein Informationssicherheits-Managementsystem und ist mit dem **ISO/IEC 27001-Standard** und anderen ISO-Standards kompatibel.

– **BSI-Standard 200-2**: Er beschreibt drei mögliche Vorgehensweisen zur Umsetzung des Informationssicherheits-Managementsystems. Die **Basis-Absicherung** liefert einen Einstieg zur Initiierung eines entsprechenden Managementsystems, die **Standard-Absicherung** ermöglicht die Implementierung eines kompletten Sicherheitsprozesses und die **Kern-Absicherung** ist eine Vorgehensweise zum Einstieg in ein Informationssicherheits-Managementsystem durch die Anpassung zunächst nur eines Teils der IT-Struktur.

– **BSI-Standard 200-3**: Er bündelt alle risikobezogenen Arbeitsschritte zur Schaffung eines angemessenen IT-Sicherheitsstandards und gibt damit gewissermaßen eine „Arbeitsanweisung" zur erfolgreichen Durchführung einer **Risikoanalyse**.

193 Der **BSI-Grundschutzkatalog** unterscheidet sich insofern von anderen Branchenstandards, als dass er **detailliert Standard-Sicherheitsmaßnahmen beschreibt**, die praktisch mit jedem IT-System mit „normalem" Schutzbedarf kompatibel sind.[4] Im Vergleich dazu befasst sich etwa der ISO/IEC 27001-Standard vorrangig nur mit dem Aufbau eines IT-Sicherheitsmanagements, ohne differenzierte Umsetzungshinweise zu liefern.

b) ISO/IEC 27001

194 Die Norm ISO/IEC 27001 beschreibt **grundlegende Anforderungen an ein IT-Sicherheitsmanagementsystem im Unternehmen** und berücksichtigt mit Hilfe anderer Normen der ISO-Familie auch branchenspezifische Besonderheiten, etwa ISO/IEC 27002 und ISO/IEC TR 27019, als Leitfäden für Steuerungssysteme der Energieversorgung. Die Normenfamilie wird von der International Organization for Standardization (kurz: ISO) herausgegeben und **bündelt Best-Practice-Erfahrungen** zu IT-Sicherheitsmanagementsystemen (s. auch Rz. 149 ff.).[5]

195 Auch durch das BSI hat die ISO/IEC 27001 eine vollständige Anerkennung als rechtskonform erfahren. So **ermöglicht die BSI eine Zertifizierung nach ISO/IEC 27001 auf der Ba-**

---

1 Siehe auch die offiziellen Informationen des BSI, abrufbar unter: https://www.bsi.bund.de/DE/Themen/ITGrundschutz/ITGrundschutzStandards/ITGrundschutzStandards_node.html, zuletzt aufgerufen am 12.1.2018.

2 https://www.heise.de/security/meldung/IT-Grundschutz-BSI-schliesst-Modernisierung-ab-3859945.html, zuletzt aufgerufen am 12.1.2018.

3 https://www.bsi.bund.de/DE/Themen/ITGrundschutz/ITGrundschutzStandards/ITGrundschutzStandards_node.html, zuletzt aufgerufen am 12.1.2018.

4 BSI, https://www.bsi.bund.de/DE/Service/FAQ/ITGrundschutz/faq_node.htmlRRRAAAUUUTTTEEE faq6627956, zuletzt aufgerufen am 12.1.2018.

5 Dazu auch *Müller* in Koreng/Lachenmann, Formularhandbuch Datenschutzrecht, 2. Aufl. (im Erscheinen), E. I.1.

sis der **BSI-Grundschutz-Vorgehensweise.** Die Zertifizierung erfolgt durch einen vom BSI zugelassenen Prüfer und wird ausschließlich vom BSI gesteuert. Auch wenn Unternehmen keine generelle Pflicht zur Zertifizierung nach ISO/IEC 27001 trifft, kann die Einhaltung der Vorgaben Haftungserleichterungen mit sich bringen (s. Rz. 197 ff.). So kann mit Hilfe einer ISO/IEC 27001-Zertifizierung etwa die sorgfältige Umsetzung von IT-Sicherheit im Unternehmen nachgewiesen werden.

c) IT Infrastructure Library (ITIL)

Die IT Infrastructure Library (kurz: ITIL) ist eine **Sammlung von Best Practices** der Prozesse, Funktionen und Rollen, die typischerweise in der IT-Infrastruktur von Unternehmen zu finden sind.[1] Das Rahmenwerk wurde vor etwa zwanzig Jahren für die britische Regierung entwickelt, um erprobte Methoden für sichere Rechenzentren zu definieren.[2] Die zuletzt vor ein paar Jahren aktualisierte ITIL (Version 3 aus 2006)[3] beschreibt 26 Prozesse, die eine **strategische Ausrichtung der IT** bis hin zu Verbesserungsprozessen in der Service-Erstellung und Kundenorientierung ermöglichen.[4] Darunter findet sich auch die Beschreibung von Incident Response Management-Prozessen (s. die Ausführungen zum Notfallkonzept unter Rz. 186 ff.) und zum allgemeinen Risikomanagement.

196

■ Das Wesentliche in Kürze:

Zur Erfüllung der IT-Sicherheitspflichten ist die Erstellung eines auf die konkrete Unternehmenssituation zugeschnittenen IT-Sicherheitskonzepts erforderlich. Dies hat im Einzelfall anhand der anwendbaren Rechtspflichten und der vorhandenen Mittel zu deren angemessener Erfüllung zu erfolgen. Dabei sind zumeist folgende Elemente wesentlich:

- Erstellung von **IT-Betriebsrichtlinien** zum Umgang mit IT im Unternehmen;

- Benennung eines **IT-Sicherheitsbeauftragten** (teilweise gesetzlich vorgeschrieben), der für die technische Sicherheit im Unternehmen verantwortlich ist;

- Schaffung eines **IT-Risikomanagementsystems** als Teilbestandteil eines zumeist vorhandenen allgemeinen **Risikomanagementsystems**;

- **Notfallkonzept** zur Bewältigung aufgetretener Störungen, die die wesentlichen Geschäftsprozesse des Unternehmens bedrohen.

Bei der Erfüllung der IT-Sicherheitspflichten sollten sich Unternehmen an praxisüblichen technischen Regelwerken orientieren, wie am BSI-Grundschutzkatalog und der Norm ISO/IEC 27001.

---

1 *Müller* in Koreng/Lachenmann, Formularhandbuch Datenschutzrecht, 2. Aufl. (im Erscheinen), E. I.2.

2 *Müller* in Koreng/Lachenmann, Formularhandbuch Datenschutzrecht, 2. Aufl. (im Erscheinen), E. I.2.

3 Siehe die Meldung der Computer-Woche, abrufbar unter: https://www.computerwoche.de/a/service-framework-itil-erhaelt-ein-refresh,582245, zuletzt aufgerufen am 12.1.2018.

4 *Müller* in Koreng/Lachenmann, Formularhandbuch Datenschutzrecht, 2. Aufl. (im Erscheinen), E. I.2.

B. Allgemeine Haftung für IT-Sicherheit

I. Vorbemerkung

Gelingt es Unternehmen nicht, unter Einhaltung ihrer IT-Sicherheitspflichten **Sicherheitsvorfälle** zu vermeiden, **oder verletzen** Unternehmen gar ihre **IT-Sicherheitspflichten**, kann es zur haftungsrechtlichen Inanspruchnahme kommen. Dabei können Haftungsansprüche auf ganz unterschiedliche Art und Weise entstehen, wobei regelmäßig Gesetzes- oder Vertragsverstöße deren Grundlage bilden. Das **Haftungssystem löst** dabei **Ansprüche auf verschiedenen Ebenen** aus: im Innenverhältnis des Unternehmens sowie im Außenverhältnis. Letzteres führt nicht nur zu Ansprüchen Dritter gegen das Unternehmen, sondern Unternehmen werden teilweise auch selbst zu Anspruchsberechtigten. Ebenfalls zu beachten sind Verletzungsfolgen der IT-Sicherheitspflichten im Bereich des Ordnungswidrigkeiten- und Strafrechts. Während in diesem Teil des Handbuchs die drohende **Haftung aus allgemeinen, nicht IT-sicherheitsspezifischen Gesetzen** behandelt wird, werden andere Verletzungsfolgen bereichs- oder sektorspezifischer IT-Sicherheitsvorschriften jeweils in den entsprechenden Teilen des Handbuchs dargestellt (s. ab Rz. 290). | 197

II. Haftungsverhältnisse im Unternehmen

Im Innenverhältnis des Unternehmens basiert die Haftung der Gesellschaftsorgane für mangelnde IT-Sicherheit vorrangig auf der **gesellschaftsrechtlichen Pflichten- und Risikoverteilung**. Da die Umsetzung von **IT-Sicherheit Aufgabe der Geschäftsleitung** ist (s. Rz. 32 ff.), löst die Verletzung entsprechender Organpflichten ihre Haftung gegenüber der Gesellschaft aus. Auch Ansprüche der Aktionäre bzw. Gesellschafter gegenüber der Geschäftsführung kommen teilweise in Betracht. Eine **Inanspruchnahme anderer Organe oder Mitarbeiter** des Unternehmens ist nur **von untergeordneter Relevanz**. Die nachfolgenden Ausführungen beschränken sich auf die Organe der AG und GmbH, da es sich bei diesen Kapitalgesellschaften um die Gesellschaftsformen mit der höchsten Praxisrelevanz handelt. | 198

1. Haftung der Geschäftsleitung gegenüber der Gesellschaft

Da die **Geschäftsleitung** die Verantwortung zur Umsetzung der unternehmerischen IT-Sicherheitspflichten innehat, **trägt** sie diesbezüglich auch **im Innenverhältnis des Unternehmens das wesentliche Haftungsrisiko**. Besonders der Vorstand einer AG unterliegt strengen Haftungsregelungen. Eine Entlastung der Geschäftsleitung wird in der Praxis über den Abschluss sog. D&O-Versicherungen erreicht. Auch die Zuweisung von Ressortverantwortlichkeiten innerhalb der Geschäftsleitung kann für einzelne Mitglieder zur Haftungsbeschränkung führen. | 199

a) Grundlagen der Vorstands-Haftung in der AG

§ 93 AktG – Sorgfaltspflicht und Verantwortlichkeit der Vorstandsmitglieder

(2) Vorstandsmitglieder, die ihre Pflichten verletzen, sind der Gesellschaft zum Ersatz des daraus entstehenden Schadens als Gesamtschuldner verpflichtet.

[...]

200   Der Vorstand **haftet** auf Grundlage von § 93 Abs. 2 AktG bei der Umsetzung seiner Organisations- und Leitungspflichten **für die Einhaltung der Grundsätze der ordnungsgemäßen Geschäftsführung**. Die Geltendmachung diesbezüglicher unternehmenseigener Ansprüche obliegt dem **Aufsichtsrat**.[1] Wie bereits dargestellt, hat die Geschäftsleitung bei der Umsetzung von IT-Sicherheit im Unternehmen die Sorgfalt eines ordentlichen und gewissenhaften Geschäftsleiters anzuwenden (s. Rz. 55 ff.), wobei der Geschäftsleitung ein nicht unerheblicher Ermessensspielraum bei der konkreten Umsetzung ihrer Compliance-Pflichten zukommt (s. Rz. 58 ff.). Auch wenn der Handlungsspielraum der Geschäftsleitung damit zunächst relativ weit ist, droht ihr im Falle einer **Verletzung ihrer Compliance-Pflichten** (s. Rz. 32 ff.) eine strenge Haftung.[2] Zwar setzt eine Inanspruchnahme des Vorstands dessen **Verschulden** bei der Verletzung seiner Pflichten voraus, allerdings kommt diesem Erfordernis **praktisch kaum nennenswerte Bedeutung** zu.[3] Dies ist dem Umstand geschuldet, dass den Vorstand der soeben umschriebene Handlungsmaßstab trifft: Er muss für die objektiven Kenntnisse und Fähigkeiten eines „ordentlichen" Vorstands einstehen und kann sich nicht durch persönliche Unfähigkeit oder fachliche Unkenntnis entlasten.[4] Als schuldhaft sind sowohl vorsätzliche als auch fahrlässige Verletzungen dieses Handlungsmaßstabs anzusehen.[5] Somit haftet der Vorstand nicht nur, wenn ihm sein pflicht- und rechtswidriges Verhalten bewusst ist, sondern auch, wenn er lediglich die **Sorgfalt** eines ordentlichen und gewissenhaften Geschäftsleiters **außer Acht gelassen** hat.[6]

Beispiel für einen schuldhaften IT-Compliance-Verstoß des Vorstands[7]**:** Wegen einer Serverüberlastung bricht das IT-System des Unternehmens zusammen und die IT-gestützte Warenproduktion des Unternehmens kommt zum Erliegen. Der Vorstand hat im Rahmen seiner IT-Compliance-Organisation keinen **Notfallvorsorge-Plan** (z.B. redundantes System, Wiederanlaufplan) vorgesehen. Das Wiederanlaufen des Systems verzögert sich deshalb.

In diesem Beispiel hat der Vorstand die Sorgfalt einer ordnungsgemäßen Geschäftsleitung verletzt, da er im Rahmen der Umsetzung seiner IT-Compliance-Pflichten keinen Notfallvorsorge-Plan eingeführt hat, obwohl dieser ein Kernbestandteil des internen Risikomanagements ist (siehe Rz. 186 ff.). Die Verletzung dieses Handlungsmaßstabs führt zur Haftung des Vorstands für dadurch entstandene Schäden.

Beispiel für einen schuldhaften IT-Compliance-Verstoß des Vorstands[8]**:** Ein Unternehmen beauftragt wegen einer System-Fehlermeldung mit ungeklärter Ursache einen Computer-Reparaturdienst mit der Ursachenforschung. Bei den Reparaturarbeiten stürzt der Unternehmensserver ab und es kommt zum Verlust zahlreicher Geschäftsdaten. Die Datensicherungsmaßnahmen des Unternehmens sehen noch nicht einmal eine monatliche Komplettsicherung der Datenbestände vor, so dass diese teilweise unwiederbringlich verloren sind.

Die Einrichtung einer zuverlässigen, zeitnahen und umfassenden **Datensicherungsroutine** stellt eine unternehmerische Pflicht dar (siehe nur zum Handelsrecht Rz. 67). Deren Umsetzung obliegt dem Vorstand. In diesem Beispiel hat der Vorstand nicht einmal Maßnahmen zur monatlichen Komplett-

---

1   S. zu den normativen Grundlagen *Spindler* in MünchKomm/AktG, § 93 Rz. 190.

2   S. zu den teils erheblichen Schadensersatzforderungen gegen den Vorstand nur LG München I, Urt. v. 10.12.2013 – 5 HK O 1387/10, NZG 2014, 345, 345 ff. = AG 2014, 332.

3   *Fleischer* in Spindler/Stilz, AktG, § 93 Rz. 205; *Spindler* in MünchKomm/AktG, § 93 Rz. 176 jeweils m.w.N.

4   *Fleischer* in Spindler/Stilz, AktG, § 93 Rz. 205 m.w.N.; *Koch* in Hüffer/Koch, AktG, § 93 Rz. 43.

5   *Spindler* in MünchKomm/AktG, § 93 Rz. 176 m.w.N.

6   *Spindler* in MünchKomm/AktG, § 93 Rz. 178.

7   Angelehnt an *Grützner/Jakob*, Compliance von A-Z, IT-Compliance.

8   Angelehnt an OLG Hamm, Urt. v. 1.12.2003 – 13 U 133/03, MMR 2004, 487, 487 f. = CR 2004, 654.

sicherung der Daten ergriffen. Dies hätte ein ordentlicher Vorstand jedoch getan, so dass eine schuldhafte Pflichtverletzung vorliegt. Diese führt zur Haftung des Vorstands für dadurch entstandene Schäden.

Für die Entstehung eines Anspruchs zugunsten der Gesellschaft ist es erforderlich, dass die **Pflichtverletzung** durch den Vorstand zu einem **Schaden** geführt hat, so dass ein **Ursachenzusammenhang** zwischen Pflichtverletzung und Schaden erforderlich ist.[1] In diesem Fall ist vom Vorstand der Zustand herzustellen, der bestehen würde, wenn der zum Ersatz verpflichtende Umstand nicht eingetreten wäre, einschließlich des Ersatzes des entgangenen Gewinns.[2]

Beispiele für einen auf einem IT-Compliance-Verstoß beruhenden Schaden:

– Ein Unternehmen wird von Kunden auf Schadensersatz in Anspruch genommen, weil es aufgrund eines Ausfalls der IT-Infrastruktur zu Verzögerungen vertraglicher Leistungen durch das Unternehmen gekommen ist. Ursache des IT-Ausfalls war ein Cyber-Angriff, der ermöglicht wurde, weil der Vorstand keine ausreichenden IT-Sicherheitsvorkehrungen getroffen hat. Aus diesem Grund kann das Unternehmen im Innenverhältnis den Schaden gegenüber dem Vorstand geltend machen.

– Eine solche Konstellation ist auch denkbar, wenn Kunden geschädigt werden, weil deren Daten vom Unternehmen unsachgemäß aufbewahrt wurden. Die Vorstandsleitung ist für die ordnungsgemäße Umsetzung diesbezüglicher Rechtspflichten verantwortlich (siehe Rz. 54 ff.).

Im Bereich der IT-Sicherheit sind Verletzungen entsprechender Rechtspflichten häufig bußgeldbewährt, bspw. im Datenschutzrecht (s. Rz. 338 ff.). Daher sollte Beachtung finden, dass die Gesellschaft auch ein ihr auferlegtes **Bußgeld vom Vorstand zurückfordern** kann, sofern dieses auf dessen schuldhafter Pflichtverletzung beruht.[3] Dabei ist jedoch zu beachten, dass die Möglichkeit der Gesellschaft zum Regress beim Vorstand davon abhängt, wen das Bußgeld zweckmäßig treffen soll.[4] Handelt es sich um eine Sanktion, die gerade die Gesellschaft zulasten ihres Vermögens treffen soll, so widerspricht deren Entlastung durch die Inanspruchnahme des Vorstands diesem Zweck.[5] Den wesentlichen Anwendungsfall der Bußgeldrückforderung bildet insbesondere § 30 OWiG (s. Rz. 286 f.).[6] Im Übrigen muss die **Regressmöglichkeit** im konkreten Fall **anhand des Zwecks der Geldbuße bestimmt** werden. So sieht etwa Art. 83 DSGVO für Verstöße gegen das Datenschutzrecht ausschließlich Geldbußen gegen das Unternehmen vor, so dass systematisch einem Zurechnungsmodell vergleichbar mit § 30 OWiG eine gesetzgeberische Absage erteilt wurde und das Unternehmen für jede rechtswidrige Handlung von Personen – Organe oder nicht – haften soll, die berechtigt sind, für es zu handeln.[7] Ein Regress des Unternehmens gegen den Vorstand für Bußgelder wegen Datenschutzverstößen, die auf dessen Leitungs- und Organisationsverschulden zurückgeführt werden können, dürfte damit ausscheiden.[8]

---

1 Einzelheiten bei *Spindler* in MünchKomm/AktG, § 93 Rz. 174 f.; *Fleischer* in Spindler/Stilz, AktG, § 93 Rz. 215 ff.

2 *Spindler* in MünchKomm/AktG, § 93 Rz. 171 m.w.N.; vgl. *Schmidl* in Hauschka/Moosmayer/Lösler, Corporate Compliance, § 28 Rz. 131 für das nachfolgende Beispiel.

3 *Spindler* in MünchKomm/AktG, § 93 Rz. 172; *Koch* in Hüffer/Koch, AktG, § 93 Rz. 48.

4 *Mertens/Cahn* in KölnKomm/AktG, Band 2/I, § 93 Rz. 56.

5 *Mertens/Cahn* in KölnKomm/AktG, Band 2/I, § 93 Rz. 56.

6 *Mertens/Cahn* in KölnKomm/AktG, Band 2/I, § 93 Rz. 56.

7 *Holländer* in Wolff/Brink, BeckOK Datenschutzrecht, Art. 83 DSGVO Rz. 11; *Bergt* in Kühling/Buchner, DSGVO, Art. 83 Rz. 20.

8 Anders jedoch *Wybitul*, ZD 2016, 253, 254; ähnlich *Bergt* in Kühling/Buchner, DSGVO, Art. 83 Rz. 24.

203 Für Pflichtverletzungen haften alle **Vorstandsmitglieder**, die ihre Pflichten schuldhaft verletzt haben, **als Gesamtschuldner**, so dass jedes Vorstandsmitglied gegenüber dem Unternehmen unabhängig vom eigenen Verursachungs- oder Verschuldensgrad für den gesamten Schaden haftet.[1] Im Innenverhältnis untereinander haften die Vorstandsmitglieder jedoch ggf. abgestuft nach dem Grad ihres jeweiligen Verursachungs- und Verschuldensbeitrags.[2] Um eine Ersatzpflicht zu begründen, muss die **Pflichtverletzung** und das Verschulden jedes **einzelnen Vorstandsmitglieds gesondert festgestellt werden**.[3] Daher bietet die Zuweisung von Ressortverantwortlichkeiten zwischen den Vorstandsmitgliedern eine Möglichkeit der Haftungsbeschränkung (dazu sogleich unter Rz. 210 ff.).

204 **Weder** ein **Ausschluss noch** die **Milderung der Vorstandshaftung** sind durch Satzung oder durch Anstellungsvertrag **möglich**.[4] Eine Haftungsmilderung basierend auf anderen dogmatischen Grundlagen wird überwiegend abgelehnt.[5] Auch ein Anspruchsverzicht kommt nur unter sehr eingeschränkten Voraussetzungen gem. § 93 Abs. 4 Satz 3, 4 AktG in Betracht, so dass diesem in der Praxis untergeordnete Relevanz zukommt. Das Gesetz billigt dem Vorstand immerhin die Möglichkeit zu, die Hauptversammlung über eine geplante Maßnahme entscheiden zu lassen, § 93 Abs. 4 Satz 1 AktG.[6] Folgt er deren gesetzmäßigem Beschluss, so haftet er der Gesellschaft nicht.

b) Grundlagen der Geschäftsführer-Haftung in der GmbH

§ 43 GmbHG – Haftung der Geschäftsführer

[...]

(2) Geschäftsführer, welche ihre Obliegenheiten verletzen, haften der Gesellschaft solidarisch für den entstandenen Schaden.

205 Die Haftung der **GmbH-Geschäftsführer** nach § 43 Abs. 2 GmbHG **entspricht im Wesentlichen der Haftung des Vorstands** der AG, wobei die Geltendmachung diesbezüglicher Ansprüche eines Gesellschafterbeschlusses gem. § 46 Nr. 8 GmbHG bedarf. Ob und ggf. unter welchen Voraussetzungen einzelne Gesellschafter zur Anspruchsverfolgung berechtigt sind, wird sehr unterschiedlich beurteilt.[7]

206 Der **wesentlichste Unterschied** gegenüber der Haftung zum Vorstand der AG liegt in der **Möglichkeit zur** Vereinbarung einer **Haftungsmilderung**. In der Satzung oder im Anstellungsvertrag kann im Vorfeld der Anspruchsentstehung die Haftung der Geschäftsführungsmitglieder begrenzt werden, indem z.B. ein anderer Verschuldensmaßstab oder eine verkürzte Verjährungsfrist vereinbart werden.[8] In der Praxis wird vielfach eine **Reduzierung des**

---

1 *Spindler* in MünchKomm/AktG, § 93 Rz. 144.
2 *Spindler* in MünchKomm/AktG, § 93 Rz. 144.
3 *Spindler* in MünchKomm/AktG, § 93 Rz. 144.
4 Ganz h.M., s. nur *Koch* in Hüffer/Koch, AktG, § 93 Rz. 2 mit zahlreichen Nachweisen.
5 S. die Nachweise bei *Wilhelmi*, NZG 2017, 681, 681 ff., der eine Haftungsbeschränkung jedoch befürwortet.
6 S. auch *Grunewald*, Gesellschaftsrecht, 2.C., Rz. 55.
7 *Fleischer* in MünchKomm/GmbHG, § 43 Rz. 320, 324; *Zöllner/Noack* in Baumbach/Hueck, GmbHG, § 43 Rz. 32 jeweils m.w.N.
8 BGH, Urt. v. 16.9.2002 – II ZR 107/01, NJW 2002, 3777, 3778 = GmbHR 2002, 1197; OLG Stuttgart, Urt. v. 26.5.2003 – 5 U 160/02, GmbHR 2003, 835, 837; ausführliche Darstellung der Rechtsentwicklung bei *Fleischer* in MünchKomm/GmbHG, § 43 Rz. 298 ff. sowie *Haas/Ziemons* in Ziemons/Jaeger, BeckOK GmbHG, § 43 Rz. 299.1 ff.

Verschuldensmaßstabs auf grobe Fahrlässigkeit und/oder Vorsatz vorgenommen.[1] Anders als § 93 AktG kennt das GmbHG keine gesetzlichen Einschränkungen für den Verzicht auf oder den Vergleich über Schadensansprüche der Gesellschaft gegen ihre Geschäftsführer.[2] Daher sind sowohl **Verzicht** als auch **Vergleich** grundsätzlich **zulässig**.[3] Die Entscheidung darüber obliegt gem. § 46 Nr. 8 GmbHG den Gesellschaftern.

c) Praxislösung: D&O-Versicherung

Auch wenn das Gesetz einen Haftungsausschluss zugunsten der Geschäftsleitung nicht zulässt und auch Haftungsbeschränkungen nicht oder nur sehr eingeschränkt in Betracht kommen, besteht deren Interesse nach einer für sie **günstigen Haftungsregelung**. In der Praxis hat sich als Lösung der **Abschluss** einer sog. **D&O-Versicherung** (kurz für: Directors' and Officers'-Versicherung) bewährt. Dabei handelt es sich um eine **gesellschaftsfinanzierte Haftpflichtversicherung**, die sich im Laufe der letzten Jahre zu einem versicherungsrechtlichen Standardprodukt entwickelt hat.[4] Diese ist bei AGen nahezu flächendeckend anzutreffen und spielt auch in der GmbH eine zunehmend wichtige Rolle.[5] Sie ermöglicht den versicherungsrechtlichen **Schutz der Geschäftsleitungsmitglieder vor Haftungsrisiken im Innen- wie Außenverhältnis** des Unternehmens.[6] Auch wenn die Versicherung von der Gesellschaft getragen wird, ist die Geschäftsleitung grundsätzlich für deren Abschluss zuständig.[7]

Dieser faktische Haftungsausschluss scheint auf den ersten Blick mit dem Grundgedanken der Verantwortlichkeit der Geschäftsleitung für eine sorgfältige Geschäftsführung unvereinbar. Im **Aktienrecht** wird eine Prävention gegen Pflichtverletzungen des Vorstands aufgrund seiner Haftungsfreistellung jedoch gesetzlich über § 93 Abs. 2 Satz 3 AktG erreicht. Dieser **verpflichtet die Gesellschaft** dazu, beim Abschluss der D&O-Versicherung einen **Selbstbehalt zulasten der Vorstandsmitglieder vorzusehen**. Der Selbstvorbehalt dient der Abschreckung der Vorstandsmitglieder und damit der Verhinderung von Pflichtverletzungen.[8] Eine Übertragung der Pflicht zur Vereinbarung eines Selbstbehalts auf die GmbH kommt allerdings nicht in Betracht.[9]

d) Haftungsbeschränkung durch Zuweisung von Verantwortlichkeiten

Eine weitere praktische Möglichkeit zur Einschränkung des Haftungsrisikos für die Geschäftsleitung bietet die Zuweisung von Ressortverantwortlichkeiten (s. Rz. 37 ff.) oder die vertikale Delegation von Verantwortlichkeiten.

aa) Horizontale Delegation: Ressortverantwortlichkeiten

Bei der Zuweisung von Ressortverantwortlichkeiten innerhalb des Vorstands wird eine Haftungsbeschränkung über die Modifikation des Pflichtenkreises der einzelnen Mitglieder der

207

208

209

210

---

1 *Grunewald*, Gesellschaftsrecht, 8. Aufl., 2.F. Rz. 62.
2 *Fleischer* in MünchKomm/GmbHG, § 43 Rz. 281.
3 *Fleischer* in MünchKomm/GmbHG, § 43 Rz. 281 m.w.N.
4 *Fleischer* in MünchKomm/GmbHG, § 43 Rz. 374 m.w.N.
5 *Fleischer* in MünchKomm/GmbHG, § 43 Rz. 374 m.w.N.
6 *Fleischer* in Spindler/Stilz, AktG, § 93 Rz. 225.
7 Zu den Einzelheiten *Spindler* in MünchKomm/AktG, § 93 Rz. 218; *Fleischer* in Spindler/Stilz, AktG, § 93 Rz. 232.
8 *Deutscher Bundestag*, Drucksache 16/13433, S. 11; *Koch* in Hüffer/Koch, AktG, § 93 Rz. 58.
9 *Spindler* in MünchKomm/AktG, § 93 Rz. 220 m.w.N.

Geschäftsleitung erreicht. Die Geschäfte und Aufgaben werden durch die Satzung, die Geschäftsordnung oder im Anstellungsvertrag auf die einzelnen Geschäftsleitungsmitglieder verteilt.[1] Auf diese Weise wird organisatorisch eine **Abgrenzung nach bestimmten Geschäftsbereichen** erreicht, so dass bspw. die IT-Sicherheit einen einzelnen Geschäftsbereich darstellt.[2] Mittels der Ressortverteilung trägt jedes Geschäftsleitungsmitglied dann zunächst die volle Verantwortung für das ihm zugewiesene Aufgabegebiet, so dass es für die nicht für IT-Sicherheit zuständigen Geschäftsleitungsmitglieder haftungsrechtlich zu einer Entlastung kommt.[3]

211 Die Entlastung beruht auf dem Umstand, dass sich **Inhalt und Ausmaß der Sorgfaltspflicht** für die nicht zuständigen Mitglieder der Geschäftsleitung **wandeln**: sie müssen den Ressortverantwortliche für IT-Sicherheit bei dessen Pflichtenerfüllung überwachen (s. Rz. 37 ff.).[4] Der Umfang dieser Überwachungspflicht ist einzelfallabhängig. Kommt es zu einem IT-Compliance-Verstoß, können die nicht für IT-Sicherheit verantwortlichen Mitglieder der Geschäftsleitung **nachweisen**, dass sie sich z.B. über **Reportings** über die Tätigkeit des IT-Ressortverantwortlichen **in ausreichender Weise** kundig gemacht haben, so dass **ihrerseits keine Pflichtverletzung** vorliegt und sie nicht haften.[5]

Praxistipp zur Verteilung von Ressortverantwortlichkeiten: Wesentlich für die Haftungsbeschränkungen der Geschäftsleitungsmitglieder durch die Verteilung von Ressortverantwortlichkeiten ist, dass die **Aufgabenbereiche** eindeutig, **klar und überschneidungsfrei festgelegt** sind. Überdies sollte die gegenseitige **Überwachung** der Ressorttätigkeiten zu Beweiszwecken im Haftungsfall ausreichend **dokumentiert** werden.

Aus diesem Grund ist sowohl eine schriftliche Fixierung der Geschäftsverteilungsabsprache als auch die schriftliche Dokumentation der Überwachungsbemühungen ratsam.

212 Es sollte Beachtung finden, dass sich die **Überwachungspflicht** der nicht-zuständigen Geschäftsleitungsmitglieder **während Krisensituationen**, wie bei einem IT-Sicherheitsvorfall, **intensiviert**.[6] Dies ist auch der Fall, sofern Anhaltspunkte bestehen, dass der IT-Ressortverantwortliche die ihm zugewiesenen Aufgaben nicht ordnungsgemäß wahrnimmt, weil dadurch eine Pflicht der übrigen Geschäftsleiter zum Einschreiten entsteht.[7]

bb) Vertikale Delegation

213 Die bei der Geschäftsleitung liegende Pflicht zur Umsetzung von IT-Sicherheit im Unternehmen lässt sich grundsätzlich auch an andere Organisationsebenen im Unternehmen – also vertikal – delegieren. Die **Geschäftsleitung delegiert** dann die **Umsetzung der IT-Sicherheitspflichten an Mitarbeiter und Dritte** (Auftragnehmer, insbesondere externe IT-Sicherheitsbeauftragte) durch Vertrag oder im Rahmen vertraglicher Weisungen.[8]

Beispiel für eine vertikale Delegation[9]: Ein Unternehmen muss aufgrund von Änderungen im IT-Sicherheitsrecht eine Softwareanpassung vornehmen. Die Geschäftsleitung führt die Anpassung der

---

1 *Spindler* in MünchKomm/AktG, § 93 Rz. 148.
2 *Conrad* in Auer-Reinsdorff/Conrad, IT- und Datenschutzrecht, § 33 Rz. 69.
3 *Spindler* in MünchKomm/AktG, § 93 Rz. 148 m.w.N.
4 *Spindler* in MünchKomm/AktG, § 93 Rz. 149 m.w.N.
5 *Conrad* in Auer-Reinsdorff/Conrad, IT- und Datenschutzrecht, § 33 Rz. 69; s. ebenda Rz. 65, sowie *Spindler* in MünchKomm/AktG, § 93 Rz. 150 für den nachfolgenden Praxistipp.
6 *Conrad* in Auer-Reinsdorff/Conrad, IT- und Datenschutzrecht, § 33 Rz. 65.
7 *Conrad* in Auer-Reinsdorff/Conrad, IT- und Datenschutzrecht, § 33 Rz. 65.
8 *Roth/Schneider*, ITRB 2005, 19, 20.
9 *Lensdorf*, CR 2007, 413, 416.

Software mangels vorhandener Expertise nicht selbst aus, sondern verlagert diese auf eine untere Hierarchieebene. Die Verantwortlichkeit liegt bei dem für dieses Projekt eingesetzten Projektleiter, der die Umsetzung der rechtlichen Anforderungen eigenständig organisiert und überwacht.

Die IT-Sicherheitspflichten der Geschäftsleitung wandeln sich hier: Sie ist einerseits zur sorg- 214 fältigen Auswahl und andererseits zur Aufsicht über den ihr unterstellten Verantwortlichen verpflichtet.[1] Möchte sich die **Geschäftsleitung** im Falle einer Pflichtverletzung durch den Verantwortlichen **entlasten**, muss sie den **Nachweis einer sorgfältigen Auswahl, Instruktion und Überwachung** erbringen, **nicht jedoch** den **über die Erfüllung der IT-Sicherheitspflicht selbst**.[2] Die Handlungsverantwortung trifft den entsprechenden externen Auftragnehmer oder Mitarbeiter. Um eine effektive Entlastung für die Geschäftsleitung auf diese Weise erreichen zu können, sind deren Pflichten insbesondere beim Abschluss von Verträgen mit **externen Dienstleistern** weitreichend.[3] Die Geschäftsleitung muss die IT-Sicherheitspflicht an sachgerecht ausgewählte, kompetente und der Aufgabe gemäß angemessen ausgebildete Personen delegieren.[4] Auch eine laufende **Kontrolle** des externen Beauftragten ist erforderlich; dies umfasst nicht nur fortwährende Überprüfungen, sondern zugleich stichprobenartige Kontrollen und im Bedarfsfall das Ergreifen weiterer Aufsichtsmaßnahmen.[5] All diese **Bemühungen** sind durch die Geschäftsleitung zu **dokumentieren**, um im Haftungsfall nachweisen zu können, dass eine effektive Verlagerung der Verantwortlichkeiten tatsächlich stattgefunden hat.[6] Ausgehend von diesem Organisations- und Umsetzungsaufwand sollte die Geschäftsleitung die praktische Möglichkeit zur Haftungserleichterung über die vertikale Delegation von Verantwortlichkeiten kritisch überprüfen.

e) Exkurs: Haftung des Aufsichtsrats der AG

In der AG besteht die Besonderheit, dass die Tätigkeit des Vorstands der Kontrolle durch 215 den Aufsichtsrat unterliegt, so dass dieser nachgelagert die Verantwortlichkeit für die Erreichung und Einhaltung von IT-Sicherheit trägt (s. Rz. 32 ff.). Gemäß § 116 Satz 1 AktG **haftet der Aufsichtsrat nach den Grundsätzen der Vorstandshaftung** (s. Rz. 200 ff.) gegenüber der Gesellschaft für Schäden, die durch eine schuldhafte Verletzung seiner Pflichten eintreten. Die Geltendmachung der Ansprüche obliegt dem Vorstand.[7] In Bezug auf die IT-Compliance des Unternehmens ist besonders das Haftungsrisiko für eine **mangelnde Kontrolle der Vorstandtätigkeiten** von Bedeutung.[8] Eine laufende Überwachung des Vorstands kann vom Aufsichtsrat nicht in dem Sinne erwartet werden, dass er einzelne Geschäftsvorfälle, Zahlungseingänge und Buchungsunterlagen prüft.[9] Der Aufsichtsrat kann sich grundsätzlich auf die Informationsversorgung durch den Vorstand über den Stand der IT-Sicherheit verlassen, sofern er für eine hinreichende Berichtsorganisation gesorgt hat, aber muss bei Hinweisen auf existenzgefährdende Geschäftsführungsmaßnahmen und in Krisenzeiten seine Kontrolltätigkeiten verstärken.[10] Ein Haftungsentlastung kann für den Aufsichtsrat wie

---

1 *Roth/Schneider*, ITRB 2005, 19, 20 f.

2 *Rodewald/Unger*, BB 2006, 113, 115; *Lensdorf*, CR 2007, 413, 416.

3 *Lensdorf*, CR 2007, 413, 416.

4 *Lensdorf*, CR 2007, 413, 416 m.w.N.

5 *Lensdorf*, CR 2007, 413, 416 m.w.N.

6 *Nolte/Becker*, BB Beilage 2008, Nr. 5, 23, 26.

7 *Habersack* in MünchKomm/AktG, § 116 Rz. 72.

8 Vgl. *Koch* in Hüffer/Koch, AktG, § 116 Rz. 15.

9 *Koch* in Hüffer/Koch, AktG, § 116 Rz. 15.

10 *Koch* in Hüffer/Koch, AktG, § 116 Rz. 15 m.w.N.

beim Vorstand über den Abschluss einer **D&O-Versicherung** (s. Rz. 207 f.) erreicht werden, wobei die Vereinbarung eines Selbstbehalts durch die Gesellschaft zulasten des Aufsichtsrats nicht vorgesehen ist.[1]

216 Der haftungsauslösenden, unzureichenden Kontrolltätigkeit des Aufsichtsrats geht regelmäßig ein ihm entgangenes Fehlverhalten des Vorstands voraus, der deswegen seinerseits haften muss.[2] **Vorstands- und Aufsichtsratsmitglieder haften** in diesem Fall **gesamtschuldnerisch**.[3] Dabei können im Innenverhältnis der Gesamtschuldner die handelnden Vorstandsmitglieder zwar stärker herangezogen werden als Aufsichtsratsmitglieder, die den Schaden nur nicht verhindert haben; eine alleinige Verantwortlichkeit der Vorstandsmitglieder dürfte indes kaum in Betracht kommen.[4]

2. Haftung der Geschäftsleitung gegenüber den Aktionären bzw. Gesellschaftern

217 Die Regelungen zur Organhaftung der Geschäftsleitung **gegenüber der Gesellschaft** bewirken eine **Haftungskonzentration**, die dafür sorgen soll, dass eine Schadensersatzleistung der Geschäftsleitung allen Aktionären/Gesellschaftern in gleicher Weise zugutekommt.[5] Somit wird gesetzlich einer unmittelbaren Haftung der Geschäftsleitung gegenüber den Aktionären/Gesellschaftern grundsätzlich eine Absage erteilt.[6] **In begrenztem Umfang** kommen allerdings **Ausnahmen**, insbesondere im Bereich des Deliktsrechts, in Betracht. Diese sind im Bereich der IT-Sicherheit allerdings von untergeordneter Relevanz.

218 In Betracht kommen Schadensersatzansprüche der Aktionäre/Gesellschafter gegen die Geschäftsleitung aus § 823 Abs. 2 BGB i.V.m. einem **Schutzgesetz** zugunsten der Gesellschafter.[7] Dafür ist es u.a. erforderlich, dass die **Geschäftsleitung** eine gesetzliche Bestimmung **verletzt**, die zumindest auch den Schutz der Aktionäre/Gesellschafter bezwecken soll.[8] Die Schutzgesetzeigenschaft gesellschaftsrechtlicher Bestimmungen wird dabei im Einzelnen teilweise intensiv diskutiert, wobei die für die IT-Compliance-Pflicht der Geschäftsleitung maßgeblichen § 93 Abs. 2 AktG und § 43 Abs. 2 GmbHG diese Eigenschaft unbestritten nicht aufweisen.[9]

219 Auch ein **deliktischer Schadensersatzanspruch** der Aktionäre/Gesellschafter gegen die Geschäftsleitung auf Grundlage von § 823 Abs. 1 BGB ist nur schwer denkbar. Zwar ist die Geschäftsleitung grundsätzlich zum Ersatz von Schäden verpflichtet, welche durch die vorsätzliche oder fahrlässige widerrechtliche **Verletzung** „sonstiger" Rechte der Aktionäre/Ge-

---

1 *Spindler* in Spindler/Stilz, AktG, § 116 Rz. 183 ff.

2 *Grunewald*, Gesellschaftsrecht, 2.C., Rz. 95.

3 *Habersack* in MünchKomm/AktG, § 116 Rz. 73.

4 *Habersack* in MünchKomm/AktG, § 116 Rz. 73 m.w.N.

5 *Fleischer* in Spindler/Stilz, AktG, § 93 Rz. 307 m.w.N.

6 *Spindler* in MünchKomm/AktG, § 93 Rz. 302; auch im GmbH-Recht entspricht die Haftungskonzentration bei der Gesellschaft der ganz h.M. *Fleischer* in MünchKomm/GmbHG, § 43 Rz. 335 m.w.N.

7 *Fleischer* in MünchKomm/GmbHG, § 43 Rz. 338 m.w.N.; *Zöllner/Noack* in Baumbach/Hueck, GmbHG, § 43 Rz. 64.

8 *Koch* in Hüffer/Koch, AktG, § 93 Rz. 61.

9 Zu den näheren Einzelheiten s. etwa *Koch* in Hüffer/Koch, AktG, § 93 Rz. 61 sowie *Zöllner/Noack* in Baumbach/Hueck, GmbHG, § 43 Rz. 64.

sellschafter entstehen, wobei deren **Mitgliedschaftsrecht** eine geschützte Rechtsposition ist.[1] Allerdings bereitet die Bestimmung des Schutzbereichs dieses Mitgliedschaftsrechts im Einzelnen Schwierigkeiten, da nicht jede Beeinträchtigung von Mitgliedsinteressen eine Haftung der Geschäftsleitung auslösen soll.[2] So besteht Einigkeit darüber, dass die **Beeinträchtigung reiner Vermögensinteressen** der Aktionäre **keinen** deliktischen **Anspruch** gegenüber der Geschäftsleitung auslösen kann, da die Geltendmachung entsprechender Ansprüche ausschließlich der Gesellschaft zustehen soll (s. Rz. 198 ff.).[3] Für eine Anspruchsentstehung ist es vielmehr erforderlich, dass durch einen IT-Compliance-Verstoß in die Substanz des Mitgliedschaftsrechts, welches aus verschiedenen Mitverwaltungs-, Informations- und Vermögensrechten besteht, eingegriffen wird.[4] Im Bereich der IT-Sicherheit ist eine solche Konstellation – nicht zuletzt aufgrund der soeben beschriebenen Rechtsunsicherheit – schwer vorstellbar.

Negativbeispiel für die Haftung der Geschäftsleitung gegenüber Aktionären[5]: Weil die Geschäftsleitung nicht für eine ausreichende IT-Compliance gesorgt hat, kommt es in einem börsennotierten Unternehmen zu einem IT-Sicherheitsvorfall. Informationen darüber gelangen medienwirksam an die Öffentlichkeit und das Unternehmen erleidet einen erheblichen Reputationsverlust. Infolgedessen sinkt der Kurswert der Unternehmensaktien am Kapitalmarkt. Aktionär A möchte die Geschäftsleitung wegen des geminderten Werts seiner Aktien in Anspruch nehmen.

Ein Anspruch aus § 823 Abs. 2 BGB i.V.m. § 93 Abs. 2 AktG wegen der Verletzung der IT-Compliance-Pflichten scheidet aus, da die Vorschriften nicht den Schutz der Aktionäre, sondern der Gesellschaft bezwecken. Ein Anspruch aus § 823 Abs. 1 BGB gegen die Geschäftsleitung kommt ebenfalls nicht in Betracht, da die Wertminderung der Aktien keines der von der Vorschrift geschützten Rechtsgüter verletzt: Das Vermögen des Aktionärs als solches ist kein schutzfähiges Rechtsgut und auch sein Mitgliedschaftsrecht wird durch die Wertminderung der Geschäftsanteile nicht in seinem Kernbestand angegriffen. As Informations-, Mitverwaltungs- und Vermögensrechte als Aktionär bestehen trotz der Wertminderung grundsätzlich fort. A stehen daher keine direkten Schadensersatzansprüche gegen die Geschäftsleitung zu.

■ **Das Wesentliche in Kürze:**   220

Im Unternehmen erfolgt eine Haftungskonzentration: Die **Verantwortlichkeit der Geschäftsleitung** zur Erreichung von IT-Sicherheit führt im Verletzungsfall zu deren Haftung:

– gegenüber der Gesellschaft (vgl. § 93 Abs. 2 AktG, § 43 GmbHG) → in der Praxis weitgehende Entlastung durch Abschluss einer D&O-Versicherung

– gegenüber Aktionären/Gesellschaftern wegen Verletzung ihrer Mitgliedschaftsrechte nur in Ausnahmefällen → in der Praxis bei IT-Sicherheitsverstößen kaum denkbar

---

1 BGH, Urt. v. 12.3.1990 – II ZR 179/89, BGHZ 110, 323, 334 ff. = MDR 1990, 901; *Wagner* in MünchKomm/BGB, § 823 Rz. 306 m.w.N.; *Fleischer* in MünchKomm/GmbHG, § 43 Rz. 337 m.w.N.

2 *Koch* in Hüffer/Koch, AktG, § 93 Rz. 64 m.w.N.; s. zur näheren Begründung auch *Fleischer* in MünchKomm/GmbHG, § 43 Rz. 337; *Spindler* in MünchKomm/AktG, § 93 Rz. 304.

3 *Spindler* in MünchKomm/AktG, § 93 Rz. 304; *Förster* in Bamberger/Roth/Hau/Poseck, BeckOK/BGB, § 823 Rz. 172; OLG Stuttgart, Urt. v. 8.2.2006 – 20 U 24/04, NJOZ 2006, 1592, 1598 = AG 2006, 383 m.w.N.

4 *Koch* in Hüffer/Koch, AktG, § 93 Rz. 64; *Wagner* in MünchKomm/BGB, § 823 Rz. 307 m.w.N.

5 Angelehnt an *Förster* in Bamberger/Roth/Hau/Poseck, BeckOK BGB, § 823 Rz. 172; *Spindler* in MünchKomm/AktG, § 93 Rz. 304.

III. Haftung des Unternehmens gegenüber Dritten

221 Abweichend von der Haftung für IT-Sicherheitsdefizite innerhalb des Unternehmens konzentrieren sich die **Ansprüche Dritter überwiegend gegen das Unternehmen** als solches. Damit haben Unternehmen nicht nur die unmittelbaren negativen Folgen eines IT-Sicherheitsvorfalls zu tragen (s. Rz. 12 ff.), sondern sehen sich darüber hinaus Ansprüchen von Vertragspartnern und anderen Dritten ausgesetzt.[1] Das Unternehmen steht im Außenverhältnis grundsätzlich für Pflichtverletzungen der Gesellschaftsorgane, insbesondere der Geschäftsleitung, und seiner Mitarbeiter ein. Die Grundlage hierfür bilden regelmäßig **vertragliche Pflichten** des Unternehmens gegenüber Geschäftspartnern und Kunden (s. unter Rz. 227 ff.), sowie deliktische Ansprüche auf der Grundlage **organisatorischer IT-Sicherheitsdefizite** im Unternehmen (s. Rz. 253 ff.). Eine mit nicht unerheblicher Rechtsunsicherheit verbundene Abweichung von dieser Situation ergibt sich aus der zunehmend anerkannten Haftung der Geschäftsleitung für Pflichtverletzungen im Außenverhältnis (s. nachfolgend Rz. 222 ff.).

1. Haftung der Geschäftsleitung im Außenverhältnis

222 Die Geschäftsleitung wird über ihre Haftung gegenüber der Gesellschaft (s. Rz. 199 ff.) zur ordnungsgemäßen Erfüllung ihrer Compliance-Pflichten verpflichtet. Über diese Haftungskonzentration wird einer Inanspruchnahme der Geschäftsleitung für etwaige **IT-Compliance-Defizite** durch Dritte grundsätzlich eine Absage erteilt.[2] Daraus, dass die Umsetzung von IT-Sicherheit im Unternehmen Geschäftsleitungsaufgabe ist, können **Dritte** somit **keine unmittelbaren Ansprüche** ableiten. Eine Außenhaftung der Geschäftsleitung kommt daher **nur in begrenztem Umfang aufgrund besonderer Anspruchsgrundlagen** in Betracht.[3] Letztere können sich gegen den Vorstand aus **Vertrags- oder Deliktsrecht** ergeben. Besonders im Deliktsrecht hat der Grundsatz des Haftungsausschlusses nach außen eine erhebliche Aufweichung erfahren.

a) Geringe Praxisrelevanz: Vertragsrecht

223 Eine vertragliche Haftung setzt grundsätzlich den **Abschluss eines Vertrags zwischen** einem **Geschäftsleiter** persönlich **und** dem anspruchsstellenden Dritten, bspw. einem **Kunden oder Geschäftspartner**, voraus.[4] Dabei könnte es sich prinzipiell um Garantie- oder Bürgschaftsversprechen für Verbindlichkeiten der Gesellschaft handeln. Allerdings haben Mitglieder der Geschäftsleitung in der Praxis kaum Interesse daran, aufgrund einer eigenen Verpflichtung persönlich für vertragliche IT-Sicherheitspflichten (s. Rz. 87 ff.) der Gesellschaft zu haften. Auch **Verträge der Gesellschaft** mit Dritten können grundsätzlich eine **Eigenhaftung einzelner Geschäftsleitungsmitglieder** nach § 280 Abs. 1 i.V.m. § 311 Abs. 3 BGB begründen (sog. Eigenhaftung Dritter nach *culpa in contrahendo*). Voraussetzung ist allerdings, dass ein Geschäftsleiter am in Rede stehenden Vertrag ein erhebliches unmittelbares wirtschaftliches Eigeninteresse hat oder dass er bei den Vertragsverhandlungen in besonderem Maße persönliches Vertrauen in Anspruch genommen und den Vertragsschluss dadurch erheblich beeinflusst hat.[5] Besonders letztere Fallgruppe ist von praktischer Relevanz, stellt aber **hohe Vo-**

---

1 *Mehrbrey/Schreibauer*, MMR 2016, 75, 80.
2 S. etwa BGH, Urt. v. 10.7.2012 – VI ZR 341/10, NJW 2012, 3439, 3441 = GmbHR 2012, 964; *Fleischer* in Spindler/Stilz, AktG, § 93 Rz. 307 m.w.N.
3 *Fleischer* in Spindler/Stilz, AktG, § 93 Rz. 308 m.w.N.
4 *Wiesner* in Münchner Hdb. d. GesellschaftsR, Band 4, § 26 Rz. 67.
5 *Schulze* in Schulze, BGB, § 311 Rz. 19 m.w.N.

raussetzungen an die Vertrauensposition der Geschäftsleitung. Das Geschäftsleitungsmitglied muss eine über normales Verhandlungsvertrauen hinausgehende, persönliche Gewähr für die Seriosität und Erfüllung des Vertrags geboten haben.[1] Derart weitreichende Zusicherungen **im Bereich der IT-Sicherheit** sind **kaum vorstellbar**.

b) Gesteigerte Praxisrelevanz: Deliktsrecht

Eine steigende Bedeutung der Geschäftsleiterhaftung im Außenverhältnis wird im Deliktsrecht deutlich. Erfüllt die Handlung eines Geschäftsleitungsmitglieds unmittelbar alle Tatbestandsmerkmale des § 823 Abs. 1 BGB – verkürzt gesagt: die schuldhafte Verletzung absolut geschützter Rechtsgüter –, haftet der Geschäftsleiter dem betroffenen Dritten auf Schadensersatz.[2] Diesbezüglich hat die **Außenhaftung der Geschäftsleiter** durch die Rechtsprechung in der Vergangenheit eine erhebliche Ausweitung erfahren.[3] So können die **Verletzungen der Organisationspflichten** der Geschäftsleitung im Bereich der **IT-Compliance** (s. Rz. 32 ff.) zu deren Haftung führen, wenn sich die IT-Sicherheitsdefizite im Außenverhältnis des Unternehmens gegenüber Dritten niedergeschlagen haben.[4] Ein Beispiel dafür bilden **Produktmängel**, die auf fehlerhafter, IT-gesteuerter Produktion basieren.[5] Ob **Organisationsverschulden** generell zur deliktischen Haftung der Geschäftsleitung führt, lässt sich der Rechtsprechung des BGH nicht eindeutig entnehmen.[6] In der Vergangenheit stellte der BGH zunächst einen grundsätzlichen Zusammenhang zwischen den Organisations- und Verkehrssicherungspflichten der Gesellschaft und dem Sachgebiet der zuständigen Geschäftsleitung her.[7] **Zuletzt** positionierte sich der **BGH gegen** eine **grundsätzliche Außenhaftung** der Geschäftsführung für die Verletzung ihrer Compliance-Pflichten.[8] Auch wenn deliktische Ansprüche gegen Geschäftsleiter auf Grundlage von § 823 Abs. 1 BGB damit vermutlich an Bedeutung verlieren werden, besteht eine gewisse Rechtsunsicherheit diesbezüglich fort.[9] Um auch das Risiko einer persönlichen deliktischen Eigenhaftung der Geschäftsleitung zu minimieren, ist eine gewissenhafte Umsetzung der IT-Compliance auf allen Organisationsebenen im Unternehmen erforderlich (s. auch die Praxishinweise Rz. 127 ff.).[10]

Eine deliktische Außenhaftung der Geschäftsleitung kann sich überdies aus **§ 823 Abs. 2 BGB** in Verbindung mit einem **verletzten Schutzgesetz** ergeben.[11] Dafür ist erforderlich, dass die von der Geschäftsleitung verletzte Vorschrift zumindest auch den Schutz Dritter be-

224

225

---

1 *Wiesner* in Münchner Hdb. d. GesellschaftsR, Band 4, § 26 Rz. 68 m.w.N.; *Fleischer* in Spindler/Stilz, AktG, § 93 Rz. 312 m.w.N.

2 *Wiesner* in Münchner Hdb. d. GesellschaftsR, Band 4, § 26 Rz. 69 m.w.N.; *Fleischer* in Spindler/Stilz, AktG, § 93 Rz. 313.

3 S. dazu die Darstellungen bei *Wiesner* in Münchner Hdb. d. GesellschaftsR, Band 4, § 26 Rz. 70 ff.; *Fleischer* in Spindler/Stilz, AktG, § 93 Rz. 314 ff.

4 *Nolte/Becker*, BB Beilage 2008, Nr. 5, 23, 26; *Lensdorf*, CR 2007, 413, 415.

5 *Nolte/Becker*, BB Beilage 2008, Nr. 5, 23, 26; *Lensdorf*, CR 2007, 413, 415.

6 *Schultze-Petzold* in von Rechenberg/Ludwig, Kölner Hdb. Handels- und GesellschaftsR, Kapitel 13, Rz. 804.

7 BGH, Urt. v. 5.12.1989 – VI ZR 335/88, NJW 1990, 976, 976 ff. = MDR 1990, 425; *Schultze-Petzold* in von Rechenberg/Ludwig, Kölner Hdb. Handels- und GesellschaftsR, Kapitel 13, Rz. 805.

8 BGH, Urt. v. 10.7.2012 – VI ZR 341/10, NJW 2012, 3439, 3442 = GmbHR 2012, 964; *Fleischer* in Spindler/Stilz, AktG, § 93 Rz. 315a.

9 *Wiesner* in Münchner Hdb. d. GesellschaftsR, Band 4, 4. Aufl., § 26 Rz. 72.

10 *Schultze-Petzold* in von Rechenberg/Ludwig, Kölner Hdb. Handels- und GesellschaftsR, Kapitel 13, Rz. 810.

11 *Fleischer* in Spindler/Stilz, AktG, § 93 Rz. 318 m.w.N.

zweckt, wobei dies anerkanntermaßen weder bei § 93 AktG noch bei § 43 GmbHG der Fall ist (s. auch Rz. 217 ff.). Verpflichtet ein Schutzgesetz jedermann zu einem bestimmten Verhalten, bereitet die Anwendung von § 823 Abs. 2 BGB bei unmittelbaren Verletzungshandlungen durch Geschäftsleitungsmitglieder keine besonderen Schwierigkeiten.[1] Trifft ein Gesetz die Geschäftsleitung jedoch gerade in ihrer Funktion als Gesellschaftsorgan, fällt die Begründung einer deliktischen Haftung im Hinblick auf das Prinzip der Haftungskonzentration gegenüber der Gesellschaft schwerer.[2] Eine hinreichend klare Systematik zur Bestimmung von auf die Geschäftsleitung anwendbaren Schutzgesetzen hat sich bisher nicht entwickelt.[3] Besonders im Bereich des **IT-Sicherheitsrechts fehlt es an Kasuistik.**

226 **§ 826 BGB** begründet die Haftung von Geschäftsleitungsmitgliedern für eine **sittenwidrige vorsätzliche Schädigung** Dritter. Dabei haben sich zwei relevante Fallgruppen herausgebildet: ein **Fehlverhalten** der Geschäftsleitung **in Unternehmenskrisen** (= Insolvenzverschleppung, die zur Schädigung der Unternehmensgläubiger führt) sowie deren **fehlerhafte Kapitalmarktkommunikation** (= Täuschung des Kapitalmarkts durch unrichtige Mitteilungen).[4] Beide Fallgruppen spielen im Bereich der IT-Sicherheit allenfalls im Falle von IT-Sicherheitsvorfällen mit gravierenden Folgen für die wirtschaftliche Lage des Unternehmens ggf. eine Rolle.

2. Vertragliche Haftung des Unternehmens

227 Wie bereits aufgezeigt (s. Rz. 221 ff.) stellt die Inanspruchnahme des Unternehmens den Regelfall dar. So basiert die Haftung häufig darauf, dass **IT-Sicherheit** zumeist eine **unternehmensseitig geschuldete Vertragspflicht** ist (s. Rz. 87 ff.). Mit der fortschreitenden Digitalisierung nimmt die Einhaltung von IT-Sicherheitsstandards nicht nur für Unternehmen, sondern auch für deren Vertragspartner eine immer wichtigere Rolle ein. Nicht nur bei der Veräußerung oder Bereitstellung von IT-Produkten, sondern auch bei der unternehmensseitigen Erbringung von Leistungen mit starkem IT-Bezug stellt IT-Sicherheit regelmäßig eine **Leistungspflicht** dar. Auch Verträge, die auf den ersten Blick keinen Bezug zur IT-Sicherheit aufweisen, verpflichten das Unternehmen **zum Schutz der Rechte und Rechtsgüter seiner Vertragspartner** regelmäßig auch zur Aufrechterhaltung von IT-Sicherheit. Da die eigene IT-Sicherheit für Unternehmen damit auch beim Abschluss von Verträgen eine große Rolle spielt, besteht diesbezüglich ein entsprechend **hohes Haftungsrisiko.** Gleichlaufend ergibt sich ein entsprechendes Interesse des Unternehmens daran, einen möglichst umfassenden Haftungsausschluss für vertraglich geschuldete IT-Sicherheit zu erreichen.

a) Grundlagen der vertraglichen Haftung

§ 280 BGB – Schadensersatz wegen Pflichtverletzung

(1) Verletzt der Schuldner eine Pflicht aus dem Schuldverhältnis, so kann der Gläubiger Ersatz des hierdurch entstehenden Schadens verlangen. Dies gilt nicht, wenn der Schuldner die Pflichtverletzung nicht zu vertreten hat.

[...]

---

1 *Fleischer* in Spindler/Stilz, AktG, § 93 Rz. 318.
2 *Fleischer* in Spindler/Stilz, AktG, § 93 Rz. 318.
3 *Wiesner* in Münchner Hdb. d. GesellschaftsR, Band 4, 4. Aufl., § 26 Rz. 72.
4 S. zu den Einzelheiten *Fleischer* in Spindler/Stilz, AktG, § 93 Rz. 320 ff. mit zahlreichen Nachweisen; auch *Wiesner* in Münchner Hdb. d. GesellschaftsR, Band 4, § 26 Rz. 74.

Kommt es zu **IT-Sicherheitsvorfällen** im Unternehmen, können diese ganz verschiedenartige **228** **Auswirkungen auf die Vertragsbeziehungen** zu Kunden und Geschäftspartnern haben. So können sie die Erbringung der vertraglichen **Leistung** am richtigen Ort, zur richtigen Zeit und in der richtigen Art und Weise ganz oder teilweise **verhindern oder erschweren**, wodurch dem Vertragspartner Schäden entstehen können.[1] Auch bei ordnungsgemäßer Erbringung der Leistung können mit der **Verletzung von IT-Sicherheits-Nebenpflichten** (s. Rz. 108 ff.) Schädigungen des Vertragspartners verbunden sein. Durch entsprechende Pflichtverletzungen sehen sich Unternehmen häufig **erheblichen Schadensersatzansprüchen ihrer Vertragspartner** ausgesetzt. Die zentrale normative Grundlage bilden dabei die **§§ 280 ff. BGB**.[2] Beachtung finden sollten allerdings gewährleistungsrechtliche Sonderregelungen auf Grundlage des jeweils anwendbaren Vertragstyps, etwa einem Kauf, Miet- oder Werkvertrag.[3]

aa) Pflichtverletzung

Um von Vertragspartnern in Anspruch genommen werden zu können, muss das Unterneh- **229** men zunächst eine Pflichtverletzung begangen haben. Erfasst werden sämtliche Formen der Pflichtverletzung, also jedes **objektiv nicht dem Schuldverhältnis entsprechende Verhalten des Unternehmens**.[4] Da IT-Sicherheit – je nach geschlossenem Vertrag – sowohl eine Leistungs- als auch eine Nebenpflicht darstellen kann (s. Rz. 87 ff.), kommen ganz verschiedenartige Umstände, Ereignisse oder Handlungen als Pflichtverletzung in Betracht.[5]

Beispiele für die Verletzung von Leistungspflichten mit IT-Sicherheitsbezug:

– Die vom Unternehmen angebotene **Virensoftware** ist trotz beworbener Kompatibilität mit dem Betriebssystem des Kunden-Computers **nicht kompatibel**. Dadurch kann beim Kunden der über die Installation der Virensoftware erreichbare IT-Sicherheitsstandard nicht hergestellt werden. Die Leistungserbringung durch das Unternehmen ist dadurch grundsätzlich objektiv unmöglich, so dass unternehmensseitig eine Pflichtverletzung vorliegt.

– Durch unzureichende IT-Sicherheitsvorkehrungen in Form einer **Notfallplanung** kommt es infolge eines Cyber-Angriffs im Unternehmen zu einem längerfristigen Produktionsausfall. Das Unternehmen kann dadurch seinen Kunden die Produkte nicht zum vereinbarten Liefertermin zur Verfügung stellen. Diese **Verzögerung der Leistung** stellt eine Pflichtverletzung des Unternehmens dar.

– Ein als Softwarelieferant tätiges Unternehmen liefert an Kunden ein **virenverseuchtes Software-Produkt** aus. Die Software ist damit **mangelhaft** (siehe Rz. 97 ff.), so dass das Unternehmen die vertragliche Leistung nicht in der geschuldeten Art und Weise erbracht hat.

– Ein Unternehmen bietet als Leistung die **Wartung und Pflege von Software** an. Bei einem Kunden machen die Mitarbeiter des Unternehmens bei der Durchführung notwendiger Wartungsarbeiten einen Fehler und es kommt zu IT-Sicherheitslücken. Das Misslingen der Wartungsleistung ist eine unternehmensseitige Pflichtverletzung, da die Wartung nicht in der geschuldeten (fehlerfreien) Art und Weise durchgeführt wurde.

---

1 *Schulze* in Schulze, BGB, Vorbem. zu §§ 275-292 Rz. 1.

2 *Schulze* in Schulze, BGB, Vorbem. zu §§ 275-292 Rz. 2.

3 S. zur Systematik etwa die Darstellung bei *Ernst* in MünchKomm/BGB, Vorbem. zu §§ 241-292 Rz. 17.

4 *Grüneberg* in Palandt, BGB, § 280 Rz. 12; *Schulze* in Schulze, BGB, § 280 Rz. 8.

5 S. für die nachfolgenden Beispiele *Marly*, Praxishandbuch Softwarerecht, Rz. 1250, 1282; *Beucher/ Utzerath*, MMR 2013, 362, 367; *Redeker* in Hoeren/Sieber/Holznagel, Multimedia-Recht, Teil 12, Rz. 102; sowie *Ernst* in MünchKomm/BGB, § 280 Rz. 10.

Beispiele für die Verletzung von IT-Sicherheit als Nebenpflicht:

- Aufgrund einer **Schwachstelle** im IT-System wird eine **Bank** zum Opfer eines **Cyber-Angriffs**. Dadurch werden Überweisungen von Kundenkonten an Dritte veranlasst, die nicht alle rückgängig gemacht werden können. Banken unterliegen zum Schutz ihrer Kunden strengen IT-Sicherpflichten, die sich in der Vertragsbeziehung zwischen Bank und Kunden als Nebenpflichten niederschlagen. Durch das bestehende IT-Sicherheitsdefizit hat die Bank damit eine Nebenpflicht zum Vertrag verletzt.

- Ein Unternehmen bietet einen E-Mail-Dienst an. Zum Schutz der eigenen EDV-Anlage und der von den Nutzern ausgetauschten Nachrichten gehört es zur vertraglichen Nebenpflicht des Unternehmens, einen Virenscanner einzusetzen.

230 Wie die vorangestellten Beispiele zeigen, ist das Spektrum möglicher IT-Sicherheitsdefizite, durch die das Unternehmen zugleich eine vertragliche Pflichtverletzung verwirklicht, sehr weit und äußerst vielfältig. Kann das Unternehmen ein **angemessenes IT-Sicherheitsniveau nicht** herstellen und aufrechterhalten, besteht eine **große Wahrscheinlichkeit**, dass zugleich **Pflichten aus Verträgen mit Dritten** – wie Kunden oder Geschäftspartnern – **verletzt** werden. Damit besteht ein ernst zunehmendes vertragliches Haftungsrisiko.

bb) Vertretenmüssen und Beweislast

231 Das signifikante Haftungsrisiko wird überdies dadurch erhöht, dass Unternehmen zur eigenen Entlastung den Nachweis erbringen müssen, dass sie die Verletzung von IT-Sicherheitspflichten nicht zu vertreten haben.[1] Diese **Beweislastverteilung** ergibt sich aus §§ 280 Abs. 1 Satz 2, 276 Abs. 1 Satz 1 BGB.

§ 280 BGB – Schadensersatz wegen Pflichtverletzung

(1) [...] **Dies gilt nicht, wenn der Schuldner die Pflichtverletzung nicht zu vertreten hat.** [...]

§ 276 BGB – Verantwortlichkeit des Schuldners

(1) Der Schuldner hat Vorsatz und Fahrlässigkeit zu vertreten, wenn eine strengere oder mildere Haftung weder bestimmt noch aus dem sonstigen Inhalt des Schuldverhältnisses, insbesondere aus der Übernahme einer Garantie oder eines Beschaffungsrisikos, zu entnehmen ist. [...]

232 Grundsätzlich haften Unternehmen für die Verletzung vertraglicher IT-Sicherheitspflichten nur, sofern sie diese **Verletzung** auch **vertreten müssen**. Zur Begründung einer Haftung gilt danach das Verschuldensprinzip: Unternehmen können auf Schadensersatz in Anspruch genommen werden, sofern sich die Verletzung vertraglicher IT-Sicherheitspflichten auf **vorsätzliches oder fahrlässiges Verhalten** des Unternehmens zurückführen lässt.[2] Vorsatz ist das Wissen und Wollen des pflichtwidrigen Erfolgs,[3] wobei derart bereitwillig durch das Unternehmen herbeigeführte IT-Sicherheitsverstöße einen absoluten Ausnahmefall darstellen und daher von untergeordneter Praxisrelevanz sind. Bedeutsamer ist die Unternehmenshaftung für Fahrlässigkeit, also wenn in Bezug auf die IT-Sicherheitspflichten die im **Verkehr erforderliche Sorgfalt** außer Acht gelassen wurde. Das Unternehmen muss sich dann an den **Verhaltensmaßstäben für ein durchschnittliches Unternehmen seines jeweiligen Verkehrskreises** in der jeweiligen Situation messen lassen.[4] Der maßgebliche Verkehrskreis wird dabei von den Besonderheiten des vorliegenden Geschäfts (z.B. Risikogeneigtheit, Regel-

---

1 *Grüneberg* in Palandt, BGB, § 280 Rz. 34; *Schulze* in Schulze, BGB, § 280 Rz. 13.
2 *Grüneberg* in Palandt, BGB, § 276 Rz. 3; *Lorenz* in Bamberger/Roth/Hau/Poseck, BeckOK/BGB, § 276 Rz. 1 m.w.N.
3 Etwa *Grüneberg* in Palandt, BGB, § 276 Rz. 10 m.w.N.
4 *Lorenz* in Bamberger/Roth/Hau/Poseck, BeckOK/BGB, § 276 Rz. 21.

mäßigkeit des Abschlusses vergleichbarer Geschäfte, Geschäftserfahrung) sowie den daran beteiligten Personengruppen (z.B. gruppentypische Sorgfaltsmaßstäbe für Geschäftsführer, Erwartungen der Vertragspartner) beeinflusst.[1] Das Unternehmen kann sich auf Grundlage dieses **objektiven Maßstabs** grundsätzlich nicht dadurch entlasten, die konkrete Befähigung zur Einhaltung dieser Standards nicht zu haben.[2] So kann von Unternehmen bspw. allgemein erwartet werden, ein Virenschutzprogramm einzurichten und dieses regelmäßig zu aktualisieren.[3] Auch Maßnahmen zur regelmäßigen Datensicherung sind vom Unternehmen zu implementieren.[4]

Im Falle von IT-Sicherheitsverletzungen kann das Unternehmen den **widerleglich vermuteten Fahrlässigkeitsvorwurf**[5] **entkräften**, indem es nachweist, **(branchenübliche) IT-Sicherheitsstandards eingehalten** zu haben.[6] Dafür sollte insbesondere die Einhaltung von **ISO-Normen** oder des **BSI-Grundschutzkatalogs** (s. Rz. 191 ff.) herangezogen werden.[7] Diese geben einen als rechtskonform anerkannte Maßnahmen zur Erreichung eines angemessenen IT-Sicherheitsstandards vor und können somit zum Entlastungsbeweis herangezogen werden. So können Unternehmen bspw. durch eine **Zertifizierung nach ISO/IEC 27001** dokumentieren, dass IT-Sicherheit in der nach diesem Standard erforderlichen Art und Weise umgesetzt wurde und damit einen Sorgfaltsnachweis erbringen. Um fahrlässige Verletzungen von IT-Sicherheitspflichten dauerhaft vermeiden zu können, ist eine ständige Aufrechterhaltung der getroffenen Maßnahmen genauso wie eine entsprechende **Dokumentation** der IT-Sicherheitsbemühungen unerlässlich. Auf diese Weise wird Unternehmen der **Entlastungsbeweis** regelmäßig gelingen, da an diesen **keine zu hohen Anforderungen** gestellt werden: So genügt es, wenn das Unternehmen die Schadensursache nachweist und dass es diese nicht zu vertreten hat, oder wenn das Unternehmen bei unbekannter Schadensursache die im Verkehr erforderliche Sorgfalt eingehalten hat.[8]

cc) Haftung für das Verhalten anderer

Den Auslöser für die Inanspruchnahme des Unternehmens bildet in der Regel ein IT-Sicherheitsverstoß, der von Gesellschaftsorganen oder Mitarbeitern ausgelöst wurde. Die Grundlage für die Haftung des Unternehmens für ein **Fehlverhalten von Geschäftsleitungsmitgliedern** bildet § 31 BGB, wonach das Verschulden der Geschäftsleitung **als Verschulden des Unternehmens** anzusehen ist. Die Grundlage für eine Inanspruchnahme des Unternehmens für das **Fehlverhalten anderer Personen** bildet **§ 278 BGB**. Danach haftet das Unternehmen gegenüber seinen Vertragspartnern für alle Personen, deren Hilfe es sich bei der Erfüllung seiner Vertragspflichten bedient. So kann dem Unternehmen die Verletzung vertraglicher IT-Sicherheitspflichten durch Arbeitnehmer, durch IT-Sicherheitsbeauftragte aber ggf. auch durch in

233

234

---

1 *Schulze* in Schulze, BGB, § 276 Rz. 14 m.w.N.

2 *Grüneberg* in Palandt, BGB, § 276 Rz. 15.

3 *Beucher/Utzerath*, MMR 2013, 362, 367; *Koch*, NJW 2004, 801, 804 m.w.N.; *Libertus*, MMR 2005, 507, 509 m.w.N.

4 *Schmidl* in Hauschka/Moosmayer/Lösler, Corporate Compliance, § 28 Rz. 313 m.w.N.

5 *Lorenz* in Bamberger/Roth/Hau/Poseck, BeckOK/BGB, § 280 Rz. 31; *Grüneberg* in Palandt, BGB, § 280 Rz. 34.

6 *Beucher/Utzerath*, MMR 2013, 362, 367; *Nolte/Becker*, BB Beilage 2008, Nr. 5, 23, 26 m.w.N.

7 *Beucher/Utzerath*, MMR 2013, 362, 367; *Nolte/Becker*, BB Beilage 2008, Nr. 5, 23, 26 jeweils m.w.N.

8 *Grüneberg* in Palandt, BGB, § 280 Rz. 40 m.w.N.

Anspruch genommene Dienstleister, die der Weisung durch das Unternehmen unterliegen, **zugerechnet werden**.[1]

dd) Schaden

235 Als Rechtsfolge der zu verschuldenden Pflichtverletzung hat das Unternehmen dem Anspruchsberechtigten grundsätzlich **alle mittelbaren und unmittelbaren Nachteile** zu ersetzen, die dieser infolge der Pflichtverletzung erlitten hat.[2] Inhalt und Umfang des Anspruchs werden durch die §§ 249 ff. BGB vorgegeben, wobei dieser in der Praxis regelmäßig auf Schadensersatz in Geld gerichtet ist. Dabei tritt der Anspruch entweder neben den Anspruch auf Erfüllung der Vertragspflichten oder – ausgehend von der Art der Pflichtverletzung – an dessen Stelle. Ersatzfähig sind nicht nur unmittelbare Vermögensschäden, sondern etwa auch **entgangener Gewinn und Betriebsausfallschäden**. Wird überdies bspw. die Gesundheit oder die Freiheit des Vertragspartners verletzt, kann das Unternehmen nach § 253 Abs. 2 BGB auf Schmerzensgeld in Anspruch genommen werden.

ee) Anspruchsreduzierendes Mitverschulden

236 Zu beachten ist, dass die **Ersatzpflicht des Unternehmens** nach § 254 BGB **eingeschränkt** wird, wenn der Geschädigte bei der Entstehung oder Entwicklung des Schadens mitgewirkt hat.[3] Für ein solches **Mitverschulden** ist jedes Verhalten des Geschädigten ausreichend, welches innerhalb seines Risiko- und Verantwortungsbereichs liegt und zurechenbar zum Entstehen oder zur Vergrößerung seines Schadens beigetragen hat.[4] Unternehmen treffen hier auf die Schwierigkeit, dass ihnen die grundlegende Beweislast bzgl. eines solchen Fehlverhaltens **ihres Vertragspartners** obliegt.[5] Besonders Verbrauchern können als Vertragspartner im Bereich von Schäden durch IT-Sicherheitsdefizite nur grundlegende Sorgfaltspflichten abverlangt werden. Weitaus bedeutender wird die Einschränkung der Ersatzpflicht damit, sofern Unternehmen Dritte für Schäden in Anspruch nehmen wollen und keine Reduzierung ihrer Ansprüche durch eigene IT-Sicherheitsdefizite riskieren möchten.

Beispiel für das Mitverschulden des Vertragspartners[6]: Ein Unternehmen überträgt mittels eines E-Mail-Anhangs an einen Kunden unbemerkt einen **Computervirus**. Zwar nutzt das Unternehmen ein Virenprogramm, jedoch hat es die letzte **Aktualisierung** des Programms nicht durchgeführt. Dieses Update hätte das Erkennen des betroffenen Virus ermöglicht. Beim Kunden kommt es durch den Virus zum Ausfall des Computers und dadurch zu einem Schaden. Ein eigenes Virenschutzprogramm nutzt der Kunde nicht.

Da die IT-Sicherheitsvorkehrungen des Unternehmens unzureichend waren, hat es durch die Übertragung des Virus zumindest eine **Nebenpflicht aus dem Vertrag** mit dem Kunden verletzt. Der durch den Virus ausgelöste Schaden beim Kunden ist daher vom Unternehmen zu ersetzen. Weil der Kunde kein eigenes Virenschutzprogramm eingesetzt hat, kann diesem jedoch ein **Mitverschulden** angelastet werden, weshalb sich sein Schadensersatzanspruch reduziert. Angesichts der allgemeinen Bekanntheit von Risiken durch Computerviren sowie der geringen Kosten für die Einrichtung und Aktualisierung eines Virenschutzprogramms kann vom Kunden die Installation eines solchen Programms verlangt werden.

---

1 *Mehrbrey/Schreibauer*, MMR 2016, 75, 81.
2 *Grüneberg* in Palandt, BGB, § 280 Rz. 32; *Lorenz* in Bamberger/Roth/Hau/Poseck, BeckOK/BGB, § 280 Rz. 41.
3 *Grüneberg* in Palandt, BGB, § 254 Rz. 1; *Schulze* in Schulze, BGB, § 254 Rz. 1 m.w.N.
4 *Schulze* in Schulze, BGB, § 254 Rz. 4 m.w.N.
5 *Schulze* in Schulze, BGB, § 254 Rz. 13.
6 Angelehnt an *Koch*, NJW 2004, 801, 806 f.

Interne IT-Sicherheitsdefizite des Unternehmens können **als anspruchsreduzierendes** 237
Mitverschulden nach § 254 BGB anzusehen sein. In derartigen Fällen wird die Ersatzpflicht
Dritter eingeschränkt, wenn das geschädigte Unternehmen bei der Entstehung oder Entwicklung des Schadens mitgewirkt hat.[1] Da Unternehmen gesetzlichen IT-Sicherheitspflichten
unterliegen, kann ihnen zumindest eine **branchenübliche Sorgfalt beim Umgang mit der
eigenen IT** abverlangt werden (s. Rz. 231 ff.). Hat die ungenügende IT-Sicherheit im Unternehmen zurechenbar zum Entstehen oder zur Vergrößerung des eingetretenen Schadens
beigetragen, muss das Unternehmen eine Kürzung seines Anspruchs gegen den oder die
Dritten hinnehmen.[2] Auch das Fehlverhalten Dritter, die für das Unternehmen bei der Erfüllung der eigenen IT-Sicherheitspflichten tätig werden, muss sich das Unternehmen über
§ 254 Abs. 2 Satz 2 BGB zurechnen lassen. Zu beachten ist, dass **§ 254 BGB** als Möglichkeit
zur Abwägung von Verursachungsbeiträgen im Schadensrecht grundsätzlich **auf alle Schadensersatzansprüche** aus Verschuldenshaftung – also bspw. sowohl **vertraglicher als auch
deliktischer Natur** – Anwendung findet.[3] So kann etwa eine mangelnde Datensicherung im
Unternehmen dessen anspruchsreduzierendes Mitverschulden begründen.[4]

Beispiel für anspruchsreduzierendes Mitverschulden des Unternehmens[5]: Ein Unternehmen beauftragt wegen einer System-Fehlermeldung mit ungeklärter Ursache einen Computer-Reparaturdienst mit der Ursachenforschung. Dabei wird auch vereinbart, dass der Reparaturdienst vor Beginn
der Arbeiten eine **Datensicherung** vornimmt, was dieser jedoch nicht tut. Bei den Reparaturarbeiten
stürzt der Unternehmensserver ab und es kommt zum Verlust zahlreicher Geschäftsdaten. Die Datensicherungsmaßnahmen des Unternehmens sehen noch nicht einmal eine monatliche Komplettsicherung der Datenbestände vor, so dass diese teilweise unwiederbringlich verloren sind. Dadurch
entsteht dem Unternehmen ein Schaden, den es gegenüber dem Reparaturdienst geltend machen
möchte.

Die fehlende Datensicherung vor Beginn der Wartungsarbeiten stellt eine Pflichtverletzung durch
den Reparaturdienst dar, wodurch grundsätzlich ein vertraglicher Schadensersatzanspruch des Unternehmens besteht. Allerdings ist die Einrichtung einer zuverlässigen, zeitnahen und umfassenden
Datensicherungsroutine auch eine unternehmerische Pflicht (siehe nur zum Handelsrecht Rz. 67). In
diesem Beispiel fand nicht einmal eine monatliche Daten-Komplettsicherung statt, was bei ordnungsgemäßer Unternehmensführung zu erwarten ist und deswegen eine unternehmensseitige Sorg-
faltspflichtverletzung darstellt. Mit Hilfe der Datensicherung hätte das Unternehmen einen umfangreichen Datenverlust verhindern können. Aus diesem Grund muss das Unternehmen über § 254
BGB eine **Kürzung des eigenen Anspruchs** gegen den Reparaturdienst hinnehmen.

Trifft das Unternehmen ein Mitverschulden, ist der **Umfang der Ersatzpflicht** des in An- 238
spruch genommenen Dritten im Wege einer **Würdigung und Abwägung aller Umstände
des Einzelfalls** zu ermitteln.[6] Der Schaden kann beiden Beteiligten nach Quoten oder einem
von ihnen voll auferlegt werden.[7] In erster Linie ist darauf abzustellen, mit welchem Grad
an Wahrscheinlichkeit die einzelnen Beiträge zur Herbeiführung des Schadens geeignet waren.[8] Erst in zweiter Linie ist das Maß des beiderseitigen Verschuldens abzuwägen, wobei ein

---

1 *Grüneberg* in Palandt, BGB, § 254 Rz. 1; *Schulze* in Schulze, BGB, § 254 Rz. 1 m.w.N.
2 *Schulze* in Schulze, BGB, § 254 Rz. 4 m.w.N.
3 *Schulze* in Schulze, BGB, § 254 Rz. 1, 3 m.w.N.
4 *Wicker*, MMR 2014, 715, 718 m.w.N.
5 Angelehnt an OLG Hamm, Urt. v. 1.12.2003 – 13 U 133/03, MMR 2004, 487, 487 f. = CR 2004,
   654.
6 *Grüneberg* in Palandt, BGB, § 254 Rz. 57; *Schulze* in Schulze, BGB, § 254 Rz. 10.
7 *Schulze* in Schulze, BGB, § 254 Rz. 10.
8 *Schulze* in Schulze, BGB, § 254 Rz. 10 m.w.N.; *Grüneberg* in Palandt, BGB, § 254 Rz. 58 m.w.N.

höherer Schuldgrad sogar dazu führen kann, dass das mindere Verschulden des anderen Teils völlig zurücktritt.[1]

239 Die grundlegende Beweislast bzgl. eines anspruchsverkürzenden Verschuldens auf Seiten des Unternehmens liegt bei seinem Vertragspartner, der sich haftungsmäßig entlasten möchte.[2] Allerdings muss das Unternehmen an der Sachverhaltsaufklärung mitwirken und damit die **Einhaltung seiner IT-Sicherheitspflichten darlegen.**[3] Zur Verhinderung von Anspruchskürzungen müssen Unternehmen ihren IT-Sicherheitspflichten daher bestmöglich nachkommen und ihre Bemühungen zu Beweiszwecken entsprechend dokumentieren.

b) Möglichkeiten des Haftungsausschlusses

240 Wie bereits unter Rz. 112 ff. aufgezeigt, ist eine Einschränkung vertraglicher IT-Sicherheitspflichten nur sehr schwer möglich. Ein **gänzlicher Ausschluss von IT-Sicherheit als Vertragspflicht** ist **nicht denkbar.** Im Gegensatz zur Haftung im Innenverhältnis des Unternehmens lassen sich auch die Vorteile einer Delegation von Verantwortlichkeiten im Unternehmen nicht auf das Außenverhältnis übertragen (s. Rz. 209 ff.). Verletzt ein Geschäftsleitungsmitglied schuldhaft seine – gleich wie ausgeprägten – IT-Sicherheitspflichten (also auch bloße Überwachungs- und Kontrollpflichten), so handelt es sich gem. § 31 BGB zugleich um ein Verschulden des Unternehmens. Bedient sich das Unternehmen zur Erfüllung der IT-Sicherheitspflichten eigener Mitarbeiter oder externer Dienstleister, muss es sich deren Verschulden über § 278 BGB zurechnen lassen. Die Zuteilung von Ressortverantwortlichkeiten im Vorstand oder die vertikale Delegation von Verantwortlichkeiten kann damit **keine Haftungserleichterung des Unternehmens gegenüber seinen Vertragspartnern** bewirken.

241 Um Haftungsrisiken reduzieren zu können, ist es für Unternehmen daher praktikabel, mit **haftungsreduzierenden Vertragsvereinbarungen** unmittelbar bei den anzuwendenden Sorgfaltsmaßstäben für die Erfüllung bestehender IT-Sicherheitspflichten anzusetzen. Besonders die den Verträgen des Unternehmens zugrunde liegenden Allgemeinen Geschäftsbedingungen spielen in diesem Zusammenhang eine wichtige Rolle. Um die eigene Haftungsbelastung reduzieren zu können, sollten Unternehmen auch in jedem Fall prüfen, ob sie bei der eigenen Inanspruchnahme Regress bei Dritten nehmen können, etwa bei externen Dienstleistern.

aa) Praxisrelevante Regelungsfelder

242 Aufgrund der eingeschränkten Möglichkeiten zur Abbedingung von IT-Sicherheit als Vertragspflicht bietet es sich für Unternehmen zumindest an, in Verträgen für sie günstige **Regelungen zur Haftungsreduktion** zu vereinbaren. Besonders folgende Regelungsaspekte sollten dabei in Betracht gezogen werden, wobei das **AGB-Recht** die Möglichkeit zum Treffen derartiger Vereinbarungen **teilweise erheblich einschränkt** (s. sogleich Rz. 248 ff.):

243 – **Anzuwendender Sorgfaltsmaßstab:** Der zur Feststellung einer verschuldensabhängigen Haftung anzuwendende Sorgfaltsmaßstab (s. Rz. 231 ff.) kann vertraglich abgemildert werden, bspw. durch eine **Begrenzung** der Haftung **auf grobe Fahrlässigkeit und/oder Vorsatz.**[4] Durch eine solche Freizeichnung wird das Entstehen des Schadensersatzspruches

---

1 *Grüneberg* in Palandt, BGB, § 254 Rz. 59 m.w.N.; *Schulze* in Schulze, BGB, § 254 Rz. 10 m.w.N.
2 *Schulze* in Schulze, BGB, § 254 Rz. 13.
3 *Grüneberg* in Palandt, BGB, § 254 Rz. 72 m.w.N.
4 *Grundmann* in MünchKomm/BGB, § 276 Rz. 57.

ausgeschlossen bzw. der entstehende Anspruch von vornherein begrenzt.[1] Zu beachten ist, dass das Unternehmen die eigene Haftung für Vorsatz nicht im Voraus vertraglich ausschließen kann, § 276 Abs. 3 BGB. Für das Unternehmen diesbezüglich günstigere Vereinbarungen kommen allerdings in Bezug auf **Erfüllungsgehilfen** in Betracht (s. Rz. 234): Nicht für das Handeln der Geschäftsleitung, wohl aber in Bezug auf andere Hilfspersonen (etwa Arbeitnehmer) kann die Haftung für Vorsatz und Fahrlässigkeit ausgeschlossen werden.[2]

– **Art und Umfang des Schadensersatzes:** Auch das System der §§ 249 ff. BGB zu Art und   244
Umfang des Schadensersatzes unterliegt der Disposition der Vertragsparteien.[3] Unternehmen können darauf hinwirken, ein für sie **möglichst günstiges Haftungsregime** zu vereinbaren, bspw. durch die Ausklammerung der Ersatzfähigkeit bestimmter Schadensarten (etwa Nichtvermögensschäden, mittelbare Schäden), durch Vereinbarungen zur Art der Schadensbeseitigung oder etwa summenmäßige Haftungsgrenzen.[4] Besonders die Vereinbarung einer solchen **Schadenspauschale** bzw. eines Maximalbetrags für zu leistenden Schadensersatz erscheint sinnvoll in Anbetracht der potentiell hohen Schäden, die durch IT-Sicherheitsverstöße ausgelöst werden können.[5]

– **Verjährungsfristen:** Um den Zeitraum für eine Inanspruchnahme nach Eintritt eines   245
Schadensfalls zu begrenzen, sollten Unternehmen in Betracht ziehen, von den gesetzlichen Regelungen abweichende Anspruchsverjährungsfristen zu vereinbaren. Eine **Verkürzung** von Verjährungsfristen zugunsten des Unternehmens ist **grundsätzlich zulässig.**[6] Lediglich für Fälle der Vorsatzhaftung schließt § 202 Abs. 1 BGB Verjährungserleichterungen aus.

Dem Unternehmen wird es regelmäßig nicht gelingen, mit einem Vertragspartner das für   246
sich selbst **optimale Haftungsregime** zu vereinbaren. Oben beschriebene Haftungserleichterungen stoßen insbesondere **bei Geschäftspartnern regelmäßig auf Ablehnung** oder wenigstens eingeschränkte Zustimmung.

bb) Unwirksamkeit nach speziellen gesetzlichen Regelungen

Neben Schwierigkeiten bei der Aushandlung unternehmensfreundlicher Haftungsregelungen   247
kommt hinzu, dass derartige **Beschränkungen über** andere, ggf. anzuwendende zwingende Vorschriften ausgeschlossen sind oder zumindest eingeschränkt werden.[7] Von besonderer Relevanz sind dabei **verbraucherschützende Regelungen**, die bei Verträgen des Unternehmens mit Kunden eine wichtige Rolle spielen. So wird gegenüber Verbrauchern nach § 476 BGB für Kaufverträge sowie für Werklieferungsverträge die **Abbedingung des gesetzlichen Mängelgewährleistungsrechts ausgeschlossen.** Unternehmen müssen daher stets eine Gewährleistung für „sichere" IT-Produkte gegenüber ihren Kunden übernehmen. Unter dieser systematischen Vorgabe bleiben allerdings Einschränkungen in Bezug auf etwaige Schadens-

---

1 *Schulze* in Schulze, BGB, § 276 Rz. 25 m.w.N.
2 *Schulze* in Schulze, BGB, § 276 Rz. 29.
3 *Oetker* in MünchKomm/BGB, § 249 Rz. 6; *Flume* in Bamberger/Roth/Hau/Poseck, BeckOK/BGB, § 249 Rz. 13.
4 *Oetker* in MünchKomm/BGB, § 249 Rz. 6 m.w.N.; *Flume* in Bamberger/Roth/Hau/Poseck, BeckOK/BGB, § 249 Rz. 13.
5 S. etwa zu berücksichtigenden Aspekten bei Outsourcing-Verträgen *Thalhofer* in Auer-Reinsdorff/Conrad, IT- und Datenschutzrecht, § 19 Rz. 138 f.
6 *Dörner* in Schulze, BGB, § 202 Rz. 2; *Grothe* in MünchKomm/BGB, § 202 Rz. 2.
7 S. dazu *Schulze* in Schulze, BGB, § 276 Rz. 27.

ersatzansprüche auch gegenüber Verbrauchern möglich,[1] so dass zumindest teilweise Haftungserleichterungen im Rahmen von Verbraucherverträgen für das Unternehmen in Betracht kommen.

cc) Individualvertragliche Unwirksamkeit und AGB-Recht

248 Ergibt sich eine Unwirksamkeit der Haftungserleichterungen nicht aus speziellen gesetzlichen Regelungen, müssen sich **individualvertragliche Vereinbarungen** im Hinblick auf ihre **Wirksamkeit an §§ 138, 242 BGB messen** lassen. Eine Unwirksamkeit von Haftungserleichterungen ist dann in solchen Fällen anzunehmen, in denen die vertraglich vereinbarte Rechtsausübung zu untragbaren, mit Recht und Gerechtigkeit offensichtlich unvereinbaren Ergebnissen führt (Verstoß gegen Treu und Glauben).[2] Solche Regelungen bilden als Verhandlungsergebnis der Vertragsparteien in der Praxis den Ausnahmefall. **Wesentlich eingeschränkter ist die Zulässigkeit** der Vereinbarung oben beschriebener Haftungserleichterungen **in Allgemeinen Geschäftsbedingungen**, die Unternehmen üblicherweise beim Abschluss von Verträgen einsetzen. Weil das Unternehmen hinsichtlich der Vertragsbedingungen die einseitige Gestaltungsmacht in Anspruch nimmt, unterliegen diese gewissermaßen auf der Kehrseite einer strengen Inhaltskontrolle. Neben **konkreten Klauselverboten** in den §§ 309, 308 BGB werden die Vereinbarungen nach § 307 BGB überdies an **Treu und Glauben** gemessen. Für die beschriebenen Aspekte zur Vereinbarung von Haftungserleichterungen müssen gegenüber Verbrauchern gesetzliche Klauselverbote Beachtung finden. Handelt es sich bei dem **Vertragspartner** des Unternehmens **ebenfalls** um **ein Unternehmen**, kommen gem. § 310 Abs. 1 BGB u.a. die Klauselverbote des § 309 BGB nicht zur Anwendung. Es gilt freilich die Maßgabe, dass AGB-Klauseln, die inhaltlich nach den gesetzlichen Klauselverboten unzulässig sind, auch bei Verwendung gegenüber einem Unternehmer gem. § 307 BGB unwirksam sein können.

(1) Gesetzliche Klauselverbote für Verbraucherverträge

249 Besonders die folgenden Klauselverbote sind in Bezug auf Haftungserleichterungen in AGB gegenüber Verbrauchern von gesteigerter Relevanz:

– **§ 309 Nr. 5 BGB (Pauschalisierung von Schadensersatzansprüchen)**: Eine wirksame Vereinbarung von **Schadenspauschalen** ist nur **unter** den **engen Voraussetzungen** des § 309 Nr. 5 BGB zulässig. Sie können jedenfalls grundsätzlich wirksam sein, wenn die vereinbarten Beträge branchenüblich sind.[3]

– **§ 309 Nr. 7 BGB (Haftungsausschluss)**: Diesem Klauselverbot kommt im Hinblick auf vertragliche Haftungserleichterungen **hohe Bedeutung** zu. Danach besteht ein Verbot, sich von der Haftung bei Verletzung von Leben, Körper oder Gesundheit selbst für einfache Fahrlässigkeit freizuzeichnen.[4] Auch jegliche Begrenzung dieser Haftung ist ausgeschlossen, ebenso die Freizeichnung von der Haftung des Unternehmens für gesetzliche Vertreter oder Erfüllungsgehilfen.[5] Bei allen anderen Rechtsgütern kann nach § 309 Nr. 7 lit. b BGB zumindest die **Haftung für Vorsatz und grobe Fahrlässigkeit** des Unternehmens und seiner Hilfspersonen nicht ausgeschlossen oder begrenzt werden.

---

1 *Marly*, Praxishandbuch Softwarerecht, Rz. 1834.
2 *Grüneberg* in Palandt, BGB, § 242 Rz. 2 m.w.N.
3 *Flume* in Bamberger/Roth/Hau/Poseck, BeckOK/BGB, § 249 Rz. 15 m.w.N.
4 S. dazu etwa *Schulte-Nölke* in Schulze, BGB, § 309 Rz. 24.
5 S. dazu etwa *Schulte-Nölke* in Schulze, BGB, § 309 Rz. 24.

– **§ 309 Nr. 8 lit. b BGB (Mängel):** Bei Verträgen über die Lieferung neu hergestellter Sachen und Werkleistungen ist zu beachten, dass **Einschränkungen der Mängelrechte regelmäßig unzulässig** sind. So schränkt § 309 Nr. 8 lit. b ff BGB bspw. die Erleichterung der Verjährungsfristen zugunsten des Unternehmens ein.

(2) Ausstrahlungswirkung der Klauselverbote

Klauselverboten kommt **auch außerhalb ihres Anwendungsbereichs in Verbraucherverträgen eine Ausstrahlungswirkung** zu. So kommt im B2B-Bereich insbesondere dem Klauselverbot des § 309 Nr. 7 BGB über § 307 BGB Indizwirkung zu.[1] So ist nach der Rechtsprechung ein Ausschluss der Haftung wegen Verletzung des Lebens, des Körpers oder der Gesundheit auch im Verhältnis zwischen Unternehmern unwirksam, wenn der Vertragspartner eine natürliche Person ist oder der Vertrag auch Schutzwirkung für seine Arbeitnehmer entfaltet.[2]

250

Unabhängig davon also, ob der Vertragspartner Verbraucher oder Unternehmer ist, sind alle keinem konkreten Verbot unterfallenden Klauseln, die die Haftung beschränken, an der **Generalklausel des § 307 BGB zu messen**.[3] Nach der Rechtsprechung enthält § 307 Abs. 2 Nr. BGB vor allem den Grundsatz, dass die Haftung für die Verletzung von **Kardinalpflichten** nicht wirksam ausgeschlossen werden kann.[4] Dabei handelt es sich um wesentliche Pflichten, die für den Kunden von entscheidender Bedeutung sind, wobei es sich auch um Neben- und Schutzpflichten handeln kann.[5] Diese **fehlende Möglichkeit einer Einschränkung der Haftung für wesentliche IT-Sicherheits-Nebenpflichten** sollten sich Unternehmen unbedingt vergegenwärtigen.[6]

251

Beispiele für wesentliche IT-Sicherheits-Nebenpflichten, für die eine Haftungsbeschränkung häufig nicht in Betracht kommen wird:

– Unternehmen, die über elektronische Kommunikationsnetze ihren Kunden Speicherplatz zur Verfügung stellen, haben die wesentliche Nebenpflicht, ihre entsprechenden Server gegenüber unbefugten Zugriffen durch Dritte zu schützen.

– Unternehmen trifft als wesentliche Nebenpflicht häufig auch die Verpflichtung zur Sicherung der Daten ihrer Kunden.

Gelingt es Unternehmen unter Berücksichtigung der dargestellten Aspekte, wirksame Haftungserleichterungen in ihren Verträgen mit Dritten zu vereinbaren, ist im Falle von Rechtsstreitigkeiten Folgendes zu beachten: Die **Auslegung von Freizeichnungsklauseln durch die**

252

---

1 *Becker* in Bamberger/Roth/Hau/Poseck, BeckOK/BGB, § 309 Nr. 7 Rz. 46 m.w.N.; *Wurmnest* in MünchKomm/BGB, § 309 Nr. 7 Rz. 33.

2 BGH, Versäumnisurt. v. 19.9.2007 – VIII ZR 141/06, NJW 2007, 3774, 3775 = MDR 2008, 16; *Wurmnest* in MünchKomm/BGB, § 309 Nr. 7 Rz. 33 m.w.N.

3 *Flume* in Bamberger/Roth/Hau/Poseck, BeckOK/BGB, § 249 Rz. 14 m.w.N.

4 *Schulte-Nölke* in Schulze, BGB, § 307 Rz. 17 m.w.N.

5 *Schulte-Nölke* in Schulze, BGB, § 307 Rz. 17 m.w.N.

6 S. für die folgende Beispiele *Spindler*, Verantwortlichkeiten von IT-Herstellern, Nutzern und Intermediären, S. 273, abrufbar unter: https://www.bsi.bund.de/SharedDocs/Downloads/DE/BSI/Publikationen/Studien/ITSicherheitUndRecht/Gutachten_pdf.pdf?__blob=publicationFile&v= 2, zuletzt aufgerufen am 12.1.2018, m.w.N.

Rechtsprechung ist grundsätzlich eng und erfolgt zulasten des Unternehmens, welches seine Haftung mildern möchte.[1] Dies gilt sowohl für Individualvereinbarungen als auch für AGB.[2]

3. Deliktische Haftung des Unternehmens

253 Verstößt ein Unternehmen gegen seine IT-Sicherheitspflichten, kommen neben vertraglichen vor allem Ansprüche aus deliktischer Haftung in Betracht, die sowohl von **Vertragspartnern** des Unternehmens als **auch von sonstigen Dritten**, die in keiner Vertragsbeziehung zum Unternehmen stehen, geltend gemacht werden können.[3] Dabei sind **spezialgesetzliche Anspruchsgrundlagen** wie etwa § 44 TKG (s. Rz. 447 f.) zu **berücksichtigen**, sofern diese auf das in Anspruch genommene Unternehmen Anwendung finden. Daneben kommt allerdings auch eine Inanspruchnahme auf Grundlage der §§ 823 ff. BGB in Betracht.

a) Haftung nach § 823 Abs. 1 BGB

254 Zentrale Voraussetzung eines Anspruchs nach § 823 Abs. 1 BGB ist, dass das Unternehmen ein geschütztes Rechtsgut des Anspruchsberechtigten verletzt hat. Neben den ausdrücklich genannten Rechtsgütern Leben, Körper und Gesundheit, Freiheit und Eigentum fallen auch „sonstige Rechte" wie das allgemeine Persönlichkeitsrecht und das **Recht am eingerichteten und ausgeübten Gewerbebetrieb** in den vom Deliktsrecht geschützten Bereich, wodurch sich auch im Falle von IT-Sicherheitsdefiziten ein **weites Anwendungsfeld** für Schadensersatzansprüche eröffnet. Das Vermögen als solches wird allerdings von § 823 Abs. 1 BGB nicht geschützt.[4] Im Bereich der IT sind hinsichtlich der geschützten Rechtsgüter noch viele Fragen ungeklärt.[5] So wird diskutiert, ob die **Beeinträchtigung des Datenbestands** einer Person als Eigentumsverletzung anzusehen ist oder lediglich die Verletzung eines sonstigen Rechts darstellt.[6] Eine Schutzfähigkeit nach § 823 Abs. 1 BGB ist jedenfalls gegeben.[7] Kommt es zur Beschädigung, Zerstörung oder anderen Beeinträchtigung von Datenträgern, liegt ein Eingriff in das Eigentum vor.[8] Auch das Grundrecht auf **Vertraulichkeit und Integrität informationstechnischer Systeme** kann als sonstiges Recht i.S.v. § 823 Abs. 1 BGB einen Schutz gegen lesende und schreibende Zugriffe begründen, allerdings wohl nur bei einer Verletzung der Vertraulichkeit.[9]

aa) Deliktischer Schutz des Rechts am eingerichteten und ausgeübten Gewerbebetrieb

255 Von Relevanz für deliktische Ansprüche des Unternehmens gegen Dritte ist der **Schutz des Rechts am eingerichteten und ausgeübten Gewerbebetrieb** über § 823 Abs. 1 BGB. Im Falle von IT-Sicherheitsdefiziten Dritter eröffnet sich über dessen Anerkennung als „sonstiges

---

1 *Schulze* in Schulze, BGB, § 276 Rz. 26 m.w.N.; *Grüneberg* in Palandt, BGB, § 276 Rz. 36.

2 *Grüneberg* in Palandt, BGB, § 276 Rz. 36 m.w.N.

3 S. etwa zur deliktischen Haftung des Unternehmens bei gegen das Unternehmen gerichteten Cyber-Angriffen *Mehrbrey/Schreibauer*, MMR 2016, 75, 81.

4 *Sprau* in Palandt, BGB, § 823 Rz. 11 m.w.N.; *Rockstroh/Kunkel*, MMR 2017, 77, 79.

5 S. dazu *Rockstroh/Kunkel*, MMR 2017, 77, 79.

6 *Sprau* in Palandt, BGB, § 823 Rz. 9, 19 jeweils m.w.N.; *Rockstroh/Kunkel*, MMR 2017, 77, 79 m.w.N.

7 *Wagner* in MünchKomm/BGB, § 823 Rz. 219.

8 *Wagner* in MünchKomm/BGB, § 823 Rz. 220 m.w.N.

9 *Grützmacher*, CR 2016, 485, 490 m.w.N.

Recht" i.S.d. § 823 Abs. 1 BGB ein weites Anwendungsfeld für unternehmenseigene Schadensersatzansprüche. Geschützt wird neben dem Bestand des Unternehmens (Betriebsräume, -grundstücke, Maschinen, Warenvorräte etc.) auch der gesamte unternehmerische Tätigkeitskreis (Geschäftsverbindungen, Kundenstamm, Außenstände, Betriebsgeheimnisse etc.).[1] Das in einem Unternehmen zusammengefasste Vermögen genießt jedoch keinen generellen Schutz, sondern nur soweit ein **betriebsbezogener Eingriff** vorliegt, der bei Abwägung der widerstreitenden Interessen von Unternehmen und Anspruchsgegner im Einzelfall zu vermeiden war.[2] Danach wird die **Rechtswidrigkeit** des Verhaltens nicht indiziert, sondern ist **durch** eine **Interessenabwägung zu begründen**.[3]

Der Eingriff muss zunächst gegen den Betrieb als solchen gerichtet sein und darf nicht Rechte 256
oder Rechtsgüter betreffen, die sich ohne weiteres vom Betrieb ablösen lassen, etwa bei Verletzung eines einzelnen Geschäftsführers, Arbeitnehmers oder einer einzelnen Maschine.[4] Da die **Auslegung des Schutzbereichs stark einzelfallabhängig** und von Kasuistik geprägt ist, lassen sich genaue Umgrenzungen trotz der vorbeschriebenen Kriterien schwer festmachen. So wurde bereits die einmalige Zusendung einer Werbe-E-Mail ohne vorherige Einwilligung des betroffenen Unternehmens als unmittelbarer Eingriff in den Gewerbebetrieb anerkannt.[5] Eine weitere Einschränkung ergibt sich allerdings daraus, dass der Eingriff **intentional auf das Unternehmen gerichtet** sein muss.[6]

Negativbeispiel für die Betriebsbezogenheit von Eingriffen[7]: Bei Reparaturarbeiten durch Mitarbeiter eines Energieversorgungsunternehmens kommt es zur fahrlässigen **Beschädigung eines Stromkabels**, über welches das Versorgungsunternehmen einzelne Kunden mit Strom beliefert (zu den Anforderungen an die Verfügbarkeit kritischer Infrastrukturen, worunter auch die Energieversorgung fällt, siehe Rz. 352 ff.). Unter diesen Kunden ist auch das Unternehmen X. Bei X kommt es auf Grundlage des Stromausfalls zum **Produktionsstillstand** und dadurch zu einem Schaden. X möchte diesen gegenüber dem Energieversorgungsunternehmen im Rahmen eines Anspruchs nach § 823 Abs. 1 BGB geltend machen.

Ein Anspruch nach § 823 Abs. 1 BGB erfordert eine Verletzung geschützter Rechtsgüter. Der Produktionsstillstand hat das Eigentum von X nicht verletzt und reine Erwerbsaussichten werden über § 823 Abs. 1 BGB nicht geschützt. In Betracht kommt allenfalls die Verletzung von X' Recht am eingerichteten und ausgeübten Gewerbebetrieb. Die Verletzungshandlung müsste sich dafür allerdings unmittelbar gegen X gerichtet haben. Die bloß fahrlässige Verletzungshandlung im Rahmen der Reparaturarbeiten richtet sich nicht erkennbar gegen den Betrieb des X, weshalb ein Anspruch ausscheidet.

Wie soeben dargelegt, besitzt das Recht am eingerichteten und ausgeübten Gewerbebetrieb 257
zwar einen **weiten Schutzbereich**, allerdings unterliegt dieser **erheblichen Einschränkungen** im Hinblick auf die Eingriffsqualität sowie die erforderliche Interessenabwägung. Der praktische Anwendungsbereich von deliktischen Ansprüchen auf dieser Grundlage wird noch weiter dadurch begrenzt, dass diese einen **Auffangtatbestand** zum effektiven Unternehmensschutz darstellt, welche **gegenüber speziellen Schutzvorschriften** zugunsten eines Betriebs **zurücktritt**.[8] Dies ist etwa der Fall bei Schädigungshandlungen in Wettbewerbsabsicht, deren delikts-

---

1 *Staudinger* in Schulze, BGB, § 823 Rz. 120.
2 *Wagner* in MünchKomm/BGB, § 823 Rz. 322.
3 *Wagner* in MünchKomm/BGB, § 823 Rz. 324 m.w.N.
4 *Staudinger* in Schulze, BGB, § 823 Rz. 122 m.w.N.
5 BGH, Beschl. v. 20.5.2009 – I ZR 218/07, NJW 2009, 2958, 2959 = CR 2009, 733; dazu auch *Staudinger* in Schulze, BGB, § 823 Rz. 122 m.w.N.
6 *Staudinger* in Schulze, BGB, § 823 Rz. 122 m.w.N.
7 S. BGH, Urt. v. 9.12.1958 - VI ZR 199/57, GRUR 1959, 282, 282 ff. = MDR 1959, 291.
8 *Sprau* in Palandt, BGB, § 823 Rz. 133 m.w.N.

rechtliche Konsequenzen im **UWG** grundsätzlich abschließend geregelt sind (s. Rz. 126).[1] Kommt es durch IT-Sicherheitsdefizite Dritter zu Schäden im Betrieb, sollten Unternehmen daher prüfen, ob ggf. die Verletzung anderer von § 823 Abs. 1 BGB geschützter Rechtsgüter – die grundsätzlich nicht subsidiär sind – vorliegt oder gar andere Anspruchsgrundlagen einschlägig sind.

bb) Verkehrssicherungspflichten

258   Um ein Unternehmen für Rechtsgutsverletzungen in Anspruch nehmen zu können, muss ihm eine Handlung oder ein pflichtwidriges Unterlassen angelastet werden können, durch welches ein geschütztes Rechtsgut verletzt worden ist. Im Bereich der **IT-Sicherheit** entstehen für **Unternehmen Verkehrssicherungspflichten**, deren **unzureichende Erfüllung** die Grundlage für deliktische Ansprüche bildet. Der Haftung für Verkehrssicherungspflichten liegt die Erwägung zugrunde, dass jeder, der eine Gefahrenlage schafft, grundsätzlich verpflichtet ist, die notwendigen und zumutbaren Vorkehrungen zu treffen, um eine Schädigung anderer möglichst zu verhindern.[2] Unternehmerische Verkehrssicherungspflichten können etwa durch gefährliches Verhalten oder durch die Kontrolle über eine gefährliche Sache entstehen.[3] Da eine Verkehrssicherung gegen jegliche abstrakte Gefahr unmöglich ist, wird eine **Gefahrenquelle** erst haftungsbegründend, sobald es aus der zu verantwortenden Situation nach sachkundiger Einschätzung des Unternehmens **naheliegt, dass Rechtsgüter anderer verletzt werden können**.[4] Für das Unternehmen erwächst daraus die Pflicht, nach dem objektiven Maßstab eines gewissenhaften Angehörigen des betroffenen Verkehrskreises geeignete Maßnahmen zu ergreifen (s. zur ähnlichen Bestimmung des Verkehrskreises im Rahmen des Sorgfaltsmaßstabs für die vertragliche Haftung Rz. 231 ff.).[5] Unzureichende IT-Sicherheit im Unternehmen kann regelmäßig eine Schädigung anderer herbeiführen, und die entsprechenden Rechtspflichten des Unternehmens bezwecken häufig auch den Schutz Dritter vor Gefahren durch Unternehmensaktivitäten. Das Unternehmen trifft damit eine Verkehrssicherungspflicht, andere mit geeigneten Maßnahmen vor aus dem Einsatz von IT-Systemen erwachsenden Gefahren zu schützen.[6] Dies umfasst auch eine entsprechende unternehmensinterne IT-Sicherheitsorganisation. Für Defizite haftet das Unternehmen auf Grundlage des **Organisationsverschuldens**, welchem regelmäßig eine unzureichende Erfüllung der Pflichten der Geschäftsleitung zugrunde liegt (s. Rz. 32 ff.). Letztere muss sich das Unternehmen über § 31 BGB als eigenes Verschulden zurechnen lassen.[7] So ist es haftungsbegründender Ausfluss der Leitungs- und Organisationsaufgaben der Geschäftsleitung, im Unternehmen für eine „ordentliche Betriebsführung" zu sorgen, so dass die Unternehmensmitarbeiter sorgfältig auszuwählen, bzgl. den IT-Sicherheitspflichten zu instruieren und die Einhaltung dieser Vorgaben zu überwachen sind.[8]

Beispiel für den Umfang der unternehmerischen Verkehrssicherungspflicht[9]: Ein vom Unternehmen eingesetztes IT-System wird zur haftungsbegründenden Gefahrenquelle für Dritte, wenn die

---

1   *Wagner* in MünchKomm/BGB, § 823 Rz. 326 m.w.N.

2   Etwa *Förster* in Bamberger/Roth/Hau/Poseck, BeckOK/BGB, § 823 Rz. 102 m.w.N.

3   *Förster* in Bamberger/Roth/Hau/Poseck, BeckOK/BGB, § 823 Rz. 102.

4   *Sprau* in Palandt, BGB, § 823 Rz. 46 m.w.N.; *Förster* in Bamberger/Roth/Hau/Poseck, BeckOK/BGB, § 823 Rz. 102.

5   *Förster* in Bamberger/Roth/Hau/Poseck, BeckOK/BGB, § 823 Rz. 102.

6   *Koch*, CR 2009, 485, 486.

7   *Sprau* in Palandt, BGB, § 823 Rz. 50; *Roth/Schneider*, ITRB 2005, 19, 20.

8   *Wagner* in MünchKomm/BGB, § 823 Rz. 97 f. m.w.N.

9   S. *Koch*, CR 2009, 485, 486 m.w.N.

technischen Funktionen des Rechners zum Weiterverbreiten von Schadprogrammen oder zum Starten von Angriffen auf Systeme Dritter eingesetzt werden können, etwa um im Wege von **Denial of Service-Attacken** die Systeme Dritter zum Absturz zu bringen oder in diesen Systemen sensible personenbezogene Daten zu löschen oder deren Vertraulichkeit durch das **Ausspähen von Daten** zu verletzen. Das Unternehmen muss im Wege geeigneter IT-Sicherheitsbemühungen solche Gefahren für Dritte durch das eigene IT-System verhindern. Insofern tritt es eine IT-Sicherheits-Verkehrssicherungspflicht.

cc) Insbesondere: Verkehrssicherungspflichten bzgl. fehlerhafter IT-Produkte

Ein besonderes Augenmerk sollten Unternehmen auf etwaige ihnen obliegende **Produktbeob-** 259 **achtungspflichten** legen, welche in erster Linie Produkt-**Hersteller treffen**.[1] Ob und inwieweit **Zwischenhändler** von Produktbeobachtungspflichten getroffen werden, ist nicht abschließend geklärt.[2] Die Produktbeobachtungspflichten bilden einen Unterfall der Kategorie der Verkehrssicherungspflichten und werden damit grundsätzlich relevant, sofern ein Unternehmen IT-Produkte auf den Markt bringt. Dabei kann es sich um Erzeugnisse aller Art handeln, also sowohl Soft- und Hardware als auch einzelne Komponenten.[3] Unter den Voraussetzungen des § 823 Abs. 1 BGB droht eine **verschuldensabhängige Produzentenhaftung**, wenn das Unternehmen ein fehlerhaftes Produkt in den Verkehr bringt und hierdurch schuldhaft ein Recht oder Rechtsgut Dritter verletzt.[4] Für die Verletzung einer Produktbeobachtungspflicht kommt es entscheidend darauf an, ob das Produkt diejenige Sicherheit bietet, die die im entsprechenden Bereich herrschende Verkehrsauffassung für erforderlich hält, wobei die berechtigten Sicherheitserwartungen des gefährdeten Benutzerkreises ebenso wie der aktuelle **Stand von Wissenschaft und Technik** zum Zeitpunkt des Inverkehrbringens des Produkts eine entscheidende Rolle spielen.[5] **Branchenstandards** und Vorgaben aus **technischen Regelwerken** (s. Rz. 191 ff.) bieten für Hersteller bzgl. des Umfangs ihrer Produktbeobachtungspflichten **wichtige Hinweise**.[6] Es lassen sich dabei vier Fehlerkategorien von Produkten unterscheiden: **Konstruktions-, Fabrikations- und Instruktionsfehler** sowie **Produktbeobachtungsfehler nach Inverkehrbringen** auf den Markt.[7] Hersteller von IT-Produkten müssen davon ausgehend insbesondere folgende Haftungsrisiken beachten: Schon bei der Konstruktion dürfen Produkte konzeptionell nicht unter dem gebotenen Sicherheitsstandard bleiben.[8] Zudem müssen Hersteller ihre Produkte über deren gesamte Lebensdauer hinweg beobachten und Dritte vor Gefahren warnen, die von Schwachstellen oder sich entwickelnden Defekten im Produkt ausgehen.[9] Die Produktbeobachtungspflicht dauert grundsätzlich so lange an, wie das Produkt noch in relevantem Ausmaß genutzt wird.[10] Mit zunehmender Veraltung des Produkts schwächt sich diese **Beobachtungs- und Warnpflicht** allerdings regelmäßig ab.[11] Bei

---

1 *Hoeren* in Graf von Westphalen, Vertragsrecht und AGB-Klauselwerke, IT-Verträge, Rz. 86.
2 *Hoeren* in Graf von Westphalen, Vertragsrecht und AGB-Klauselwerke, IT-Verträge, Rz. 86.
3 *Staudinger* in Schulze, BGB, § 823 Rz. 170.
4 *Staudinger* in Schulze, BGB, § 823 Rz. 168.
5 *Rockstroh/Kunkel*, MMR 2017, 77, 80 m.w.N.
6 *Rockstroh/Kunkel*, MMR 2017, 77, 80 f. m.w.N.; zu beachten aber auch *Staudinger* in Schulze, BGB, § 823 Rz. 173 zur Gefahr einer Orientierung an veralteten Standards.
7 *Staudinger* in Schulze, BGB, § 823 Rz. 172; *Rockstroh/Kunkel*, MMR 2017, 77, 80 f. m.w.N.
8 *Rockstroh/Kunkel*, MMR 2017, 77, 80 m.w.N.
9 *Rockstroh/Kunkel*, MMR 2017, 77, 80 f. m.w.N.
10 *Raue*, NJW 2017, 1841, 1844 m.w.N.
11 *Spindler*, Verantwortlichkeiten von IT-Herstellern, Nutzern und Intermediären, S. 273, abrufbar unter: https://www.bsi.bund.de/SharedDocs/Downloads/DE/BSI/Publikationen/Studien/ITSicher heitUndRecht/Gutachten_pdf.pdf?__blob=publicationFile&v=2, zuletzt aufgerufen am 12.1.2018, m.w.N.; s. ebenda S. 59 f. m.w.N. auch für das nachfolgende Beispiel.

erheblichen Sicherheitsrisiken und einer weiterhin weit verbreiteten Nutzung kann aber auch hier anderes gelten.[1]

Beispiel zum Ausmaß der Warnpflicht: Ein Unternehmen stellt Software her und vertreibt diese auch. Bei der Programmierung werden bekannte Sicherheitsrisiken ebenso wie aktuelle Sicherheitsstandards berücksichtigt. Nachdem das Unternehmen die Software auf den Markt bringt, muss es dennoch fortwährend unter Sammlung und Auswertung zugänglicher Literatur und Erkenntnisse mögliche Defekte seiner Software beobachten, insbesondere was unvermeidbare Bugs betrifft. Das Unternehmen erhält von Nutzern mehrfach ernstzunehmende Beschwerden über mögliche Sicherheitslücken der Software. Die Produktbeobachtungspflicht des Unternehmens verpflichtet dieses dazu, sich nun nicht mehr auf eine passive Beobachtung der Software zu beschränken, sondern aktiv zur Gefahrenabwehr tätig zu werden.

Das Unternehmen muss nun Warnhinweise herausgeben, die dazu geeignet sind, betroffene Verkehrskreise anzusprechen und auf die von der Software ausgehende Gefahr aufmerksam zu machen. Dabei ist auch die Verbreitung der Software auf dem Markt zu berücksichtigen. Bei weit verbreiteten Produkten muss das Unternehmen zahlreiche Kanäle gleichzeitig zur Verbreitung von Warnhinweisen nutzen, wobei eine Warnung allein auf der Unternehmens-Website nicht ausreicht.

dd) Weitere Anspruchsvoraussetzungen

260   Hat eine Pflichtverletzung des Unternehmens eine Rechtsgutverletzung i.S.d. § 823 Abs. 1 BGB herbeigeführt, so **entsprechen** die weiteren Anspruchsvoraussetzungen, wie Kausalität und **Art und Umfang des Schadensersatzes, weitestgehend** denjenigen der **vertraglichen Haftung** (s. Rz. 228 ff.). Unternehmen droht auf Grundlage ihrer weitreichenden Verkehrssicherungspflichten für eigene IT-Sicherheitsstandards damit das erhebliche Risiko einer deliktischen Haftung. Beachtung sollte dabei auch finden, dass im **Rahmen von Verträgen** nicht nur die vertragliche, sondern auch die **deliktische Haftung** für fahrlässiges Verhalten **bis zur zulässigen Grenze ausgeschlossen** werden kann (s. Rz. 240 f.).[2] Bei der Formulierung solcher Haftungsausschlüsse sollten Unternehmen aufgrund deren enger Auslegung zulasten des Unternehmens besonders sorgfältig vorgehen und klare Regelungen treffen.[3]

b) Haftung nach § 823 Abs. 2 BGB wegen der Verletzung eines Schutzgesetzes

261   Die Haftung aus § 823 Abs. 2 BGB ergänzt erheblich den Kreis der über § 823 Abs. 1 BGB geschützten Rechtsgüter, indem eine Vielzahl von Vorschriften aller Rechtsgebiete – auch aus dem Bereich des IT-Sicherheitsrechts – in das Deliktsrecht aufgenommen und der schuldhafte Verstoß gegen sie mit einer Schadensersatzpflicht sanktioniert wird.[4] Dadurch kommt es zu einer erheblichen Vorverlagerung der deliktischen Haftung: Sanktioniert wird – je nach Schutzgesetz – nicht erst eine tatsächliche Rechtsgutverletzung, sondern bereits der **Verstoß gegen ein gesetzliches Gebot, ein bestimmtes gefährliches Verhalten zu unterlassen.**[5] Die Voraussetzung für einen tatsächlichen Anspruch bildet allerdings auch hier der Eintritt eines Schadens infolge des Gesetzesverstoßes.[6] Das Verschulden des Unternehmens muss sich für einen Anspruch nach § 823 Abs. 2 BGB lediglich auf die Verletzung des Schutzgesetzes, nicht jedoch auf dessen schädigende Wirkung beziehen.[7] Die **Ausdehnung der Haftung** durch diese

---

1 *Raue*, NJW 2017, 1841, 1844.

2 *Förster* in Bamberger/Roth/Hau/Poseck, BeckOK/BGB, § 823 Rz. 90 m.w.N.

3 *Förster* in Bamberger/Roth/Hau/Poseck, BeckOK/BGB, § 823 Rz. 90 m.w.N.

4 *Förster* in Bamberger/Roth/Hau/Poseck, BeckOK/BGB, § 823 Rz. 263 m.w.N.

5 *Förster* in Bamberger/Roth/Hau/Poseck, BeckOK/BGB, § 823 Rz. 263 m.w.N.

6 *Förster* in Bamberger/Roth/Hau/Poseck, BeckOK/BGB, § 823 Rz. 263 m.w.N.

7 *Sprau* in Palandt, BGB, § 823 Rz. 60.

Anspruchsvoraussetzungen wird praktisch verdeutlicht, wenn ein Schutzgesetz bei Verstößen wegen fahrlässigem Verhalten – ohne Eintritt einer Rechtsgutsverletzung – Schadensersatzansprüche ermöglicht.[1] In solchen Fällen muss das Unternehmen Dritten **reine Vermögensschäden** ersetzen.[2] Um einer übermäßigen Ausweitung der Haftung entgegenzuwirken, werden an die **Schutzgesetzeigenschaft** einzelner Vorschriften daher **relativ strenge Voraussetzungen** gestellt.[3]

Ein „Schutzgesetz" ist jede Rechtsnorm, die zumindest auch den Einzelnen oder einzelne   262
Personenkreise **gegen die Verletzung eines bestimmten Rechtsguts** schützen soll.[4] Für einen derartigen **Individualschutz** ist nicht die Wirkung der Vorschrift entscheidend, sondern deren **Inhalt und Zweck** nach dem **Willen des Gesetzgebers**.[5] Im Schaden des Dritten muss sich zudem das Risiko verwirklichen, vor dem die Rechtsnorm schützen will.[6] **Rechtspflichten im Bereich der IT-Sicherheit** dienen **regelmäßig nicht nur** dem **Schutz des Unternehmens** vor inneren und äußeren Bedrohungen, sondern sollen **auch Dritte** schützen, die vom Einsatz der IT im Unternehmen betroffen sind, etwa als Kunden oder Geschäftspartner des jeweiligen Unternehmens. Beim Verstoß des Unternehmens gegen eine Vorschrift aus dem Bereich der IT-Sicherheit besteht daher stets die Möglichkeit, dass diese zugleich dem Schutz von Individualinteressen dient und daher Schadensersatzansprüche der Betroffenen nach § 823 Abs. 2 BGB i.V.m. dem Schutzgesetz auslöst. Im Bereich des Rechts der IT-Sicherheit **fehlt** es derzeit jedoch weitgehend **an einschlägiger Rechtsprechung**, so dass hinsichtlich der deliktischen Inanspruchnahme für die Verletzung von IT-Sicherheitsrecht ein nicht unerhebliches Maß an Rechtsunsicherheit herrscht.[7]

Beispiele für (wohl) als „Schutzgesetz" anerkannte Vorschriften aus dem Bereich des IT-Sicherheitsrechts:

– Der wohl überwiegende Teil der Vorschriften des allg. Datenschutzrechts, insbesondere Art. 32 DSGVO (siehe Rz. 290 ff.)

– Sicherheitsvorkehrungen, § 13 Abs. 7 TMG (siehe Rz. 409 ff.)

– Information der Betroffenen über Datenschutzverletzungen, § 109a TKG (siehe Rz. 438 ff.)

– Datenveränderung, § 303a StGB

– Untreue, § 266 StGB (siehe Rz. 283 ff.)

– Straftaten der Verletzung von Betriebs- und Geschäftsgeheimnissen, §§ 17, 18 UWG (siehe Rz. 116 ff.)

Wie bereits gezeigt (s. Rz. 254 ff.), gehört die Haftung des Unternehmens für Schäden, die   263
durch eines seiner Produkte an Rechtsgütern Dritter verursacht werden, zu einem gesicherten Anwendungsbereich des Deliktsrechts.[8] Die verschuldensabhängige Produzentenhaftung nach

---

1 *Förster* in Bamberger/Roth/Hau/Poseck, BeckOK/BGB, § 823 Rz. 264 m.w.N.
2 *Förster* in Bamberger/Roth/Hau/Poseck, BeckOK/BGB, § 823 Rz. 264.
3 *Förster* in Bamberger/Roth/Hau/Poseck, BeckOK/BGB, § 823 Rz. 264 m.w.N.
4 *Förster* in Bamberger/Roth/Hau/Poseck, BeckOK/BGB, § 823 Rz. 273; *Staudinger* in Schulze, BGB, § 823 Rz. 146.
5 *Förster* in Bamberger/Roth/Hau/Poseck, BeckOK/BGB, § 823 Rz. 273 m.w.N.
6 *Staudinger* in Schulze, BGB, § 823 Rz. 150; *Sprau* in Palandt, BGB, § 823 Rz. 59.
7 S. für die nachfolgenden Beispiele *Wagner* in MünchKomm/BGB, § 823 Rz. 525 m.w.N.; *Sprau* in Palandt, BGB, § 823 Rz. 65 (zum BDSG), 72 m.w.N.; *Spindler*, CR 2016, 297, 306 f. m.w.N.; *Mehrbrey/Schreibauer*, MMR 2016, 75, 81 m.w.N.
8 *Wagner* in MünchKomm/BGB, § 823 Rz. 777.

§ 823 Abs. 1 BGB wird in diesem Bereich durch Schutzgesetze flankiert. Dabei spielen vor allem die **Normen des Produktsicherheitsgesetzes** (ProdSG) eine tragende Rolle.[1] Zentrale Norm mit Blick auf Sicherheitspflichten und -standards ist § 3 ProdSG.[2] Danach darf ein Produkt nur dann auf dem Markt bereitgestellt werden, wenn es die vorgesehenen Anforderungen erfüllt und die Sicherheit und Gesundheit von Personen oder andere normierte Rechtsgüter bei bestimmungsgemäßer oder vorhersehbarer Verwendung nicht gefährdet. Das ProdSG findet nur auf „Produkte" i.S.d. § 2 Nr. 22 ProdSG Anwendung. Hardware-Komponenten fallen unproblematisch unter diesen Produkt-Begriff, wohingegen die Frage der **Produkteigenschaft von Software** nach wie vor **umstritten ist**.[3]

264 IT-Sicherheitsdefizite und Produktsicherheitsdefizite treffen vor allem dann zusammen, wenn die Produktion vorrangig systemgesteuert stattfindet. Dies ist besonders bei der Industrie 4.0 der Fall: Kommt es durch IT-Sicherheitsdefizite zu einem Cyber-Angriff auf die **Produktionssysteme** und dadurch zu Ausfällen oder Störungen, drohen systembedingte Produktionsfehler, die sich als **Fertigungsfehler im Endprodukt** niederschlagen können.[4] Mangelnde IT-Sicherheit kann dann zu mangelnder Produktsicherheit werden, so dass sich diese beiden gesetzlich vorgesehenen Schutzziele gewissermaßen überschneiden.[5] Dennoch ist die Haftung nach § 823 Abs. 2 BGB i.V.m. dem ProdSG in der Praxis von **untergeordneter Relevanz**, da dessen sachlicher **Schutzbereich auf Personenschäden beschränkt** ist, die als Folge von IT-Sicherheitsdefiziten kaum denkbar sind.[6] Eine eigene Anspruchsgrundlage für Schadensersatzforderungen hält das ProdSG ebenfalls nicht vor.

c) Haftung nach § 831 BGB für Verrichtungsgehilfen

265 § 831 BGB begründet eine **Haftung** des Geschäftsherrn **für** sein **eigenes Verschulden bei** der **Auswahl des Verrichtungsgehilfen**, der Beschaffung sachlicher Hilfsmittel oder bei Leitungsmaßnahmen, durch welche Dritte zu Schaden kommen.[7] Bei **IT-Sicherheitsverstößen** kann sich aus § 831 BGB eine **Haftung des Unternehmens für** zum Schadensersatz verpflichtendes **Verhalten von Mitarbeitern** ergeben.[8] Die Haftung für Verschulden der Unternehmensleitung erfolgt wegen der Zurechnung über § 31 BGB im Deliktsrecht über § 823 BGB, aber nicht § 831 BGB.[9]

266 Wesentliche Voraussetzung eines Anspruchs nach § 831 BGB ist, dass ein **Verrichtungsgehilfe** Dritte in Ausführung der ihm übertragenen Tätigkeit schädigt. Verrichtungsgehilfen des Unternehmens sind dabei solche Personen, die in irgendeiner Weise für das Unternehmen tätig sind und dabei **abhängig sowie weisungsgebunden** sind.[10] Das Unternehmen muss dazu in der Lage sein, die Tätigkeit dem Handelnden jederzeit zu entziehen, sie zu beschränken oder nach Zeit und Umfang zu regeln.[11] Besonders eine Unternehmenshaftung für **Arbeitnehmer** steht auf Grundlage dieser Voraussetzungen im Kernbereich des § 831

---

1 *Wagner* in MünchKomm/BGB, § 823 Rz. 868 ff.; *Sprau* in Palandt, BGB, § 823 Rz. 68.
2 *Wagner* in MünchKomm/BGB, § 823 Rz. 869.
3 *Klindt/Schucht* in Klindt, ProdSG, § 2 Rz. 164 m.w.N.
4 *Bräutigam/Klindt*, NJW 2015, 1137, 1140 m.w.N.
5 *Bräutigam/Klindt*, NJW 2015, 1137, 1140 m.w.N.
6 *Wagner* in MünchKomm/BGB, § 823 Rz. 870 m.w.N.
7 *Staudinger* in Schulze, BGB, § 831 Rz. 1.
8 *Roth/Schneider*, ITRB 2005, 19, 20.
9 *Staudinger* in Schulze, BGB, § 831 Rz. 4; *Wagner* in MünchKomm/BGB, § 831 Rz. 19.
10 *Wagner* in MünchKomm/BGB, § 831 Rz. 14.
11 *Wagner* in MünchKomm/BGB, § 831 Rz. 14 m.w.N.

BGB.[1] Bei der Rechtsgutverletzung muss der Verrichtungsgehilfe in Ausführung seiner Tätigkeit gehandelt haben, also muss ein unmittelbarer, innerer **Zusammenhang** zwischen der Verrichtung seiner **Tätigkeit und** der **schädigenden Handlung** bestehen.[2] Da sich die IT-Sicherheit im Unternehmen nur unter Beteiligung aller Abteilungen und Mitarbeiter umsetzen lässt, bspw. über Verhaltensvorgaben in Betriebsrichtlinien (s. Rz. 167 ff.), lassen sich IT-Sicherheitsvorfälle regelmäßig auf ein Fehlverhalten von Arbeitnehmern im Rahmen ihrer Arbeitstätigkeit zurückführen. Damit liegen entsprechend auch die Voraussetzungen des § 831 BGB regelmäßig vor. § 831 Abs. 1 Satz 2 BGB sieht eine **Entlastungsmöglichkeit** für das Unternehmen vor, wenn es nachweisen kann, bei der Auswahl, Instruktion und Überwachung des Verrichtungsgehilfen die im Verkehr erforderliche Sorgfalt eingehalten zu haben.[3] Diese **Exkulpationsmöglichkeit** spielt allerdings regelmäßig eine **rein theoretische Rolle**.[4] Da das Unternehmen eine Pflicht zur ordnungsgemäßen Unternehmensorganisation trifft, welche die Schädigung Dritter durch interne Arbeitsabläufe gerade verhindern soll (s. Rz. 258), kommt eine Entlastung für Organisationsdefizite bei Unternehmen kaum in Betracht.[5]

4. Verschuldensunabhängige Produkthaftung

Neben die deliktische, verschuldensabhängige Produzentenhaftung (s. Rz. 259) tritt die **verschuldensunabhängige Produkthaftung** nach dem **ProdHaftG**, welche in ihrer praktischen Bedeutung aufgrund der **engeren Voraussetzungen** allerdings hinter der deliktischen Haftung zurückbleibt.[6] Zu beachten ist jedoch, dass die Haftung gem. § 14 ProdHaftG **vertraglich nicht abbedungen** werden kann. Nach dem ProdHaftG haften Hersteller fehlerhafter Produkte für Personen- und Sachschäden. **Produkte** i.S.d. § 2 ProdHaftG sind **bewegliche Sachen**, auch wenn sie einen Teil einer anderen beweglichen oder unbeweglichen Sache bilden. Damit fallen Hardware und einzelne Hardware-Komponenten unproblematisch unter den Produkt-Begriff, wohingegen die Frage nach der Sach- und folglich Produkteigenschaft von Software und Software-Komponenten nach wie vor umstritten ist.[7] Software sollte zumindest dann als Produkt zu qualifizieren sein, wenn sie auf einem Datenträger gespeichert und damit verkörpert ist.[8]

Eine Haftung nach § 1 ProdHaftG setzt – genau wie ein deliktischer Anspruch aus § 823 Abs. 1 BGB (s. Rz. 254) – die Verletzung geschützter Rechtsgüter voraus. Reine Vermögens-

267

268

---

1 *Förster* in Bamberger/Roth/Hau/Poseck, BeckOK/BGB, § 831 Rz. 19.

2 *Staudinger* in Schulze, BGB, § 831 Rz. 9 m.w.N.

3 *Staudinger* in Schulze, BGB, § 831 Rz. 11 m.w.N.

4 *Roth/Schneider*, ITRB 2005, 19, 20.

5 *Sprau* in Palandt, BGB, § 823 Rz. 11 m.w.N.; teilweise wird sogar befürwortet, § 831 Abs. 2 Satz 2 BGB als Exkulpationsmöglichkeit auf Unternehmen gar nicht anzuwenden, s. *Wagner* in MünchKomm/BGB, § 831 Rz. 11 m.w.N.

6 *Spindler*, Verantwortlichkeiten von IT-Herstellern, Nutzern und Intermediären, S. 85 f., abrufbar unter: https://www.bsi.bund.de/SharedDocs/Downloads/DE/BSI/Publikationen/Studien/ITSicherheitUndRecht/Gutachten_pdf.pdf?__blob=publicationFile&v= 2, zuletzt aufgerufen am 12.1.2018; *Rockstroh/Kunkel*, MMR 2017, 77, 82.

7 *Rockstroh/Kunkel*, MMR 2017, 77, 82 m.w.N.; *Förster* in Bamberger/Roth/Hau/Poseck, BeckOK/BGB, § 2 ProdHaftG Rz. 4.

8 *Spindler*, Verantwortlichkeiten von IT-Herstellern, Nutzern und Intermediären, S. 85, abrufbar unter: https://www.bsi.bund.de/SharedDocs/Downloads/DE/BSI/Publikationen/Studien/ITSicherheitUndRecht/Gutachten_pdf.pdf?__blob=publicationFile&v= 2, zuletzt aufgerufen am 12.1.2018, m.w.N.; *Rockstroh/Kunkel*, MMR 2017, 77, 82 m.w.N.; nähere Einzelheiten bei *Hoeren* in Graf von Westphalen, Vertragsrecht und AGB-Klauselwerke, IT-Verträge, Rz. 81.

schäden sind nicht ersatzfähig.[1] Eine Inanspruchnahme kommt in Betracht, wenn durch den **Fehler eines Produkts** jemand getötet, sein Körper oder seine Gesundheit verletzt oder eine **Sache beschädigt** wird. Besonders Sachschäden bilden die Folge von IT-Sicherheitsvorfällen und stehen damit im Mittelpunkt eines Haftungsrisikos. Grundsätzlich werden jedoch nur Schäden an anderen Sachen als dem fehlerhaften Produkt erfasst.[2] Zudem wird ein Anspruch gegen den Hersteller noch dadurch beschränkt, dass die beschädigte Sache gewöhnlicherweise und im konkreten Fall hauptsächlich privat genutzt wird, § 1 Abs. 1 Satz 2 Halbs. 2 ProdHaftG. Die **praktische Bedeutung** des ProdHaftG im Soft- und Hardwarebereich wird über den **Ausschluss** der Haftung **im unternehmerischen Verkehr** maßgeblich **eingeschränkt**.[3]

269 Die Rechtsgutverletzung muss durch die Fehlerhaftigkeit des Produkts verursacht worden sein, § 1 Abs. 1 ProdHaftG. Ein Produkt hat einen **Fehler**, wenn es **nicht die Sicherheit** bietet, die unter Berücksichtigung aller Umstände **berechtigt erwartet werden kann**, § 3 Abs. 1 ProdHaftG. Die Sicherheitserwartungen decken sich grundsätzlich mit den Verkehrspflichten des Herstellers nach § 823 Abs. 1 BGB, so dass auf die entsprechenden Ausführungen in Rz. 258 verwiesen werden kann und sowohl **Konstruktionsfehler** als auch **Fabrikations- und Instruktionsfehler** sowie **Produktbeobachtungsfehler** zur Fehlerhaftigkeit des Produkts führen können.[4]

270 Neben der eingeschränkten Anwendbarkeit des ProdHaftG im Fall von Sachschäden sieht § 1 Abs. 2 ProdHaftG überdies verschiedene Fälle eines **Haftungsausschlusses** vor. Im IT-Bereich ist dabei besonders § 1 Abs. 2 Nr. 5 ProdHaftG im Hinblick auf **Entwicklungsfehler** relevant: Danach haftet der Hersteller nicht für Fehler, die von ihm zum Zeitpunkt des Inverkehrbringens des Produkts nach dem Stand von Wissenschaft und Technik nicht erkannt werden konnten. **„Alte" Produkte müssen** damit **an geänderte Bedrohungslagen nicht angepasst werden**, sofern sie im Zeitpunkt ihres Inverkehrbringens fehlerlos waren. Allenfalls kann Unternehmen in solchen Fällen eine verschuldensabhängige deliktische Haftung für **Produktbeobachtungsfehler** drohen (s. Rz. 259).[5] Wohl ist aber zu beachten, dass bei der **Entwicklung neuer Produkte** die kontinuierlich ansteigenden IT-Sicherheitserwartungen zu berücksichtigen sind, da diese den Hersteller zur **Anpassung** seiner Produkte **an aktuelle Sicherheitsstandards** zwingen, um deren Fehlerhaftigkeit und damit eine verschuldensunabhängige Haftung nach dem ProdHaftG zu vermeiden.[6]

■ **Das Wesentliche in Kürze:**

Gegenüber Dritten haftet das Unternehmen für interne IT-Sicherheitsdefizite auf Schadensersatz:

1. Verschuldensabhängig aus Vertrag (§§ 280 ff. BGB)

   – Haftungserleichterungen unter Einschränkungen möglich (§§ 305 ff. BGB bei AGB zu beachten)

---

1 *Rockstroh/Kunkel*, MMR 2017, 77, 82 m.w.N.

2 *Förster* in Bamberger/Roth/Hau/Poseck, BeckOK/BGB, § 1 ProdHaftG Rz. 22 ff.

3 *Rockstroh/Kunkel*, MMR 2017, 77, 82; *Hoeren* in Graf von Westphalen, Vertragsrecht und AGB-Klauselwerke, IT-Verträge, Rz. 81.

4 *Rockstroh/Kunkel*, MMR 2017, 77, 82 m.w.N.

5 *Förster* in Bamberger/Roth/Hau/Poseck, BeckOK/BGB, § 1 ProdHaftG Rz. 54.

6 *Förster* in Bamberger/Roth/Hau/Poseck, BeckOK/BGB, § 1 ProdHaftG Rz. 54.

2. Verschuldensabhängig aus Deliktsrecht (§§ 823 ff. BGB oder Spezialgesetz)

- § 823 Abs. 1 BGB: Rechtsgutsverletzung durch Verletzung von Verkehrssicherungspflichten (Organisationsdefizite im Unternehmen, unzureichende Produktbeobach-
  tung)

- § 823 Abs. 2 BGB: Schutzgesetzverletzung, etwa IT-Sicherheitsrecht (Art. 24 DSGVO,
  § 109a TKG), ProdSG

- § 831 BGB für Verrichtungsgehilfen, v.a. IT-Sicherheitsvorfälle durch Fehlverhalten von
  Mitarbeitern

3. Verschuldensunabhängig aus § 1 ProdHaftG

- Vertraglich nicht abdingbar

- Haftung für Rechtsgutverletzung durch Produktfehler (IT-Sicherheitsdefizite) bei
  hauptsächlich privat genutzten Produkten

Auf Grundlage der vorbeschriebenen Anspruchsgrundlagen kann das Unternehmen auch
Dritte bei IT-Sicherheitsdefiziten in Anspruch nehmen. Dabei kann ggf. ein anspruchsredu-
zierendes Mitverschulden des Unternehmens nach § 254 BGB wegen der Verletzung von IT-
Sicherheitspflichten zur Kürzung der Ansprüche führen.

IV. Inanspruchnahme von Cyber-Angreifern

Wie bereits dargelegt (s. Rz. 15 ff.), wird das **Internet** immer häufiger von Dritten **als An-**   271
griffsmittel auf Unternehmen genutzt, wobei die Arten und Ziele solcher Angriffe vielfältig
sind: Zu denken ist etwa an Fälle digitaler Wirtschaftsspionage, Sabotage oder an Daten-
diebstähle. Aufgrund der hohen Praxisrelevanz von Cyber-Angriffen aus Unternehmenssicht
sollen daher die Möglichkeiten zur Inanspruchnahme von Cyber-Angreifern Erwähnung finden. Der Mangel an einschlägiger Rechtsprechung[1] verdeutlicht jedoch bereits, dass die Identifikation und erfolgreiche Inanspruchnahme von Cyber-Angreifern in der Praxis erhebliche
Schwierigkeiten bereitet.

1. Anspruchsgrundlagen

Gegen Cyber-Angreifer kommen vor allem deliktische Ansprüche gem. **§ 823 Abs. 2 BGB**   272
i.V.m. mit einem Schutzgesetz in Betracht (s. ausführlich Rz. 261 ff.).[2] Die Grundlage dafür
bilden regelmäßig Strafnormen, die vom Angreifer verletzt wurden, wie bspw.:[3]

- **§ 202a StGB – Ausspähen von Daten:** Die Vorschrift stellt den unbefugten Zugang durch
  Dritte zu geschützten Daten, die nicht für den Täter bestimmt waren, unter Überwindung der Zugangssicherung unter Strafe.

- **§ 202b StGB – Abfangen von Daten:** Bestraft werden Dritte, die sich unbefugt nicht für
  sie bestimmte Daten unter Anwendung von technischen Mitteln aus einer nichtöffent-

---

1 S. dazu *Mehrbrey/Schreibauer*, MMR 2016, 75, 75.
2 *Mehrbrey/Schreibauer*, MMR 2016, 75, 76.
3 *Mehrbrey/Schreibauer*, MMR 2016, 75, 76; *Gräfin von Brühl/Brandenburg*, ITRB 2013, 260, 261 f.;
  s. zu den nachfolgenden Ausführungen *Hassemer* in Schneider, Handbuch EDV-Recht, Teil E,
  Rz. 11-117.

lichen Datenübermittlung oder aus der elektromagnetischen Abstrahlung einer Datenverarbeitungsanlage verschaffen. Darunter fallen etwa nichtöffentliche Datenübertragungen über Telefon, Fax oder E-Mail.

– **§ 263a StGB – Computerbetrug**: Die Vorschrift stellt verschiedene Manipulationshandlungen unter Strafe, die das Ergebnis eines Datenverarbeitungsvorgangs beeinflussen, wodurch ein Vermögensschaden entsteht. Derartige Taten werden regelmäßig über das Internet verübt, zu denken ist etwa an Phishing oder Pharming.

– **§ 303a StGB – Datenveränderung**: Nach dieser Vorschrift wird bestraft, wer rechtswidrig Daten löscht, unterdrückt, unbrauchbar macht oder verändert. Die Vorschrift sichert damit die Verfügungsgewalt des Unternehmens über die in seinen Datenspeichern vorhandenen Informationen.

– **§ 303b StGB – Computersabotage**: Die Vorschrift schützt das störungsfreie Funktionieren einer Datenverarbeitungsanlage, deren Tätigkeit für einen anderen von wesentlicher Bedeutung ist. Letzteres ist etwa der Fall, wenn die Funktionsfähigkeit des Unternehmens als Ganzes nach der jeweiligen Organisationsstruktur und Aufgabenteilung ganz oder überwiegend von der Datenverarbeitung abhängig ist. Ein Beispiel dafür sind Denial of Service-Attacken.

– **§ 17 UWG – Verrat von Betriebs- und Geschäftsgeheimnissen** (s. Rz. 116 ff.).

273 Auch von **§ 823 Abs. 1 BGB erfasste Rechtsgutverletzungen** auf Seiten des Unternehmens sind denkbar, etwa auf Grundlage des Rechts am eingerichteten und ausgeübten Gewerbebetrieb (s. Rz. 255 ff.).[1] Werden etwa für Phishing-Mails oder Pharming-Seiten Bilder oder Firmenlogos verwendet, liegt regelmäßig auch ein Verstoß gegen das Urheber- oder Markenrecht des Berechtigten vor, so dass **spezialgesetzliche Schadensersatzansprüche** nach § 97 Abs. 2 UrhG sowie §§ 14 Abs. 6, 7 und 15 Abs. 5, 6 MarkenG in Betracht kommen.[2]

2. Anspruchssicherung und Vorgehen im Falle von Cyber-Angriffen

274 Auch wenn Unternehmen grundsätzlich zivilrechtliche Ansprüche gegen Cyber-Angreifer zustehen, bereitet deren Durchsetzung in der Praxis Schwierigkeiten. Cyber-**Angriffe finden typischerweise im Verborgenen statt**, so dass der Angreifer regelmäßig unbekannt oder nur schwer über **IP-Adressen zu identifizieren** ist.[3] Dabei werden eigenen Nachforschungsmaßnahmen der Unternehmen datenschutzrechtliche Grenzen gesetzt, so dass eine **Ermittlung der Täter** regelmäßig nur **über** die **Einschaltung der Staatsanwaltschaft** in Betracht kommt.[4] Diese kann gegenüber Telekommunikations- und Telemedienanbietern Auskunftsersuchen zur Feststellung der Identität der Angreifer zur Strafverfolgungszwecken nach § 113 TKG bzw. §§ 15 Abs. 5 i.V.m. § 14 Abs. 2 TMG stellen (s. Rz. 409 ff.).[5] Die Sicherung der IP-Adresse des Cyber-Angreifers, sofern sie im Einzelfall feststellbar ist, ist damit die entscheidende Maßnahme, mit welcher Unternehmen ihre zivilrechtlichen Ansprüche gegen den Angreifer sichern können.[6]

---

1 *Gräfin von Brühl/Brandenburg*, ITRB 2013, 260, 262; *Mehrbrey/Schreibauer*, MMR 2016, 75, 76.
2 *Mehrbrey/Schreibauer*, MMR 2016, 75, 76.
3 *Gräfin von Brühl/Brandenburg*, ITRB 2013, 260, 262; *Mehrbrey/Schreibauer*, MMR 2016, 75, 76.
4 Mit weiteren Einzelheiten *Gräfin von Brühl/Brandenburg*, ITRB 2013, 260, 262.
5 *Gräfin von Brühl/Brandenburg*, ITRB 2013, 260, 262.
6 *Gräfin von Brühl/Brandenburg*, ITRB 2013, 260, 262.

Im Falle von Cyber-Angriffen bietet sich zur Anspruchssicherung das nachfolgende Vorgehen an:[1]   275

(1) **Sicherung der vorhandenen Daten**: Im Falle eines Cyber-Angriff müssen schnellstmöglich sämtliche Daten gesichert werden, um den Angreifer – etwa über IP-Adressen – im Nachhinein ermitteln zu können.

(2) **Einschaltung der Staatsanwaltschaft**: Dies sollte schnellstmöglich nach dem Angriff erfolgen, damit die Staatsanwaltschaft bei Telekommunikations- und Telemedienanbietern erfolgreich Auskunftsersuchen stellen kann. Zu beachten ist das eingeschränkte Zeitfenster für Auskünfte: Sowohl Telekommunikations- als auch Telemedienanbieter können (Verbindungs-)Daten rechtskonform nur temporär, teilweise nur für wenige Tage bis Wochen aufbewahren, vgl. §§ 113b TKG, 15 TMG.[2] Ein sofortiges Handeln des Unternehmens ist also für die Erfolgsaussichten der Anspruchsdurchsetzung zwingend erforderlich.

(3) **Enger Kontakt mit der Staatsanwaltschaft**: Angesichts des engen Zeitfensters sollte das Unternehmen nach Erstattung der Strafanzeige in den folgenden Tagen engmaschig mit der Staatsanwaltschaft in Kontakt bleiben, um sicherzugehen, dass diese das Auskunftsersuchen gegen den Diensteanbieter zügig auf den Weg bringt. Während der Ermittlungen sollte das Unternehmen regelmäßig Akteneinsicht nehmen, um die Durchsetzung zivilrechtlicher Ansprüche vorzubereiten. Auch das Unternehmen sollte den Telekommunikations- oder Telemedienanbieter selbst schnellstmöglich über das anstehende Strafverfahren informieren.

(4) **Information von Vertragspartnern und Kunden**: Um Reputationsverlusten und Sicherheitsrisiken für Vertragspartner und Kunden vorzubeugen, sollten diese über Sicherheitsrisiken im Vorfeld informiert werden. Teilweise können hier auch gesetzliche, vorwiegend datenschutzrechtliche Meldepflichten gegenüber Aufsichtsbehörden oder Betroffenen bestehen, etwa gem. Art. 33, 34 DSGVO (s. Rz. 332 ff.), die es zu erfüllen gilt.

Unternehmen können Schäden durch **Cyber-Angriffe** am besten über angemessene IT-Sicherheitsstandards **vorbeugen**. Auch wenn Angriffe nicht stets verhindert werden können, können die negativen Folgen des Angriffs etwa über **Notfallpläne** (s. Rz. 186 ff.) abgemildert werden.[3] Die unternehmenseigene IT-Sicherheit dient damit dem Selbstschutz.   276

■ **Das Wesentliche in Kürze:**

Die Haftung von Cyber-Angreifern aus Deliktsrecht ist regelmäßig eher von theoretischer Relevanz, da die Anspruchssicherung in der Praxis häufig scheitert.

V. Ordnungswidrigkeiten- und Strafrecht

Die Verletzung rechtlicher Pflichten im Bereich der IT-Sicherheit kann für das Unternehmen   277
und seine Organe unter verschiedenen Gesichtspunkten zur Verwirklichung von Straftaten

---

1 *Gräfin von Brühl/Brandenburg*, ITRB 2013, 260, 263, s. auch für die nachfolgenden Ausführungen.
2 Dazu etwa BGH, Urt. v. 13.1.2011 – III ZR 146/10, MMR 2011, 341, 341 ff. mit Anm. von *Karg* = CR 2011, 178.
3 *Gräfin von Brühl/Brandenburg*, ITRB 2013, 260, 263.

oder Ordnungswidrigkeiten führen.[1] In besonderem Maße von einem solchen Haftungsrisiko betroffen ist die **Unternehmensführung**, der für die Verletzung von IT-Sicherheitspflichten eine persönliche Haftung droht. So hat die Diskussion um **„Criminal Compliance"** nicht nur in der unternehmerischen Praxis, sondern auch in der Strafrechtswissenschaft erheblich an Bedeutung gewonnen.[2] Über Konsequenzen aus dem Bereich des Ordnungswidrigkeiten- und Strafrechts soll das Unternehmen zur Einhaltung seiner rechtlichen IT-Sicherheitspflichten angehalten werden.[3] Entsprechende Verstöße bringen aufgrund dessen nicht nur Haftungsfolgen für die Unternehmensleitung, sondern auch für das **Unternehmen als solches** mit sich. Es wird gar **diskutiert**, den **IT-Sicherheitsbeauftragten** entsprechenden ordnungswidrigkeits- und strafrechtlichen **Konsequenzen auszusetzen**.

1. Haftung der Geschäftsleitung

278 Das Haftungsrisiko der Geschäftsleitung für mangelnde IT-Sicherheit ergibt sich daraus, dass diese für die Umsetzung von IT-Sicherheit im Unternehmen verantwortlich ist (s. Rz. 32 ff.). In jüngerer Zeit werden zunehmend **unternehmerische Fehlentscheidungen** im Nachhinein durch Ermittlungsbehörden und Strafgerichte einer **strafrechtlichen Kontrolle unterzogen**.[4] Der Geschäftsleitung drohen dabei vorrangig Konsequenzen aus dem Ordnungswidrigkeitenrecht, wobei auch die strafrechtliche Relevanz einer unzureichenden Geschäftsleitung Beachtung finden sollte.

a) § 130 OWiG – Verletzung der Aufsichtspflicht im Unternehmen

§ 130 OWiG – Verletzung der Aufsichtspflicht in Betrieben und Unternehmen

(1) Wer als Inhaber eines Betriebes oder Unternehmens vorsätzlich oder fahrlässig die Aufsichtsmaßnahmen unterläßt, die erforderlich sind, um in dem Betrieb oder Unternehmen Zuwiderhandlungen gegen Pflichten zu verhindern, die den Inhaber treffen und deren Verletzung mit Strafe oder Geldbuße bedroht ist, handelt ordnungswidrig, wenn eine solche Zuwiderhandlung begangen wird, die durch gehörige Aufsicht verhindert oder wesentlich erschwert worden wäre. […]

279 Der Tatbestand des § 130 OWiG richtet sich unmittelbar an Entscheidungsträger im Unternehmen – also vorrangig die Geschäftsleitung – und soll sicherstellen, dass diese Vorkehrungen treffen, um Normverstöße durch Mitarbeiter oder andere im oder für das Unternehmen tätige Personen zu verhindern.[5] Die Vorschrift beruht auf der Erwägung, dass die Geschäftsleitung kraft ihrer Organisationszuständigkeit im Unternehmen eine Garantenpflicht trifft: sie soll IT-Sicherheitsverstößen entgegenwirken, die ihrem Organisationskreis entstammen.[6] Die Relevanz dieser Bestimmung ist angesichts erheblicher innerer IT-Sicherheitsrisiken durch das Verhalten eigener Mitarbeiter nicht zu unterschätzen (s. Rz. 14). **Täter** des § 130 OWiG kann der Inhaber eines Betriebs, Unternehmens oder Konzerns sein.[7] Die Inhaberschaft be-

---

1 S. dazu auch *Schmidl* in Hauschka/Moosmayer/Lösler, Corporate Compliance, § 28 Rz. 136 ff.

2 S. die Nachweise bei *Beck* in Graf, BeckOK OWiG, § 130 Rz. 125 ff.

3 *Beck* in Graf, BeckOK OWiG, § 130 Rz. 126.

4 *Altenburg*, BB 2015, 323, 323.

5 *Rogall* in Karlsruher Kommentar zum OWiG, § 130 Rz. 1.

6 *Rogall* in Karlsruher Kommentar zum OWiG, § 130 Rz. 1 f. m.w.N.

7 *Beck* in Graf, BecKOK OWiG, § 130 Rz. 26 ff.; *Rogall* in Karlsruher Kommentar zum OWiG, § 130 Rz. 22 ff.

stimmt sich danach, **wem die Erfüllung unternehmerischer Pflichten tatsächlich obliegt.**[1] Bei Kapitalgesellschaften sind dies in erster Linie die **Mitglieder des Vorstands bzw. der Geschäftsführung.**[2] Auch Betriebsangehörige oder Dritte können allerdings Täter sein, wenn sie mit der Erfüllung von Aufgaben beauftragt wurden, die den Inhaber des Unternehmens treffen.[3] Dafür ist allerdings eine ausdrückliche Beauftragung des Betroffenen erforderlich, damit für ihn das Ausmaß der von ihm zu erfüllenden Pflichten eindeutig erkennbar ist.[4] Zudem muss der Beauftragte jedenfalls zu einem gewissen Grad eigenverantwortlich handeln können und sachliche Entscheidungskompetenz besitzen, was je nach konkreter Ausgestaltung der Position etwa beim **IT-Sicherheitsbeauftragten** der Fall ist (dazu sogleich Rz. 288 ff.).[5]

aa) Vorliegen von Aufsichtsdefiziten

Eine Aufsichtspflichtverletzung ergibt sich daraus, dass der Täter diejenigen Aufsichtsmaßnahmen unterlässt, die erforderlich und zumutbar sind, um der Gefahr von Zuwiderhandlungen gegen betriebs- und unternehmensbezogene Pflichten zu begegnen.[6] Dies umfasst **Maßnahmen zur Herstellung und Wahrung der IT-Sicherheit** im Unternehmen.[7] Der genaue Umfang der Risikoerkennungs- und Überwachungspflichten der Geschäftsleitung ist stark **einzelfallabhängig** (s. Rz. 32 ff.). Aus diesem Grund bereitet auch die Bestimmung des konkreten Ausmaßes der Aufsichtspflicht nach § 130 OWiG Schwierigkeiten.[8] Insbesondere Art, Größe und Organisation des Unternehmens sowie die Gefahrgeneigtheit der unternehmerischen Tätigkeiten spielen eine Rolle.[9] Im Konzern bezieht sich die Aufsichtspflicht der Konzernleitung lediglich auf den reinen Konzernbereich, nicht jedoch auf die Binnenaufsicht in den juristisch selbständigen Tochterunternehmen (s. Rz. 72 ff.).[10] Die unternehmensinterne Organisation ist von der Geschäftsleitung so zu strukturieren, dass eine erforderliche Überwachung auch effektiv durchgeführt werden kann.[11] Nicht jedem Unternehmen kann jedoch die Einrichtung umfassender IT-Compliance-Strukturen abverlangt werden, sondern die **Compliance-Umsetzung** liegt **im Ermessen der Geschäftsleitung** (s. Rz. 54 ff.). Eine allgemeine Pflicht zur Einrichtung eines Risikomanagement-Systems besteht – abgesehen von diesbezüglichen spezialgesetzlichen Pflichten – nicht.[12]

bb) Ahndung von Aufsichtsdefiziten

Ein vorwerfbarer Verstoß gegen die Aufsichtspflicht kann nur geahndet werden, wenn im Betrieb eine mit Strafe oder Geldbuße bedrohte Zuwiderhandlung begangen wurde und dadurch Pflichten der Geschäftsleitung verletzt wurden, was bei angemessener Ausübung der

280

281

---

1 *Rogall* in Karlsruher Kommentar zum OWiG, § 130 Rz. 25; *Beck* in Graf, BecKOK OWiG, § 130 Rz. 34.

2 *Pelz* in Hauschka/Moosmayer/Lösler, Corporate Compliance, § 5 Rz. 8. Auch Mitglieder von Kontrollorganen, insbesondere des Aufsichtsrats, unterliegen Aufsichtspflichten, deren Verletzung eine Strafe nach § 130 OWiG zur Folge haben kann.

3 *Pelz* in Hauschka/Moosmayer/Lösler, Corporate Compliance, § 5 Rz. 12.

4 *Pelz* in Hauschka/Moosmayer/Lösler, Corporate Compliance, § 5 Rz. 12 m.w.N.

5 *Pelz* in Hauschka/Moosmayer/Lösler, Corporate Compliance, § 5 Rz. 12 m.w.N.

6 *Rogall* in Karlsruher Kommentar zum OWiG, § 130 Rz. 38 m.w.N.

7 *Schmidl* in Hauschka/Moosmayer/Lösler, Corporate Compliance, § 28 Rz. 137 m.w.N.

8 *Beck* in Graf, BecKOK OWiG, § 130 Rz. 39 ff.

9 *Pelz* in Hauschka/Moosmayer/Lösler, Corporate Compliance, § 5 Rz. 16 m.w.N.; *Rogall* in Karlsruher Kommentar zum OWiG, § 130 Rz. 43 m.w.N.

10 *Pelz* in Hauschka/Moosmayer/Lösler, Corporate Compliance, § 5 Rz. 19 m.w.N.

11 *Pelz* in Hauschka/Moosmayer/Lösler, Corporate Compliance, § 5 Rz. 17 m.w.N.

12 *Rogall* in Karlsruher Kommentar zum OWiG, § 130 Rz. 40 m.w.N.

Aufsicht verhindert oder zumindest wesentlich erschwert werden könnte.[1] Damit muss die **Geschäftsleitung für IT-Compliance-Verstöße im Unternehmen einstehen,** die **straf- oder bußgeldbewährt sind.** Diesbezüglich sind vor allem bußgeldbewährte Verstöße gegen Datenschutzrecht relevant (s. Rz. 338 ff.).

282 Als **Rechtsfolge** des § 130 OWiG droht den Geschäftsleitungsmitgliedern ein **Bußgeld,** dessen Höhe von der Art und Weise der Aufsichtspflichtverletzung abhängt. Im gravierendsten Fall drohen Sanktionen bis zu 1 Mio Euro. Die Bußgeldbemessung richtet sich nach allgemeinen Regeln, wobei in erster Linie die Bedeutung der Aufsichtspflichtverletzung und die Vorwerfbarkeit des Verhaltens der Geschäftsleitung, sowie deren wirtschaftliche Verhältnisse zu berücksichtigen sind.[2]

b) § 266 StGB – Unternehmerische Fehlentscheidungen als Untreue?

283 In den vergangenen Jahren haben Strafgerichte den Versuch unternommen, wirtschaftliche Risikoentscheidungen der Geschäftsleitung strafrechtlich zu bewerten.[3] Auch wenn eine Verurteilung bisher nicht stattfand und es nicht immer zur Anklage kommt, hat die **Anzahl** von **Ermittlungsverfahren wegen wirtschaftlichen Fehlentscheidungen** der Geschäftsleitung **beachtlich zugenommen.**[4] Das Ermittlungsrisiko im Zusammenhang mit Management-Entscheidungen sollte daher von Unternehmen nicht unterschätzt werden.

284 Die Grundlage für derartige Ermittlungen bildet der Tatbestand der Untreue in Form des Treubruchs nach § 266 Abs. 1 Alt. 2 StGB. Danach wird bestraft, wer die ihm obliegende Pflicht verletzt, fremde Vermögensinteressen wahrzunehmen und dadurch demjenigen, dessen Vermögen er zu betreuen hat, einen Nachteil zufügt. **Finanzielle Schäden des Unternehmens durch IT-Sicherheitsdefizite** können unter diesem Gesichtspunkt strafrechtliche Relevanz entfalten. Eine **Vermögensbetreuungspflicht** trifft kraft Gesetzes die Geschäftsleitung des Unternehmens.[5] Ob die **Schlechterfüllung** einer auf die IT-Sicherheit des Unternehmens bezogenen Organisations- und Handlungspflicht der Geschäftsleitung als Verletzung einer Vermögensbetreuungspflicht in Betracht kommt, ist von der Beherrschbarkeit der potentiellen Risiken und der Zumutbarkeit entsprechender Präventionsmaßnahmen abhängig.[6] Als Verletzung von Vermögensbetreuungspflichten kommt dabei nicht nur eigenes Handeln oder Unterlassen der Geschäftsleitung, sondern ggf. auch das Nichteinschreiten gegen schädigendes Verhalten von Mitarbeitern oder Dritten in Betracht.[7]

Beispiele für die Schlechterfüllung der IT-Sicherheitspflichten der Geschäftsleitung:

– Nichtergreifen erforderlicher technischer und organisatorischer Schutzmaßnahmen gegen Computerviren;

---

1 *Rogall* in Karlsruher Kommentar zum OWiG, § 130 Rz. 76; *Schmidl* in Hauschka/Moosmayer/Lösler, Corporate Compliance, § 28 Rz. 137.

2 *Rogall* in Karlsruher Kommentar zum OWiG, § 130 Rz. 122.

3 *Altenburg*, BB 2015, 323, 323; *Schmidl* in Hauschka/Moosmayer/Lösler, Corporate Compliance, § 28 Rz. 151 m.w.N.

4 *Altenburg*, BB 2015, 323, 323 m.w.N.

5 *Dierlamm* in MünchKomm/StGB, § 266 Rz. 92-95 m.w.N.; *Schmidl* in Hauschka/Moosmayer/Lösler, Corporate Compliance, § 28 Rz. 151 m.w.N.

6 *Schmidl* in Hauschka/Moosmayer/Lösler, Corporate Compliance, § 28 Rz. 155 m.w.N.

7 *Schmidl* in Hauschka/Moosmayer/Lösler, Corporate Compliance, § 28 Rz. 155 m.w.N., s. auch für die nachfolgenden Beispiele.

– Nichtanfertigen eines IT-Sicherheitskonzepts;

– unzureichende Überwachung und Kontrolle der Einhaltung von IT-Sicherheitsstandards durch die Mitarbeiter im Unternehmen.

Da die Geschäftsleitung im Hinblick auf die Umsetzung von IT-Compliance allerdings einen weiten Ermessensspielraum hat (s. Rz. 58 ff.) und ohnehin einer jeden wirtschaftlichen Entscheidung das Risiko ihres Scheiterns anhaftet, ist bisher **ungeklärt, wann** derartige **Fehlentscheidungen zu strafrechtlich relevanten Pflichtverletzungen werden**.[1] Diese Rechtsunsicherheit wird über das subjektive Vorsatzerfordernis weiter ergänzt: Für die Strafbarkeit der Geschäftsleitung genügt bereits bedingter Vorsatz, so dass sie es lediglich für möglich halten muss, dass ihre Entscheidung pflichtwidrig ist und dadurch ein Schaden entstehen könnte.[2] In der Praxis dürfte der Geschäftsleitung bei Risikoentscheidungen regelmäßig bewusst sein, dass ein finanzielles Verlustrisiko besteht, so dass der subjektive Tatbestand erfüllt wird.[3] Im Falle einer rechtswidrigen und schuldhaften Verletzung des § 266 StGB droht der Geschäftsleitung eine Freiheitsstrafe bis zu fünf Jahren oder eine Geldstrafe. Da sich das Ausmaß des **Haftungsrisikos mangels fehlender Kasuistik nur schwer einschätzen** lässt, sollten Unternehmen unbedingt künftige Rechtsentwicklungen beobachten.

285

2. Haftung des Unternehmens

Eine Strafbarkeit von Unternehmen nach dem StGB sieht das deutsche Strafrecht bisher nicht vor.[4] Allerdings zeigen sich im **Ordnungswidrigkeitenrecht** deutliche Tendenzen, die **Vermögensabschöpfung für strafbare Handlungen bei den (begünstigten) Unternehmen** zu forcieren.[5] Die Grundlage für eine Sanktionierung von Unternehmen bilden dabei die §§ 9, 30, 130 OWiG. **§ 30 OWiG** ermöglicht die Festsetzung einer Geldbuße gegen juristische Personen unter der Voraussetzung, dass deren Repräsentanten (Organe, Vorstände, Vertreter, sonstige Leitungspersonen) eine Straftat oder Ordnungswidrigkeit begangen haben, durch die entweder Pflichten des Unternehmens verletzt worden sind oder die zu dessen Bereicherung geführt haben oder führen sollten.[6] Die Vorschrift ermöglicht damit als „Brücke" die **Zurechnung der Verletzung von Aufsichtspflichten nach § 130 OWiG** durch die Geschäftsleitung und damit in der Konsequenz die Zurechnung strafbewehrter Pflichtverletzungen durch Mitarbeiter des Unternehmens, welche durch Aufsichts- und Organisationsdefizite ermöglicht wurden (s. Rz. 279 ff.).[7] Neben der Verletzung des § 130 OWiG als Hauptanwendungsfall einer Unternehmenssanktionierung auf Grundlage der § 30 OWiG kommen grundsätzlich auch andere **Pflichtverletzungen durch die Geschäftsleitung als Anknüpfungstat** in Betracht.[8] Voraussetzung dafür ist, dass es sich um Pflichten handelt, die das Unternehmen als solches treffen.[9] So kann auch eine strafrechtlich relevante Verletzung von Verkehrssiche-

286

---

1 *Schmidl* in Hauschka/Moosmayer/Lösler, Corporate Compliance, § 28 Rz. 156 m.w.N.; *Altenburg*, BB 2015, 323, 324 f. m.w.N.

2 *Altenburg*, BB 2015, 323, 325 m.w.N.

3 *Altenburg*, BB 2015, 323, 325.

4 Dazu etwa *Joecks* in MünchKomm/StGB, Einleitung Rz. 124 f. m.w.N.; *Meyberg* in Graf, BecKOK OWiG, § 30 Rz. 1 m.w.N.

5 *Joecks* in MünchKomm/StGB, Einleitung Rz. 124.

6 *Rogall* in Karlsruher Kommentar zum OWiG, § 30 Rz. 1.

7 *Meyberg* in Graf, BecKOK OWiG, § 30 Rz. 12 m.w.N.

8 *Meyberg* in Graf, BecKOK OWiG, § 30 Rz. 78.

9 Zu den Einzelheiten *Meyberg* in Graf, BecKOK OWiG, § 30 Rz. 77 ff.

rungspflichten oder gar die Verwirklichung des Untreue-Tatbestands durch die Geschäftsleitung zur Haftung des Unternehmens auf der Grundlage von § 30 OWiG führen.[1]

287 Entsprechende Unternehmensgeldbußen können gem. § 30 Abs. 2 OWiG **bis zu 10 Mio. Euro** betragen.[2] Zumessungsgrundlagen bilden u.a. die Bedeutung der Ordnungswidrigkeit oder Straftat und der die Geschäftsleitung treffende Vorwurf sowie die wirtschaftlichen Verhältnisse des Unternehmens.[3] Hat das Unternehmen aus der Tat einen wirtschaftlichen Vorteil gezogen, kann der gesetzliche Bußgeldhöchstbetrag sogar überschritten werden, um den aus der Tat bezogenen Vorteil abzuschöpfen.[4]

3. Haftung des IT-Sicherheitsbeauftragten

288 Wie zuvor aufgezeigt, liegt es vorrangig im Verantwortungsbereich der Geschäftsleitung, für Straftaten oder Ordnungswidrigkeiten im Unternehmenskreis einzustehen. Dies ergibt sich aus der Garantenstellung der **Geschäftsleitung**: Durch die Übernahme der Leitung und Organisation des Unternehmens obliegt ihr eine **„Sonderverantwortlichkeit" für die Integrität** dieses Aufgabenbereichs.[5] Diese umfasst ihre Verantwortlichkeit für die **Herstellung und Aufrechterhaltung von IT-Sicherheit** im Unternehmen (s. Rz. 32 ff.). Wie bereits gezeigt, übernimmt vertraglich jedoch auch ein ggf. vorhandener IT-Sicherheitsbeauftragter im Unternehmen wichtige Pflichten und Funktionen in Bezug auf die unternehmenseigene IT-Sicherheit (s. Rz. 146 f.). So erkennt der BGH an, dass **auch dienst- bzw. arbeitsvertragliche Pflichten eine haftungsbegründende Garantenstellung entstehen lassen können.**[6] Unter diesem Gesichtspunkt wird eine ordnungswidrigkeiten- und strafrechtliche **Haftung des IT-Sicherheitsbeauftragten diskutiert.**[7]

289 Bisher stand vorrangig die Geschäftsleitung im Fokus der Ermittlungsbehörden. In einem Urteil aus dem Jahr 2009 hat der BGH allerdings zur **Garantenstellung** eines Compliance-Officers Stellung genommen.[8] Im genannten Fall wurde der Leiter der Innenrevision wegen Beihilfe zum Betrug durch Unterlassen zu einer Geldstrafe verurteilt, weil er trotz Kenntnis der erforderlichen Umstände nichts gegen betrügerische Manipulationen von Abrechnungen durch ein Vorstandsmitglied unternommen hatte. IT-Sicherheitsbeauftragte sollten sich klar machen, dass auch ihre **Position eine strafrechtliche Haftung durch Unterlassen** grundsätzlich **begründen kann.** In einem solchen Fall müssen IT-Sicherheitsbeauftragte für Verstöße gegen IT-Sicherheitsrecht aus dem Unternehmenskreis einstehen. Maßgeblich für eine entsprechende Garantenstellung ist neben der Übernahme eines bestimmten Pflichtenkreises ein damit einhergehendes **besonderes Vertrauensverhältnis.**[9] Dem Beauftragten muss es nicht nur obliegen, unternehmensinterne Prozesse zu optimieren und gegen das Unternehmen gerichtete Pflichtverstöße aufzudecken und künftig zu verhindern, sondern auch **vom Unternehmen ausgehende Rechtsverstöße zu beanstanden und zu unterbinden.**[10] Dies ist

---

1 *Rogall* in Karlsruher Kommentar zum OWiG, § 30 Rz. 93 f. m.w.N.
2 Zu den Einzelheiten *Rogall* in Karlsruher Kommentar zum OWiG, § 30 Rz. 130 ff. m.w.N.
3 *Rogall* in Karlsruher Kommentar zum OWiG, § 30 Rz. 134.
4 *Meyberg* in Graf, BecKOK OWiG, § 30 Rz. 98 m.w.N.
5 *Conrad* in Auer-Reinsdorff/Conrad, IT- und Datenschutzrecht, § 33 Rz. 136 f.
6 BGH, Urt. v. 17.7.2009 – 5 StR 394/08, BKR 2009, 422, 424 = CR 2009, 699.
7 S. dazu die Darstellung und Nachweise bei *Conrad* in Auer-Reinsdorff/Conrad, IT- und Datenschutzrecht, § 33 Rz. 136 ff.; *Barton*, RdV 2010, 19, 19 ff.
8 BGH, Urt. v. 17.7.2009 – 5 StR 394/08, BKR 2009, 422, 422 ff.
9 BGH, Urt. v. 17.7.2009 – 5 StR 394/08, BKR 2009, 422, 424.
10 BGH, Urt. v. 17.7.2009 – 5 StR 394/08, BKR 2009, 422, 424.

bei Compliance-Officers regelmäßig der Fall, da sie für die Unterbindung von Rechtsverstößen durch innere und äußere Risiken verantwortlich sind.[1] Auch der IT-Sicherheitsbeauftragte übernimmt in der Praxis häufig entsprechende Verantwortlichkeiten, indem er die Einhaltung von IT-Sicherheitspflichten im Unternehmen sicherstellt (s. Rz. 129 ff.). Daher sollte eine entsprechende Haftungsgefahr nicht außer Betracht gelassen werden, auch wenn die Frage nach der Übertragbarkeit dieser Rechtsprechung auf den IT-Sicherheitsbeauftragten noch nicht abschließend geklärt ist.

■ **Das Wesentliche in Kürze:**

Eine Haftung der Geschäftsleitung kommt insbesondere auf folgenden Grundlagen in Betracht:

– aus § 130 OWiG wegen Verletzung ihrer Überwachungspflicht → Geldbußen bis zu 1 Mio. Euro

– strafrechtliche Haftung durch Unterlassen (gesetzl. Garantenstellung) → Freiheitsstrafe/Geldbuße

– ggf. aus § 266 StGB wegen finanziellen Schäden des Unternehmens durch IT-Compliance-Verstöße (fehlende Kasuistik) → Freiheitsstrafe/Geldbuße

Auch eine Haftung des Unternehmens aus § 30 OWiG kommt über eine Zurechnung der Ordnungwidrigkeiten/Straftaten der Geschäftsleitung in Betracht. Dabei drohen Geldbußen von bis zu 10 Mio. Euro.

Ggf. kommt auch eine strafrechtliche Haftung des IT-Sicherheitsbeauftragten durch Unterlassen in Betracht. Es fehlt allerdings an Kasuistik, ob tatsächlich eine haftungsbegründende Garantenstellung besteht.

---

1 BGH, Urt. v. 17.7.2009 – 5 StR 394/08, BKR 2009, 422, 424 m.w.N.

C. Datenschutz und IT-Sicherheit

I. Vorbemerkung

Eine der bedeutsamsten Quellen des Rechts der IT-Sicherheit bildet das Datenschutzrecht, 290 welches Vorgaben hinsichtlich der **Sicherheit personenbezogener Daten** aufstellt. Der Schutz dieser aus Sicht der betroffenen Personen besonders schützenswerten Informationen wird über unterschiedliche **Anforderungen an die unternehmenseigenen IT-Systeme und Verfahrensabläufe** gewährleistet. Personenbezogene Daten haben sich längst zu einem wertvollen Wirtschaftsgut entwickelt und spielen auch **im Unternehmensalltag** eine **wichtige Rolle**.[1] So verarbeiten Unternehmen täglich personenbezogene Daten von Mitarbeitern, Kunden oder Geschäftspartnern. Aus diesem Grund müssen die Vorgaben des Datenschutzrechts berücksichtigt werden, nicht zuletzt unter dem Gesichtspunkt, dass mit der Schaffung der **DSGVO** unlängst nicht nur eine Verschärfung der Datenschutzanforderungen, sondern gleichsam auch der drohenden Bußgelder für entsprechende Verstöße stattgefunden hat.

II. Rechtsentwicklung und Rechtsquellen

Mit der raschen Zunahme IT-gestützter Unternehmensführung und dem Anstieg massen- 291 hafter und schneller Verarbeitungen von Daten riefen die dadurch auftretenden **Risiken für die Persönlichkeitsrechte** der Betroffenen bereits in den 1970er Jahren den Gesetzgeber auf den Plan.[2] Das Datenschutzniveau wurde im Zuge zahlreicher Anpassungen des BDSG seitdem stetig angehoben. Dafür war ganz erheblich auch das **Tätigwerden des europäischen Gesetzgebers** entscheidend. Nicht nur Daten können ohne weiteres nationale Landesgrenzen überwinden, sondern auch die Geschäftstätigkeiten von Unternehmen beschränken sich häufig nicht bloß auf den nationalen Kontext. Um die erheblich voneinander abweichenden Datenschutzbestimmungen in den Mitgliedstaaten der EG (jetzt: EU) anzugleichen und damit Rechtssicherheit in Bezug auf grenzüberschreitende Verarbeitungsvorgänge zu schaffen, wurde 1995 die EG-Datenschutzrichtlinie[3] verabschiedet.[4]

Bei der Umsetzung der **EG-Datenschutzrichtlinie** ins nationale Recht der Mitgliedstaaten 292 konnte das verfolgte Ziel der Angleichung des Datenschutzniveaus innerhalb der EU nicht vollständig erreicht werden. Ausgehend von den nationalen Umsetzungsgesetzen wurden unterschiedliche Datenschutz-Regime und damit auch unterschiedliche nationale IT-Sicherheitsvorgaben in Bezug auf die Verarbeitung personenbezogener Daten aufrechterhalten. Datenverarbeitungen, die in einem EU-Mitgliedstaat rechtskonform waren, konnten in einem anderen im Hinblick auf die spezifische Ausführung der Verarbeitung rechtswidrig sein.[5] Zur endgültigen Angleichung des Datenschutzes innerhalb der EU wurde die am 25.5.2018 in

---

1 *Reiners*, ZD 2015, 51, 55; *Martini* in Paal/Pauly, DSGVO, Art. 25 Rz. 45; *Voigt/von dem Bussche*, Handbuch DSGVO, 1. Aufl. (im Erscheinen), Teil 1.
2 *Ronellenfitsch* in Wolff/Brink, BeckOK DatenschutzR, Einleitung zum BDSG Rz. 6; zur historischen Entwicklung auch *Simitis* in Simitis, BDSG, Einleitung Rz. 1 ff.
3 Richtlinie 95/46/EG des Europäischen Parlaments und des Rates vom 24.10.1995 zum Schutz natürlicher Personen bei der Verarbeitung personenbezogener Daten und zum freien Datenverkehr, ABl. EG Nr. L 281 v. 23.11.1995, S. 31–50.
4 *Voigt/von dem Bussche*, Handbuch DSGVO, 1. Aufl. (im Erscheinen), Teil 1.1.1; *Polenz* in Kilian/Heussen, Computerrechts-Handbuch, Grundbegriffe, Rz. 3.
5 *Voigt/von dem Bussche*, Handbuch DSGVO, 1. Aufl. (im Erscheinen), Teil 1.1.1.

Kraft tretende **EU-Datenschutz-Grundverordnung**[1] geschaffen, die in allen EU-Mitgliedstaaten unmittelbare Anwendung findet.

1. DSGVO und BDSG-neu

293   Durch die **unmittelbare Anwendbarkeit der DSGVO** innerhalb der EU-Mitgliedstaaten wird ein einheitliches datenschutzrechtliches IT-Sicherheitsniveau geschaffen. Die Rechtsform der europäischen Verordnung lässt grundsätzlich keinen Raum für das Tätigwerden des nationalen Gesetzgebers, so dass die Regelungen des BDSG-alt[2] nicht mehr zur Anwendung gelangen können.[3] Für Unternehmen bedeutet die Vereinheitlichung des Datenschutzstandards **innerhalb der EU** eine erhöhte **Rechtssicherheit hinsichtlich** der Anforderungen an ihre Datenverarbeitungstätigkeiten. Davon erhofft sich die EU nicht zuletzt eine Förderung der digitalen Wirtschaft im europäischen Binnenmarkt.[4] An Unternehmen stellt die DSGVO im Vergleich zur bisherigen Rechtslage erhöhte **IT-Sicherheitsanforderungen**. Neben der Verschärfung bereits bestehender Datenschutzpflichten und Bußgeldrahmen werden auch neue Pflichten eingeführt.

294   Trotz ihrer Allgemeinverbindlichkeit lässt die DSGVO über zahlreiche **Öffnungsklauseln** einen **Spielraum** für die EU-Mitgliedstaaten **zur Schaffung nationaler Regelungen** zur Ergänzung der Verordnung. Dadurch bestehen auch künftig in begrenztem Rahmen nationale Besonderheiten hinsichtlich der datenschutzrechtlichen IT-Sicherheitsstandards fort. Deutschland hat von diesem Spielraum insbesondere im **BDSG-neu**[5] Gebrauch gemacht. In Deutschland tätige oder ansässige Unternehmen (zum Anwendungsbereich s. Rz. 298 ff.) müssen aus diesem Grund die IT-Sicherheitsvorgaben der DSGVO und des BDSG-neu gleichermaßen einhalten. So **gehen die Regelungen der DSGVO dem BDSG-neu grundsätzlich vor**, wobei das **BDSG-neu zur Anwendung** gelangt, sofern die DSGVO nationale Regelungen über entsprechende **Öffnungsklauseln** ermöglicht, § 1 Abs. 5 BDSG-neu.

2. Bereichsspezifisches Datenschutzrecht

295   Die relevanten datenschutzrechtlichen IT-Sicherheitsvorschriften sind auf verschiedene Spezialgesetze verteilt. Ergänzend zu bzw. anstelle der Regelungen des allgemeinen Datenschutzrechts aus der DSGVO und dem BDSG-neu kommt ggf. bereichsspezifisches Datenschutzrecht zur Anwendung. So **verdrängen** bereichsspezifische Datenschutzregelungen auf nationaler Ebene **entsprechende Regelungen des BDSG-neu**, § 1 Abs. 2 BDSG-neu. Praxisrelevante Regelungen enthalten etwa das **TMG** im Bereich der Telemedien (s. Rz. 409 ff.) sowie das **TKG** im Telekommunikationsbereich (s. Rz. 438 ff.). Trotz Regelung im BDSG-neu bestehen **Unklarheiten beim Zusammenspiel** dieser **verschiedenen Rechtsquellen des Datenschutz-**

---

1 Verordnung (EU) 2016/679 des Europäischen Parlaments und des Rates vom 27.4.2016 zum Schutz natürlicher Personen bei der Verarbeitung personenbezogener Daten, zum freien Datenverkehr und zur Aufhebung der Richtlinie 95/46/EG, ABl. EU Nr. L 119 v. 4.5.2016, S. 1–88.

2 Bundesdatenschutzgesetz in der Fassung der Bekanntmachung vom 14.1.2003.

3 *Ruffert* in Calliess/Ruffert, EUV/AEUV, Art. 288 AEUV Rz. 19 f.; Ständige Rechtsprechung etwa EuGH, Entsch. v. 14.12.1971, Politi./.Finanzministerium Italien, Rs. 43/71, ErwGr. 9; EuGH, Entsch. v. 17.5.1972, Orsolina Leonesio./.Italien, ErwGr. 5 f.

4 ErwGr. 9 DSGVO.

5 Gesetz zur Anpassung des Datenschutzrechts an die Verordnung (EU) 2016/679 und zur Umsetzung der Richtlinie (EU) 2016/680 (Datenschutz-Anpassungs- und Umsetzungsgesetz EU), BGBl. I Nr. 44 (5.7.2017).

rechts.[1] Die Datenschutzvorschriften des TMG sowie des TKG wurden teilweise als Umsetzungsrechtsakte zur europäischen ePrivacy-Richtlinie[2] geschaffen. Gemäß Art. 95 DSGVO soll das allgemeine Datenschutzrecht Unternehmen keine zusätzlichen Pflichten auferlegen, soweit diese bereits nach der **ePrivacy-Richtlinie** der EU bestehen und dasselbe Ziel wie die Regelungen der DSGVO verfolgen. Insofern ist die ePrivacy-Richtlinie **lex specialis zur DSGVO**, so dass TMG und TKG anstelle des allgemeinen Datenschutzrechts zur Anwendung gelangen, sofern sie der Umsetzung dieser Richtlinie dienen.[3] Das bedeutet für das deutsche bereichsspezifische Telemediendatenschutzrecht Folgendes:

– Die §§ 11 ff. TMG beruhen im Wesentlichen auf einer Umsetzung der EG-Datenschutzrichtlinie und verfolgen damit allgemeine Datenschutzziele, so dass sie mit Inkrafttreten der DSGVO – die dieselben Ziele verfolgt – höchstwahrscheinlich von dieser verdrängt werden und nicht mehr zur Anwendung gelangen können.[4] Im Telemedienbereich gilt dann voraussichtlich allgemeines Datenschutzrecht.

– Die §§ 91 ff. TKG dienen teilweise der Umsetzung der ePrivacy-Richtlinie und enthalten teilweise über den europarechtlich harmonisierten Umfang hinausgehende Vorschriften.[5] Mit der DSGVO wird auf Grundlage von Art. 95 DSGVO die Zielrichtung der TKG-Regelungen für deren Anwendbarkeit entscheidend sein. Setzen sie die ePrivacy-Richtlinie um, so bleiben sie weiterhin anwendbar – gehen sie inhaltlich über die Bestimmungen der Richtlinie hinaus, werden sie von der DSGVO verdrängt.[6] Was das für die einzelnen Vorschriften bedeutet, bleibt nach wie vor unklar und dürfte zu erheblicher Rechtsunsicherheit führen.[7]

Der europäische Gesetzgeber hat diese Schwierigkeiten im Zusammenspiel von ePrivacy-Richtlinie und DSGVO längst erkannt und **arbeitet derzeit an** einer ePrivacy-Verordnung, die über die **Schaffung abschließender bereichsspezifischer Datenschutzregelungen** in dieser Situation Abhilfe schaffen soll.[8] Nachdem die Europäische Kommission im Januar 2017 ihren Vorschlag für die Verordnung veröffentlicht hatte[9], liegt nunmehr seit dem 11.1.2018 ein aktuelles Sachstandspapier der Ratspräsidentschaft vor.[10] In diesem werden den Mitgliedsstaaten verschiedene noch zu diskutierende Themen sowie mögliche Lösungsvorschläge aufge- 296

---

1 *Voigt/von dem Bussche*, Handbuch DSGVO, 1. Aufl. (im Erscheinen), Teil 8.3.

2 Richtlinie 2002/58/EG des Europäischen Parlaments und des Rates vom 12.7.2002 über die Verarbeitung personenbezogener Daten und den Schutz der Privatsphäre in der elektronischen Kommunikation (Datenschutzrichtlinie für elektronische Kommunikation), ABl. EG Nr. L 201 v. 31.7.2002, S. 37–47.

3 *Voigt/von dem Bussche*, Handbuch DSGVO, 1. Aufl. (im Erscheinen), Teil 8.3; *Sydow* in Sydow, DSGVO, Einleitung Rz. 43.

4 *Sydow* in Sydow, DSGVO, Einleitung Rz. 43 m.w.N.; *Keppeler*, MMR 2015, 779, 781.

5 Dazu ausführlich *Keppeler*, MMR 2015, 779, 781.

6 *Sydow* in Sydow, DSGVO, Einleitung Rz. 44 m.w.N.; *Voigt/von dem Bussche*, Handbuch DSGVO, 1. Aufl. (im Erscheinen), Teil 8.3.

7 *Sydow* in Sydow, DSGVO, Einleitung Rz. 44 m.w.N.

8 *Voigt/von dem Bussche*, Handbuch DSGVO, 1. Aufl. (im Erscheinen), Teil 8.3 m.w.N.

9 Der Entwurf ist abrufbar unter: https://ec.europa.eu/digital-single-market/en/news/proposal-regulation-privacy-and-electronic-communications, zuletzt aufgerufen am 12.1.2018.

10 Abrufbar unter: http://data.consilium.europa.eu/doc/document/ST-5165-2018-INIT/en/pdf; vgl. auch *Piltz*, ePrivacy Verordnung: Mitgliedstaaten sollen über opt-in oder opt-out für den Einsatz von Cookies für Werbezwecke entscheiden, abrufbar unter: https://www.delegedata.de/2018/01/eprivacy-verordnung-mitgliedstaaten-sollen-ueber-opt-in-oder-opt-out-fuer-den-einsatz-von-cookies-fuer-werbezwecke-entscheiden/, zuletzt aufgerufen am 12.1.2018.

zeigt. Die Ratspräsidentschaft wird im Rahmen einer Zusammenkunft am 17.1.2018 die diesbezüglichen Stellungnahmen der Delegationen einholen.

297 Unternehmen sollten berücksichtigen, dass die **Anwendbarkeit von TMG bzw. TKG** bzgl. bestimmter Vorschriften fortbesteht (s. Rz. 409 ff.). So verfolgen diese Gesetze nicht nur allgemeine Datenschutzzwecke, sondern stellen für Telekommunikations- und Telemedienanbieter **spezifische IT-Sicherheitsanforderungen** auf. Eine Änderung entsprechender Bestimmungen in TKG und TMG erfolgte unlängst über das IT-Sicherheitsgesetz und das NIS-Richtlinien-Umsetzungsgesetz (s. Rz. 343 ff.). Diesen Regelungen unterfallende Unternehmen müssen die Vorgaben von TKG bzw. TMG und DSGVO bzw. BDSG-neu entsprechend berücksichtigen.[1]

III. Anwendungsbereich

298 Die DSGVO zeichnet sich durch einen sehr weiten Anwendungsbereich aus und findet daher auf zahlreiche **Unternehmen innerhalb und außerhalb der EU** Anwendung. Neben der DSGVO kann auf nationaler Ebene auch das BDSG-neu zur Anwendung gelangen.

1. Sachlicher Anwendungsbereich

299 Auf Grundlage von Art. 2 DSGVO umfasst der sachliche Anwendungsbereich der DSGVO grundsätzlich **jegliche Verarbeitung personenbezogener** Daten, etwa in Form des Erhebens, Erfassens, der Organisation, des Ordnens, der Speicherung oder des Löschens von Daten.[2] Dies bezieht sich nicht nur auf **IT-gestützte Datenverarbeitungsvorgänge**, etwa durch Computer, Smartphones oder Smart Devices, sondern auch auf **manuelle Datenverarbeitungen**, etwa durch Mitarbeiter des Unternehmens, sofern eine systematische Verwaltung manuell verarbeiteter Daten erfolgt.[3]

a) Personenbezogene Daten

300 Die Verarbeitung muss sich für eine Anwendbarkeit der DSGVO auf „personenbezogene Daten" beziehen, wobei es sich gem. Art. 4 Nr. 1 DSGVO um **Informationen** bzw. Einzelangaben handelt, **die sich auf eine identifizierte oder identifizierbare natürliche Person beziehen.**[4] Es ist ausreichend, wenn eine Person mittels Zuordnung zu einem oder mehreren Kennungsmerkmalen ermittelt werden kann, wie etwa Namen, Identifikationsnummern (Sozialversicherungs-, Personalausweisnummer), Standortdaten oder Online-Kennungen (IP-Adressen, Cookies, etc.).[5] Eine solche Identifikationsmöglichkeit ist auch gegeben, wenn ein **Unternehmen ohne unverhältnismäßigen Aufwand** auf **zusätzliche (externe) Informationen zugreifen kann**, die eine Identifikation betroffener Personen ermöglichen.[6] Dabei kann es sich etwa um (leicht) zugängliche Daten aus dem Internet handeln.[7] Für die Bestimmung der Identifi-

---

1 Vgl. *Schallbruch*, CR 2016, 663, 669; *Schneider* in Schneider, Datenschutz nach der DSGVO, Kap. 7 VI 5; *Sydow* in Sydow, DSGVO, Einleitung Rz. 44.
2 *Voigt/von dem Bussche*, Handbuch DSGVO, 1. Aufl. (im Erscheinen), Teil 2.1.1.
3 *Voigt/von dem Bussche*, Handbuch DSGVO, 1. Aufl. (im Erscheinen), Teil 2.1.1 m.w.N.
4 *Voigt/von dem Bussche*, Handbuch DSGVO, 1. Aufl. (im Erscheinen), Teil 2.1.2 m.w.N.
5 *Voigt/von dem Bussche*, Handbuch DSGVO, 1. Aufl. (im Erscheinen), Teil 2.1.2 m.w.N.
6 *Voigt/von dem Bussche*, Handbuch DSGVO, 1. Aufl. (im Erscheinen), Teil 2.1.2.1 m.w.N.
7 *Voigt/von dem Bussche*, Handbuch DSGVO, 1. Aufl. (im Erscheinen), Teil 2.1.2.1 m.w.N.

zierungsmöglichkeit sind etwa die zeitlichen, technischen und finanziellen Mittel zur Informationsbeschaffung sowie Informationsrechte des Unternehmens gegenüber Dritten (etwa bzgl. Kommunikationsdaten im Falle von Cyber-Angriffen, s. Rz. 271 ff.) zu berücksichtigen.[1] Je einfacher und schneller ein Unternehmen Zugriff auf entsprechende Informationen erlangen kann, desto eher ist eine Person identifizierbar und die DSGVO gelangt zur Anwendung.

b) Anonymisierung als Mittel zum Ausschluss der Anwendbarkeit der DSGVO

Die Anonymisierung von Daten bildet eine von verschiedenartigen Techniken zur Veränderung personenbezogener Daten, um deren **Sicherheit zu erhöhen**. Bei der Anonymisierung werden die **Daten** so **modifiziert**, dass deren **Verbindung zu einer natürlichen Person nicht (mehr) besteht**.[2] Diese IT-Sicherheitsmaßnahme lässt sich technisch auf ganz unterschiedliche Art und Weise umsetzen, wobei der Personenbezug der Daten in der Regel über die Veränderung ihrer Genauigkeit (Randomisierung) oder die Verallgemeinerung der Kennungsmerkmale der betroffenen Person (Verallgemeinerung) erfolgt.[3] Unternehmen halten regelmäßig große Datenbestände vor, von denen sie letztlich nur einen kleinen Teil für ihre Verarbeitungstätigkeiten benötigen.[4] Die **Nicht-Erfassung oder Löschung überschüssiger Daten** kann dabei helfen, eine Anonymisierung umzusetzen.[5] Diese Maßnahme ermöglicht nicht nur die Sicherheit der Daten, sondern die **DSGVO ist überdies nicht anwendbar**, so dass das **Unternehmen keinen datenschutzrechtlichen IT-Sicherheitspflichten** bzgl. personenbezogener Daten unterliegt.[6] Abgesehen von rechtlichen Vorteilen kann eine solche Datenminimierung im Unternehmen zur **Einsparung von Zeit, Kosten und personellen Ressourcen** führen, die für die Verwaltung der Datenbestände erforderlich sind.[7] Unternehmen sollten daher prüfen, ob und welche Daten anonymisiert werden können.

2. Persönlicher Anwendungsbereich

Die DSGVO findet auf Unternehmen Anwendung, die personenbezogene Daten verarbeiten oder für deren Verarbeitung verantwortlich sind. Dabei können ihnen entweder als „**Verantwortliche**" oder „**Auftragsverarbeiter**" Pflichten im Hinblick auf den Datenschutz zugewiesen werden.

a) Verantwortlicher

Umfassenden Datenschutzverpflichtungen unterliegen „Verantwortliche". Dabei handelt es sich nach Art. 4 Nr. 7 DSGVO um **jedes Unternehmen**, welches allein oder gemeinsam mit anderen **über** die **Zwecke und Mittel der Verarbeitung** von personenbezogenen Daten **entscheidet**. Die datenschutzrechtliche Verantwortlichkeit knüpft nicht an die Ausführung von Verarbeitungstätigkeiten durch das Unternehmen, sondern an dessen **Entscheidungsbefugnis** in Bezug auf die Verarbeitung an. Es entscheidet **über die Zwecke und wesentlichen Elemente der Datenverarbeitung**, etwa welche Daten für wie lange durch wen verarbeitet

301

302

303

---

1 ErwGr. 26 DSGVO; BGH, Urt. v. 16.5.2017 – VI ZR 135/13 – Breyer, S. 10.

2 ErwGr. 26 DSGVO; *Voigt/von dem Bussche*, Handbuch DSGVO, 1. Aufl. (im Erscheinen), Teil 2.1.2.2.

3 Art.-29-Datenschutzgruppe, WP 216, S. 12, 16.

4 *Voigt/von dem Bussche*, Handbuch DSGVO, 1. Aufl. (im Erscheinen), Teil 2.1.2.2.

5 *Voigt/von dem Bussche*, Handbuch DSGVO, 1. Aufl. (im Erscheinen), Teil 2.1.2.2.

6 ErwGr. 26 DSGVO.

7 *Voigt/von dem Bussche*, Handbuch DSGVO, 1. Aufl. (im Erscheinen), Teil 2.1.2.2.

werden sollen und welche Sicherheitsmaßnahmen ergriffen werden müssen.[1] Eine datenschutzrechtliche Verantwortlichkeit ergibt sich vorrangig in folgenden Konstellationen:[2]

– **Implizite rechtliche Verantwortlichkeit**: Diese ergibt sich aus allgemeinen Rechtsvorschriften oder ständiger Rechtspraxis. Ganz unterschiedliche Rechtsbereiche können Unternehmen eine Entscheidungsbefugnis bzgl. Daten einräumen, etwa Zivil-, Handels- oder Arbeitsrecht. So ist bspw. der Arbeitgeber für die Daten seiner Mitarbeiter verantwortlich.

– **Tatsächliche Einflussmöglichkeit**: Eine Verantwortlichkeit des Unternehmens kann sich auch auf der Grundlage seiner Verträge mit Dritten ergeben. So muss ein Unternehmen zur Abwicklung seiner Verträge mit Kunden etwa deren Kontaktdaten verarbeiten und ist damit für deren Verarbeitung verantwortlich.

304   Innerhalb von **Konzernstrukturen ist jedes Unternehmen eigenständig** für die seiner Kontrolle unterliegenden Verarbeitungstätigkeiten **verantwortlich**, so dass die einzelnen Gesellschaften jeweils Verantwortliche sind.[3] Daneben kennt die DSGVO auch den Fall der „**gemeinsam für die Verarbeitung Verantwortlichen**", welcher im Fall von Konzernstrukturen vorliegen kann. Legen mehrere Unternehmen die Zwecke und/oder wesentlichen Mittel der Datenverarbeitung gemeinsam fest, teilen sie gem. Art. 26 DSGVO ihre Datenschutzpflichten und müssen etwa die Verantwortlichkeit für die datenschutzrechtlichen IT-Sicherheitspflichten klar untereinander aufteilen.

b) Auftragsverarbeiter

305   Neben dem Verantwortlichen treffen nach der DSGVO auch den „Auftragsverarbeiter" in einem **geringeren Umfang Datenschutzpflichten**. Dabei handelt es sich nach Art. 4 Nr. 8 DSGVO um **Unternehmen**, die **personenbezogene Daten im Auftrag des Verantwortlichen verarbeiten**. Eine entsprechende Beteiligung an der Datenverarbeitung beruht damit auf einer Entscheidung des Verantwortlichen, der die Datenverarbeitung entweder intern durchführen kann oder ein oder mehrere externe Unternehmen mit der Datenverarbeitung beauftragt, was letztere zu Auftragsverarbeitern macht.[4] Dabei kann es sich etwa um **Outsourcing-Anbieter, Cloud Computing-Anbieter oder Betreiber von Rechenzentren** handeln.[5]

3. Räumlicher Anwendungsbereich

306   Der **räumliche Anwendungsbereich** der DSGVO wurde **an die Aktivitäten global agierender Unternehmen und Konzerne angepasst** und macht an den Außengrenzen der EU nicht Halt. Die Bestimmungen des Art. 3 DSGVO knüpfen an die **Verbindung der Datenverarbeitung zur EU** an, sei es, weil die Verarbeitung im Rahmen einer europäischen Niederlassung des Unternehmens stattfindet oder weil die Verarbeitung natürliche Personen in der EU betrifft. **Ähnliche Kriterien** sieht auch das BDSG-neu vor, um die **deutschen Regelungen** anwendbar zu machen.

---

1 *Voigt/von dem Bussche*, Handbuch DSGVO, 1. Aufl. (im Erscheinen), Teil 2.2.1.3.

2 *Laue/Nink/Kremer*, Datenschutzrecht, Einführung Rz. 48–52; Art.-29-Datenschutzgruppe, WP 169, S. 10 ff.

3 Art.-29-Datenschutzgruppe, WP 169, S. 15 f.

4 Art.-29-Datenschutzgruppe, WP 169, S. 25.

5 *Gola/Klug/Körffer* in Gola/Schomerus, BDSG, § 11 Rz. 7–8; s. zur Abgrenzung von Verantwortlichem und Auftragsverarbeiter *Voigt/von dem Bussche*, Handbuch DSGVO, 1. Aufl. (im Erscheinen), Teil 2.2.2 m.w.N.

a) DSGVO

Findet eine Datenverarbeitung im Rahmen der Tätigkeiten einer Niederlassung des Unternehmens in der EU statt, so findet die DSGVO gemäß ihrem Art. 3 Abs. 1 Anwendung. Dafür ist es nicht erforderlich, dass die **Niederlassung** die Verarbeitung selbst ausführt.[1] Es reicht aus, wenn die Niederlassung **mit ihren Tätigkeiten** die **vom Unternehmen ausgeführten Verarbeitungstätigkeiten wirtschaftlich unterstützt.**[2] Der eigentliche Ort der Datenverarbeitung ist daher für die Anwendbarkeit der DSGVO letztlich nicht entscheidend. Eine Niederlassung erfordert die effektive und tatsächliche Ausübung einer Tätigkeit mittels **fester Einrichtung.**[3] So ist es unerheblich, ob die wirtschaftliche Förderung der Datenverarbeitung durch eine bloße Zweigstelle oder eine Tochtergesellschaft mit eigener Rechtspersönlichkeit erfolgt, solange die Niederlassung einen **gewissen Grad an Beständigkeit** aufweist.[4] Entscheidend dafür ist die konkrete Art der Tätigkeit, mit der die Niederlassung an der Datenverarbeitung mitwirkt.[5] Bietet ein Unternehmen seine Dienstleistungen ausschließlich über das Internet an, so kann es für eine Niederlassung ausreichen, wenn ein einziger Vertreter in einem EU-Mitgliedstaat in das Anbieten oder die Verwaltung der Dienstleistungen involviert ist.[6] Sowohl **personelle als auch materielle Ressourcen** können eine „feste Einrichtung" bilden, etwa das Vorhandensein eines Bankkontos oder Postfachs in der EU.[7]   307

Unterhält ein datenverarbeitendes Unternehmen keine Niederlassung in der EU, kann die DSGVO dennoch nach Art. 3 Abs. 2 DSGVO zur Anwendung gelangen, wenn ein Unternehmen **Kunden im europäischen Binnenmarkt anvisiert.**[8] Eine solche Situation liegt etwa vor, wenn ein Unternehmen **gezielt Waren oder Dienstleistungen in der EU anbietet** und in diesem Zusammenhang Daten verarbeitet, etwa im Falle über das Internet agierender Unternehmen.[9] Derartige Geschäftstätigkeiten liegen bei der Verwendung einer in der EU gesprochenen Sprache, der Akzeptanz des Euro als Währung, der Erwähnung von europäischen Kunden oder der Möglichkeit von Warenlieferungen in die EU nahe.[10] Die DSGVO findet ebenfalls Anwendung, sofern eine Datenverarbeitung damit im Zusammenhang steht, das **in der EU stattfindende Verhalten von Kunden zu überwachen.** Dies betrifft Datenverarbeitungen zur Analyse/Vorhersage von Präferenzen, Verhaltensweisen und Meinungen von Kunden.[11] Die Vorschrift betrifft Unternehmen, die **Web-Tracking oder Profiling** durchführen, etwa über Cookies oder Social Media Plug-Ins.[12]   308

---

1 EuGH, Entsch. v. 13.5.2014 – Rs. C-131/12 – Google Spain, CR 2014, 460, ErwGr. 52; *Plath* in Plath, BDSG/DSGVO, Art. 3 DSGVO Rz. 9; *Voigt/von dem Bussche*, Handbuch DSGVO, 1. Aufl. (im Erscheinen), Teil 2.3.1.2.

2 EuGH, Entsch. v. 13.5.2014 – Rs. C-131/12 – Google Spain, CR 2014, 460, ErwGr. 55; *Plath* in Plath, BDSG/DSGVO, Art. 3 DSGVO Rz. 9.

3 ErwGr. 22 DSGVO.

4 ErwGr. 22 DSGVO; EuGH, Entsch. v. 1.10.2015 – Rs. C-230/14 – Weltimmo, CR 2016, 109, ErwGr. 29.

5 EuGH, Entsch. v. 1.10.2015 – Rs. C-230/14 – Weltimmo, CR 2016, 109, ErwGr. 29.

6 EuGH, Entsch. v. 1.10.2015 – Rs. C-230/14 – Weltimmo, CR 2016, 109, ErwGr. 29 f.

7 *Plath* in Plath, BDSG/DSGVO, Art. 3 DSGVO Rz. 8.

8 *Voigt/von dem Bussche*, Handbuch DSGVO, 1. Aufl. (im Erscheinen), Teil 2.3.2.

9 *Barlag* in Roßnagel, DSGVO, Anwendungsbereich Rz. 18.

10 ErwGr. 23 DSGVO.

11 ErwGr. 24 DSGVO.

12 ErwGr. 24 DSGVO; *Schantz*, NJW 2016, 1841, 1842; *Hornung*, ZD 2012, 99, 102; *Voigt/von dem Bussche*, Handbuch DSGVO, 1. Aufl. (im Erscheinen), Teil 2.3.2.2.

309　**Agieren Unternehmen** als Verantwortliche oder Auftragsverarbeiter somit **gezielt auf dem europäischen Markt** – egal ob über eine oder mehrere Niederlassungen oder über das Internet – **ist die DSGVO anwendbar,** so dass die datenschutzrechtlichen IT-Sicherheitspflichten eingehalten werden müssen. Davon sind nicht nur Unternehmen innerhalb der EU, sondern auch zahlreiche Unternehmen außerhalb der EU betroffen.

b) BDSG-neu

310　§ 1 BDSG-neu legt den räumlichen Anwendungsbereich der deutschen Konkretisierungsvorschriften zur DSGVO fest. Das **BDSG-neu** enthält der DSGVO inhaltlich entsprechende Regelungen, so dass **in Deutschland tätige Unternehmen** grundsätzlich zusätzlich zur DSGVO den Regelungen des BDSG-neu unterliegen. Dies kann entweder der Fall sein, weil sie als **Verantwortlicher/Auftragsverarbeiter** personenbezogene Daten **in Deutschland** verarbeiten oder Datenverarbeitungen im Rahmen der Tätigkeiten einer **deutschen Niederlassung** erfolgen, § 1 Abs. 4 Nr. 1, 2 BDSG-neu. Zudem finden die Vorschriften des BDSG-neu auf Unternehmen Anwendung, die zwar keine Niederlassung in der EU haben, aber in den Anwendungsbereich der DSGVO fallen, weil sie mit ihren Tätigkeiten **Kunden auf dem deutschen Markt anvisieren,** § 1 Abs. 4 Nr. 3 BDSG-neu.[1] Für länderübergreifend agierende Unternehmen ergeben sich erhebliche Rechtsunsicherheiten daraus, dass das **BDSG-neu keine ausdrückliche Kollisionsregel** für Fälle enthält, in denen neben den deutschen Vorschriften auch **nationale DSGVO-Umsetzungsgesetze anderer EU-Mitgliedstaaten** potentiell zur Anwendung gelangen.[2] Dies wird Unternehmen künftig vor Probleme bei der Umsetzung datenschutzrechtlicher IT-Sicherheitsvorgaben stellen.

Beispiel für einen Fall der Normenkollision[3]: Ein amerikanisches Unternehmen visiert mit seinen Verarbeitungstätigkeiten den deutschen und den österreichischen Markt an.

Aus § 1 Abs. 5 BDSG-neu resultiert zunächst die Anwendbarkeit der DSGVO. Im Bereich der Öffnungsklauseln gelangt auf Grundlage seines § 1 Abs. 4 Nr. 3 das BDSG-neu zur Anwendung, weil das amerikanische Unternehmen den deutschen Markt anvisiert. Sieht das österreichische Gesetz eine vergleichbare Anwendbarkeitsregelung vor, muss das Unternehmen beide nationale Gesetze gleichzeitig berücksichtigen. Daher muss es ggf. divergierende Vorgaben im Bereich der Öffnungsklauseln erfüllen.

311　Das Beispiel verdeutlicht, dass im Bereich der Öffnungsklauseln ein kompliziertes Geflecht aus nationalen datenschutzrechtlichen Besonderheiten auch mit Inkrafttreten der DSGVO aufrechterhalten wird.[4] **Unternehmen** müssen dann im Hinblick auf ihre Tätigkeiten in verschiedenen EU-Mitgliedstaaten **ggf. unterschiedliche nationale IT-Sicherheitsstandards** erfüllen. Die Problematik fehlender oder nicht hinreichend klarer Kollisionsregelungen dürfte in Anbetracht der mit der DSGVO angestrebten Vollharmonisierung künftig erheblichen Diskussionsbedarf auslösen.[5]

1　*Deutscher Bundestag*, Drucksache 18/11325, S. 79 f.
2　S. dazu *Voigt/von dem Bussche*, Handbuch DSGVO, 1. Aufl. (im Erscheinen), Teil 2.4.
3　*Voigt/von dem Bussche*, Handbuch DSGVO, 1. Aufl. (im Erscheinen), Teil 2.4.
4　*Voigt/von dem Bussche*, Handbuch DSGVO, 1. Aufl. (im Erscheinen), Teil 2.4; *Karg*, ZD 2013, 371, 373.
5　*Voigt/von dem Bussche*, Handbuch DSGVO, 1. Aufl. (im Erscheinen), Teil 2.4; *Karg*, ZD 2013, 371, 373.

IV. Datenschutzrechtliche IT-Sicherheitsvorgaben

Aus dem Personenbezug der in den Anwendungsbereich der DSGVO fallenden **Daten** ergibt 312
sich deren **erhöhte Sensibilität** und Schutzwürdigkeit, die dazu führt, dass die Anforderungen an **IT-Sicherheitsstandards** in Bezug auf den Umgang mit personenbezogenen Daten
besonders hoch sind. Das Datenschutzrecht gibt dabei nicht nur konkrete Schutzmaßnahmen für die Datenverarbeitung vor, sondern sieht gegenüber Aufsichtsbehörden und betroffenen Personen insbesondere auch Meldepflichten für den Fall von Datenschutzverletzungen
vor.

1. IT-Sicherheitsstandard

Um die Sicherheit personenbezogener Daten zu gewährleisten, müssen Unternehmen **tech-** 313
nische und organisatorische Schutzmaßnahmen bei der Datenverarbeitung einsetzen. Der
gesetzliche Pflichtenumfang folgt dabei einem risikobasierten Ansatz: je mehr Risiken die
Verarbeitung für die betroffenen Personen und ihre Daten mit sich bringt, desto umfangreichere Schutzmaßnahmen müssen zum Einsatz kommen. Der **Pflichtenumfang** für Unternehmen ist somit **einzelfallabhängig**, was zu erheblicher Rechtsunsicherheit führt. Es fällt
schwer, ein generelles Programm an datenschutzrechtlichen IT-Sicherheitspflichten abzulesen, so dass die Umsetzung der Vorgaben von DSGVO und BDSG-neu Unternehmen vor einige Herausforderungen stellt.

Das Datenschutzrecht dient dem Schutz der von der Datenverarbeitung betroffenen Per- 314
sonen, Art. 1 Abs. 1, 2 DSGVO, und nicht demjenigen der Rechtsgüter des Unternehmens.[1]
Die allgemeinen unternehmerischen IT-Sicherheitspflichten (s. Rz. 32 ff.) können daher in
Konflikt mit den IT-Sicherheitsvorgaben des Datenschutzrechts geraten. Die aus Unternehmenssicht zum Schutz der eigenen Infrastruktur optimalen **Sicherheitsmaßnahmen** lassen
sich zum Schutz personenbezogener Daten **nur unter** den teilweise einschränkenden **Vorgaben von DSGVO** und BDSG-neu **umsetzen**, um die Rechte und Rechtsgüter betroffener
Personen zu gewährleisten.[2]

Hinweis zum Konflikt Datenschutzrecht und IT-Sicherheitsstandard: Für die Verarbeitung personenbezogener Daten, z.B. in Form einer Erfassung oder Speicherung, bedarf es stets einer Rechtsgrundlage. Hinzu kommen organisatorische Datenschutzanforderungen und Betroffenenrechte, die
das datenverarbeitende Unternehmen erfüllen muss. Bestimmte IT-Sicherheitsmaßnahmen lassen sich
nur bei Erfassung personenbezogener Daten wirksam umsetzen, wie z.B. **Data Loss Prevention-Maßnahmen**, ein **Intrusion Prevention System** oder **Logging**. Möchte ein Unternehmen diese IT-Sicherheitsmaßnahmen einsetzen, sind die Vorgaben des Datenschutzrechts unbedingt einzuhalten. Steht
dem Unternehmen etwa für eine bestimmte Maßnahme keine Verarbeitungsgrundlage zur Erfüllung,
ist ein Ausweichen auf alternative Maßnahmen erforderlich. Damit ist die Bandbreite möglicher IT-Sicherheitsmaßnahmen ggf. eingeschränkt.

a) Technische und organisatorische Maßnahmen

Verantwortliche und **Auftragsverarbeiter** sind **zur Anwendung technischer und organisa-** 315
torischer Maßnahmen zum Schutz personenbezogener Daten **verpflichtet**, die dem Risiko

---

1 *Schmidl* in Hauschka/Moosmayer/Lösler, Corporate Compliance, § 28 Rz. 67.
2 *Schmidl* in Hauschka/Moosmayer/Lösler, Corporate Compliance, § 29 Rz. 66 f. m.w.N.; s. zum allgemeinen Konflikt zwischen Compliance und Datenschutzrecht *Oenning/Oenning* in von dem
Bussche/Voigt, Konzerndatenschutz, Datenschutzrecht und Compliance, Rz. 1 ff.

der durchgeführten Verarbeitungstätigkeiten entsprechen, Art. 24 Abs. 1, 28 Abs. 1, 32 DSGVO. Hierbei handelt es sich um eine der grundlegendsten Datenschutzpflichten während des Verarbeitungsprozesses.[1] Unternehmen obliegt es daher auch, den Einsatz entsprechender Maßnahmen durch alle an der Verarbeitung beteiligten Mitarbeiter sicherzustellen, Art. 32 Abs. 4 DSGVO. Die Maßnahmen dienen vorrangig der **Datensicherheit**, also dem umfassenden Schutz der zur Verarbeitung eingesetzten IT und Systeme.[2] Konkrete Vorgaben hinsichtlich der einzusetzenden Maßnahmen enthält die DSGVO nicht, so dass Unternehmen eine **ganze Bandbreite möglicher Schutzinstrumente** zur Verfügung steht.

Beispiele technischer und organisatorischer Schutzmaßnahmen[3]:

– Minimierung der Menge verarbeiteter Daten;

– Pseudonymisierung personenbezogener Daten;

– betroffenen Personen die Überprüfung der Verarbeitungsvorgänge ermöglichen;

– bauliche Maßnahmen zur Verhinderung unbefugter physischer Zugriffe auf personenbezogene Daten, etwa gesicherte Räume, Wachpersonal, passwortgesicherter Zugang oder Mitarbeiterkennungsmaßnahmen;

– regelmäßige Datenschutz-Schulungen für Mitarbeiter;

– kodierte Datenübermittlungen.

316 Welche technischen und organisatorischen Maßnahmen im konkreten Fall angemessen sind, muss das Unternehmen im Wege einer **umfassenden objektiven Risikoabwägung** ermitteln.[4] Dabei sind die Risiken aller an der Verarbeitung Beteiligten zu berücksichtigen: des Unternehmens, der betroffenen Personen und etwaiger Dritter. Das Gesetz nennt darüber hinaus in Art. 32 Abs. 1 DSGVO weitere Gesichtspunkte zur Ermittlung angemessener Schutzmaßnahmen: den Stand der Technik, die Implementierungskosten und die Art, den Umfang, die Umstände und Zwecke der Verarbeitung sowie die unterschiedliche Eintrittswahrscheinlichkeit und Schwere des Risikos für die Rechte und Freiheiten der betroffenen Personen. Zur **praktischen Umsetzung** der umfassenden Abwägung bietet sich **folgende Vorgehensweise** an:[5]

(1) **Ermittlung des Schutzbedarfs der betroffenen Daten**: Um den Schutzbedarf der von der Verarbeitung betroffenen Daten zu ermitteln, sollte das Unternehmen prüfen, welches **Schadenspotential** durch Datensicherheitsdefizite im Hinblick auf die betroffenen Daten besteht. Dabei bietet sich eine **Kategorisierung der Daten nach** normalem, hohem und sehr hohem **Schutzbedarf** an. Je größer der Schutzbedarf, desto umfangreicher sollten auch die technischen und organisatorischen Schutzmaßnahmen ausfallen.

(2) **Ermittlung des Risikopotentials der Verarbeitung dieser Daten**: Die dem Schutzbedarf entsprechenden Maßnahmen müssen unter Berücksichtigung des Risikos ihrer Verarbeitung ausgewählt werden. Dabei sind vorrangig die **Risiken für die betroffenen Personen** zu berücksichtigen, etwa durch die unbeabsichtigte oder unrechtmäßige Ver-

---

1 *Voigt/von dem Bussche*, Handbuch DSGVO, 1. Aufl. (im Erscheinen), Teil 3.3.
2 *Mantz* in Sydow, DSGVO, Art. 32 Rz. 1.
3 *Voigt/von dem Bussche*, Handbuch DSGVO, 1. Aufl. (im Erscheinen), Teil 3.3.1 m.w.N.
4 *Voigt/von dem Bussche*, Handbuch DSGVO, 1. Aufl. (im Erscheinen), Teil 3.3.3 m.w.N.
5 S. für die nachfolgenden Ausführungen *Bayrisches Landesamt für Datenschutzaufsicht*, Sicherheit der Verarbeitung – Art. 32 DS-GVO, 2016, abrufbar unter: https://www.lda.bayern.de/media/baylda_ds-gvo_1_security.pdf, zuletzt aufgerufen am 12.1.2018; *Voigt/von dem Bussche*, Handbuch DSGVO, 1. Aufl. (im Erscheinen), Teil 3.3.3 m.w.N.

nichtung, Verlust, Veränderung oder unbefugte Offenlegung der betroffenen Daten. Ein hohes Risikopotential besteht insbesondere dann, wenn besonders sensible personenbezogene Daten oder die Daten von Kindern von der Verarbeitung betroffen sind.[1] Bei der Entwicklung angemessener Schutzkonzepte sind allerdings auch die **Interessen des Unternehmens** im Rahmen der Abwägung zu berücksichtigen, etwa die erforderlichen technischen, personellen und finanziellen Ressourcen zur Umsetzung technischer und organisatorischer Maßnahmen, Folgen einer Verletzung des Datenschutzrechts (s. Rz. 338 ff.), Haftungsrisiken und geschäftliche Risiken. Kommt das Unternehmen anhand der konkreten Verarbeitungsumstände zu der Erkenntnis, dass die Datenverarbeitung ein **hohes Risiko** für die betroffenen Personen birgt, ist es zur Durchführung einer noch umfangreicheren Abschätzung der Folgen der vorgesehenen Verarbeitungsvorgänge für den Datenschutz verpflichtet, Art. 35 DSGVO. Das Ergebnis einer solchen **Datenschutz-Folgenabschätzung** ist ebenfalls im Rahmen der Risikobewertung zu berücksichtigen.[2]

(3) **Entwicklung eines Datenschutzkonzepts:** Die verschiedenen Risiken und Interessen sind gegeneinander abzuwägen und ihre Ergebnisse dienen als Grundlage für die Entwicklung des angemessenen Datenschutzkonzepts. Dabei werden die Pflichten für jedes Unternehmen auf Einzelfallbasis ausdifferenziert, um ein **angemessenes Verhältnis** von **Aufwand und Nutzen der technischen und organisatorischen Maßnahmen** zu erreichen. Der Aufwand ist dabei auf ein solches Maß beschränkt, welches wirtschaftlich berechtigterweise vom Verantwortlichen/Auftragsverarbeiter erwartet werden kann.[3] Allerdings können unzureichende Schutzmaßnahmen nicht mit Kostengründen gerechtfertigt werden, da bestimmte Mindestanforderungen hinsichtlich des Sicherheitsstandards (s. sogleich Rz. 318 ff.) bestehen. Je nach Größe des Unternehmens ließen sich entsprechende Datenschutzmaßnahmen etwa als Teilbestandteil eines **IT-Risikomanagementsystems** umsetzen (s. Rz. 149 ff.).

Im Vergleich zur den konkreten Vorgaben des § 9 BDSG-alt und dessen Anlage enthält die 317 **Selbsteinschätzung des Schutzbedarfs** durch das Unternehmen ein **größeres Element der Unsicherheit**. Hinzu kommt, dass Unternehmen unter Berücksichtigung des Stands der Technik nach Art. 32 Abs. 1 DSGVO ihre **Maßnahmen an technologische Veränderungen fortlaufend anpassen** müssen.[4] Eine entsprechende Orientierung können zumindest ISO-Bestimmungen und der Grundschutzkatalog des BSI bieten.[5] Darüber hinaus haben auch die deutschen Datenschutzbehörden im Rahmen einer gemeinsamen Konferenz ein **Standard-Datenschutzmodell** verabschiedet, welches eine der möglichen Vorgehensweisen zur Schaffung rechtskonformer technischer und organisatorischer Maßnahmen vorstellt.[6]

---

1 Höchst sensible personenbezogene Daten unterfallen als „besondere Kategorien personenbezogener Daten" nach Art. 9, 10 DSGVO einem besonderen Schutz. Dabei handelt es sich etwa um personenbezogene Daten, die einen Rückschluss auf die Herkunft, politische Orientierung, Religionszugehörigkeit oder Gesundheit betroffener Personen zulassen.

2 ErwGr. 84 DSGVO; *Martini* in Paal/Pauly, DSGVO, Art. 32 Rz. 49.

3 *Martini* in Paal/Pauly, DSGVO, Art. 32 Rz. 60; *Voigt/von dem Bussche*, Handbuch DSGVO, 1. Aufl. (im Erscheinen), Teil 3.3.3.

4 *Martini* in Paal/Pauly, DSGVO, Art. 32 Rz. 56 ff.

5 *Martini* in Paal/Pauly, DSGVO, Art. 32 Rz. 58 f. m.w.N.

6 Standard-Datenschutzmodell abrufbar unter: https://datenschutz.saarland.de/fileadmin/themen/ SDM-Methode_V_1_0.pdf, zuletzt aufgerufen am 12.1.2018.

b) Mindestschutzanforderungen

318 Auch wenn die DSGVO keine konkreten Maßnahmen zur Umsetzung eines angemessenen datenschutzrechtlichen IT-Sicherheitsstandards vorgibt, stellt Art. 32 Abs. 1 DSGVO zumindest **Mindestanforderungen** an die technischen und organisatorischen Schutzmaßnahmen des Unternehmens. Diese sind zur Gewährleistung eines hinreichenden Datenschutzniveaus unbedingt erforderlich.

319 So muss die unternehmerische Datenverarbeitung den klassischen Zielen der IT-Sicherheit entsprechen: Das Unternehmen muss **dauerhaft** die **Vertraulichkeit, Integrität, Verfügbarkeit und Belastbarkeit der Verarbeitungsmittel** sicherstellen, Art. 32 Abs. 1 lit. b DSGVO. Das Unternehmen muss sowohl einen unbefugten Zugriff auf als auch die unbefugte Offenlegung von personenbezogenen Daten verhindern, sowie den Schutz der IT vor anderweitigen inneren und äußeren Bedrohungen gewährleisten.[1] Dies umfasst die technische Belastbarkeit der Systeme. Kommt es trotz dieser Maßnahmen zu **physischen oder technischen Datensicherheitszwischenfällen**, muss das Unternehmen die **personenbezogenen Daten** und den **Zugang** zu ihnen **rasch wiederherstellen können**, Art. 32 Abs. 1 lit. c DSGVO. Dafür sollten Unternehmen **Backup-Systeme**, redundante Systeme und/oder Notstromaggregate bereithalten.[2] Wie „rasch" die Wiederherstellung zu erfolgen hat, lässt sich der Vorschrift nicht konkret ablesen, so dass das Unternehmen bei Zwischenfällen so schnell wie möglich agieren sollte.[3] Um die Effektivität der getroffenen technischen und organisatorischen Maßnahmen dauerhaft zu gewährleisten, müssen Unternehmen gem. Art. 32 Abs. 1 lit. d DSGVO die Wirksamkeit dieser Maßnahmen **regelmäßig überprüfen** und bewerten. Damit wird eine **konstante Aufrechterhaltung und Wartung der IT-Sicherheitsvorkehrungen** erforderlich. Die Mindestschutzanforderungen lassen sich wie folgt klassifizieren:[4]

Mindestschutzanforderungen gem. Art. 32 DSGVO		
Maßnahme	**Sicherheitsziel**	**Beispiele zur praktischen Umsetzung**
Zugangskontrolle	Nutzung der Daten durch Unbefugte technisch verhindern	– Personalisierte Nutzerkennungen – Passwörter und Richtlinien zum Umgang mit diesen
Zutrittskontrolle	Nutzung der Daten durch Unbefugte physisch verhindern	– Wachpersonal – Abgeschlossene Serverräume – Zugangskarten, -schlüssel o.Ä. nur für Berechtigte
Zugriffskontrolle	Nutzung der Daten entsprechend der Berechtigungen gewährleisten	– Berechtigungskonzepte – Überprüfungen – Protokolle

---

1 *Mantz* in Sydow, DSGVO, Art. 32 Rz. 15 f.
2 *Voigt/von dem Bussche*, Handbuch DSGVO, 1. Aufl. (im Erscheinen), Teil 3.3.2 m.w.N.
3 ErwGr. 87 DSGVO; *Voigt/von dem Bussche*, Handbuch DSGVO, 1. Aufl. (im Erscheinen), Teil 3.3.2.
4 *Müller* in Koreng/Lachenmann, Formularhandbuch Datenschutzrecht, 2. Aufl. (im Erscheinen), E. II.; *GDD*, GDD-Praxishilfe DS-GVO IV, S. 21 f.; abrufbar unter: https://www.gdd.de/down loads/praxishilfen/GDD-Praxishilfe_DS-GVO_4.pdf, zuletzt aufgerufen am 12.1.2018.

Maßnahme	Sicherheitsziel	Beispiele zur praktischen Umsetzung
Trennungskontrolle	Trennung der Daten entsprechend der verschiedenen Verarbeitungszwecke	– Archivierungskonzepte – Datenbanken – Nutzung getrennter Server
Weitergabekontrolle	Datenübermittlung nur an berechtigte Empfänger	– Data Loss Prevention System – Datenverschlüsselung – Verbindungsverschlüsselung – Authentifizierungsverfahren – Digitale Signatur
Eingabekontrolle	Nachverfolgbarkeit etwaiger Datenveränderungen	– Nachvollziehbarkeit der Nutzereingaben durch Zeitstempel, Nutzernamen, o.Ä. – Plausibilitätsprüfungen
Belastbarkeit	Robustheit der Datenverarbeitungssysteme gewährleisten	– Unterbrechungsfreie Stromversorgung – Virenschutz
Verfügbarkeitskontrolle	Sicherung der Daten gegen Zerstörung oder Verlust	– Notfallkonzept (s. Rz. 186 ff.) – Back-up-Systeme – Regelmäßige Datensicherungen – Redundanz
Verfahren zur regelmäßigen Überprüfung, Bewertung und Evaluierung	Aufrechterhaltung der Sicherheitsmaßnahmen gewährleisten	– Datenschutz-Management – Interne Audits durch den Informationssicherheitsbeauftragten (s. Rz. 129 ff.) – Mitarbeiterbefragungen – Regelmäßige Datenschutzschulungen

Als **besonders effektive Schutzmaßnahme** stuft der Gesetzgeber die **Pseudonymisierung**   320
und Verschlüsselung von Daten ein, Art. 32 Abs. 1 lit. a DSGVO.[1] Die Daten werden dabei
so verändert, dass sie sich in Unkenntnis entsprechender Schlüssel oder ohne Hinzuziehung
entfernter Kennungen bestimmten Personen nicht mehr zuordnen lassen. Auch wenn Unternehmen keine Pflicht zu einer entsprechenden Veränderung ihrer Datensätze trifft, sollten
diese Maßnahmen ernsthaft in Betracht gezogen werden, um die datenschutzrechtlichen IT-
Sicherheitspflichten wirksam einzuhalten – nicht zuletzt im Hinblick auf drohende Verletzungsfolgen bei Datenschutzverstößen (s. Rz. 338 ff.).[2]

---

1 *Voigt/von dem Bussche*, Handbuch DSGVO, 1. Aufl. (im Erscheinen), Teil 3.3.2.
2 S. dazu ausführlich *Voigt/von dem Bussche*, Handbuch DSGVO, 1. Aufl. (im Erscheinen), Teile 2.1.2.2, 3.3.2.

Praxishinweis zur erfolgreichen Datenverschlüsselung[1]: Eine Verschlüsselung von Daten bietet sich bei der Zugriffs-, der Zugangs- und/oder der Weitergabekontrolle an:

– Verschlüsselter **Zugang** zu personenbezogenen Daten, etwa SSL;

– **Zugriff**: Verschlüsselung von Datenbanken, Ordnern oder Dateien mittels Verschlüsselungsprogrammen;

– verschlüsselter Übertragungsweg zur **Datenweitergabe**, z.B. via VPN.

c) Selbstregulierung und präventive Sicherheitsmaßnahmen

321 Besonders im Datenschutzrecht wird ein gewandelter regulatorischer IT-Sicherheitsansatz des Gesetzgebers augenfällig. So treten an die Stelle gesetzlicher Verbotsnormen zunehmend selbstregulatorische **Steuerungsmechanismen**, deren **Umsetzung präventiv** – also im Vorfeld der Datenverarbeitung – **durch** das **Unternehmen** erfolgt.[2]

aa) Datenschutz durch Technikgestaltung und durch datenschutzfreundliche Voreinstellungen

322 Die Sicherheit personenbezogener Daten soll technisch nicht nur während der Verarbeitung durch das Unternehmen sichergestellt werden, sondern bereits im Vorfeld der Verarbeitungstätigkeiten. Dieser präventive Schutzansatz beruht auf der Erkenntnis, dass die Bedingungen für sichere Datenverarbeitungen maßgeblich durch die dafür verwendete IT vorgegeben werden.[3] Er wird über die **unternehmerischen Pflichten** zu **Datenschutz durch Technikgestaltung („Privacy by Design") und Datenschutz durch datenschutzfreundliche Voreinstellungen („Privacy by Default")** nach Art. 25 DSGVO sichergestellt. Entwickler und Hersteller sind dazu verpflichtet, **technische Datenschutzkonzepte bei der Entwicklung neuer Produkte umzusetzen**.[4] Die beiden Schutzkonzepte erfordern folgende Maßnahmen:

– **Datenschutz durch Technikgestaltung**: technische und organisatorische Maßnahmen werden bereits bei der Erarbeitung des Datenverarbeitungsvorgangs integriert. Bei der Entwicklung neuer Produkte sollte die Geschäftsleitung des jeweiligen Unternehmens bereits in einer frühen Phase des Projekts darauf hinarbeiten, Entwickler und Designer auf diese Verpflichtung aufmerksam zu machen;[5]

Beispiele für Datenschutz durch Technikgestaltung[6]:

– Entwicklung auf Datenminimierung ausgerichteter IT-Systeme;

– Pseudonymisierung/Anonymisierung personenbezogener Daten bei ihrer Erfassung:

– Fragebögen zur Datenerhebung werden so entworfen, dass die Menge der erhobenen Daten auf das erforderliche Mindestmaß begrenzt ist.

– **Datenschutz durch datenschutzfreundliche Voreinstellungen**: Werkseinstellungen werden datenschutzfreundlich vorgenommen. Dadurch werden nur solche Daten erhoben,

---

1 *Müller* in Koreng/Lachenmann, Formularhandbuch Datenschutzrecht, 2. Aufl. (im Erscheinen), E. II.2.

2 *Sydow* in Sydow, DSGVO, Einleitung Rz. 84 m.w.N.

3 *Conrad/Hausen* in Auer-Reinsdorff/Conrad, IT- und Datenschutzrecht, § 36 Rz. 165.

4 *Voigt/von dem Bussche*, Handbuch DSGVO, 1. Aufl. (im Erscheinen), Teil 3.7 m.w.N.

5 *Gierschmann*, ZD 2016, 51, 53.

6 ErwGr. 78 DSGVO; *Wybitul/Draf*, BB 2016, 2101, 2104.

die zur Erreichung des Verarbeitungszwecks zwingend benötigt werden. Durch Voreinstellungen lassen sich neben der Menge der erfassten Daten auch das Ausmaß ihrer Verarbeitung und Speicherdauer begrenzen.[1]

Das praktische Ausmaß dieser bußgeldbewährten präventiven Datenschutzpflichten ist noch nicht vollends absehbar.[2] Die Pflichten werden durch den **Stand der Technik** sowie durch die notwendigen Implementierungskosten begrenzt.[3] Unternehmen sollten in jedem Fall ihre Bemühungen erhöhen, datenschutzfreundliche Produkte zu entwickeln und bei der mengenmäßigen Verarbeitung personenbezogener Daten möglichst sparsam vorzugehen. Während sich Datenschutz durch Technikgestaltung nur im Entwicklungsprozess vor der Datenverarbeitung umsetzen lässt, können die Werkseinstellungen von Produkten oder Voreinstellungen von Diensten auch nachträglich eine Anpassung erfahren. Insofern dürfte der Implementierungsaufwand zur Umsetzung von Datenschutz durch datenschutzfreundliche Voreinstellungen regelmäßig geringer ausfallen. 323

bb) Zertifizierungen und Verhaltensregeln

Der selbstregulatorische Datenschutzansatz wird auch durch die steigende Bedeutung von Verhaltensregeln, Siegeln und **Zertifizierungen** nach der DSGVO verdeutlicht. Entsprechende Instrumente können von Unternehmen nicht nur genutzt werden, um gegenüber ihren Kunden und Geschäftspartnern mit einem bestimmten Datensicherheitsstandard aufzutreten, sondern können auch den **Nachweis der Einhaltung von IT-Sicherheitspflichten** auf unterschiedliche Art und Weise erleichtern.[4] **Verhaltensregeln** präzisieren die technischen und organisatorischen Datenschutzanforderungen der DSGVO für eine bestimmte Verarbeitungssituation, ein bestimmtes Produkt oder einen bestimmten Sektor.[5] Dadurch ermöglichen sie Unternehmen eine Selbsteinschätzung, ob und inwieweit ihre Tätigkeiten mit dem Datenschutzrecht in Einklang stehen, etwa ob angemessene technische und organisatorische Maßnahmen getroffen wurden.[6] Im Gegensatz dazu konkretisieren **Zertifizierungen** die gesetzlichen Anforderungen nicht, sondern dienen vielmehr *dem* Nachweis der Vereinbarkeit der durchgeführten Verarbeitungstätigkeiten mit der DSGVO, bspw. gegenüber den Aufsichtsbehörden.[7] So könnten Unternehmen ihre technischen und organisatorischen Maßnahmen zertifizieren lassen, um die Einhaltung datenschutzrechtlicher IT-Sicherheitsstandards nachzuweisen. In Deutschland obliegt die Genehmigung und Überwachung der Einhaltung von Verhaltensregeln grundsätzlich den **Datenschutzaufsichtsbehörden**. Die Entwicklung von Zertifizierungen erfolgt gem. § 39 BDSG-neu durch die **Deutsche Akkreditierungsstelle** in Kooperation mit den Aufsichtsbehörden. Bisher sind Zertifizierungen nach der DSGVO noch nicht vorhanden, so dass sich deren praktischer Nutzen für Unternehmen erst künftig zeigen wird. Bei Verfügbarkeit entsprechender Instrumente sollte deren Verwendung jedenfalls ernsthaft in Betracht gezogen werden. So können Unternehmen mit entsprechenden **Zertifizierungen** nach außen einen Sorgfalts- und Leistungsnachweis erbringen, über den vertragliche wie 324

---

1 *Gierschmann*, ZD 2016, 51, 53; *Voigt/von dem Bussche*, Handbuch DSGVO, 1. Aufl. (im Erscheinen), Teil 3.7.

2 *Voigt/von dem Bussche*, Handbuch DSGVO, 1. Aufl. (im Erscheinen), Teil 3.7 m.w.N.

3 *Gausling/Baumgartner*, ZD 2017, 308, 310 f.

4 *Laue/Nink/Kremer*, Datenschutzrecht, Selbstregulierung, Rz. 1; *Voigt/von dem Bussche*, Handbuch DSGVO, 1. Aufl. (im Erscheinen), Teil 3.9.1.

5 *V. Braunmühl* in Plath, BDSG/DSGVO, Art. 40 DSGVO Rz. 8.

6 *Voigt/von dem Bussche*, Handbuch DSGVO, 1. Aufl. (im Erscheinen), Teil 3.9.1.

7 *Bergt*, DSRITB 2016, S. 483, 496.

deliktische **Haftungsrisiken** zu einem bestimmten Grad **gesteuert werden** können (s. Rz. 231 ff.).

2. Weitere datenschutzrechtliche IT-Sicherheitsvorgaben

325 Neben dem Erfordernis, zum Schutz personenbezogener Daten angemessene technische und organisatorische Maßnahmen zu ergreifen, sehen die DSGVO und das BDSG-neu **weitere datenschutzrechtliche IT-Sicherheitsvorgaben** vor. Die wesentlichsten **organisatorischen IT-Sicherheitspflichten** werden nachfolgend in Kürze dargestellt.

a) Verzeichnis von Verarbeitungstätigkeiten

326 Unternehmen sind gem. Art. 30 DSGVO dazu verpflichtet, **Verzeichnisse über ihre Verarbeitungstätigkeiten** zu **führen.** Von dieser Pflicht befreit sind (in sehr eingeschränktem Maße) lediglich kleine, mittlere und Kleinstunternehmen mit weniger als 250 Mitarbeitern und einem Jahresumsatz von weniger als 50 Mio. Euro.[1] Die Verzeichnisse müssen **im Wesentlichen die folgenden Informationen** enthalten:

– Namen und Kontaktdaten des Unternehmens und des Datenschutzbeauftragten (s. sogleich Rz. 329 ff.);

– Informationen über die Datenverarbeitung: Verarbeitungszweck, Beschreibung der betroffenen Daten, der technischen und organisatorischen Maßnahmen, der Empfänger der Daten, der Übermittlungen der Daten in ein Nicht-EU-Land.

327 Die Verzeichnisse sollen die Transparenz der durchgeführten Verarbeitungsvorgänge erhöhen und dienen dazu, die **Einhaltung der datenschutzrechtlichen Pflichten** gegenüber den Aufsichtsbehörden **nachzuweisen.**

b) Datenschutz-Folgenabschätzung

328 Wie zuvor erwähnt, sind Unternehmen dazu verpflichtet, für risikoreiche Datenverarbeitungsvorgänge eine **tiefgehende Risikoanalyse** durchzuführen, um geeignete technische und organisatorische Schutzmaßnahmen ermitteln zu können (s. Rz. 315 ff.). Die Pflicht zur Vornahme dieser Datenschutz-Folgenabschätzung ergibt sich aus Art. 35 f. DSGVO. Birgt eine **Art der Datenverarbeitung**, insbesondere unter Verwendung neuer Technologien, voraussichtlich eine h**ohes Risiko für die Rechte und Freiheiten der betroffenen Personen**, so hat das für die Verarbeitung verantwortliche Unternehmen vorab eine **Abschätzung der Folgen der vorgesehenen Verarbeitungsvorgänge** für den Schutz personenbezogener Daten durchzuführen. Damit muss das Unternehmen eine **Prognoseentscheidung** vornehmen. Ergibt die Abschätzung ein hohes Risiko, wenn keine technischen und organisatorischen Maßnahmen zur Risikominimierung getroffen werden, muss das Unternehmen die Aufsichtsbehörde kontaktieren.[2]

---

[1] ErwGr. 13 DSGVO.

[2] S. zur Datenschutz-Folgenabschätzung insb. Art.-29-Datenschutzgruppe, WP 248, abrufbar unter: http://ec.europa.eu/newsroom/just/item-detail.cfm?item_id= 50083, zuletzt aufgerufen am 12.1.2018.

c) Datenschutzbeauftragter

Während Unternehmen keiner Rechtspflicht zur Benennung eines IT-Sicherheitsbeauftrag- 329
ten (s. Rz. 129 ff.) unterliegen, ist die **Position des Datenschutzbeauftragten gesetzlich** in
den Art. 37–39 DSGVO sowie § 38 BDSG-neu **verankert**, so dass in vielen Fällen die **Pflicht
zur Benennung** eines Datenschutzbeauftragten besteht:

– Nach Art. 37 Abs. 1 DSGVO besteht die Benennungspflicht, wenn eine umfangreiche Verarbeitung besonderer Kategorien personenbezogener Daten stattfindet oder die unternehmerische Kerntätigkeit in der Durchführung von Verarbeitungsvorgängen besteht, die eine
   umfangreiche regelmäßige und systematische Überwachung von betroffenen Personen erforderlich machen.[1]

– Für Unternehmen im Anwendungsbereich des BDSG-neu (s. Rz. 310 f.) besteht regelmäßig
   eine Benennungspflicht. Gemäß § 38 Abs. 1 Satz 1 BDSG-neu müssen Unternehmen einen
   Datenschutzbeauftragten u.a. dann benennen, wenn sie in der Regel mindestens zehn Personen ständig mit der automatisierten Verarbeitung personenbezogener Daten beschäftigen.

Ähnlich wie ein betrieblicher IT-Sicherheitsbeauftragter spielt der Datenschutzbeauftragte ei- 330
ne **Schlüsselrolle** bei der Einhaltung datenschutzrechtlicher IT-Sicherheitspflichten. Art. 39
DSGVO weist dem Datenschutzbeauftragten gesetzliche Pflichten und Aufgaben in Bezug auf
die Gewährleistung des Datenschutzes im Unternehmen zu. So obliegt ihm etwa die **Unterrichtung und Beratung des Unternehmens** bzgl. dessen Datenschutzpflichten sowie die
Überwachung der Einhaltung dieser **Pflichten** und der unternehmenseigenen **Datenschutz-
strategien.** Deswegen müssen Unternehmen ihren Datenschutzbeauftragten etwa vor der Einführung technischer und organisatorischer Maßnahmen konsultieren. Seine **Beteiligung** wird
damit **für die rechtskonforme Umsetzung datenschutzrechtlicher IT-Sicherheitspflichten
unerlässlich.** Um von der Expertise des Datenschutzbeauftragten bestmöglich profitieren zu
können, sollten Unternehmen die **Übertragung zusätzlicher Aufgaben** an den Datenschutzbeauftragten in Betracht ziehen. Dabei müssen allerdings Interessenkonflikte vermieden werden, Art. 38 Abs. 6 DSGVO.

Praxishinweis zu Interessenkonflikten[2]: Ein Interessenkonflikt entsteht, wenn der Datenschutzbeauftragte über die Zwecke und Mittel der Datenverarbeitung entscheidet oder selbst für die Rechtmäßigkeit der Verarbeitungsvorgänge verantwortlich ist. Damit scheidet etwa die Benennung folgender Personen als Datenschutzbeauftragter aus:

– Inhaber gehobener Managementpositionen (Geschäftsführer, Vorstandsmitglieder, CEO, …);

– Leiter der IT-, Marketing- oder Personalabteilung;

– andere Positionen auf einer niedrigeren Ebene der Organisationsstruktur, soweit sie eine Festlegung der Zwecke und Mittel der Datenverarbeitung ermöglichen.

Unternehmen haben bei der Umsetzung ihrer Pflicht zur Benennung eines Datenschutzbeauf- 331
tragten – ähnlich wie beim IT-Sicherheitsbeauftragten (s. Rz. 129 ff.) – die Wahl zwischen der
Benennung eines internen Mitarbeiters oder eines externen Dritten. In jedem Fall muss die
Position anhand der beruflichen Qualifikation, des datenschutzrechtlichen Fachwissens und

---

1 Dazu Einzelheiten bei *Voigt/von dem Bussche*, Handbuch DSGVO, 1. Aufl. (im Erscheinen),
   Teil 3.6.1.1.
2 *Voigt/von dem Bussche*, Handbuch DSGVO, 1. Aufl. (im Erscheinen), Teile 3.6.4.1, 3.6.4.2.

der Befähigung zur Erfüllung der gesetzlich vorgesehenen Aufgaben mit einem geeigneten Kandidaten ausgefüllt werden, Art. 37 Abs. 5 DSGVO. **Konzerne** können zur Einsparung personeller und finanzieller Ressourcen die Benennung **eines gemeinsamen Datenschutzbeauftragten für alle Gruppenunternehmen** auf der Grundlage von Art. 37 Abs. 2 DSGVO in Betracht ziehen. Dabei muss allerdings dessen einfache Erreichbarkeit durch Angehörige aller Gruppenunternehmen sichergestellt werden, so dass sprachliche und kommunikative Hürden im Vorfeld der Benennung entsprechend bewertet werden müssen.[1]

3. Meldepflichten bei Datenschutzverletzungen

332 Kommt es im Unternehmen zu einer **Verletzung der Datensicherheit,**[2] die – unbeabsichtigt oder unrechtmäßig – zur Vernichtung, zum Verlust, zur Veränderung oder zur unbefugten Offenlegung von bzw. zum unbefugten Zugang zu personenbezogenen Daten führt, trifft das Unternehmen regelmäßig eine Meldepflicht bzgl. des Vorfalls gegenüber den Datenschutzaufsichtsbehörden und betroffenen Personen.[3] Entsprechende **Zwischenfälle** sind **stets** zu **dokumentieren** (vgl. Art. 33 Abs. 5 DSGVO), wobei es sich um technische oder physische Zwischenfälle mit ganz unterschiedlichen Ursachen handeln kann, etwa um Cyber-Angriffe, den Verlust von Datenträgern oder eine unbeabsichtigte Löschung von Daten bei Software-Updates.[4] **Meldungen** entsprechender Vorfälle **an Aufsichtsbehörden und Betroffene obliegen** ausschließlich dem **für die Datenverarbeitung verantwortlichen Unternehmen** (s. Rz. 303 f.). Kommt es bei einem Auftragsverarbeiter (s. Rz. 305) zu entsprechenden Datenschutzverletzungen, trifft ihn gem. Art. 33 Abs. 2 DSGVO lediglich eine Pflicht zur unverzüglichen Meldung des Vorfalls gegenüber dem Verantwortlichen, welcher die Verantwortung für den weiteren Umgang mit der Situation trägt.

a) Meldung gegenüber der Datenschutzaufsichtsbehörde

333 Im Fall einer Datenschutzverletzung ist diese **unverzüglich und in der Regel binnen 72 Stunden nach Bekanntwerden** der **zuständigen Datenschutzaufsichtsbehörde** zu **melden,** Art. 33 Abs. 1 DSGVO. Die kurze Meldefrist soll es ermöglichen, negativen Auswirkungen der Datenschutzverletzung für die betroffenen Personen schnellstmöglich entgegenzuwirken. **Je mehr Risiken** eine Datenschutzverletzung für die Rechte und Freiheiten der betroffenen Personen birgt, **desto schneller** muss demnach eine **Meldung** erfolgen.[5] Die knapp bemessene Meldefrist zwingt Unternehmen zur Einrichtung interner Meldewege, damit Datenschutzverletzungen schnellstmöglich entdeckt, intern und anschließend extern gegenüber den Aufsichtsbehörden gemeldet werden können. In der Praxis lässt sich dies etwa mittels spezifischer **Data Breach Notification Policies** oder einer entsprechenden **Standard Operating Procedure** im Unternehmen umsetzen.[6] Diese lassen sich in ein IT-Risikomanagementsystem integrieren (s. Rz. 149 ff.). Aus der Data Breach Notification Policy muss **für alle**

---

1 Für Einzelheiten s. *Voigt/von dem Bussche*, Handbuch DSGVO, 1. Aufl. (im Erscheinen), Teil 3.6.1.3 m.w.N.

2 S. dazu insb. *Art.-29-Datenschutzgruppe*, WP 250, abrufbar unter: http://ec.europa.eu/newsroom/just/item-detail.cfm?item_id= 50083, zuletzt aufgerufen am 12.1.2018.

3 Definition der Verletzung des Schutzes personenbezogener Daten, vgl. Art. 4 Nr. 12, 32 Abs. 1 lit. c DSGVO.

4 *Voigt/von dem Bussche*, Handbuch DSGVO, 1. Aufl. (im Erscheinen), Teil 3.8.1.

5 *Grages* in Plath, BDSG/DSGVO, Art. 33 DSGVO Rz. 4; *Voigt/von dem Bussche*, Handbuch DSGVO, 1. Aufl. (im Erscheinen), Teil 3.8.2.2.

6 *Voigt/von dem Bussche*, Handbuch DSGVO, 1. Aufl. (im Erscheinen), Teil 3.8.2.2.

Mitarbeiter ersichtlich werden, wie sie sich im Fall eines (vermuteten) Datenschutzvorfalls zu verhalten haben. Daraus muss nicht nur hervorgehen, ob es sich bei dem Zwischenfall um eine Datenschutzverletzung handelt, sondern z.B. auch, wer intern auf welche Weise zu benachrichtigen ist, welche Beweissicherungsmaßnahmen durchgeführt werden müssen und wie der betroffene Datenfluss nach außen kurzfristig unterbunden werden kann.[1]

Praxishinweis zur Data Breach Notification Policy: Konzeption und Inhalt der Data Breach Notification Policy folgen im Wesentlichen derjenigen eines Notfallkonzepts, so dass die entsprechenden Ausführungen berücksichtigt werden können (s. Rz. 187 ff.). Im Wesentlichen sind zumindest die folgenden Punkte regelungsbedürftig:

– Definition der meldepflichtigen Datenschutzverletzung

– Vorgehensweise im Falle des Verdachts einer Datenschutzverletzung

– Festlegung interner Verantwortlichkeiten: Ansprechpartner in den einzelnen Abteilungen, die interne Meldungen empfangen und die nächsten Handlungsschritte auslösen

– Festlegung, wer zur Meldung von Vorfällen an die Aufsichtsbehörden autorisiert ist

– Festlegung von Sofortmaßnahmen: Untersuchung der Art des Vorfalls, Maßnahmen zur Beendigung oder Eindämmung des Vorfalls (z.B. Sperrung des Zugriffs, Trennung der Verbindung bestimmter Systeme)

– Maßnahmen zur raschen Dokumentation des Vorfalls

– Maßnahmen zur Rückkehr zum „Normalbetrieb" der Datenverarbeitung

– Strategie zur Meldung an die Aufsichtsbehörde

– Strategie zur Information betroffener Personen im Bedarfsfall (s. sogleich unter Rz. 336 f.)

– Nachträgliche Analyse und Bewertung des Vorfalls

Die Meldung des Unternehmens an die Aufsichtsbehörde muss bestimmte Mindestinformationen enthalten, etwa eine Beschreibung der Art der Datenschutzverletzung, ihrer möglichen Folgen sowie der ergriffenen Gegenmaßnahmen im Unternehmen, Art. 33 Abs. 3 DSGVO.   **334**

Ob eine **Meldung** des Vorfalls an die Aufsichtsbehörde **erforderlich** wird, liegt – ausgehend vom risikobasierten Datenschutzansatz der DSGVO – letztlich **im Ermessen des Unternehmens.** Kommt es zu der Einschätzung, dass ein **Zwischenfall nur** ein **geringes Risiko** für die Rechte und Freiheiten der betroffenen Personen birgt, so besteht grundsätzlich keine Pflicht zur Meldung des Vorfalls gegenüber der Aufsichtsbehörde, Art. 33 Abs. 1 DSGVO.[2] Das Einschätzungsrisiko für eine solche Bewertung des Vorfalls liegt beim Unternehmen: teilt die Aufsichtsbehörde im Nachhinein die Einschätzung des Unternehmens nicht, kann die Verletzung der Meldepflicht zu erheblichen Bußgeldern für das Unternehmen führen (s. sogleich Rz. 338 ff.).[3]   **335**

Praxishinweis zur Risikobewertung[4]: Um die Erforderlichkeit der Meldung eines Datenschutzvorfalls an die Aufsichtsbehörden einzuschätzen, muss das Unternehmen eine Risikobewertung vorneh-

---

1 *Spies*, ZD 2015, 293, 293.

2 *Martini* in Paal/Pauly, DSGVO, Art. 33 Rz. 22; *Grages* in Plath, BDSG/DSGVO, Art. 33 DSGVO Rz. 6.

3 *Grages* in Plath, BDSG/DSGVO, Art. 33 DSGVO Rz. 7.

4 *Voigt/von dem Bussche*, Handbuch DSGVO, 1. Aufl. (im Erscheinen), Teile 3.8.2.4 m.w.N.

men. Dabei sind alle drohenden Schäden für die betroffenen Personen zu berücksichtigen. Wegen der sehr kurzen Meldefrist ist eine vollständige Bewertung der Situation allerdings nahezu unmöglich. Der Prognoseentscheidung des Unternehmens haftet aus diesem Grund ein hoher Unsicherheitsfaktor an. Im Hinblick auf Fehleinschätzungen und bußgeldbewährte Verletzungen der Meldepflicht sollten Unternehmen daher ein **niederschwelliges Meldeverhalten** verfolgen.

b) Benachrichtigung der betroffenen Personen

336 Kommt das Unternehmen bei der **Bewertung der Datenschutzverletzung** zu der Einschätzung, dass diese ein **hohes Risiko für** die Rechte und Freiheiten der **Betroffenen** birgt, muss es **diese unverzüglich benachrichtigen**, Art. 34 Abs. 1 DSGVO. So haben betroffene Personen die Möglichkeit, notwendige Schutzmaßnahmen zu treffen. Um Unternehmen die Risikobewertung des Vorfalls zu erleichtern, veröffentlicht der Europäische Datenschutzausschuss künftig diesbezüglich Leitlinien, Empfehlungen und bewährte Verfahren, an denen sich Unternehmen für ihr Meldeverhalten unbedingt orientieren sollten, Art. 70 Abs. 1 lit. h DSGVO.[1] Unternehmen müssen bei der Benachrichtigung Betroffener die Art des Zwischenfalls beschreiben und ihnen gegenüber **Handlungsempfehlungen** zur Minderung nachteiliger Auswirkungen **aussprechen**.[2] In dieser Situation findet eine **enge Zusammenarbeit** des Unternehmens **mit der Aufsichtsbehörde** statt: Diese kann nicht nur eine Benachrichtigung betroffener Personen anordnen, sondern berät das Unternehmen auch bei der Kommunikation mit den Betroffenen, Art. 34 Abs. 4 DSGVO.[3]

337 Selbst wenn ein Zwischenfall ein hohes Bedrohungspotential birgt, ist eine Benachrichtigung der betroffenen Personen **nicht stets erforderlich**. Entsprechende Ausnahmen sind sowohl in Art. 34 Abs. 3 DSGVO als auch in § 29 BDSG-neu vorgesehen.[4] So kann die Benachrichtigung Betroffener etwa unterbleiben, wenn das **Unternehmen** geeignete **technische und organisatorische Maßnahmen** (s. Rz. 313 ff.) **zur Eindämmung drohender Risiken getroffen hat**. Unternehmen sollten die negativen Auswirkungen des Bekanntwerdens von Datenschutzverletzungen gegenüber Kunden oder Geschäftspartnern nicht unterschätzen (s. Rz. 27 ff.). Aus diesem Grund ist die Aufrechterhaltung eines hohen Datensicherheitsstandards nicht nur zur Vermeidung von Verletzungen datenschutzrechtlicher IT-Sicherheitspflichten, sondern auch zur Verhinderung von Geschäftseinbußen unbedingt notwendig.

V. Verletzungsfolgen

338 Im Falle einer Verletzung der vorbeschriebenen datenschutzrechtlichen IT-Sicherheitspflichten droht Unternehmen die Verhängung empfindlicher Bußgelder durch die Datenschutzaufsichtsbehörden. Überdies kann die Datenschutzbehörde gegenüber Unternehmen verbindliche Anweisungen oder Anordnungen aussprechen, Art. 58 Abs. 2 DSGVO. Art. 83 DSGVO regelt die allgemeinen Voraussetzungen für die Verhängung und die Höhe von Bußgeldern, welche im Vergleich zur bisherigen Rechtslage deutlich erhöht wurden. So drohen dem Unternehmen beim Einsatz unzureichender technischer und organisatorischer Maßnahmen **Geld-**

---

1 *Grages* in Plath, BDSG/DSGVO, Art. 34 DSGVO Rz. 5; *Art.-29-Datenschutzgruppe*, WP 250, abrufbar unter: http://ec.europa.eu/newsroom/just/item-detail.cfm?item_id= 50083, zuletzt aufgerufen am 12.1.2018.

2 ErwGr. 86 DSGVO; für Einzelheiten s. Art. 34 Abs. 2 DSGVO i.V.m. Art. 33 Abs. 3 DSGVO.

3 ErwGr. 86 DSGVO.

4 Dazu ausführlich *Voigt/von dem Bussche*, Handbuch DSGVO, 1. Aufl. (im Erscheinen), Teile 3.8.3.

bußen von bis zu 10 Mio. Euro oder von bis zu 2 % des gesamten weltweit erzielten Jahresumsatzes des vorangegangenen Geschäftsjahrs, je nachdem, welcher der Beträge höher ist, Art. 83 Abs. 4 lit. a i.V.m. Art. 32 DSGVO. Im Falle weitergehender Verstöße gegen die DSGVO drohen gem. Art. 83 Abs. 5 DSGVO gar Geldbußen von **bis zu 20 Mio. Euro oder** im Fall eines Unternehmens von bis zu **4 % des gesamten weltweit erzielten Jahresumsatzes** des vorangegangenen Geschäftsjahrs. Dabei handelt es sich zugleich um den Bußgeldhöchstbetrag im Falle mehrfacher Verstöße gegen datenschutzrechtliche Bestimmungen.

1. Festsetzung von Bußgeldern für Datenschutzverstöße

Die Festsetzung des Bußgeldes erfolgt durch die Aufsichtsbehörden unter Berücksichtigung der Umstände des konkreten Datenschutzverstoßes, vgl. Art. 83 Abs. 2 Satz 2 lit. a-k DSGVO.[1] In Deutschland handelt es sich dabei um ein **Ordnungswidrigkeitsverfahren.**[2] Dabei sind die **Aufsichtsbehörden gesetzlich zur Verhängung** wirksamer, verhältnismäßiger und zugleich **abschreckender Bußgelder verpflichtet,** so dass Unternehmen empfindliche finanzielle Konsequenzen bei der Verletzung ihrer datenschutzrechtlichen IT-Sicherheitspflichten drohen, Art. 83 Abs. 1 DSGVO. Davon werden in besonderem Maße Unternehmensgruppen betroffen sein, da bei der **Berechnung** der Bußgeldhöhe voraussichtlich der **gesamte Umsatz der Unternehmensgruppe zugrunde gelegt** wird.[3] Mutter- und Tochterunternehmen bilden insoweit eine wirtschaftliche Einheit. Wird im Falle unzureichender technischer und organisatorischer Maßnahmen etwa ein Bußgeld nach Art. 83 Abs. 4 DSGVO verhängt, so droht einer Unternehmensgruppe mit einem gesamten weltweiten Jahresumsatz von 2 Milliarden Euro ein maximales Bußgeld von bis zu 40 Mio. Euro (entspricht 2 % des gesamten Umsatzes).

339

2. Strafrechtliche Sanktionen

Unternehmen, die dem Anwendungsbereich des BDSG-neu unterfallen (s. Rz. 310 f.), drohen zusätzlich strafrechtliche Sanktionen auf Grundlage des **§ 42 BDSG-neu.** Nach § 42 Abs. 1 BDSG-neu werden Fälle der **Offenlegung nicht allgemein zugänglicher Daten** in der Absicht, sich durch wiederholte Tatbegehung eine fortlaufende Einnahmequelle von einiger Dauer und einigem Umfang zu verschaffen, mit Freiheitsstrafe bis zu drei Jahren oder mit Geldstrafe bestraft.[4] Erfolgt eine Offenlegung der Daten an Dritte nicht, kommt eine Sanktionierung nach § 42 Abs. 2 BDSG-neu in Betracht. Danach wird mit Freiheitsstrafe bis zu zwei Jahren oder mit Geldstrafe bestraft, wer nicht **allgemein zugängliche Daten ohne Berechtigung verarbeitet** oder sich Zugang zu diesen erschleicht und dabei gegen Entgelt oder mit Bereicherungs- bzw. Schädigungsabsicht handelt. Dabei handelt es sich jeweils um **Delikte, die nur auf Antrag** einer betroffenen Person, eines Verantwortlichen oder der Aufsichtsbehörden hin **verfolgt** werden, § 42 Abs. 3 BDSG-neu.

340

---

1 ErwGr. 148 DSGVO.

2 § 41 Abs. 2 BDSG-neu, wobei etwa § 17 OWiG, der die Bußgeldhöhe von der Vorsätzlichkeit oder Fahrlässigkeit des Rechtsverstoßes abhängig macht, gem. § 41 Abs. 1 Satz 2 BDSG-neu nicht zur Anwendung gelangt; *Voigt/von dem Bussche*, Handbuch DSGVO, 1. Aufl. (im Erscheinen), Teile 7.3.5 m.w.N.

3 Dazu ausführlich *Voigt/von dem Bussche*, Handbuch DSGVO, 1. Aufl. (im Erscheinen), Teile 7.3.4; *Datenschutzkonferenz*, Kurzpapier Nr. 2 (2017), S. 2; ErwGr. 150 DSGVO.

4 Zum Begriff „gewerbsmäßig" s. Maier in MünchKomm/StGB, § 260 Rz. 4.

3. Hinweise zur Kommunikation mit den Aufsichtsbehörden

341 Um die vorbeschriebenen Verletzungsfolgen möglichst zu vermeiden, sollten Unternehmen bei jeglicher Kommunikation mit den Aufsichtsbehörden auf gütliche Lösungen hinarbeiten. Hat das Unternehmen einen **Datenschutzbeauftragten** (s. Rz. 329 ff.), ist dieser in jedem Fall **in den Kommunikationsprozess einzubeziehen.** Folgende **Kommunikationsmethoden** können **zur Erreichung gütlicher Lösungen** mit der Aufsichtsbehörde hilfreich sein:[1]

– Bevor Unternehmen einer Aufsichtsbehörde antworten, sollten sie nicht nur alle relevanten Fakten des Sachverhalts zusammentragen, sondern auch eine kurze rechtliche Einschätzung vornehmen und ihrer **Antwort** beifügen. Diese sollte insbesondere **Handlungsvorschläge umfassen**, um dem jeweiligen Datenschutzproblem angemessen zu begegnen. Die **Aufsichtsbehörden können** entsprechende Vorschläge **annehmen**, wenn sie eine effiziente Lösung des Problems ermöglichen.

– Sofern eine derartige Möglichkeit besteht, sollten Unternehmen ein **persönliches Treffen mit** der **Aufsichtsbehörde** vereinbaren. In diesem Rahmen lassen sich weitere Einzelheiten besprechen und Missverständnisse in der Kommunikation vermeiden oder auflösen.

■ **Das Wesentliche in Kürze:**

Bei der Verarbeitung personenbezogener Daten müssen aufgrund des hohen Schutzbedarfs zahlreiche gesetzliche Datensicherheitsvorgaben erfüllt werden:

– **Technische und organisatorische Maßnahmen** (Art. 32 DSGVO), die folgende Sicherheitsvorgaben erfüllen: Zugangskontrolle, Zutrittskontrolle, Zugriffskontrolle, Trennungskontrolle, Weitergabekontrolle, Eingabekontrolle, Belastbarkeit der technischen Systeme, Verfügbarkeitskontrolle sowie Verfahren zur regelmäßigen Überprüfung, Bewertung und Evaluierung;

– **Datenschutz durch Technikgestaltung und durch datenschutzfreundliche Voreinstellungen** (Art. 25 DSGVO) als präventive IT-Sicherheitskonzepte im Vorfeld der Datenverarbeitung;

– ggf. Benennung eines **Datenschutzbeauftragten** (Art. 37–39 DSGVO, § 38 BDSG-neu);

– Führen eines **Verzeichnisses der Datenverarbeitungstätigkeiten** = Dokumentation (Art. 30 DSGVO);

– **Datenschutz-Folgenabschätzung** zur Ermittlung des Schutzbedarfs bei risikoreichen Datenverarbeitungen (Art. 35 f. DSGVO).

Im Fall einer **Datenschutzverletzung** ist die Aufsichtsbehörde unverzüglich (binnen 72 Stunden) nach internem Bekanntwerden des Vorfalls zu benachrichtigen (Art. 33 DSGVO). Kommt das Unternehmen zu der Einschätzung, dass die Datenschutzverletzung ein hohes Risiko für die Rechte und Freiheiten der Betroffenen birgt, sind diese zusätzlich unverzüglich benachrichtigen (Art. 34 DSGVO).

Im Falle einer Verletzung der datenschutzrechtlichen IT-Sicherheitspflichten drohen im schlimmsten Fall **Bußgelder** von bis zu 20 Mio. Euro oder 4 % des gesamten weltweit erzielten Jahresumsatzes des Unternehmens.

---

1 S. dazu auch *Voigt/von dem Bussche*, Handbuch DSGVO, 1. Aufl. (im Erscheinen), Teile 7.3.6.

D. Vorgaben des IT-Sicherheitsgesetzes, des NIS-Richtlinien-Umsetzungsgesetzes und anderer Gesetze

I. Vorbemerkung

Deutschland hat bereits frühzeitig die wichtige Rolle von IT-Sicherheit erkannt und das **Bundesamt für Sicherheit in der Informationstechnik** (BSI) mit der **Verhinderung und Dokumentation von Sicherheitslücken** auf nationaler Ebene beauftragt. Dessen erfolgreiches Tätigwerden hängt maßgeblich vom Erhalt von Meldungen durch von IT-Sicherheitsvorfällen betroffene Unternehmen ab, insbesondere von solchen aus dem Bereich der sog. **kritischen Infrastrukturen.** Entsprechende Unternehmen werden sowohl **über das BSIG** als auch **über andere bereichsspezifische Gesetze zur Einhaltung hoher IT-Sicherheitsstandards verpflichtet.**

342

II. Rechtsentwicklung und Rechtsquellen

In Anbetracht erheblicher finanzieller Ausfälle aufgrund unzureichender IT-Sicherheit im Unternehmen sowie der steigenden Quantität und Qualität von Cyber-Angriffen (s. Rz. 15) hat die Notwendigkeit zur Schaffung angemessener IT-Sicherheitsstandards den Gesetzgeber auf den Plan gerufen. Vergleichbar mit den Entwicklungen des Datenschutzrechts findet auch im IT-Sicherheitsrecht eine **zunehmende Regulierung auf nationaler und EU-Ebene** statt.

343

1. Nationale Gesetzgebung: BSIG und IT-SiG

Noch vor der weitverbreiteten Internetnutzung in Unternehmen unternahm der deutsche Gesetzgeber 1991 mit der **Errichtung des BSI** erste Schritte hin zur Schaffung gesetzlicher IT-Sicherheitsvorgaben.[1] Nachfolgend wurden über die Verabschiedung und Änderung des Gesetzes über das Bundesamt für Sicherheit in der Informationstechnik (BSIG) ab 2009 dem BSI Befugnisse eingeräumt, um als **zentrale Meldestelle für IT-Sicherheit** Informationen zu Sicherheitslücken und neuen Angriffsmustern zu sammeln, auszuwerten und daraufhin entsprechende Informationen und Warnungen an die betroffenen Unternehmen und die Öffentlichkeit auszugeben.[2] Auf diese Weise schuf der deutsche Gesetzgeber bereits frühzeitig eine zentrale Stelle zur Gewährleistung der IT-Sicherheit im Bundesgebiet.

344

Im Jahr 2015 wurde der Gesetzgeber im Bereich der IT-Sicherheit mit der Verabschiedung des Gesetzes zur Erhöhung der Sicherheit informationstechnischer Systeme (IT-SiG) tätig. Das IT-SiG erfasst **Unternehmen** in Geschäftsfeldern, für deren Funktionsfähigkeit eine sichere IT-Infrastruktur unerlässlich ist, **hauptsächlich im Bereich der Versorgungsdienstleistungen** (sog. Betreiber „Kritischer Infrastrukturen", **KRITIS**). Diese werden über das IT-SiG **zu einem Mindeststandard an IT-Sicherheit verpflichtet** und müssen erhebliche Sicherheitsvorfälle an das BSI melden, dessen Kompetenzen im Rahmen des IT-SiG gestärkt wurden. Als Artikelgesetz führt es zu diesbezüglichen Änderungen im BSIG und in weiteren bereichsspezifischen Gesetzen mit Bezug zur IT-Sicherheit, wie dem EnWG.

345

---

1 Gesetzlich normiert im BSI-Errichtungsgesetz, gültig vom 1.1.1991 bis 19.8.2009.
2 *Deutscher Bundestag*, Drucksache 16/11967, S. 1.

2. NIS-Richtlinie und deren Umsetzung in Deutschland

346 Auch die EU erkannte die erheblichen Auswirkungen von IT-Sicherheitsvorfällen auf den europäischen Binnenmarkt. Bereits 2013 wurde deshalb der erste Entwurf für die Richtlinie über Maßnahmen zur Gewährleistung einer hohen gemeinsamen Netz- und Informationssicherheit in der Union (kurz: **NIS-Richtlinie**) vorgelegt.[1] Eine Einigung ließ sich erst zwei Jahre später erzielen, so dass die NIS-Richtlinie[2] im August 2016 – also ein Jahr nach dem deutschen IT-SiG – in Kraft trat. Die NIS-Richtlinie verpflichtet Unternehmen aus dem **KRITIS-Bereich** sowie bestimmte **Anbieter digitaler Dienste** zur Einhaltung von Mindest-IT-Sicherheitsstandards, um Sicherheitsvorfällen entgegenzuwirken. Damit möchte der europäische Gesetzgeber Schäden im Binnenmarkt verhindern, die aufgrund des europaweiten wirtschaftlichen Austauschs wegen Vorfällen in Netz- und Informationssystemen auftreten können.[3] Die NIS-Richtlinie schafft branchenspezifisch einen **einheitlichen, europäischen IT-Sicherheitsrahmen**. Sie bildet einen wesentlichen Bestandteil der europäischen Cyber-Sicherheitsstrategie und soll das Ausmaß von Hackerangriffen und technischen Ausfällen begrenzen.[4]

347 Als Richtlinie bedürfen die **Regelungen der NIS-Richtlinie** einer Umsetzung ins nationale Recht der EU-Mitgliedstaaten. Die Umsetzungsfrist endet zum 9.5.2018.[5] Deutschland ging auf Grundlage seiner Vorleistung über die Schaffung des IT-SiG zunächst davon aus, die unionsrechtlichen Vorgaben der NIS-Richtlinie über die weitreichenden Anpassungen nationaler Gesetze mit IT-Sicherheitsbezug bereits abgedeckt zu haben.[6] Diese Annahme bestätigte sich zwar weitreichend, aber nicht vollständig. Durch die enge Ausrichtung des IT-SiG am ursprünglichen Richtlinien-Entwurf und am damals laufenden Trilog der EU-Institutionen ließen sich die meisten Vorgaben zwar proaktiv abdecken.[7] Durch die Änderungen des NIS-Richtlinien-Entwurfs bis zu dessen erfolgreicher Verabschiedung werden dennoch partiell **geringfügige Rechtsänderungen in Deutschland erforderlich**. Zu diesem Zweck hat der deutsche Gesetzgeber das NIS-Richtlinien-Umsetzungsgesetz (kurz: **NIS-UmsetzungsG**) geschaffen.[8] Dieses fungiert gewissermaßen als „IT-Sicherheitsgesetz 2.0" und ist ebenfalls ein **Artikelgesetz**, das zu Änderungen verschiedener Gesetze aus dem Bereich der IT-Sicherheit führt. Für KRITIS-Unternehmen und Anbieter digitaler Dienste ergeben sich verstärkte spezialgesetzliche IT-Sicherheitsvorgaben mithin aus den Rechtsänderungen durch IT-SiG und NIS-UmsetzungsG.

III. Grundzüge der Vorgaben aus IT-SiG und NIS-UmsetzungsG und Regelungssystematik

348 Zusätzlich zu den allgemeinen IT-Sicherheitpflichten eines jeden Unternehmens (s. Rz. 32 ff.) schaffen das IT-SiG und das NIS-UmsetzungsG **verstärkte IT-Sicherheitspflichten**

---

1 *Voigt/Gehrmann*, ZD 2016, 355, 355.

2 Richtlinie (EU) 2016/1148 des Europäischen Parlaments und des Rates vom 6.7.2016 über Maßnahmen zur Gewährleistung eines hohen gemeinsamen Sicherheitsniveaus von Netz- und Informationssystemen in der Union, ABl. EU Nr. L 194 v. 19.7.2016, S. 1.

3 ErwGr. 3 NIS-Richtlinie.

4 *Rosenthal/Trautwein*, PinG 2017, 148, 149.

5 Art. 25 Abs. 1 NIS-Richtlinie.

6 Vgl. *Voigt*, MMR 2016, 429, 430.

7 *Rosenthal/Trautwein*, PinG 2017, 148, 149.

8 Verkündet im BGBl. 2017, Teil 1 Nr. 40 v. 29.6.2017, S. 1885 ff.

in bereichsspezifischen Gesetzen für Unternehmen ganz verschiedener Branchen. Für betroffene Unternehmen wird nicht bloß eine umfassende Erhöhung des IT-Sicherheitsniveaus erforderlich, sondern es treffen sie überdies Meldepflichten gegenüber dem BSI, die dabei helfen sollen, eine Virenausbreitung und flächendeckende Cyber-Angriffe früh erkennen und möglichst abwenden zu können.[1] Das Ziel der Regelungen ist es, Unternehmen in gesellschaftskritischen Sektoren zu einer präventiven Sicherung ihrer IT-Systeme zu verpflichten und somit die Verfügbarkeit, Integrität, Vertraulichkeit und Authentizität dieser Systeme zu sichern.[2]

Primäre Adressaten der Vorgaben von IT-SiG und NIS-UmsetzungsG sind Betreiber kritischer Infrastrukturen (KRITIS) sowie Anbieter digitaler Dienste. Deren Pflichten lassen sich **maßgeblich** dem **BSIG** entnehmen. Zu beachten ist dabei jedoch, dass **im Einzelfall anwendbare IT-Sicherheitsvorschriften aus Spezialgesetzen zur Anwendbarkeit gelangen** können. So können einerseits das BSIG sowie andererseits das EnWG in Bezug auf Energieversorger oder das TMG in Bezug auf Telemediendiensteanbieter anwendbar sein. Das Zusammenspiel dieser Vorschriften bereitet in der Praxis teilweise Schwierigkeiten. Grundsätzlich **tritt das BSIG** als *lex generalis* **gegenüber Spezialgesetzen für bestimmte KRITIS-Branchen zurück.**[3] Entsprechende Spezialgesetze sind etwa die durch das IT-SiG und NIS-UmsetzungsG geänderten EnWG (s. Rz. 449 ff.), AtG (s. Rz. 460 ff.), TKG (s. Rz. 422 ff.) und SGB V (s. Rz. 466 ff.). **Unklarheiten** bestehen allerdings bzgl. des **Zusammenspiels** der durch die NIS-Richtlinie eingeführten **Regelungen im BSIG zu „Anbietern digitaler Dienste"** (s. Rz. 386 ff.) **und** der Regelungen des **TMG** (s. Rz. 409 ff.). Inhaltliche Unterschiede der dort vorgesehenen IT-Sicherheitsstandards erschweren die Bestimmung des rechtlichen Pflichtenprogramms (Einzelheiten in Rz. 417 ff.).

Die IT-Sicherheitsvorgaben einschließlich ihres jeweiligen Anwendungsbereichs und der jeweiligen Verletzungsfolgen werden nachfolgend dargestellt. Die durch das BSIG erweiterten Befugnisse des BSI führen überdies dazu, dass in der Praxis **mittelbar auch Hersteller und Zulieferer von IT-Produkten und -Systemen** potentiell den durch das IT-SiG und NIS-UmsetzungsG erhöhten IT-Sicherheitspflichten unterliegen (s. Rz. 403 ff.).

349

350

IV. IT-Sicherheitspflichten nach dem BSIG

Die tiefgreifendsten Änderungen auf Grundlage von IT-SiG und NIS-UmsetzungsG erfuhr das BSIG. Neben den erweiterten Befugnissen des BSI (s. Rz. 403 ff.) müssen **Unternehmen in gesellschaftskritischen Versorgungsbranchen** hohe IT-Sicherheitsvorgaben erfüllen. Gesetzlich wird dabei zwischen KRITIS-Betreibern einerseits (s. Rz. 352 ff.) und den Anbietern digitaler Dienste andererseits (s. Rz. 386 ff.) differenziert.

351

1. Pflichten von KRITIS-Betreibern

KRITIS-Betreiber erbringen regelmäßig essentielle Versorgungsdienstleistungen, so dass deren **Schutz vor IT-Sicherheitsvorfällen durch das BSIG möglichst umfassend sichergestellt werden** soll. Um diesem Pflichtenprogramm zu unterfallen, müssen die Voraussetzun-

352

---

1 *Deutscher Bundestag*, Drucksache 18/4096, S. 1.
2 *Gehrmann/Klett*, K&R 2017, 372, 373.
3 Vgl. etwa *Deutscher Bundestag*, Drucksache 18/11242, S. 1; Art. 1 Abs. 7 NIS-Richtlinie.

gen des dreistufigen Anwendungsbereichs des BSIG bei einem Unternehmen vorliegen (s. Rz. 353 ff.). KRITIS-Unternehmen müssen nicht nur einen hohen IT-Sicherheitsstandard aufrechterhalten (s. Rz. 362 ff.), sondern zugleich schwerwiegende Systemstörungen dem BSI melden (s. Rz. 370 ff.), dem ggf. die Information anderer betroffener KRITIS-Betreiber obliegt. Bei einer Verletzung dieser Pflichten drohen Bußgelder (s. Rz. 381 f.).

a) Adressaten

353 Ausgehend von § 2 Abs. 10 BSIG gilt ein Unternehmen als Betreiber kritischer Infrastrukturen, sofern es **zwei Voraussetzungen** erfüllt. Das Unternehmen:

(1) gehört einem der **Sektoren** Energie, Informationstechnik und Telekommunikation, Transport und Verkehr, Gesundheit, Wasser, Ernährung oder Finanz- und Versicherungswesen an; und

(2) ist von **hoher Bedeutung für das Funktionieren des Gemeinwesens**, d.h. durch seinen Ausfall oder seine Beeinträchtigung würden erhebliche Versorgungsengpässe oder Gefährdungen für die öffentliche Sicherheit eintreten.

354 Die **Auslegung dieser unbestimmten Voraussetzungen**[1] soll von einer unter Federführung des BSI verabschiedeten **Rechtsverordnung** auf Grundlage des § 10 Abs. 1 BSIG **erleichtert** werden. Diese Verordnung zur Bestimmung Kritischer Infrastrukturen (**BSI-KritisV**) wurde in zwei „Körben" verabschiedet und präzisierte zunächst die vom Anwendungsbereich des BSIG erfassten Unternehmen der Sektoren Energie, Wasser, Ernährung, Informationstechnik und Kommunikation sowie anschließend der Sektoren Gesundheit, Bank- und Versicherungswesen sowie Transport und Verkehr. Mit dem Inkrafttreten des Zweiten Korbs der BSI-KritisV im Juni 2017 ist der Gesetzgebungsprozess zur IT-sicherheitsrechtlichen Bestimmung Kritischer Infrastrukturen zumindest vorerst abgeschlossen. Eine alle zwei Jahre stattfindende Evaluierung der Verordnung gem. § 9 BSI-KritisV soll eine flexible Möglichkeit zur Anpassung der Infrastruktursektoren, Anlagenkategorien und Schwellenwerte an laufende technische und gesellschaftspolitische Entwicklungen schaffen.[2]

355 Die BSI-KritisV sieht vor, dass **Unternehmen in drei Schritten überprüfen** können, **ob sie als KRITIS-Betreiber eingestuft werden** und damit den Pflichten des BSIG unterliegen. Zu diesem Zweck sieht die BSI-KritisV für jeden betroffenen Sektor eine gesonderte Bestimmung vor, vgl. §§ 2–8 BSI-KritisV. Zu beachten ist, dass gem. § 8d Abs. 1 BSIG **Kleinstunternehmen** mit weniger als zehn Beschäftigten und einem Jahresumsatz unter 2 Mio. Euro gänzlich vom Anwendungsbereich des BSIG **ausgenommen** werden.[3]

---

1 Kritisch hierzu *Roos*, MMR 2015, 636, 637, der die mangelnde Bestimmtheit dieser Voraussetzungen gerade auch im Hinblick ihrer Auswirkungen auf die betroffenen Betreiber kritisiert. Weiterführend mit Bedenken hinsichtlich einer Verletzung verfassungsrechtlichen Bestimmtheitsgrundsatzes *Heckmann*, MMR 2015, 289, 290.

2 *Kipker*, MMR-Aktuell 2017, 393037.

3 S. auch Art. 2 Abs. 3 Empfehlung 2003/361/EC der Europäischen Kommission, abrufbar unter: http://eur-lex.europa.eu/LexUriServ/LexUriServ.do?uri=OJ:L:2003:124:0036:0041:DE:PDF, zuletzt aufgerufen am 12.1.2018.

Schritte zur Prüfung der KRITIS-Voraussetzungen	
1. Schritt	Bestimmung, ob das Unternehmen in einem der vom BSIG erfassten Sektoren tätig ist und eine oder mehrere der in der BSI-KritisV **als kritisch eingestufte Dienstleistungen** erbringt
2. Schritt	Prüfung, ob die für die Erbringung der kritischen Dienstleistungen erforderlichen **Anlagen** von der BSI-KritisV erfasst sind
3. Schritt	Bestimmung, ob die erbrachten Dienstleistungen denjenigen **Schwellenwert** überschreiten, der zu einem bedeutenden Versorgungsgrad führt, so dass die Pflichten aus dem BSIG erfüllt werden müssen (quantitativer Ansatz)

Sind alle drei Prüfungsschritte erfüllt, handelt es sich bei dem Unternehmen um einen KRITIS-Betreiber, den Pflichten des BSIG unterfällt.   356

aa) KRITIS-Dienstleistungen und Anlagen

Aus der BSI-KritisV lässt sich mit beachtlichem Detailgrad entnehmen, welche Dienstleis-   357
tungen und Anlagen die IT-Sicherheitsvorgaben des BSIG erfüllen müssen. Schwierigkeiten bei der **Prüfung dieses 1. und 2. Schritts** ergeben sich jedoch aus der starken Verschachtelung der **Regelungen in der BSI-KritisV**, weil die allgemeinen Bestimmungen in mehreren Anhängen präzisiert werden. **Systematik und Inhalt** der Regelungen sind im Wesentlichen wie folgt:

Systematik und Inhalt der Regelungen der BSI-KritisV zum 1. und 2. Prüfungsschritt		
Sektor	**Kritische Dienstleistung/en**	**Anlage/n (Auszug)**
Energie	Strom-, Gas-, Kraftstoff- Heizöl- und Fernwärmeversorgung, § 2 BSI-KritisV	Energieerzeugungs- und Speicheranlagen, Übertragungs- und Verteilernetze, Steuerungsanlagen (Anhang 1)
Wasser	Trinkwasser- und Abwasserversorgung, § 3 BSI-KritisV	Wasserwerke, Wasserverteilungssysteme, Leitzentralen, Kanalisation und Kläranlagen (Anhang 2)
Ernährung	Lebensmittelversorgung, § 4 BSI-KritisV	Anlagen zur Lebensmittelproduktion, zur Verteilung, zur Bestellung oder zum Inverkehrbringen von Lebensmitteln (Anhang 3)
Informationstechnik und Telekommunikation	Sprach- und Datenübertragung, Datenspeicherung, Datenverarbeitung, § 5 BSI-KritisV	Zugangs- und Übertragungsnetze, DNS-Server, Rechenzentren (Anhang 4)

Systematik und Inhalt der Regelungen der BSI-KritisV zum 1. und 2. Prüfungsschritt		
Sektor	**Kritische Dienstleistung/en**	**Anlage/n (Auszug)**
Gesundheit	Stationäre medizinische Versorgung, Versorgung mit Medizinprodukten und Arzneimitteln, Laboratoriumsdiagnostik, § 6 BSI-KritisV	Krankenhäuser, Produktionsstätten, Abgabestellen, Lagerräume, Apotheken, Kommunikationssysteme (Anhang 5)
Finanz- und Versicherungswesen	Bargeldversorgung, Zahlungsverkehr, Verrechnung und Abwicklung von Wertpapier- und Derivatgeschäften, Versicherungsdienstleistungen, § 7 BSI-KritisV	Autorisierungssysteme, Systeme zum Betrieb von Geldautomaten, Kontoführungssysteme, Cash Center, Transaktionssysteme, Leistungs-, Verwaltungs- und Zahlungssysteme für Versicherungen (Anhang 6)
Transport und Verkehr	Versorgung der Allgemeinheit mit Leistungen zum Personen- und Gütertransport, § 8 BSI-KritisV	Anlagen des Luft-, Schienen-, Schifffahrt-, Straßenverkehrs und der Logistik sowie Anlagen zur Wettervorhersage (Anhang 7)

358 Erbringt ein Unternehmen Dienstleistungen im Bereich kritischer Infrastrukturen, aber fallen lediglich einzelne Anlagen des Unternehmens unter die BSI-KritisV, so müssen all diejenigen **IT-Systeme** des Unternehmens dem **Sicherheitsstandard des BSIG** entsprechen, **die unmittelbar für die Funktionsfähigkeit der jeweiligen Anlage notwendig** sind.[1] Dies erfordert somit eine individuelle Prüfung der eigenen IT-Infrastruktur durch das Unternehmen.

bb) KRITIS-Versorgungsgrad

359 Ausgehend vom 3. Prüfungsschritt gelangt das BSIG auf Betreiber kritischer Infrastrukturen nur zur Anwendung, sofern die jeweilige Anlage von hoher **Bedeutung für das Funktionieren des Gemeinwesens** ist, was **ausgehend von quantitativen Merkmalen bestimmt** wird. Ein Betreiber soll grundsätzlich nur dann den Anforderungen des BSIG unterworfen sein, wenn er eine bestimmte Mindestanzahl an Personen versorgt.[2] Als Richtwert ist ab einer **Versorgung von mindestens 500.000 Menschen** (bei Krankenhäusern 30.000 Menschen) davon auszugehen, dass die jeweilige Anlage oder deren Teile als KRITIS einzustufen sind und ihr Funktionieren damit von Bedeutung für das Gemeinwesen ist.[3] Dieser Versorgungsgrad wurde mit Hilfe von sektorspezifischen Berechnungsformeln, die in Zusammenarbeit verschiedener Bundesministerien nach Anhörung von Wissenschaftlern und betroffenen Unternehmen geschaffen wurden, in verschiedene Schwellenwerte umgerechnet, vgl. § 10 Abs. 1

---

1 *BSI*, Fragen und Antworten zur BSI-Kritisverordnung, abrufbar unter https://www.bsi.bund.de/DE/Themen/Industrie_KRITIS/IT-SiG/FAQ_BSI-KritisV/faq_bsi_kritisv_node.html#faq8168388, zuletzt aufgerufen am 12.1.2018.
2 *Voigt*, MMR 2016, 429, 430.
3 *Gehrmann/Klett*, K&R 2017, 372, 374.

BSIG. Für jede als kritisch anzusehende Dienstleistung und Anlage lässt sich der BSI-KritisV entnehmen, ab welchem Schwellenwert die KRITIS-Pflichten erfüllt werden müssen. Die Schwellwerte beziehen sich dabei etwa auf die Anzahl versorgter Personen oder die Menge umgeschlagener Waren. Jeder der sieben Anhänge der BSI-KritisV enthält jeweils für einen Sektor die angewandte Berechnungsformel sowie die ausgehend davon ermittelten Schwellenwerte, die die einzelnen Anlagen erreichen müssen, um zu den KRITIS zu zählen.

Gesetzliche Beispiele für KRITIS-Betreiber der verschiedenen Sektoren aus den Anhängen der BSI-KritisV:

– Sektor **Energie**: Ein Unternehmen betreibt ein Tankstellennetz, das jährlich etwa 420 Mio. Liter Kraftstoff verteilt, Anhang 1 Teil 3 Nr. 3.3.2 BSI-KritisV.

– Sektor **Wasser**: Ein Unternehmen betreibt eine Kanalisation mit 500.000 angeschlossenen Einwohnern, Anhang 2 Teil 3 Nr. 1.1.1 BSI-KritisV.

– Sektor **Ernährung**: Ein Unternehmen schlägt als Lebensmittelhandel im Jahr mehr als 434.500 Tonnen Speisen um, Anhang 3 Teil 3 Nr. 1.2 BSI-KritisV.

– Sektor **Informationstechnik und Telekommunikation**: Ein Unternehmen betreibt ein Rechenzentrum, welches auf Grundlage vertraglicher Vereinbarungen im Kalenderjahr zur Erbringung einer Leistung von mehr als 5 Megawatt verpflichtet ist, Anhang 4 Teil 3 Nr. 2.1.1 BSI-KritisV.

– Sektor **Gesundheit**: Ein Krankenhaus behandelt mehr als 30.000 vollstationäre Fälle pro Jahr, Anhang 5 Teil 3 Nr. 1.1 BSI-KritisV.

– Sektor **Finanz- und Versicherungswesen**: Ein Versicherungsunternehmen hat im Leistungssystem seiner privaten Krankenversicherung mehr als 2.000.000 Leistungsfälle pro Jahr, Anhang 6 Teil 3 5.1.10 BSI-KritisV.

– Sektor **Transport und Verkehr**: Im Logistikzentrum eines Unternehmens werden mehr als 17 Mio. Tonnen Güter pro Jahr umgeschlagen, Anhang 7 Teil 3 Nr. 1.6 BSI-KritisV.

Auf den ersten Blick bietet die **rein quantitative Bestimmung von KRITIS-Anbietern** in der Praxis Vorteile, da sie Unternehmen eine vergleichsweise einfache Handhabung ermöglicht.[1] Die **Vereinbarkeit** dieses Ansatzes **mit** den Vorgaben der **NIS-Richtlinie** ist allerdings **anzuzweifeln**.[2] So sieht Art. 4 Nr. 4 i.V.m. Art. 5 Abs. 2 und Annex II NIS-Richtlinie die Bestimmung von „Betreibern wesentlicher Dienste" anhand qualitativer und quantitativer Kriterien vor.[3] Der streng quantitative Ansatz des BSIG ermöglicht es nicht, etwa Domino-Effekte von Sicherheitsvorfällen zu berücksichtigen. 360

Beispiel eines Domino-Effekts[4]: Ein Energieversorger beliefert andere Unternehmen mit Strom, unterfällt jedoch trotz des Betriebs von Anlagen aus dem Energie-Sektor nicht dem BSIG, da er weniger als 500.000 Menschen pro Jahr direkt versorgt. Die vom Energieversorger mit Strom belieferten Unternehmen versorgen über ihre Produktions- und Industrieanlagen allerdings eine sehr große Zahl an Menschen.

Weil der Energieversorger dem BSIG nicht unterfällt, muss er nicht die dort vorgesehenen IT-Sicherheitsstandards einhalten. Mangels entsprechender Vorgaben könnten unzureichende Sicherheitsvorkehrungen IT-Sicherheitsvorfälle begünstigen. Kommt es beim Energieversorger zu einem IT-Sicherheitsvorfall, könnten Engpässe in der Stromversorgung der von ihm belieferten Unternehmen entstehen. In der Konsequenz droht ein Domino-Effekt in Form von Versorgungsengpässen bei un-

---

1 *Voigt*, MMR 2016, 429, 430.

2 Dazu etwa *Gehrmann/Klett*, K&R 2017, 372, 374; *Voigt*, MMR 2016, 429, 430.

3 So *Gehrmann/Klett*, K&R 2017, 372, 374.

4 *Gehrmann/Klett*, K&R 2017, 372, 374.

zähligen Menschen aufgrund der fehlenden Stromversorgung der vom Energieversorger belieferten Unternehmen. Diese Konstellation wird trotz ihres konkreten Bezugs zum Funktionieren des Gemeinwesens nicht vom BSIG erfasst.

361 Das Beispiel verdeutlicht, dass eine quantitative Bestimmung von KRITIS-Betreibern zwar zugunsten von Unternehmen den Kreis der vom BSIG erfassten Unternehmen kleiner halten kann, aber zugleich das Ziel möglichst umfassender IT-Sicherheit im Bundesgebiet gefährdet.[1] Eine diesbezügliche **Anpassung der BSI-KritisV** ist **bisher jedoch nicht geplant**, so dass Unternehmen vorerst am quantitativen Prüfungsansatz festhalten können. Die Europarechtskonformität dieser Regelung ist zumindest anzuzweifeln.[2]

b) IT-Sicherheitsstandard

362 Die Pflichten von KRITIS-Betreibern zum Ergreifen technischer und organisatorischer IT-Sicherheitsmaßnahmen wurden über das IT-SiG und das NIS-UmsetzungsG im Vergleich zu den allgemeinen unternehmerischen IT-Sicherheitspflichten (s. Rz. 32 ff.) erheblich erweitert. Die Einhaltung eines angemessenen IT-Sicherheitsstandards ist erforderlich, um die im Verletzungsfall drohenden Bußgelder zu vermeiden (s. Rz. 381 f.). **§ 8a Abs. 1 Satz 1 BSIG** verpflichtet KRITIS-Betreiber dazu, **angemessene organisatorische und technische Vorkehrungen** zur **Vermeidung von Störungen** der Verfügbarkeit, Integrität, Authentizität und Vertraulichkeit ihrer IT-Systeme, Komponenten und Prozesse zu treffen, die für die Funktionsfähigkeit der von ihnen betriebenen kritischen Infrastrukturen maßgeblich sind. Die Bestimmung macht die **Einhaltung verschiedener IT-Sicherheitsziele erforderlich**, so dass der Umfang der Pflichten entsprechend weitreichend ist:[3]

– **Verfügbarkeit**: Darunter zu verstehen ist der der Schutz vor Verlust, Entzug, Blockade und Zerstörung der eigenen Systeme. Diese sollen permanent verfügbar und funktionsfähig sein. Überdies muss technisch sichergestellt werden, dass die Verfügbarkeit der Systeme nicht durch Dritte von außen beeinflusst werden kann.

– **Integrität**: Darunter zu verstehen ist der Schutz vor jeglicher Form ungewollter Veränderung der IT-Systeme. Das System soll gegen die unbemerkte und unbefugte Veränderung der Informationen gesichert sein, was auch Maßnahmen zur Erkennung von Integritätsverletzungen umfasst.

– **Authentizität**: Danach muss sichergestellt sein, dass Systeme tatsächlich nur von autorisierten und authentisierten Personen eingerichtet und genutzt werden, um einen Missbrauch zu vermeiden.

– **Vertraulichkeit**: Darunter ist der Schutz vor Informationsausspähung zu verstehen. IT-Systeme sollen so konstruiert sein, dass nur befugte Personen im Rahmen ihrer Zugriffsrechte auf diese zugreifen können.

---

1. *Gehrmann/Klett*, K&R 2017, 372, 374 m.w.N.

2 Das BSI geht von einer hinreichenden Berücksichtigung quantitativer wie qualitativer Kriterien aus, s. etwa: Häufige Fragen und Antworten (FAQ) zu § 8a BSIG, abrufbar unter https://www.bsi .bund.de/SharedDocs/Downloads/DE/BSI/IT_SiG/faq_orientierungshilfe.pdf?__blob=publication File&v= 5, zuletzt aufgerufen am 12.1.2018.

3 *Heckmann*, MMR 2006, 280, 281 f. m.w.N.; *Eckhardt* in: Auer-Reinsdorff/Conrad, IT- und Datenschutzrecht, § 33 Rz. 237; *Gola/Klug/Körffer* in: Gola/Schomerus, BDSG, § 9 BDSG Rz. 2.

Diese Verpflichtungen aus § 8a Abs. 1 Satz 1 BSIG sollen gem. § 8d Abs. 2 BSIG jedoch nur bestehen, soweit die Verpflichteten nicht aufgrund anderer Vorschriften **vergleichbaren oder weitergehenden IT-Sicherheitspflichten unterliegen**, etwa aus § 11 EnWG (s. Rz. 451 ff.), § 291b SGB V (s. Rz. 468) oder § 7 AtG (s. Rz. 463). Dies offenbart den subsidiären Charakter des BSIG gegenüber **Spezialgesetzen** (s. Rz. 348 ff.).   363

aa) Einhaltung der Vorgaben

Auf Grundlage des § 8a BSIG müssen Unternehmen Maßnahmen zur möglichst umfassenden Abwehr von IT-Sicherheitsrisiken treffen. Die zu treffenden Maßnahmen müssen dabei sowohl präventive Ziele verfolgen als auch Maßnahmen zur Detektion und Behebung von Störungen enthalten. Vergleichbar mit dem Datenschutzrecht verfolgt das BSIG somit einen **risikobasierten Sicherheitsansatz** (Einzelheiten zum risikobasierten Ansatz unter Rz. 315 ff.). Unternehmen obliegt es damit, die erforderlichen Schutzmaßnahmen aufgrund ihrer konkreten Situation zu bestimmen. Ausgehend von den Schutzzielen des § 8a BSIG muss eine möglichst sichere Systemarchitektur zum Schutz der KRITIS-Anlagen geschaffen werden.[1] Begrenzt wird diese Pflicht durch das Erfordernis der **Angemessenheit der Maßnahmen**: Der erforderliche Umsetzungsaufwand muss im Verhältnis zu den Folgen etwaiger IT-Ausfälle stehen.[2] Dabei können allein finanzielle Gründe nicht zu einer Einschränkung des Sicherheitsniveaus herangezogen werden, da das angemessene Schutzniveau nur unter Berücksichtigung der **Versorgung der Bevölkerung** mit der kritischen Dienstleistung erfolgen kann.[3] Das Ziel einer lückenlosen Versorgung ist **mit dem erforderlichen Umsetzungsaufwand abzuwägen**.   364

Beispiele für IT-Sicherheitsmaßnahmen[4]:

– Zwei-Faktor-Authentifizierung

– Verschlüsselung der Kommunikation während des Transports

– Verschlüsselung von Daten

– Einsatz sicherer Boot-Prozesse

– Sichere Software-Administration einschließlich Patch-Management

– Sichere Benutzer-Administration mit aktiver Sperrmöglichkeit durch den Administrator

– Umsetzung von Logging-, Monitoring-, Reporting- und Response-Management-Systemen

– Viren- und Malwareschutz

– Back-up-Systeme

---

1 *TeleTrusT*, Handreichung zum „Stand der Technik" im Sinne des IT-Sicherheitsgesetzes, S. 12, abrufbar unter https://www.teletrust.de/fileadmin/docs/fachgruppen/ag-stand-der-technik/TeleTrusT-Handreichung_Stand_der_Technik.pdf, zuletzt aufgerufen am 12.1.2018.

2 *BSI*, Häufige Fragen und Antworten (FAQ) zu § 8a BSIG, S. 7, abrufbar unter https://www.bsi .bund.de/SharedDocs/Downloads/DE/BSI/IT_SiG/faq_orientierungshilfe.pdf?__blob=publication File&v= 5, zuletzt aufgerufen am 12.1.2018.

3 *BSI*, Häufige Fragen und Antworten (FAQ) zu § 8a BSIG, S. 7, abrufbar unter https://www.bsi .bund.de/SharedDocs/Downloads/DE/BSI/IT_SiG/faq_orientierungshilfe.pdf?__blob=publication File&v= 5, zuletzt aufgerufen am 12.1.2018.

4 *TeleTrusT*, Handreichung zum Stand der Technik im Sinne des IT-SiG, S. 12 f.

bb) Einhaltung des „Stands der Technik"

365 Bei der Schaffung eines angemessenen Sicherheitsstandards werden KRITIS-Betreiber über § 8a Abs. 1 Satz 1 BSIG zur **Einhaltung des „Stands der Technik" verpflichtet.** Das bedeutet, dass sich der Sicherheitsstandard der getroffenen Maßnahmen dynamisch an sich verändernde technische Möglichkeiten und Risiken anpassen muss. Für Unternehmen wird damit eine fortwährende Aktualisierung ihrer Sicherheitsmaßnahmen erforderlich. Konkrete Hilfestellungen dazu, wann ein angemessener technischer Standard erreicht ist, liefert das BSIG nicht. Eine Orientierung bietet zumindest eine entsprechende Begriffsbestimmung durch das Bundesjustizministerium, nach der es sich um den Entwicklungsstand fortschrittlicher Verfahren, Einrichtungen und Betriebsweisen handelt, die nach herrschender Auffassung führender Fachleute zur Herstellung von IT-Sicherheit geeignet sind und sich in der Praxis oder zumindest im Unternehmen bereits mit Erfolg bewährt haben.[1] Es müssen also **branchenübliche „Spitzenprodukte"** zum Einsatz kommen, soweit dies angemessen ist.[2]

cc) Branchenspezifische Standards

366 Abhängig vom jeweils betroffenen KRITIS-Sektor können die erforderlichen IT-Sicherheitsmaßnahmen von KRITIS-Betreibern erheblich variieren. Um die praktische Umsetzung der IT-Sicherheitspflichten zu erleichtern, ermöglicht § 8a Abs. 2 BSIG die **Erarbeitung branchenspezifischer Sicherheitsstandards** durch KRITIS-Betreiber und ihre jeweiligen Branchenverbände, deren **Eignung** zur Umsetzung der Vorgaben des § 8a BSIG **auf Antrag vom BSI festgestellt** wird. Mit dem branchenspezifischen Sicherheitsstandard (B3S) Wasser/Abwasser hat das BSI im August 2017 die Eignung des ersten Sicherheitsstandards für einen KRITIS-Sektor festgestellt.[3] Auch wenn Unternehmen zur Umsetzung sie betreffender branchenspezifischer Sicherheitsstandards nicht verpflichtet sind, sollte diese ernsthaft in Betracht gezogen werden. Diese bieten **Rechtssicherheit** dahingehend, was vom BSI als sichere Systemarchitektur angesehen wird, insbesondere auch hinsichtlich des „Stands der Technik".

Praxishinweis: Branchenstandards schaffen Rechtssicherheit, sollten von Unternehmen aber keineswegs „blind" übernommen werden. Die darin getroffenen Empfehlungen sollten vielmehr kritisch hinsichtlich ihrer Umsetzbarkeit und Nützlichkeit im Unternehmen überprüft werden. Dabei bieten Branchenstandards den Vorteil, dass sie aufgrund ihrer Schaffung für einen konkreten KRITIS-Bereich zumindest konkretere Vorgaben als § 8a BSIG enthalten.

dd) Nachweis der Einhaltung

367 Die Einhaltung des in § 8a BSIG vorgeschriebenen IT-Sicherheitsstandards müssen Unternehmen gem. § 8a Abs. 3 BSIG **alle zwei Jahre** nachweisen. Dadurch soll die gelungene Implementierung im Unternehmen gewährleistet und die flächendeckende Anhebung des IT-Sicherheitsstandards sichergestellt werden. Der zweijährige Prüfungsrhythmus ermöglicht

---

1 *Bundesministerium für Justiz und Verbraucherschutz*, Handbuch der Rechtsförmlichkeit. S. 4, Rz. 256, abrufbar unter: http://hdr.bmj.de/page_b.4.html, zuletzt aufgerufen am 12.1.2018.

2 *Gehrmann/Klett*, K&R 2017, 372, 375 f.; konkrete Hinweise hinsichtlich verschiedener Sicherheitskomponenten liefert TeleTrusT, Handreichung zum „Stand der Technik" im Sinne des IT-Sicherheitsgesetzes, S. 12 ff., abrufbar unter https://www.teletrust.de/fileadmin/docs/fachgruppen/ag-stand-der-technik/TeleTrusT-Handreichung_Stand_der_Technik.pdf, zuletzt aufgerufen am 12.1.2018.

3 S. die entsprechende Pressemitteilung des BSI, abrufbar unter https://www.bsi.bund.de/DE/Presse/Pressemitteilungen/Presse2017/Erster_branchenspezifischer_Sicherheitsstandard_anerkannt_01082017.html, zuletzt aufgerufen am 12.1.2018.

dabei auch die Prüfung der Einhaltung des „Stands der Technik". Ein entsprechender Nachweis lässt sich **durch Sicherheitsaudits, Prüfungen oder Zertifizierungen** erbringen. Die Ergebnisse der Prüfung sind **dem BSI zu übermitteln.** Das Nachweisdokument muss dabei auch etwaig aufgedeckte Sicherheitsmängel auflisten, damit das BSI eine Nachbesserung anordnen kann, vgl. § 8a Abs. 3 Satz 5 BSIG.

Eine **Liste zur Prüfung berechtigter Stellen** wird **vom BSI** geführt.[1] Damit die prüfende Stelle ordnungsgemäß tätig werden kann, benötigt sie neben konkreten Unterlagen, in denen das Unternehmen seine Sicherheitsbemühungen dokumentiert hat, auch die Möglichkeit einer Vor-Ort-Prüfung mit Inaugenscheinnahme der Technik sowie die Möglichkeit zu Gesprächen mit Mitarbeitern des Unternehmens.[2]   368

Gemäß § 8a Abs. 3 BSIG ermöglichen auch Zertifizierungen den Nachweis der Einhaltung angemessener IT-Sicherheitsstandards. Grundsätzlich kommen dabei **branchenspezifische Sicherheitsstandards**, aber auch der ISO 27001-Standard in Betracht. Bezüglich Letzterem ist allerdings **Vorsicht** geboten. **Bei einer reinen ISO 27001-Zertifizierung** ist nicht von vornherein klar, dass sie geeignet ist, kritische Infrastrukturen gemäß den Anforderungen aus § 8a Abs. 1 BSIG zu schützen, so dass es für einen erfolgreichen Nachweis zusätzlich erforderlich ist, nachzuweisen, dass der Prüfungsgegenstand und die Maßnahmen für die Zertifizierung die jeweilige Dienstleistung ausreichend schützen.[3]   369

c) Meldepflichten gegenüber dem BSI

Gemäß § 8b Abs. 4 BSIG sind KRITIS-Betreiber dazu verpflichtet, **erhebliche Störungen** ihrer IT-Systeme **dem BSI zu melden.** Zur entsprechenden Kommunikation mit dem BSI muss **jeder KRITIS-Betreiber** auf der Grundlage von § 8b Abs. 3 BSIG eine jederzeit erreichbare **Kontaktstelle einrichten.** Entsprechende Meldungen bilden die Grundlage für ein Tätigwerden des BSI und damit für bundes- und ggf. europaweit abgestimmte Reaktionen auf IT-Sicherheitsbedrohungen.[4]   370

aa) Meldepflichtige Störungen

Nicht jede Störung der unternehmenseigenen IT löst eine Meldepflicht gegenüber dem BSI aus. Die Störung muss entweder: 371

– zum Ausfall oder zur erheblichen Beeinträchtigung der Funktionsfähigkeit der betriebenen KRITS geführt haben (§ 8b Abs. 4 Nr. 1 BSIG); oder

– erheblich sein und zu einem Ausfall oder zur erheblichen Beeinträchtigung der KRITIS-Funktionsfähigkeit führen können (§ 8b Abs. 4 Nr. 2 BSIG).

---

1 Abrufbar unter https://www.bsi.bund.de/DE/Themen/Industrie_KRITIS/IT-SiG/Was_tun/Nach weise/Nachweise_node.html, zuletzt aufgerufen am 12.1.2018.

2 *BSI*, Orientierungshilfe zu Nachweisen gem. § 8a Abs. 3 BSIG, S. 10, abrufbar unter: https:// www.bsi.bund.de/SharedDocs/Downloads/DE/BSI/IT_SiG/Orientierungshilfe_8a_3.pdf?__blob= publicationFile&v= 9, zuletzt aufgerufen am 12.1.2018.

3 *BSI*, Häufige Fragen und Antworten (FAQ) zu § 8a BSIG, S. 11, abrufbar unter https://www.bsi .bund.de/SharedDocs/Downloads/DE/BSI/IT_SiG/faq_orientierungshilfe.pdf?__blob=publication File&v= 5, zuletzt aufgerufen am 12.1.2018.

4 *Deutscher Bundestag*, Drucksache 18/4096, S. 27.

372 Was unter den Störungsbegriff fällt, wird gesetzlich nicht klargestellt. Er ist jedoch funktional zu verstehen: Eine **Störung** liegt vor, wenn die eingesetzte Technik die ihr zugedachte **Funktion nicht mehr richtig oder nicht mehr vollständig erfüllen kann** oder versucht wurde, entsprechend auf sie einzuwirken.[1] Dabei kommt es nicht zwangsläufig auf eine physikalische Beeinträchtigung der IT an. Ausreichend ist es vielmehr, wenn die eingesetzte Technik in der Interaktion mit ihrer Systemumwelt ihre Funktion nicht fehlerfrei ausüben kann.[2] Beispiele sind etwa Sicherheitslücken, Schadprogramme, erfolgte/versuchte/erfolgreich abgewehrte Angriffe auf die IT-Sicherheit sowie außergewöhnliche und unerwartete technische Defekte mit IT-Bezug (z.B. nach Software-Updates oder einem Ausfall der Serverkühlung).[3]

373 Die Meldepflicht des Unternehmens unterliegt einer **Erheblichkeitsschwelle** hinsichtlich der **eingetretenen oder möglichen Folgen der Störung**. Diese wird insbesondere überschritten, wenn sich die Störung nicht bereits automatisiert oder mit wenig Aufwand mithilfe der nach § 8a BSIG ergriffenen IT-Sicherheitsmaßnahmen abwehren lässt.[4] Für eine entsprechende Meldepflicht ist stets auch deren Auswirkung auf den KRITIS-Betrieb erforderlich. Sind tatsächliche Auswirkungen nicht bereits eingetreten, muss das **Unternehmen** eine Prognose **hinsichtlich der möglichen Folgen der Störung** anstellen. Es trägt dementsprechend das Risiko entsprechender Einschätzungsfehler (s. sogleich Rz. 381 f. zu Verletzungsfolgen). Eine Hilfestellung zur Bewertung des Vorfalls bietet der Zweck der Meldepflicht: Sie soll eine möglichst umfassende und frühzeitige Warnung möglicherweise ebenfalls betroffener KRITIS-Betreiber gewährleisten.[5] Unternehmen sollten die Schwere etwaiger Störungen unter diesem Gesichtspunkt messen und sich im Zweifel für eine Meldung entscheiden.

Beispiele gewöhnlicher Störungen, die keine Meldepflicht auslösen[6]:

- täglich auftretender Spam;

- übliche Schadsoftware, die standardmäßig vom Virenscanner abgefangen wird;

- technische Defekte im üblichen Rahmen (z.B. Festplattenfehler, Hardwareausfall).

374 Unternehmen können sich zur Bewertung von Störungen etwa an **einer „je-desto"-Formel** orientieren: je größer die Wahrscheinlichkeit, dass die Störung zu tatsächlichen **Funktionsbeeinträchtigungen** führt und je größer die potentiellen **Schäden** fürs Gemeinwesen, desto eher wird eine Meldung an das BSI erforderlich.[7] Auch der zur Risikobewältigung **erforderliche Ressourcenaufwand** spielt eine Rolle, etwa in Form eines erhöhten Koordinierungsaufwands, der Erforderlichkeit des Hinzuziehens externen Know-hows oder der Einberufung eines Krisenstabs.[8]

---

1 *Deutscher Bundestag*, Drucksache 18/4096, S. 27.
2 *Schneider*, Meldepflichten im IT-Sicherheitsrecht – Datenschutz, Kritische Infrastrukturen und besondere IT-Dienste, S. 446.
3 *Deutscher Bundestag*, Drucksache 18/4096, S. 27 f.
4 *Deutscher Bundestag*, Drucksache 18/4096, S. 28.
5 *Deutscher Bundestag*, Drucksache 18/4096, S. 28.
6 *Deutscher Bundestag*, Drucksache 18/4096, S. 28.
7 *Schneider*, Meldepflichten im IT-Sicherheitsrecht – Datenschutz, Kritische Infrastrukturen und besondere IT-Dienste, S. 449.
8 *Deutscher Bundestag*, Drucksache 18/4096, S. 28.

Beispiele von Störungen, die eine Meldepflicht auslösen[1]:

– Vorfälle, die durch neuartige, bisher nicht vom BSI veröffentlichte IT-Sicherheitslücken ermöglicht wurden;

– Systemausfälle durch unbekannte Schadprogramme:

– erfolgreiches Überwinden einer Sicherungsmaßnahme:

– außergewöhnliche Denial of Service-Angriffe, die sich nicht ohne weiteres mit den unternehmenseigenen IT-Sicherheitsvorkehrungen abwehren lassen;

– erfolgte, versuchte oder erfolgreich abgewehrte gezielte IT-Angriffe;

– außergewöhnliche und unerwartete technische Defekte mit IT-Bezug.

bb) Meldefrist

Die Meldung erheblicher Störungen muss unverzüglich und damit **ohne schuldhaftes Zögern** erfolgen. Ähnlich wie im Datenschutzrecht dürfte Folgendes gelten: **Je erheblicher die Störung, desto schneller** sollte eine entsprechende Meldung erfolgen (s. auch Rz. 333 ff.). Nur ein schnellstmöglicher Informationsfluss an das BSI kann die Grundlage für ein funktionierendes Frühwarnsystem im KRITIS-Bereich bilden. Unternehmen können daher vor der Meldung von Störungen keine umfassende Bewertung des Vorfalls und seiner Umstände vornehmen. Aus diesem Grund sollten Unternehmen ein **gestuftes Meldeverhalten** verfolgen:[2]   375

(1) In einem **ersten Schritt** meldet das Unternehmen schnellstmöglich die ihm ohne großen Rechercheaufwand **zur Verfügung stehenden Informationen** über die Störung (gegenüber dem BSI als Erstmeldung zu kennzeichnen).[3]

(2) In einem **zweiten Schritt** ergänzt das Unternehmen die initiale Meldung im weiteren Verlauf der Vorfallsbearbeitung um **weitere, neu hinzukommende Informationen**.

Für die Erstmeldung gilt grundsätzlich: Schnelligkeit vor Vollständigkeit.[4]   376

cc) Inhalt und Form der Meldung

Erfolgt die Meldung einer Störung an das BSI, so muss diese gem. § 8b Abs. 4 Satz 2 BSIG **bestimmte Mindestangaben** enthalten zu: 377

– der Störung,

– möglichen grenzübergreifenden Auswirkungen,

– den technischen Rahmenbedingungen, insbesondere der vermuteten oder tatsächlichen Ursache, betroffenen Informationstechnik, Art der betroffenen Einrichtung oder Anlage,

– der erbrachten kritischen Dienstleistung und

– den Auswirkungen der Störung auf diese Dienstleistung.

---

1 *Deutscher Bundestag*, Drucksache 18/4096, S. 28.
2 *Deutscher Bundestag*, Drucksache 18/4096, S. 28.
3 *BSI*, https://www.bsi.bund.de/DE/Themen/Industrie_KRITIS/IT-SiG/Neuregelungen_KRITIS/Meldepflicht/FAQ_zur_Meldepflicht/faq_meldepflicht_node.html#faq8141870, zuletzt aufgerufen am 12.1.2018.
4 *BSI*, https://www.bsi.bund.de/DE/Themen/Industrie_KRITIS/IT-SiG/Neuregelungen_KRITIS/Meldepflicht/FAQ_zur_Meldepflicht/faq_meldepflicht_node.html#faq8141870, zuletzt aufgerufen am 12.1.2018.

378 Der **inhaltliche Umfang** dieser Mindestangaben wird **gesetzlich nicht vorgegeben**. Im Hinblick auf den Zweck der Meldepflicht zur Ermöglichung einer Warnung anderer KRITIS-Betreiber sollten alle Informationen an das BSI weitergeleitet werden, die zur Entdeckung und Vermeidung des Vorfalls bei anderen Betroffenen beitragen können und zur Verbesserung des Bilds über die Sicherheitslage förderlich sind.[1] Es ist Unternehmen anzuraten, zur Meldung das vom BSI zur Verfügung gestellte Meldeformular zwecks Vollständigkeit der gesetzlich erforderlichen Angaben zu verwenden.[2] Grundsätzlich **schreibt** das **BSIG** allerdings **für die Meldung keine bestimmte Form vor**, wobei zu Nachweiszwecken zumindest die Textform stets anzuraten ist.

379 Aus § 8b Abs. 4 Satz 3 BSIG ergibt sich, dass **Störungsmeldungen in bestimmten Fällen auch ohne Namensnennung abgegeben werden können**. Das Gesetz trägt hier mit einer differenzierenden Lösung dem Umstand Rechnung, dass Unternehmen im Falle eines Bekanntwerdens von IT-Sicherheitsfällen erheblicher wirtschaftlicher Schaden droht (s. Rz. 27 ff.).[3] Dabei gilt Folgendes:[4]

– Hat die **Störung nicht zu tatsächlichen Funktionsausfällen oder -beeinträchtigungen geführt**, wird eine namentliche Nennung des Betreibers nicht erforderlich und eine **Meldung ohne Namensnennung** ist **möglich**. Die Meldung soll hier lediglich die Beratung und Warnung anderer KRITIS-Betreiber ermöglichen.

– Hat die Störung zu konkreten Ausfällen oder Beeinträchtigungen geführt, muss das Unternehmen den eigenen Namen angeben. Denn im konkreten Schadensfall muss regelmäßig eine schnelle Krisenreaktion erfolgen, insbesondere um ähnliche Vorfälle bei anderen Betreibern noch abwenden zu können und diesbezüglich erforderliche Informationen zwischen BSI und meldendem Unternehmen auszutauschen. Zu beachten ist, dass es auf den Grad der Störung für die Namensangabe nicht ankommt.[5]

380 **Meldungen ohne Namensnennung** werden vom BSI **über eingerichtete Kommunikationsschnittstellen abgewickelt** (Single Points of Contact, kurz: SPOCs). Diese ermöglichen einen Austausch zwischen BSI und meldendem Unternehmen, indem sie Rückfragen hin und her vermitteln, ohne dass der Austausch von Klarnamen dafür erforderlich wird.[6]

d) Verletzungsfolgen nach dem BSIG

381 Die **vorbeschriebenen IT-Sicherheitspflichten** der KRITIS-Betreiber sind **allesamt bußgeldbewährt**, was sich aus den nachfolgenden Bußgeldtatbeständen ergibt:

– **§ 14 Abs. 1 Nr. 1 BSIG**: Technische und organisatorische Vorkehrungen zur Vermeidung von Störungen werden nicht, nicht richtig, nicht vollständig oder nicht rechtzeitig getroffen.

---

1 *Schneider*, Meldepflichten im IT-Sicherheitsrecht – Datenschutz, Kritische Infrastrukturen und besondere IT-Dienste, S. 452.

2 Meldeformular abrufbar unter: https://www.bsi.bund.de/SharedDocs/Downloads/DE/BSI/IT_SiG/Meldeformular_BSIG8b_Muster.pdf?__blob=publicationFile&v= 3, zuletzt aufgerufen am 12.1.2018.

3 *Deutscher Bundestag*, Drucksache 18/4096, S. 28.

4 *Deutscher Bundestag*, Drucksache 18/4096, S. 28.

5 *Schneider*, Meldepflichten im IT-Sicherheitsrecht – Datenschutz, Kritische Infrastrukturen und besondere IT-Dienste, S. 453 m.w.N.

6 *Deutscher Bundestag*, Drucksache 18/4096, S. 28.

– **§ 14 Abs. 1 Nr. 2 BSIG**: Das Unternehmen handelt vollziehbaren Anordnungen des BSI zur Beseitigung von Sicherheitsmängeln zuwider.

– **§ 14 Abs. 1 Nr. 3 BSIG**: Das Unternehmen benennt seine Kontaktstelle nicht oder nicht rechtzeitig.

– **§ 14 Abs. 1 Nr. 4 BSIG**: Die Meldung einer Störung erfolgt nicht, nicht richtig, nicht vollständig oder nicht rechtzeitig.

Die **Zuständigkeit** zur Durchführung des ordnungswidrigkeitsrechtlichen **Bußgeldverfahrens liegt beim BSI**, § 14 Abs. 3 BSIG. Entsprechende Bußgelder können gem. § 14 Abs. 2 BSIG eine Höhe von **bis zu 50.000 Euro** oder – für den Fall, dass das Unternehmen einer Anordnung des BSI nicht Folge leistet – bis zu **100.000 Euro** betragen. Obwohl die Bußgeldvorschriften seit 2015 existieren, liegen noch keine Erfahrungen zur praktischen Ausnutzung des Bußgeldrahmens durch das BSI vor. Gerade im Zusammenhang mit den Meldepflichten, die regelmäßig eine Risikoeinschätzung und die Auslegung unbestimmter Rechtsbegriffe durch das betroffene Unternehmen erfordern, ist es wahrscheinlich, dass das BSI bei fahrlässigen Verstößen seinen Ermessensspielraum hinsichtlich der Bußgeldhöhen zunächst nicht voll ausschöpfen wird.[1] Im Vergleich zum hohen Stellenwert der IT-Sicherheit für die dauerhafte Aufrechterhaltung der kritischen Infrastrukturen sind die Maximalbeträge für Bußgelder sehr gering, so dass eine zivilrechtliche Haftung für KRITIS-Betreiber ggf. eine wichtigere Rolle spielt. 382

e) Zivilrechtliche Haftung

Daneben droht KRITIS-Betreibern bei der Verletzung ihrer IT-Sicherheitspflichten aus dem BSIG zugleich eine **Inanspruchnahme durch Endnutzer oder andere KRITIS-Betreiber** (zu den Grundlagen der zivilrechtlichen Haftung s. Rz. 221 ff.). Besonders Verträge über die Versorgung von Endnutzern können als Haftungsgrundlage dienen (s. Rz. 227 ff.). 383

Im Hinblick auf **deliktische Ansprüche** ist dagegen eine stärkere Differenzierung erforderlich. Kommt es durch die Verletzung der IT-Sicherheitspflichten zur Verletzung geschützter Rechtsgüter, kann der KRITIS-Betreiber sowohl **von betroffenen Endnutzern als auch anderen KRITIS-Betreibern ggf. gem. § 823 Abs. 1 BGB** in Anspruch genommen werden (s. Rz. 254 ff.). Die KRITIS-Vorschriften stellen in Bezug auf **Endnutzer** keine drittschützenden Normen dar (s. Rz. 261 ff.), so dass eine **Inanspruchnahme** auf der Grundlage von **§ 823 Abs. 2 BGB i.V.m. §§ 8a, 8b BSIG ausscheidet**.[2] Denn diese Regelungen dienen vorrangig dem Funktionieren des Gemeinwesens, so dass Endnutzer nur mittelbar geschützt werden. 384

Kommt es wegen der Verletzung von Meldepflichten bei anderen KRITIS-Betreibern zu Schäden, wird vereinzelt das Vorliegen eines Schutzgesetzes im Hinblick auf § 8b BSIG vertreten, da eine frühzeitige Meldung von Sicherheitsvorfällen gerade andere KRITIS-Betreiber vor entsprechenden Risiken schützen soll.[3] Einem solchen Verständnis wird aber durch Art. 14 Abs. 3 Satz 3 NIS-Richtlinie eine klare Absage erteilt, so dass eine **Inanspruchnahme durch andere KRITIS-Betreiber** auf der Grundlage von **§ 823 Abs. 2 BGB i.V.m. § 8b BSIG ausscheidet**.[4] 385

---

1 *Roos*, MMR 2015, 636, 641.
2 *Spindler*, CR 2016, 297, 306; *Roos*, MMR 2015, 636, 641.
3 *Roos*, MMR 2015, 636, 641.
4 *Spindler*, CR 2016, 297, 306.

Auch der primär gemeinwohlschützende Zweck des § 8a BSIG spricht gegen dessen Charakter als Schutzgesetz.[1]

■ **Das Wesentliche in Kürze:**

Ob ein Unternehmen als **KRITIS**-Betreiber den IT-Sicherheitspflichten des BSIG unterfällt, lässt sich in drei Schritten überprüfen: anhand der Angehörigkeit zu einem bestimmten **Sektor**, dem Betrieb bestimmter **Anlagen** und der Versorgung von mindestens **500.000 Personen** (§ 2 Abs. 10 BSIG, BSI-KritisV). Kleinstunternehmen sind vom Anwendungsbereich des BSIG ausgenommen.

KRITIS-Betreiber müssen folgende bußgeldbewährte IT-Sicherheitspflichten erfüllen:

– Einrichtung einer **Kontaktstelle** zur Kommunikation mit dem BSI (§ 8b Abs. 3 BSIG);

– Einsatz angemessener **technischer und organisatorischer Sicherheitsvorkehrungen** zum Schutz der KRITIS-Anlagen, die dem „**Stand der Technik**" entsprechen (§ 8a Abs. 1 BSIG);

– **Nachweis** der Einhaltung entsprechender IT-Sicherheitsvorkehrungen gegenüber dem BSI im Zwei-Jahres-Rhythmus (§ 8a Abs. 3 BSIG);

– unverzügliche **Meldung erheblicher Störungen** der IT-Systeme an das BSI (§ 8b BSIG).

2. Pflichten der Anbieter digitaler Dienste

386 Während ein großer Teil der **Vorgaben der NIS-Richtlinie** bereits durch das IT-SiG erfüllt wird (s. auch Rz. 346 f.), führt die NIS-Richtlinie IT-Sicherheitspflichten für sog. Anbieter digitaler Dienste ein, die im deutschen Recht noch nicht vorgesehen waren. Diese Regelungen aus Kapitel V der NIS-Richtlinie wurden **mit Hilfe des NIS-UmsetzungsG ins BSIG aufgenommen**. Damit werden neben KRITIS-Betreibern auch Anbietern digitaler Dienste entsprechende IT-Sicherheitspflichten auferlegt. Für die **Umsetzung der neuen Vorgaben** bleibt Unternehmen eine **Frist bis zum 10.5.2018**, § 15 BSIG.

a) Adressaten

387 Die Aufnahme sog. „Anbieter digitaler Dienste" in den Kreis der IT-Sicherheitsverpflichteten beruht auf der Erwägung, dass diese zwar keine wesentlichen Versorgungsdienstleistungen erbringen, diese jedoch erst ermöglichen. Kommt es bei entsprechenden Unternehmen zu Systemausfällen, droht ein Domino-Effekt in Form von **Ausfällen** bei KRITIS-Betreibern und anderen Unternehmen, was **schwerwiegende Auswirkungen auf Wirtschaft und Gesellschaft** haben kann.[2] Die **Identifikation** der von den Pflichten nach dem BSIG **betroffenen Unternehmen erfordert** im Gegensatz zu KRITIS-Betreibern **keine umfassende Prüfung** (s. Rz. 353 ff.).

388 So sind etwa quantitative Kriterien zur Bestimmung einer Gemeinwohlfunktion nicht vorhanden. Ähnlich wie im Falle von KRITIS-Betreibern **unterfallen** allerdings **Kleinst- und kleine Unternehmen** gem. § 8d Abs. 4 BSIG **nicht den IT-Sicherheitspflichten** für Anbieter digitaler Dienste. Dabei handelt es sich um Unternehmen, die weniger als 50 Personen beschäftigen und deren Jahresumsatz 10 Mio. Euro nicht übersteigt.

---

1 *Spindler*, CR 2016, 297, 306; a.A. *Roos*, MMR 2015, 636, 641.
2 *Europäische Kommission*, Mitteilung COM(2017) 476 final, Annex III, 4.4.

Praxishinweis für kleine und Kleinstunternehmen[1]: Auch wenn kleine und Kleinstunternehmen nicht dem Anwendungsbereich der Pflichten für Anbieter digitaler Dienste unterfallen, ist deren mittelbare Verpflichtung zur Einhaltung entsprechender IT-Sicherheitsstandards denkbar. Unterfallen Vertragspartner solcher Unternehmen dem Anwendungsbereich des BSIG – als KRITITS-Betreiber oder Anbieter digitaler Dienste – werden diese regelmäßig das Unternehmen zum Schutz der eigenen IT-Infrastruktur zur Aufrechterhaltung entsprechender Sicherheitsmaßnahmen verpflichten. Der nach BSIG erforderliche IT-Sicherheitsstandard wird dann gewissermaßen an die kleinen und Kleinstunternehmen vertraglich weitergereicht. Die Compliance mit den neuen Vorgaben des BSIG dürfte künftig einen daher nicht zu unterschätzenden Wettbewerbsvorteil bieten.

Nach § 2 Abs. 11, 12 BSIG unterfallen dem Anwendungsbereich **drei Kategorien** von Anbietern digitaler Dienste:

389

(1) **Anbieter von Online-Marktplätzen**: Dabei handelt es sich um Unternehmen, die es Verbrauchern und/oder Unternehmern ermöglichen, Online-Kauf- oder Dienstleistungsverträge entweder auf der Website des Online-Marktplatzes oder auf der Website eines Unternehmers, der vom Online-Marktplatz bereitgestellte Rechendienste verwendet, abzuschließen. Der Online-Marktplatz bildet den **Ort für den Abschluss von Verträgen** und bietet anderen Unternehmen die **grundlegende Infrastruktur für den Handel im Internet**.[2] Tätigkeiten dieser Online-Marktplätze umfassen bspw. die Verarbeitung von Transaktionen, die Zusammenstellungen von Informationen über Käufer, Zulieferer und Produkte, die Bereitstellung von Produkten, Transaktionswissen und die Zusammenführung von Käufern und Verkäufern.[3] Auch App-Stores sind Anbieter eines Online-Marktplatzes.[4] **Nicht** erfasst sind dagegen **Unternehmen, die** Dienste Dritter vermitteln, indem sie **Nutzer zum Vertragsabschluss auf eine andere Website umleiten**, z.B. Preisvergleichsdienste.[5]

(2) **Online-Suchmaschinen**: Diese ermöglichen es Nutzern, **Suchen grundsätzlich auf allen Webseiten** (ggf. in einer bestimmten Sprache) anhand einer Abfrage zu einem beliebigen Thema in Form eines Stichworts, einer Wortgruppe oder einer anderen Eingabe vorzunehmen. Die Online-Suchmaschine **zeigt daraufhin Links an**, über die der Abfrage entsprechende Inhalte abgerufen werden können. Auf die Suche innerhalb einer Website beschränkte Suchfunktionen oder Preisvergleichswebsites sind nicht erfasst.[6]

(3) **Cloud-Computing-Dienste**: Entsprechende Unternehmen ermöglichen Nutzern den **Zugang zu** einem skalierbaren und elastischen Pool gemeinsam nutzbarer **Rechenressourcen**. Dies umfasst eine breite Palette von Tätigkeiten, die auf unterschiedliche Weise erbracht werden können, **etwa** in Form der Bereitstellung von **Netzen, Servern oder sonstiger Infrastruktur, Speicher, Anwendungen und Diensten**.[7] Die Ressourcen werden den Nutzern vom Anbieter dabei flexibel auf Nachfrage bereitgestellt und freigegeben, damit die verfügbaren Ressourcen je nach Arbeitsaufkommen rasch auf- bzw. abgebaut werden können.[8] Drei Haupttypen von Cloud-Computing-Diensten lassen sich

---

1 *Lurz/Scheben/Dolle*, BB 2015, 2755, 2755 ff.
2 ErwGr. 15 NIS-Richtlinie; *Europäische Kommission*, Mitteilung COM(2017) 476 final, Annex III, 4.4.1.
3 *Europäische Kommission*, Mitteilung COM(2017) 476 final, Annex III, 4.4.1.
4 ErwGr. 15 NIS-Richtlinie.
5 *Europäische Kommission*, Mitteilung COM(2017) 476 final, Annex III, 4.4.1.
6 *Europäische Kommission*, Mitteilung COM(2017) 476 final, Annex III, 4.4.1.
7 ErwGr. 17 NIS-Richtlinie.
8 ErwGr. 17 NIS-Richtlinie.

unterscheiden: Infrastructure as a Service (z.B. Speicherplatz), Platform as a Service und Software as a Service.[1]

390 Erfasst werden **nur solche Anbieter** digitaler Dienste, die **„in der Regel entgeltlich" tätig** werden.[2] Aus dem Gesetzeswortlaut wird nicht deutlich, auf welche Art und Weise entsprechende Anbieter ihre Dienste monetisieren müssen, um den Pflichten des BSIG zu unterfallen, also ob die Dienste Nutzern gegen Entgelt angeboten werden müssen oder nicht. Besonders Online-Suchmaschinen verlangen von ihren Nutzern regelmäßig kein Entgelt, sondern monetarisieren ihre Dienste über den Verkauf von Werbeflächen an andere Unternehmen.[3] Im Interesse der Erreichung eines möglichst umfassenden IT-Sicherheitsstandards und im Hinblick auf das Begriffsverständnis des deutschen Gesetzgebers zur „Entgeltlichkeit" nach dem TMG (s. Rz. 410 f.), dürfte es ausreichen, wenn die **Dienste** nur **in irgendeiner Weise monetarisiert werden**.[4] Besonders im Zusammenhang mit **Online-Suchmaschinen** fällt jedoch noch eine andere Schwäche der gesetzlichen Definition ins Auge. Online-Suchmaschinen müssen **„grundsätzlich auf allen Webseiten"** Suchen ermöglichen. In der Regel werden **Suchergebnisse** von entsprechenden Unternehmen jedoch vor ihrer Anzeige anhand von Suchwörtern **indexiert**. Dadurch werden die Ergebnisse nicht nur anhand ihrer Relevanz sortiert, sondern **bestimmte Inhalte** werden im Vorfeld **herausgefiltert**, etwa urheberrechtsverletzende Inhalte.[5] Ob dadurch noch „grundsätzlich alle Websites" auffindbar sind, kann bei strenger Wortlautauslegung zumindest hinterfragt werden.

391 Während es den meisten betroffenen Unternehmen relativ geringe Schwierigkeiten bereiten sollte, festzustellen, ob sie unter eine der drei Kategorien von Anbietern digitaler Dienste fallen, stellt sich die **Bestimmung des anwendbaren Rechts** komplexer dar. Unternehmen, die digitale Dienste erbringen, sind regelmäßig grenzübergreifend tätig, so dass nicht nur deutsches, sondern auch das Recht anderer EU-Mitgliedstaaten zur Umsetzung der NIS-Richtlinie potentiell zur Anwendung gelangen kann. Nach Art. 18 NIS-Richtlinie und der entsprechenden Bestimmung in § 8d BSIG ist der Anwendungsbereich des **BSIG in zwei Fällen** eröffnet:

– für Anbieter digitaler Dienste, die ihren **Hauptsitz in Deutschland** haben; und

– für **nicht** in der **EU** niedergelassene **Unternehmen**, die ihre Dienste im europäischen Binnenmarkt anbieten und zu diesem Zweck wegen Art. 18 NIS-Richtlinie einen **Vertreter** in der EU benennen mussten, der **in Deutschland niedergelassen** ist.[6]

392 Diese Regelung soll die gleichzeitige Anwendbarkeit mehrerer nationaler Gesetze zur Umsetzung der NIS-Richtlinie vermeiden.[7]

---

1 Nähere Einzelheiten s. *Europäische Kommission*, Mitteilung COM(2017) 476 final, Annex III, 4.4.1.

2 Art. 4 Nr. 5 NIS-Richtlinie i.V.m. Art. 1 Abs. 1 lit. b RL 2015/1535/EU.

3 Dazu etwa EuGH, Urt. v. 13.5.2014 – Rs. C-131/12 – Google Spain, GRUR 2014, 895, 895 ff. = CR 2014, 460.

4 Ob das Begriffsverständnis der „Entgeltlichkeit" des deutschen Gesetzgebers mit demjenigen des europäischen Gesetzgebers übereinstimmt, bleibt allerdings noch offen.

5 https://searchenginewatch.com/2016/04/05/when-is-a-search-engine-not-a-search-engine-when-its-google-says-the-eu/, zuletzt aufgerufen am 12.1.2018.

6 Vgl. Art. 18 NIS-Richtlinie, ErwGr. 65 NIS-Richtlinie.

7 *Europäische Kommission*, Mitteilung COM(2017) 476 final, Annex III, 4.4.4.

b) IT-Sicherheitsstandard

Gemäß § 8c Abs. 1 BSIG haben Anbieter digitaler Dienste **geeignete und verhältnismäßige** 393
technische und organisatorische Maßnahmen zu treffen, um Risiken für die Sicherheit der
Netz- und Informationssysteme, die sie zur Bereitstellung der digitalen Dienste in der EU nutzen, zu bewältigen. Diese Vorgaben sind mit denjenigen für KRITIS-Betreiber weitgehend vergleichbar (s. Rz. 362 ff.).[1] Der **risikobasierte Sicherheitsansatz** des BSIG wird fortgeführt. So
obliegt es auch Anbietern digitaler Dienste, anhand ihrer **konkreten Situation** die zur Risiko-
abwehr geeigneten und mit deren **zur Verfügung stehenden Ressourcen** auf verhältnismäßige
Weise umsetzbaren Maßnahmen zu bestimmen. Die getroffenen Maßnahmen müssen dabei
den Auswirkungen von Sicherheitsvorfällen innerhalb der EU vorbeugen und deren Auswirkungen so gering wie möglich halten, § 8c Abs. 1 Satz 2 BSIG. Aufgrund der Anwendbarkeit
des BSIG auch auf außerhalb der EU niedergelassene Unternehmen wird deutlich, dass Sicherheitsvorfälle nicht zwingend in der EU stattfinden, sondern lediglich Auswirkungen auf die in
Deutschland erbrachten digitalen Dienste haben müssen. In jedem Fall sollen die Maßnahmen zur Risikobewältigung **angemessen** sein und den **Stand der Technik** berücksichtigen
(s. Rz. 365), § 8c Abs. 2 BSIG. Wie für KRITIS-Betreiber wird damit auch für Anbieter digitaler Dienste eine kontinuierliche Aufrechterhaltung und Anpassung des Sicherheitsstandards erforderlich.

Das Gesetz gibt in § 8c Abs. 2 BSIG **verschiedene Aspekte** vor, die zur Bestimmung eines 394
rechtskonformen IT-Sicherheitsstandards **zu berücksichtigen** sind, wobei eine Konkretisierung dieser Vorgaben durch Durchführungsrechtsakte der Europäischen Kommission erfolgen wird:[2]

– **Sicherheit der Systeme und Anlagen**: physische und umgebungsbezogene Sicherheit; Ver-
  sorgungssicherheit (Verfügbarkeit und ggf. Nachverfolgbarkeit von kritischen Betriebsstof-
  fen), Zugriffskontrollen, umfassendes Systemmanagement;

– **Erkennung, Analyse und Eindämmung von Sicherheitsvorfällen**: Erkennungsprozesse
  und -abläufe, die ein rechtzeitiges und angemessenes Entdecken von ungewöhnlichen Vorfällen gewährleisten; interne Meldeprozesse für Sicherheitsvorfälle und System-Schwach-
  stellen, Maßnahmen zur Beweissicherung, Bewertungsprozesse und Know-how-Manage-
  ment;

– **Betriebskontinuitätsmanagement**: Entwicklung von Notfallplänen und Disaster Reco-
  very-Funktionen;

– **Überwachung, Überprüfung und Erprobung**: regelmäßige Kontrollen und Messungen
  zur Überprüfung des gewünschten System-Ablaufs, Inspektion und Überprüfung imple-
  mentierter Standards oder Guidelines, Prozesse zur Fehleranalyse;

– **Einhaltung internationaler Normen**.

Liegen **Anhaltspunkte** dafür vor, dass ein Anbieter digitaler Dienste **keinen angemessenen** 395
IT-Sicherheitsstandard bietet, **kann** das **BSI** von diesem gem. § 8c Abs. 4 BSIG[3] **Informatio-**

---

1 So auch *Kipker*, MMR 2017, 143, 144.
2 Vgl. Art. 16 Abs. 8 NIS-Richtlinie; erster Entwurf der Europäischen Kommission, S. 3 ff., abrufbar
  unter: https://ec.europa.eu/info/law/better-regulation/initiatives/ares-2017-4460501_en, zuletzt aufgerufen am 12.1.2018.
3 Handelt es sich bei dem betroffenen Unternehmen um ein nicht in der EU niedergelassenes Unternehmen im Anwendungsbereich des BSIG, so bestehen die entsprechenden Befugnisse des BSI nur,

nen und Nachweise anfordern, um die IT-Sicherheit im Unternehmen zu bewerten. Dass für ein Tätigwerden des BSI nur „Anhaltspunkte" und keine konkreten Nachweise über IT-Sicherheitsdefizite erforderlich sind, deutet darauf hin, dass das BSI bereits frühzeitig in Verdachtsfällen einschreiten kann.[1] Im Falle festgestellter Defizite kann das BSI sodann deren **Beseitigung verlangen**, § 8c Abs. 4 Nr. 2 BSIG.

c) Meldepflichten

396 Eine wichtige gesetzliche Neuerung stellt die Einführung einer Meldepflicht für Anbieter digitaler Dienste in § 8c Abs. 3 BSIG dar. Danach ist dem BSI jeder **Sicherheitsvorfall unverzüglich zu melden**, der **erhebliche Auswirkungen auf die Bereitstellung** eines innerhalb der EU erbrachten **digitalen Dienstes hat**. Hier offenbart sich ein **weniger strenger Maßstab** für meldepflichtige Vorfälle **im Vergleich zu KRITIS-Betreibern**: Diese müssen auch solche Vorfälle melden, die erst potentiell Auswirkungen auf ihre Dienste haben können (s. Rz. 371 ff.). Dadurch wird Anbietern digitaler Dienste die Einschätzung des Ausmaßes ihrer Meldepflicht erleichtert: So müssen sie nicht **bewerten**, ob ein Zwischenfall künftig Auswirkungen haben kann, sondern nur, **wie gravierend bereits vorhandene Auswirkungen** für die Funktionalität des Dienstes **sind**.

397 Die **Erheblichkeit einer Störung** ist gem. § 8c Abs. 3 Satz 2 BSIG in Verbindung mit von der Europäischen Kommission zu erlassenden Durchführungsrechtsakten **anhand der folgenden Parameter zu bestimmen**:[2]

– Zahl der vom Sicherheitsvorfall betroffenen Nutzer (ausgehend von Vertrags- oder Verbindungsdaten);

– Dauer des Vorfalls im Hinblick auf die Verfügbarkeit, Authentizität, Integrität und Vertraulichkeit des Diensts (s. Rz. 362 ff.);

– von der Störung betroffenes geographisches Gebiet;

– Ausmaß der Unterbrechung der Bereitstellung des Diensts im Hinblick auf die Verfügbarkeit, Authentizität, Integrität und Vertraulichkeit;

– Ausmaß der Auswirkungen auf wirtschaftliche und gesellschaftliche Tätigkeiten (ausgehend von der Analyse der Verträge mit Kunden, der Anzahl betroffener Nutzer, etwaiger materieller und immaterieller Schäden und Rechtsgutverletzungen).

398 Besonders in einem der **folgenden Fälle** sollte von einer **Erheblichkeit der Störung** ausgegangen werden:[3]

– eine Ausfallzeit von mehr als 5 Mio. Nutzerstunden,

– Auswirkungen auf mehr als 100.000 Nutzer in der EU oder auf die Erbringung von Diensten in mehr als zwei EU-Mitgliedstaaten,

---

wenn das Unternehmen in Deutschland Netz- und Informationssysteme betreibt, die es zur Bereitstellung der digitalen Dienste innerhalb der EU nutzt, § 8d Abs. 4 Satz 2 BSIG.

1 *Kipker*, MMR-Aktuell 2017, 389121.

2 Vgl. Art. 16 Abs. 8 NIS-Richtlinie; erster Entwurf der Europäischen Kommission, S. 5 f., abrufbar unter: https://ec.europa.eu/info/law/better-regulation/initiatives/ares-2017-4460501_en, zuletzt aufgerufen am 12.1.2018.

3 Entwurf der Europäischen Kommission, S. 6., abrufbar unter: https://ec.europa.eu/info/law/better-regulation/initiatives/ares-2017-4460501_en, zuletzt aufgerufen am 12.1.2018.

– eine Gefährdung der öffentlichen Gesundheit, oder

– ein Schadensvolumen für Nutzer von mehr als 1 Mio. Euro.

Nach § 8c Abs. 3 Satz 3 BSIG **entfällt die Meldepflicht**, sofern das betroffene Unternehmen **keinen Zugang zu Informationen für die zur Einschätzung** der Erheblichkeit einer Störung erforderlichen Parameter hat. 399

Zum Zweck der Kommunikation mit dem BSI haben Anbieter digitaler Dienste ebenfalls eine **Kontaktstelle** zu **schaffen**, § 8c Abs. 3 Satz 4 BSIG (s. Rz. 370). Inhaltlich muss die Meldung die Informationen enthalten, die es dem BSI ermöglichen, das Ausmaß etwaiger grenzübergreifender Auswirkungen des Sicherheitsvorfalls festzustellen.[1] Hinsichtlich Form und Inhalt der Meldung sieht § 8c BSIG keine konkreten Vorgaben vor. 400

d) Verletzungsfolgen

Die vorbeschriebenen IT-Sicherheitspflichten der Anbieter digitaler Dienste sind gem. § 14 BSIG in folgenden Fällen **mit bis zu 50.000 Euro bußgeldbewährt** (zu Festsetzung und Höhe von Bußgeldern s. Rz. 381 f.): 401

– **§ 14 Abs. 1 Nr. 5 BSIG**: Das Unternehmen trifft eine erforderliche IT-Sicherheitsmaßnahme nicht;

– **§ 14 Abs. 1 Nr. 6 BSIG**: Die Meldung einer Störung erfolgt nicht, nicht richtig, nicht vollständig oder nicht rechtzeitig;

– **§ 14 Abs. 1 Nr. 7 BSIG**: Das Unternehmen stellt dem BSI angeforderte Informationen und Nachweise nicht zur Verfügung oder kommt dessen Anordnungen nicht nach.

Während KRITIS-Betreiber im Hinblick auf ihren IT-Sicherheitsstandard auch für eine qualitativ oder zeitlich unzureichende Umsetzung haften, sieht § 14 Abs. 1 Nr. 5 BSIG dies nur im Fall der gänzlichen Nichtumsetzung von Sicherheitsmaßnahmen vor. Auch im Falle der fehlenden Einrichtung einer Kontaktstelle ist keine Haftung vorgesehen. Hier wird eine **Haftungsabstufung** deutlich, die sich mit der Funktion des IT-Sicherheitsstandards nach dem BSIG erklären lässt: Während KRITIS-Betreiber unmittelbar dem Funktionieren des Gemeinwesens dienen, ist dies bei digitalen Diensten nur mittelbar der Fall. Die drohenden Auswirkungen durch IT-Ausfälle bei Anbietern digitaler Dienste sind damit **weniger schwerwiegend als bei KRITIS-Anbietern**. Dennoch empfiehlt sich für Anbieter digitaler Dienste eine möglichst vollständige und frühzeitige Umsetzung ihrer IT-Sicherheitspflichten, auch um sich vor **möglichen zivilrechtlichen Haftungsfolgen** zu schützen (s. Rz. 383 ff.). 402

■ **Das Wesentliche in Kürze:**

Anbieter von Online-Marktplätzen, Online-Suchmaschinen und Cloud-Computing-Diensten unterfallen IT-Sicherheitspflichten auf Grundlage des BSIG. Die quantitative Höhe der von den Unternehmen erbrachten Versorgungsleistungen ist dabei grundsätzlich unerheblich, wobei kleine und Kleinstunternehmen vom Kreis der Verpflichteten ausgenommen sind.

---

1 Vgl. Art. 16 Abs. 3 Satz 2 NIS-Richtlinie.

Anbieter digitaler Dienste müssen folgende bußgeldbewährte IT-Sicherheitspflichten erfüllen:

- Einsatz angemessener technischer und organisatorischer **Sicherheitsvorkehrungen** zum Schutz der Systeme unter Einhaltung des „Stands der Technik" (§ 8c Abs. 1 BSIG);

- Zurverfügungstellen von Informationen über die Maßnahmen an das BSI bei entsprechender Anforderung (§ 8c Abs. 4 BSIG);

- Beseitigung etwaiger Sicherheitsdefizite auf Anordnung des BSI (§ 8c Abs. 4 BSIG);

- unverzügliche **Meldung erheblicher Störungen** mit Auswirkungen auf die erbrachten Dienste an das BSI (§ 8c Abs. 3 BSIG);

- Einrichtung einer **Kontaktstelle** zur Kommunikation mit dem BSI (§ 8c Abs. 3 Satz 4 BSIG).

Die Umsetzung dieser Vorgaben muss **bis zum 10. Mai 2018** erfolgen.

3. „Mittelbare" Auswirkungen des BSIG auf die Hersteller von IT-Produkten und -Systemen

403   Das BSI ist gem. § 1 BSIG für die Informationssicherheit auf nationaler Ebene zuständig und damit Ansprechpartner für Bürger, Unternehmen, Verwaltung und Politik und zugleich Ansprechpartner auf internationaler Ebene.[1] Wie bereits angesprochen (s. Rz. 351), **betreffen** die über das IT-SiG und NIS-UmsetzungsG **verstärkten Befugnisse des BSI mittelbar auch die Hersteller von IT-Produkten und -Systemen.** Verschiedene Handlungsbefugnisse des BSI führen dazu, dass **Hersteller** künftig **verstärkt auf präventive IT-Sicherheitslösungen** bzgl. ihrer Produkte **achten werden.** Die unmittelbare Verpflichtung von Herstellern zur IT-Sicherheit ihrer Produkte ergibt sich allerdings auch weiterhin vorrangig aus den Verträgen mit ihren Kunden sowie ihren Verkehrssicherungspflichten (s. Rz. 87 ff., 227 ff.).

a) Warnungen und Empfehlungen des BSI an die Öffentlichkeit

404   Gemäß § 7 Abs. 2 Satz 1 BSIG ist das BSI berechtigt, zur Erfüllung seiner Aufgaben Warnungen oder Empfehlungen an Hersteller, Vertreiber und Anwender von IT-Produkten und -Systemen auszusprechen. Zu diesem Zweck kann das BSI die Öffentlichkeit unter Nennung der Bezeichnung und des Herstellers des betroffenen Produkts vor Sicherheitslücken in informationstechnischen Produkten und Diensten, vor Schadprogrammen und vor Datenschutzverletzungen warnen sowie Sicherheitsmaßnahmen sowie den Einsatz bestimmter Sicherheitsprodukte empfehlen. Das BSI nimmt in derartigen Fällen die Rolle eines Frühwarnsystems für die Öffentlichkeit ein: Die von ihm gewonnenen Erkenntnisse im Bereich der IT-Sicherheit werden zum Schutz der betroffenen Kreise genutzt.[2] Zum Erkenntnisgewinn über die nationale IT-Sicherheitslage nutzt das BSI maßgeblich die Meldungen betroffener Unternehmen, etwa über Sicherheitslücken in den Produkten eines bestimmten Herstellers.

405   Das Warnrecht des BSI umfasst auch das Recht zur Nennung konkreter Produkt- oder Unternehmensbezeichnungen.[3] **Herstellern** von IT-Produkten und -Systemen **droht** damit im

---

1 *Roos*, MMR 2015, 636, 644.

2 *Leisterer/Schneider*, K&R 2015, 681, 683 m.w.N.; *Lurz/Scheben/Dolle*, BB 2015, 2755, 2758.

3 *Leisterer/Schneider*, K&R 2015, 681, 683.

Falle von Sicherheitslücken über die Warnung betroffener Nutzerkreise ihrer Produkte durch das BSI ein **erheblicher Reputationsverlust**. Die eigenen IT-Sicherheitsdefizite können damit erhebliche wirtschaftliche Folgen für die betroffenen Hersteller nach sich ziehen (s. Rz. 27 ff.). Aus diesem Grund ist eine möglichst umfassende IT-Sicherheit der eigenen Produkte und Systeme unerlässlich. So besteht positiv gar die Möglichkeit, bei einer effektiven IT-Sicherheitsgestaltung von Software vom BSI empfohlen zu werden, was sich verkaufssteigernd auswirken kann.[1]

b) Untersuchungsrechte des BSI

Neben der Aussprache von Warnungen und Empfehlungen an die Öffentlichkeit kann das BSI gem. § 7a BSIG auf dem Markt bereitgestellte oder zur Bereitstellung auf dem Markt vorgesehene **IT-Produkte und -Systeme auf ihre IT-Sicherheit hin untersuchen**. Dieses Untersuchungsrecht wird jedoch erheblich dadurch eingeschränkt, dass es nur im Rahmen der Aufgaben des BSI besteht, also wenn eine Untersuchung etwa zur Abwehr von Gefahren für die Sicherheit der Informationstechnik des Bundes oder zur Warnung der Öffentlichkeit erforderlich ist.   406

Um die Interessen betroffener Hersteller zu schützen, sind die **Erkenntnisse**, die das BSI bei Untersuchungen gewinnt, bei ihrer Verwendung einer strengen Zweckbindung unterworfen, § 7a Abs. 2 BSIG. So dürfen sie nur **zur Erfüllung der Aufgaben des BSI genutzt** werden. Zudem besteht eine weitere Einschränkung dieser Untersuchungsbefugnis darin, dass sie **kein Untersuchungsrecht** bei den Herstellern **vor Ort** begründet.[2] Zur Durchführung von Untersuchungen kommt es auf den Willen der Hersteller allerdings nicht an, da sie auch ohne deren Einverständnis stattfinden kann.[3] Auch um eine etwaige Untersuchung und **Veröffentlichung** daraus **gewonnener Erkenntnisse** durch das BSI **zur Warnung der Öffentlichkeit** zu vermeiden, sollte die IT-Sicherheit der eigenen Produkte und Systeme durch Hersteller möglichst umfassend sichergestellt werden.   407

c) Mitwirkungspflichten der Hersteller bei Störungen der IT-Sicherheit

Gemäß §§ 5a Abs. 6, 8b Abs. 6 BSIG kann das BSI – soweit erforderlich – von **Herstellern** von IT-Produkten und -Systeme eine **Mitwirkung an der Beseitigung oder Vermeidung von Störungen** der IT-Sicherheit **verlangen**. Der Anwendungsbereich dieser Mitwirkungspflicht wird allerdings dadurch eingeschränkt, dass sie nur im Falle von Störungen im KRITIS-Bereich zur Anwendung gelangt.[4]   408

Beispiel zur Reichweite der Mitwirkungspflicht von Herstellern[5]: Softwarehersteller S entwickelt Programme zur Erkennung von Schadsoftware. Bei einem Cyberangriff auf einen KRITIS-Betreiber wird neue Schadsoftware eingesetzt, die das von S angebotene Programm nicht erkennt. Die Software verursacht einen Ausfall der Funktionsfähigkeit der vom betroffenen Unternehmen betriebenen KRITIS. Wozu kann S verpflichtet werden?

§ 8b Abs. 6 BSIG soll es dem BSI ermöglichen, Softwarehersteller zur Aktualisierung ihrer Software-Produkte über Patches zu verpflichten. Eine umfassende Pflicht zu präventiven Aktualisierungen, die

---

1 *Terhaag*, IT-Sicherheitsgesetz – Auswirkungen, Entwicklung und Materialien für die Praxis, S. 37.
2 *Gehrmann/Voigt*, CR 2017, 93, 97 m.w.N.; *Leisterer/Schneider*, K&R 2015, 681, 684.
3 *Gehrmann/Voigt*, CR 2017, 93, 97 m.w.N.
4 *Gehrmann/Voigt*, CR 2017, 93, 98 m.w.N.
5 *Deutscher Bundestag*, Drucksache 18/5121, S. 16; *Hornung*, NJW 2015, 3334, 3337, *Gehrmann/ Voigt*, CR 2017, 93, 97 f.

nur über das Kriterium der Zumutbarkeit für die Hersteller begrenzt wird, kann aus dieser Vorschrift jedoch nicht abgeleitet werden. S war damit nach § 8b Abs. 6 BSIG nicht zum Zurverfügungstellen umfassender Software-Updates verpflichtet.

§ 8b Abs. 6 BSIG kann S nur zur Mitwirkung an der Beseitigung bzw. Vermeidung konkret bekannter Störungen bei KRITIS-Betreibern verpflichten. Eine solche Störung ist durch die unbekannte Schadsoftware bei dem betroffenen KRITIS-Unternehmen aufgetreten. Aus diesem Grund kann das BSI den Hersteller S zur Aktualisierung seiner Software durch ein Update verpflichten.

V. IT-Sicherheitspflichten nach dem TMG

409 Wegen der zunehmenden Verbreitung von Schadsoftware über Telemediendienste wurden **2015 mit dem IT-SiG** auch die **Pflichten** für Telemediendiensteanbieter zum Ergreifen technischer und organisatorischer Maßnahmen zum Schutz vor unerlaubten Zugriffen auf personenbezogene Daten und vor Störungen eingeführt.[1] Die **NIS-Richtlinie** führt hingegen nicht zu Änderungen des TMG, sondern erlegt zahlreichen Telemediendiensteanbietern über den **neu eingeführten § 8c BSIG** weitreichende IT-Sicherheitspflichten auf (s. Rz. 386 ff.). Die **unzureichende Abstimmung dieser Vorschriften** führt dabei zu Schwierigkeiten bei der Bestimmung des einzuhaltenden IT-Sicherheitsstandards (s. auch Rz. 348 ff.).

1. Adressaten

410 Das TMG findet auf Diensteanbieter i.S.d. § 2 Satz 1 Nr. 1 TMG Anwendung. Darunter fallen Unternehmen, die **eigene oder fremde Telemedien zur Nutzung bereithalten** oder den **Zugang zur Nutzung vermitteln**; bei audiovisuellen Mediendiensten auf Abruf handelt es sich um Unternehmen, die die Auswahl und Gestaltung der angebotenen Inhalte wirksam kontrollieren. Das Vorliegen dieser Voraussetzungen ist funktional zu bestimmen: Diensteanbieter ist, **wer über den Inhalt und das Bereithalten des Dienstes bestimmen kann**, unabhängig davon, wie das Unternehmen die Erbringung des Dienstes realisiert oder wessen Inhalte, Produkte oder Werbung im Telemedium angezeigt werden.[2]

411 Unter dem Begriff der „Telemedien" sind dabei grundsätzlich **alle elektronischen Informations- und Kommunikationsdienste** zu verstehen, die sich nicht in der Übertragung von Signalen über Telekommunikationsnetze erschöpfen (letztere unterfallen dem TKG, s. Rz. 423 ff.).[3] Es handelt sich demnach um einen Oberbegriff für multimediale Angebote vielfältiger Art.[4] Bereits in diesem Zusammenhang kommt es zur Überschneidung mit dem Begriff der **„Anbieter digitaler Dienste"** i.S.d. BSIG. Diese sind eine **Teilmenge der Telemediendiensteanbieter**.

Beispiele für Telemediendiensteanbieter[5]:

- Websites,

- Online-Suchmaschinen,

---

1 *Deutscher Bundestag*, Drucksache 18/4096, S. 34.
2 *Gehrmann/Voigt*, CR 2017, 93, 94; *Müller-Broich* in Müller-Broich, Nomos-Kommentar TMG, § 2 Rz. 1 m.w.N.
3 *Martini* in Gersdorf/Paal, BeckOK InfoMedienR, § 2 TMG Rz. 6.
4 *Martini* in Gersdorf/Paal, BeckOK InfoMedienR, § 1 TMG Rz. 8 m.w.N.
5 *Deutscher Bundestag*, Drucksache 16/3078, S. 13 f.; *Müller-Broich* in Müller-Broich, Nomos-Kommentar TMG, § 1, Rz. 6 m.w.N.

- Online-Shops,

- Online-Auktionshäuser,

- Werbe-Mails,

- Chatrooms,

- soziale Netzwerke,

- Angebot von Verkehrs-, Wetter-, Umwelt- oder Börsendaten,

- Newsgroups,

- elektronische Presse, …

2. IT-Sicherheitsstandard

Das **TMG statuiert keine Meldepflichten** für Telemediendiensteanbieter im Falle von IT-Si-   412
cherheitsvorfällen. Soweit anwendbar, kommen damit die Meldepflichten des **BSIG zur subsidiären Anwendung** (s. Rz. 370 ff., 396 ff.). Allerdings **verpflichtet § 13 Abs. 7 TMG** Unternehmen zur **Einhaltung eines bestimmten IT-Sicherheitsstandards.**

§ 13 Abs. 7 TMG begründet allerdings nur eine entsprechende IT-sicherheitsrechtliche Ver-   413
antwortlichkeit **in Bezug auf geschäftsmäßig angebotene Telemedien.** Die Erbringung der
Telemediendienste muss daher nachhaltig, also aufgrund einer planmäßigen und dauerhaften
Tätigkeit erfolgen.[1] Bei einem entgeltlichen Dienst liegt dies regelmäßig vor, so z.B. bei werbe-
finanzierten Webseiten.[2] Das nicht-kommerzielle Angebot von Telemedien durch Private und
Idealvereine soll demgegenüber grundsätzlich nicht von dieser IT-Sicherheitspflicht erfasst
sein.[3] Dennoch wird auch dies überwiegend der Fall sein, da die Auslegung des Merkmals der
Geschäftsmäßigkeit mit eher niedrigen Anforderungen verknüpft ist.[4] Letztlich entfallen demnach **lediglich private, unregelmäßige Gelegenheitsdienste nicht** dem Pflichtenprogramm
des § 13 Abs. 7 TMG.[5] Damit betrifft er nahezu jedes Unternehmen im IT-Bereich.[6]

Beispiel zur Auslegung des Merkmals der Geschäftsmäßigkeit: Ein Idealverein betreibt eine Website, mit der er Informationen rund um das Vereinsleben verbreitet. Um die Kosten für die Aufrechterhaltung der Website zu minimieren, werden auf der Website gegen Entgelt Werbebanner Dritter
platziert.

Grundsätzlich unterfallen Idealvereine nicht der IT-Sicherheitspflicht des § 13 Abs. 7 TMG. Allerdings betreibt der Verein hier eine werbefinanzierte Website und generiert auf diese Weise dauerhaft
Einnahmen. Weil es sich um einen entgeltlichen Dienst handelt, gelangt § 13 Abs. 7 TMG zur Anwendung.

a) Pflichtenumfang

Telemediendiensteanbieter sind dazu verpflichtet, soweit es technisch möglich und wirt-   414
schaftlich zumutbar ist, im Rahmen ihrer jeweiligen Verantwortlichkeit durch **technische
und organisatorische Vorkehrungen sicherzustellen,** dass:

---

1 *Gehrmann/Voigt*, CR 2017, 93, 94 m.w.N.
2 *Deutscher Bundestag*, Drucksache 18/4096, S. 34.
3 *Deutscher Bundestag*, Drucksache 18/4096, S. 34.
4 *Gehrmann/Voigt*, CR 2017, 93, 94 m.w.N.
5 *Gehrmann/Voigt*, CR 2017, 93, 94 m.w.N.
6 *Gehrmann/Voigt*, CR 2017, 93, 93.

(1) **Kein unerlaubter Zugriff** auf ihre technischen Einrichtungen möglich ist; und

(2) dass die technischen Einrichtungen **gegen Datenschutzverletzungen** (s. Rz. 332 ff.) **und Störungen gesichert** sind.

415 Ein wesentliches Ziel der gesetzlichen Pflicht zum Ergreifen von IT-Sicherheitsvorkehrungen ist es, **Nutzer** der Telemediendienste vor unbemerkten Drive-by-Downloads von Schadsoftware beim Aufrufen entsprechend präparierter Websites zu **schützen**.[1] Dies lässt sich bereits weitgehend durch eine regelmäßige Aktualisierung der für das Telemedienangebot verwendeten Software erreichen.[2] Entsprechende Vorkehrungen können insbesondere auch in der Anwendung eines als sicher anerkannten **Verschlüsselungsverfahrens** sowie – bei personalisierten Telemedien – eines sicheren Verfahrens zur Authentifizierung der Nutzer bestehen.[3] Die IT-Sicherheitsvorkehrungen müssen den **Stand der Technik** berücksichtigen, § 13 Abs. 7 Satz 2 TMG. Die Maßnahmen müssen also evident praxistauglich sein und den angestrebten Schutz bestmöglich verwirklichen (s. auch Rz. 362 ff.).[4] Als Ausgangspunkt zur Bestimmung angemessener Sicherheitsvorkehrungen können Telemediendiensteanbieter ein diesbezügliches Diskussionspapier des BMI heranziehen.[5]

416 Durch das Kriterium der **Zumutbarkeit** wird sichergestellt, dass das Unternehmen nur solche Vorkehrungen treffen muss, die in einem **angemessenen Verhältnis** zum angestrebten IT-Sicherheitsziel stehen.[6] Der **Umfang der IT-Sicherheitspflichten** ist damit **einzelfallabhängig**, wobei das erforderliche Schutzniveau insbesondere von der Sensibilität und dem Umfang der verarbeiteten Daten abhängt.[7] Aus Erwägungen der Verhältnismäßigkeit ergibt sich, dass Telemediendiensteanbieter durch die Sicherungspflichten nicht übermäßig belastet werden dürfen.[8] Um den im Einzelfall **zumutbaren Umfang** der Sicherheitsvorkehrungen zu **bestimmen**, können **folgende Kriterien** herangezogen werden:[9]

– Maßnahmenkosten;

– Effektivität der Maßnahmen;

– Auswirkungen der Maßnahmen auf den angebotenen Dienst, insbesondere auch im Hinblick auf Gefahren bei Unterlassen der Maßnahme;

– Wettbewerbssituation, etwa im Hinblick auf die Umsetzung der IT-Sicherheitspflicht durch Mitbewerber;

– Folgen der Sicherheitssteigerungen für die Umsatz- und Gewinnspanne sowie sonstige Vorteile;

---

1 *Deutscher Bundestag*, Drucksache 18/4096, S. 34.
2 *Deutscher Bundestag*, Drucksache 18/4096, S. 34.
3 *Deutscher Bundestag*, Drucksache 18/4096, S. 34 f.
4 *Djeffal*, MMR 2015, 716, 718.
5 *BSI*, Diskussionspapier: Absicherung von Telemedien-Diensten nach dem Stand der Technik, abrufbar unter: https://www.bsi.bund.de/SharedDocs/Downloads/DE/BSI/IT_SiG/Diskussionspapier_Absicherung_Telemediendienste.pdf; jsessionid= 03FA895B3340816ACC5B9A4734706401.2_cid369?__blob=publicationFile&v= 2, zuletzt aufgerufen am 12.1.2018.
6 *Deutscher Bundestag*, Drucksache 18/4096, S. 34.
7 *Deutscher Bundestag*, Drucksache 18/4096, S. 34 f.
8 *Djeffal*, MMR 2015, 716, 718.
9 *Djeffal*, MMR 2015, 716, 718 m.w.N.

– Möglichkeit der Nutzer zum Selbstschutz;

– Alternative Maßnahmen zur Verhinderung der Gefahren.

Beispiel für den Pflichtenumfang nach § 13 Abs. 7 TMG[1]: Ein mittelständisches Unternehmen stellt Produkte her und erstellt eine neue Website mit Online-Shop. Kunden können die Produkte dort direkt erwerben und in einem Kundenprofil ihre personenbezogenen Daten zur Abwicklung von Bestellungen hinterlegen. Die Website fällt in den Anwendungsbereich des § 13 Abs. 7 TMG.

Auf der Grundlage von § 13 Abs. 7 TMG muss das Unternehmen mit technischen und organisatorischen Vorkehrungen sicherstellen, dass die Website gegen Störungen und Datenschutzverletzungen gesichert ist. Dafür sind u.a. folgende Maßnahmen empfehlenswert:

– Maßnahmen, um die Sicherheit der Kundendaten zu gewährleisten: Dabei sollte eine Orientierung an den Vorgaben des Art. 32 DSGVO erfolgen (s. Rz. 313 ff.);

– Einsatz von Sicherheitssoftware zur Verhinderung von Cyberangriffen, Malware, etc. (z.B. Firewalls, Virenscanner, …);

– Trennung etwaiger Verbindungen des Online-Shops mit Datenbanken (verschiedene Server), um Risiken durch Cyber-Angriffe zu minimieren;

– Nutzerauthentifizierung für die Kundenprofile: Zum Schutz der Daten müssen die Profile gegen unberechtigten Zugriff gesichert werden, z.B. durch Benutzernamen und Passwörter, die bestimmten Mindestkriterien entsprechen müssen (ggf. 2-Faktor-Authentifizierung);

– Daten- und Transportverschlüsselung: Account- und Zahlungsdaten sind beim Transport zu verschlüsseln, z.B. über TLS-Protokolle (Transport Layer Security);

– Einführung eines Notfallkonzepts im Unternehmen (s. Rz. 186 ff.).

b) Abgrenzung zum BSIG

Wie bereits einleitend erwähnt, wird es sich bei zahlreichen Telemediendiensteanbietern zugleich um „Anbieter digitaler Dienste" i.S.d. BSIG handeln, so dass diese grundsätzlich auch den IT-Sicherheitsstandard des § 8c BSIG einhalten müssen. Im Zuge der Umsetzung der NIS-Richtlinie wurden keine IT-sicherheitsrechtlichen Regelungen für den gesamten digitalen Bereich geschaffen. Vielmehr entschied sich der Gesetzgeber dafür, die **Regelung des TMG**, die mit dem IT-SiG 2015 eingeführt wurde, aufrechtzuerhalten und **um § 8c BSIG zu ergänzen.**[2] Damit existieren sowohl Regelungen für Telemediendiensteanbieter (TMG) als auch für Anbieter digitaler Dienste (BSIG). Weil es sich bei **Anbietern digitaler Dienste immer zugleich um Telemediendiensteanbieter** handelt, wird grundsätzlich der **Anwendungsbereich beider IT-Sicherheitsregelungen eröffnet.** Damit stellt sich die Frage, welchen IT-Sicherheitsstandard betroffene Unternehmen einhalten müssen. 417

Grundsätzlich treten die Regelungen des BSIG gegenüber bereichsspezifischem IT-Sicherheitsrecht zurück (s. Rz. 348 ff.). § 8c BSIG dient allerdings der Umsetzung der europäischen NIS-Richtlinie, bei der es sich im Vergleich zu den nationalen Regelungen des TMG um **höherrangiges Recht** handelt. Bezüglich der **Regelungen für Anbieter digitaler Dienste** möchte die **NIS-Richtlinie** eine Vollharmonisierung herbeiführen. Nach Art. 16 Abs. 10 NIS-Richtlinie können EU-Mitgliedstaaten den Anbietern digitaler Dienste keine weiteren Sicherheits- oder Meldepflichten auferlegen, die nicht in der NIS-Richtlinie vorgesehen sind und in Deutschland im BSIG geregelt wurden (s. Rz. 386 ff.). Daraus ergibt sich für betroffene Unternehmen Folgendes: 418

---

1 *Djeffal*, MMR 2015, 716, 720 f.
2 *Gehrmann/Voigt*, CR 2017, 93, 94.

– Sind Telemediendiensteanbieter zugleich **„Anbieter digitaler Dienste"**, unterfallen sie wegen des Anwendungsvorrangs des Europarechts **ausschließlich den Regelungen des BSIG**. Das TMG gelangt nicht zur Anwendung.

– **Alle anderen Telemediendiensteanbieter** unterfallen weiterhin den Regelungen des **TMG**.

419 Besonders **kleine und Kleinstunternehmen** werden dabei von der Anwendbarkeit des TMG betroffen sein. Die NIS-Richtlinie privilegiert Anbieter digitaler Dienste, bei denen es sich um kleine und Kleinstunternehmen handelt, indem diese nicht den dort vorgesehenen IT-Sicherheitspflichten unterfallen, Art. 16 Abs. 11 NIS-Richtlinie. Damit wollte der europäische Gesetzgeber entsprechende Unternehmen vor der kosten- und ressourcenintensiven Umsetzung rechtskonformer IT-Sicherheitspflichten befreien. Allerdings werden die EU-Mitgliedstaaten nicht daran gehindert, für entsprechende kleine und Kleinstunternehmen anderweitige IT-Sicherheitspflichten vorzusehen.[1] Damit sollten diese in Deutschland grundsätzlich den **IT-Sicherheitspflichten nach § 13 Abs. 7 TMG unterfallen**. Die Umsetzung der Vorgaben des TMG erfordert von kleinen und Kleinstunternehmen einen geringeren Ressourceneinsatz, da im TMG bspw. im Unterschied zum BSIG keine Meldepflichten vorgesehen sind.

3. Verletzungsfolgen

420 Bei der **Verletzung der IT-Sicherheitspflichten aus § 13 Abs. 7 TMG** drohen Unternehmen Bußgelder auf der Grundlage von § 16 Abs. 2 Nr. 3 TMG. Danach handelt ordnungswidrig, wer gegen die Pflicht verstößt, durch technische und organisatorische Vorkehrungen sicherzustellen, dass kein unerlaubter Zugriff auf die für ihre Telemedienangebote genutzten technischen Einrichtungen möglich ist und diese gegen Verletzungen des Schutzes personenbezogener Daten gesichert sind. Diese Ordnungswidrigkeit kann mit einer **Geldbuße bis zu 50.000 Euro** geahndet werden. Die **Zuständigkeit für das ordnungswidrigkeitsrechtliche Verfahren** ist zwischen zwei Stellen aufteilt:

– Bei der Verletzung von § 13 Abs. 7 Nr. 1 und Nr. 2 lit. b TMG (**Störung der technischen Einrichtungen**) ist die **Landesmedienaufsicht** zuständig.

– Bei der Verletzung von § 13 Abs. 7 Nr. 1 und Nr. 2 lit. a TMG (**Datenschutzverletzungen**) ist die **Landesdatenschutzbehörde** zuständig.

421 Auch das Risiko einer **zivilrechtlichen Haftung bei Inanspruchnahme durch Nutzer** sollten Telemediendiensteanbieter nicht unterschätzen. Als Grundlage kommen dabei nicht nur Verträge mit den Nutzern der Telemediendienste in Betracht. So handelt es sich bei § 13 Abs. 7 TMG um ein Schutzgesetz i.S.d. § 823 Abs. 2 BGB (s. Rz. 261 ff.).[2]

■ **Das Wesentliche in Kürze:**

Unternehmen, die elektronische Informations- und Kommunikationsdienste, die sich nicht in der Übertragung von Signalen über Kommunikationsnetze erschöpfen, zur Nutzung bereithalten oder den Zugang zu ihnen vermitteln, unterfallen regelmäßig IT-Sicherheitspflichten aus dem TMG. Sie müssen gemäß § 13 Abs. 7 TMG technische und organisatorische Vorkehrungen treffen, um ihre Dienste gegen Datenschutzverletzungen, Störungen und unerlaubten Zugriff durch Dritte zu schützen. Bei Pflichtverletzungen drohen Geldbußen von bis zu 50.000 Euro (§ 16 Abs. 2 Nr. 3 TMG).

---

1 ErwGr. 58 NIS-Richtlinie.
2 *Spindler*, CR 2016, 297, 306 f.; *Djeffal*, MMR 2015, 716, 719; *Roos*, MMR 2015, 636, 643.

VI. IT-Sicherheitspflichten nach dem TKG

Die Telekommunikation wandelte sich in den vergangenen mehr als 100 Jahren von einem 422 staatlichen Sektor zu einem **regulierten privatwirtschaftlichen Markt**.[1] Um leistungsfähige **Telekommunikationsinfrastrukturen** im Bundesgebiet zu fördern und flächendeckend angemessene und ausreichende **Telekommunikationsdienste** zu gewährleisten, verpflichtet das TKG in diesem Sektor tätige Unternehmen u.a. zur **Einhaltung bestimmter Sicherheitsstandards**, vgl. § 1 TKG. Gesetzlich wurden die entsprechenden Vorschriften dabei über das IT-SiG und das NIS-UmsetzungsG mit den KRITIS-Pflichten nach dem BSIG harmonisiert, die auf Unternehmen aus dem Sektor Informationstechnik und Telekommunikation subsidiär Anwendung finden können.

1. Adressaten

Das TKG findet auf Anbieter von Telekommunikationsdienstleistungen i.S.d. § 3 Nr. 6 TKG 423 Anwendung und damit auf jedes Unternehmen, welches ganz oder teilweise geschäftsmäßig Telekommunikationsdienste erbringt oder an der Erbringung solcher Dienste mitwirkt. Unter Telekommunikationsdiensten sind in der Regel gegen Entgelt erbrachte Dienste zu verstehen, die ganz oder überwiegend in der Übertragung von Signalen über Telekommunikationsnetze bestehen, einschließlich Übertragungsdienste in Rundfunknetzen, § 3 Nr. 24 TKG. Für die Geschäftsmäßigkeit dieser Dienste reicht es bereits aus, wenn die Tätigkeit eine gewisse Häufigkeit aufweist und auf Dauer ausgerichtet ist.[2] Kurzfristige und zeitlich begrenzte Angebote dürften davon nicht umfasst sein.[3] Auch wenn die Entgeltlichkeit der Tätigkeit keine Voraussetzung für die Anwendbarkeit des TKG ist, bildet diese ein starkes Indiz für die Geschäftsmäßigkeit der Tätigkeit.[4] Ausgehend von der weiten Auslegung der Tatbestandsmerkmale ist der Anwendungsbereich des TKG regelmäßig auch bzgl. Subunternehmen, externen Hilfspersonen und unternehmensinternen Erfüllungsgehilfen, die an der Leistungserbringung mitwirken, eröffnet.[5]

Der Schwerpunkt der Dienste muss in der technischen Transportleistung und nicht in einer 424 inhaltlichen Leistung liegen.[6] In diesem Zusammenhang wird regelmäßig eine **Abgrenzung zum Anwendungsbereich des TMG** erforderlich, welches auf die mit dem Datentransport verbundenen Inhalte Anwendung findet (s. Rz. 410 f.).[7] Problemlos ist die Abgrenzung dann, wenn die zu beurteilende Tätigkeit eindeutig entweder eine Transportleistung oder eine inhaltliche Leistung darstellt.[8] Umfasst die **Tätigkeit Transport- und inhaltliche Leistungen**, fällt die **Abgrenzung** der Anwendungsbereiche deutlich **schwerer**. Dies ist etwa bei Access-Providern der Fall.[9] Besteht das Angebot überwiegend aus inhaltlichen Leistungen, handelt es

1 S. die historische Darstellung bei *Cornils* in Geppert/Schütz, Beck'scher TKG-Kommentar, Einleitung Rz. 1 ff.
2 *Lünenbürger* in Scheurle/Mayen, TKG, § 3 Rz. 21; *Schütz* in Geppert/Schütz, Beck'scher TKG Kommentar, § 3 Rz. 33 m.w.N.
3 *Gehrmann/Voigt*, CR 2017, 93, 95.
4 *Schütz* in Geppert/Schütz, Beck'scher TKG Kommentar, § 3 Rz. 33 m.w.N.
5 *Nordmeier* in Spindler/Schuster, Recht der elektronischen Medien, § 3 TMG Rz. 9; *Schütz* in Geppert/Schütz, Beck'scher TKG Kommentar, § 3 Rz. 15.
6 *Schütz* in Geppert/Schütz, Beck'scher TKG-Kommentar, § 3 Rz. 79.
7 *Lünenbürger* in Scheurle/Mayen, TKG, § 3 Rz. 58 m.w.N.
8 *Lünenbürger* in Scheurle/Mayen, TKG, § 3 Rz. 58 m.w.N.
9 *Lünenbürger* in Scheurle/Mayen, TKG, § 3 Rz. 59; *Schütz* in Geppert/Schütz, Beck'scher TKG-Kommentar, § 6 Rz. 25 m.w.N.

sich um einen Telemediendienst. Wenn überwiegend Transportleistungen erbracht werden, aber die Zusammenschau aller Dienstelemente die Qualifikation als Telemedium nahelegt, kommt ebenfalls die Anwendbarkeit des TMG in Betracht.[1] Zur Bestimmung des anwendbaren Rechts wird damit stets eine Prüfung auf Einzelfallbasis erforderlich.

425 IT-Sicherheitspflichten treffen **nur solche Telekommunikationsdienstleister**, die ein **öffentliches Telekommunikationsnetz** betreiben oder **öffentlich zugängliche Telekommunikationsdienste** erbringen, vgl. § 109 Abs. 2, 5 TKG. Dabei handelt es sich um **Betreiber solcher Netze und Dienste, die der Allgemeinheit bzw. einem unbestimmten Adressatenkreis** zur Verfügung stehen.[2]

2. IT-Sicherheitsstandard

426 **Telekommunikationsdienstleister** müssen gem. § 109 Abs. 2 TKG angemessene technische und organisatorische Maßnahmen zum Schutz der Telekommunikations- und Datenverarbeitungssysteme treffen. Die **Vorkehrungen** müssen gem. § 109 Abs. 2 TKG der **Verhinderung von Störungen**, die zu erheblichen Beeinträchtigungen der Netze und Dienste führen können, **sowie der Beherrschung von Sicherheitsrisiken** dienen. Mit Hilfe dieser IT-Sicherheitspflichten soll der hohen Bedeutung der Verfügbarkeit der Netze sowie dem gesteigerten technischen Niveau von Cyber-Angriffen Rechnung getragen werden.[3] Dabei wird von den betroffenen Unternehmen kein umfassender Schutz verlangt. Vielmehr muss erheblichen Beeinträchtigungen vorgebeugt werden, also solchen, bei denen wichtige Funktionen in den Telekommunikationsanlagen nicht mehr oder nur noch fehlerhaft funktionieren würden und die Kommunikation wenigstens in Teilen des Netzes nur noch eingeschränkt möglich wäre.[4] Bei der Schaffung eines Sicherheitskonzepts (s. Rz. 127 ff.) muss dementsprechend **folgenden Bedrohungen Rechnung getragen** werden:[5]

– mittelbare und unmittelbare Einwirkungen auf die Verfügbarkeit der Dienste und Netze, z.B. Stromausfälle, Fehler in der Organisation;

– äußere Eingriffe durch Dritte, z.B. Schäden durch Vandalismus, Softwaremanipulation, Hacker;

– interne Einflussnahme, z.B. auch fahrlässige Eingriffe durch Mitarbeiter;

– erhebliche Zwischenfälle durch Elementarschäden (z.B. Blitzschlag, Feuer, Sturm, …).

427 Infolge der Gesetzesänderung durch das IT-SiG muss dabei gem. § 109 Abs. 2 Satz 2 TKG das Schutzniveau dem **Stand der Technik** entsprechen. Damit muss sich der Sicherheitsstandard dynamisch an sich verändernde technische Möglichkeiten und Risiken anpassen (s. auch Rz. 365). Bei der Schaffung des Sicherheitskonzepts ist die **Verhältnismäßigkeit** von Pflichtenumfang und Unternehmenssituation zu berücksichtigen. Auch **Rentabilitäts- und Wirtschaftlichkeitserwägungen** spielen in diesem Zusammenhang eine Rolle.[6] Glei-

---

1 *Schütz* in Geppert/Schütz, Beck'scher TKG-Kommentar, § 6 Rz. 25 m.w.N.

2 S. zum Begriffsverständnis der „Öffentlichkeit" etwa *Ricke* in Spindler/Schuster, Recht der elektronischen Medien, § 3 TKG Rz. 32.

3 *Roos*, MMR 2015, 636, 642; *Deutscher Bundestag*, Drucksache 18/4096, S. 35.

4 *Eckhardt* in Geppert/Schütz, Beck'scher TKG Kommentar, § 109 Rz. 42 m.w.N.

5 *Eckhardt* in Geppert/Schütz, Beck'scher TKG Kommentar, § 109 Rz. 42 m.w.N.; *Deutscher Bundestag*, Drucksache 18/4096, S. 35.

6 *Eckhardt* in Geppert/Schütz, Beck'scher TKG Kommentar, § 109 Rz. 46 m.w.N.

chermaßen sind auch die **Interessen der Allgemeinheit** an der Verfügbarkeit der Netze und Dienste zu berücksichtigen.[1]

Um Störungen wirksam zu vermeiden ermöglicht es § 100 Abs. 1 TKG Unternehmen auch, soweit erforderlich die **Bestands- und Verkehrsdaten** der Nutzer sowie die **Steuerdaten** der Datenübertragungsprotokolle zu **verarbeiten**, um Störungen zu erkennen und zu beseitigen, die zu einer Einschränkung der Verfügbarkeit von Informations- und Kommunikationsdiensten oder zu einem unerlaubten Zugriff auf Telekommunikations- und Datenverarbeitungssysteme der Nutzer führen können. Diese Datenverarbeitungsbefugnis umfasst dabei auch das Erkennen potentieller Einschränkungen der Verfügbarkeit der Systeme.[2] Die Verarbeitungsbefugnis umfasst **etwa Prüfungen des Netzwerkverkehrs**, die **Verwendung von Fallen für Schadprogramme** im Netz (sog. Honeypots) oder das Blockieren der Versendung von Schadprogrammen (sog. Spamtraps).[3] Die vom Unternehmen in diesem Zusammenhang verwendeten Daten sind unverzüglich zu löschen, sobald sie für das Erkennen oder die Beseitigung der Störung nicht mehr erforderlich sind, § 100 Abs. 1 Satz 4 TKG.

428

3. Sicherheitsbeauftragter und Sicherheitskonzept

Gemäß § 109 Abs. 4 TKG werden die betroffenen Unternehmen zur **Benennung eines** sog. **Telekommunikationssicherheitsbeauftragten** verpflichtet. Das Gesetz trifft dabei allerdings keinerlei Aussagen zur Stellung, zu den erforderlichen Qualifikationen oder zu den Aufgaben eines solchen Beauftragten. Ähnlich wie beim IT-Sicherheitsbeauftragten sollte die Auswahl des Beauftragten allerdings auf Grundlage seiner fachlichen Eignung und beruflichen Qualifikationen erfolgen.[4] Die Zuweisung von Aufgaben und unternehmensinternen Weisungsbefugnissen erfolgt durch das Unternehmen. Dabei ist eine **Orientierung an den möglichen Aufgaben und Befugnissen eines betrieblichen IT-Sicherheitsbeauftragen** denkbar (s. Rz. 146 f.).

429

Zur Umsetzung eines angemessenen IT-Sicherheitsstandards hat das Unternehmen gem. § 109 Abs. 4 TKG ein **Sicherheitskonzept zu erstellen**, aus dem hervorgeht, welches Netz betrieben bzw. welche Dienste erbracht werden, von welchen Gefährdungen auszugehen ist und welche Schutzmaßnahmen getroffen oder geplant sind. Mit Hilfe des Sicherheitskonzepts soll sich das Unternehmen die sicherheitsrelevante Bedeutung seiner einzelnen IT-Systemkomponenten vergegenwärtigen und entsprechende Schutzmaßnahmen erarbeiten.[5] **In der Praxis** bietet sich ein **schrittweises Vorgehen** an:[6]

430

---

1 *Schmidl* in Hauschka/Moosmayer/Lösler, Corporate Compliance, § 28 Rz. 86 m.w.N.
2 BGH, Urt. v. 3.7.2014 – III ZR 391/13, NJW 2014, 2500, 2500 ff. = CR 2015, 444.
3 *Deutscher Bundestag*, Drucksache 18/4096, S. 35.
4 *Schommertz* in Scheurle/Mayen, TKG, § 109 Rz. 12 m.w.N.
5 *BNetzA*, Katalog von Sicherheitsanforderungen für das Betreiben von Telekommunikations- und Datenverarbeitungssystemen sowie für die Verarbeitung personenbezogener Daten nach § 109 TKG, S. 16, abrufbar unter: https://www.bundesnetzagentur.de/SharedDocs/Downloads/DE/Sach gebiete/Telekommunikation/Unternehmen_Institutionen/Anbieterpflichten/OeffentlicheSicherheit/ KatalogSicherheitsanforderungen/KatalogSicherheitsanforderungen.pdf?__blob=publicationFile&v= 6, zuletzt aufgerufen am 12.1.2018.
6 *BNetzA*, Katalog von Sicherheitsanforderungen für das Betreiben von Telekommunikations- und Datenverarbeitungssystemen sowie für die Verarbeitung personenbezogener Daten nach § 109 TKG, S. 9 ff., abrufbar unter: https://www.bundesnetzagentur.de/SharedDocs/Downloads/DE/Sach gebiete/Telekommunikation/Unternehmen_Institutionen/Anbieterpflichten/OeffentlicheSicherheit/ KatalogSicherheitsanforderungen/KatalogSicherheitsanforderungen.pdf?__blob=publicationFile&v= 6, zuletzt aufgerufen am 12.1.2018.

(1) **Netzstrukturplan erstellen**: In einer Übersicht stellt das Unternehmen die Komponenten seines Netzes und deren interne sowie externe Verbindungen dar.

(2) **Telekommunikationsdienste beschreiben und eingesetzte Anlagen darstellen**: Zusätzlich beschreibt das Unternehmen überblicksartig seine Dienste, die eingesetzten Anlagen und deren Funktionen.

(3) **Sicherheitsteilsysteme bilden**: Wegen der teilweise sehr unterschiedlichen Gefährdungen der verschiedenen Systemkomponenten und der damit einhergehenden unterschiedlichen Anfordernisse an die Sicherheitsmaßnahmen sind die verschiedenen Komponenten in unterschiedlichen Sicherheitsteilsystemen zu gruppieren. Eine Hilfestellung dafür bieten der Netzstrukturplan und die Anlagenbeschreibung.

(4) **Den einzelnen Teilsystemen Schutzziele und Gefährdungen zuordnen**: Für jedes Teilsystem sind die bestehenden Gefährdungen zu ermitteln und den gesetzlichen Schutzzielen gegenüberzustellen.

(5) **Für die einzelnen Teilsysteme Sicherheitsanforderungen ableiten**: Davon ausgehend werden für die einzelnen Teilsysteme Sicherheitsanforderungen abgeleitet.

(6) **Schutzmaßnahmen festlegen, beschreiben und umsetzen**: Auf der Basis der Sicherheitsanforderungen werden für die verschiedenen Teilsysteme konkrete Schutzmaßnahmen erarbeitet und bis zu einem vom Unternehmen festgelegten Zeitpunkt intern umgesetzt.

(7) **Gesamtsystem bewerten**: Abschließend ist das Gesamtsystem einer Risikobewertung zu unterziehen um die letzten etwaig bestehenden Sicherheitslücken zu schließen.

(8) **System aufrechterhalten**: Damit die Maßnahmen dem Stand der Technik entsprechen, ist eine fortlaufende Überprüfung und Anpassung des Systems erforderlich.

431   Betreibt das Unternehmen ein öffentliches Telekommunikationsnetz, hat es der Bundesnetzagentur (**BNetzA**) unverzüglich nach der Aufnahme des Netzbetriebs das **Sicherheitskonzept vorzulegen**, § 109 Abs. 4 Satz 2, 4 TKG. Erbringt das Unternehmen Telekommunikationsdienste, so besteht zwar keine generelle Pflicht zur Vorlage, aber diese kann von der BNetzA angeordnet werden, § 109 Abs. 4 Satz 3 TKG. Auch Änderungen des Sicherheitskonzepts sind der BNetzA von betroffenen Unternehmen vorzulegen, § 109 Abs. 4 Satz 6 TKG. Wurde der BNetzA ein Sicherheitskonzept vorgelegt, so findet mindestens **alle zwei Jahre eine Überprüfung des Sicherheitskonzepts durch die BNetzA** statt, § 109 Abs. 4 Satz 7, 8 TKG. Stellt die BNetzA **Mängel** im Sicherheitskonzept oder in dessen Umsetzung fest, **kann** sie deren **unverzügliche Beseitigung anordnen**.

4. Meldepflichten

432   Gemäß § 109 Abs. 5 TKG haben Unternehmen, die öffentliche Telekommunikationsnetze betreiben oder -dienste erbringen, **der BNetzA und dem BSI unverzüglich** (s. zur Meldefrist Rz. 375 f.) **Beeinträchtigungen mitzuteilen**, die zu beträchtlichen Sicherheitsverletzungen führen oder führen können. Eine Meldung erfolgt dabei an die BNetzA, die diese ggf. an das BSI weiterleitet.[1]

---

1 *BNetzA*, Mitteilung nach § 109 Abs. 5 TKG – Umsetzungskonzept, S. 4; abrufbar unter: https://www.bundesnetzagentur.de/SharedDocs/Downloads/DE/Sachgebiete/Telekommunikation/Unternehmen_Institutionen/Anbieterpflichten/OeffentlicheSicherheit/mitteilungeinersicherheitsverletzung/

a) Meldepflichtige Ereignisse

Potentiell **meldepflichtige Ereignisse** bilden zunächst alle **negativen, vom Anbieter nicht gewollten Auswirkungen auf die IT-Systeme**, Komponenten und Prozesse. Zu denken ist dabei etwa an Denial of Service-Attacken oder den Missbrauch einzelner Server oder Anschlüsse, etwa zum Errichten und Betreiben eines Botnetzes.[1] Damit entsprechende Vorfälle eine Meldepflicht auslösen, müssen sie zumindest das Potential zur **Auslösung „beträchtlicher" Sicherheitsverletzungen** bergen. Welcher konkrete **Gefährdungsgrad** für die Sicherheit der Systeme als „beträchtlich" zu bewerten ist, lässt sich dem Gesetz nicht entnehmen.[2] Eine **Klarstellung** hat jedoch **auf Seiten der BNetzA** stattgefunden, wonach eine Meldung beim Vorliegen eines der nachfolgenden Fälle zu erfolgen hat:[3]

— **Betroffene Teilnehmerstunden**: Eine beträchtliche Sicherheitsverletzung kann sich aus dem Produkt der Anzahl der betroffenen Teilnehmer und der Dauer der Leistungsminderung in Stunden ergeben. Maßgeblich ist dafür, in welchem Zeitintervall vom Eintritt bis zur Behebung der Störung die Integrität, Vertraulichkeit, Authentizität oder Verfügbarkeit des Telekommunikations-Anschlusses (Festnetz/Mobil) für den Nutzer nicht gegeben ist. Überschreitet das Produkt der Multiplikation von Teilnehmerstunden und Betroffenen dabei den Grenzwert von einer Million, ist von einer beträchtlichen Sicherheitsverletzung auszugehen.

— **Auswirkungen auf die internationale Zusammenschaltung**: Ist der Zugang zu Telekommunikationsnetzen, die die Kommunikation im oder zwischen Unternehmen gewährleistet oder die Inanspruchnahme von Telekommunikationsdiensten anderer Unternehmen ermöglicht, gestört, kann von einer beträchtlichen Sicherheitsverletzung ausgegangen werden. Dies bezieht sich jedoch lediglich auf Zusammenschaltungspunkte mit internationaler Zielrichtung.

— **Auswirkungen auf den Notruf**: Verletzungen im Bereich der Hard- und/oder Software, die zur Notruflenkung benötigt werden oder zum Anschluss einer Notrufabfragestelle, sind stets beträchtlich. Dies umfasst jedoch nicht Störungen bzgl. der Funktionalität der zur Kommunikation genutzten Endgeräte.

Das Unternehmen sollte **auch zusätzliche Kriterien zur Beurteilung** von Sicherheitsvorfällen heranziehen, etwa die Auswirkungen auf sensible Versorgungs- und Dienstsegmente oder die geographische Ausbreitung von Zwischenfällen.[4]

Umsetzungskonzept_%C2%A7_109_(5)_TKG_Mitteilung_Sicherheitsverletzung.pdf?__blob=pub
licationFile&v=7, zuletzt aufgerufen am 12.1.2018.

1 OLG Köln, Urt. v. 14.12.2015 – 12 U 16/13, ZD 2016, 175, 176 = CR 2016, 369; *Deutscher Bundestag*, Drucksache 18/4096, S. 36.

2 Zur diesbezüglichen Kritik während des Gesetzgebungsverfahrens *Eckhardt* in Geppert/Schütz, Beck'scher TKG Kommentar, § 109 Rz. 72 m.w.N.

3 *BNetzA*, Mitteilung nach § 109 Abs. 5 TKG – Umsetzungskonzept, S. 7 ff.; abrufbar unter: https:// www.bundesnetzagentur.de/SharedDocs/Downloads/DE/Sachgebiete/Telekommunikation/Unternehmen_Institutionen/Anbieterpflichten/OeffentlicheSicherheit/mitteilungeinersicherheitsverletzung/ Umsetzungskonzept_%C2%A7_109_(5)_TKG_Mitteilung_Sicherheitsverletzung.pdf?__blob=pub licationFile&v=7, zuletzt aufgerufen am 12.1.2018.

4 *BNetzA*, Mitteilung nach § 109 Abs. 5 TKG – Umsetzungskonzept, S. 7 ff.; abrufbar unter: https:// www.bundesnetzagentur.de/SharedDocs/Downloads/DE/Sachgebiete/Telekommunikation/Unternehmen_Institutionen/Anbieterpflichten/OeffentlicheSicherheit/mitteilungeinersicherheitsverletzung/ Umsetzungskonzept_%C2%A7_109_(5)_TKG_Mitteilung_Sicherheitsverletzung.pdf?__blob=pub licationFile&v=7, zuletzt aufgerufen am 12.1.2018.

b) Inhalt und Form der Meldung

435 Das Meldeverfahren nach § 109 Abs. 5 TKG folgt weitestgehend demjenigen nach dem BSIG (s. Rz. 370 ff.). So sollten auch Telekommunikationsdienstleister eine **Meldung in mehreren Schritten** vornehmen. Zunächst sollte eine **unverzügliche Kurzmitteilung per E-Mail oder Fax** an die BNetzA erfolgen. Diese sollte **zumindest folgende Angaben** erhalten:[1]

– Kontaktdaten des Unternehmens;

– erste Erkenntnisse über den Vorfall;

– Datum und Uhrzeit der Beeinträchtigung/en;

– erste Einschätzung der Auswirkungen;

– mögliche Ursachen;

– ggf. Angaben zur eingesetzten IT.

436 Die **vollständige Meldung** des Vorfalls erfolgt dann zu einem **späteren Zeitpunkt in Textform**. Gegenüber der BNetzA sollte das das Formblatt „Mitteilung nach § 109 Abs. 5 TKG" Verwendung finden.[2] Kommt es zu einer beträchtlichen Sicherheitsverletzung, kann die BNetzA einen detaillierten Bericht über die Sicherheitsverletzung und die ergriffenen Abhilfemaßnahmen auf Seiten des Unternehmens verlangen, § 109 Abs. 5 Satz 4 TKG.

c) Benachrichtigung der Öffentlichkeit

437 Gelangt die BNetzA im Rahmen einer erhaltenen Meldung zu dem Schluss, dass die **Bekanntgabe einer Sicherheitsverletzung im öffentlichen Interesse liegt**, so kann sie die Öffentlichkeit über den Vorfall unterrichten oder das meldende Unternehmen zu einer entsprechenden Unterrichtung der Öffentlichkeit auffordern, § 109 Abs. 5 Satz 6 TKG. Bezüglich etwaiger Benachrichtigungen der Öffentlichkeit hat die BNetzA das Gebot der Verhältnismäßigkeit zu berücksichtigen. Ausgehend davon dürfte eine entsprechende Veröffentlichung nur bei **besonders gravierenden Sicherheitsverletzungen** mit potentiellen Auswirkungen auf die Verfügbarkeit und Integrität der Telekommunikations-Dienstleistungen insgesamt in Betracht kommen.[3]

5. Datenschutzrechtliche IT-Sicherheitsvorgaben gem. § 109a TKG

438 Wie bereits dargestellt (s. Rz. 295 ff.), sieht auch das TKG **bereichsspezifisches Datenschutzrecht** mit IT-Sicherheitsbezug vor. Da § 109a TKG als maßgebliche Vorschrift IT-Sicherheits-

---

1 *BNetzA*, Mitteilung nach § 109 Abs. 5 TKG – Umsetzungskonzept, S. 9; abrufbar unter: https://www.bundesnetzagentur.de/SharedDocs/Downloads/DE/Sachgebiete/Telekommunikation/Unternehmen_Institutionen/Anbieterpflichten/OeffentlicheSicherheit/mitteilungeinersicherheitsverletzung/Umsetzungskonzept_%C2%A7_109_(5)_TKG_Mitteilung_Sicherheitsverletzung.pdf?__blob=publicationFile&v=7, zuletzt aufgerufen am 12.1.2018.

2 Abrufbar unter: https://www.bundesnetzagentur.de/SharedDocs/Downloads/DE/Sachgebiete/Telekommunikation/Unternehmen_Institutionen/Anbieterpflichten/OeffentlicheSicherheit/mitteilungeinersicherheitsverletzung/Mitteilungsformular_%C2%A7_109_(5)_TKG.pdf?__blob=publicationFile&v=11, zuletzt aufgerufen am 12.1.2018.

3 *Schneider*, Meldepflichten im IT-Sicherheitsrecht – Datenschutz, Kritische Infrastrukturen und besondere IT-Dienste, S. 539 m.w.N.

zielen dient, wird sie auch mit Inkrafttreten der DSGVO in Kraft bleiben.[1] Die daraus resultierenden IT-Sicherheitspflichten treffen Unternehmen, die öffentliche Telekommunikationsnetze betreiben oder -dienste erbringen und dienen dem **Schutz personenbezogener Daten** (s. Rz. 300). Zu diesem Zweck treffen Anbieter von Telekommunikationsdienstleistungen **im Falle von Datenschutzverletzungen bestimmte Benachrichtigungs- und Dokumentationspflichten**, die sich grundsätzlich mit den Regelungen des allgemeinen Datenschutzrechts vergleichen lassen (s. Rz. 325 ff.).

a) Benachrichtigungspflichten bei Datenschutzverletzungen

§ 109a Abs. 1 TKG regelt eine abgestufte **Informationspflicht im Falle von Datenschutz-**   439
verletzungen, die den Regelungen des allgemeinen Datenschutzrechts folgt (s. Rz. 332 ff.):

– Zunächst besteht eine Pflicht zur **unverzüglichen Information nur gegenüber den Behörden** (BNetzA und Bundesbeauftragter für den Datenschutz und die Informationsfreiheit).

– Soweit **schwerwiegende Beeinträchtigungen** der Rechte und Freiheiten der Betroffenen drohen, sind **zusätzlich die Betroffenen unverzüglich zu benachrichtigen.** Eine solche Benachrichtigung kann auch von den Behörden angeordnet werden.

Die **Benachrichtigungspflichten entfallen**, wenn das Unternehmen über sein Sicherheits-   440
konzept (s. Rz. 430 f.) nachgewiesen hat, dass die von der Verletzung **betroffenen Daten durch geeignete technische Vorkehrungen gesichert** wurden. Das diesbezügliche Einschätzungsrisiko trägt das Unternehmen, so dass aufgrund des bestehenden Haftungsrisikos zumindest gegenüber den Behörden ein niederschwelliges Benachrichtigungsverhalten verfolgt werden sollte.

Werden dem Unternehmen **Störungen** bekannt, **die von Datenverarbeitungssystemen der**   441
Nutzer ausgehen, so hat es die **Nutzer**, soweit ihm diese bereits bekannt sind, unverzüglich darüber zu **benachrichtigen**, § 109a Abs. 4 TKG. Diese Information soll Nutzer in die Lage versetzen, selbst Maßnahmen gegen die auf ihren Systemen vorhandene Schadsoftware zu ergreifen.[2] Soweit es für das Unternehmen technisch möglich und zumutbar ist, sind Nutzer auf angemessene, wirksame und zugängliche technische Mittel hinzuweisen, mit denen sie diese Störungen erkennen und beseitigen können, § 109a Abs. 4 Satz 2 TKG.[3]

Beispiel für eine vom Nutzer ausgehende Beeinträchtigung: Das System eines Nutzers wurde mit Malware identifiziert und wird als Teil eines Botnetzes zur Ausführung von DDoS-Attacken missbraucht.

Nicht erforderlich ist eine individuelle Untersuchung der Technik oder eine individuelle Be-   442
ratung der Nutzer durch den Anbieter, um geeignete Maßnahmen vorzuschlagen.[4] Vielmehr sollte auf praxisübliche und einfach bedienbare Sicherheitswerkzeuge hingewiesen werden.[5]

---

1 Die Vorschrift dient der Umsetzung von Art. 4 Abs. 3 ePrivacy-Richtlinie. Ebenso *Schneider*, Meldepflichten im IT-Sicherheitsrecht – Datenschutz, Kritische Infrastrukturen und besondere IT-Dienste, S. 291 f.; die vergleichbare Regelung in § 15a TMG wird mit Inkrafttreten der DSGVO entfallen oder vom Gesetzgeber aufgehoben werden.

2 *Deutscher Bundestag*, Drucksache 18/4096, S. 36.

3 S. *Roos*, MMR 2015, 636, 642.

4 *Deutscher Bundestag*, Drucksache 18/4096, S. 36.

5 *Deutscher Bundestag*, Drucksache 18/4096, S. 36.

b) Dokumentationspflichten bei Datenschutzverletzungen

443 Zusätzlich zu den Benachrichtigungspflichten sind **Datenschutzverletzungen** gem. § 109a Abs. 3 TKG **in einem Verzeichnis zu dokumentieren**. Diese Dokumentationspflicht sichert die Meldepflicht ab, indem sie die Aufsichtsbehörden in die Lage versetzen soll, die erstatteten Meldungen mit den tatsächlich eingetretenen Datenpannen abzugleichen.[1] Dokumentiert werden müssen die Umstände der Verletzungen, deren Auswirkungen sowie die ergriffenen Abhilfemaßnahmen, § 109a Abs. 3 TKG.

6. Verletzungsfolgen

444 Bei Verstößen gegen das TKG droht Unternehmen neben Bußgeldern auch eine Inanspruchnahme auf Schadensersatz oder Unterlassung auf Grundlage des TKG sowie allgemeiner zivilrechtlicher Haftungsgrundlagen.

a) Bußgelder

445 Die vorbeschriebenen IT-Sicherheitspflichten sind auf Grundlage der Bußgeldvorschrift des § 149 TKG als Ordnungswidrigkeiten wie folgt bußgeldbewährt:

– **§ 149 Abs. 1 Nr. 21 TKG**: Das Unternehmen legt der BNetzA sein Sicherheitskonzept (s. Rz. 430 f.) nicht oder nicht rechtzeitig vor. Es droht eine Geldbuße bis zu 100.000 Euro, § 149 Abs. 2 Nr. 3 TKG.

– **§ 149 Abs. 1 Nr. 21a TKG**: Das Unternehmen meldet der BNetzA und/oder dem BSI Störungen gem. § 109 Abs. 5 TKG nicht, nicht richtig, nicht vollständig oder nicht rechtzeitig (s. Rz. 432 ff.). Es droht eine Geldbuße bis zu 50.000 Euro, § 149 Abs. 2 Nr. 4 TKG.

– **§ 149 Abs. 1 Nr. 21b TKG**: Im Falle einer Datenschutzverletzung benachrichtigt ein Unternehmen die BNetzA, den Bundesbeauftragten für Datenschutz und Informationsfreiheit oder einen Betroffenen nicht, nicht richtig, nicht vollständig oder nicht rechtzeitig (s. Rz. 439 ff.). Es droht eine Geldbuße bis zu 100.000 Euro, § 149 Abs. 2 Nr. 3 TKG.

– **§ 149 Abs. 1 Nr. 21c TKG**: Das Unternehmen führt das Verzeichnis über Datenschutzverletzungen (s. Rz. 443) nicht, nicht richtig oder nicht vollständig. Es droht eine Geldbuße bis zu 50.000 Euro, § 149 Abs. 2 Nr. 4 TKG.

446 Die **zuständige Bußgeldbehörde** ist die **BNetzA**, § 149 Abs. 3 TKG. Das TKG selbst unterscheidet hinsichtlich der Bußgeldbeträge nicht zwischen vorsätzlichen und fahrlässigen Verletzungen der IT-Sicherheitspflichten. Aus § 17 Abs. 2 OWiG ergibt sich jedoch, dass im Falle fahrlässiger Verletzungen die Geldbuße jeweils maximal die Hälfte des zulässigen Höchstbetrags erreichen darf.[2] In bestimmten Konstellationen ist auch eine Überschreitung der maximalen Bußgeldbeträge denkbar. Nach § 149 Abs. 2 Satz 2 TKG soll die verhängte Geldbuße den wirtschaftlichen Vorteil, den das Unternehmen aus der Ordnungswidrigkeit gezogen hat, übersteigen, so dass über die Geldbuße hinaus auch etwaige **weitere Vermögensvorteile aus der begangenen ordnungswidrigen Handlung abgeschöpft werden** können.[3]

---

1 *Eckhardt* in Spindler/Schuster, Recht der elektronischen Medien, § 109a TKG Rz. 18 m.w.N.
2 *Graf* in Graf, Beck'scher OK StPO, § 149 TKG Rz. 31.
3 *Graf* in Graf, Beck'scher OK StPO, § 149 TKG Rz. 32.

b) Schadensersatz und Unterlassen

Neben Bußgeldern treffen das Unternehmen bei IT-Sicherheitsdefiziten zusätzlich zivilrecht- 447
liche Haftungsrisiken. Gemäß **§ 44 TKG** sind Unternehmen, die gegen die Bestimmungen
des TKG und damit auch die IT-Sicherheitspflichten aus dem TKG verstoßen, den **betroffenen Endnutzern und Wettbewerbern**, die durch den Verstoß beeinträchtigt wurden, zur
Beseitigung und bei Wiederholungsgefahr zur **Unterlassung** verpflichtet. Fällt dem Unternehmen darüber hinaus Vorsatz oder Fahrlässigkeit zur Last, ist es den Betroffenen auch
zum **Ersatz des Schadens** verpflichtet, der ihnen aus einem IT-Sicherheitsverstoß entstanden ist. Inhalt und Umfang des Schadensersatzanspruches richten sich dabei nach den allgemeinen Grundsätzen der §§ 249 ff. BGB (s. Rz. 235). Damit sind zu Schaden gekommene
Endnutzer oder Wettbewerber so zu stellen, wie so ohne das schädigende Ereignis stehen
würden.[1] Trotz des Vorhandenseins dieser bereichsspezifischen Regelung hat § 44 TKG in
der Praxis bisher kaum Bedeutung erlangt.[2] Ob die Erweiterung des Katalogs an IT-Sicherheitspflichten durch das IT-SiG und das NIS-UmsetzungsG dies künftig ändern wird, lässt
sich noch nicht absehen. Die Vorschrift dient lediglich der Klarstellung zivilrechtlicher Haf-
tungspflichten und ist nicht abschließend, so dass **auch allgemeine Haftungsnormen als
Anspruchsgrundlage** dienen können.[3] Besonders eine Inanspruchnahme auf Schadensersatz
durch Kunden kommt regelmäßig in Betracht. Die Grundlage dafür bildet neben **Verträgen
mit Kunden** (s. Rz. 227 ff.) auch das **Deliktsrecht**. So handelt es sich etwa bei § 109a TKG
um ein Schutzgesetz i.S.d. § 823 Abs. 2 BGB (s. Rz. 261 ff.).

Im Hinblick auf **Vermögensschäden von Endkunden** sieht **§ 44a TKG** eine **Haftungsbegren-** 448
zung zugunsten der Telekommunikationsdienstleister vor. Sofern der Haftungsfall nicht auf
Vorsatz beruht, ist die Ersatzpflicht je Endnutzer auf maximal 12.500 Euro begrenzt und bei
mehreren betroffenen Endnutzern insgesamt auf eine Summe von höchstens 10 Mio. Euro.
Die **Gesamthaftungsgrenze** soll Unternehmen vor den ansonsten kaum abschätzbaren wirtschaftlichen Folgen von IT-Sicherheitsvorfällen schützen.[4] Die Haftungsbegrenzung sollte darüber hinaus auch in Fällen gröbster Fahrlässigkeit Anwendung finden.[5] Dennoch ist die
Reichweite der Norm nicht zu überschätzen. So findet sie keine Anwendung auf Personenschäden oder auf Folgeschäden aus Sach- und Personenschäden.[6] § 44a Satz 5 TKG ermöglicht zusätzlich die **einzelvertragliche Vereinbarung von weitergehenden Haftungsbe-**
schränkungen gegenüber Endnutzern. Diese Regelungsmöglichkeit spielt **praktisch vor allem
im B2B-Bereich** eine Rolle, also wenn es sich bei den betroffenen Endnutzern um Unternehmen handelt. So sind in der Praxis vielfach Gestaltungen anzutreffen, bei denen sich die Haf-
tungshöchstgrenze für alle fahrlässig verursachten Schäden innerhalb eines Vertragsjahres an
der jährlichen Auftragssumme und für einzelne Schadensfälle an einem Bruchteil davon orien-
tiert, sowie Vereinbarungen von Haftungsausschlüssen oder -höchstgrenzen für bestimmte
Schadensarten oder -positionen.[7]

---

1 *Ditscheid/Rudloff* in Geppert/Schütz, Beck'scher TKG Kommentar, § 44 Rz. 47.

2 *Sodtalbers* in Spindler/Schuster, Recht der elektronischen Medien, § 44 TKG Rz. 3 m.w.N.

3 *Schadow* in Scheurle/Mayen, TKG, § 44 Rz. 1; *Sodtalbers* in Spindler/Schuster, Recht der elektronischen Medien, § 44 TKG Rz. 1.

4 *Ditscheid/Rudloff* in Geppert/Schütz, Beck'scher TKG Kommentar, § 44a Rz. 9; *Nacimiento/Bornho-
fen*, K&R 2003, 440, 444.

5 *Spindler*, CR 2016, 297, 307 m.w.N.

6 *Deutscher Bundestag*, Drucksache 15/5213, S. 21; *Deutscher Bundestag*, Drucksache 16/2581, S. 24;
Ditscheid/Rudloff in: Geppert/Schütz, Beck'scher TKG Kommentar, § 44a Rz. 8.

7 *Giebel/Malten*, MMR 2014, 302, 306 m.w.N.

■ **Das Wesentliche in Kürze:**

Unternehmen, die ganz oder teilweise geschäftsmäßig öffentlich zugängliche Telekommunikationsdienste erbringen oder an deren Erbringung mitwirken, unterfallen IT-Sicherheitspflichten auf Grundlage des TKG.

Diese Telekommunikationsdienstleister müssen folgende gemäß § 149 TKG bußgeldbewährte IT-Sicherheitspflichten erfüllen:

- Ergreifen **technischer und organisatorischer Vorkehrungen** zur Verhinderung erheblicher störungsbedingter Beeinträchtigungen der Dienste, die dem Stand der Technik entsprechen (§ 109 Abs. 2 TKG);

- Benennung eines **Telekommunikationssicherheitsbeauftragten** (§ 109 Abs. 4 TKG);

- Erstellung eines Sicherheitskonzepts und unverzügliche Vorlage bei der BNetzA (§ 109 Abs. 4 TKG);

- Unverzügliche **Meldung von Beeinträchtigungen**, die (potentiell) zu beträchtlichen Sicherheitsverletzungen führen, gegenüber BNetzA und BSI (§ 109 Abs. 5 TKG);

- **unverzügliche Information der Behörden und ggf. Betroffenen bei Datenschutzverletzungen** (§ 109a TKG);

- **Dokumentation von Datenschutzverletzungen** in einem Verzeichnis (§ 109a Abs. 3 TKG).

VII. IT-Sicherheitspflichten nach dem EnWG

449 Auch das EnWG trifft Regelungen für die IT-Sicherheit der Betreiber von Energieanlagen. Dies lässt sich auf die **Bedeutsamkeit der Energieversorgung** für die Gesellschaft und die **wichtige Rolle der IT für die Gewährleistung der Versorgung** zurückführen. Vor Augen führen lässt sich dies etwa durch einen Hackerangriff auf ein Kraftwerk in der Ukraine, der dafür sorgte, dass im Dezember 2015 700.000 ukrainische Haushalte für Stunden nicht mit Elektrizität versorgt waren.[1]

1. Adressaten

450 Den IT-Sicherheitspflichten aus dem EnWG unterliegen Betreiber von Energieversorgungsnetzen i.S.d. § 3 Nr. 4, 16 EnwG. Dabei handelt es sich um **Unternehmen, die Gas-, Elektrizitäts- oder Übertragungsnetze betreiben sowie die Betreiber von Energieanlagen.** Diese unterfallen als KRITIS-Betreiber grundsätzlich auch den **Pflichten des BSIG** (s. Rz. 352 ff.), die jedoch **angesichts der bereichsspezifischen Regelungen des EnWG zurücktreten.**

2. IT-Sicherheitsstandard

451 **Unternehmen, die Gas-, Elektrizitäts- oder Übertragungsnetze betreiben sowie die Betreiber von Energieanlagen** müssen angemessene Schutzvorkehrungen aufrechterhalten. Dadurch soll ein angemessener **Schutz der Anlagen** erreicht werden, die für einen sicheren Netz-

---

1 Frankfurter Allgemeine Zeitung, Die Hackerdämmerung, abrufbar unter: http://www.faz.net/ak tuell/wissen/physik-mehr/ukrainischer-stromausfall-war-ein-hacker-angriff-14005472.html, zuletzt aufgerufen am 12.1.2018.

betrieb notwendig sind. Gesetzlich wird dabei zwischen den Pflichten der Betreiber von Energieversorgungsnetzen und von Energieanlagen differenziert. So **legt** die **BNetzA zusammen mit** dem **BSI Sicherheitsstandards für die jeweils betroffenen Unternehmen fest**, § 11 Abs. 1a Satz 2, Abs. 1b Satz 2 EnWG. Daraus ergeben sich nicht zu unterschätzende praktische Vorteile: Während die Bestimmung eines angemessenen Schutzniveaus etwa auf Grundlage von BSIG, TMG und TKG aufgrund der erforderlichen Einzelfallprüfung praktische Schwierigkeiten bereiten kann (s. etwa Rz. 362 ff.), konkretisiert der jeweilige Katalog der Sicherheitsanforderungen genau, welche IT-Sicherheitsmaßnahmen zu ergreifen sind.

a) Betreiber von Energieversorgungsnetzen

Gemäß § 11 Abs. 1a EnWG umfasst der Betrieb von sicheren Energieversorgungsnetzen insbesondere auch einen **angemessenen Schutz** gegen Bedrohungen für Telekommunikations- und elektronische Datenverarbeitungssysteme, die für einen sicheren Netzbetrieb notwendig sind. Ein angemessener Schutz **liegt vor**, wenn der **Katalog der Sicherheitsanforderungen** von BNetzA und BSI **eingehalten und dies vom Betreiber dokumentiert worden ist**, § 11 Abs. 1a Satz 4 EnWG. Der Sicherheitskatalog für Betreiber von Energieversorgungsnetzen wurde bereits 2015 herausgeben und konkretisiert die Mindest-IT-Sicherheitsstandards.[1] Die Kernforderungen des Sicherheitskatalogs sind:[2]

- der sichere Betrieb der Telekommunikations- und EDV-Systeme zur Netzsteuerung;

- die Einführung eines Informationssicherheits-Managementsystems gemäß DIN ISO/IEC 27001 (s. Rz. 149 ff.): Während die Einführung eines solchen Systems für Unternehmen anderer Sektoren aufgrund ihrer IT-Compliance-Pflichten im Einzelfall erforderlich werden kann, bildet es für die Betreiber von Energieversorgungsnetzen stets eine Notwendigkeit;

- die Anwendung eines kontinuierlichen Verbesserungsprozesses;

- die Erstellung eines Netzstrukturplans mit allen IT-Komponenten;

- die entsprechende Zertifizierung des Unternehmens nach DIN/IEC 27001; und

- die Benennung eines IT-Sicherheitsbeauftragten, der u.a. der BNetzA Informationen zu den unternehmensinternen IT-Sicherheitsmaßnahmen liefern kann.

Den Sicherheitsanforderungen müssen alle zentralen und dezentralen Anwendungen, Systeme und Komponenten entsprechen, die für einen sicheren Netzbetrieb notwendig sind.[3] Dies umfasst **alle Telekommunikations- und EDV-Systeme** des Unternehmens, die **direkt Teil der Netzsteuerung** sind, **und solche** Systeme im Netz, **deren Ausfall darüber hinaus die Sicherheit des Netzbetriebs gefährden könnte** (z.B. Messeinrichtungen an Trafostationen).[4]

452

453

---

1 *BNetzA*, IT-Sicherheitskatalog gem. § 11 Abs. 1a EnWG, abrufbar unter: https://www.bundesnetz agentur.de/SharedDocs/Downloads/DE/Sachgebiete/Energie/Unternehmen_Institutionen/Versor gungssicherheit/IT_Sicherheit/IT_Sicherheitskatalog_08-2015.pdf;jsessionid=EF0B2C5CE724D222 3B1FAA58144058B9?__blob=publicationFile&v= 1, zuletzt aufgerufen am 12.1.2018.

2 *BNetzA*, IT-Sicherheitskatalog gem. § 11 Abs. 1a EnWG, S. 3.

3 *BNetzA*, IT-Sicherheitskatalog gem. § 11 Abs. 1a EnWG, S. 6.

4 *BNetzA*, IT-Sicherheitskatalog gem. § 11 Abs. 1a EnWG, S. 6.

454 Die Einführung des Informationssicherheits-Managementsystems gewährleistet einen ganzheitlichen IT-Sicherheitsansatz im Unternehmen. Einzelmaßnahmen, wie der Einsatz von Virenprogrammen und Firewalls, könnten die Sicherheit der Energieversorgungsnetze nicht ausreichend gewährleisten.[1] Der maßgeblich Standard DIN/IEC 27001 sieht für eine umfassende Sicherheitslösung nicht nur allgemeine Sicherheitsvorgaben vor, sondern über die Norm **ISO/IEC TR 27019 auch konkrete Vorgaben für den Energieversorgungssektor**.[2] Gegenüber der BNetzA müssen Unternehmen **bis zum 31.1.2018 die Einhaltung der Vorgaben** des IT-Sicherheitskatalogs durch Vorlage einer Kopie ihrer DIN/IEC 27001-Zertifizierung **nachweisen**.[3]

Praxishinweis zu den IT-Sicherheitsvorgaben beim Outsourcing: Auch wenn ein Netzbetreiber die Anwendungen, Systeme und Komponenten, die den Sicherheitsanforderungen des Katalogs entsprechen müssen, im Wege des Outsourcing auslagert, entbindet ihn dies nicht von seinen Pflichten nach § 11 Abs. 1a EnWG. Vielmehr muss der Netzbetreiber dann im Wege vertraglicher Vereinbarungen sicherstellen, dass der beauftragte Dienstleister die Sicherheitsanforderungen des Katalogs der BNetzA einhält.

b) Betreiber von Energieanlagen

455 Im IT-SiG wurde mit § 11 Abs. 1b EnWG eine dem Abs. 1a entsprechende **IT-Sicherheitspflicht für** die **Betreiber von Energieanlagen** eingeführt, **sofern diese KRITIS-Betreiber** i.S.d. BSIG **sind** (s. Rz. 353 ff.). Hintergrund der Regelung ist es, dass eine umfassende Absicherung der Energieversorgung nur über eine Abstimmung der Sicherheitsstandards für Netzbetreiber und die betroffenen Energieanlagen gewährleistet werden kann, da diese technisch eng miteinander verbunden sind.[4] Betroffene Unternehmen müssen einen **angemessenen Schutz gegen Bedrohungen für Telekommunikations- und elektronische Datenverarbeitungssysteme** gewährleisten, die für einen sicheren Anlagenbetrieb notwendig sind, § 11 Abs. 1b Satz 1 EnWG. Der entsprechende **Nachweis erfolgt** wie bei den Betreibern von Energieversorgungsnetzen **über die Einhaltung** eines von der BNetzA im Benehmen mit dem BSI **zu verabschiedenden IT-Sicherheitskatalogs**.

456 Ein Entwurf dieses IT-Sicherheitskatalogs wurde von der BNetzA zur Konsultation gestellt.[5] Da sich die IT-Sicherheitspflicht ausschließlich an KRITIS-Betreiber richtet, sind die im Entwurf vorgesehen Anforderungen an die IT-Sicherheitsinfrastruktur – insbesondere im Hinblick auf die Risikobehandlung – im Vergleich zu den IT-Sicherheitsvorgaben für die Betreiber von Energieversorgungsnetzen strenger.[6] Bis zu einer endgültigen Veröffentlichung des IT-Sicherheitskatalogs und dem Bekanntwerden der einzuhaltenden Umsetzungsfrist sind die **allgemeinen Vorgaben für KRITIS-Betreiber** aus dem Sektor Energie einzuhalten (s. Rz. 352 ff.).

---

1 *BNetzA*, IT-Sicherheitskatalog gem. § 11 Abs. 1a EnWG, S. 8.
2 *BNetzA*, IT-Sicherheitskatalog gem. § 11 Abs. 1a EnWG, S. 10.
3 *BNetzA*, IT-Sicherheitskatalog gem. § 11 Abs. 1a EnWG, S. 15.
4 *Deutscher Bundestag*, Drucksache 18/4096, S. 33.
5 https://www.bundesnetzagentur.de/SharedDocs/Downloads/DE/Sachgebiete/Energie/Unternehmen_Institutionen/Versorgungssicherheit/IT_Sicherheit/IT_Sicherheitskatalog_Konsultationsfassung2018.pdf?__blob=publicationFile&v=2, zuletzt aufgerufen am 12.1.2018.
6 Vgl. bereits *Gehrmann/Voigt*, CR 2017, 93, 96.

3. Meldepflichten

§ 11 Abs. 1c EnWG schafft für KRITIS-Betreiber aus dem Sektor Energie eine spezialgesetz- 457
liche Meldepflicht, die die **allgemeine Meldepflicht nach § 8b Abs. 4 BSIG** verdrängt, aber
mit dieser weitestgehend wortgleich ist. Aus diesem Grund kann auf die Ausführungen
zur Meldepflicht nach dem BSIG verwiesen werden (s. Rz. 370 ff.). Zur Kommunikation mit
dem BSI muss von den betroffenen Unternehmen eine jederzeit erreichbare Kontaktstelle
eingerichtet werden, vgl. § 11 Abs. 1c Satz 1 EnWG a.E.

Praxishinweis zur Benennung einer Kontaktstelle[1]: Das BSI empfiehlt als Kontaktstelle ein Funk-
tionspostfach, um eine Erreichbarkeit von 24 Stunden an sieben Tagen pro Woche sicherzustellen.

Nach § 11 Abs. 1c EnWG sind dem BSI **unverzüglich erhebliche Störungen** der Verfügbar- 458
keit, Integrität, Authentizität und Vertraulichkeit der informationstechnischen Systeme, Komponenten oder Prozesse zu **melden**, die zu einem Ausfall oder einer Beeinträchtigung der
Funktionsfähigkeit des Energieversorgungsnetzes oder der betreffenden Energieanlage führen können oder bereits geführt haben. Inhalt und Anforderungen an die Meldung entsprechen grundsätzlich denen aus der allgemeinen Meldepflicht nach § 8b Abs. 4 BSIG.[2] So ermöglicht § 11 Abs. 1c Satz 3 EnWG auch für Energieunternehmen die **Möglichkeit einer
pseudonymen Meldung** (s. Rz. 377 ff.).

4. Verletzungsfolgen

Bis zur Verabschiedung des NIS-UmsetzungsG sah das EnWG keine Sanktionsregelungen 459
für Verstöße gegen die vorbeschriebenen IT-Sicherheitspflichten vor. Diese normative Lücke
wurde mit Art. 3 NIS-UmsetzungsG geschlossen. So sind gem. § 95 Abs. 1 Nr. 2a, 2b i.V.m.
Abs. 2 Satz 1 a.E. EnWG folgende **Verstöße mit bis zu 100.000 Euro bußgeldbewährt**:

– Ein Unternehmen hält den Katalog von Sicherheitsanforderungen nicht, nicht richtig,
  nicht vollständig oder nicht rechtzeitig ein (s. Rz. 451 ff.);

– ein Unternehmen nimmt eine Meldung nicht, nicht richtig, nicht vollständig oder nicht
  rechtzeitig vor (s. Rz. 457 f.).

■ **Das Wesentliche in Kürze:**

Unternehmen, die Gas-, Elektrizitäts-, Übertragungsnetze oder Energieanlagen betreiben, unterfallen IT-Sicherheitspflichten auf Grundlage des EnWG.

Diese Unternehmen müssen folgende gemäß § 95 EnWG mit bis zu 100.000 Euro bußgeldbewährte IT-Sicherheitspflichten erfüllen:

– **Einhaltung eines Katalogs mit Sicherheitsanforderungen** von BNetzA und BSI: für Betreiber von Energieversorgungsnetzen bereits vorhanden (§ 11 Abs. 1a EnWG) und für
  Betreiber von Energieanlagen noch nicht verabschiedet (§ 11 Abs. 1b EnWG);

– **unverzügliche Meldung erheblicher Störungen** durch KRITIS-Betreiber aus dem Sektor
  Energie an das BSI (§ 11 Abs. 1c EnWG).

---

1 http://www.it-sicherheitskatalog.de/neuregelung-meldestelle-aller-energieversorgungsnetzbetreiber-
  an-das-bsi/.
2 Vgl. *Deutscher Bundestag*, Drucksache 18/4096, S. 33.

VIII. IT-Sicherheitspflichten nach dem AtG

460 Die friedliche Nutzung von Kernenergie zu Versorgungszwecken birgt naturgemäß ein **hohes Gefahrenpotential**. So können systembedingte Reaktorausfälle zu gravierenden Folgen für Mensch und Umwelt führen. Zum Schutz der Bevölkerung treffen die Betreiber kerntechnischer Anlagen daher **verstärkte IT-Sicherheitspflichten**. Diese bereichsspezifischen Regelungen sind dabei nicht nur **gegenüber dem BSIG**, sondern gem. § 11 Abs. 1b Satz 3 EnWG **auch** gegenüber **dem EnWG vorrangig**.

1. Adressaten

461 Dem Anwendungsbereich des Atomgesetzes (AtG) unterfallen Unternehmen, die auf folgende Art und Weise tätig sind:

– als Genehmigungsinhaber zur **Aufbewahrung von Kernbrennstoffen** (§ 6 AtG);

– als **Errichter, Betreiber oder Inhaber ortsfester Anlagen** zur Erzeugung, zur Bearbeitung, zur Verarbeitung oder zur Spaltung von Kernbrennstoffen oder zur Aufarbeitung bestrahlter Kernbrennstoffe (§ 7 AtG);

– Unternehmen, die Kernbrennstoffe **außerhalb der ortsfesten Anlagen** i.S.d. § 7 AtG bearbeiten, verarbeiten oder anders verwenden.

462 Nicht dem Anwendungsbereich des AtG unterfallen Transportunternehmen, die radioaktive Stoffe befördern.[1]

2. IT-Sicherheitsstandard

463 Es gehört zur Kernaufgabe der vom Anwendungsbereich des AtG erfassten Unternehmen, das Leben, die Gesundheit und Sachgüter vor den Gefahren der Kernenergie und der schädlichen Wirkung ionisierter Strahlen zu schützen, § 1 Nr. 2 AtG. Ausgehend davon, dass entsprechende Unternehmen ihre Tätigkeiten IT-gebunden ausüben, erscheint es auf den ersten Blick umso bemerkenswerter, dass im AtG Vorgaben zu einem einheitlichen IT-Sicherheitsstandard fehlen. Dies lässt sich jedoch systematisch mit dem **verpflichtenden Genehmigungsverfahren** nach dem AtG erklären. So kommt ein Tätigwerden im Anwendungsbereich des AtG nur in Betracht, wenn das Unternehmen erfolgreich ein Genehmigungsverfahren durchläuft. **Voraussetzung** für eine Genehmigung sind u.a. **angemessene IT-Sicherheitsvorkehrungen nach dem Stand von Wissenschaft und Technik** (vgl. § 6 Abs. 2 Nr. 2, § 7 Abs. 2 Nr. 3 und § 9 Abs. 2 Nr. 3 AtG).[2] Darüber hinaus sind die Betreiber durch die Sicherheitsanforderungen an Kernkraftwerke (KKWSichAnf) bereits verpflichtet, ein **Sicherheitskonzept** zu erstellen, in welchem technische und organisatorische Sicherheitsvorkehrungen festgelegt werden.[3] Somit wird **bereits im Vorfeld des Tätigwerdens** betroffener Unternehmen **sichergestellt, dass** diese ab Inbetriebnahme der entsprechenden Anlagen oder Aufnahme entsprechender Tätigkeiten **ausreichende Sicherheitsstandards** im Hinblick auf ihre IT-Infrastruktur gewährleisten.

---

1 *Terhaag*, IT-Sicherheitsgesetz, S. 66.
2 *Gehrmann/Voigt*, CR 2017, 93, 96.
3 *Gehrmann/Voigt*, CR 2017, 93, 96.

3. Meldepflichten

Neben den für eine Genehmigung nach dem AtG erforderlichen IT-Sicherheitsmaßnahmen **464** werden Unternehmen durch das IT-SiG gem. § 44b AtG zur Meldung sicherheitsrelevanter Vorfälle verpflichtet. Danach sind **Beeinträchtigungen der informationstechnischen Systeme, Komponenten oder Prozesse**, die zu einer **Gefährdung oder Störung** der nuklearen Sicherheit der betroffenen kerntechnischen Anlage oder Tätigkeit **führen können oder bereits geführt haben, unverzüglich an das BSI zu melden**. Die bereichsspezifische Regelung ist inhaltlich nah an § 8b Abs. 4 BSIG angelehnt, so dass weitestgehend auf die diesbezüglichen Ausführungen verwiesen werden kann (s. Rz. 370 ff.), weist jedoch einen wesentlichen Unterschied auf: Meldepflichtige Ereignisse sind nicht nur „erhebliche Störungen", sondern bereits jegliche „Beeinträchtigungen". Dabei handelt es sich grundsätzlich um **alle negativen, vom Unternehmen nicht gewollten Auswirkungen** auf die IT-Systeme, Komponenten und Prozesse.[1] Damit ist der Anwendungsbereich der Meldepflicht im Vergleich zum BSIG erheblich erweitert. Dies lässt sich mit dem hohen Gefahrenpotential beim Einsatz von und Umgang mit Kernenergie erklären.[2] Voraussetzung der Meldepflicht ist jedoch, dass die Beeinträchtigung zumindest **potentiell zu einer Gefährdung der nuklearen Sicherheit führen kann**.

4. Verletzungsfolgen

Als **einziges vom IT-SiG und NIS-UmsetzungsG erfasstes Gesetz** sieht das AtG **keine Sank-** **465** **tionen bei Verstößen** gegen die Meldepflicht vor. Unter Berücksichtigung des hohen Gefahrpotentials beim Umgang mit Kernenergie und der Pflicht der EU-Mitgliedstaaten aus Art. 21 NIS-Richtlinie, wirksame, angemessene und abschreckende Sanktionen für Verstöße zu schaffen, ist die **Europarechtskonformität** dieser Regelungslücke **stark zweifelhaft**.[3] Eine sachliche Rechtfertigung für die Ungleichbehandlung gegenüber den anderen Adressaten des IT-SiG ist jedenfalls nicht ersichtlich. Allerdings steht der analogen Anwendung von Bußgeldvorschriften etwa aus dem BSIG das strafrechtliche Analogieverbot entgegen. Somit müssen atomrechtliche Genehmigungsinhaber nach derzeitiger Rechtslage **keine Bußgelder bei Verstößen** gegen die Meldepflicht fürchten.[4]

■ Das Wesentliche in Kürze:

Unternehmen, die Kernbrennstoffe aufbewahren oder innerhalb oder außerhalb ortsfester Anlagen verwenden, unterliegen IT-Sicherheitspflichten auf Grundlage des AtG.

Voraussetzung für die erforderliche Genehmigung zum Umgang mit Kernbrennstoffen ist der Nachweis **angemessener IT-Sicherheitsvorkehrungen nach dem Stand von Wissenschaft und Technik** (§§ 6 Abs. 2 Nr. 2, 7 Abs. 2 Nr. 3, 9 Abs. 2 Nr. 3 AtG).

Zudem besteht eine Pflicht zur unverzüglichen **Meldung von Beeinträchtigungen der IT**, die zu einer Gefährdung oder Störung der nuklearen Sicherheit der betroffenen kerntechnischen Anlage oder Tätigkeit führen können oder geführt haben, an das BSI (§ 44b AtG). Das AtG sieht **keine Sanktionen** für Verstöße gegen die Meldepflicht vor.

---

1 *Schneider*, Meldepflichten im IT-Sicherheitsrecht – Datenschutz, Kritische Infrastrukturen und besondere IT-Dienste, S. 497.
2 *Roos*, MMR 2015, 636, 643.
3 *Gehrmann/Voigt*, CR 2017, 93, 96.
4 *Roos*, MMR 2015, 636, 644; *Terhaag*, IT-Sicherheitsgesetz – Auswirkungen, Entwicklung und Materialien für die Praxis, S. 67.

IX. IT-Sicherheitspflichten nach dem SGB V

466 Die Funktionsfähigkeit des Gesundheitswesens hängt, wie so viele Teile unserer Gesellschaft, in starkem Maße von der Verfügbarkeit von IT-Systemen ab.[1] Dieses Abhängigkeitsverhältnis wurde über die Einführung der elektronischen Gesundheitskarte (eGK) in den letzten Jahren noch einmal verstärkt. Um deren Funktionsfähigkeit umfassend zu gewährleisten, wurden die **Infrastrukturen rund um die Gesundheitskarte** und einige weitere Dienstleistungen mit dem NIS-UmsetzungsG spezifischen **IT-Sicherheitsvorgaben aus dem SGB V** unterworfen.[2] Sie unterfallen demnach nicht den subsidiären KRITIS-Regelungen des BSIG zum Sektor Gesundheit.

1. Adressaten

467 Nach § 291b SGB V unterliegen folgende Adressaten dem Anwendungsbereich der IT-Sicherheitspflichten aus dem SGB V:

– **Gesellschaft für Telematik**: Sie hat die Aufgabe, die für die Nutzung der eGK erforderliche Informations-, Kommunikations- und Sicherheitsinfrastruktur zu schaffen, die sog. Telematikinfrastruktur. Überdies ist die Gesellschaft für die Zulassung entsprechender Komponenten und Dienste zuständig. So soll sichergestellt werden, dass diese nicht nur funktionsfähig, interoperabel und sicher sind, sondern auch die datenschutzrechtlichen Vorgaben erfüllen.[3]

– **Betreiber von Diensten der Telematikinfrastruktur** (§ 291b Abs. 1a, 1e SGB V): Dabei handelt es sich um Unternehmen, die von der Gesellschaft für Telematik für den Betrieb von Komponenten und Systemen der Telematikinfrastruktur zugelassen wurden.

– **Betreiber von Diensten, die die Telematikinfrastruktur** für weitere elektronische Anwendungen des Gesundheitswesens sowie für die Gesundheitsforschung **verwenden** (§ 291b Abs. 1b SGB V): Dabei handelt es sich um Unternehmen, die die Telematikinfrastruktur für ihre eigenen Gesundheitsdienste nutzen – etwa den elektronischen Arztbrief (eArztbrief), E-Medikationspläne oder elektronische Patientenakten.

2. IT-Sicherheitsstandard

468 Um die Sicherheit der Telematikinfrastruktur zu gewährleisten, müssen Unternehmen, die diese Infrastruktur nutzen oder betreiben, bestimmte technische und organisatorische IT-Sicherheitsvorgaben erfüllen. Zur Gewährleistung dieser Vorgaben nimmt die **Gesellschaft für Telematik** eine Schlüsselposition ein. Sie **entwickelt und trifft organisatorische und technische Maßnahmen**, die zur Schaffung und Aufrechterhaltung einer interoperablen, kompatiblen und sicheren Telematikinfrastruktur erforderlich sind, § 291b Abs. 6 Satz 1 SGB V. Die **Durchsetzung** dieser Vorgaben erfolgt **im Rahmen eines Zulassungsverfahrens**: Unternehmen, die Dienste der Telematikinfrastruktur betreiben möchten oder diese für eigene Dienste nutzen möchten, bedürfen einer Zulassung durch die Gesellschaft für Telematik, § 291b Abs. 1a SGB V. Im Rahmen dieses Verfahrens müssen Unternehmen einen **Nachweis der Sicherheit ihrer Komponenten und Systeme** anhand der Vorgaben des BSI **erbringen**.[4]

---

1 *Köhler*, GesR 2017, 145, 145.
2 *Köhler*, GesR 2017, 145, 147 f.
3 *Fischinger* in Spickhoff, Medizinrecht, § 291b SGB V Rz. 3.
4 *Gehrmann/Voigt*, CR 2017, 93, 97.

Darüber hinaus können die **Gesellschaft für Telematik sowie das BSI verbindliche Anweisungen an zugelassene Betreiber zur Abhilfe festgestellter IT-Sicherheitsmängel** erteilen, § 291b Abs. 8 Sätze 2, 3 SGB V. Die von der Gesellschaft für Telematik mit dem BSI entwickelten Sicherheitsvorgaben erfüllen inhaltlich die Anforderungen der NIS-Richtlinie.[1] Im Falle einer Zulassung von Unternehmen durch die Gesellschaft für Telematik werden damit auch die gesetzlichen IT-Sicherheitsvorgaben erfüllt, so dass an dieser Stelle kein weiterer Umsetzungsaufwand entsteht.

3. Meldepflichten

Unternehmen, die die Telematikinfrastruktur betreiben oder nutzen, treffen nach § 291b Abs. 6 Sätze 2 bis 4 SGB V Meldepflichten. Danach haben sie **erhebliche Störungen der Verfügbarkeit, Integrität, Authentizität und Vertraulichkeit ihrer Dienste unverzüglich an die Gesellschaft für Telematik** zu **melden.** Erheblich sind Störungen, die zum **Ausfall oder zur Beeinträchtigung** der Sicherheit oder Funktionsfähigkeit **der Dienste oder der Telematikinfrastruktur führen können oder bereits geführt haben,** § 291b Abs. 6 Satz 3 SGB V. Inhalt und Umfang der Meldepflicht entsprechen damit wesentlich den Voraussetzungen des § 8b Abs. 4 BSIG, so dass auf die diesbezüglichen Ausführungen verwiesen werden kann (s. Rz. 370 ff.).

469

4. Verletzungsfolgen

Verstöße gegen die vorbeschriebenen IT-Sicherheitspflichten sind nach § 307 SGB V mit **bis zu 2.500 Euro bußgeldbewährt.** Die Zuständigkeit für das ordnungswidrigkeitsrechtliche Verfahren liegt beim BSI, § 307 Abs. 4 SGB V. So handelt ordnungswidrig, wer:

470

– seiner Pflicht zur **Meldung von Störungen** nicht, nicht richtig, nicht vollständig oder nicht rechtzeitig nachkommt (§ 307 Abs. 1a SGB V);

– vorsätzlich oder fahrlässig einer **verbindlichen Anweisung des BSI** nicht, nicht vollständig oder nicht rechtzeitig Folge leistet (§ 307 Abs. 1b SGB V); oder

– vorsätzlich oder fahrlässig einer **verbindlichen Anweisung der Gesellschaft für Telematik** nicht, nicht vollständig oder nicht rechtzeitig Folge leistet (§ 307 Abs. 1c SGB V).

■ **Das Wesentliche in Kürze:**

Die Gesellschaft für Telematik und die Betreiber und Nutzer der Telematikinfrastruktur unterfallen IT-Sicherheitspflichten auf Grundlage des SGB V. Unternehmen werden nur zum Betrieb oder zur Nutzung der Telematikinfrastruktur zugelassen, wenn sie gegenüber der Gesellschaft für Telematik die Sicherheit ihrer Komponenten und Systeme nach den Vorgaben des BSI nachweisen (§ 291b Abs. 1a SGB V).

Zugelassene Unternehmen müssen folgende gemäß § 307 SGB V mit bis zu 2.500 Euro bußgeldbewährten IT-Sicherheitspflichten erfüllen:

– unverzügliche **Meldung erheblicher Störungen** der Verfügbarkeit, Integrität, Authentizität und Vertraulichkeit ihrer Dienste an die Gesellschaft für Telematik (§ 291b Abs. 6 SGB V);

– **Befolgung verbindlicher Anweisungen des BSI und der Gesellschaft für Telematik** zur Behebung festgestellter IT-Sicherheitsmängel (§ 291b Abs. 8 SGB V).

---

1 *Bundesrat*, Drucksache 64/17, S. 48.

E. Sonstige branchenspezifische Vorschriften zur IT-Sicherheit

I. Vorbemerkung

Intensivierte **branchen- und sektorspezifische IT-Sicherheitspflichten** sind keine gesetz- 471
geberische Innovation des IT-Sicherheitsgesetzes oder NIS-Richtlinien-Umsetzungsgesetzes.
Entsprechende Pflichtenprogramme treffen insbesondere Finanz- und Versicherungsdienstleister bereits seit einiger Zeit. **Spezialgesetzlich** sind sie dazu verpflichtet, ein Risikomanagementsystem einzurichten und aufrechtzuerhalten. Die **Grundlage** dieses erhöhten IT-
Sicherheitsbedarfs bildet das **hohe Risikopotential der Geschäftstätigkeiten** derartiger
Unternehmen.

II. IT-Sicherheit im Versicherungsbereich

Versicherungsunternehmen wirken als stabilisierendes Element der Sozialordnung und erfül- 472
len wesentliche Aufgaben im Bereich der Altersversorgung und Gesundheitsvorsorge.[1] Ihre
Funktions- und Leistungsfähigkeit ist damit wirtschaftlich wie gesellschaftlich unverzichtbar.
Große Versicherungsunternehmen unterfallen aufgrund dieser **Gemeinwohlfunktionen** ab
einer **bestimmten Größe** – je nach Versicherungsleistung mit mehr als 500.000 oder 2.000.000
Versicherten – als Betreiber kritischer Infrastrukturen dem **Anwendungsbereich des BSIG**
und unterliegen damit den dort vorgesehenen IT-Sicherheitspflichten, vgl. § 2 Abs. 10 BSIG
i.V.m. Anhang 6 Teil 3 KRITIS-V (s. Rz. 352 ff.). Dabei wird jedoch teilweise übersehen, dass –
auch ganz unabhängig von der Anwendbarkeit des BSIG – Versicherungsunternehmen **durch
das Gesetz über die Beaufsichtigung der Versicherungsunternehmen (VAG) ohnehin zur
Einhaltung bestimmter IT-Sicherheitsstandards verpflichtet** sind.[2]

1. Adressaten

Vom Anwendungsbereich des VAG erfasste Versicherungsunternehmen sind gem. § 7 Nr. 33 473
VAG **jedwede Erst- oder Rückversicherungsunternehmen**, die den Betrieb von Versicherungsgeschäften zum Gegenstand haben und nicht Träger der Sozialversicherung sind. Ver-
sicherer übernehmen gegen Entgelt für den Fall eines ungewissen Ereignisses bestimmte Leistungen (Garantieversprechen), wobei das übernommene Risiko auf eine Vielzahl durch die
gleiche Gefahr bedrohter Personen verteilt wird.[3] Zu denken ist dabei etwa an Unternehmen,
die Lebens-, Unfall-, private Kranken- oder Rentenversicherungen anbieten.

2. IT-Sicherheitspflichten

Das VAG führt zu einer **weitreichenden Regulierung der internen Organisation** von Ver- 474
sicherungsunternehmen.[4] Während Unternehmen im Allgemeinen gesellschaftsrechtlich
grundsätzlich nicht zwingend zur Einführung eines allgemeinen Risikomanagementsystems
verpflichtet werden (s. Rz. 32 ff.), sieht § 26 VAG für Versicherungsunternehmen eine solche

---

1 *Laars/Both* in Laars/Both, VAG, Einleitung Rz. 1.
2 Dazu auch *Gehrmann/Voigt*, CR 2017, 93, 98.
3 BVerwG, Urt. v. 19.5.1987 – 1 A 88/83, Rz. 16; *Laars/Both* in Laars/Both, VAG, § 1 Rz. 2.
4 *Bürkle* in Hauschka/Moosmayer/Lösler, Corporate Compliance, § 49 Rz. 41.

Pflicht ausdrücklich vor. Die gesetzlichen Vorgaben an ein solches Risikomanagementsystem sind dabei relativ konkret ausgestaltet.

475 Gemäß § 26 Abs. 1 Satz 1 VAG sind Versicherungsunternehmen dazu verpflichtet, ein in die Organisationsstruktur und Entscheidungsprozesse des Unternehmens **gut integriertes Risikomanagementsystem** zu etablieren. Was unter einem „gut integrierten" System zu verstehen ist, lässt sich dem VAG nicht entnehmen. Da es sich hierbei um eine Konkretisierung unternehmerischer Pflichten handelt und deren Umsetzung letztlich im Ermessen der Geschäftsleitung liegt (s. Rz. 58 ff.), trifft die Entscheidung über eine angemessene Ausgestaltung des Risikomanagementsystems letztlich die Geschäftsleitung. So muss das System der **Geschäftsleitung** auch strukturell eine **Kontrolle über dessen Funktionsfähigkeit** durch angemessene Mechanismen zur internen Berichterstattung ermöglichen, § 26 Abs. 1 Satz 1 VAG. Bei der Ausgestaltung des Risikomanagementsystems hat die Geschäftsleitung sowohl die Unternehmensgröße als auch die Komplexität des verfolgten Geschäftsmodells und der damit zusammenhängenden Risiken zu berücksichtigen.[1] Entsprechende Kontrollmechanismen müssen unternehmensintern einen verlässlichen, zeitnahen und vollständigen Informationsfluss ermöglichen.[2]

476 Das Risikomanagementsystem muss **Strategien, Prozesse und interne Meldeverfahren** umfassen, die erforderlich sind, um tatsächliche und potentielle **Gefahren zu identifizieren**, zu bewerten, zu überwachen, zu steuern, sowie aussagekräftig über diese Risiken berichten zu können, § 26 Abs. 1 Satz 2 VAG.[3] Dies umfasst auch durch die unternehmensinterne IT bedingte Risiken, etwa in Form von **Cyber-Angriffen**. Das Risikomanagementsystem eines Versicherungsunternehmens muss deshalb in der Lage sein, mögliche Angriffsszenarien im Vorfeld zu erkennen und konkrete Angriffe wirksam zu bekämpfen. Dies kann nur über eine regelmäßige Aktualisierung des Risikomanagementsystems unter Berücksichtigung des Stands der Technik gewährleistet werden.[4] Zahlreiche Versicherungsunternehmen sehen aufgrund des hohen Stellenwerts der IT-Infrastruktur für die Funktionsfähigkeit des Unternehmens im Rahmen ihres Risikomanagementsystems einen IT-Sicherheitsbeauftragten vor (s. Rz. 129 ff.).[5]

3. Verletzungsfolgen

477 Die Kontrolle der Einhaltung der Vorgaben des VAG obliegt grundsätzlich der **Bundesanstalt für Finanzdienstleistungsaufsicht (BaFin)**, § 320 VAG. Diese hat umfassende Aufsichtsbefugnisse (§§ 298 ff. VAG) und kontrolliert auch das **Vorhandensein** eines den Vorgaben des § 26 VAG entsprechenden **Risikomanagementsystems** im Unternehmen. Zu diesem Zweck müssen Versicherungsunternehmen auf Verlangen der Aufsichtsbehörde einen allgemeinen **Sanierungsplan**[6] aufstellen, in dem Gefährdungsszenarien des Unternehmens und passende Gegenmaßnahmen beschrieben werden sollen, § 26 Abs. 1 Satz 4 und 5 VAG. Dieser ist der BaFin ggf. auf Grundlage ihres Informationsrechts nach § 43 VAG zu übermitteln. Entspricht

---

1 *Laars/Both* in Laars/Both, VAG, § 26 Rz. 1.
2 *Deutscher Bundestag*, Drucksache 18/2956, S. 241.
3 *Gehrmann/Voigt*, CR 2017, 93, 98.
4 *Gehrmann/Voigt*, CR 2017, 93, 98.
5 *Bürkle* in Hauschka/Moosmayer/Lösler, Corporate Compliance, § 49 Rz. 47.
6 Zu unterscheiden ist dieser Plan von den Sanierungsplänen des § 134 Abs. 2 VAG, *Laars/Both* in Laars/Both, VAG, § 26 Rz. 2.

das Risikomanagementsystem nicht den gesetzlichen Vorgaben, kann die BaFin **Maßnahmen zur Anpassung des Systems anordnen.**

■ **Das Wesentliche in Kürze:**

(Rück-)Versicherungsunternehmen, die den Betrieb von Versicherungsgeschäften zum Gegenstand haben und nicht Träger der Sozialversicherung sind, unterfallen IT-Sicherheitspflichten auf Grundlage des VAG:

– Pflicht zur Einführung eines **Risikomanagementsystems** (§ 26 VAG);

– auf Verlangen der BaFin Vorlage eines **Sanierungsplans**, der Gefährdungsszenarien und entsprechende Gegenmaßnahmen beschreibt (§§ 26, 43 VAG).

Bei organisatorischen Defiziten kann die BaFin die Anpassung des Systems anordnen.

III. IT-Sicherheit im Finanz- und Bankwesen

Im **Banken- und Finanzsektor** werden **Geschäfte** und Dienstleistungen **fast ausschließlich IT-gebunden abgewickelt**, wodurch Fehler und Systemausfälle schnell zu hohen Schadenssummen und schwerwiegenden Folgen für die Unternehmen und ihre Kunden führen können.[1] Aus diesem Grund treffen entsprechende Unternehmen intensivierte IT-Sicherheitspflichten, insbesondere hinsichtlich der Einrichtung eines **Risikomanagementsystems**.   478

1. Allgemeine Pflichten im Bankensektor

Zwar ist auch der Bankensektor vom IT-SiG erfasst, aber eine allgemeine Pflicht zur Herstellung und Aufrechterhaltung von IT-Sicherheit ergibt sich überdies aus **§ 25a Abs. 1 Satz 3 Nr. 5 KWG** (s. Rz. 345 ff.).[2] Diese obliegt **Kreditinstituten**, also Unternehmen, die Bankgeschäfte gewerbsmäßig oder in einem Umfang betreiben, der einen in kaufmännischer Weise eingerichteten Geschäftsbetrieb erfordert, **sowie Finanzdienstleistungsinstituten**, also Unternehmen, die Finanzdienstleistungen für andere gewerbsmäßig oder in einem Umfang erbringen, der einen in kaufmännischer Weise eingerichteten Geschäftsbetrieb erfordert, § 1 Abs. 1 Satz 1, Abs. 1a Satz 1 KWG. Entsprechende Unternehmen sind zur Gewährleistung eines wirksamen Risikomanagements verpflichtet, welches ein angemessenes **Notfallkonzept für IT-Systeme** vorsehen muss. Überdies müssen entsprechende Unternehmen über eine **angemessene technisch-organisatorische Ausstattung** verfügen. Der **Umfang dieser IT-Sicherheitspflichten** wurde von der BaFin zunächst durch das Rundschreiben 10/2012 „Vorgaben der Aufsichtsrechtlichen Mindestanforderungen für das Risikomanagement" (MaRisk 2012) konkretisiert. Durch das Rundschreiben 09/2017 „Mindestanforderungen an das Risikomanagement" (MaRisk 2017) haben die IT-Sicherheitspflichten nunmehr eine Aktualisierung erfahren; die alte Fassung der MaRisk wurde aufgehoben.[3] Die **MaRisk** wurden gemeinsam mit der Praxis entwickelt und **stecken einen prinzipienorientierten Rahmen ab**, der Finanzunternehmen zugleich Spielräume für die individuelle Umsetzung ihrer IT-Sicherheitspflichten lässt. Eine detailliertere Konkretisierung der IT-Sicherheitspflichten ist zu-   479

---

1 *Spindler*, Verantwortlichkeiten von IT-Herstellern, Nutzern und Intermediären, S. 181, abrufbar unter: https://www.bsi.bund.de/SharedDocs/Downloads/DE/BSI/Publikationen/Studien/ITSicherheitUndRecht/Gutachten_pdf.pdf?__blob=publicationFile&v=2, zuletzt aufgerufen am 12.1.2018.

2 Dazu auch *Gehrmann/Voigt*, CR 2017, 93, 99.

3 Die MaRisk 2017 sind abrufbar unter: https://www.bafin.de/SharedDocs/Veroeffentlichungen/DE/Rundschreiben/2017/rs_1709_marisk_ba.html, zuletzt aufgerufen am 12.1.2018.

dem durch das Rundschreiben 10/2017 „Bankaufsichtliche Anforderungen an die IT (**BAIT**)", das etwa die Anforderungen an die IT-Strategie, IT-Governance und zum Informationsrisiko- und -sicherheitsmanagement präzisiert, erfolgt.[1]

480 Diesen Rundschreiben können Unternehmen im Bankensektor die Anforderungen an die unternehmenseigene **technisch-organisatorische Ausstattung** entnehmen.[2] Umfang und Qualität der Ausstattung sind anhand der betriebsinternen Erfordernisse, Geschäftsaktivitä- ten sowie der Risikosituation zu bestimmen.[3] Sie ist damit von der konkreten Unterneh- menssituation abhängig, muss aber in jedem Fall die Integrität, Verfügbarkeit, Authentizität sowie Vertraulichkeit der Daten sicherstellen.[4] Bei der Ausgestaltung der unternehmenseige- nen IT sind branchenübliche Standards zu berücksichtigen, etwa der IT-Grundschutz des BSI oder die ISO/IEC 27001-Norm (s. Rz. 191 ff.).[5] Nach den novellierten MaRisk werden überdies **angemessene Risikosteuerungs- und -controllingprozesse** verpflichtend und die IT-Sicherheitspflichten für „große und komplexe Institute" verstärkt.[6] Hinsichtlich des vor- geschriebenen internen **IT-Notfallkonzepts** sind neben Geschäftsfortführungs- und Wieder- anlaufplänen auch regelmäßige Tests zur Überprüfung der Wirksamkeit dieser Maßnahmen durchzuführen.[7] Das Notfallkonzept muss in einem angemessenen Zeitraum die Rückkehr des Unternehmens zum Normalbetrieb ermöglichen.[8]

481 Die Einhaltung dieser IT-Sicherheitspflichten wird von der **BaFin** kontrolliert. In einem **ab- gestuften Vorgehen** wird sie zuerst über schriftliche Stellungnahmen und **informelle Maß- nahmen** die näheren Umstände eines IT-Sicherheitsverstoßes ermitteln. Stellt sie Defizite fest, kann sie gem. § 25a Abs. 2 Satz 2 KWG **Anordnungen** treffen, die geeignet und erfor- derlich sind, um die IT-Sicherheitsvorgaben des KWG zu erfüllen. So kann die BaFin etwa Maßnahmen zur Reduzierung von Risiken anordnen, die sich aus der Nutzung bestimmter IT-Systeme oder einem IT-Outsourcing an Dritte ergeben. Wer gegen eine vollziehbare An- ordnung nach § 25a Abs. 2 Satz 2 KWG vorsätzlich oder fahrlässig verstößt, handelt ord- nungswidrig. Bei schwerwiegenden Verstößen sind überdies **Zwangsmaßnahmen** denkbar, wobei als *ultima ratio* die Aufhebung der bankaufsichtlichen Erlaubnis nach § 33 Abs. 1 Satz 1 Nr. 7 KWG möglich ist.[9]

482 Für **Unternehmensgruppen** sieht neben dem KWG das Geldwäschegesetz (GWG) **weitere IT- Sicherheitspflichten** vor.[10] Nach § 9 Abs. 1 GWG müssen Mutterunternehmen für alle grup- penangehörigen Unternehmen, Zweigstellen und -niederlassungen, die geldwäscherechtlichen Pflichten unterliegen, eine Risikoanalyse durchführen und ausgehend davon etwa interne Si- cherungsmaßnahmen zum Schutz vor Missbrauch zu Zwecken der Geldwäsche und der Ter- rorismusfinanzierung sowie Vorkehrungen zum Schutz personenbezogener Daten ergreifen.

---

1 Die BAIT sind abrufbar unter: https://www.bafin.de/SharedDocs/Downloads/DE/Rundschreiben/ dl_rs_1710_ba_BAIT.pdf?__blob=publicationFile&v=6, zuletzt aufgerufen am 12.1.2018.
2 MaRisk 2017, AT 7.2.
3 MaRisk 2017, AT 7.2, Rz. 1.
4 MaRisk 2017, AT 7.2, Rz. 2.
5 MaRisk 2017, AT 7.2, Rz. 2; *Braun* in Boos/Fischer/Schulte-Mattler KWG, CRR-VO, § 25a KWG Rz. 623.
6 *Gehrmann/Voigt*, CR 2017, 93, 99 m.w.N.
7 MaRisk 2017, AT 7.3, Rz. 1 f.
8 MaRisk 2017, AT 7.3, Rz. 2.
9 *Braun* in Boos/Fischer/Schulte-Mattler, KWG, CRR-VO, § 25a KWG Rz. 737 ff.
10 Zum Begriff der „Gruppe" s. § 1 Abs. 16 GWG.

Diese zentrale Vorschrift des GWG präzisiert damit die IT-Sicherheitspflichten im Konzern (s. Rz. 72 ff.).

Banken müssen überdies **für den Online-Zahlungsverkehr verstärkte IT-Sicherheitsvor-** **483** **kehrungen** vorhalten. Maßgeblich sind dabei die Regelungen der Mindestanforderungen an die Sicherheit für Internetzahlungen (**MaSI**), die von der BaFin als **normkonkretisierende Verwaltungsvorschriften** erlassen wurden. Diese haben jedoch vor dem Hintergrund der europäischen Zahlungsdienste-Richtlinie II[1] (**PSD II**), deren Umsetzungsfrist am 13.1.2018 abgelaufen ist, lediglich Übergangscharakter.[2] Nach den Vorgaben der PSD II erfolgt die erforderliche **Zulassung zum Online-Zahlungsverkehr nur bei Nachweis eines angemessenen IT-Sicherheitsstandards**, wofür u.a. geeignete Vorkehrungen und Mechanismen zur Meldung von Sicherheitsvorfällen, für den Zugang zu sensiblen Zahlungsdaten und für die Geschäftsfortführung im Krisenfall erforderlich sind.[3] Neben den IT-sicherheitsrechtlichen Zulassungserfordernissen bestehen **auch fortwährende IT-Sicherheitspflichten**. Bei der Kundenauthentifizierung im Online-Zahlungsverkehr müssen Unternehmen mindestens eine **Zwei-Faktor-Authentifizierung** vorsehen, Art. 97 PSD II.[4] Gemäß Art. 95, 96 PSD II sind die Ergreifung angemessener **Risikominderungsmaßnahmen und Kontrollmechanismen**, sowie die **Meldung schwerwiegender Betriebs- oder Sicherheitsvorfälle** erforderlich.[5]

2. Besondere Pflichten von Wertpapierdienstleistungsunternehmen

Neben den vorbeschriebenen technisch-organisatorischen Pflichten des § 25a Abs. 1 KWG **484** unterliegen Wertpapierdienstleistungsunternehmen zusätzlichen IT-Sicherheitspflichten. Die Grundlage dafür bildet § 80 WpHG. Diesen Pflichten unterliegen nur solche **Kredit- und Finanzdienstleistungsunternehmen, die Wertpapierdienstleistungen erbringen**, etwa in Form eines Handels mit Aktien.[6] Entsprechende Unternehmen sind gem. § 80 Abs. 1 Satz 2 Nr. 4 WpHG dazu verpflichtet, über **solide Sicherheitsmechanismen** zu verfügen, die die **Sicherheit und Authentifizierung der Informationsübermittlungswege gewährleisten**, das **Risiko der Datenverfälschung und des unberechtigten Zugriffs minimieren** und verhindern, dass Informationen bekannt werden, so dass die Vertraulichkeit der Daten jederzeit gewährleistet ist. Diese Mittel umfassen auch eine **angemessene Ausgestaltung der IT-Systeme**, die etwa gewährleistet, dass die personenbezogenen Daten der Kunden vor missbräuchlichen Zugriffen Dritter hinreichend geschützt sind.[7] Ein Verstoß gegen diese Organisationspflichten ist nach dem WpHG zwar weder straf- noch bußgeldbewährt, allerdings werden entsprechende Verstöße regelmäßig zu aufsichtsbehördlichen Maßnahmen auf Grundlage des KWG führen.[8]

---

1 Richtlinie (EU) 2015/2366 des Europäischen Parlaments und des Rates vom 25.11.2015 über Zahlungsdienste im Binnenmarkt, zur Änderung der Richtlinien 2002/65/EG, 2009/110/EG und 2013/36/EU und der Verordnung (EU) Nr. 1093/2010 sowie zur Aufhebung der Richtlinie 2007/64/EG, ABl. EU Nr. L 337/35 v. 23.12.2015, S. 35–127.

2 *Kokert/Held*, Zahlungsdiensterichtlinie II: Risiken und schwerwiegende Folgen für Nutzer und Kreditinstitute, abrufbar unter: https://www.bafin.de/SharedDocs/Veroeffentlichungen/DE/Fachartikel/2014/fa_bj_1406_zahlungsdiensterichtlinie_II.html, zuletzt aufgerufen am 12.1.2018.

3 *Kahlert*, DSRITB 2016, S. 579, 584 m.w.N.

4 *Kahlert*, DSRITB 2016, S. 579, 584 f.

5 *Kahlert*, DSRITB 2016, S. 579, 588.

6 S. die Begriffsbestimmungen in § 2 WpHG.

7 *Fett* in Schwark/Zimmer, Kapitalmarktrechts-Kommentar, § 33 WpHG Rz. 10.

8 *Fett* in Schwark/Zimmer, Kapitalmarktrechts-Kommentar, § 33 WpHG Rz. 3.

3. Besondere Pflichten von Börsenträgern

485 Während Börsen früher regelmäßig in öffentlich-rechtlicher Trägerschaft standen, werden diese heute regelmäßig von Aktiengesellschaften als Beliehene betrieben.[1] Die Gegenseite der Erfüllung dieser im öffentlichen Interesse liegenden Aufgabe bilden verschiedene Pflichten des Unternehmens. **Börsenträger** müssen gem. § 5 Abs. 4 Nr. 2, 3 BörsG angemessene **Vorkehrungen und Systeme** zur Ermittlung, zum Umgang und **zur Begrenzung wesentlicher Risiken** des Börsenbetriebs schaffen und die **technische Funktionsfähigkeit** der Börsenhandels- und Abwicklungssysteme sicherzustellen, insbesondere durch wirksame Notfallmaßnahmen bei Systemausfällen. Den Maßstab für den Umfang dieser Risikomanagement- und Organisationspflichten bilden die MaRisk der BaFin (s. Rz. 479 ff.).[2]

■ **Das Wesentliche in Kürze:**

Unternehmen im Banken- und Finanzsektor unterliegen verschiedenen IT-Sicherheitspflichten, die sich teilweise auf verschiedene Finanzdienstleistungsbereiche beziehen. Die allgemeine Pflicht zur Herstellung und Aufrechterhaltung von IT-Sicherheit ergibt sich aus § 25a Abs. 1 Satz 3 Nr. 5 KWG, wonach folgende Maßnahmen erforderlich sind, deren Umfang in den MaRisk 2012 konkretisiert und durch die MaRisk 2017 aktualisiert wurde:

– Gewährleistung eines wirksamen **Risikomanagements**;

– Einführung eines angemessenen **Notfallkonzepts** für IT-Systeme;

– Vorhandensein einer **angemessenen technisch-organisatorischen Ausstattung.**

Die Einhaltung der IT-Sicherheitspflichten wird von der BaFin in einem abgestuften Vorgehen kontrolliert: informelle Maßnahmen – verbindliche Anordnungen (Verstoß nach § 25a Abs. 2 Satz 2 KWG bußgeldbewährt) – Zwangsmaßnahmen.

Hinzu kommen **tätigkeitsbezogene IT-Sicherheitspflichten:**
– im **Onlinezahlungsverkehr:** Nachweis angemessener IT-Sicherheitsvorkehrungen im Rahmen des Zulassungsverfahrens und fortwährende Pflichten, wie Zwei-Faktor-Authentifizierung von Kunden, angemessene Risikominderungsmaßnahmen und Kontrollmechanismen, Meldung schwerwiegender Betriebs- oder Sicherheitsvorfälle (**MaSI** und **PSD II**);

– zur Erbringung von **Wertpapierdienstleistungen:** angemessene technische und organisatorische Ausstattung der IT-Systeme und Informationsübermittlungswege zur Verhinderung von Datenverfälschungen und unberechtigten Zugriffen auf Daten (§ 80 WpHG).

Privatrechtliche **Börsenträger** müssen angemessene Vorkehrungen und Systeme zum **Risikomanagement** schaffen (§ 5 Abs. 4 BörsG).

---

1 *Kumpan* in Baumbach/Hopt, HGB, § 5 BörsG Rz. 1.
2 *Groß* in Groß, Kapitalmarktrecht, § 5 BörsG Rz. 14.

Anhang: Wichtigste Vorschriften zur IT-Sicherheit

I. AktG – Aktiengesetz

§ 18 – Konzern und Konzernunternehmen

(1) Sind ein herrschendes und ein oder mehrere abhängige Unternehmen unter der einheitlichen Leitung des herrschenden Unternehmens zusammengefaßt, so bilden sie einen Konzern; die einzelnen Unternehmen sind Konzernunternehmen. Unternehmen, zwischen denen ein Beherrschungsvertrag (§ 291) besteht oder von denen das eine in das andere eingegliedert ist (§ 319), sind als unter einheitlicher Leitung zusammengefaßt anzusehen. Von einem abhängigen Unternehmen wird vermutet, daß es mit dem herrschenden Unternehmen einen Konzern bildet.

(2) Sind rechtlich selbständige Unternehmen, ohne daß das eine Unternehmen von dem anderen abhängig ist, unter einheitlicher Leitung zusammengefaßt, so bilden sie auch einen Konzern; die einzelnen Unternehmen sind Konzernunternehmen.

§ 76 – Leitung der Aktiengesellschaft

(1) Der Vorstand hat unter eigener Verantwortung die Gesellschaft zu leiten.

(2) Der Vorstand kann aus einer oder mehreren Personen bestehen. Bei Gesellschaften mit einem Grundkapital von mehr als drei Millionen Euro hat er aus mindestens zwei Personen zu bestehen, es sei denn, die Satzung bestimmt, daß er aus einer Person besteht. Die Vorschriften über die Bestellung eines Arbeitsdirektors bleiben unberührt.

(3) Mitglied des Vorstands kann nur eine natürliche, unbeschränkt geschäftsfähige Person sein. Mitglied des Vorstands kann nicht sein, wer

1. als Betreuter bei der Besorgung seiner Vermögensangelegenheiten ganz oder teilweise einem Einwilligungsvorbehalt (§ 1903 des Bürgerlichen Gesetzbuchs) unterliegt,

2. aufgrund eines gerichtlichen Urteils oder einer vollziehbaren Entscheidung einer Verwaltungsbehörde einen Beruf, einen Berufszweig, ein Gewerbe oder einen Gewerbezweig nicht ausüben darf, sofern der Unternehmensgegenstand ganz oder teilweise mit dem Gegenstand des Verbots übereinstimmt,

3. wegen einer oder mehrerer vorsätzlich begangener Straftaten

   a) des Unterlassens der Stellung des Antrags auf Eröffnung des Insolvenzverfahrens (Insolvenzverschleppung),

   b) nach den §§ 283 bis 283d des Strafgesetzbuchs (Insolvenzstraftaten),

   c) der falschen Angaben nach § 399 dieses Gesetzes oder § 82 des Gesetzes betreffend die Gesellschaften mit beschränkter Haftung,

   d) der unrichtigen Darstellung nach § 400 dieses Gesetzes, § 331 des Handelsgesetzbuchs, § 313 des Umwandlungsgesetzes oder § 17 des Publizitätsgesetzes,

   e) nach den §§ 263 bis 264a oder den §§ 265b bis 266a des Strafgesetzbuchs zu einer Freiheitsstrafe von mindestens einem Jahr

verurteilt worden ist; dieser Ausschluss gilt für die Dauer von fünf Jahren seit der Rechtskraft des Urteils, wobei die Zeit nicht eingerechnet wird, in welcher der Täter auf behördliche Anordnung in einer Anstalt verwahrt worden ist. Satz 2 Nr. 3 gilt entsprechend bei einer Verurteilung im Ausland wegen einer Tat, die mit den in Satz 2 Nr. 3 genannten Taten vergleichbar ist.

(4) Der Vorstand von Gesellschaften, die börsennotiert sind oder der Mitbestimmung unterliegen, legt für den Frauenanteil in den beiden Führungsebenen unterhalb des Vorstands Zielgrößen fest. Liegt der Frauenanteil bei Festlegung der Zielgrößen unter 30 Prozent, so dürfen die Zielgrößen den jeweils erreichten Anteil nicht mehr unterschreiten. Gleichzeitig sind Fristen zur Erreichung der Zielgrößen festzulegen. Die Fristen dürfen jeweils nicht länger als fünf Jahre sein.

§ 91 – Organisation. Buchführung

(1) Der Vorstand hat dafür zu sorgen, daß die erforderlichen Handelsbücher geführt werden.

(2) Der Vorstand hat geeignete Maßnahmen zu treffen, insbesondere ein Überwachungssystem einzurichten, damit den Fortbestand der Gesellschaft gefährdende Entwicklungen früh erkannt werden.

§ 93 – Sorgfaltspflicht und Verantwortlichkeit der Vorstandsmitglieder

(1) Die Vorstandsmitglieder haben bei ihrer Geschäftsführung die Sorgfalt eines ordentlichen und gewissenhaften Geschäftsleiters anzuwenden. Eine Pflichtverletzung liegt nicht vor, wenn das Vorstandsmitglied bei einer unternehmerischen Entscheidung vernünftigerweise annehmen durfte, auf der Grundlage angemessener Information zum Wohle der Gesellschaft zu handeln. Über vertrauliche Angaben und Geheimnisse der Gesellschaft, namentlich Betriebs- oder Geschäftsgeheimnisse, die den Vorstandsmitgliedern durch ihre Tätigkeit im Vorstand bekanntgeworden sind, haben sie Stillschweigen zu bewahren. Die Pflicht des Satzes 3 gilt nicht gegenüber einer nach § 342b des Handelsgesetzbuchs anerkannten Prüfstelle im Rahmen einer von dieser durchgeführten Prüfung.

(2) Vorstandsmitglieder, die ihre Pflichten verletzen, sind der Gesellschaft zum Ersatz des daraus entstehenden Schadens als Gesamtschuldner verpflichtet. Ist streitig, ob sie die Sorgfalt eines ordentlichen und gewissenhaften Geschäftsleiters angewandt haben, so trifft sie die Beweislast. Schließt die Gesellschaft eine Versicherung zur Absicherung eines Vorstandsmitglieds gegen Risiken aus dessen beruflicher Tätigkeit für die Gesellschaft ab, ist ein Selbstbehalt von mindestens 10 Prozent des Schadens bis mindestens zur Höhe des Eineinhalbfachen der festen jährlichen Vergütung des Vorstandsmitglieds vorzusehen.

(3) Die Vorstandsmitglieder sind namentlich zum Ersatz verpflichtet, wenn entgegen diesem Gesetz

1. Einlagen an die Aktionäre zurückgewährt werden,

2. den Aktionären Zinsen oder Gewinnanteile gezahlt werden,

3. eigene Aktien der Gesellschaft oder einer anderen Gesellschaft gezeichnet, erworben, als Pfand genommen oder eingezogen werden,

4. Aktien vor der vollen Leistung des Ausgabebetrags ausgegeben werden,

5. Gesellschaftsvermögen verteilt wird,

6. Zahlungen entgegen § 92 Abs. 2 geleistet werden,

7. Vergütungen an Aufsichtsratsmitglieder gewährt werden,

8. Kredit gewährt wird,

9. bei der bedingten Kapitalerhöhung außerhalb des festgesetzten Zwecks oder vor der vollen Leistung des Gegenwerts Bezugsaktien ausgegeben werden.

(4) Der Gesellschaft gegenüber tritt die Ersatzpflicht nicht ein, wenn die Handlung auf einem gesetzmäßigen Beschluß der Hauptversammlung beruht. Dadurch, daß der Aufsichtsrat die Handlung gebilligt hat, wird die Ersatzpflicht nicht ausgeschlossen. Die Gesellschaft kann erst drei Jahre nach der Entstehung des Anspruchs und nur dann auf Ersatzansprüche verzichten oder sich über sie vergleichen, wenn die Hauptversammlung zustimmt und nicht eine Minderheit, deren Anteile zusammen den zehnten Teil des Grundkapitals erreichen, zur Niederschrift Widerspruch erhebt. Die zeitliche Beschränkung gilt nicht, wenn der Ersatzpflichtige zahlungsunfähig ist und sich zur Abwendung des Insolvenzverfahrens mit seinen Gläubigern vergleicht oder wenn die Ersatzpflicht in einem Insolvenzplan geregelt wird.

(5) Der Ersatzanspruch der Gesellschaft kann auch von den Gläubigern der Gesellschaft geltend gemacht werden, soweit sie von dieser keine Befriedigung erlangen können. Dies gilt jedoch in anderen Fällen als denen des Absatzes 3 nur dann, wenn die Vorstandsmitglieder die Sorgfalt eines ordentlichen und gewissenhaften Geschäftsleiters gröblich verletzt haben; Absatz 2 Satz 2 gilt sinngemäß. Den Gläubigern gegenüber wird die Ersatzpflicht weder durch einen Verzicht oder Vergleich der Gesellschaft noch dadurch aufgehoben, daß die Handlung auf einem Beschluß der Hauptversammlung beruht. Ist über das Vermögen der Gesellschaft das Insolvenzverfahren eröffnet, so übt während dessen Dauer der Insolvenzverwalter oder der Sachwalter das Recht der Gläubiger gegen die Vorstandsmitglieder aus.

(6) Die Ansprüche aus diesen Vorschriften verjähren bei Gesellschaften, die zum Zeitpunkt der Pflichtverletzung börsennotiert sind, in zehn Jahren, bei anderen Gesellschaften in fünf Jahren.

§ 111 – Aufgaben und Rechte des Aufsichtsrats

(1) Der Aufsichtsrat hat die Geschäftsführung zu überwachen.

(2) Der Aufsichtsrat kann die Bücher und Schriften der Gesellschaft sowie die Vermögensgegenstände, namentlich die Gesellschaftskasse und die Bestände an Wertpapieren und Waren, einsehen und prüfen. Er kann damit auch einzelne Mitglieder oder für bestimmte Aufgaben besondere Sachverständige beauftragen. Er erteilt dem Abschlußprüfer den Prüfungsauftrag für den Jahres- und den Konzernabschluß gemäß § 290 des Handelsgesetzbuchs. Er kann darüber hinaus eine externe inhaltliche Überprüfung der nichtfinanziellen Erklärung oder des gesonderten nichtfinanziellen Berichts (§ 289b des Handelsgesetzbuchs), der nichtfinanziellen Konzernerklärung oder des gesonderten nichtfinanziellen Konzernberichts (§ 315b des Handelsgesetzbuchs) beauftragen.

(3) Der Aufsichtsrat hat eine Hauptversammlung einzuberufen, wenn das Wohl der Gesellschaft es fordert. Für den Beschluß genügt die einfache Mehrheit.

(4) Maßnahmen der Geschäftsführung können dem Aufsichtsrat nicht übertragen werden. Die Satzung oder der Aufsichtsrat hat jedoch zu bestimmen, daß bestimmte Arten von Geschäften nur mit seiner Zustimmung vorgenommen werden dürfen. Verweigert der Aufsichtsrat seine Zustimmung, so kann der Vorstand verlangen, daß die Hauptversammlung über die Zustimmung beschließt. Der Beschluß, durch den die Hauptversammlung zustimmt, bedarf einer Mehrheit, die mindestens drei Viertel der abgegebenen Stimmen umfaßt. [5]Die Satzung kann weder eine andere Mehrheit noch weitere Erfordernisse bestimmen.

(5) Der Aufsichtsrat von Gesellschaften, die börsennotiert sind oder der Mitbestimmung unterliegen, legt für den Frauenanteil im Aufsichtsrat und im Vorstand Zielgrößen fest. Liegt der Frauenanteil bei Festlegung der Zielgrößen unter 30 Prozent, so dürfen die Zielgrößen den jeweils erreichten Anteil nicht mehr unterschreiten. Gleichzeitig sind Fristen zur Erreichung der Zielgrößen festzulegen. Die Fristen dürfen jeweils nicht länger als fünf Jahre sein. Soweit für den Aufsichtsrat bereits eine Quote nach § 96 Absatz 2 gilt, sind die Festlegungen nur für den Vorstand vorzunehmen.

(6) Die Aufsichtsratsmitglieder können ihre Aufgaben nicht durch andere wahrnehmen lassen.

§ 116 – Sorgfaltspflicht und Verantwortlichkeit der Aufsichtsratsmitglieder

Für die Sorgfaltspflicht und Verantwortlichkeit der Aufsichtsratsmitglieder gilt § 93 mit Ausnahme des Absatzes 2 Satz 3 über die Sorgfaltspflicht und Verantwortlichkeit der Vorstandsmitglieder sinngemäß. Die Aufsichtsratsmitglieder sind insbesondere zur Verschwiegenheit über erhaltene vertrauliche Berichte und vertrauliche Beratungen verpflichtet. Sie sind namentlich zum Ersatz verpflichtet, wenn sie eine unangemessene Vergütung festsetzen (§ 87 Absatz 1).

II. AtG – Atomgesetz

§ 6 – Genehmigung zur Aufbewahrung von Kernbrennstoffen

(1) Wer Kernbrennstoffe außerhalb der staatlichen Verwahrung aufbewahrt, bedarf der Genehmigung. Einer Genehmigung bedarf ferner, wer eine genehmigte Aufbewahrung wesentlich verändert.

(2) Die Genehmigung ist zu erteilen, wenn ein Bedürfnis für eine solche Aufbewahrung besteht und wenn

1. keine Tatsachen vorliegen, aus denen sich Bedenken gegen die Zuverlässigkeit des Antragstellers und der für die Leitung und Beaufsichtigung der Aufbewahrung verantwortlichen Personen ergeben, und die für die Leitung und Beaufsichtigung der Aufbewahrung verantwortlichen Personen die hierfür erforderliche Fachkunde besitzen,

2. die nach dem Stand von Wissenschaft und Technik erforderliche Vorsorge gegen Schäden durch die Aufbewahrung der Kernbrennstoffe getroffen ist,

3. die erforderliche Vorsorge für die Erfüllung gesetzlicher Schadensersatzverpflichtungen getroffen ist,

4. der erforderliche Schutz gegen Störmaßnahmen oder sonstige Einwirkungen Dritter gewährleistet ist.

(3) Wer zur Erfüllung der Verpflichtung nach § 9a Abs. 2 Satz 3 innerhalb des abgeschlossenen Geländes einer Anlage zur Spaltung von Kernbrennstoffen zur gewerblichen Erzeugung von Elektrizität in einem gesonderten Lagergebäude in Transport- und Lagerbehältern bestrahlte Kernbrennstoffe bis zu deren Ablieferung an eine Anlage zur Endlagerung radioaktiver Abfälle aufbewahrt, bedarf einer Genehmigung nach Absatz 1. Die Genehmigungsvoraussetzungen der Nummern 1 bis 4 des Absatzes 2 gelten entsprechend.

(4) Die Anfechtungsklage gegen eine Veränderungsgenehmigung nach Absatz 1 Satz 2, die zur Erfüllung der Verpflichtung nach § 9a Absatz 2a erteilt wurde, hat keine aufschiebende Wirkung.

(5) Die Aufbewahrung von Kernbrennstoffen in kerntechnischen Anlagen nach Absatz 3 in Verbindung mit Absatz 1 soll 40 Jahre ab Beginn der ersten Einlagerung eines Behälters nicht überschreiten. Eine Verlängerung von Genehmigungen nach Satz 1 darf nur aus unabweisbaren Gründen und nach der vorherigen Befassung des Deutschen Bundestages erfolgen.

§ 7 – Genehmigung von Anlagen

(1) Wer eine ortsfeste Anlage zur Erzeugung oder zur Bearbeitung oder Verarbeitung oder zur Spaltung von Kernbrennstoffen oder zur Aufarbeitung bestrahlter Kernbrennstoffe errichtet, betreibt oder sonst innehat oder die Anlage oder ihren Betrieb wesentlich verändert, bedarf der Genehmigung. Für die Errichtung und den Betrieb von Anlagen zur Spaltung von Kernbrennstoffen zur gewerblichen Erzeugung von Elektrizität und von Anlagen zur Aufarbeitung bestrahlter Kernbrennstoffe werden keine Genehmigungen erteilt. Dies gilt nicht für wesentliche Veränderungen von Anlagen oder ihres Betriebs.

(1a) Die Berechtigung zum Leistungsbetrieb einer Anlage zur Spaltung von Kernbrennstoffen zur gewerblichen Erzeugung von Elektrizität erlischt, wenn die in Anlage 3 Spalte 2 für die Anlage aufgeführte Elektrizitätsmenge oder die sich auf Grund von Übertragungen nach Absatz 1b ergebende Elektrizitätsmenge erzeugt ist, jedoch spätestens

1. mit Ablauf des 6. August 2011 für die Kernkraftwerke Biblis A, Neckarwestheim 1, Biblis B, Brunsbüttel, Isar 1, Unterweser, Philippsburg 1 und Krümmel,

2. mit Ablauf des 31. Dezember 2015 für das Kernkraftwerk Grafenrheinfeld,

3. mit Ablauf des 31. Dezember 2017 für das Kernkraftwerk Gundremmingen B,

4. mit Ablauf des 31. Dezember 2019 für das Kernkraftwerk Philippsburg 2,

5. mit Ablauf des 31. Dezember 2021 für die Kernkraftwerke Grohnde, Gundremmingen C und Brokdorf,

6. mit Ablauf des 31. Dezember 2022 für die Kernkraftwerke Isar 2, Emsland und Neckarwestheim 2.

Die Erzeugung der in Anlage 3 Spalte 2 aufgeführten Elektrizitätsmengen ist durch ein Messgerät zu messen. Das Messgerät nach Satz 2 muss den Vorschriften des Mess- und Eichgesetzes und den auf Grund des Mess- und Eichgesetzes erlassenen Rechtsverordnungen entsprechen. Ein Messgerät nach Satz 2 darf erst in Betrieb genommen werden, nachdem eine Behörde nach § 54 Absatz 1 des Mess- und Eichgesetzes dessen Eignung und ordnungsgemäßes Verwenden festgestellt hat. Wer ein Messgerät nach Satz 2 verwendet, muss das Messgerät unverzüglich so aufstellen und anschließen sowie so handhaben und warten, dass die Richtigkeit der Messung und die zuverlässige Ablesung der Anzeige gewährleistet sind. Die Vorschriften des Mess- und Eichgesetzes und der auf Grund dieses Gesetzes erlassenen Rechtsverordnung finden Anwendung. Der Genehmigungsinhaber hat den bestimmungsgemäßen Zustand des Messgerätes in jedem Kalenderjahr durch eine Sachverständigenorganisation und die in jedem Kalenderjahr erzeugte Elektrizitätsmenge binnen eines Monats durch einen Wirtschaftsprüfer oder eine Wirtschaftsprüfungsgesellschaft überprüfen und bescheinigen zu lassen.

(1b) Elektrizitätsmengen nach Anlage 3 Spalte 2 können ganz oder teilweise von einer Anlage auf eine andere Anlage übertragen werden, wenn die empfangende Anlage den kommerziellen Leistungsbetrieb später als die abgebende Anlage begonnen hat. Elektrizitätsmengen können abweichend von Satz 1 auch von einer Anlage übertragen werden, die den kommerziellen Leistungsbetrieb später begonnen hat, wenn das Bundesministerium für Umwelt, Naturschutz, Bau und Reaktorsicherheit im Einvernehmen mit dem Bundeskanzleramt und dem Bundesministerium für Wirtschaft und Energie der Übertragung zugestimmt hat. Die Zustimmung nach Satz 2 ist nicht erforderlich, wenn die abgebende Anlage den Leistungsbetrieb dauerhaft einstellt und ein Antrag nach Absatz 3 Satz 1 zur Stilllegung der Anlage gestellt worden ist. Elektrizitätsmengen nach Anlage 3 Spalte 2 können von Anlagen nach Absatz 1a Satz 1 Nummer 1 bis 6 auch nach Erlöschen der Berechtigung zum Leistungsbetrieb nach den Sätzen 1 bis 3 übertragen werden.

(1c) Der Genehmigungsinhaber hat der zuständigen Behörde

1. monatlich die im Sinne des Absatzes 1a in Verbindung mit der Anlage 3 Spalte 2 im Vormonat erzeugten Elektrizitätsmengen mitzuteilen,

2. die Ergebnisse der Überprüfungen und die Bescheinigungen nach Absatz 1a Satz 3 binnen eines Monats nach deren Vorliegen vorzulegen,

3. die zwischen Anlagen vorgenommenen Übertragungen nach Absatz 1b binnen einer Woche nach Festlegung der Übertragung mitzuteilen.

Der Genehmigungsinhaber hat in der ersten monatlichen Mitteilung über die erzeugte Elektrizitätsmenge nach Satz 1 Nr. 1 eine Mitteilung über die seit dem 1. Januar 2000 bis zum letzten Tag des April 2002 erzeugte Elektrizitätsmenge zu übermitteln, die von einem Wirtschaftsprüfer oder einer Wirtschaftsprüfungsgesellschaft überprüft und bescheinigt worden ist. Der Zeitraum der ersten monatlichen Mitteilung beginnt ab dem 1. Mai 2002. Die übermittelten Informationen nach Satz 1 Nummer 1 bis 3 sowie die Angabe der jeweils noch verbleibenden Elektrizitätsmenge werden durch die zuständige Behörde im Bundesanzeiger bekannt gemacht; hierbei werden die erzeugten Elektrizitätsmengen im Sinne des Satzes 1 Nummer 1 jährlich zusammengerechnet für ein Kalenderjahr im Bundesanzeiger bekannt gemacht, jedoch bei einer voraussichtlichen Restlaufzeit von weniger als sechs Monaten monatlich.

(1d) Für das Kernkraftwerk Mülheim-Kärlich gelten Absatz 1a Satz 1, Absatz 1b Satz 1 bis 3 und Absatz 1c Satz 1 Nr. 3 mit der Maßgabe, dass die in Anlage 3 Spalte 2 aufgeführte Elektrizitätsmenge nur nach Übertragung auf die dort aufgeführten Kernkraftwerke in diesen produziert werden darf.

(1e) *(weggefallen)*

(2) Die Genehmigung darf nur erteilt werden, wenn

1. keine Tatsachen vorliegen, aus denen sich Bedenken gegen die Zuverlässigkeit des Antragstellers und der für die Errichtung, Leitung und Beaufsichtigung des Betriebs der Anlage verantwortlichen Personen ergeben, und die für die Errichtung, Leitung und Beaufsichtigung des Betriebs der Anlage verantwortlichen Personen die hierfür erforderliche Fachkunde besitzen,

2. gewährleistet ist, daß die bei dem Betrieb der Anlage sonst tätigen Personen die notwendigen Kenntnisse über einen sicheren Betrieb der Anlage, die möglichen Gefahren und die anzuwendenden Schutzmaßnahmen besitzen,

3. die nach dem Stand von Wissenschaft und Technik erforderliche Vorsorge gegen Schäden durch die Errichtung und den Betrieb der Anlage getroffen ist,

4. die erforderliche Vorsorge für die Erfüllung gesetzlicher Schadensersatzverpflichtungen getroffen ist,

5. der erforderliche Schutz gegen Störmaßnahmen oder sonstige Einwirkungen Dritter gewährleistet ist,

6. überwiegende öffentliche Interessen, insbesondere im Hinblick auf die Umweltauswirkungen, der Wahl des Standorts der Anlage nicht entgegenstehen.

(2a) *(weggefallen)*

(3) Die Stilllegung einer Anlage nach Absatz 1 Satz 1 sowie der sichere Einschluß der endgültig stillgelegten Anlage oder der Abbau der Anlage oder von Anlagenteilen bedürfen der Genehmigung. Absatz 2 gilt sinngemäß. Eine Genehmigung nach Satz 1 ist nicht erforderlich, soweit die geplanten Maßnahmen bereits Gegenstand einer Genehmigung nach Absatz 1 Satz 1 oder Anordnung nach § 19 Abs. 3 gewesen sind. Anlagen nach Absatz 1 Satz 1, deren Berechtigung zum Leistungsbetrieb nach Absatz 1a erloschen ist oder deren Leistungsbetrieb endgültig beendet ist und deren Betreiber Einzahlende nach § 2 Absatz 1 Satz 1 des Entsorgungsfondsgesetzes sind, sind unverzüglich stillzulegen und abzubauen. Die zuständige Behörde kann im Einzelfall für Anlagenteile vorübergehende Ausnahmen von Satz 4 zulassen, soweit und solange dies aus Gründen des Strahlenschutzes erforderlich ist.

(4) Im Genehmigungsverfahren sind alle Behörden des Bundes, der Länder, der Gemeinden und der sonstigen Gebietskörperschaften zu beteiligen, deren Zuständigkeitsbereich berührt wird. Bestehen zwischen der Genehmigungsbehörde und einer beteiligten Bundesbehörde Meinungsverschiedenheiten, so hat die Genehmigungsbehörde die Weisung des für die kerntechnische Sicherheit und den Strahlenschutz zuständigen Bundesministeriums einzuholen. Im übrigen wird das Genehmigungsverfahren nach den Grundsätzen der §§ 8, 10 Abs. 1 bis 4, 6 bis 8, 10 Satz 2 und des § 18 des Bundes-Immissionsschutzgesetzes durch Rechtsverordnung geregelt; dabei kann vorgesehen werden, dass bei der Prüfung der Umweltverträglichkeit der insgesamt zur Stilllegung, zum sicheren Einschluss oder zum Abbau von Anlagen zur Spaltung von Kernbrennstoffen oder von Anlagenteilen geplanten Maßnahmen von einem Erörterungstermin abgesehen werden kann.

(5) Für ortsveränderliche Anlagen gelten die Absätze 1, 2 und 4 entsprechend. Jedoch kann die in Absatz 4 Satz 3 genannte Rechtsverordnung vorsehen, daß von einer Bekanntmachung des Vorhabens und einer Auslegung der Unterlagen abgesehen werden kann und daß insoweit eine Erörterung von Einwendungen unterbleibt.

(6) § 14 des Bundes-Immissionsschutzgesetzes gilt sinngemäß für Einwirkungen, die von einer genehmigten Anlage auf ein anderes Grundstück ausgehen.

§ 9 – Bearbeitung, Verarbeitung und sonstige Verwendung von Kernbrennstoffen außerhalb genehmigungspflichtiger Anlagen

(1) Wer Kernbrennstoffe außerhalb von Anlagen der in § 7 bezeichneten Art bearbeitet, verarbeitet oder sonst verwendet, bedarf der Genehmigung. Einer Genehmigung bedarf ferner, wer von dem in der Genehmigungsurkunde festgelegten Verfahren für die Bearbeitung, Verarbeitung oder sonstige Verwendung wesentlich abweicht oder die in der Genehmigungsurkunde bezeichnete Betriebsstätte oder deren Lage wesentlich verändert.

(2) Die Genehmigung darf nur erteilt werden, wenn

1. keine Tatsachen vorliegen, aus denen sich Bedenken gegen die Zuverlässigkeit des Antragstellers und der für die Leitung und Beaufsichtigung der Verwendung der Kern-

brennstoffe verantwortlichen Personen ergeben, und die für die Leitung und Beaufsichtigung der Verwendung der Kernbrennstoffe verantwortlichen Personen die hierfür erforderliche Fachkunde besitzen,

2. gewährleistet ist, daß die bei der beabsichtigten Verwendung von Kernbrennstoffen sonst tätigen Personen die notwendigen Kenntnisse über die möglichen Gefahren und die anzuwendenden Schutzmaßnahmen besitzen,

3. die nach dem Stand von Wissenschaft und Technik erforderliche Vorsorge gegen Schäden durch die Verwendung der Kernbrennstoffe getroffen ist,

4. die erforderliche Vorsorge für die Erfüllung gesetzlicher Schadensersatzverpflichtungen getroffen ist,

5. der erforderliche Schutz gegen Störmaßnahmen oder sonstige Einwirkungen Dritter gewährleistet ist,

6. überwiegende öffentliche Interessen, insbesondere im Hinblick auf die Reinhaltung des Wassers, der Luft und des Bodens, der Wahl des Ortes der Verwendung von Kernbrennstoffen nicht entgegenstehen.

§ 44b – Meldewesen für die Sicherheit in der Informationstechnik

Genehmigungsinhaber nach den §§ 6, 7 und 9 haben Beeinträchtigungen ihrer informationstechnischen Systeme, Komponenten oder Prozesse, die zu einer Gefährdung oder Störung der nuklearen Sicherheit der betroffenen kerntechnischen Anlage oder Tätigkeit führen können oder bereits geführt haben, unverzüglich an das Bundesamt für Sicherheit in der Informationstechnik als zentrale Meldestelle zu melden. § 8b Absatz 1, 2 Nummer 1 bis 3, Nummer 4 Buchstabe a bis c und Absatz 7 des BSI-Gesetzes sind entsprechend anzuwenden. Die Meldung muss Angaben zu der Störung sowie zu den technischen Rahmenbedingungen, insbesondere der vermuteten oder tatsächlichen Ursache, und der betroffenen Informationstechnik enthalten. Das Bundesamt für Sicherheit in der Informationstechnik leitet diese Meldungen unverzüglich an die für die nukleare Sicherheit und Sicherung zuständigen Genehmigungs- und Aufsichtsbehörden des Bundes und der Länder und an die von diesen bestimmten Sachverständigen nach § 20 weiter.

III. AO – Abgabenordnung

§ 146 – Ordnungsvorschriften für die Buchführung und für Aufzeichnungen

(1) Die Buchungen und die sonst erforderlichen Aufzeichnungen sind einzeln, vollständig, richtig, zeitgerecht und geordnet vorzunehmen. Kasseneinnahmen und Kassenausgaben sind täglich festzuhalten. Die Pflicht zur Einzelaufzeichnung nach Satz 1 besteht aus Zumutbarkeitsgründen bei Verkauf von Waren an eine Vielzahl von nicht bekannten Personen gegen Barzahlung nicht. Das gilt nicht, wenn der Steuerpflichtige ein elektronisches Aufzeichnungssystem im Sinne des § 146a verwendet.

(2) Bücher und die sonst erforderlichen Aufzeichnungen sind im Geltungsbereich dieses Gesetzes zu führen und aufzubewahren. Dies gilt nicht, soweit für Betriebstätten außerhalb des Geltungsbereichs dieses Gesetzes nach dortigem Recht eine Verpflichtung besteht, Bücher und Aufzeichnungen zu führen, und diese Verpflichtung erfüllt wird. In diesem Fall sowie bei Organgesellschaften außerhalb des Geltungsbereichs dieses Gesetzes müssen die Ergebnisse der dortigen Buchführung in die Buchführung des hiesigen Unternehmens übernom-

men werden, soweit sie für die Besteuerung von Bedeutung sind. Dabei sind die erforderlichen Anpassungen an die steuerrechtlichen Vorschriften im Geltungsbereich dieses Gesetzes vorzunehmen und kenntlich zu machen.

(2a) Abweichend von Absatz 2 Satz 1 kann die zuständige Finanzbehörde auf schriftlichen Antrag des Steuerpflichtigen bewilligen, dass elektronische Bücher und sonstige erforderliche elektronische Aufzeichnungen oder Teile davon außerhalb des Geltungsbereichs dieses Gesetzes geführt und aufbewahrt werden können. Voraussetzung ist, dass

1. der Steuerpflichtige der zuständigen Finanzbehörde den Standort des Datenverarbeitungssystems und bei Beauftragung eines Dritten dessen Namen und Anschrift mitteilt,

2. der Steuerpflichtige seinen sich aus den §§ 90, 93, 97, 140 bis 147 und 200 Absatz 1 und 2 ergebenden Pflichten ordnungsgemäß nachgekommen ist,

3. der Datenzugriff nach § 147 Absatz 6 in vollem Umfang möglich ist und

4. die Besteuerung hierdurch nicht beeinträchtigt wird.

Werden der Finanzbehörde Umstände bekannt, die zu einer Beeinträchtigung der Besteuerung führen, hat sie die Bewilligung zu widerrufen und die unverzügliche Rückverlagerung der elektronischen Bücher und sonstigen erforderlichen elektronischen Aufzeichnungen in den Geltungsbereich dieses Gesetzes zu verlangen. Eine Änderung der unter Satz 2 Nummer 1 benannten Umstände ist der zuständigen Finanzbehörde unverzüglich mitzuteilen.

(2b) Kommt der Steuerpflichtige der Aufforderung zur Rückverlagerung seiner elektronischen Buchführung oder seinen Pflichten nach Absatz 2a Satz 4, zur Einräumung des Datenzugriffs nach § 147 Abs. 6, zur Erteilung von Auskünften oder zur Vorlage angeforderter Unterlagen im Sinne des § 200 Abs. 1 im Rahmen einer Außenprüfung innerhalb einer ihm bestimmten angemessenen Frist nach Bekanntgabe durch die zuständige Finanzbehörde nicht nach oder hat er seine elektronische Buchführung ohne Bewilligung der zuständigen Finanzbehörde ins Ausland verlagert, kann ein Verzögerungsgeld von 2 500 Euro bis 250 000 Euro festgesetzt werden.

(3) Die Buchungen und die sonst erforderlichen Aufzeichnungen sind in einer lebenden Sprache vorzunehmen. Wird eine andere als die deutsche Sprache verwendet, so kann die Finanzbehörde Übersetzungen verlangen. Werden Abkürzungen, Ziffern, Buchstaben oder Symbole verwendet, muss im Einzelfall deren Bedeutung eindeutig festliegen.

(4) Eine Buchung oder eine Aufzeichnung darf nicht in einer Weise verändert werden, dass der ursprüngliche Inhalt nicht mehr feststellbar ist. Auch solche Veränderungen dürfen nicht vorgenommen werden, deren Beschaffenheit es ungewiss lässt, ob sie ursprünglich oder erst später gemacht worden sind.

(5) Die Bücher und die sonst erforderlichen Aufzeichnungen können auch in der geordneten Ablage von Belegen bestehen oder auf Datenträgern geführt werden, soweit diese Formen der Buchführung einschließlich des dabei angewandten Verfahrens den Grundsätzen ordnungsmäßiger Buchführung entsprechen; bei Aufzeichnungen, die allein nach den Steuergesetzen vorzunehmen sind, bestimmt sich die Zulässigkeit des angewendeten Verfahrens nach dem Zweck, den die Aufzeichnungen für die Besteuerung erfüllen sollen. Bei der Führung der Bücher und der sonst erforderlichen Aufzeichnungen auf Datenträgern muss insbesondere sichergestellt sein, dass während der Dauer der Aufbewahrungsfrist die Daten jederzeit verfügbar sind und unverzüglich lesbar gemacht werden können. Dies gilt auch für die Befugnisse der Finanzbehörde nach § 147 Abs. 6. Absätze 1 bis 4 gelten sinngemäß.

(6) Die Ordnungsvorschriften gelten auch dann, wenn der Unternehmer Bücher und Aufzeichnungen, die für die Besteuerung von Bedeutung sind, führt, ohne hierzu verpflichtet zu sein.

IV. BDSG-neu – Bundesdatenschutzgesetz i.d.F. ab 25.5.2018

§ 1 – Anwendungsbereich des Gesetzes

(1) Dieses Gesetz gilt für die Verarbeitung personenbezogener Daten durch

1. öffentliche Stellen des Bundes,

2. öffentliche Stellen der Länder, soweit der Datenschutz nicht durch Landesgesetz geregelt ist und soweit sie

   a) Bundesrecht ausführen oder

   b) als Organe der Rechtspflege tätig werden und es sich nicht um Verwaltungsangelegenheiten handelt.

Für nichtöffentliche Stellen gilt dieses Gesetz für die ganz oder teilweise automatisierte Verarbeitung personenbezogener Daten sowie die nichtautomatisierte Verarbeitung personenbezogener Daten, die in einem Dateisystem gespeichert sind oder gespeichert werden sollen, es sei denn, die Verarbeitung durch natürliche Personen erfolgt zur Ausübung ausschließlich persönlicher oder familiärer Tätigkeiten.

(2) Andere Rechtsvorschriften des Bundes über den Datenschutz gehen den Vorschriften dieses Gesetzes vor. Regeln sie einen Sachverhalt, für den dieses Gesetz gilt, nicht oder nicht abschließend, finden die Vorschriften dieses Gesetzes Anwendung. Die Verpflichtung zur Wahrung gesetzlicher Geheimhaltungspflichten oder von Berufs- oder besonderen Amtsgeheimnissen, die nicht auf gesetzlichen Vorschriften beruhen, bleibt unberührt.

(3) Die Vorschriften dieses Gesetzes gehen denen des Verwaltungsverfahrensgesetzes vor, soweit bei der Ermittlung des Sachverhalts personenbezogene Daten verarbeitet werden.

(4) Dieses Gesetz findet Anwendung auf öffentliche Stellen. Auf nichtöffentliche Stellen findet es Anwendung, sofern

1. der Verantwortliche oder Auftragsverarbeiter personenbezogene Daten im Inland verarbeitet,

2. die Verarbeitung personenbezogener Daten im Rahmen der Tätigkeiten einer inländischen Niederlassung des Verantwortlichen oder Auftragsverarbeiters erfolgt oder

3. der Verantwortliche oder Auftragsverarbeiter zwar keine Niederlassung in einem Mitgliedstaat der Europäischen Union oder in einem anderen Vertragsstaat des Abkommens über den Europäischen Wirtschaftsraum hat, er aber in den Anwendungsbereich der Verordnung (EU) 2016/679 des Europäischen Parlaments und des Rates vom 27. April 2016 zum Schutz natürlicher Personen bei der Verarbeitung personenbezogener Daten, zum freien Datenverkehr und zur Aufhebung der Richtlinie 95/46/EG (Datenschutz-Grundverordnung) (ABl. L 119 vom 4.5.2016, S. 1; L 314 vom 22.11.2016, S. 72) fällt.

Sofern dieses Gesetz nicht gemäß Satz 2 Anwendung findet, gelten für den Verantwortlichen oder Auftragsverarbeiter nur die §§ 8 bis 21, 39 bis 44.

(5) Die Vorschriften dieses Gesetzes finden keine Anwendung, soweit das Recht der Europäischen Union, im Besonderen die Verordnung (EU) 2016/679 in der jeweils geltenden Fassung, unmittelbar gilt.

(6) Bei Verarbeitungen zu Zwecken gemäß Artikel 2 der Verordnung (EU) 2016/679 stehen die Vertragsstaaten des Abkommens über den Europäischen Wirtschaftsraum und die Schweiz den Mitgliedstaaten der Europäischen Union gleich. Andere Staaten gelten insoweit als Drittstaaten.

(7) Bei Verarbeitungen zu Zwecken gemäß Artikel 1 Absatz 1 der Richtlinie (EU) 2016/680 des Europäischen Parlaments und des Rates vom 27. April 2016 zum Schutz natürlicher Personen bei der Verarbeitung personenbezogener Daten durch die zuständigen Behörden zum Zweck der Verhütung, Ermittlung, Aufdeckung oder Verfolgung von Straftaten oder der Strafvollstreckung sowie zum freien Datenverkehr und zur Aufhebung des Rahmenbeschlusses 2008/977/JI des Rates (ABl. L 119 vom 4.5.2016, S. 89) stehen die bei der Umsetzung, Anwendung und Entwicklung des Schengen-Besitzstands assoziierten Staaten den Mitgliedstaaten der Europäischen Union gleich. Andere Staaten gelten insoweit als Drittstaaten.

(8) Für Verarbeitungen personenbezogener Daten durch öffentliche Stellen im Rahmen von nicht in die Anwendungsbereiche der Verordnung (EU) 2016/679 und der Richtlinie (EU) 2016/680 fallenden Tätigkeiten finden die Verordnung (EU) 2016/679 und die Teile 1 und 2 dieses Gesetzes entsprechend Anwendung, soweit nicht in diesem Gesetz oder einem anderen Gesetz Abweichendes geregelt ist.

§ 38 – Datenschutzbeauftragte nichtöffentlicher Stellen

(1) Ergänzend zu Artikel 37 Absatz 1 Buchstabe b und c der Verordnung (EU) 2016/679 benennen der Verantwortliche und der Auftragsverarbeiter eine Datenschutzbeauftragte oder einen Datenschutzbeauftragten, soweit sie in der Regel mindestens zehn Personen ständig mit der automatisierten Verarbeitung personenbezogener Daten beschäftigen. Nehmen der Verantwortliche oder der Auftragsverarbeiter Verarbeitungen vor, die einer Datenschutz-Folgenabschätzung nach Artikel 35 der Verordnung (EU) 2016/679 unterliegen, oder verarbeiten sie personenbezogene Daten geschäftsmäßig zum Zweck der Übermittlung, der anonymisierten Übermittlung oder für Zwecke der Markt- oder Meinungsforschung, haben sie unabhängig von der Anzahl der mit der Verarbeitung beschäftigten Personen eine Datenschutzbeauftragte oder einen Datenschutzbeauftragten zu benennen.

(2) § 6 Absatz 4, 5 Satz 2 und Absatz 6 finden Anwendung, § 6 Absatz 4 jedoch nur, wenn die Benennung einer oder eines Datenschutzbeauftragten verpflichtend ist.

§ 39 – Akkreditierung

Die Erteilung der Befugnis, als Zertifizierungsstelle gemäß Artikel 43 Absatz 1 Satz 1 der Verordnung (EU) 2016/679 tätig zu werden, erfolgt durch die für die datenschutzrechtliche Aufsicht über die Zertifizierungsstelle zuständige Aufsichtsbehörde des Bundes oder der Länder auf der Grundlage einer Akkreditierung durch die Deutsche Akkreditierungsstelle. § 2 Absatz 3 Satz 2, § 4 Absatz 3 und § 10 Absatz 1 Satz 1 Nummer 3 des Akkreditierungsstellengesetzes finden mit der Maßgabe Anwendung, dass der Datenschutz als ein dem Anwendungsbereich des § 1 Absatz 2 Satz 2 unterfallender Bereich gilt.

§ 40 – Aufsichtsbehörden der Länder

(1) Die nach Landesrecht zuständigen Behörden überwachen im Anwendungsbereich der Verordnung (EU) 2016/679 bei den nichtöffentlichen Stellen die Anwendung der Vorschriften über den Datenschutz.

(2) Hat der Verantwortliche oder Auftragsverarbeiter mehrere inländische Niederlassungen, findet für die Bestimmung der zuständigen Aufsichtsbehörde Artikel 4 Nummer 16 der Verordnung (EU) 2016/679 entsprechende Anwendung. Wenn sich mehrere Behörden für zuständig oder für unzuständig halten oder wenn die Zuständigkeit aus anderen Gründen zweifelhaft ist, treffen die Aufsichtsbehörden die Entscheidung gemeinsam nach Maßgabe des § 18 Absatz 2. § 3 Absatz 3 und 4 des Verwaltungsverfahrensgesetzes findet entsprechende Anwendung.

(3) Die Aufsichtsbehörde darf die von ihr gespeicherten Daten nur für Zwecke der Aufsicht verarbeiten; hierbei darf sie Daten an andere Aufsichtsbehörden übermitteln. Eine Verarbeitung zu einem anderen Zweck ist über Artikel 6 Absatz 4 der Verordnung (EU) 2016/679 hinaus zulässig, wenn

1. offensichtlich ist, dass sie im Interesse der betroffenen Person liegt und kein Grund zu der Annahme besteht, dass sie in Kenntnis des anderen Zwecks ihre Einwilligung verweigern würde,

2. sie zur Abwehr erheblicher Nachteile für das Gemeinwohl oder einer Gefahr für die öffentliche Sicherheit oder zur Wahrung erheblicher Belange des Gemeinwohls erforderlich ist oder

3. sie zur Verfolgung von Straftaten oder Ordnungswidrigkeiten, zur Vollstreckung oder zum Vollzug von Strafen oder Maßnahmen im Sinne des § 11 Absatz 1 Nummer 8 des Strafgesetzbuchs oder von Erziehungsmaßregeln oder Zuchtmitteln im Sinne des Jugendgerichtsgesetzes oder zur Vollstreckung von Geldbußen erforderlich ist.

Stellt die Aufsichtsbehörde einen Verstoß gegen die Vorschriften über den Datenschutz fest, so ist sie befugt, die betroffenen Personen hierüber zu unterrichten, den Verstoß anderen für die Verfolgung oder Ahndung zuständigen Stellen anzuzeigen sowie bei schwerwiegenden Verstößen die Gewerbeaufsichtsbehörde zur Durchführung gewerberechtlicher Maßnahmen zu unterrichten. § 13 Absatz 4 Satz 4 bis 7 gilt entsprechend.

(4) Die der Aufsicht unterliegenden Stellen sowie die mit deren Leitung beauftragten Personen haben einer Aufsichtsbehörde auf Verlangen die für die Erfüllung ihrer Aufgaben erforderlichen Auskünfte zu erteilen. Der Auskunftspflichtige kann die Auskunft auf solche Fragen verweigern, deren Beantwortung ihn selbst oder einen der in § 383 Absatz 1 Nummer 1 bis 3 der Zivilprozessordnung bezeichneten Angehörigen der Gefahr strafgerichtlicher Verfolgung oder eines Verfahrens nach dem Gesetz über Ordnungswidrigkeiten aussetzen würde. Der Auskunftspflichtige ist darauf hinzuweisen.

(5) Die von einer Aufsichtsbehörde mit der Überwachung der Einhaltung der Vorschriften über den Datenschutz beauftragten Personen sind befugt, zur Erfüllung ihrer Aufgaben Grundstücke und Geschäftsräume der Stelle zu betreten und Zugang zu allen Datenverarbeitungsanlagen und -geräten zu erhalten. Die Stelle ist insoweit zur Duldung verpflichtet. § 16 Absatz 4 gilt entsprechend.

(6) Die Aufsichtsbehörden beraten und unterstützen die Datenschutzbeauftragten mit Rücksicht auf deren typische Bedürfnisse. Sie können die Abberufung der oder des Datenschutzbeauftragten verlangen, wenn sie oder er die zur Erfüllung ihrer oder seiner Aufgaben erfor-

derliche Fachkunde nicht besitzt oder im Fall des Artikels 38 Absatz 6 der Verordnung (EU) 2016/679 ein schwerwiegender Interessenkonflikt vorliegt.

(7) Die Anwendung der Gewerbeordnung bleibt unberührt.

§ 42 – Strafvorschriften

(1) Mit Freiheitsstrafe bis zu drei Jahren oder mit Geldstrafe wird bestraft, wer wissentlich nicht allgemein zugängliche personenbezogene Daten einer großen Zahl von Personen, ohne hierzu berechtigt zu sein,

1. einem Dritten übermittelt oder

2. auf andere Art und Weise zugänglich macht

und hierbei gewerbsmäßig handelt.

(2) Mit Freiheitsstrafe bis zu zwei Jahren oder mit Geldstrafe wird bestraft, wer personenbezogene Daten, die nicht allgemein zugänglich sind,

1. ohne hierzu berechtigt zu sein, verarbeitet oder

2. durch unrichtige Angaben erschleicht

und hierbei gegen Entgelt oder in der Absicht handelt, sich oder einen anderen zu bereichern oder einen anderen zu schädigen.

(3) Die Tat wird nur auf Antrag verfolgt. Antragsberechtigt sind die betroffene Person, der Verantwortliche, die oder der Bundesbeauftragte und die Aufsichtsbehörde.

(4) Eine Meldung nach Artikel 33 der Verordnung (EU) 2016/679 oder eine Benachrichtigung nach Artikel 34 Absatz 1 der Verordnung (EU) 2016/679 darf in einem Strafverfahren gegen den Meldepflichtigen oder Benachrichtigenden oder seine in § 52 Absatz 1 der Strafprozessordnung bezeichneten Angehörigen nur mit Zustimmung des Meldepflichtigen oder Benachrichtigenden verwendet werden.

§ 43 – Bußgeldvorschriften

(1) Ordnungswidrig handelt, wer vorsätzlich oder fahrlässig

1. entgegen § 30 Absatz 1 ein Auskunftsverlangen nicht richtig behandelt oder

2. entgegen § 30 Absatz 2 Satz 1 einen Verbraucher nicht, nicht richtig, nicht vollständig oder nicht rechtzeitig unterrichtet.

(2) Die Ordnungswidrigkeit kann mit einer Geldbuße bis zu fünfzigtausend Euro geahndet werden.

(3) Gegen Behörden und sonstige öffentliche Stellen im Sinne des § 2 Absatz 1 werden keine Geldbußen verhängt.

(4) Eine Meldung nach Artikel 33 der Verordnung (EU) 2016/679 oder eine Benachrichtigung nach Artikel 34 Absatz 1 der Verordnung (EU) 2016/679 darf in einem Verfahren nach dem Gesetz über Ordnungswidrigkeiten gegen den Meldepflichtigen oder Benachrichtigenden oder seine in § 52 Absatz 1 der Strafprozessordnung bezeichneten Angehörigen nur mit Zustimmung des Meldepflichtigen oder Benachrichtigenden verwendet werden.

V. BetrVG – Betriebsverfassungsgesetz

§ 80 – Allgemeine Aufgaben

(1) Der Betriebsrat hat folgende allgemeine Aufgaben:

1. darüber zu wachen, dass die zugunsten der Arbeitnehmer geltenden Gesetze, Verordnungen, Unfallverhütungsvorschriften, Tarifverträge und Betriebsvereinbarungen durchgeführt werden;

2. Maßnahmen, die dem Betrieb und der Belegschaft dienen, beim Arbeitgeber zu beantragen;

2a. die Durchsetzung der tatsächlichen Gleichstellung von Frauen und Männern, insbesondere bei der Einstellung, Beschäftigung, Aus-, Fort- und Weiterbildung und dem beruflichen Aufstieg, zu fördern;

2b. die Vereinbarkeit von Familie und Erwerbstätigkeit zu fördern;

3. Anregungen von Arbeitnehmern und der Jugend- und Auszubildendenvertretung entgegenzunehmen und, falls sie berechtigt erscheinen, durch Verhandlungen mit dem Arbeitgeber auf eine Erledigung hinzuwirken; er hat die betreffenden Arbeitnehmer über den Stand und das Ergebnis der Verhandlungen zu unterrichten;

4. die Eingliederung schwerbehinderter Menschen einschließlich der Förderung des Abschlusses von Inklusionsvereinbarungen nach § 166 des Neunten Buches Sozialgesetzbuch und sonstiger besonders schutzbedürftiger Personen zu fördern;

5. die Wahl einer Jugend- und Auszubildendenvertretung vorzubereiten und durchzuführen und mit dieser zur Förderung der Belange der in § 60 Abs. 1 genannten Arbeitnehmer eng zusammenzuarbeiten; er kann von der Jugend- und Auszubildendenvertretung Vorschläge und Stellungnahmen anfordern;

6. die Beschäftigung älterer Arbeitnehmer im Betrieb zu fördern;

7. die Integration ausländischer Arbeitnehmer im Betrieb und das Verständnis zwischen ihnen und den deutschen Arbeitnehmern zu fördern, sowie Maßnahmen zur Bekämpfung von Rassismus und Fremdenfeindlichkeit im Betrieb zu beantragen;

8. die Beschäftigung im Betrieb zu fördern und zu sichern;

9. Maßnahmen des Arbeitsschutzes und des betrieblichen Umweltschutzes zu fördern.

(2) Zur Durchführung seiner Aufgaben nach diesem Gesetz ist der Betriebsrat rechtzeitig und umfassend vom Arbeitgeber zu unterrichten; die Unterrichtung erstreckt sich auch auf die Beschäftigung von Personen, die nicht in einem Arbeitsverhältnis zum Arbeitgeber stehen, und umfasst insbesondere den zeitlichen Umfang des Einsatzes, den Einsatzort und die Arbeitsaufgaben dieser Personen. Dem Betriebsrat sind auf Verlangen jederzeit die zur Durchführung seiner Aufgaben erforderlichen Unterlagen zur Verfügung zu stellen; in diesem Rahmen ist der Betriebsausschuss oder ein nach § 28 gebildeter Ausschuss berechtigt, in die Listen über die Bruttolöhne und -gehälter Einblick zu nehmen. Zu den erforderlichen Unterlagen gehören auch die Verträge, die der Beschäftigung der in Satz 1 genannten Personen zugrunde liegen. Soweit es zur ordnungsgemäßen Erfüllung der Aufgaben des Betriebsrats erforderlich ist, hat der Arbeitgeber ihm sachkundige Arbeitnehmer als Auskunftspersonen zur Verfügung zu stellen; er hat hierbei die Vorschläge des Betriebsrats zu berücksichtigen, soweit betriebliche Notwendigkeiten nicht entgegenstehen.

(3) Der Betriebsrat kann bei der Durchführung seiner Aufgaben nach näherer Vereinbarung mit dem Arbeitgeber Sachverständige hinzuziehen, soweit dies zur ordnungsgemäßen Erfüllung seiner Aufgaben erforderlich ist.

(4) Für die Geheimhaltungspflicht der Auskunftspersonen und der Sachverständigen gilt § 79 entsprechend.

§ 87 – Mitbestimmungsrechte

(1) Der Betriebsrat hat, soweit eine gesetzliche oder tarifliche Regelung nicht besteht, in folgenden Angelegenheiten mitzubestimmen:

1. Fragen der Ordnung des Betriebs und des Verhaltens der Arbeitnehmer im Betrieb;

2. Beginn und Ende der täglichen Arbeitszeit einschließlich der Pausen sowie Verteilung der Arbeitszeit auf die einzelnen Wochentage;

3. vorübergehende Verkürzung oder Verlängerung der betriebsüblichen Arbeitszeit;

4. Zeit, Ort und Art der Auszahlung der Arbeitsentgelte;

5. Aufstellung allgemeiner Urlaubsgrundsätze und des Urlaubsplans sowie die Festsetzung der zeitlichen Lage des Urlaubs für einzelne Arbeitnehmer, wenn zwischen dem Arbeitgeber und den beteiligten Arbeitnehmern kein Einverständnis erzielt wird;

6. Einführung und Anwendung von technischen Einrichtungen, die dazu bestimmt sind, das Verhalten oder die Leistung der Arbeitnehmer zu überwachen;

7. Regelungen über die Verhütung von Arbeitsunfällen und Berufskrankheiten sowie über den Gesundheitsschutz im Rahmen der gesetzlichen Vorschriften oder der Unfallverhütungsvorschriften;

8. Form, Ausgestaltung und Verwaltung von Sozialeinrichtungen, deren Wirkungsbereich auf den Betrieb, das Unternehmen oder den Konzern beschränkt ist;

9. Zuweisung und Kündigung von Wohnräumen, die den Arbeitnehmern mit Rücksicht auf das Bestehen eines Arbeitsverhältnisses vermietet werden, sowie die allgemeine Festlegung der Nutzungsbedingungen;

10. Fragen der betrieblichen Lohngestaltung, insbesondere die Aufstellung von Entlohnungsgrundsätzen und die Einführung und Anwendung von neuen Entlohnungsmethoden sowie deren Änderung;

11. Festsetzung der Akkord- und Prämiensätze und vergleichbarer leistungsbezogener Entgelte, einschließlich der Geldfaktoren;

12. Grundsätze über das betriebliche Vorschlagswesen;

13. Grundsätze über die Durchführung von Gruppenarbeit; Gruppenarbeit im Sinne dieser Vorschrift liegt vor, wenn im Rahmen des betrieblichen Arbeitsablaufs eine Gruppe von Arbeitnehmern eine ihr übertragene Gesamtaufgabe im Wesentlichen eigenverantwortlich erledigt.

(2) Kommt eine Einigung über eine Angelegenheit nach Absatz 1 nicht zustande, so entscheidet die Einigungsstelle. Der Spruch der Einigungsstelle ersetzt die Einigung zwischen Arbeitgeber und Betriebsrat.

VI. BGB – Bürgerliches Gesetzbuch

§ 31 – Haftung des Vereins für Organe

Der Verein ist für den Schaden verantwortlich, den der Vorstand, ein Mitglied des Vorstands oder ein anderer verfassungsmäßig berufener Vertreter durch eine in Ausführung der ihm zustehenden Verrichtungen begangene, zum Schadensersatz verpflichtende Handlung einem Dritten zufügt.

§ 241 – Pflichten aus dem Schuldverhältnis

(1) Kraft des Schuldverhältnisses ist der Gläubiger berechtigt, von dem Schuldner eine Leistung zu fordern. Die Leistung kann auch in einem Unterlassen bestehen.

(2) Das Schuldverhältnis kann nach seinem Inhalt jeden Teil zur Rücksicht auf die Rechte, Rechtsgüter und Interessen des anderen Teils verpflichten.

§ 249 – Art und Umfang des Schadensersatzes

(1) Wer zum Schadensersatz verpflichtet ist, hat den Zustand herzustellen, der bestehen würde, wenn der zum Ersatz verpflichtende Umstand nicht eingetreten wäre.

(2) Ist wegen Verletzung einer Person oder wegen Beschädigung einer Sache Schadensersatz zu leisten, so kann der Gläubiger statt der Herstellung den dazu erforderlichen Geldbetrag verlangen. Bei der Beschädigung einer Sache schließt der nach Satz 1 erforderliche Geldbetrag die Umsatzsteuer nur mit ein, wenn und soweit sie tatsächlich angefallen ist.

§ 276 – Verantwortlichkeit des Schuldners

(1) Der Schuldner hat Vorsatz und Fahrlässigkeit zu vertreten, wenn eine strengere oder mildere Haftung weder bestimmt noch aus dem sonstigen Inhalt des Schuldverhältnisses, insbesondere aus der Übernahme einer Garantie oder eines Beschaffungsrisikos zu entnehmen ist. Die Vorschriften der §§ 827 und 828 finden entsprechende Anwendung.

(2) Fahrlässig handelt, wer die im Verkehr erforderliche Sorgfalt außer Acht lässt.

(3) Die Haftung wegen Vorsatzes kann dem Schuldner nicht im Voraus erlassen werden.

§ 278 – Verantwortlichkeit des Schuldners für Dritte

Der Schuldner hat ein Verschulden seines gesetzlichen Vertreters und der Personen, deren er sich zur Erfüllung seiner Verbindlichkeit bedient, in gleichem Umfang zu vertreten wie eigenes Verschulden. Die Vorschrift des § 276 Abs. 3 findet keine Anwendung.

§ 280 – Schadensersatz wegen Pflichtverletzung

(1) Verletzt der Schuldner eine Pflicht aus dem Schuldverhältnis, so kann der Gläubiger Ersatz des hierdurch entstehenden Schadens verlangen. Dies gilt nicht, wenn der Schuldner die Pflichtverletzung nicht zu vertreten hat.

(2) Schadensersatz wegen Verzögerung der Leistung kann der Gläubiger nur unter der zusätzlichen Voraussetzung des § 286 verlangen.

(3) Schadensersatz statt der Leistung kann der Gläubiger nur unter den zusätzlichen Voraussetzungen des § 281, des § 282 oder des § 283 verlangen.

§ 434 – Sachmangel

(1) Die Sache ist frei von Sachmängeln, wenn sie bei Gefahrübergang die vereinbarte Beschaffenheit hat. Soweit die Beschaffenheit nicht vereinbart ist, ist die Sache frei von Sachmängeln,

1. wenn sie sich für die nach dem Vertrag vorausgesetzte Verwendung eignet, sonst

2. wenn sie sich für die gewöhnliche Verwendung eignet und eine Beschaffenheit aufweist, die bei Sachen der gleichen Art üblich ist und die der Käufer nach der Art der Sache erwarten kann.

Zu der Beschaffenheit nach Satz 2 Nr. 2 gehören auch Eigenschaften, die der Käufer nach den öffentlichen Äußerungen des Verkäufers, des Herstellers (§ 4 Abs. 1 und 2 des Produkthaftungsgesetzes) oder seines Gehilfen insbesondere in der Werbung oder bei der Kennzeichnung über bestimmte Eigenschaften der Sache erwarten kann, es sei denn, dass der Verkäufer die Äußerung nicht kannte und auch nicht kennen musste, dass sie im Zeitpunkt des Vertragsschlusses in gleichwertiger Weise berichtigt war oder dass sie die Kaufentscheidung nicht beeinflussen konnte.

(2) Ein Sachmangel ist auch dann gegeben, wenn die vereinbarte Montage durch den Verkäufer oder dessen Erfüllungsgehilfen unsachgemäß durchgeführt worden ist. Ein Sachmangel liegt bei einer zur Montage bestimmten Sache ferner vor, wenn die Montageanleitung mangelhaft ist, es sei denn, die Sache ist fehlerfrei montiert worden.

(3) Einem Sachmangel steht es gleich, wenn der Verkäufer eine andere Sache oder eine zu geringe Menge liefert.

§ 823 – Schadensersatzpflicht

(1) Wer vorsätzlich oder fahrlässig das Leben, den Körper, die Gesundheit, die Freiheit, das Eigentum oder ein sonstiges Recht eines anderen widerrechtlich verletzt, ist dem anderen zum Ersatz des daraus entstehenden Schadens verpflichtet.

(2) Die gleiche Verpflichtung trifft denjenigen, welcher gegen ein den Schutz eines anderen bezweckendes Gesetz verstößt. Ist nach dem Inhalt des Gesetzes ein Verstoß gegen dieses auch ohne Verschulden möglich, so tritt die Ersatzpflicht nur im Falle des Verschuldens ein.

§ 826 – Sittenwidrige vorsätzliche Schädigung

Wer in einer gegen die guten Sitten verstoßenden Weise einem anderen vorsätzlich Schaden zufügt, ist dem anderen zum Ersatz des Schadens verpflichtet.

§ 831 – Haftung für den Verrichtungsgehilfen

(1) Wer einen anderen zu einer Verrichtung bestellt, ist zum Ersatz des Schadens verpflichtet, den der andere in Ausführung der Verrichtung einem Dritten widerrechtlich zufügt. Die Ersatzpflicht tritt nicht ein, wenn der Geschäftsherr bei der Auswahl der bestellten Person und, sofern er Vorrichtungen oder Gerätschaften zu beschaffen oder die Ausführung der Verrichtung zu leiten hat, bei der Beschaffung oder der Leitung die im Verkehr erforderliche Sorgfalt beobachtet oder wenn der Schaden auch bei Anwendung dieser Sorgfalt entstanden sein würde.

(2) Die gleiche Verantwortlichkeit trifft denjenigen, welcher für den Geschäftsherrn die Besorgung eines der im Absatz 1 Satz 2 bezeichneten Geschäfte durch Vertrag übernimmt.

VII. BörsG – Börsengesetz

§ 5 – Pflichten des Börsenträgers

(1) Mit Erteilung der Erlaubnis wird der Antragsteller als Träger der Börse zu deren Errichtung und Betrieb berechtigt und verpflichtet. Er ist verpflichtet, der Börse auf Anforderung der Geschäftsführung der Börse die zur Durchführung und angemessenen Fortentwicklung des Börsenbetriebs erforderlichen finanziellen, personellen und sachlichen Mittel zur Verfügung zu stellen.

(2) Der Börsenträger ist verpflichtet, die aktuellen Angaben zu seiner Eigentümerstruktur in dem nach § 4 Abs. 2 Satz 2 Nr. 4 erforderlichen Umfang auf seiner Internetseite zu veröffentlichen.

(3) Die Auslagerung von Bereichen, die für die Durchführung des Börsenbetriebs wesentlich sind, auf ein anderes Unternehmen darf weder die ordnungsmäßige Durchführung des Handels an der Börse und der Börsengeschäftsabwicklung noch die Aufsicht über die Börse beeinträchtigen. Der Börsenträger hat sich insbesondere die erforderlichen Weisungsbefugnisse vertraglich zu sichern und die ausgelagerten Bereiche in seine internen Kontrollverfahren einzubeziehen. Der Börsenträger hat die Absicht der Auslagerung sowie ihren Vollzug der Börsenaufsichtsbehörde unverzüglich anzuzeigen.

(4) Der Börsenträger ist verpflichtet,

1. Vorkehrungen zu treffen, um Konflikte zwischen Eigeninteressen des Börsenträgers oder dessen Eigentümern und dem öffentlichen Interesse am ordnungsgemäßen Betrieb der Börse zu erkennen und zu verhindern, soweit diese geeignet sind, sich nachteilig auf den Börsenbetrieb oder auf die Handelsteilnehmer auszuwirken, insbesondere soweit die der Börse gesetzlich übertragenen Überwachungsaufgaben betroffen sind,

2. angemessene Vorkehrungen und Systeme zur Ermittlung und zum Umgang mit den wesentlichen Risiken des Börsenbetriebs zu schaffen, um diese wirksam zu begrenzen, und

3. die technische Funktionsfähigkeit der Börsenhandels- und Abwicklungssysteme sicherzustellen, technische Vorkehrungen für einen reibungslosen und zeitnahen Abschluss der im Handelssystem geschlossenen Geschäfte zu schaffen und insbesondere wirksame Notfallmaßnahmen vorzusehen, die bei einem Systemausfall oder bei Störungen in seinen Handelssystemen die Kontinuität seines Geschäftsbetriebs gewährleisten.

(4a) Der Börsenträger muss über Systeme und Verfahren verfügen, um

1. sicherzustellen, dass seine Handelssysteme belastbar sind und über ausreichende Kapazitäten für Spitzenvolumina an Aufträgen und Mitteilungen verfügen und

2. Aufträge abzulehnen, die die im Voraus festgelegten Grenzen für Volumina und Kurse überschreiten oder eindeutig irrtümlich zustande kamen.

(5) Der Börsenträger muss über ausreichende finanzielle Mittel für eine ordnungsgemäße Durchführung des Börsenbetriebs verfügen, wobei Art, Umfang und Risikostruktur der an der Börse getätigten Geschäfte zu berücksichtigen sind.

(6) Der Börsenträger hat das Land, in dessen Gebiet die Börse ansässig ist, von allen Ansprüchen Dritter wegen Schäden freizustellen, die durch die für die Börse Handelnden in Ausübung der ihnen übertragenen Aufgaben verursacht werden.

(7) Dem Börsenträger ist es nicht gestattet, an einer Börse Kundenaufträge unter Einsatz seines eigenen Kapitals auszuführen oder auf die Zusammenführung sich deckender Kundenaufträge im Sinne von § 2 Absatz 29 des Wertpapierhandelsgesetzes zurückzugreifen.

(8) Der Börsenträger muss über einen Prozess verfügen, der es den Mitarbeitern unter Wahrung der Vertraulichkeit ihrer Identität ermöglicht, mögliche oder tatsächliche Verstöße gegen die Verordnung (EU) Nr. 596/2014, gegen die Verordnung (EU) 2015/2365, gegen die Verordnung (EU) Nr. 600/2014, gegen die Verordnung (EU) Nr. 1286/2014 des Europäischen Parlaments und des Rates vom 26. November 2014 über Basisinformationsblätter für verpackte Anlageprodukte für Kleinanleger und Versicherungsanlageprodukte (PRIIP) (ABl. L 352 vom 9.12.2014, S. 1, L 358 vom 13.12.2014, S. 50), gegen dieses Gesetz, gegen das Wertpapierhandelsgesetz oder gegen die auf Grund des Wertpapierhandelsgesetzes erlassenen Rechtsverordnungen sowie etwaige strafbare Handlungen innerhalb des Unternehmens an geeignete Stellen zu berichten.

VIII. BSIG – Gesetz über das Bundesamt für Sicherheit in der Informationstechnik

§ 2 – Begriffsbestimmungen

(1) Die Informationstechnik im Sinne dieses Gesetzes umfasst alle technischen Mittel zur Verarbeitung oder Übertragung von Informationen.

(2) Sicherheit in der Informationstechnik im Sinne dieses Gesetzes bedeutet die Einhaltung bestimmter Sicherheitsstandards, die die Verfügbarkeit, Unversehrtheit oder Vertraulichkeit von Informationen betreffen, durch Sicherheitsvorkehrungen

1. in informationstechnischen Systemen, Komponenten oder Prozessen oder

2. bei der Anwendung von informationstechnischen Systemen, Komponenten oder Prozessen.

(3) Kommunikationstechnik des Bundes im Sinne dieses Gesetzes ist die Informationstechnik, die von einer oder mehreren Bundesbehörden oder im Auftrag einer oder mehrerer Bundesbehörden betrieben wird und der Kommunikation oder dem Datenaustausch der Bundesbehörden untereinander oder mit Dritten dient. Kommunikationstechnik der Bundesgerichte, soweit sie nicht öffentlich-rechtliche Verwaltungsaufgaben wahrnehmen, des Bundestages, des Bundesrates, des Bundespräsidenten und des Bundesrechnungshofes ist nicht Kommunikationstechnik des Bundes, soweit sie ausschließlich in deren eigener Zuständigkeit betrieben wird.

(4) Schnittstellen der Kommunikationstechnik des Bundes im Sinne dieses Gesetzes sind sicherheitsrelevante Netzwerkübergänge innerhalb der Kommunikationstechnik des Bundes sowie zwischen dieser und der Informationstechnik der einzelnen Bundesbehörden, Gruppen von Bundesbehörden oder Dritter. Dies gilt nicht für die Komponenten an den Netzwerkübergängen, die in eigener Zuständigkeit der in Absatz 3 Satz 2 genannten Gerichte und Verfassungsorgane betrieben werden.

(5) Schadprogramme im Sinne dieses Gesetzes sind Programme und sonstige informationstechnische Routinen und Verfahren, die dem Zweck dienen, unbefugt Daten zu nutzen oder zu löschen oder die dem Zweck dienen, unbefugt auf sonstige informationstechnische Abläufe einzuwirken.

(6) Sicherheitslücken im Sinne dieses Gesetzes sind Eigenschaften von Programmen oder sonstigen informationstechnischen Systemen, durch deren Ausnutzung es möglich ist, dass sich Dritte gegen den Willen des Berechtigten Zugang zu fremden informationstechnischen Systemen verschaffen oder die Funktion der informationstechnischen Systeme beeinflussen können.

(7) Zertifizierung im Sinne dieses Gesetzes ist die Feststellung durch eine Zertifizierungsstelle, dass ein Produkt, ein Prozess, ein System, ein Schutzprofil (Sicherheitszertifizierung), eine Person (Personenzertifizierung) oder ein IT-Sicherheitsdienstleister bestimmte Anforderungen erfüllt.

(8) Protokolldaten im Sinne dieses Gesetzes sind Steuerdaten eines informationstechnischen Protokolls zur Datenübertragung, die unabhängig vom Inhalt eines Kommunikationsvorgangs übertragen oder auf den am Kommunikationsvorgang beteiligten Servern gespeichert werden und zur Gewährleistung der Kommunikation zwischen Empfänger und Sender notwendig sind. Protokolldaten können Verkehrsdaten gemäß § 3 Nummer 30 des Telekommunikationsgesetzes und Nutzungsdaten nach § 15 Absatz 1 des Telemediengesetzes enthalten.

(9) Datenverkehr im Sinne dieses Gesetzes sind die mittels technischer Protokolle übertragenen Daten. Der Datenverkehr kann Telekommunikationsinhalte nach § 88 Absatz 1 des Telekommunikationsgesetzes und Nutzungsdaten nach § 15 Absatz 1 des Telemediengesetzes enthalten.

(10) Kritische Infrastrukturen im Sinne dieses Gesetzes sind Einrichtungen, Anlagen oder Teile davon, die

1. den Sektoren Energie, Informationstechnik und Telekommunikation, Transport und Verkehr, Gesundheit, Wasser, Ernährung sowie Finanz- und Versicherungswesen angehören und

2. von hoher Bedeutung für das Funktionieren des Gemeinwesens sind, weil durch ihren Ausfall oder ihre Beeinträchtigung erhebliche Versorgungsengpässe oder Gefährdungen für die öffentliche Sicherheit eintreten würden.

Die Kritischen Infrastrukturen im Sinne dieses Gesetzes werden durch die Rechtsverordnung nach § 10 Absatz 1 näher bestimmt.

(11) Digitale Dienste im Sinne dieses Gesetzes sind Dienste im Sinne von Artikel 1 Absatz 1 Buchstabe b der Richtlinie (EU) 2015/1535 des Europäischen Parlaments und des Rates vom 9. September 2015 über ein Informationsverfahren auf dem Gebiet der technischen Vorschriften und der Vorschriften für die Dienste der Informationsgesellschaft (ABl. L 241 vom 17.9.2015, S. 1), und die

1. es Verbrauchern oder Unternehmern im Sinne des Artikels 4 Absatz 1 Buchstabe a beziehungsweise Buchstabe b der Richtlinie 2013/11/EU des Europäischen Parlaments und des Rates vom 21. Mai 2013 über die alternative Beilegung verbraucherrechtlicher Streitigkeiten und zur Änderung der Verordnung (EG) Nr. 2006/2004 und der Richtlinie 2009/22/EG (Richtlinie über alternative Streitbeilegung in Verbraucherangelegenheiten) (ABl. L 165 vom 18.6.2013, S. 63) ermöglichen, Kaufverträge oder Dienstleistungsverträge mit Unternehmern entweder auf der Webseite dieser Dienste oder auf der Webseite eines Unternehmers, die von diesen Diensten bereitgestellte Rechendienste verwenden, abzuschließen (Online-Marktplätze);

2. es Nutzern ermöglichen, Suchen grundsätzlich auf allen Webseiten oder auf Webseiten in einer bestimmten Sprache anhand einer Abfrage zu einem beliebigen Thema in Form eines Stichworts, einer Wortgruppe oder einer anderen Eingabe vorzunehmen, die daraufhin Links anzeigen, über die der Abfrage entsprechende Inhalte abgerufen werden können (Online-Suchmaschinen);

3. den Zugang zu einem skalierbaren und elastischen Pool gemeinsam nutzbarer Rechenressourcen ermöglichen (Cloud-Computing-Dienste),

und nicht zum Schutz grundlegender staatlicher Funktionen eingerichtet worden sind oder für diese genutzt werden.

(12) „Anbieter digitaler Dienste" im Sinne dieses Gesetzes ist eine juristische Person, die einen digitalen Dienst anbietet.

§ 8a – Sicherheit in der Informationstechnik Kritischer Infrastrukturen

(1) Betreiber Kritischer Infrastrukturen sind verpflichtet, spätestens zwei Jahre nach Inkrafttreten der Rechtsverordnung nach § 10 Absatz 1 angemessene organisatorische und technische Vorkehrungen zur Vermeidung von Störungen der Verfügbarkeit, Integrität, Authentizität und Vertraulichkeit ihrer informationstechnischen Systeme, Komponenten oder Prozesse zu treffen, die für die Funktionsfähigkeit der von ihnen betriebenen Kritischen Infrastrukturen maßgeblich sind. Dabei soll der Stand der Technik eingehalten werden. Organisatorische und technische Vorkehrungen sind angemessen, wenn der dafür erforderliche Aufwand nicht außer Verhältnis zu den Folgen eines Ausfalls oder einer Beeinträchtigung der betroffenen Kritischen Infrastruktur steht.

(2) Betreiber Kritischer Infrastrukturen und ihre Branchenverbände können branchenspezifische Sicherheitsstandards zur Gewährleistung der Anforderungen nach Absatz 1 vorschlagen. Das Bundesamt stellt auf Antrag fest, ob diese geeignet sind, die Anforderungen nach Absatz 1 zu gewährleisten. Die Feststellung erfolgt

1. im Benehmen mit dem Bundesamt für Bevölkerungsschutz und Katastrophenhilfe,

2. im Einvernehmen mit der zuständigen Aufsichtsbehörde des Bundes oder im Benehmen mit der sonst zuständigen Aufsichtsbehörde.

(3) Die Betreiber Kritischer Infrastrukturen haben mindestens alle zwei Jahre die Erfüllung der Anforderungen nach Absatz 1 auf geeignete Weise nachzuweisen. Der Nachweis kann durch Sicherheitsaudits, Prüfungen oder Zertifizierungen erfolgen. Die Betreiber übermitteln dem Bundesamt die Ergebnisse der durchgeführten Audits, Prüfungen oder Zertifizierungen einschließlich der dabei aufgedeckten Sicherheitsmängel. Das Bundesamt kann die Vorlage der Dokumentation, die der Überprüfung zugrunde gelegt wurde, verlangen. Es kann bei Sicherheitsmängeln im Einvernehmen mit der zuständigen Aufsichtsbehörde des Bundes oder im Benehmen mit der sonst zuständigen Aufsichtsbehörde die Beseitigung der Sicherheitsmängel verlangen.

(4) Das Bundesamt kann beim Betreiber Kritischer Infrastrukturen die Einhaltung der Anforderungen nach Absatz 1 überprüfen; es kann sich bei der Durchführung der Überprüfung eines qualifizierten unabhängigen Dritten bedienen. Der Betreiber Kritischer Infrastrukturen hat dem Bundesamt und den in dessen Auftrag handelnden Personen zum Zweck der Überprüfung das Betreten der Geschäfts- und Betriebsräume während der üblichen Betriebszeiten zu gestatten und auf Verlangen die in Betracht kommenden Aufzeichnungen, Schriftstücke und sonstigen Unterlagen in geeigneter Weise vorzulegen, Auskunft zu erteilen und die erforderliche Unterstützung zu gewähren. Für die Überprüfung erhebt das Bundesamt Ge-

bühren und Auslagen bei dem jeweiligen Betreiber Kritischer Infrastrukturen nur, sofern das Bundesamt auf Grund von Anhaltspunkten tätig geworden ist, die berechtigte Zweifel an der Einhaltung der Anforderungen nach Absatz 1 begründeten.

(5) Das Bundesamt kann zur Ausgestaltung des Verfahrens der Sicherheitsaudits, Prüfungen und Zertifizierungen nach Absatz 3 Anforderungen an die Art und Weise der Durchführung, an die hierüber auszustellenden Nachweise sowie fachliche und organisatorische Anforderungen an die prüfende Stelle nach Anhörung von Vertretern der betroffenen Betreiber und der betroffenen Wirtschaftsverbände festlegen.

§ 8b – Zentrale Stelle für die Sicherheit in der Informationstechnik Kritischer Infrastrukturen

(1) Das Bundesamt ist die zentrale Meldestelle für Betreiber Kritischer Infrastrukturen in Angelegenheiten der Sicherheit in der Informationstechnik.

(2) Das Bundesamt hat zur Wahrnehmung dieser Aufgabe

1. die für die Abwehr von Gefahren für die Sicherheit in der Informationstechnik wesentlichen Informationen zu sammeln und auszuwerten, insbesondere Informationen zu Sicherheitslücken, zu Schadprogrammen, zu erfolgten oder versuchten Angriffen auf die Sicherheit in der Informationstechnik und zu der dabei beobachteten Vorgehensweise,

2. deren potentielle Auswirkungen auf die Verfügbarkeit der Kritischen Infrastrukturen in Zusammenarbeit mit den zuständigen Aufsichtsbehörden und dem Bundesamt für Bevölkerungsschutz und Katastrophenhilfe zu analysieren,

3. das Lagebild bezüglich der Sicherheit in der Informationstechnik der Kritischen Infrastrukturen kontinuierlich zu aktualisieren und

4. unverzüglich

   a) die Betreiber Kritischer Infrastrukturen über sie betreffende Informationen nach den Nummern 1 bis 3,

   b) die zuständigen Aufsichtsbehörden und die sonst zuständigen Behörden des Bundes über die zur Erfüllung ihrer Aufgaben erforderlichen Informationen nach den Nummern 1 bis 3,

   c) die zuständigen Aufsichtsbehörden der Länder oder die zu diesem Zweck dem Bundesamt von den Ländern als zentrale Kontaktstellen benannten Behörden über die zur Erfüllung ihrer Aufgaben erforderlichen Informationen nach den Nummern 1 bis 3 sowie

   d) die zuständigen Behörden eines anderen Mitgliedstaats der Europäischen Union über nach Absatz 4 oder nach vergleichbaren Regelungen gemeldete erhebliche Störungen, die Auswirkungen in diesem Mitgliedstaat haben,

zu unterrichten.

(3) Die Betreiber Kritischer Infrastrukturen haben dem Bundesamt binnen sechs Monaten nach Inkrafttreten der Rechtsverordnung nach § 10 Absatz 1 eine Kontaktstelle für die von ihnen betriebenen Kritischen Infrastrukturen zu benennen. Die Betreiber haben sicherzustellen, dass sie hierüber jederzeit erreichbar sind. Die Übermittlung von Informationen durch das Bundesamt nach Absatz 2 Nummer 4 erfolgt an diese Kontaktstelle.

(4) Betreiber Kritischer Infrastrukturen haben die folgenden Störungen unverzüglich über die Kontaktstelle an das Bundesamt zu melden:

1. Störungen der Verfügbarkeit, Integrität, Authentizität und Vertraulichkeit ihrer informationstechnischen Systeme, Komponenten oder Prozesse, die zu einem Ausfall oder zu einer erheblichen Beeinträchtigung der Funktionsfähigkeit der von ihnen betriebenen Kritischen Infrastrukturen geführt haben,

2. erhebliche Störungen der Verfügbarkeit, Integrität, Authentizität und Vertraulichkeit ihrer informationstechnischen Systeme, Komponenten oder Prozesse, die zu einem Ausfall oder zu einer erheblichen Beeinträchtigung der Funktionsfähigkeit der von ihnen betriebenen Kritischen Infrastrukturen führen können.

Die Meldung muss Angaben zu der Störung, zu möglichen grenzübergreifenden Auswirkungen sowie zu den technischen Rahmenbedingungen, insbesondere der vermuteten oder tatsächlichen Ursache, der betroffenen Informationstechnik, der Art der betroffenen Einrichtung oder Anlage sowie zur erbrachten kritischen Dienstleistung und zu den Auswirkungen der Störung auf diese Dienstleistung enthalten. Die Nennung des Betreibers ist nur dann erforderlich, wenn die Störung tatsächlich zu einem Ausfall oder einer Beeinträchtigung der Funktionsfähigkeit der Kritischen Infrastruktur geführt hat.

(5) Zusätzlich zu ihrer Kontaktstelle nach Absatz 3 können Betreiber Kritischer Infrastrukturen, die dem gleichen Sektor angehören, eine gemeinsame übergeordnete Ansprechstelle benennen. Wurde eine solche benannt, erfolgt der Informationsaustausch zwischen den Kontaktstellen und dem Bundesamt in der Regel über die gemeinsame Ansprechstelle.

(6) Soweit erforderlich kann das Bundesamt vom Hersteller der betroffenen informationstechnischen Produkte und Systeme die Mitwirkung an der Beseitigung oder Vermeidung einer Störung nach Absatz 4 verlangen. Satz 1 gilt für Störungen bei Betreibern und Genehmigungsinhabern im Sinne von § 8c Absatz 3 entsprechend.

(7) Soweit im Rahmen dieser Vorschrift personenbezogene Daten erhoben, verarbeitet oder genutzt werden, ist eine über die vorstehenden Absätze hinausgehende Verarbeitung und Nutzung zu anderen Zwecken unzulässig. § 5 Absatz 7 Satz 3 bis 8 ist entsprechend anzuwenden. Im Übrigen sind die Regelungen des Bundesdatenschutzgesetzes anzuwenden.

§ 8c – Besondere Anforderungen an Anbieter digitaler Dienste

(1) Anbieter digitaler Dienste haben geeignete und verhältnismäßige technische und organisatorische Maßnahmen zu treffen, um Risiken für die Sicherheit der Netz- und Informationssysteme, die sie zur Bereitstellung der digitalen Dienste innerhalb der Europäischen Union nutzen, zu bewältigen. Sie haben Maßnahmen zu treffen, um den Auswirkungen von Sicherheitsvorfällen auf innerhalb der Europäischen Union erbrachte digitale Dienste vorzubeugen oder die Auswirkungen so gering wie möglich zu halten.

(2) Maßnahmen zur Bewältigung von Risiken für die Sicherheit der Netz- und Informationssysteme nach Absatz 1 Satz 1 müssen unter Berücksichtigung des Stands der Technik ein Sicherheitsniveau der Netz- und Informationssysteme gewährleisten, das dem bestehenden Risiko angemessen ist. Dabei ist folgenden Aspekten Rechnung zu tragen:

1. der Sicherheit der Systeme und Anlagen,

2. der Erkennung, Analyse und Eindämmung von Sicherheitsvorfällen,

3. dem Betriebskontinuitätsmanagement,

4. der Überwachung, Überprüfung und Erprobung,

5. der Einhaltung internationaler Normen.

Die notwendigen Maßnahmen werden durch Durchführungsrechtsakte der Kommission nach Artikel 16 Absatz 8 der Richtlinie (EU) 2016/1148 näher bestimmt.

(3) Anbieter digitaler Dienste haben jeden Sicherheitsvorfall, der erhebliche Auswirkungen auf die Bereitstellung eines von ihnen innerhalb der Europäischen Union erbrachten digitalen Dienstes hat, unverzüglich dem Bundesamt zu melden. Die Voraussetzungen, nach denen Auswirkungen eines Sicherheitsvorfalls erheblich sind, werden durch Durchführungsakte der Kommission nach Artikel 16 Absatz 8 der Richtlinie (EU) 2016/1148 unter Berücksichtigung insbesondere der folgenden Parameter näher bestimmt:

1. die Zahl der von dem Sicherheitsvorfall betroffenen Nutzer, insbesondere der Nutzer, die den Dienst für die Bereitstellung ihrer eigenen Dienste benötigen,

2. die Dauer des Sicherheitsvorfalls,

3. das von dem Sicherheitsvorfall betroffene geographische Gebiet,

4. das Ausmaß der Unterbrechung der Bereitstellung des Dienstes,

5. das Ausmaß der Auswirkungen auf wirtschaftliche und gesellschaftliche Tätigkeiten.

Die Pflicht zur Meldung eines Sicherheitsvorfalls entfällt, wenn der Anbieter keinen ausreichenden Zugang zu den Informationen hat, die erforderlich sind, um die Auswirkung eines Sicherheitsvorfalls gemessen an den Parametern nach Satz 2 zu bewerten. Für den Inhalt der Meldungen gilt § 8b Absatz 3 entsprechend, soweit nicht Durchführungsakte der Kommission nach Artikel 16 Absatz 9 der Richtlinie (EU) 2016/1148 etwas anderes bestimmen. Über nach Satz 1 gemeldete Sicherheitsvorfälle, die Auswirkungen in einem anderen Mitgliedstaat der Europäischen Union haben, hat das Bundesamt die zuständige Behörde dieses Mitgliedstaats zu unterrichten.

(4) Liegen Anhaltspunkte dafür vor, dass ein Anbieter digitaler Dienste die Anforderungen des Absatzes 1 in Verbindung mit den Durchführungsrechtsakten der Kommission nach Artikel 16 Absatz 8 der Richtlinie (EU) 2016/1148 und des Absatzes 2 in Verbindung mit den Durchführungsrechtsakten der Kommission nach Artikel 16 Absatz 9 der Richtlinie (EU) 2016/1148 nicht erfüllt, kann das Bundesamt von dem Anbieter digitaler Dienste folgende Maßnahmen verlangen:

1. die Übermittlung der zur Beurteilung der Sicherheit seiner Netz- und Informationssysteme erforderlichen Informationen, einschließlich Nachweisen über ergriffene Sicherheitsmaßnahmen,

2. die Beseitigung von Mängeln bei der Erfüllung der in den Absätzen 1 und 2 bestimmten Anforderungen.

Die Anhaltspunkte können sich auch aus Feststellungen ergeben, die dem Bundesamt von den zuständigen Behörden eines anderen Mitgliedstaats der Europäischen Union vorgelegt werden.

(5) Hat ein Anbieter digitaler Dienste seine Hauptniederlassung, einen Vertreter oder Netz- und Informationssysteme in einem anderen Mitgliedstaat der Europäischen Union, so arbeitet das Bundesamt bei der Erfüllung der Aufgaben nach Absatz 4 mit der zuständigen Behörde dieses Mitgliedstaats zusammen. Diese Zusammenarbeit kann das Ersuchen umfassen, die Maßnahmen in Absatz 4 Satz 1 Nummer 1 und 2 zu ergreifen.

§ 14 – Bußgeldvorschriften

(1) Ordnungswidrig handelt, wer vorsätzlich oder fahrlässig

1. entgegen § 8a Absatz 1 Satz 1 in Verbindung mit einer Rechtsverordnung nach § 10 Absatz 1 Satz 1 eine dort genannte Vorkehrung nicht, nicht richtig, nicht vollständig oder nicht rechtzeitig trifft,

2. einer vollziehbaren Anordnung nach § 8a Absatz 3 Satz 5 zuwiderhandelt,

3. entgegen § 8b Absatz 3 Satz 1 in Verbindung mit einer Rechtsverordnung nach § 10 Absatz 1 Satz 1 eine Kontaktstelle nicht oder nicht rechtzeitig benennt,

4. entgegen § 8b Absatz 4 Satz 1 Nummer 2 eine Meldung nicht, nicht richtig, nicht vollständig oder nicht rechtzeitig macht,

5. entgegen § 8c Absatz 1 Satz 1 eine dort genannte Maßnahme nicht trifft,

6. entgegen § 8c Absatz 3 Satz 1 eine Meldung nicht, nicht richtig, nicht vollständig oder nicht rechtzeitig vornimmt oder

7. einer vollziehbaren Anordnung nach § 8c Absatz 4

   a) Nummer 1 oder

   b) Nummer 2

zuwiderhandelt.

(2) Die Ordnungswidrigkeit kann in den Fällen des Absatzes 1 Nummer 2 Buchstabe b mit einer Geldbuße bis zu hunderttausend Euro, in den übrigen Fällen des Absatzes 1 mit einer Geldbuße bis zu fünfzigtausend Euro geahndet werden. In den Fällen des Absatzes 1 Nummer 5 bis 7 wird die Ordnungswidrigkeit nur geahndet, wenn der Anbieter digitaler Dienste seine Hauptniederlassung nicht in einem anderen Mitgliedstaat der Europäischen Union hat oder, soweit er nicht in einem anderen Mitgliedstaat der Europäischen Union niedergelassen ist, dort einen Vertreter benannt hat und in diesem Mitgliedstaat dieselben digitalen Dienste anbietet.

(3) Verwaltungsbehörde im Sinne des § 36 Absatz 1 Nummer 1 des Gesetzes über Ordnungswidrigkeiten ist das Bundesamt.

IX. DSGVO – Datenschutz-Grundverordnung

Artikel 2 – Sachlicher Anwendungsbereich

(1) Diese Verordnung gilt für die ganz oder teilweise automatisierte Verarbeitung personenbezogener Daten sowie für die nichtautomatisierte Verarbeitung personenbezogener Daten, die in einem Dateisystem gespeichert sind oder gespeichert werden sollen.

(2) Diese Verordnung findet keine Anwendung auf die Verarbeitung personenbezogener Daten

a) im Rahmen einer Tätigkeit, die nicht in den Anwendungsbereich des Unionsrechts fällt,

b) durch die Mitgliedstaaten im Rahmen von Tätigkeiten, die in den Anwendungsbereich von Titel V Kapitel 2 EUV fallen,

c) durch natürliche Personen zur Ausübung ausschließlich persönlicher oder familiärer Tätigkeiten,

d) durch die zuständigen Behörden zum Zwecke der Verhütung, Ermittlung, Aufdeckung oder Verfolgung von Straftaten oder der Strafvollstreckung, einschließlich des Schutzes vor und der Abwehr von Gefahren für die öffentliche Sicherheit.

(3) Für die Verarbeitung personenbezogener Daten durch die Organe, Einrichtungen, Ämter und Agenturen der Union gilt die Verordnung (EG) Nr. 45/2001. Die Verordnung (EG) Nr. 45/2001 und sonstige Rechtsakte der Union, die diese Verarbeitung personenbezogener Daten regeln, werden im Einklang mit Artikel 98 an die Grundsätze und Vorschriften der vorliegenden Verordnung angepasst.

(4) Die vorliegende Verordnung lässt die Anwendung der Richtlinie 2000/31/EG und speziell die Vorschriften der Artikel 12 bis 15 dieser Richtlinie zur Verantwortlichkeit der Vermittler unberührt.

Artikel 3 – Räumlicher Anwendungsbereich

(1) Diese Verordnung findet Anwendung auf die Verarbeitung personenbezogener Daten, soweit diese im Rahmen der Tätigkeiten einer Niederlassung eines Verantwortlichen oder eines Auftragsverarbeiters in der Union erfolgt, unabhängig davon, ob die Verarbeitung in der Union stattfindet.

(2) Diese Verordnung findet Anwendung auf die Verarbeitung personenbezogener Daten von betroffenen Personen, die sich in der Union befinden, durch einen nicht in der Union niedergelassenen Verantwortlichen oder Auftragsverarbeiter, wenn die Datenverarbeitung im Zusammenhang damit steht

a) betroffenen Personen in der Union Waren oder Dienstleistungen anzubieten, unabhängig davon, ob von diesen betroffenen Personen eine Zahlung zu leisten ist;

b) das Verhalten betroffener Personen zu beobachten, soweit ihr Verhalten in der Union erfolgt.

(3) Diese Verordnung findet Anwendung auf die Verarbeitung personenbezogener Daten durch einen nicht in der Union niedergelassenen Verantwortlichen an einem Ort, der aufgrund Völkerrechts dem Recht eines Mitgliedstaats unterliegt.

Artikel 4 – Begriffsbestimmungen

Im Sinne dieser Verordnung bezeichnet der Ausdruck:

1. „personenbezogene Daten" alle Informationen, die sich auf eine identifizierte oder identifizierbare natürliche Person (im Folgenden „betroffene Person") beziehen; als identifizierbar wird eine natürliche Person angesehen, die direkt oder indirekt, insbesondere mittels Zuordnung zu einer Kennung wie einem Namen, zu einer Kennnummer, zu Standortdaten, zu einer Online-Kennung oder zu einem oder mehreren besonderen Merkmalen, die Ausdruck der physischen, physiologischen, genetischen, psychischen, wirtschaftlichen, kulturellen oder sozialen Identität dieser natürlichen Person sind, identifiziert werden kann;

   [...]

7. „Verantwortlicher" die natürliche oder juristische Person, Behörde, Einrichtung oder andere Stelle, die allein oder gemeinsam mit anderen über die Zwecke und Mittel der Ver-

arbeitung von personenbezogenen Daten entscheidet; sind die Zwecke und Mittel dieser Verarbeitung durch das Unionsrecht oder das Recht der Mitgliedstaaten vorgegeben, so kann der Verantwortliche beziehungsweise können die bestimmten Kriterien seiner Benennung nach dem Unionsrecht oder dem Recht der Mitgliedstaaten vorgesehen werden;

8. „Auftragsverarbeiter" eine natürliche oder juristische Person, Behörde, Einrichtung oder andere Stelle, die personenbezogene Daten im Auftrag des Verantwortlichen verarbeitet;

[…]

12. „Verletzung des Schutzes personenbezogener Daten" eine Verletzung der Sicherheit, die, ob unbeabsichtigt oder unrechtmäßig, zur Vernichtung, zum Verlust, zur Veränderung, oder zur unbefugten Offenlegung von beziehungsweise zum unbefugten Zugang zu personenbezogenen Daten führt, die übermittelt, gespeichert oder auf sonstige Weise verarbeitet wurden;

[…]

Artikel 25 – Datenschutz durch Technikgestaltung und durch datenschutzfreundliche Voreinstellungen

(1) Unter Berücksichtigung des Stands der Technik, der Implementierungskosten und der Art, des Umfangs, der Umstände und der Zwecke der Verarbeitung sowie der unterschiedlichen Eintrittswahrscheinlichkeit und Schwere der mit der Verarbeitung verbundenen Risiken für die Rechte und Freiheiten natürlicher Personen trifft der Verantwortliche sowohl zum Zeitpunkt der Festlegung der Mittel für die Verarbeitung als auch zum Zeitpunkt der eigentlichen Verarbeitung geeignete technische und organisatorische Maßnahmen – wie z.B. Pseudonymisierung – trifft, die dafür ausgelegt sind, die Datenschutzgrundsätze wie etwa Datenminimierung wirksam umzusetzen und die notwendigen Garantien in die Verarbeitung aufzunehmen, um den Anforderungen dieser Verordnung zu genügen und die Rechte der betroffenen Personen zu schützen.

(2) Der Verantwortliche trifft geeignete technische und organisatorische Maßnahmen, die sicherstellen, dass durch Voreinstellung grundsätzlich nur personenbezogene Daten, deren Verarbeitung für den jeweiligen bestimmten Verarbeitungszweck erforderlich ist, verarbeitet werden. Diese Verpflichtung gilt für die Menge der erhobenen personenbezogenen Daten, den Umfang ihrer Verarbeitung, ihre Speicherfrist und ihre Zugänglichkeit. Solche Maßnahmen müssen insbesondere sicherstellen, dass personenbezogene Daten durch Voreinstellungen nicht ohne Eingreifen der Person einer unbestimmten Zahl von natürlichen Personen zugänglich gemacht werden.

(3) Ein genehmigtes Zertifizierungsverfahren gemäß Artikel 42 kann als Faktor herangezogen werden, um die Erfüllung der in den Absätzen 1 und 2 des vorliegenden Artikels genannten Anforderungen nachzuweisen.

Artikel 32 – Sicherheit der Verarbeitung

(1) Unter Berücksichtigung des Stands der Technik, der Implementierungskosten und der Art, des Umfangs, der Umstände und der Zwecke der Verarbeitung sowie der unterschiedlichen Eintrittswahrscheinlichkeit und Schwere des Risikos für die Rechte und Freiheiten natürlicher Personen treffen der Verantwortliche und der Auftragsverarbeiter geeignete technische und organisatorische Maßnahmen, um ein dem Risiko angemessenes Schutzniveau zu gewährleisten; diese Maßnahmen schließen unter anderem Folgendes ein:

a) die Pseudonymisierung und Verschlüsselung personenbezogener Daten;

b) die Fähigkeit, die Vertraulichkeit, Integrität, Verfügbarkeit und Belastbarkeit der Systeme und Dienste im Zusammenhang mit der Verarbeitung auf Dauer sicherzustellen;

c) die Fähigkeit, die Verfügbarkeit der personenbezogenen Daten und den Zugang zu ihnen bei einem physischen oder technischen Zwischenfall rasch wiederherzustellen;

d) ein Verfahren zur regelmäßigen Überprüfung, Bewertung und Evaluierung der Wirksamkeit der technischen und organisatorischen Maßnahmen zur Gewährleistung der Sicherheit der Verarbeitung.

(2) Bei der Beurteilung des angemessenen Schutzniveaus sind insbesondere die Risiken zu berücksichtigen, die mit der Verarbeitung verbunden sind, insbesondere durch – ob unbeabsichtigt oder unrechtmäßig – Vernichtung, Verlust, Veränderung oder unbefugte Offenlegung von beziehungsweise unbefugten Zugang zu personenbezogenen Daten, die übermittelt, gespeichert oder auf andere Weise verarbeitet wurden.

(3) Die Einhaltung genehmigter Verhaltensregeln gemäß Artikel 40 oder eines genehmigten Zertifizierungsverfahrens gemäß Artikel 42 kann als Faktor herangezogen werden, um die Erfüllung der in Absatz 1 des vorliegenden Artikels genannten Anforderungen nachzuweisen.

(4) Der Verantwortliche und der Auftragsverarbeiter unternehmen Schritte, um sicherzustellen, dass ihnen unterstellte natürliche Personen, die Zugang zu personenbezogenen Daten haben, diese nur auf Anweisung des Verantwortlichen verarbeiten, es sei denn, sie sind nach dem Recht der Union oder der Mitgliedstaaten zur Verarbeitung verpflichtet.

Artikel 33 – Meldung von Verletzungen des Schutzes personenbezogener Daten an die Aufsichtsbehörde

(1) Im Falle einer Verletzung des Schutzes personenbezogener Daten meldet der Verantwortliche unverzüglich und möglichst binnen 72 Stunden, nachdem ihm die Verletzung bekannt wurde, diese der gemäß Artikel 51 zuständigen Aufsichtsbehörde, es sei denn, dass die Verletzung des Schutzes personenbezogener Daten voraussichtlich nicht zu einem Risiko für die Rechte und Freiheiten natürlicher Personen führt. Erfolgt die Meldung an die Aufsichtsbehörde nicht binnen 72 Stunden, so ist ihr eine Begründung für die Verzögerung beizufügen.

(2) Wenn dem Auftragsverarbeiter eine Verletzung des Schutzes personenbezogener Daten bekannt wird, meldet er diese dem Verantwortlichen unverzüglich.

(3) Die Meldung gemäß Absatz 1 enthält zumindest folgende Informationen:

a) eine Beschreibung der Art der Verletzung des Schutzes personenbezogener Daten, soweit möglich mit Angabe der Kategorien und der ungefähren Zahl der betroffenen Personen, der betroffenen Kategorien und der ungefähren Zahl der betroffenen personenbezogenen Datensätze;

b) den Namen und die Kontaktdaten des Datenschutzbeauftragten oder einer sonstigen Anlaufstelle für weitere Informationen;

c) eine Beschreibung der wahrscheinlichen Folgen der Verletzung des Schutzes personenbezogener Daten;

d) eine Beschreibung der von dem Verantwortlichen ergriffenen oder vorgeschlagenen Maßnahmen zur Behebung der Verletzung des Schutzes personenbezogener Daten und gegebenenfalls Maßnahmen zur Abmilderung ihrer möglichen nachteiligen Auswirkungen.

(4) Wenn und soweit die Informationen nicht zur gleichen Zeit bereitgestellt werden können, kann der Verantwortliche diese Informationen ohne unangemessene weitere Verzögerung schrittweise zur Verfügung stellen.

(5) Der Verantwortliche dokumentiert Verletzungen des Schutzes personenbezogener Daten einschließlich aller im Zusammenhang mit der Verletzung des Schutzes personenbezogener Daten stehenden Fakten, von deren Auswirkungen und der ergriffenen Abhilfemaßnahmen. Diese Dokumentation muss der Aufsichtsbehörde die Überprüfung der Einhaltung der Bestimmungen dieses Artikels ermöglichen.

Artikel 34 – Benachrichtigung der von einer Verletzung des Schutzes personenbezogener Daten betroffenen Person

(1) Hat die Verletzung des Schutzes personenbezogener Daten voraussichtlich ein hohes Risiko für die persönlichen Rechte und Freiheiten natürlicher Personen zur Folge, so benachrichtigt der Verantwortliche die betroffene Person unverzüglich von der Verletzung.

(2) Die in Absatz 1 genannte Benachrichtigung der betroffenen Person beschreibt in klarer und einfacher Sprache die Art der Verletzung des Schutzes personenbezogener Daten und enthält zumindest die in Artikel 33 Absatz 3 Buchstaben b, c und d genannten Informationen und Maßnahmen.

(3) Die Benachrichtigung der betroffenen Person gemäß Absatz 1 ist nicht erforderlich, wenn eine der folgenden Bedingungen erfüllt ist:

a) der Verantwortliche geeignete technische und organisatorische Sicherheitsvorkehrungen getroffen hat und diese Vorkehrungen auf die von der Verletzung betroffenen personenbezogenen Daten angewandt wurden, insbesondere solche, durch die die personenbezogenen Daten für alle Personen, die nicht zum Zugang zu den personenbezogenen Daten befugt sind, unzugänglich gemacht werden, etwa durch Verschlüsselung;

b) der Verantwortliche durch nachfolgende Maßnahmen sichergestellt hat, dass das hohe Risiko für die Rechte und Freiheiten der betroffenen Personen gemäß Absatz 1 aller Wahrscheinlichkeit nach nicht mehr besteht;

c) dies mit einem unverhältnismäßigen Aufwand verbunden wäre. In diesem Fall hat stattdessen eine öffentliche Bekanntmachung oder eine ähnliche Maßnahme zu erfolgen, durch die die betroffenen Personen vergleichbar wirksam informiert werden.

(4) Wenn der Verantwortliche die betroffene Person nicht bereits über die Verletzung des Schutzes personenbezogener Daten benachrichtigt hat, kann die Aufsichtsbehörde unter Berücksichtigung der Wahrscheinlichkeit, mit der die Verletzung des Schutzes personenbezogener Daten zu einem hohen Risiko führt, von dem Verantwortlichen verlangen, dies nachzuholen, oder sie kann mit einem Beschluss feststellen, dass bestimmte der in Absatz 3 genannten Voraussetzungen erfüllt sind.

Artikel 35 – Datenschutz-Folgenabschätzung

(1) Hat eine Form der Verarbeitung, insbesondere bei Verwendung neuer Technologien, aufgrund der Art, des Umfangs, der Umstände und der Zwecke der Verarbeitung voraussichtlich ein hohes Risiko für die Rechte und Freiheiten natürlicher Personen zur Folge, so führt der Verantwortliche vorab eine Abschätzung der Folgen der vorgesehenen Verarbeitungsvorgänge für den Schutz personenbezogener Daten durch. Für die Untersuchung mehrerer ähnlicher Verarbeitungsvorgänge mit ähnlich hohen Risiken kann eine einzige Abschätzung vorgenommen werden.

(2) Der Verantwortliche holt bei der Durchführung einer Datenschutz-Folgenabschätzung den Rat des Datenschutzbeauftragten, sofern ein solcher benannt wurde, ein.

(3) Eine Datenschutz-Folgenabschätzung gemäß Absatz 1 ist insbesondere in folgenden Fällen erforderlich:

a) systematische und umfassende Bewertung persönlicher Aspekte natürlicher Personen, die sich auf automatisierte Verarbeitung einschließlich Profiling gründet und die ihrerseits als Grundlage für Entscheidungen dient, die Rechtswirkung gegenüber natürlichen Personen entfalten oder diese in ähnlich erheblicher Weise beeinträchtigen;

b) umfangreiche Verarbeitung besonderer Kategorien von personenbezogenen Daten gemäß Artikel 9 Absatz 1 oder von personenbezogenen Daten über strafrechtliche Verurteilungen und Straftaten gemäß Artikel 10 oder

c) systematische umfangreiche Überwachung öffentlich zugänglicher Bereiche.

(4) Die Aufsichtsbehörde erstellt eine Liste der Verarbeitungsvorgänge, für die gemäß Absatz 1 eine Datenschutz-Folgenabschätzung durchzuführen ist, und veröffentlicht diese. Die Aufsichtsbehörde übermittelt diese Listen dem in Artikel 68 genannten Ausschuss.

(5) Die Aufsichtsbehörde kann des Weiteren eine Liste der Arten von Verarbeitungsvorgängen erstellen und veröffentlichen, für die keine Datenschutz-Folgenabschätzung erforderlich ist. Die Aufsichtsbehörde übermittelt diese Listen dem Ausschuss.

(6) Vor Festlegung der in den Absätzen 4 und 5 genannten Listen wendet die zuständige Aufsichtsbehörde das Kohärenzverfahren gemäß Artikel 63 an, wenn solche Listen Verarbeitungstätigkeiten umfassen, die mit dem Angebot von Waren oder Dienstleistungen für betroffene Personen oder der Beobachtung des Verhaltens dieser Personen in mehreren Mitgliedstaaten im Zusammenhang stehen oder die den freien Verkehr personenbezogener Daten innerhalb der Union erheblich beeinträchtigen könnten.

(7) Die Folgenabschätzung enthält zumindest Folgendes:

a) eine systematische Beschreibung der geplanten Verarbeitungsvorgänge und der Zwecke der Verarbeitung, gegebenenfalls einschließlich der von dem Verantwortlichen verfolgten berechtigten Interessen;

b) eine Bewertung der Notwendigkeit und Verhältnismäßigkeit der Verarbeitungsvorgänge in Bezug auf den Zweck;

c) eine Bewertung der Risiken für die Rechte und Freiheiten der betroffenen Personen gemäß Absatz 1 und

d) die zur Bewältigung der Risiken geplanten Abhilfemaßnahmen, einschließlich Garantien, Sicherheitsvorkehrungen und Verfahren, durch die der Schutz personenbezogener Daten sichergestellt und der Nachweis dafür erbracht wird, dass diese Verordnung eingehalten wird, wobei den Rechten und berechtigten Interessen der betroffenen Personen und sonstiger Betroffener Rechnung getragen wird.

(8) Die Einhaltung genehmigter Verhaltensregeln gemäß Artikel 40 durch die zuständigen Verantwortlichen oder die zuständigen Auftragsverarbeiter ist bei der Beurteilung der Auswirkungen der von diesen durchgeführten Verarbeitungsvorgänge, insbesondere für die Zwecke einer Datenschutz-Folgenabschätzung, gebührend zu berücksichtigen.

(9) Der Verantwortliche holt gegebenenfalls den Standpunkt der betroffenen Personen oder ihrer Vertreter zu der beabsichtigten Verarbeitung unbeschadet des Schutzes gewerblicher oder öffentlicher Interessen oder der Sicherheit der Verarbeitungsvorgänge ein.

(10) Falls die Verarbeitung gemäß Artikel 6 Absatz 1 Buchstabe c oder e auf einer Rechtsgrundlage im Unionsrecht oder im Recht des Mitgliedstaats, dem der Verantwortliche unterliegt, beruht und falls diese Rechtsvorschriften den konkreten Verarbeitungsvorgang oder die konkreten Verarbeitungsvorgänge regeln und bereits im Rahmen der allgemeinen Folgenabschätzung im Zusammenhang mit dem Erlass dieser Rechtsgrundlage eine Datenschutz-Folgenabschätzung erfolgte, gelten die Absätze 1 bis 7 nur, wenn es nach dem Ermessen der Mitgliedstaaten erforderlich ist, vor den betreffenden Verarbeitungstätigkeiten eine solche Folgenabschätzung durchzuführen.

(11) Erforderlichenfalls führt der Verantwortliche eine Überprüfung durch, um zu bewerten, ob die Verarbeitung gemäß der Datenschutz-Folgenabschätzung durchgeführt wird; dies gilt zumindest, wenn hinsichtlich des mit den Verarbeitungsvorgängen verbundenen Risikos Änderungen eingetreten sind.

Artikel 37 – Benennung eines Datenschutzbeauftragten

(1) Der Verantwortliche und der Auftragsverarbeiter benennen auf jeden Fall einen Datenschutzbeauftragten, wenn

a) die Verarbeitung von einer Behörde oder öffentlichen Stelle durchgeführt wird, mit Ausnahme von Gerichten, die im Rahmen ihrer justiziellen Tätigkeit handeln,

b) die Kerntätigkeit des Verantwortlichen oder des Auftragsverarbeiters in der Durchführung von Verarbeitungsvorgängen besteht, welche aufgrund ihrer Art, ihres Umfangs und/oder ihrer Zwecke eine umfangreiche regelmäßige und systematische Überwachung von betroffenen Personen erforderlich machen, oder

c) die Kerntätigkeit des Verantwortlichen oder des Auftragsverarbeiters in der umfangreichen Verarbeitung besonderer Kategorien von Daten gemäß Artikel 9 oder von personenbezogenen Daten über strafrechtliche Verurteilungen und Straftaten gemäß Artikel 10 besteht.

(2) Eine Unternehmensgruppe darf einen gemeinsamen Datenschutzbeauftragten ernennen, sofern von jeder Niederlassung aus der Datenschutzbeauftragte leicht erreicht werden kann.

(3) Falls es sich bei dem Verantwortlichen oder dem Auftragsverarbeiter um eine Behörde oder öffentliche Stelle handelt, kann für mehrere solcher Behörden oder Stellen unter Berücksichtigung ihrer Organisationsstruktur und ihrer Größe ein gemeinsamer Datenschutzbeauftragter benannt werden.

(4) In anderen als den in Absatz 1 genannten Fällen können der Verantwortliche oder der Auftragsverarbeiter oder Verbände und andere Vereinigungen, die Kategorien von Verantwortlichen oder Auftragsverarbeitern vertreten, einen Datenschutzbeauftragten benennen; falls dies nach dem Recht der Union oder der Mitgliedstaaten vorgeschrieben ist, müssen sie einen solchen benennen. Der Datenschutzbeauftragte kann für derartige Verbände und andere Vereinigungen, die Verantwortliche oder Auftragsverarbeiter vertreten, handeln.

(5) Der Datenschutzbeauftragte wird auf der Grundlage seiner beruflichen Qualifikation und insbesondere des Fachwissens benannt, das er auf dem Gebiet des Datenschutzrechts und der Datenschutzpraxis besitzt, sowie auf der Grundlage seiner Fähigkeit zur Erfüllung der in Artikel 39 genannten Aufgaben.

(6) Der Datenschutzbeauftragte kann Beschäftigter des Verantwortlichen oder des Auftragsverarbeiters sein oder seine Aufgaben auf der Grundlage eines Dienstleistungsvertrags erfüllen.

(7) Der Verantwortliche oder der Auftragsverarbeiter veröffentlicht die Kontaktdaten des Datenschutzbeauftragten und teilt diese Daten der Aufsichtsbehörde mit.

Artikel 38 – Stellung des Datenschutzbeauftragten

(1) Der Verantwortliche und der Auftragsverarbeiter stellen sicher, dass der Datenschutzbeauftragte ordnungsgemäß und frühzeitig in alle mit dem Schutz personenbezogener Daten zusammenhängenden Fragen eingebunden wird.

(2) Der Verantwortliche und der Auftragsverarbeiter unterstützen den Datenschutzbeauftragten bei der Erfüllung seiner Aufgaben gemäß Artikel 39, indem sie die für die Erfüllung dieser Aufgaben erforderlichen Ressourcen und den Zugang zu personenbezogenen Daten und Verarbeitungsvorgängen sowie die zur Erhaltung seines Fachwissens erforderlichen Ressourcen zur Verfügung stellen.

(3) Der Verantwortliche und der Auftragsverarbeiter stellen sicher, dass der Datenschutzbeauftragte bei der Erfüllung seiner Aufgaben keine Anweisungen bezüglich der Ausübung dieser Aufgaben erhält. Der Datenschutzbeauftragte darf von dem Verantwortlichen oder dem Auftragsverarbeiter wegen der Erfüllung seiner Aufgaben nicht abberufen oder benachteiligt werden. Der Datenschutzbeauftragte berichtet unmittelbar der höchsten Managementebene des Verantwortlichen oder des Auftragsverarbeiters.

(4) Betroffene Personen können den Datenschutzbeauftragten zu allen mit der Verarbeitung ihrer personenbezogenen Daten und mit der Wahrnehmung ihrer Rechte gemäß dieser Verordnung im Zusammenhang stehenden Fragen zu Rate ziehen.

(5) Der Datenschutzbeauftragte ist nach dem Recht der Union oder der Mitgliedstaaten bei der Erfüllung seiner Aufgaben an die Wahrung der Geheimhaltung oder der Vertraulichkeit gebunden.

(6) Der Datenschutzbeauftragte kann andere Aufgaben und Pflichten wahrnehmen. Der Verantwortliche oder der Auftragsverarbeiter stellt sicher, dass derartige Aufgaben und Pflichten nicht zu einem Interessenkonflikt führen.

Artikel 39 – Aufgaben des Datenschutzbeauftragten

(1) Dem Datenschutzbeauftragten obliegen zumindest folgende Aufgaben:

a) Unterrichtung und Beratung des Verantwortlichen oder des Auftragsverarbeiters und der Beschäftigten, die Verarbeitungen durchführen, hinsichtlich ihrer Pflichten nach dieser Verordnung sowie nach sonstigen Datenschutzvorschriften der Union bzw. der Mitgliedstaaten;

b) Überwachung der Einhaltung dieser Verordnung, anderer Datenschutzvorschriften der Union bzw. der Mitgliedstaaten sowie der Strategien des Verantwortlichen oder des Auftragsverarbeiters für den Schutz personenbezogener Daten einschließlich der Zuweisung von Zuständigkeiten, der Sensibilisierung und Schulung der an den Verarbeitungsvorgängen beteiligten Mitarbeiter und der diesbezüglichen Überprüfungen;

c) Beratung – auf Anfrage – im Zusammenhang mit der Datenschutz-Folgenabschätzung und Überwachung ihrer Durchführung gemäß Artikel 35;

d) Zusammenarbeit mit der Aufsichtsbehörde;

e) Tätigkeit als Anlaufstelle für die Aufsichtsbehörde in mit der Verarbeitung zusammenhängenden Fragen, einschließlich der vorherigen Konsultation gemäß Artikel 36, und gegebenenfalls Beratung zu allen sonstigen Fragen.

(2) Der Datenschutzbeauftragte trägt bei der Erfüllung seiner Aufgaben dem mit den Verarbeitungsvorgängen verbundenen Risiko gebührend Rechnung, wobei er die Art, den Umfang, die Umstände und die Zwecke der Verarbeitung berücksichtigt.

Artikel 40 – Verhaltensregeln

(1) Die Mitgliedstaaten, die Aufsichtsbehörden, der Ausschuss und die Kommission fördern die Ausarbeitung von Verhaltensregeln, die nach Maßgabe der Besonderheiten der einzelnen Verarbeitungsbereiche und der besonderen Bedürfnisse von Kleinstunternehmen sowie kleinen und mittleren Unternehmen zur ordnungsgemäßen Anwendung dieser Verordnung beitragen sollen.

(2) Verbände und andere Vereinigungen, die Kategorien von Verantwortlichen oder Auftragsverarbeitern vertreten, können Verhaltensregeln ausarbeiten oder ändern oder erweitern, mit denen die Anwendung dieser Verordnung beispielsweise zu dem Folgenden präzisiert wird:

a) faire und transparente Verarbeitung;

b) die berechtigten Interessen des Verantwortlichen in bestimmten Zusammenhängen;

c) Erhebung personenbezogener Daten;

d) Pseudonymisierung personenbezogener Daten;

e) Unterrichtung der Öffentlichkeit und der betroffenen Personen;

f) Ausübung der Rechte betroffener Personen;

g) Unterrichtung und Schutz von Kindern und Art und Weise, in der die Einwilligung des Trägers der elterlichen Verantwortung für das Kind einzuholen ist;

h) die Maßnahmen und Verfahren gemäß den Artikeln 24 und 25 und die Maßnahmen für die Sicherheit der Verarbeitung gemäß Artikel 32;

i) die Meldung von Verletzungen des Schutzes personenbezogener Daten an Aufsichtsbehörden und die Benachrichtigung der betroffenen Person von solchen Verletzungen des Schutzes personenbezogener Daten;

j) die Übermittlung personenbezogener Daten an Drittländer oder an internationale Organisationen oder

k) außergerichtliche Verfahren und sonstige Streitbeilegungsverfahren zur Beilegung von Streitigkeiten zwischen Verantwortlichen und betroffenen Personen im Zusammenhang mit der Verarbeitung, unbeschadet der Rechte betroffener Personen gemäß den Artikeln 77 und 79.

(3) Zusätzlich zur Einhaltung durch die unter diese Verordnung fallenden Verantwortlichen oder Auftragsverarbeiter können Verhaltensregeln, die gemäß Absatz 5 des vorliegenden Artikels genehmigt wurden und gemäß Absatz 9 des vorliegenden Artikels allgemeine Gültigkeit besitzen, können auch von Verantwortlichen oder Auftragsverarbeitern, die gemäß Artikel 3 nicht unter diese Verordnung fallen, eingehalten werden, um geeignete Garantien im Rahmen der Übermittlung personenbezogener Daten an Drittländer oder internationale Or-

ganisationen nach Maßgabe des Artikels 46 Absatz 2 Buchstabe e zu bieten. Diese Verantwortlichen oder Auftragsverarbeiter gehen mittels vertraglicher oder sonstiger rechtlich bindender Instrumente die verbindliche und durchsetzbare Verpflichtung ein, die geeigneten Garantien anzuwenden, auch im Hinblick auf die Rechte der betroffenen Personen.

(4) Die Verhaltensregeln gemäß Absatz 2 des vorliegenden Artikels müssen Verfahren vorsehen, die es der in Artikel 41 Absatz 1 genannten Stelle ermöglichen, die obligatorische Überwachung der Einhaltung ihrer Bestimmungen durch die Verantwortlichen oder die Auftragsverarbeiter, die sich zur Anwendung der Verhaltensregeln verpflichten, vorzunehmen, unbeschadet der Aufgaben und Befugnisse der Aufsichtsbehörde, die nach Artikel 55 oder 56 zuständig ist.

(5) Verbände und andere Vereinigungen gemäß Absatz 2 des vorliegenden Artikels, die beabsichtigen, Verhaltensregeln auszuarbeiten oder bestehende Verhaltensregeln zu ändern oder zu erweitern, legen den Entwurf der Verhaltensregeln bzw. den Entwurf zu deren Änderung oder Erweiterung der Aufsichtsbehörde vor, die nach Artikel 55 zuständig ist. Die Aufsichtsbehörde gibt eine Stellungnahme darüber ab, ob der Entwurf der Verhaltensregeln bzw. der Entwurf zu deren Änderung oder Erweiterung mit dieser Verordnung vereinbar ist und genehmigt diesen Entwurf der Verhaltensregeln bzw. den Entwurf zu deren Änderung oder Erweiterung, wenn sie der Auffassung ist, dass er ausreichende geeignete Garantien bietet.

(6) Wird durch die Stellungnahme nach Absatz 5 der Entwurf der Verhaltensregeln bzw. der Entwurf zu deren Änderung oder Erweiterung genehmigt und beziehen sich die betreffenden Verhaltensregeln nicht auf Verarbeitungstätigkeiten in mehreren Mitgliedstaaten, so nimmt die Aufsichtsbehörde die Verhaltensregeln in ein Verzeichnis auf und veröffentlicht sie.

(7) Bezieht sich der Entwurf der Verhaltensregeln auf Verarbeitungstätigkeiten in mehreren Mitgliedstaaten, so legt die nach Artikel 55 zuständige Aufsichtsbehörde − bevor sie den Entwurf der Verhaltensregeln bzw. den Entwurf zu deren Änderung oder Erweiterung genehmigt − ihn nach dem Verfahren gemäß Artikel 63 dem Ausschuss vor, der zu der Frage Stellung nimmt, ob der Entwurf der Verhaltensregeln bzw. der Entwurf zu deren Änderung oder Erweiterung mit dieser Verordnung vereinbar ist oder − im Fall nach Absatz 3 dieses Artikels − geeignete Garantien vorsieht.

(8) Wird durch die Stellungnahme nach Absatz 7 bestätigt, dass der Entwurf der Verhaltensregeln bzw. der Entwurf zu deren Änderung oder Erweiterung mit dieser Verordnung vereinbar ist oder − im Fall nach Absatz 3 − geeignete Garantien vorsieht, so übermittelt der Ausschuss seine Stellungnahme der Kommission.

(9) Die Kommission kann im Wege von Durchführungsrechtsakten beschließen, dass die ihr gemäß Absatz 8 übermittelten genehmigten Verhaltensregeln bzw. deren genehmigte Änderung oder Erweiterung allgemeine Gültigkeit in der Union besitzen. Diese Durchführungsrechtsakte werden gemäß dem Prüfverfahren nach Artikel 93 Absatz 2 erlassen.

(10) Die Kommission trägt dafür Sorge, dass die genehmigten Verhaltensregeln, denen gemäß Absatz 9 allgemeine Gültigkeit zuerkannt wurde, in geeigneter Weise veröffentlicht werden.

(11) Der Ausschuss nimmt alle genehmigten Verhaltensregeln bzw. deren genehmigte Änderungen oder Erweiterungen in ein Register auf und veröffentlicht sie in geeigneter Weise.

Artikel 42 − Zertifizierung

(1) Die Mitgliedstaaten, die Aufsichtsbehörden, der Ausschuss und die Kommission fördern insbesondere auf Unionsebene die Einführung von datenschutzspezifischen Zertifizierungsverfahren sowie von Datenschutzsiegeln und -prüfzeichen, die dazu dienen, nachzuweisen,

dass diese Verordnung bei Verarbeitungsvorgängen von Verantwortlichen oder Auftragsverarbeitern eingehalten wird. Den besonderen Bedürfnissen von Kleinstunternehmen sowie kleinen und mittleren Unternehmen wird Rechnung getragen.

(2) Zusätzlich zur Einhaltung durch die unter diese Verordnung fallenden Verantwortlichen oder Auftragsverarbeiter können auch datenschutzspezifische Zertifizierungsverfahren, Siegel oder Prüfzeichen, die gemäß Absatz 5 des vorliegenden Artikels genehmigt worden sind, vorgesehen werden, um nachzuweisen, dass die Verantwortlichen oder Auftragsverarbeiter, die gemäß Artikel 3 nicht unter diese Verordnung fallen, im Rahmen der Übermittlung personenbezogener Daten an Drittländer oder internationale Organisationen nach Maßgabe von Artikel 46 Absatz 2 Buchstabe f geeignete Garantien bieten. Diese Verantwortlichen oder Auftragsverarbeiter gehen mittels vertraglicher oder sonstiger rechtlich bindender Instrumente die verbindliche und durchsetzbare Verpflichtung ein, diese geeigneten Garantien anzuwenden, auch im Hinblick auf die Rechte der betroffenen Personen.

(3) Die Zertifizierung muss freiwillig und über ein transparentes Verfahren zugänglich sein.

(4) Eine Zertifizierung gemäß diesem Artikel mindert nicht die Verantwortung des Verantwortlichen oder des Auftragsverarbeiters für die Einhaltung dieser Verordnung und berührt nicht die Aufgaben und Befugnisse der Aufsichtsbehörden, die gemäß Artikel 55 oder 56 zuständig sind.

(5) Eine Zertifizierung nach diesem Artikel wird durch die Zertifizierungsstellen nach Artikel 43 oder durch die zuständige Aufsichtsbehörde anhand der von dieser zuständigen Aufsichtsbehörde gemäß Artikel 58 Absatz 3 oder – gemäß Artikel 63 – durch den Ausschuss genehmigten Kriterien erteilt. Werden die Kriterien vom Ausschuss genehmigt, kann dies zu einer gemeinsamen Zertifizierung, dem Europäischen Datenschutzsiegel, führen.

(6) Der Verantwortliche oder der Auftragsverarbeiter, der die von ihm durchgeführte Verarbeitung dem Zertifizierungsverfahren unterwirft, stellt der Zertifizierungsstelle nach Artikel 43 oder gegebenenfalls der zuständigen Aufsichtsbehörde alle für die Durchführung des Zertifizierungsverfahrens erforderlichen Informationen zur Verfügung und gewährt ihr den in diesem Zusammenhang erforderlichen Zugang zu seinen Verarbeitungstätigkeiten.

(7) Die Zertifizierung wird einem Verantwortlichen oder einem Auftragsverarbeiter für eine Höchstdauer von drei Jahren erteilt und kann unter denselben Bedingungen verlängert werden, sofern die einschlägigen Voraussetzungen weiterhin erfüllt werden. Die Zertifizierung wird gegebenenfalls durch die Zertifizierungsstellen nach Artikel 43 oder durch die zuständige Aufsichtsbehörde widerrufen, wenn die Voraussetzungen für die Zertifizierung nicht oder nicht mehr erfüllt werden.

(8) Der Ausschuss nimmt alle Zertifizierungsverfahren und Datenschutzsiegel und -prüfzeichen in ein Register auf und veröffentlicht sie in geeigneter Weise.

Artikel 83 – Allgemeine Bedingungen für die Verhängung von Geldbußen

(1) Jede Aufsichtsbehörde stellt sicher, dass die Verhängung von Geldbußen gemäß diesem Artikel für Verstöße gegen diese Verordnung gemäß den Absätzen 5 und 6 in jedem Einzelfall wirksam, verhältnismäßig und abschreckend ist.

(2) Geldbußen werden je nach den Umständen des Einzelfalls zusätzlich zu oder anstelle von Maßnahmen nach Artikel 58 Absatz 2 Buchstaben a bis h und i verhängt. Bei der Entscheidung über die Verhängung einer Geldbuße und über deren Betrag wird in jedem Einzelfall Folgendes gebührend berücksichtigt:

a) Art, Schwere und Dauer des Verstoßes unter Berücksichtigung der Art, des Umfangs oder des Zwecks der betreffenden Verarbeitung sowie der Zahl der von der Verarbeitung betroffenen Personen und des Ausmaßes des von ihnen erlittenen Schadens;

b) Vorsätzlichkeit oder Fahrlässigkeit des Verstoßes;

c) jegliche von dem Verantwortlichen oder dem Auftragsverarbeiter getroffenen Maßnahmen zur Minderung des den betroffenen Personen entstandenen Schadens;

d) Grad der Verantwortung des Verantwortlichen oder des Auftragsverarbeiters unter Berücksichtigung der von ihnen gemäß den Artikeln 25 und 32 getroffenen technischen und organisatorischen Maßnahmen;

e) etwaige einschlägige frühere Verstöße des Verantwortlichen oder des Auftragsverarbeiters;

f) Umfang der Zusammenarbeit mit der Aufsichtsbehörde, um dem Verstoß abzuhelfen und seine möglichen nachteiligen Auswirkungen zu mindern;

g) Kategorien personenbezogener Daten, die von dem Verstoß betroffen sind;

h) Art und Weise, wie der Verstoß der Aufsichtsbehörde bekannt wurde, insbesondere ob und gegebenenfalls in welchem Umfang der Verantwortliche oder der Auftragsverarbeiter den Verstoß mitgeteilt hat;

i) Einhaltung der nach Artikel 58 Absatz 2 früher gegen den für den betreffenden Verantwortlichen oder Auftragsverarbeiter in Bezug auf denselben Gegenstand angeordneten Maßnahmen, wenn solche Maßnahmen angeordnet wurden;

j) Einhaltung von genehmigten Verhaltensregeln nach Artikel 40 oder genehmigten Zertifizierungsverfahren nach Artikel 42 und

k) jegliche anderen erschwerenden oder mildernden Umstände im jeweiligen Fall, wie unmittelbar oder mittelbar durch den Verstoß erlangte finanzielle Vorteile oder vermiedene Verluste.

(3) Verstößt ein Verantwortlicher oder ein Auftragsverarbeiter bei gleichen oder miteinander verbundenen Verarbeitungsvorgängen vorsätzlich oder fahrlässig gegen mehrere Bestimmungen dieser Verordnung, so übersteigt der Gesamtbetrag der Geldbuße nicht den Betrag für den schwerwiegendsten Verstoß.

(4) Bei Verstößen gegen die folgenden Bestimmungen werden im Einklang mit Absatz 2 Geldbußen von bis zu 10 000 000 EUR oder im Fall eines Unternehmens von bis zu 2 % seines gesamten weltweit erzielten Jahresumsatzes des vorangegangenen Geschäftsjahrs verhängt, je nachdem, welcher der Beträge höher ist:

a) die Pflichten der Verantwortlichen und der Auftragsverarbeiter gemäß den Artikeln 8, 11, 25 bis 39, 42 und 43;

b) die Pflichten der Zertifizierungsstelle gemäß den Artikeln 42 und 43;

c) die Pflichten der Überwachungsstelle gemäß Artikel 41 Absatz 4.

(5) Bei Verstößen gegen die folgenden Bestimmungen werden im Einklang mit Absatz 2 Geldbußen von bis zu 20 000 000 EUR oder im Fall eines Unternehmens von bis zu 4 % seines gesamten weltweit erzielten Jahresumsatzes des vorangegangenen Geschäftsjahrs verhängt, je nachdem, welcher der Beträge höher ist:

a) die Grundsätze für die Verarbeitung, einschließlich der Bedingungen für die Einwilligung, gemäß den Artikeln 5, 6, 7 und 9;

b) die Rechte der betroffenen Person gemäß den Artikeln 12 bis 22;

c) die Übermittlung personenbezogener Daten an einen Empfänger in einem Drittland oder an eine internationale Organisation gemäß den Artikeln 44 bis 49;

d) alle Pflichten gemäß den Rechtsvorschriften der Mitgliedstaaten, die im Rahmen des Kapitels IX erlassen wurden;

e) Nichtbefolgung einer Anweisung oder einer vorübergehenden oder endgültigen Beschränkung oder Aussetzung der Datenübermittlung durch die Aufsichtsbehörde gemäß Artikel 58 Absatz 2 oder Nichtgewährung des Zugangs unter Verstoß gegen Artikel 58 Absatz 1.

(6) Bei Nichtbefolgung einer Anweisung der Aufsichtsbehörde gemäß Artikel 58 Absatz 2 werden im Einklang mit Absatz 2 des vorliegenden Artikels Geldbußen von bis zu 20 000 000 EUR oder im Fall eines Unternehmens von bis zu 4 % seines gesamten weltweit erzielten Jahresumsatzes des vorangegangenen Geschäftsjahrs verhängt, je nachdem, welcher der Beträge höher ist.

(7) Unbeschadet der Abhilfebefugnisse der Aufsichtsbehörden gemäß Artikel 58 Absatz 2 kann jeder Mitgliedstaat Vorschriften dafür festlegen, ob und in welchem Umfang gegen Behörden und öffentliche Stellen, die in dem betreffenden Mitgliedstaat niedergelassen sind, Geldbußen verhängt werden können.

(8) Die Ausübung der eigenen Befugnisse durch eine Aufsichtsbehörde gemäß diesem Artikel muss angemessenen Verfahrensgarantien gemäß dem Unionsrecht und dem Recht der Mitgliedstaaten, einschließlich wirksamer gerichtlicher Rechtsbehelfe und ordnungsgemäßer Verfahren, unterliegen.

(9) Sieht die Rechtsordnung eines Mitgliedstaats keine Geldbußen vor, kann dieser Artikel so angewandt werden, dass die Geldbuße von der zuständigen Aufsichtsbehörde in die Wege geleitet und von den zuständigen nationalen Gerichten verhängt wird, wobei sicherzustellen ist, dass diese Rechtsbehelfe wirksam sind und die gleiche Wirkung wie die von Aufsichtsbehörden verhängten Geldbußen haben. In jeden Fall müssen die verhängten Geldbußen wirksam, verhältnismäßig und abschreckend sein. Die betreffenden Mitgliedstaaten teilen der Kommission bis zum 25. Mai 2018 die Rechtsvorschriften mit, die sie aufgrund dieses Absatzes erlassen, sowie unverzüglich alle späteren Änderungsgesetze oder Änderungen dieser Vorschriften.

Artikel 95 – Verhältnis zur Richtlinie 2002/58/EG

Diese Verordnung erlegt natürlichen oder juristischen Personen in Bezug auf die Verarbeitung in Verbindung mit der Bereitstellung öffentlich zugänglicher elektronischer Kommunikationsdienste in öffentlichen Kommunikationsnetzen in der Union keine zusätzlichen Pflichten auf, soweit sie besonderen in der Richtlinie 2002/58/EG festgelegten Pflichten unterliegen, die dasselbe Ziel verfolgen.

X. EnWG – Energiewirtschaftsgesetz

§ 11 – Betrieb von Energieversorgungsnetzen

(1) Betreiber von Energieversorgungsnetzen sind verpflichtet, ein sicheres, zuverlässiges und leistungsfähiges Energieversorgungsnetz diskriminierungsfrei zu betreiben, zu warten und bedarfsgerecht zu optimieren, zu verstärken und auszubauen, soweit es wirtschaftlich zumutbar ist. Sie haben insbesondere die Aufgaben nach den §§ 12 bis 16a zu erfüllen. Die Verpflichtung gilt auch im Rahmen der Wahrnehmung der wirtschaftlichen Befugnisse der Leitung des vertikal integrierten Energieversorgungsunternehmens und seiner Aufsichtsrechte nach § 7a Absatz 4 Satz 3.

(1a) Der Betrieb eines sicheren Energieversorgungsnetzes umfasst insbesondere auch einen angemessenen Schutz gegen Bedrohungen für Telekommunikations- und elektronische Datenverarbeitungssysteme, die für einen sicheren Netzbetrieb notwendig sind. Die Regulierungsbehörde erstellt hierzu im Benehmen mit dem Bundesamt für Sicherheit in der Informationstechnik einen Katalog von Sicherheitsanforderungen und veröffentlicht diesen. Der Katalog der Sicherheitsanforderungen enthält auch Regelungen zur regelmäßigen Überprüfung der Erfüllung der Sicherheitsanforderungen. Ein angemessener Schutz des Betriebs eines Energieversorgungsnetzes liegt vor, wenn dieser Katalog der Sicherheitsanforderungen eingehalten und dies vom Betreiber dokumentiert worden ist. Die Einhaltung kann von der Regulierungsbehörde überprüft werden. Zu diesem Zwecke kann die Regulierungsbehörde nähere Bestimmungen zu Format, Inhalt und Gestaltung der Dokumentation nach Satz 4 treffen.

(1b) Betreiber von Energieanlagen, die durch Inkrafttreten der Rechtsverordnung gemäß § 10 Absatz 1 des BSI-Gesetzes vom 14. August 2009 (BGBl. I S. 2821), das zuletzt durch Artikel 8 des Gesetzes vom 17. Juli 2015 (BGBl. I S. 1324) geändert worden ist, in der jeweils geltenden Fassung als Kritische Infrastruktur bestimmt wurden und an ein Energieversorgungsnetz angeschlossen sind, haben innerhalb einer von der Regulierungsbehörde festzulegenden Frist einen angemessenen Schutz gegen Bedrohungen für Telekommunikations- und elektronische Datenverarbeitungssysteme zu gewährleisten, die für einen sicheren Anlagenbetrieb notwendig sind. Die Regulierungsbehörde erstellt hierzu im Benehmen mit dem Bundesamt für Sicherheit in der Informationstechnik einen Katalog von Sicherheitsanforderungen, in den auch die Bestimmung der Frist nach Satz 1 aufzunehmen ist, und veröffentlicht diesen. Für Telekommunikations- und elektronische Datenverarbeitungssysteme von Anlagen nach § 7 Absatz 1 des Atomgesetzes haben Vorgaben auf Grund des Atomgesetzes Vorrang. Die für die nukleare Sicherheit zuständigen Genehmigungs- und Aufsichtsbehörden des Bundes und der Länder sind bei der Erarbeitung des Katalogs von Sicherheitsanforderungen zu beteiligen. Der Katalog von Sicherheitsanforderungen enthält auch Regelungen zur regelmäßigen Überprüfung der Erfüllung der Sicherheitsanforderungen. Ein angemessener Schutz des Betriebs von Energieanlagen im Sinne von Satz 1 liegt vor, wenn dieser Katalog eingehalten und dies vom Betreiber dokumentiert worden ist. Die Einhaltung kann von der Bundesnetzagentur überprüft werden. Zu diesem Zwecke kann die Regulierungsbehörde nähere Bestimmungen zu Format, Inhalt und Gestaltung der Dokumentation nach Satz 6 treffen.

(1c) Betreiber von Energieversorgungsnetzen und von solchen Energieanlagen, die durch Inkrafttreten der Rechtsverordnung gemäß § 10 Absatz 1 des BSI-Gesetzes als Kritische Infrastruktur bestimmt wurden, haben

1. Störungen der Verfügbarkeit, Integrität, Authentizität und Vertraulichkeit ihrer informationstechnischen Systeme, Komponenten oder Prozesse, die zu einem Ausfall oder einer

erheblichen Beeinträchtigung der Funktionsfähigkeit des Energieversorgungsnetzes oder der betreffenden Energieanlage geführt haben,

2. erhebliche Störungen der Verfügbarkeit, Integrität, Authentizität und Vertraulichkeit ihrer informationstechnischen Systeme, Komponenten oder Prozesse, die zu einem Ausfall oder einer erheblichen Beeinträchtigung der Funktionsfähigkeit des Energieversorgungsnetzes oder der betreffenden Energieanlage führen können,

über die Kontaktstelle unverzüglich an das Bundesamt für Sicherheit in der Informationstechnik zu melden.

Die Meldung muss Angaben zu der Störung, zu möglichen grenzübergreifenden Auswirkungen sowie zu den technischen Rahmenbedingungen, insbesondere der vermuteten oder tatsächlichen Ursache und der betroffenen Informationstechnik, enthalten. Die Nennung des Betreibers ist nur dann erforderlich, wenn die Störung tatsächlich zu einem Ausfall oder einer Beeinträchtigung der Funktionsfähigkeit der Kritischen Infrastruktur geführt hat. Das Bundesamt für Sicherheit in der Informationstechnik hat die Meldungen unverzüglich an die Bundesnetzagentur weiterzuleiten. Das Bundesamt für Sicherheit in der Informationstechnik und die Bundesnetzagentur haben sicherzustellen, dass die unbefugte Offenbarung der ihnen nach Satz 1 zur Kenntnis gelangten Angaben ausgeschlossen wird. Zugang zu den Akten des Bundesamtes für Sicherheit in der Informationstechnik sowie zu den Akten der Bundesnetzagentur in Angelegenheiten nach § 11 Absatz 1a bis Absatz 1c wird nicht gewährt. § 29 des Verwaltungsverfahrensgesetzes bleibt unberührt. § 8e Absatz 1 des BSI-Gesetzes ist entsprechend anzuwenden.

(2) Für einen bedarfsgerechten, wirtschaftlich zumutbaren Ausbau der Elektrizitätsversorgungsnetze nach Absatz 1 Satz 1 können Betreiber von Elektrizitätsversorgungsnetzen den Berechnungen für ihre Netzplanung die Annahme zugrunde legen, dass die prognostizierte jährliche Stromerzeugung je unmittelbar an ihr Netz angeschlossener Anlage zur Erzeugung von elektrischer Energie aus Windenergie an Land oder solarer Strahlungsenergie um bis zu 3 Prozent reduziert werden darf (Spitzenkappung). Betreiber von Elektrizitätsversorgungsnetzen, die für ihre Netzplanung eine Spitzenkappung zugrunde gelegt haben, müssen dies

1. auf ihrer Internetseite veröffentlichen,

2. dem Betreiber des vorgelagerten Elektrizitätsversorgungsnetzes, dem Betreiber des Übertragungsnetzes, der Bundesnetzagentur sowie der zuständigen Landesregulierungsbehörde unverzüglich mitteilen und

3. im Rahmen der Netzplanung für einen sachkundigen Dritten nachvollziehbar dokumentieren.

Die Dokumentation nach Satz 2 Nummer 3 muss der Bundesnetzagentur, der zuständigen Landesregulierungsbehörde, dem Betreiber des vorgelagerten Elektrizitätsversorgungsnetzes, dem Betreiber des Übertragungsnetzes, einem Einspeisewilligen sowie einem an das Netz angeschlossenen Anlagenbetreiber auf Verlangen unverzüglich vorgelegt werden. Die §§ 13 und 14 und die §§ 11, 14 und 15 des Erneuerbare-Energien-Gesetzes bleiben unberührt. Ein Betreiber des Elektrizitätsversorgungsnetzes, der nach § 15 Absatz 2 Satz 1 des Erneuerbare-Energien-Gesetzes Kosten für die Reduzierung der Einspeisung von mehr als 3 Prozent der jährlichen Stromerzeugung einer Anlage zur Erzeugung von Strom aus erneuerbaren Energien, Grubengas oder Kraft-Wärme-Kopplung in Ansatz bringt, muss der Bundesnetzagentur sowie der zuständigen Landesregulierungsbehörde den Umfang der und die Ursachen für die Reduzierung der Einspeisung mitteilen und im Fall einer Spitzenkappung die Dokumentation nach Satz 2 Nummer 3 vorlegen.

(3) Betreiber von Übertragungsnetzen können besondere netztechnische Betriebsmittel vorhalten, um die Sicherheit und Zuverlässigkeit des Elektrizitätsversorgungssystems bei einem tatsächlichen örtlichen Ausfall eines oder mehrerer Betriebsmittel im Übertragungsnetz wieder herzustellen. Mit dem Betrieb besonderer netztechnischer Betriebsmittel sind Dritte zu beauftragen. Entsprechendes gilt bei der Errichtung von Anlagen zur Erzeugung elektrischer Energie und der Bereitstellung abschaltbarer Lasten. Aufträge nach den Sätzen 2 und 3 werden im Wettbewerb und im Wege transparenter Verfahren vergeben. Dabei sind

1. die Grundsätze der Wirtschaftlichkeit und der Verhältnismäßigkeit zu wahren und

2. alle Teilnehmer des Verfahrens gleich zu behandeln.

Der Teil 4 des Gesetzes gegen Wettbewerbsbeschränkungen bleibt unberührt. Die Leistung oder die Arbeit besonderer netztechnischer Betriebsmittel darf weder ganz noch teilweise auf den Strommärkten veräußert werden. Die Betreiber von Übertragungsnetzen legen der Bundesnetzagentur rechtzeitig vor einer geplanten Beschaffung besonderer netztechnischer Betriebsmittel vor:

1. Analysen, aus denen sich die Erforderlichkeit besonderer netztechnischer Betriebsmittel unter Berücksichtigung bestehender Energieanlagen ergibt, sowie

2. ein Beschaffungskonzept, welches das Vergabeverfahren nach den Sätzen 2 bis 5 beschreibt.

(4) In Rechtsverordnungen über die Regelung von Vertrags- und sonstigen Rechtsverhältnissen können auch Regelungen zur Haftung der Betreiber von Energieversorgungsnetzen aus Vertrag und unerlaubter Handlung für Sach- und Vermögensschäden, die ein Kunde durch Unterbrechung der Energieversorgung oder durch Unregelmäßigkeiten in der Energieversorgung erleidet, getroffen werden. Dabei kann die Haftung auf vorsätzliche oder grob fahrlässige Verursachung beschränkt und der Höhe nach begrenzt werden. Soweit es zur Vermeidung unzumutbarer wirtschaftlicher Risiken des Netzbetriebs im Zusammenhang mit Verpflichtungen nach § 13 Absatz 2, § 13b Absatz 5 und § 13f Absatz 1, auch in Verbindung mit § 14, und § 16 Absatz 2 und 2a, auch in Verbindung mit § 16a, erforderlich ist, kann die Haftung darüber hinaus vollständig ausgeschlossen werden.

§ 95 – Bußgeldvorschriften

(1) Ordnungswidrig handelt, wer vorsätzlich oder fahrlässig

2a. entgegen § 11 Absatz 1a oder 1b den Katalog von Sicherheitsanforderungen nicht, nicht richtig, nicht vollständig oder nicht rechtzeitig einhält,

2b. entgegen § 11 Absatz 1c eine Meldung nicht, nicht richtig, nicht vollständig oder nicht rechtzeitig vornimmt,

[…]

(2) Die Ordnungswidrigkeit kann in den Fällen des Absatzes 1 Nummer 3f bis 3i mit einer Geldbuße bis zu fünf Millionen Euro, in den Fällen des Absatzes 1 Nummer 1a, Nr. 3 Buchstabe b, Nr. 4 und 5 Buchstabe b, der Absätze 1b und 1c Nummer 2 und 6 mit einer Geldbuße bis zu einer Million Euro, über diesen Betrag hinaus bis zur dreifachen Höhe des durch die Zuwiderhandlung erlangten Mehrerlöses, in den Fällen des Absatzes 1 Nummer 5 Buchstabe e mit einer Geldbuße bis zu dreihunderttausend Euro, in den Fällen des Absatzes 1 Nummer 5 Buchstabe d mit einer Geldbuße bis zu fünfzigtausend Euro, in den Fällen des Absatzes 1 Nr. 5 Buchstabe a sowie des Absatzes 1a Nummer 2 und des Absatzes 1c Nummer 7 und 8 mit einer Geldbuße bis zu zehntausend Euro und in den übrigen Fällen mit einer Geldbuße bis zu hunderttausend Euro geahndet werden. Die Höhe des Mehrerlöses kann geschätzt werden. Gegen-

über einem Transportnetzbetreiber oder gegenüber einem vertikal integrierten Energieversorgungsunternehmen und jedem seiner Unternehmensteile kann über Satz 1 hinaus in Fällen des Absatzes 1 Nummer 3 Buchstabe b eine höhere Geldbuße verhängt werden; diese darf 10 Prozent des Gesamtumsatzes, den der Transportnetzbetreiber oder das vertikal integrierte Energieversorgungsunternehmen einschließlich seiner Unternehmsteile im der Behördenentscheidung vorausgegangenen Geschäftsjahr weltweit erzielt hat, nicht übersteigen. Die Höhe des Gesamtumsatzes kann geschätzt werden. Ein durch die Zuwiderhandlung erlangter Mehrerlös bleibt unberücksichtigt.

(3) Die Regulierungsbehörde kann allgemeine Verwaltungsgrundsätze über die Ausübung ihres Ermessens bei der Bemessung der Geldbuße festlegen.

(4) Die Verjährung der Verfolgung von Ordnungswidrigkeiten nach Absatz 1 richtet sich nach den Vorschriften des Gesetzes über Ordnungswidrigkeiten. Die Verfolgung der Ordnungswidrigkeiten nach Absatz 1 Nummer 3 Buchstabe b und Nummer 4 und 5 verjährt in fünf Jahren.

(5) Verwaltungsbehörde im Sinne des § 36 Absatz 1 Nummer 1 des Gesetzes über Ordnungswidrigkeiten ist in den Fällen des Absatzes 1 Nummer 2b das Bundesamt für Sicherheit in der Informationstechnik, im Übrigen die nach § 54 zuständige Behörde.

XI. GmbHG – Gesetz betreffen die Gesellschaften mit beschränkter Haftung

§ 35 – Vertretung der Gesellschaft

(1) Die Gesellschaft wird durch die Geschäftsführer gerichtlich und außergerichtlich vertreten. Hat eine Gesellschaft keinen Geschäftsführer (Führungslosigkeit), wird die Gesellschaft für den Fall, dass ihr gegenüber Willenserklärungen abgegeben oder Schriftstücke zugestellt werden, durch die Gesellschafter vertreten.

(2) Sind mehrere Geschäftsführer bestellt, sind sie alle nur gemeinschaftlich zur Vertretung der Gesellschaft befugt, es sei denn, dass der Gesellschaftsvertrag etwas anderes bestimmt. Ist der Gesellschaft gegenüber eine Willenserklärung abzugeben, genügt die Abgabe gegenüber einem Vertreter der Gesellschaft nach Absatz 1. An die Vertreter der Gesellschaft nach Absatz 1 können unter der im Handelsregister eingetragenen Geschäftsanschrift Willenserklärungen abgegeben und Schriftstücke für die Gesellschaft zugestellt werden. Unabhängig hiervon können die Abgabe und die Zustellung auch unter der eingetragenen Anschrift der empfangsberechtigten Person nach § 10 Abs. 2 Satz 2 erfolgen.

(3) Befinden sich alle Geschäftsanteile der Gesellschaft in der Hand eines Gesellschafters oder daneben in der Hand der Gesellschaft und ist er zugleich deren alleiniger Geschäftsführer, so ist auf seine Rechtsgeschäfte mit der Gesellschaft § 181 des Bürgerlichen Gesetzbuchs anzuwenden. Rechtsgeschäfte zwischen ihm und der von ihm vertretenen Gesellschaft sind, auch wenn er nicht alleiniger Geschäftsführer ist, unverzüglich nach ihrer Vornahme in eine Niederschrift aufzunehmen.

§ 41 – Buchführung

Die Geschäftsführer sind verpflichtet, für die ordnungsmäßige Buchführung der Gesellschaft zu sorgen.

§ 43 – Haftung der Geschäftsführer

(1) Die Geschäftsführer haben in den Angelegenheiten der Gesellschaft die Sorgfalt eines ordentlichen Geschäftsmannes anzuwenden.

(2) Geschäftsführer, welche ihre Obliegenheiten verletzen, haften der Gesellschaft solidarisch für den entstandenen Schaden.

(3) Insbesondere sind sie zum Ersatz verpflichtet, wenn den Bestimmungen des § 30 zuwider Zahlungen aus dem zur Erhaltung des Stammkapitals erforderlichen Vermögen der Gesellschaft gemacht oder den Bestimmungen des § 33 zuwider eigene Geschäftsanteile der Gesellschaft erworben worden sind. Auf den Ersatzanspruch finden die Bestimmungen in § 9b Abs. 1 entsprechende Anwendung. Soweit der Ersatz zur Befriedigung der Gläubiger der Gesellschaft erforderlich ist, wird die Verpflichtung der Geschäftsführer dadurch nicht aufgehoben, daß dieselben in Befolgung eines Beschlusses der Gesellschafter gehandelt haben.

(4) Die Ansprüche auf Grund der vorstehenden Bestimmungen verjähren in fünf Jahren.

XII. GWG – Geldwäschegesetz

§ 9 – Gruppenweite Einhaltung von Pflichten

(1) Verpflichtete, die Mutterunternehmen einer Gruppe sind, haben eine Risikoanalyse für alle gruppenangehörigen Unternehmen, Zweigstellen und Zweigniederlassungen, die geldwäscherechtlichen Pflichten unterliegen, durchzuführen. Auf Grundlage dieser Risikoanalyse haben sie gruppenweit folgende Maßnahmen zu ergreifen:

1. gruppenweit einheitliche interne Sicherungsmaßnahmen gemäß § 6 Absatz 1 und 2,

2. die Bestellung eines Geldwäschebeauftragten, der für die Erstellung einer gruppenweiten Strategie zur Verhinderung von Geldwäsche und Terrorismusfinanzierung sowie für die Koordinierung und Überwachung ihrer Umsetzung zuständig ist,

3. Verfahren für den Informationsaustausch innerhalb der Gruppe zur Verhinderung von Geldwäsche und von Terrorismusfinanzierung sowie

4. Vorkehrungen zum Schutz von personenbezogenen Daten.

Sie haben sicherzustellen, dass die Pflichten und Maßnahmen nach den Sätzen 1 und 2 von ihren nachgeordneten Unternehmen, Zweigstellen oder Zweigniederlassungen, soweit diese geldwäscherechtlichen Pflichten unterliegen, wirksam umgesetzt werden.

(2) Soweit sich gruppenangehörige Unternehmen in einem anderen Mitgliedstaat der Europäischen Union befinden, haben die Mutterunternehmen sicherzustellen, dass diese gruppenangehörigen Unternehmen die dort geltenden nationalen Rechtsvorschriften zur Umsetzung der Richtlinie (EU) 2015/849 einhalten.

(3) Soweit sich gruppenangehörige Unternehmen in einem Drittstaat befinden, in dem weniger strenge Anforderungen an Maßnahmen zur Verhinderung von Geldwäsche oder von Terrorismusfinanzierung gelten, gilt Absatz 1, soweit das Recht des Drittstaats dies zulässt. Soweit die in Absatz 1 genannten Maßnahmen nach dem Recht des Drittstaats nicht durchgeführt werden dürfen, sind die Mutterunternehmen verpflichtet,

1. sicherzustellen, dass ihre dort ansässigen gruppenangehörigen Unternehmen zusätzliche Maßnahmen ergreifen, um dem Risiko der Geldwäsche und der Terrorismusfinanzierung wirksam zu begegnen, und

2. die Aufsichtsbehörde über die getroffenen Maßnahmen zu informieren.

Reichen die getroffenen Maßnahmen nicht aus, so ordnet die Aufsichtsbehörde an, dass die Mutterunternehmen sicherstellen, dass ihre nachgeordneten Unternehmen, Zweigstellen oder Zweigniederlassungen in diesem Drittstaat keine Geschäftsbeziehung begründen oder fortsetzen und keine Transaktionen durchführen. Soweit eine Geschäftsbeziehung bereits besteht, hat das Mutterunternehmen sicherzustellen, dass diese Geschäftsbeziehung ungeachtet anderer gesetzlicher oder vertraglicher Bestimmungen durch Kündigung oder auf andere Weise beendet wird.

XIII. HGB – Handelsgesetzbuch

§ 238 – Buchführungspflicht

(1) Jeder Kaufmann ist verpflichtet, Bücher zu führen und in diesen seine Handelsgeschäfte und die Lage seines Vermögens nach den Grundsätzen ordnungsmäßiger Buchführung ersichtlich zu machen. Die Buchführung muß so beschaffen sein, daß sie einem sachverständigen Dritten innerhalb angemessener Zeit einen Überblick über die Geschäftsvorfälle und über die Lage des Unternehmens vermitteln kann. Die Geschäftsvorfälle müssen sich in ihrer Entstehung und Abwicklung verfolgen lassen.

(2) Der Kaufmann ist verpflichtet, eine mit der Urschrift übereinstimmende Wiedergabe der abgesandten Handelsbriefe (Kopie, Abdruck, Abschrift oder sonstige Wiedergabe des Wortlauts auf einem Schrift-, Bild- oder anderen Datenträger) zurückzubehalten.

§ 239 – Führung der Handelsbücher

(1) Bei der Führung der Handelsbücher und bei den sonst erforderlichen Aufzeichnungen hat sich der Kaufmann einer lebenden Sprache zu bedienen. Werden Abkürzungen, Ziffern, Buchstaben oder Symbole verwendet, muß im Einzelfall deren Bedeutung eindeutig festliegen.

(2) Die Eintragungen in Büchern und die sonst erforderlichen Aufzeichnungen müssen vollständig, richtig, zeitgerecht und geordnet vorgenommen werden.

(3) Eine Eintragung oder eine Aufzeichnung darf nicht in einer Weise verändert werden, daß der ursprüngliche Inhalt nicht mehr feststellbar ist. Auch solche Veränderungen dürfen nicht vorgenommen werden, deren Beschaffenheit es ungewiß läßt, ob sie ursprünglich oder erst später gemacht worden sind.

(4) Die Handelsbücher und die sonst erforderlichen Aufzeichnungen können auch in der geordneten Ablage von Belegen bestehen oder auf Datenträgern geführt werden, soweit diese Formen der Buchführung einschließlich des dabei angewandten Verfahrens den Grundsätzen ordnungsmäßiger Buchführung entsprechen. Bei der Führung der Handelsbücher und der sonst erforderlichen Aufzeichnungen auf Datenträgern muß insbesondere sichergestellt sein, daß die Daten während der Dauer der Aufbewahrungsfrist verfügbar sind und jederzeit innerhalb angemessener Frist lesbar gemacht werden können. Absätze 1 bis 3 gelten sinngemäß.

§ 257 – Aufbewahrung von Unterlagen, Aufbewahrungsfristen

(1) Jeder Kaufmann ist verpflichtet, die folgenden Unterlagen geordnet aufzubewahren:

1. Handelsbücher, Inventare, Eröffnungsbilanzen, Jahresabschlüsse, Einzelabschlüsse nach § 325 Abs. 2a, Lageberichte, Konzernabschlüsse, Konzernlageberichte sowie die zu ihrem Verständnis erforderlichen Arbeitsanweisungen und sonstigen Organisationsunterlagen,

2. die empfangenen Handelsbriefe,

3. Wiedergaben der abgesandten Handelsbriefe,

4. Belege für Buchungen in den von ihm nach § 238 Abs. 1 zu führenden Büchern (Buchungsbelege).

(2) Handelsbriefe sind nur Schriftstücke, die ein Handelsgeschäft betreffen.

(3) Mit Ausnahme der Eröffnungsbilanzen und Abschlüsse können die in Absatz 1 aufgeführten Unterlagen auch als Wiedergabe auf einem Bildträger oder auf anderen Datenträgern aufbewahrt werden, wenn dies den Grundsätzen ordnungsmäßiger Buchführung entspricht und sichergestellt ist, daß die Wiedergabe oder die Daten

1. mit den empfangenen Handelsbriefen und den Buchungsbelegen bildlich und mit den anderen Unterlagen inhaltlich übereinstimmen, wenn sie lesbar gemacht werden,

2. während der Dauer der Aufbewahrungsfrist verfügbar sind und jederzeit innerhalb angemessener Frist lesbar gemacht werden können.

Sind Unterlagen auf Grund des § 239 Abs. 4 Satz 1 auf Datenträgern hergestellt worden, können statt des Datenträgers die Daten auch ausgedruckt aufbewahrt werden; die ausgedruckten Unterlagen können auch nach Satz 1 aufbewahrt werden.

(4) Die in Absatz 1 Nr. 1 und 4 aufgeführten Unterlagen sind zehn Jahre, die sonstigen in Absatz 1 aufgeführten Unterlagen sechs Jahre aufzubewahren.

(5) Die Aufbewahrungsfrist beginnt mit dem Schluß des Kalenderjahrs, in dem die letzte Eintragung in das Handelsbuch gemacht, das Inventar aufgestellt, die Eröffnungsbilanz oder der Jahresabschluß festgestellt, der Einzelabschluss nach § 325 Abs. 2a oder der Konzernabschluß aufgestellt, der Handelsbrief empfangen oder abgesandt worden oder der Buchungsbeleg entstanden ist.

§ 261 – Vorlegung von Unterlagen auf Bild- oder Datenträgern

Wer aufzubewahrende Unterlagen nur in der Form einer Wiedergabe auf einem Bildträger oder auf anderen Datenträgern vorlegen kann, ist verpflichtet, auf seine Kosten diejenigen Hilfsmittel zur Verfügung zu stellen, die erforderlich sind, um die Unterlagen lesbar zu machen; soweit erforderlich, hat er die Unterlagen auf seine Kosten auszudrucken oder ohne Hilfsmittel lesbare Reproduktionen beizubringen.

XIV. KWG – Kreditwesengesetz

§ 25a – Besondere organisatorische Pflichten; Verordnungsermächtigung

(1) Ein Institut muss über eine ordnungsgemäße Geschäftsorganisation verfügen, die die Einhaltung der vom Institut zu beachtenden gesetzlichen Bestimmungen und der betriebswirtschaftlichen Notwendigkeiten gewährleistet. Die Geschäftsleiter sind für die ordnungsgemäße Geschäftsorganisation des Instituts verantwortlich; sie haben die erforderlichen Maßnahmen

für die Ausarbeitung der entsprechenden institutsinternen Vorgaben zu ergreifen, sofern nicht das Verwaltungs- oder Aufsichtsorgan entscheidet. Eine ordnungsgemäße Geschäftsorganisation muss insbesondere ein angemessenes und wirksames Risikomanagement umfassen, auf dessen Basis ein Institut die Risikotragfähigkeit laufend sicherzustellen hat; das Risikomanagement umfasst insbesondere

1. die Festlegung von Strategien, insbesondere die Festlegung einer auf die nachhaltige Entwicklung des Instituts gerichteten Geschäftsstrategie und einer damit konsistenten Risikostrategie, sowie die Einrichtung von Prozessen zur Planung, Umsetzung, Beurteilung und Anpassung der Strategien;

2. Verfahren zur Ermittlung und Sicherstellung der Risikotragfähigkeit, wobei eine vorsichtige Ermittlung der Risiken und des zu ihrer Abdeckung verfügbaren Risikodeckungspotenzials zugrunde zu legen ist;

3. die Einrichtung interner Kontrollverfahren mit einem internen Kontrollsystem und einer Internen Revision, wobei das interne Kontrollsystem insbesondere

   a) aufbau- und ablauforganisatorische Regelungen mit klarer Abgrenzung der Verantwortungsbereiche,

   b) Prozesse zur Identifizierung, Beurteilung, Steuerung sowie Überwachung und Kommunikation der Risiken entsprechend den in Titel VII Kapitel 2 Abschnitt 2 Unterabschnitt II der Richtlinie 2013/36/EU niedergelegten Kriterien und

   c) eine Risikocontrolling-Funktion und eine Compliance-Funktion umfasst;

4. eine angemessene personelle und technischorganisatorische Ausstattung des Instituts;

5. die Festlegung eines angemessenen Notfallkonzepts, insbesondere für IT-Systeme, und

6. angemessene, transparente und auf eine nachhaltige Entwicklung des Instituts ausgerichtete Vergütungssysteme für Geschäftsleiter und Mitarbeiter unter Berücksichtigung von Absatz 5; dies gilt mit Ausnahme der Pflicht zur Offenlegung vergütungsbezogener Informationen nicht, soweit die Vergütung durch Tarifvertrag oder in seinem Geltungsbereich durch Vereinbarung der Arbeitsvertragsparteien über die Anwendung der tarifvertraglichen Regelungen oder auf Grund eines Tarifvertrags in einer Betriebs- oder Dienstvereinbarung vereinbart ist.

Die Ausgestaltung des Risikomanagements hängt von Art, Umfang, Komplexität und Risikogehalt der Geschäftstätigkeit ab. Seine Angemessenheit und Wirksamkeit ist vom Institut regelmäßig zu überprüfen. Eine ordnungsgemäße Geschäftsorganisation umfasst darüber hinaus

1. angemessene Regelungen, anhand derer sich die finanzielle Lage des Instituts jederzeit mit hinreichender Genauigkeit bestimmen lässt;

2. eine vollständige Dokumentation der Geschäftstätigkeit, die eine lückenlose Überwachung durch die Bundesanstalt für ihren Zuständigkeitsbereich gewährleistet; erforderliche Aufzeichnungen sind mindestens fünf Jahre aufzubewahren; § 257 Absatz 4 des Handelsgesetzbuchs bleibt unberührt, § 257 Absatz 3 und 5 des Handelsgesetzbuchs gilt entsprechend;

3. einen Prozess, der es den Mitarbeitern unter Wahrung der Vertraulichkeit ihrer Identität ermöglicht, Verstöße gegen die Verordnung (EU) Nr. 575/2013, die Verordnung (EU) Nr. 596/2014 oder die Verordnung (EU) Nr. 1286/2014 oder gegen dieses Gesetz oder ge-

gen die auf Grund dieses Gesetzes erlassenen Rechtsverordnungen sowie etwaige strafbare Handlungen innerhalb des Unternehmens an geeignete Stellen zu berichten.

(2) Die Bundesanstalt kann Vorgaben zur Ausgestaltung einer plötzlichen und unerwarteten Zinsänderung und zur Ermittlungsmethodik der Auswirkungen auf den Barwert bezüglich der Zinsänderungsrisiken aus den nicht unter das Handelsbuch fallenden Geschäften festlegen. Die Bundesanstalt kann gegenüber einem Institut im Einzelfall Anordnungen treffen, die geeignet und erforderlich sind, die ordnungsgemäße Geschäftsorganisation im Sinne des Absatzes 1 Satz 3 und 6 sowie die Beachtung der Vorgaben nach Satz 1 sicherzustellen.

(3) Die Absätze 1 und 2 gelten für Institutsgruppen, Finanzholding-Gruppen und gemischte Finanzholding-Gruppen sowie Unterkonsolidierungsgruppen nach Artikel 22 der Verordnung (EU) Nr. 575/2013 mit der Maßgabe entsprechend, dass die Geschäftsleiter des übergeordneten oder zur Unterkonsolidierung verpflichteten Unternehmens für die ordnungsgemäße Geschäftsorganisation der Institutsgruppe, Finanzholding-Gruppe, gemischten Finanzholding-Gruppe oder der Unterkonsolidierungsgruppe verantwortlich sind. Zu einer Gruppe im Sinne von Satz 1 gehören auch Tochterunternehmen eines übergeordneten Unternehmens oder nachgeordneten Tochterunternehmens einer Institutsgruppe, Finanzholding-Gruppe oder gemischten Finanzholding-Gruppe, auf die weder die Verordnung (EU) Nr. 575/2013 noch § 1a zur Anwendung kommt. Die sich aus der Einbeziehung in das Risikomanagement auf Gruppenebene ergebenden Pflichten müssen von Tochterunternehmen der Gruppe mit Sitz in einem Drittstaat nur insoweit beachtet werden, als diese Pflichten nicht dem geltenden Recht im Herkunftsstaat des Tochterunternehmens entgegenstehen.

(4) Das Bundesministerium der Finanzen wird ermächtigt, durch Rechtsverordnung, die nicht der Zustimmung des Bundesrates bedarf, im Einvernehmen mit der Deutschen Bundesbank und nach Anhörung der Europäischen Zentralbank nähere Bestimmungen über die Ausgestaltung eines angemessenen und wirksamen Risikomanagements auf Einzelinstituts- und Gruppenebene gemäß Absatz 1 Satz 3 Nummer 1 bis 5 und Absatz 3 und der jeweils zugehörigen Tätigkeiten und Prozesse zu erlassen. Vor Erlass der Rechtsverordnung sind die Spitzenverbände der Institute zu hören.

(5) Die Institute haben angemessene Verhältnisse zwischen der variablen und fixen jährlichen Vergütung für Mitarbeiter und Geschäftsleiter festzulegen. Dabei darf die variable Vergütung vorbehaltlich eines Beschlusses nach Satz 5 jeweils 100 Prozent der fixen Vergütung für jeden einzelnen Mitarbeiter oder Geschäftsleiter nicht überschreiten. Hierbei kann für bis zu 25 Prozent der variablen Vergütung der zukünftige Wert auf den Zeitpunkt der Mitteilung an die jeweiligen Mitarbeiter oder Geschäftsleiter über die Höhe der variablen Vergütung für einen Bemessungszeitraum abgezinst werden, wenn dieser Teil der variablen Vergütung in Instrumenten gezahlt wird, die für die Dauer von mindestens fünf Jahren nach dieser Mitteilung zurückbehalten werden. Bei der Zurückbehaltung dürfen ein Anspruch und eine Anwartschaft auf diesen Teil der variablen Vergütung erst nach Ablauf des Zurückbehaltungszeitraums erwachsen und während des Zurückbehaltungszeitraums lediglich ein Anspruch auf fehlerfreie Ermittlung des noch nicht zu einer Anwartschaft oder einem Anspruch erwachsenen Teils dieses Teils der variablen Vergütung bestehen, nicht aber auf diesen Teil der variablen Vergütung selbst. Die Anteilseigner, die Eigentümer, die Mitglieder oder die Träger des Instituts können über die Billigung einer höheren variablen Vergütung als nach Satz 2, die 200 Prozent der fixen Vergütung für jeden einzelnen Mitarbeiter oder Geschäftsleiter nicht überschreiten darf, beschließen. Zur Billigung einer höheren variablen Vergütung als nach Satz 2 für Mitarbeiter haben die Geschäftsleitung und das Verwaltungs- oder Aufsichtsorgan, zur Billigung einer höheren variablen Vergütung als nach Satz 2 für Geschäftsleiter nur das Verwaltungs- oder Aufsichtsorgan, einen Vorschlag zur Beschlussfassung zu machen; der Vorschlag hat die Gründe

für die erbetene Billigung einer höheren variablen Vergütung als nach Satz 2 und deren Umfang, einschließlich der Anzahl der betroffenen Mitarbeiter und Geschäftsleiter sowie ihrer Funktionen, und den erwarteten Einfluss einer höheren variablen Vergütung als nach Satz 2 auf die Anforderung, eine angemessene Eigenmittelausstattung vorzuhalten, darzulegen. Der Beschlussvorschlag ist so rechtzeitig vor der Beschlussfassung bekannt zu machen, dass sich die Anteilseigner, die Eigentümer, die Mitglieder oder die Träger des Instituts angemessen informieren können; üben die Anteilseigner, die Eigentümer, die Mitglieder oder die Träger ihre Rechte in einer Versammlung aus, ist der Beschlussvorschlag mit der Einberufung der Versammlung bekannt zu machen. Der Beschluss bedarf einer Mehrheit von mindestens 66 Prozent der abgegebenen Stimmen, sofern mindestens 50 Prozent der Stimmrechte bei der Beschlussfassung vertreten sind, oder von mindestens 75 Prozent der abgegebenen Stimmen. Anteilseigner, Eigentümer, Mitglieder oder Träger die als Mitarbeiter oder Geschäftsleiter von einer höheren variablen Vergütung als nach Satz 2 betroffen wären, dürfen ihr Stimmrecht weder unmittelbar noch mittelbar ausüben.

(5a) Die nach Artikel 4 Absatz 5 Satz 1 der Delegierten Verordnung (EU) Nr. 604/2014 der Kommission vom 4. März 2014 zur Ergänzung der Richtlinie 2013/36/EU des Europäischen Parlaments und des Rates im Hinblick auf technische Regulierungsstandards in Bezug auf qualitative und angemessene quantitative Kriterien zur Ermittlung der Mitarbeiterkategorien, deren berufliche Tätigkeit sich wesentlich auf das Risikoprofil eines Instituts auswirkt (ABl. L 167 vom 6.6.2014, S. 30) an die Aufsichtsbehörde zu stellenden Anträge sind unverzüglich, spätestens jedoch sechs Monate nach Ablauf des Geschäftsjahres, zu stellen.

(6) Das Bundesministerium der Finanzen wird ermächtigt, durch Rechtsverordnung, die nicht der Zustimmung des Bundesrates bedarf, im Benehmen mit der Deutschen Bundesbank nähere Bestimmungen zu erlassen über

1. die Ausgestaltung der Vergütungssysteme nach Absatz 1 Satz 3 Nummer 6 einschließlich der Ausgestaltung

    a) der Entscheidungsprozesse und Verantwortlichkeiten,

    b) des Verhältnisses der variablen zur fixen Vergütung und der Vergütungsinstrumente für die variable Vergütung,

    c) positiver und negativer Vergütungsparameter, der Leistungszeiträume, Zurückbehaltungszeiträume und Rückforderungszeiträume einschließlich der Voraussetzungen und Parameter für einen vollständigen Verlust oder eine teilweise Reduzierung oder eine vollständige oder teilweise Rückforderung der variablen Vergütung sowie

    der Berücksichtigung der institutsspezifischen und gruppenweiten Geschäfts- und Vergütungsstrategie einschließlich deren Anwendung und Umsetzung in gruppenangehörigen Unternehmen, der Ziele, der Werte und der langfristigen Interessen des Instituts,

2. die Voraussetzungen und das Verfahren bei Billigung eines höheren Verhältnisses zwischen der variablen und fixen jährlichen Vergütung nach Absatz 5 Satz 2 bis 9,

2a. die Berechnung des Verhältnisses der variablen zur fixen Vergütung nach Absatz 5 Satz 2 bis 5, insbesondere über die Diskontierungsfaktoren zur Ermittlung des zugrunde zu legenden Barwerts der variablen Vergütung,

3. die Überwachung der Angemessenheit und der Transparenz der Vergütungssysteme durch das Institut und die Weiterentwicklung der Vergütungssysteme, auch unter Einbeziehung des Vergütungskontrollausschusses und eines Vergütungsbeauftragten,

4. die Offenlegung der Ausgestaltung der Vergütungssysteme und der Zusammensetzung der Vergütung einschließlich des Gesamtbetrags der garantierten Bonuszahlungen und der einzelvertraglichen Abfindungszahlungen unter Angabe der höchsten geleisteten Abfindung und der Anzahl der Begünstigten, soweit nicht von Artikel 450 der Verordnung (EU) Nr. 575/2013 erfasst, das Offenlegungsmedium und die Häufigkeit der Offenlegung,

5. die Ausgestaltung der Offenlegung gemäß Artikel 450 der Verordnung (EU) Nr. 575/2013 sowie

6. die vollständige oder teilweise Herausnahme von Instituten, die keine CRR-Institute sind, aus dem Anwendungsbereich der Rechtsverordnung.

Die Regelungen haben sich insbesondere an Größe und Vergütungsstruktur des Instituts sowie Art, Umfang, Komplexität, Risikogehalt und Internationalität der Geschäftsaktivitäten zu orientieren. Im Rahmen der Bestimmungen nach Satz 1 Nummer 4 müssen die auf Offenlegung der Vergütung bezogenen handelsrechtlichen Bestimmungen nach § 340a Absatz 1 und 2 in Verbindung mit § 340l Absatz 1 Satz 1 des Handelsgesetzbuchs unberührt bleiben. Das Bundesministerium der Finanzen kann die Ermächtigung durch Rechtsverordnung auf die Bundesanstalt mit der Maßgabe übertragen, dass die Rechtsverordnung im Einvernehmen mit der Deutschen Bundesbank ergeht. Vor Erlass der Rechtsverordnung sind die Spitzenverbände der Institute zu hören.

XV. OWiG – Gesetz über Ordnungswidrigkeiten

§ 9 – Handeln für einen anderen

(1) Handelt jemand

1. als vertretungsberechtigtes Organ einer juristischen Person oder als Mitglied eines solchen Organs,

2. als vertretungsberechtigter Gesellschafter einer rechtsfähigen Personengesellschaft oder

3. als gesetzlicher Vertreter eines anderen,

so ist ein Gesetz, nach dem besondere persönliche Eigenschaften, Verhältnisse oder Umstände (besondere persönliche Merkmale) die Möglichkeit der Ahndung begründen, auch auf den Vertreter anzuwenden, wenn diese Merkmale zwar nicht bei ihm, aber bei dem Vertretenen vorliegen.

(2) Ist jemand von dem Inhaber eines Betriebes oder einem sonst dazu Befugten

1. beauftragt, den Betrieb ganz oder zum Teil zu leiten, oder

2. ausdrücklich beauftragt, in eigener Verantwortung Aufgaben wahrzunehmen, die dem Inhaber des Betriebes obliegen,

und handelt er auf Grund dieses Auftrages, so ist ein Gesetz, nach dem besondere persönliche Merkmale die Möglichkeit der Ahndung begründen, auch auf den Beauftragten anzuwenden, wenn diese Merkmale zwar nicht bei ihm, aber bei dem Inhaber des Betriebes vorliegen. Dem Betrieb im Sinne des Satzes 1 steht das Unternehmen gleich. Handelt jemand auf Grund eines entsprechenden Auftrages für eine Stelle, die Aufgaben der öffentlichen Verwaltung wahrnimmt, so ist Satz 1 sinngemäß anzuwenden.

(3) Die Absätze 1 und 2 sind auch dann anzuwenden, wenn die Rechtshandlung, welche die Vertretungsbefugnis oder das Auftragsverhältnis begründen sollte, unwirksam ist.

§ 30 – Geldbuße gegen juristische Personen und Personenvereinigungen

(1) Hat jemand

1. als vertretungsberechtigtes Organ einer juristischen Person oder als Mitglied eines solchen Organs,

2. als Vorstand eines nicht rechtsfähigen Vereins oder als Mitglied eines solchen Vorstandes,

3. als vertretungsberechtigter Gesellschafter einer rechtsfähigen Personengesellschaft,

4. als Generalbevollmächtigter oder in leitender Stellung als Prokurist oder Handlungsbevollmächtigter einer juristischen Person oder einer in Nummer 2 oder 3 genannten Personenvereinigung oder

5. als sonstige Person, die für die Leitung des Betriebs oder Unternehmens einer juristischen Person oder einer in Nummer 2 oder 3 genannten Personenvereinigung verantwortlich handelt, wozu auch die Überwachung der Geschäftsführung oder die sonstige Ausübung von Kontrollbefugnissen in leitender Stellung gehört,

eine Straftat oder Ordnungswidrigkeit begangen, durch die Pflichten, welche die juristische Person oder die Personenvereinigung treffen, verletzt worden sind oder die juristische Person oder die Personenvereinigung bereichert worden ist oder werden sollte, so kann gegen diese eine Geldbuße festgesetzt werden.

(2) Die Geldbuße beträgt

1. im Falle einer vorsätzlichen Straftat bis zu zehn Millionen Euro,

2. im Falle einer fahrlässigen Straftat bis zu fünf Millionen Euro.

Im Falle einer Ordnungswidrigkeit bestimmt sich das Höchstmaß der Geldbuße nach dem für die Ordnungswidrigkeit angedrohten Höchstmaß der Geldbuße. Verweist das Gesetz auf diese Vorschrift, so verzehnfacht sich das Höchstmaß der Geldbuße nach Satz 2 für die im Gesetz bezeichneten Tatbestände. Satz 2 gilt auch im Falle einer Tat, die gleichzeitig Straftat und Ordnungswidrigkeit ist, wenn das für die Ordnungswidrigkeit angedrohte Höchstmaß der Geldbuße das Höchstmaß nach Satz 1 übersteigt.

(2a) Im Falle einer Gesamtrechtsnachfolge oder einer partiellen Gesamtrechtsnachfolge durch Aufspaltung (§ 123 Absatz 1 des Umwandlungsgesetzes) kann die Geldbuße nach Absatz 1 und 2 gegen den oder die Rechtsnachfolger festgesetzt werden. Die Geldbuße darf in diesen Fällen den Wert des übernommenen Vermögens sowie die Höhe der gegenüber dem Rechtsvorgänger angemessenen Geldbuße nicht übersteigen. Im Bußgeldverfahren tritt der Rechtsnachfolger oder treten die Rechtsnachfolger in die Verfahrensstellung ein, in der sich der Rechtsvorgänger zum Zeitpunkt des Wirksamwerdens der Rechtsnachfolge befunden hat.

(3) § 17 Abs. 4 und § 18 gelten entsprechend.

(4) Wird wegen der Straftat oder Ordnungswidrigkeit ein Straf- oder Bußgeldverfahren nicht eingeleitet oder wird es eingestellt oder wird von Strafe abgesehen, so kann die Geldbuße selbständig festgesetzt werden. Durch Gesetz kann bestimmt werden, daß die Geldbuße auch in weiteren Fällen selbständig festgesetzt werden kann. Die selbständige Festsetzung einer Geldbuße gegen die juristische Person oder Personenvereinigung ist jedoch ausgeschlossen, wenn die Straftat oder Ordnungswidrigkeit aus rechtlichen Gründen nicht verfolgt werden kann; § 33 Abs. 1 Satz 2 bleibt unberührt.

(5) Die Festsetzung einer Geldbuße gegen die juristische Person oder Personenvereinigung schließt es aus, gegen sie wegen derselben Tat die Einziehung nach den §§ 73 oder 73c des Strafgesetzbuches oder nach § 29a anzuordnen.

(6) Bei Erlass eines Bußgeldbescheids ist zur Sicherung der Geldbuße § 111e Absatz 2 der Strafprozessordnung mit der Maßgabe anzuwenden, dass an die Stelle des Urteils der Bußgeldbescheid tritt.

§ 130 – Verletzung der Aufsichtspflicht in Betrieben und Unternehmen

(1) Wer als Inhaber eines Betriebes oder Unternehmens vorsätzlich oder fahrlässig die Aufsichtsmaßnahmen unterläßt, die erforderlich sind, um in dem Betrieb oder Unternehmen Zuwiderhandlungen gegen Pflichten zu verhindern, die den Inhaber treffen und deren Verletzung mit Strafe oder Geldbuße bedroht ist, handelt ordnungswidrig, wenn eine solche Zuwiderhandlung begangen wird, die durch gehörige Aufsicht verhindert oder wesentlich erschwert worden wäre. Zu den erforderlichen Aufsichtsmaßnahmen gehören auch die Bestellung, sorgfältige Auswahl und Überwachung von Aufsichtspersonen.

(2) Betrieb oder Unternehmen im Sinne des Absatzes 1 ist auch das öffentliche Unternehmen.

(3) Die Ordnungswidrigkeit kann, wenn die Pflichtverletzung mit Strafe bedroht ist, mit einer Geldbuße bis zu einer Million Euro geahndet werden. § 30 Absatz 2 Satz 3 ist anzuwenden. Ist die Pflichtverletzung mit Geldbuße bedroht, so bestimmt sich das Höchstmaß der Geldbuße wegen der Aufsichtspflichtverletzung nach dem für die Pflichtverletzung angedrohten Höchstmaß der Geldbuße. Satz 3 gilt auch im Falle einer Pflichtverletzung, die gleichzeitig mit Strafe und Geldbuße bedroht ist, wenn das für die Pflichtverletzung angedrohte Höchstmaß der Geldbuße das Höchstmaß nach Satz 1 übersteigt.

XVI. ProdHaftG – Produkthaftungsgesetz

§ 1 – Haftung

(1) Wird durch den Fehler eines Produkts jemand getötet, sein Körper oder seine Gesundheit verletzt oder eine Sache beschädigt, so ist der Hersteller des Produkts verpflichtet, dem Geschädigten den daraus entstehenden Schaden zu ersetzen. Im Falle der Sachbeschädigung gilt dies nur, wenn eine andere Sache als das fehlerhafte Produkt beschädigt wird und diese andere Sache ihrer Art nach gewöhnlich für den privaten Ge- oder Verbrauch bestimmt und hierzu von dem Geschädigten hauptsächlich verwendet worden ist.

(2) Die Ersatzpflicht des Herstellers ist ausgeschlossen, wenn

1. er das Produkt nicht in den Verkehr gebracht hat,

2. nach den Umständen davon auszugehen ist, daß das Produkt den Fehler, der den Schaden verursacht hat, noch nicht hatte, als der Hersteller es in den Verkehr brachte,

3. er das Produkt weder für den Verkauf oder eine andere Form des Vertriebs mit wirtschaftlichem Zweck hergestellt noch im Rahmen seiner beruflichen Tätigkeit hergestellt oder vertrieben hat,

4. der Fehler darauf beruht, daß das Produkt in dem Zeitpunkt, in dem der Hersteller es in den Verkehr brachte, dazu zwingenden Rechtsvorschriften entsprochen hat, oder

5. der Fehler nach dem Stand der Wissenschaft und Technik in dem Zeitpunkt, in dem der Hersteller das Produkt in den Verkehr brachte, nicht erkannt werden konnte.

(3) Die Ersatzpflicht des Herstellers eines Teilprodukts ist ferner ausgeschlossen, wenn der Fehler durch die Konstruktion des Produkts, in welches das Teilprodukt eingearbeitet wurde, oder durch die Anleitungen des Herstellers des Produkts verursacht worden ist. Satz 1 ist auf den Hersteller eines Grundstoffs entsprechend anzuwenden.

(4) Für den Fehler, den Schaden und den ursächlichen Zusammenhang zwischen Fehler und Schaden trägt der Geschädigte die Beweislast. Ist streitig, ob die Ersatzpflicht gemäß Absatz 2 oder 3 ausgeschlossen ist, so trägt der Hersteller die Beweislast.

§ 2 – Produkt

Produkt im Sinne dieses Gesetzes ist jede bewegliche Sache, auch wenn sie einen Teil einer anderen beweglichen Sache oder einer unbeweglichen Sache bildet, sowie Elektrizität.

§ 3 – Fehler

(1) Ein Produkt hat einen Fehler, wenn es nicht die Sicherheit bietet, die unter Berücksichtigung aller Umstände, insbesondere

a) seiner Darbietung,

b) des Gebrauchs, mit dem billigerweise gerechnet werden kann,

c) des Zeitpunkts, in dem es in den Verkehr gebracht wurde,

berechtigterweise erwartet werden kann.

(2) Ein Produkt hat nicht allein deshalb einen Fehler, weil später ein verbessertes Produkt in den Verkehr gebracht wurde.

§ 14 – Unabdingbarkeit

Die Ersatzpflicht des Herstellers nach diesem Gesetz darf im voraus weder ausgeschlossen noch beschränkt werden. Entgegenstehende Vereinbarungen sind nichtig.

XVII. ProdSG – Produktsicherheitsgesetz

§ 2 – Begriffsbestimmungen

Im Sinne dieses Gesetzes

[…]

22. sind Produkte Waren, Stoffe oder Zubereitungen, die durch einen Fertigungsprozess hergestellt worden sind,

[…]

§ 3 – Allgemeine Anforderungen an die Bereitstellung von Produkten auf dem Markt

(1) Soweit ein Produkt einer oder mehreren Rechtsverordnungen nach § 8 Absatz 1 unterliegt, darf es nur auf dem Markt bereitgestellt werden, wenn es

1. die darin vorgesehenen Anforderungen erfüllt und

2. die Sicherheit und Gesundheit von Personen oder sonstige in den Rechtsverordnungen nach § 8 Absatz 1 aufgeführte Rechtsgüter bei bestimmungsgemäßer oder vorhersehbarer Verwendung nicht gefährdet.

(2) Ein Produkt darf, soweit es nicht Absatz 1 unterliegt, nur auf dem Markt bereitgestellt werden, wenn es bei bestimmungsgemäßer oder vorhersehbarer Verwendung die Sicherheit und Gesundheit von Personen nicht gefährdet. Bei der Beurteilung, ob ein Produkt der Anforderung nach Satz 1 entspricht, sind insbesondere zu berücksichtigen:

1. die Eigenschaften des Produkts einschließlich seiner Zusammensetzung, seine Verpackung, die Anleitungen für seinen Zusammenbau, die Installation, die Wartung und die Gebrauchsdauer,

2. die Einwirkungen des Produkts auf andere Produkte, soweit zu erwarten ist, dass es zusammen mit anderen Produkten verwendet wird,

3. die Aufmachung des Produkts, seine Kennzeichnung, die Warnhinweise, die Gebrauchs- und Bedienungsanleitung, die Angaben zu seiner Beseitigung sowie alle sonstigen produktbezogenen Angaben oder Informationen,

4. die Gruppen von Verwendern, die bei der Verwendung des Produkts stärker gefährdet sind als andere.

Die Möglichkeit, einen höheren Sicherheitsgrad zu erreichen, oder die Verfügbarkeit anderer Produkte, die ein geringeres Risiko darstellen, ist kein ausreichender Grund, ein Produkt als gefährlich anzusehen.

(3) Wenn der Schutz von Sicherheit und Gesundheit erst durch die Art der Aufstellung eines Produkts gewährleistet werden, ist hierauf bei der Bereitstellung auf dem Markt ausreichend hinzuweisen, sofern in den Rechtsverordnungen nach § 8 keine anderen Regelungen vorgesehen sind.

(4) Sind bei der Verwendung, Ergänzung oder Instandhaltung eines Produkts bestimmte Regeln zu beachten, um den Schutz von Sicherheit und Gesundheit zu gewährleisten, ist bei der Bereitstellung auf dem Markt hierfür eine Gebrauchsanleitung in deutscher Sprache mitzuliefern, sofern in den Rechtsverordnungen nach § 8 keine anderen Regelungen vorgesehen sind.

(5) Ein Produkt, das die Anforderungen nach Absatz 1 oder Absatz 2 nicht erfüllt, darf ausgestellt werden, wenn der Aussteller deutlich darauf hinweist, dass es diese Anforderungen nicht erfüllt und erst erworben werden kann, wenn die entsprechende Übereinstimmung hergestellt ist. Bei einer Vorführung sind die erforderlichen Vorkehrungen zum Schutz der Sicherheit und Gesundheit von Personen zu treffen.

XVIII. SGB V – Sozialgesetzbuch Fünftes Buch – Gesetzliche Krankenversicherung

§ 291b – Gesellschaft für Telematik

(1) Im Rahmen der Aufgaben nach § 291a Absatz 7 Satz 2 hat die Gesellschaft für Telematik

1. die funktionalen und technischen Vorgaben einschließlich eines Sicherheitskonzepts zu erstellen,

2. Inhalt und Struktur der Datensätze für deren Bereitstellung und Nutzung festzulegen,

3. Vorgaben für den sicheren Betrieb der Telematikinfrastruktur zu erstellen und ihre Umsetzung zu überwachen,

4. die notwendigen Test- und Zertifizierungsmaßnahmen sicherzustellen und

5. Verfahren einschließlich der dafür erforderlichen Authentisierungsverfahren festzulegen zur Verwaltung

   a) der in § 291a Absatz 4 und 5a geregelten Zugriffsberechtigungen und

   b) der Steuerung der Zugriffe auf Daten nach § 291a Absatz 2 und 3.

Bei der Gestaltung der Verfahren nach Satz 1 Nummer 5 berücksichtigt die Gesellschaft für Telematik, dass die Telematikinfrastruktur schrittweise ausgebaut wird und die Zugriffsberechtigungen künftig auf weitere Leistungserbringergruppen ausgedehnt werden können. Soweit bei den Festlegungen und Maßnahmen nach Satz 1 Fragen der Datensicherheit berührt sind, sind diese im Einvernehmen mit dem Bundesamt für Sicherheit in der Informationstechnik zu treffen. Die Gesellschaft für Telematik hat die Interessen von Patienten zu wahren und die Einhaltung der Vorschriften zum Schutz personenbezogener Daten sowie zur Barrierefreiheit sicherzustellen. Die Gesellschaft für Telematik hat Aufgaben nur insoweit wahrzunehmen, als dies zur Schaffung einer interoperablen, kompatiblen und sicheren Telematikinfrastruktur erforderlich ist. Mit Teilaufgaben der Gesellschaft für Telematik können einzelne Gesellschafter oder Dritte beauftragt werden; hierbei sind durch die Gesellschaft für Telematik Interoperabilität, Kompatibilität und das notwendige Sicherheitsniveau der Telematikinfrastruktur zu gewährleisten. Im Auftrag des Bundesministeriums für Gesundheit nimmt die Gesellschaft für Telematik auf europäischer Ebene Aufgaben wahr, soweit die Telematikinfrastruktur berührt ist oder künftig berührt werden kann. Das Bundesministerium für Gesundheit kann ihr dabei Weisungen erteilen. Bis zum 31. Dezember 2017 hat die Gesellschaft für Telematik die Maßnahmen durchzuführen, die erforderlich sind, damit zugriffsberechtigte Ärzte auf die Daten nach § 291a Absatz 3 Satz 1 Nummer 1 zugreifen können. Bis zum 31. Dezember 2017 hat die Gesellschaft für Telematik die Maßnahmen durchzuführen, die erforderlich sind, damit die Daten nach § 291a Absatz 3 Satz 1 Nummer 3 genutzt werden können. § 291 Absatz 2b Satz 7 bis 9 gilt für die Fristen nach den Sätzen 9 und 10 jeweils mit der Maßgabe entsprechend, dass die Ausgaben ab dem Jahr 2018 die Ausgaben des Jahres 2014 abzüglich 1 Prozent nicht überschreiten dürfen. Bis zum 31. Dezember 2018 hat die Gesellschaft für Telematik die Maßnahmen durchzuführen, die erforderlich sind, damit nach § 291a Absatz 3 Satz 1 Nummer 5 Versicherte selbst Daten zur Verfügung stellen oder Daten für sie zur Verfügung gestellt werden können. Bis zum 31. Dezember 2016 hat die Gesellschaft für Telematik zu prüfen, inwieweit mobile und stationäre Endgeräte der Versicherten zur Wahrnehmung ihrer Rechte, insbesondere der Zugriffsrechte gemäß § 291a Absatz 4 Satz 2, und für die Kommunikation im Gesundheitswesen einbezogen werden können. Über das Ergebnis der Prüfung nach Satz 13 legt die Gesellschaft für Telematik dem Deutschen Bundestag über das Bundesministerium für Gesundheit spätestens bis zum 31. März 2017 einen Bericht vor.

(1a) Die Komponenten und Dienste der Telematikinfrastruktur werden von der Gesellschaft für Telematik zugelassen. Die Zulassung wird auf Antrag des Anbieters einer Komponente oder des Anbieters eines Dienstes erteilt, wenn die Komponente oder der Dienst funktionsfähig, interoperabel und sicher ist. Die Zulassung kann mit Nebenbestimmungen versehen werden. Die Gesellschaft für Telematik prüft die Funktionsfähigkeit und Interoperabilität auf der Grundlage der von ihr veröffentlichten Prüfkriterien. Der Nachweis der Sicherheit erfolgt nach den Vorgaben des Bundesamtes für Sicherheit in der Informationstechnik durch eine Sicherheitszertifizierung. Hierzu entwickelt das Bundesamt für Sicherheit in der Informationstechnik geeignete Prüfvorschriften und veröffentlicht diese im Bundesanzeiger. Das Nähere zum Zulassungsverfahren und zu den Prüfkriterien wird von der Gesellschaft für Telematik in Abstimmung mit dem Bundesamt für Sicherheit in der Informationstechnik beschlossen. Die Gesellschaft für Telematik veröffentlicht eine Liste mit den zugelassenen Komponenten und Diensten. Die für die Aufgaben nach den Sätzen 5, 6 und 12 beim Bundesamt für Sicherheit in der Informationstechnik entstehenden Kosten sind diesem durch die Gesellschaft für Telematik zu erstatten. Die Einzelheiten werden von dem Bundesamt für Sicherheit in der Informationstechnik und der Gesellschaft für Telematik einvernehmlich festgelegt. Die Gesellschaft für Telematik kann eine befristete Genehmigung zur Verwendung von nicht zugelassenen Komponenten und Diensten in der Telematikinfrastruktur erteilen, wenn dies zur Aufrechterhaltung der Funktionsfähigkeit und Sicherheit der Telematikinfrastruktur erforderlich ist. Hinsichtlich der Sicherheit ist die Genehmigung im Einvernehmen mit dem Bundesamt für Sicherheit in der Informationstechnik zu erteilen.

(1b) Die Gesellschaft für Telematik hat eine diskriminierungsfreie Nutzung der Telematikinfrastruktur für Anwendungen nach § 291a Absatz 7 Satz 3 zu gewährleisten. Dabei sind elektronische Anwendungen, die der Erfüllung von gesetzlichen Aufgaben der Kranken- und Pflegeversicherung dienen, vorrangig zu berücksichtigen. Für die Nutzung der Telematikinfrastruktur für Anwendungen nach § 291a Absatz 7 Satz 3 legt die Gesellschaft für Telematik in Abstimmung mit dem Bundesamt für Sicherheit in der Informationstechnik und der oder dem Bundesbeauftragten für den Datenschutz und die Informationsfreiheit die erforderlichen Voraussetzungen bis zum 30. Juni 2016 fest und veröffentlicht diese auf ihrer Internetseite. Die Erfüllung dieser Voraussetzungen muss der Anbieter einer Anwendung gegenüber der Gesellschaft für Telematik in einem Bestätigungsverfahren nachweisen. Die Einzelheiten des Bestätigungsverfahrens sowie die dazu erforderlichen Prüfkriterien legt die Gesellschaft für Telematik in Abstimmung mit dem Bundesamt für Sicherheit in der Informationstechnik bis zum 30. September 2016 fest und veröffentlicht sie auf ihrer Internetseite. Das Bestätigungsverfahren wird auf Antrag eines Anbieters einer Anwendung durchgeführt. Die Bestätigung kann mit Nebenbestimmungen versehen werden. Die Gesellschaft für Telematik veröffentlicht eine Liste mit den erteilten Bestätigungen auf ihrer Internetseite. Für Leistungserbringer in der gesetzlichen Kranken- und Pflegeversicherung, die die Telematikinfrastruktur für Anwendungen nach § 291a Absatz 7 Satz 3 nutzen wollen und für die noch keine sicheren Authentisierungsverfahren nach Absatz 1 Satz 1 Nummer 5 festgelegt sind, legt die Gesellschaft für Telematik diese Verfahren in Abstimmung mit dem Bundesamt für Sicherheit in der Informationstechnik fest. Die nach diesem Absatz beim Bundesamt für Sicherheit in der Informationstechnik sowie bei der oder dem Bundesbeauftragten für den Datenschutz und die Informationsfreiheit entstehenden Kosten sind durch die Gesellschaft für Telematik zu erstatten. Die Gesellschaft für Telematik legt die Einzelheiten der Kostenerstattung einvernehmlich jeweils mit dem Bundesamt für Sicherheit in der Informationstechnik sowie der oder dem Bundesbeauftragten für den Datenschutz und die Informationsfreiheit fest.

(1c) Betriebsleistungen sind auf der Grundlage der von der Gesellschaft für Telematik zu beschließenden Rahmenbedingungen zu erbringen. Zur Durchführung des operativen Betriebs der Telematikinfrastruktur vergibt die Gesellschaft für Telematik Aufträge oder erteilt in einem transparenten und diskriminierungsfreien Verfahren Zulassungen; sind nach Absatz 1 Satz 6 erster Halbsatz einzelne Gesellschafter oder Dritte beauftragt worden, so sind die Beauftragten für die Vergabe und für die Erteilung der Zulassung zuständig. Bei der Vergabe von Aufträgen sind abhängig vom Auftragswert die Vorschriften über die Vergabe öffentlicher Aufträge: der Vierte Teil des Gesetzes gegen Wettbewerbsbeschränkungen sowie die Vergabeverordnung und § 22 der Verordnung über das Haushaltswesen in der Sozialversicherung sowie der Abschnitt 1 des Teils A der Verdingungsordnung für Leistungen (VOL/A) anzuwenden.

Für die freihändige Vergabe von Leistungen gemäß § 3 Absatz 5 Buchstabe i der Verdingungsordnung für Leistungen - Teil A (VOL/A) werden die Ausführungsbestimmungen vom Bundesministerium für Gesundheit festgelegt und im Bundesanzeiger veröffentlicht. Bei Zulassungsverfahren nach Satz 2 haben Anbieter von operative Betriebsleistungen einen Anspruch auf Zulassung, wenn

1. die zu verwendenden Komponenten und Dienste nach den Absätzen 1a und 1e zugelassen sind,

2. der Anbieter den Nachweis erbringt, dass die Verfügbarkeit und Sicherheit der Betriebsleistung gewährleistet sind, und

3. der Anbieter sich vertraglich verpflichtet, die Rahmenbedingungen für Betriebsleistungen der Gesellschaft für Telematik einzuhalten.

Die Zulassung kann mit Nebenbestimmungen versehen werden. Die Gesellschaft für Telematik beziehungsweise die von ihr beauftragten Organisationen können die Anzahl der Zulassungen beschränken, soweit dies zur Gewährleistung von Interoperabilität, Kompatibilität und des notwendigen Sicherheitsniveaus erforderlich ist. Die Gesellschaft für Telematik beziehungsweise die von ihr beauftragten Organisationen veröffentlichen

1. die fachlichen und sachlichen Voraussetzungen, die für den Nachweis nach Satz 5 Nr. 2 erfüllt sein müssen, sowie

2. eine Liste mit den zugelassenen Anbietern.

(1d) Die Gesellschaft für Telematik kann für die Zulassungen und Bestätigungen der Absätze 1a bis 1c und 1e Gebühren und Auslagen erheben. Die Gebührensätze sind so zu bemessen, dass sie den auf die Leistungen entfallenden durchschnittlichen Personal- und Sachaufwand nicht übersteigen. Das Bundesministerium für Gesundheit wird ermächtigt, durch Rechtsverordnung ohne Zustimmung des Bundesrates die gebührenpflichtigen Tatbestände zu bestimmen und dabei feste Sätze oder Rahmensätze vorzusehen sowie Regelungen über die Gebührenentstehung, die Gebührenerhebung, die Erstattung von Auslagen, den Gebührenschuldner, Gebührenbefreiungen, die Fälligkeit, die Stundung, die Niederschlagung, den Erlass, Säumniszuschläge, die Verjährung und die Erstattung zu treffen. Für die Nutzung der Telematikinfrastruktur für Anwendungen nach § 291a Absatz 7 Satz 3, die nicht in diesem Buch oder im Elften Buch Sozialgesetzbuch geregelt sind, kann die Gesellschaft für Telematik Entgelte verlangen. Der Entgeltkatalog bedarf der Genehmigung des Bundesministeriums für Gesundheit.

(1e) Die Gesellschaft für Telematik legt bis zum 31. Dezember 2016 sichere Verfahren zur Übermittlung medizinischer Dokumente über die Telematikinfrastruktur in Abstimmung mit dem Bundesamt für Sicherheit in der Informationstechnik und mit der oder dem Bundesbeauftragten für den Datenschutz und die Informationsfreiheit fest und veröffentlicht diese Festlegungen auf ihrer Internetseite. Die Erfüllung dieser Festlegungen muss der Anbieter eines Dienstes für ein Übermittlungsverfahren gegenüber der Gesellschaft für Telematik in einem Zulassungsverfahren nachweisen. Für das Zulassungsverfahren gilt Absatz 1a. Die für das Zulassungsverfahren erforderlichen Festlegungen sind bis zum 31. März 2017 zu treffen und auf der Internetseite der Gesellschaft für Telematik zu veröffentlichen. Die nach diesem Absatz bei dem Bundesamt für Sicherheit in der Informationstechnik und bei der oder dem Bundesbeauftragten für den Datenschutz und die Informationsfreiheit entstehenden Kosten sind durch die Gesellschaft für Telematik zu erstatten. Die Gesellschaft für Telematik legt die Einzelheiten der Kostenerstattung einvernehmlich mit der oder dem Bundesbeauftragten für den Datenschutz und die Informationsfreiheit fest.

(2) Der Gesellschaftsvertrag bedarf der Zustimmung des Bundesministeriums für Gesundheit und ist nach folgenden Grundsätzen zu gestalten:

1. Die in § 291a Abs. 7 Satz 1 genannten Spitzenorganisationen sind Gesellschafter der Gesellschaft für Telematik. Die Geschäftsanteile entfallen zu 50 Prozent auf den Spitzenverband Bund der Krankenkassen und zu 50 Prozent auf die anderen in § 291a Abs. 7 Satz 1 genannten Spitzenorganisationen. Mit Zustimmung des Bundesministeriums für Gesundheit können die Gesellschafter den Beitritt weiterer Spitzenorganisationen der Leistungserbringer auf Bundesebene und des Verbandes der Privaten Krankenversicherung beschließen; im Falle eines Beitritts sind die Geschäftsanteile innerhalb der Gruppen der Kostenträger und Leistungserbringer entsprechend anzupassen;

2. unbeschadet zwingender gesetzlicher Mehrheitserfordernisse entscheiden die Gesellschafter mit der Mehrheit von 67 Prozent der sich aus den Geschäftsanteilen ergebenden Stimmen, soweit nicht der Gesellschaftsvertrag eine geringere Mehrheit vorsieht;

3. das Bundesministerium für Gesundheit entsendet in die Versammlung der Gesellschafter eine Vertreterin oder einen Vertreter ohne Stimmrecht;

4. *(weggefallen).*

(2a) Die Gesellschaft für Telematik hat einen Beirat einzurichten, der sie in fachlichen Belangen berät. Er kann Angelegenheiten von grundsätzlicher Bedeutung der Gesellschafterversammlung der Gesellschaft für Telematik zur Befassung vorlegen und ist vor der Beschlussfassung zu Angelegenheiten von grundsätzlicher Bedeutung zu hören. Zu Angelegenheiten von grundsätzlicher Bedeutung gehören insbesondere:

1. Fachkonzepte zu Anwendungen der elektronischen Gesundheitskarte,

2. Planungen und Konzepte für Erprobung und Betrieb der Telematikinfrastruktur sowie

3. Konzepte zur Evaluation von Erprobungsphasen und Anwendungen.

Hierzu sind dem Beirat die entsprechenden Informationen in verständlicher Form so rechtzeitig zur Verfügung zu stellen, dass er sich mit ihnen inhaltlich befassen kann. Die Gesellschaft für Telematik hat sich mit den Stellungnahmen des Beirats zu befassen und dem Beirat mitzuteilen, inwieweit sie die Empfehlungen des Beirats berücksichtigt. Der Vorsitzende des Beirats kann an den Gesellschafterversammlungen der Gesellschaft für Telematik teilnehmen. Der Beirat besteht aus vier Vertretern der Länder, drei Vertretern der für die Wahrnehmung der Interessen der Patienten und der Selbsthilfe chronisch Kranker und behinderter Menschen maßgeblichen Organisationen, drei Vertretern der Wissenschaft, drei Vertretern der für die Wahrnehmung der Interessen der Industrie maßgeblichen Bundesverbände aus dem Bereich der Informationstechnologie im Gesundheitswesen, einem Vertreter für die Wahrnehmung der Interessen der an der hausarztzentrierten Versorgung teilnehmenden Vertragsärzte maßgeblichen Spitzenorganisation sowie der oder dem Bundesbeauftragten für den Datenschutz und die Informationsfreiheit und der oder dem Beauftragten der Bundesregierung für die Belange der Patientinnen und Patienten. Vertreter weiterer Gruppen und Bundesbehörden können berufen werden. Die Mitglieder des Beirats werden von der Gesellschafterversammlung der Gesellschaft für Telematik im Einvernehmen mit dem Bundesministerium für Gesundheit berufen; die Vertreter der Länder werden von den Ländern benannt. Die Gesellschafter, der Geschäftsführer der Gesellschaft für Telematik sowie das Bundesministerium für Gesundheit können an den Sitzungen des Beirats teilnehmen.

(3) Wird die Gesellschaft für Telematik nicht innerhalb einer vom Bundesministerium für Gesundheit gesetzten Frist gegründet oder löst sich die Gesellschaft für Telematik auf, kann

das Bundesministerium für Gesundheit eine oder mehrere der in § 291a Abs. 7 Satz 1 genannten Spitzenorganisationen zur Errichtung der Gesellschaft für Telematik verpflichten; die übrigen Spitzenorganisationen können mit Zustimmung des Bundesministeriums für Gesundheit der Gesellschaft für Telematik als Gesellschafter beitreten. Für die Finanzierung der Gesellschaft für Telematik nach Satz 1 gilt § 291a Absatz 7 Satz 6 bis 8 entsprechend.

(4) Die Beschlüsse der Gesellschaft für Telematik zu den Regelungen, dem Aufbau und dem Betrieb der Telematikinfrastruktur sind dem Bundesministerium für Gesundheit vorzulegen, das sie, soweit sie gegen Gesetz oder sonstiges Recht verstoßen, innerhalb eines Monats beanstanden kann; bei der Prüfung der Beschlüsse hat das Bundesministerium für Gesundheit der oder dem Bundesbeauftragten für den Datenschutz und die Informationsfreiheit Gelegenheit zur Stellungnahme zu geben. In begründeten Einzelfällen, insbesondere wenn die Prüfung der Beschlüsse innerhalb von einem Monat nicht abgeschlossen werden kann, kann das Bundesministerium für Gesundheit die Frist vor ihrem Ablauf um höchstens einen Monat verlängern. Erfolgt keine Beanstandung, werden die Beschlüsse nach Ablauf der Beanstandungsfrist für die Leistungserbringer und Krankenkassen sowie ihre Verbände nach diesem Buch verbindlich. Kommen die erforderlichen Beschlüsse nicht innerhalb einer vom Bundesministerium für Gesundheit gesetzten Frist zustande oder werden die Beanstandungen des Bundesministeriums für Gesundheit nicht innerhalb der von ihm gesetzten Frist behoben, so kann das Bundesministerium für Gesundheit den Inhalt der Beschlüsse im Benehmen mit den zuständigen obersten Landesbehörden durch Rechtsverordnung ohne Zustimmung des Bundesrates festlegen oder die Schlichtungsstelle nach § 291c anrufen. Die Gesellschaft für Telematik ist verpflichtet, dem Bundesministerium für Gesundheit zur Vorbereitung der Rechtsverordnung unverzüglich nach dessen Weisungen zuzuarbeiten.

(5) Die vom Bundesministerium für Gesundheit und von seinem Geschäftsbereich zur Vorbereitung der Rechtsverordnung nach Absatz 4 veranlassten Kosten sind unverzüglich aus den Finanzmitteln der Gesellschaft für Telematik zu begleichen; dies gilt auch, soweit Arbeiten zur Vorbereitung der Rechtsverordnung im Rahmen von Forschungs- und Entwicklungstätigkeiten durchgeführt werden.

(6) Soweit von Komponenten und Diensten eine Gefahr für die Funktionsfähigkeit oder Sicherheit der Telematikinfrastruktur ausgeht, ist die Gesellschaft für Telematik in Abstimmung mit dem Bundesamt für Sicherheit in der Informationstechnik befugt, die erforderlichen technischen und organisatorischen Maßnahmen zur Abwehr dieser Gefahr zu treffen. Betreiber von nach den Absätzen 1a und 1e zugelassenen Diensten und Betreiber von Diensten für nach Absatz 1b bestätigte Anwendungen haben erhebliche Störungen der Verfügbarkeit, Integrität, Authentizität und Vertraulichkeit dieser Dienste unverzüglich an die Gesellschaft für Telematik zu melden. Erheblich sind Störungen, die zum Ausfall oder zur Beeinträchtigung der Sicherheit oder Funktionsfähigkeit der in Satz 2 genannten Dienste oder zum Ausfall oder zur Beeinträchtigung der Sicherheit oder Funktionsfähigkeit der Telematikinfrastruktur führen können oder bereits geführt haben. Die Gesellschaft für Telematik hat die ihr nach Satz 2 gemeldeten Störungen sowie darüber hinausgehende bedeutende Störungen, die zu beträchtlichen Auswirkungen auf die Sicherheit oder Funktionsfähigkeit der Telematikinfrastruktur führen können oder bereits geführt haben, unverzüglich an das Bundesamt für Sicherheit in der Informationstechnik zu melden. Die Gesellschaft für Telematik kann zur Gefahrenabwehr im Einzelfall insbesondere Komponenten und Dienste für den Zugang zur Telematikinfrastruktur sperren oder den weiteren Zugang zur Telematikinfrastruktur nur unter der Bedingung gestatten, dass die von der Gesellschaft für Telematik angeordneten Maßnahmen zur Beseitigung der Gefahr umgesetzt werden.

(7) Die Gesellschaft für Telematik kann für Komponenten und Dienste, die die Telematikinfrastruktur nutzen, aber außerhalb der Telematikinfrastruktur betrieben werden, in Abstimmung mit dem Bundesamt für Sicherheit in der Informationstechnik solche Maßnahmen zur Überwachung des Betriebs treffen, die erforderlich sind, um die Sicherheit, Verfügbarkeit und Nutzbarkeit der Telematikinfrastruktur zu gewährleisten. Die Gesellschaft für Telematik legt hierzu fest, welche näheren Angaben ihr die Betreiber der Komponenten und Dienste offenzulegen haben, damit die Überwachung durchgeführt werden kann. Für die Erstattung der Kosten des Bundesamtes für Sicherheit in der Informationstechnik gilt Absatz 1a Satz 9 und 10 entsprechend.

(8) Die Gesellschaft für Telematik legt dem Bundesamt für Sicherheit in der Informationstechnik auf Verlangen die folgenden Unterlagen und Informationen vor:

1. die Zulassungen und Bestätigungen nach den Absätzen 1a bis 1c und 1e einschließlich der zugrunde gelegten Dokumentation,

2. eine Aufstellung der nach den Absätzen 6 und 7 getroffenen Maßnahmen einschließlich der festgestellten Sicherheitsmängel und Ergebnisse der Maßnahmen und

3. sonstige für die Bewertung der Sicherheit der Telematikinfrastruktur sowie der zugelassenen Dienste und bestätigten Anwendungen erforderlichen Informationen.

Ergibt die Bewertung der in Satz 1 genannten Informationen Sicherheitsmängel, so kann das Bundesamt für Sicherheit in der Informationstechnik der Gesellschaft für Telematik verbindliche Anweisungen zur Beseitigung der festgestellten Sicherheitsmängel erteilen. Die Gesellschaft für Telematik ist befugt, Betreibern von zugelassenen Diensten und bestätigten Anwendungen nach den Absätzen 1a bis 1c und 1e verbindliche Anweisungen zur Beseitigung festgestellter Sicherheitsmängel zu erteilen. Die Kosten der Überprüfung tragen

1. die Gesellschaft für Telematik, sofern das Bundesamt für Sicherheit in der Informationstechnik auf Grund von Anhaltspunkten tätig geworden ist, die berechtigte Zweifel an der Sicherheit der Telematikinfrastruktur begründeten,

2. der Betreiber von zugelassenen Diensten und bestätigten Anwendungen nach den Absätzen 1a bis 1c und 1e, sofern das Bundesamt für Sicherheit in der Informationstechnik auf Grund von Anhaltspunkten tätig geworden ist, die berechtigte Zweifel an der Sicherheit der zugelassenen Dienste und bestätigten Anwendungen begründeten.

§ 307a – Strafvorschriften

(1) Mit Freiheitsstrafe bis zu drei Jahren oder mit Geldstrafe wird bestraft, wer entgegen § 171b Absatz 2 Satz 1 die Zahlungsunfähigkeit oder die Überschuldung nicht, nicht richtig oder nicht rechtzeitig anzeigt.

(2) Handelt der Täter fahrlässig, so ist die Strafe Freiheitsstrafe bis zu einem Jahr oder Geldstrafe.

XIX. StGB – Strafgesetzbuch

§ 202a – Ausspähen von Daten

(1) Wer unbefugt sich oder einem anderen Zugang zu Daten, die nicht für ihn bestimmt und die gegen unberechtigten Zugang besonders gesichert sind, unter Überwindung der Zu-

gangssicherung verschafft, wird mit Freiheitsstrafe bis zu drei Jahren oder mit Geldstrafe bestraft.

(2) Daten im Sinne des Absatzes 1 sind nur solche, die elektronisch, magnetisch oder sonst nicht unmittelbar wahrnehmbar gespeichert sind oder übermittelt werden.

§ 202b – Abfangen von Daten

Wer unbefugt sich oder einem anderen unter Anwendung von technischen Mitteln nicht für ihn bestimmte Daten (§ 202a Abs. 2) aus einer nichtöffentlichen Datenübermittlung oder aus der elektromagnetischen Abstrahlung einer Datenverarbeitungsanlage verschafft, wird mit Freiheitsstrafe bis zu zwei Jahren oder mit Geldstrafe bestraft, wenn die Tat nicht in anderen Vorschriften mit schwererer Strafe bedroht ist.

§ 263a – Computerbetrug

(1) Wer in der Absicht, sich oder einem Dritten einen rechtswidrigen Vermögensvorteil zu verschaffen, das Vermögen eines anderen dadurch beschädigt, daß er das Ergebnis eines Datenverarbeitungsvorgangs durch unrichtige Gestaltung des Programms, durch Verwendung unrichtiger oder unvollständiger Daten, durch unbefugte Verwendung von Daten oder sonst durch unbefugte Einwirkung auf den Ablauf beeinflußt, wird mit Freiheitsstrafe bis zu fünf Jahren oder mit Geldstrafe bestraft.

(2) § 263 Abs. 2 bis 6 gilt entsprechend.

(3) Wer eine Straftat nach Absatz 1 vorbereitet, indem er Computerprogramme, deren Zweck die Begehung einer solchen Tat ist, herstellt, sich oder einem anderen verschafft, feilhält, verwahrt oder einem anderen überlässt, wird mit Freiheitsstrafe bis zu drei Jahren oder mit Geldstrafe bestraft.

(4) In den Fällen des Absatzes 3 gilt § 149 Abs. 2 und 3 entsprechend.

§ 266 – Untreue

(1) Wer die ihm durch Gesetz, behördlichen Auftrag oder Rechtsgeschäft eingeräumte Befugnis, über fremdes Vermögen zu verfügen oder einen anderen zu verpflichten, mißbraucht oder die ihm kraft Gesetzes, behördlichen Auftrags, Rechtsgeschäfts oder eines Treueverhältnisses obliegende Pflicht, fremde Vermögensinteressen wahrzunehmen, verletzt und dadurch dem, dessen Vermögensinteressen er zu betreuen hat, Nachteil zufügt, wird mit Freiheitsstrafe bis zu fünf Jahren oder mit Geldstrafe bestraft.

(2) § 243 Abs. 2 und die §§ 247, 248a und 263 Abs. 3 gelten entsprechend.

§ 303a – Datenveränderung

(1) Wer rechtswidrig Daten (§ 202a Abs. 2) löscht, unterdrückt, unbrauchbar macht oder verändert, wird mit Freiheitsstrafe bis zu zwei Jahren oder mit Geldstrafe bestraft.

(2) Der Versuch ist strafbar.

(3) Für die Vorbereitung einer Straftat nach Absatz 1 gilt § 202c entsprechend.

§ 303b – Computersabotage

(1) Wer eine Datenverarbeitung, die für einen anderen von wesentlicher Bedeutung ist, dadurch erheblich stört, dass er

1. eine Tat nach § 303a Abs. 1 begeht,

2. Daten (§ 202a Abs. 2) in der Absicht, einem anderen Nachteil zuzufügen, eingibt oder übermittelt oder

3. eine Datenverarbeitungsanlage oder einen Datenträger zerstört, beschädigt, unbrauchbar macht, beseitigt oder verändert,

wird mit Freiheitsstrafe bis zu drei Jahren oder mit Geldstrafe bestraft.

(2) Handelt es sich um eine Datenverarbeitung, die für einen fremden Betrieb, ein fremdes Unternehmen oder eine Behörde von wesentlicher Bedeutung ist, ist die Strafe Freiheitsstrafe bis zu fünf Jahren oder Geldstrafe.

(3) Der Versuch ist strafbar.

(4) In besonders schweren Fällen des Absatzes 2 ist die Strafe Freiheitsstrafe von sechs Monaten bis zu zehn Jahren. Ein besonders schwerer Fall liegt in der Regel vor, wenn der Täter

1. einen Vermögensverlust großen Ausmaßes herbeiführt,

2. gewerbsmäßig oder als Mitglied einer Bande handelt, die sich zur fortgesetzten Begehung von Computersabotage verbunden hat,

3. durch die Tat die Versorgung der Bevölkerung mit lebenswichtigen Gütern oder Dienstleistungen oder die Sicherheit der Bundesrepublik Deutschland beeinträchtigt.

(5) Für die Vorbereitung einer Straftat nach Absatz 1 gilt § 202c entsprechend.

XX. TKG – Telekommunikationsgesetz

§ 44 – Anspruch auf Schadensersatz und Unterlassung

(1) Ein Unternehmen, das gegen dieses Gesetz, eine auf Grund dieses Gesetzes erlassene Rechtsverordnung, eine auf Grund dieses Gesetzes in einer Zuteilung auferlegte Verpflichtung oder eine Verfügung der Bundesnetzagentur verstößt, ist dem Betroffenen zur Beseitigung und bei Wiederholungsgefahr zur Unterlassung verpflichtet. Der Anspruch besteht bereits dann, wenn eine Zuwiderhandlung droht. Betroffen ist, wer als Endverbraucher oder Wettbewerber durch den Verstoß beeinträchtigt ist. Fällt dem Unternehmen Vorsatz oder Fahrlässigkeit zur Last, ist es einem Endverbraucher oder einem Wettbewerber auch zum Ersatz des Schadens verpflichtet, der ihm aus dem Verstoß entstanden ist. Geldschulden nach Satz 4 hat das Unternehmen ab Eintritt des Schadens zu verzinsen. Die §§ 288 und 289 Satz 1 des Bürgerlichen Gesetzbuchs finden entsprechende Anwendung.

(2) Wer in anderer Weise als durch Verwendung oder Empfehlung von Allgemeinen Geschäftsbedingungen gegen Vorschriften dieses Gesetzes oder Vorschriften einer auf Grund dieses Gesetzes erlassenen Rechtsverordnung verstößt, die dem Schutz der Verbraucher dienen, kann im Interesse des Verbraucherschutzes von den in § 3 des Unterlassungsklagegesetzes genannten Stellen in Anspruch genommen werden. Werden die Zuwiderhandlungen in einem geschäftlichen Betrieb von einem Angestellten oder einem Beauftragten begangen, so ist der Unterlassungsanspruch auch gegen den Inhaber des Betriebes begründet. Im Übrigen bleibt das Unterlassungsklagegesetz unberührt.

§ 44a – Haftung

Soweit eine Verpflichtung des Anbieters von öffentlich zugänglichen Telekommunikationsdiensten zum Ersatz eines Vermögensschadens gegenüber einem Endnutzer besteht und nicht auf Vorsatz beruht, ist die Haftung auf höchstens 12 500 Euro je Endnutzer begrenzt. Entsteht die Schadenersatzpflicht durch eine einheitliche Handlung oder ein einheitliches Schaden verursachendes Ereignis gegenüber mehreren Endnutzern und beruht dies nicht auf Vorsatz, so ist die Schadenersatzpflicht unbeschadet der Begrenzung in Satz 1 in der Summe auf höchstens 10 Millionen Euro begrenzt. Übersteigen die Entschädigungen, die mehreren Geschädigten auf Grund desselben Ereignisses zu leisten sind, die Höchstgrenze, so wird der Schadenersatz in dem Verhältnis gekürzt, in dem die Summe aller Schadenersatzansprüche zur Höchstgrenze steht. Die Haftungsbegrenzung nach den Sätzen 1 bis 3 gilt nicht für Ansprüche auf Ersatz des Schadens, der durch den Verzug der Zahlung von Schadenersatz entsteht. Abweichend von den Sätzen 1 bis 3 kann die Höhe der Haftung gegenüber Endnutzern, die keine Verbraucher sind, durch einzelvertragliche Vereinbarung geregelt werden.

§ 109 – Technische Schutzmaßnahmen

(1) Jeder Diensteanbieter hat erforderliche technische Vorkehrungen und sonstige Maßnahmen zu treffen

1. zum Schutz des Fernmeldegeheimnisses und

2. gegen die Verletzung des Schutzes personenbezogener Daten.

Dabei ist der Stand der Technik zu berücksichtigen.

(2) Wer ein öffentliches Telekommunikationsnetz betreibt oder öffentlich zugängliche Telekommunikationsdienste erbringt, hat bei den hierfür betriebenen Telekommunikations- und Datenverarbeitungssystemen angemessene technische Vorkehrungen und sonstige Maßnahmen zu treffen

1. zum Schutz gegen Störungen, die zu erheblichen Beeinträchtigungen von Telekommunikationsnetzen und -diensten führen, auch soweit sie durch äußere Angriffe und Einwirkungen von Katastrophen bedingt sein können, und

2. zur Beherrschung der Risiken für die Sicherheit von Telekommunikationsnetzen und -diensten.

Insbesondere sind Maßnahmen zu treffen, um Telekommunikations- und Datenverarbeitungssysteme gegen unerlaubte Zugriffe zu sichern und Auswirkungen von Sicherheitsverletzungen für Nutzer oder für zusammengeschaltete Netze so gering wie möglich zu halten. Bei Maßnahmen nach Satz 2 ist der Stand der Technik zu berücksichtigen. Wer ein öffentliches Telekommunikationsnetz betreibt, hat Maßnahmen zu treffen, um den ordnungsgemäßen Betrieb seiner Netze zu gewährleisten und dadurch die fortlaufende Verfügbarkeit der über diese Netze erbrachten Dienste sicherzustellen. Technische Vorkehrungen und sonstige Schutzmaßnahmen sind angemessen, wenn der dafür erforderliche technische und wirtschaftliche Aufwand nicht außer Verhältnis zur Bedeutung der zu schützenden Telekommunikationsnetze oder -dienste steht. § 11 Absatz 1 des Bundesdatenschutzgesetzes gilt entsprechend.

(3) Bei gemeinsamer Nutzung eines Standortes oder technischer Einrichtungen hat jeder Beteiligte die Verpflichtungen nach den Absätzen 1 und 2 zu erfüllen, soweit bestimmte Verpflichtungen nicht einem bestimmten Beteiligten zugeordnet werden können.

(4) Wer ein öffentliches Telekommunikationsnetz betreibt oder öffentlich zugängliche Telekommunikationsdienste erbringt, hat einen Sicherheitsbeauftragten zu benennen und ein Sicherheitskonzept zu erstellen, aus dem hervorgeht,

1. welches öffentliche Telekommunikationsnetz betrieben und welche öffentlich zugänglichen Telekommunikationsdienste erbracht werden,

2. von welchen Gefährdungen auszugehen ist und

3. welche technischen Vorkehrungen oder sonstigen Schutzmaßnahmen zur Erfüllung der Verpflichtungen aus den Absätzen 1 und 2 getroffen oder geplant sind.

Wer ein öffentliches Telekommunikationsnetz betreibt, hat der Bundesnetzagentur das Sicherheitskonzept unverzüglich nach der Aufnahme des Netzbetriebs vorzulegen. Wer öffentlich zugängliche Telekommunikationsdienste erbringt, kann nach der Bereitstellung des Telekommunikationsdienstes von der Bundesnetzagentur verpflichtet werden, das Sicherheitskonzept vorzulegen. Mit dem Sicherheitskonzept ist eine Erklärung vorzulegen, dass die darin aufgezeigten technischen Vorkehrungen und sonstigen Schutzmaßnahmen umgesetzt sind oder unverzüglich umgesetzt werden. Stellt die Bundesnetzagentur im Sicherheitskonzept oder bei dessen Umsetzung Sicherheitsmängel fest, so kann sie deren unverzügliche Beseitigung verlangen. Sofern sich die dem Sicherheitskonzept zugrunde liegenden Gegebenheiten ändern, hat der nach Satz 2 oder 3 Verpflichtete das Konzept anzupassen und der Bundesnetzagentur unter Hinweis auf die Änderungen erneut vorzulegen. Die Bundesnetzagentur überprüft regelmäßig die Umsetzung des Sicherheitskonzepts. Die Überprüfung soll mindestens alle zwei Jahre erfolgen.

(5) Wer ein öffentliches Telekommunikationsnetz betreibt oder öffentlich zugängliche Telekommunikationsdienste erbringt, hat der Bundesnetzagentur und dem Bundesamt für Sicherheit in der Informationstechnik unverzüglich Beeinträchtigungen von Telekommunikationsnetzen und -diensten mitzuteilen, die

1. zu beträchtlichen Sicherheitsverletzungen führen oder

2. zu beträchtlichen Sicherheitsverletzungen führen können.

Dies schließt Störungen ein, die zu einer Einschränkung der Verfügbarkeit der über diese Netze erbrachten Dienste oder einem unerlaubten Zugriff auf Telekommunikations- und Datenverarbeitungssysteme der Nutzer führen können. Die Meldung muss Angaben zu der Störung sowie zu den technischen Rahmenbedingungen, insbesondere der vermuteten oder tatsächlichen Ursache und zu der betroffenen Informationstechnik enthalten. Kommt es zu einer beträchtlichen Sicherheitsverletzung, kann die Bundesnetzagentur einen detaillierten Bericht über die Sicherheitsverletzung und die ergriffenen Abhilfemaßnahmen verlangen. Erforderlichenfalls unterrichtet die Bundesnetzagentur die nationalen Regulierungsbehörden der anderen Mitgliedstaaten der Europäischen Union und die Europäische Agentur für Netz- und Informationssicherheit über die Sicherheitsverletzungen. Die Bundesnetzagentur kann die Öffentlichkeit unterrichten oder die nach Satz 1 Verpflichteten zu dieser Unterrichtung auffordern, wenn sie zu dem Schluss gelangt, dass die Bekanntgabe der Sicherheitsverletzung im öffentlichen Interesse liegt. § 8e des BSI-Gesetzes gilt entsprechend. Die Bundesnetzagentur legt der Europäischen Kommission, der Europäischen Agentur für Netz- und Informationssicherheit und dem Bundesamt für Sicherheit in der Informationstechnik einmal pro Jahr einen zusammenfassenden Bericht über die eingegangenen Meldungen und die ergriffenen Abhilfemaßnahmen vor.

(6) Die Bundesnetzagentur erstellt im Einvernehmen mit dem Bundesamt für Sicherheit in der Informationstechnik und dem Bundesbeauftragten für den Datenschutz und die Infor-

mationsfreiheit einen Katalog von Sicherheitsanforderungen für das Betreiben von Telekommunikations- und Datenverarbeitungssystemen sowie für die Verarbeitung personenbezogener Daten als Grundlage für das Sicherheitskonzept nach Absatz 4 und für die zu treffenden technischen Vorkehrungen und sonstigen Maßnahmen nach den Absätzen 1 und 2. Sie gibt den Herstellern, den Verbänden der Betreiber öffentlicher Telekommunikationsnetze und den Verbänden der Anbieter öffentlich zugänglicher Telekommunikationsdienste Gelegenheit zur Stellungnahme. Der Katalog wird von der Bundesnetzagentur veröffentlicht.

(7) Die Bundesnetzagentur kann anordnen, dass sich die Betreiber öffentlicher Telekommunikationsnetze oder die Anbieter öffentlich zugänglicher Telekommunikationsdienste einer Überprüfung durch eine qualifizierte unabhängige Stelle oder eine zuständige nationale Behörde unterziehen, in der festgestellt wird, ob die Anforderungen nach den Absätzen 1 bis 3 erfüllt sind. Der nach Satz 1 Verpflichtete hat eine Kopie des Überprüfungsberichts unverzüglich an die Bundesnetzagentur zu übermitteln. Er trägt die Kosten dieser Überprüfung.

(8) Über aufgedeckte Mängel bei der Erfüllung der Sicherheitsanforderungen in der Informationstechnik sowie die in diesem Zusammenhang von der Bundesnetzagentur geforderten Abhilfemaßnahmen unterrichtet die Bundesnetzagentur unverzüglich das Bundesamt für Sicherheit in der Informationstechnik.

§ 109a – Daten- und Informationssicherheit

(1) Wer öffentlich zugängliche Telekommunikationsdienste erbringt, hat im Fall einer Verletzung des Schutzes personenbezogener Daten unverzüglich die Bundesnetzagentur und den Bundesbeauftragten für den Datenschutz und die Informationsfreiheit von der Verletzung zu benachrichtigen. Ist anzunehmen, dass durch die Verletzung des Schutzes personenbezogener Daten Teilnehmer oder andere Personen schwerwiegend in ihren Rechten oder schutzwürdigen Interessen beeinträchtigt werden, hat der Anbieter des Telekommunikationsdienstes zusätzlich die Betroffenen unverzüglich von dieser Verletzung zu benachrichtigen. In Fällen, in denen in dem Sicherheitskonzept nachgewiesen wurde, dass die von der Verletzung betroffenen personenbezogenen Daten durch geeignete technische Vorkehrungen gesichert, insbesondere unter Anwendung eines als sicher anerkannten Verschlüsselungsverfahrens gespeichert wurden, ist eine Benachrichtigung nicht erforderlich. Unabhängig von Satz 3 kann die Bundesnetzagentur den Anbieter des Telekommunikationsdienstes unter Berücksichtigung der wahrscheinlichen nachteiligen Auswirkungen der Verletzung des Schutzes personenbezogener Daten zu einer Benachrichtigung der Betroffenen verpflichten. Im Übrigen gilt § 42a Satz 6 des Bundesdatenschutzgesetzes entsprechend.

(2) Die Benachrichtigung an die Betroffenen muss mindestens enthalten:

1. die Art der Verletzung des Schutzes personenbezogener Daten,

2. Angaben zu den Kontaktstellen, bei denen weitere Informationen erhältlich sind, und

3. Empfehlungen zu Maßnahmen, die mögliche nachteilige Auswirkungen der Verletzung des Schutzes personenbezogener Daten begrenzen.

In der Benachrichtigung an die Bundesnetzagentur und den Bundesbeauftragten für den Datenschutz und die Informationsfreiheit hat der Anbieter des Telekommunikationsdienstes zusätzlich zu den Angaben nach Satz 1 die Folgen der Verletzung des Schutzes personenbezogener Daten und die beabsichtigten oder ergriffenen Maßnahmen darzulegen.

(3) Die Anbieter der Telekommunikationsdienste haben ein Verzeichnis der Verletzungen des Schutzes personenbezogener Daten zu führen, das Angaben zu Folgendem enthält:

1. zu den Umständen der Verletzungen,

2. zu den Auswirkungen der Verletzungen und

3. zu den ergriffenen Abhilfemaßnahmen.

Diese Angaben müssen ausreichend sein, um der Bundesnetzagentur und dem Bundesbeauftragten für den Datenschutz und die Informationsfreiheit die Prüfung zu ermöglichen, ob die Bestimmungen der Absätze 1 und 2 eingehalten wurden. Das Verzeichnis enthält nur die zu diesem Zweck erforderlichen Informationen und muss nicht Verletzungen berücksichtigen, die mehr als fünf Jahre zurückliegen.

(4) Werden dem Diensteanbieter nach Absatz 1 Störungen bekannt, die von Datenverarbeitungssystemen der Nutzer ausgehen, so hat er die Nutzer, soweit ihm diese bereits bekannt sind, unverzüglich darüber zu benachrichtigen. Soweit technisch möglich und zumutbar, hat er die Nutzer auf angemessene, wirksame und zugängliche technische Mittel hinzuweisen, mit denen sie diese Störungen erkennen und beseitigen können. Der Diensteanbieter darf die Teile des Datenverkehrs von und zu einem Nutzer, von denen eine Störung ausgeht, umleiten, soweit dies erforderlich ist, um den Nutzer über die Störungen benachrichtigen zu können.

(5) Der Diensteanbieter darf im Falle einer Störung die Nutzung des Telekommunikationsdienstes bis zur Beendigung der Störung einschränken, umleiten oder unterbinden, soweit dies erforderlich ist, um die Beeinträchtigung der Telekommunikations- und Datenverarbeitungssysteme des Diensteanbieters, eines Nutzers im Sinne des Absatzes 4 oder anderer Nutzer zu beseitigen oder zu verhindern und der Nutzer die Störung nicht unverzüglich selbst beseitigt oder zu erwarten ist, dass der Nutzer die Störung selbst nicht unverzüglich beseitigt.

(6) Der Diensteanbieter darf den Datenverkehr zu Störungsquellen einschränken oder unterbinden, soweit dies zur Vermeidung von Störungen in den Telekommunikations-und Datenverarbeitungssystemen der Nutzer erforderlich ist.

(7) Vorbehaltlich technischer Durchführungsmaßnahmen der Europäischen Kommission nach Artikel 4 Absatz 5 der Richtlinie 2002/58/EG kann die Bundesnetzagentur Leitlinien vorgeben bezüglich des Formats, der Verfahrensweise und der Umstände, unter denen eine Benachrichtigung über eine Verletzung des Schutzes personenbezogener Daten erforderlich ist.

§ 113 – Manuelles Auskunftsverfahren

(1) Wer geschäftsmäßig Telekommunikationsdienste erbringt oder daran mitwirkt, darf nach Maßgabe des Absatzes 2 die nach den §§ 95 und 111 erhobenen Daten nach Maßgabe dieser Vorschrift zur Erfüllung von Auskunftspflichten gegenüber den in Absatz 3 genannten Stellen verwenden. Dies gilt auch für Daten, mittels derer der Zugriff auf Endgeräte oder auf Speichereinrichtungen, die in diesen Endgeräten oder hiervon räumlich getrennt eingesetzt werden, geschützt wird. Die in eine Auskunft aufzunehmenden Daten dürfen auch anhand einer zu einem bestimmten Zeitpunkt zugewiesenen Internetprotokoll-Adresse bestimmt werden; hierfür dürfen Verkehrsdaten auch automatisiert ausgewertet werden. Für die Auskunftserteilung nach Satz 3 sind sämtliche unternehmensinternen Datenquellen zu berücksichtigen.

(2) Die Auskunft darf nur erteilt werden, soweit eine in Absatz 3 genannte Stelle dies in Textform im Einzelfall zum Zweck der Verfolgung von Straftaten oder Ordnungswidrigkeiten, zur Abwehr von Gefahren für die öffentliche Sicherheit oder Ordnung oder für die Erfüllung der gesetzlichen Aufgaben der in Absatz 3 Nummer 3 genannten Stellen unter Angabe einer gesetzlichen Bestimmung verlangt, die ihr eine Erhebung der in Absatz 1 in Bezug genommenen Daten erlaubt; an andere öffentliche und nichtöffentliche Stellen dürfen Da-

ten nach Absatz 1 nicht übermittelt werden. Bei Gefahr im Verzug darf die Auskunft auch erteilt werden, wenn das Verlangen in anderer Form gestellt wird. In diesem Fall ist das Verlangen unverzüglich nachträglich in Textform zu bestätigen. Die Verantwortung für die Zulässigkeit des Auskunftsverlangens tragen die in Absatz 3 genannten Stellen.

(3) Stellen im Sinne des Absatzes 1 sind

1. die für die Verfolgung von Straftaten oder Ordnungswidrigkeiten zuständigen Behörden;

2. die für die Abwehr von Gefahren für die öffentliche Sicherheit oder Ordnung zuständigen Behörden;

3. die Verfassungsschutzbehörden des Bundes und der Länder, der Militärische Abschirmdienst und der Bundesnachrichtendienst.

(4) Derjenige, der geschäftsmäßig Telekommunikationsdienste erbringt oder daran mitwirkt, hat die zu beauskunftenden Daten unverzüglich und vollständig zu übermitteln. Über das Auskunftsersuchen und die Auskunftserteilung haben die Verpflichteten gegenüber den Betroffenen sowie Dritten Stillschweigen zu wahren.

(5) Wer geschäftsmäßig Telekommunikationsdienste erbringt oder daran mitwirkt, hat die in seinem Verantwortungsbereich für die Auskunftserteilung erforderlichen Vorkehrungen auf seine Kosten zu treffen. Wer mehr als 100 000 Kunden hat, hat für die Entgegennahme der Auskunftsverlangen sowie für die Erteilung der zugehörigen Auskünfte eine gesicherte elektronische Schnittstelle nach Maßgabe der Technischen Richtlinie nach § 110 Absatz 3 bereitzuhalten, durch die auch die gegen die Kenntnisnahme der Daten durch Unbefugte gesicherte Übertragung gewährleistet ist. Dabei ist dafür Sorge zu tragen, dass jedes Auskunftsverlangen durch eine verantwortliche Fachkraft auf Einhaltung der in Absatz 2 genannten formalen Voraussetzungen geprüft und die weitere Bearbeitung des Verlangens erst nach einem positiven Prüfergebnis freigegeben wird.

§ 149 – Bußgeldvorschriften

(1) Ordnungswidrig handelt, wer vorsätzlich oder fahrlässig

[…]

21. entgegen § 109 Absatz 4 Satz 2 oder Satz 6 ein Sicherheitskonzept nicht oder nicht rechtzeitig vorlegt,

21a. entgegen § 109 Absatz 5 Satz 1 Nummer 1 eine Mitteilung nicht, nicht richtig, nicht vollständig oder nicht rechtzeitig macht,

21b. entgegen § 109a Absatz 1 Satz 1 oder Satz 2 die Bundesnetzagentur, den Bundesbeauftragten für den Datenschutz und die Informationsfreiheit oder einen Betroffenen nicht, nicht richtig, nicht vollständig oder nicht rechtzeitig benachrichtigt,

21c. entgegen § 109a Absatz 3 Satz 1 das dort genannte Verzeichnis nicht, nicht richtig oder nicht vollständig führt,

[…]

(2) Die Ordnungswidrigkeit kann wie folgt geahndet werden:

1. in den Fällen des Absatzes 1 Nummer 4 Buchstabe a, Nummer 6, 10, 22, 27, 31 und 36 bis 40 und des Absatzes 1b Nummer 1 und 3 mit einer Geldbuße bis zu fünfhunderttausend Euro,

2. in den Fällen des Absatzes 1 Nummer 7a, 16 bis 17a, 18, 26, 29, 30a, 33 und 41 bis 43 mit einer Geldbuße bis zu dreihunderttausend Euro,

3. in den Fällen des Absatzes 1 Nummer 4 Buchstabe b, Nummer 7b bis 7d, 7g, 7h, 12 bis 13b, 13d bis 13o, 15, 17c, 19 bis 21, 21b, 30 und 44, des Absatzes 1a Nummer 1 bis 4 und des Absatzes 1b Nummer 2 mit einer Geldbuße bis zu hunderttausend Euro,

4. in den Fällen des Absatzes 1 Nummer 7, 8, 9, 11, 17b, 21a, 21c, 23 und 24 mit einer Geldbuße bis zu fünfzigtausend Euro und

5. in den übrigen Fällen der Absätze 1 bis 1b mit einer Geldbuße bis zu zehntausend Euro.

Die Geldbuße soll den wirtschaftlichen Vorteil, den der Täter aus der Ordnungswidrigkeit gezogen hat, übersteigen. Reichen die in Satz 1 genannten Beträge hierfür nicht aus, so können sie überschritten werden.

(3) Verwaltungsbehörde im Sinne des § 36 Abs. 1 Nr. 1 des Gesetzes über Ordnungswidrigkeiten ist die Bundesnetzagentur.

XXI. TMG – Telemediengesetz

§ 2 – Begriffsbestimmungen

Im Sinne dieses Gesetzes

1. ist Diensteanbieter jede natürliche oder juristische Person, die eigene oder fremde Telemedien zur Nutzung bereithält oder den Zugang zur Nutzung vermittelt; bei audiovisuellen Mediendiensten auf Abruf ist Diensteanbieter jede natürliche oder juristische Person, die die Auswahl und Gestaltung der angebotenen Inhalte wirksam kontrolliert,

2. ist niedergelassener Diensteanbieter jeder Anbieter, der mittels einer festen Einrichtung auf unbestimmte Zeit Telemedien geschäftsmäßig anbietet oder erbringt; der Standort der technischen Einrichtung allein begründet keine Niederlassung des Anbieters,

2a. ist drahtloses lokales Netzwerk ein Drahtloszugangssystem mit geringer Leistung und geringer Reichweite sowie mit geringem Störungsrisiko für weitere, von anderen Nutzern in unmittelbarer Nähe installierte Systeme dieser Art, welches nicht exklusive Grundfrequenzen nutzt,

3. ist Nutzer jede natürliche oder juristische Person, die Telemedien nutzt, insbesondere um Informationen zu erlangen oder zugänglich zu machen,

4. sind Verteildienste Telemedien, die im Wege einer Übertragung von Daten ohne individuelle Anforderung gleichzeitig für eine unbegrenzte Anzahl von Nutzern erbracht werden,

5. ist kommerzielle Kommunikation jede Form der Kommunikation, die der unmittelbaren oder mittelbaren Förderung des Absatzes von Waren, Dienstleistungen oder des Erscheinungsbilds eines Unternehmens, einer sonstigen Organisation oder einer natürlichen Person dient, die eine Tätigkeit im Handel, Gewerbe oder Handwerk oder einen freien Beruf ausübt; die Übermittlung der folgenden Angaben stellt als solche keine Form der kommerziellen Kommunikation dar:

a) Angaben, die unmittelbaren Zugang zur Tätigkeit des Unternehmens oder der Organisation oder Person ermöglichen, wie insbesondere ein Domain-Name oder eine Adresse der elektronischen Post,

b) Angaben in Bezug auf Waren und Dienstleistungen oder das Erscheinungsbild eines Unternehmens, einer Organisation oder Person, die unabhängig und insbesondere ohne finanzielle Gegenleistung gemacht werden.

6. sind „audiovisuelle Mediendienste auf Abruf" Telemedien mit Inhalten, die nach Form und Inhalt fernsehähnlich sind und die von einem Diensteanbieter zum individuellen Abruf zu einem vom Nutzer gewählten Zeitpunkt und aus einem vom Diensteanbieter festgelegten Inhaltekatalog bereitgestellt werden.

Einer juristischen Person steht eine Personengesellschaft gleich, die mit der Fähigkeit ausgestattet ist, Rechte zu erwerben und Verbindlichkeiten einzugehen.

§ 13 – Pflichten des Diensteanbieters

[…]

(7) Diensteanbieter haben, soweit dies technisch möglich und wirtschaftlich zumutbar ist, im Rahmen ihrer jeweiligen Verantwortlichkeit für geschäftsmäßig angebotene Telemedien durch technische und organisatorische Vorkehrungen sicherzustellen, dass

1. kein unerlaubter Zugriff auf die für ihre Telemedienangebote genutzten technischen Einrichtungen möglich ist und

2. diese

a) gegen Verletzungen des Schutzes personenbezogener Daten und

b) gegen Störungen, auch soweit sie durch äußere Angriffe bedingt sind,

gesichert sind. Vorkehrungen nach Satz 1 müssen den Stand der Technik berücksichtigen. Eine Maßnahme nach Satz 1 ist insbesondere die Anwendung eines als sicher anerkannten Verschlüsselungsverfahrens.

[…]

§ 14 – Bestandsdaten

[…]

(2) Auf Anordnung der zuständigen Stellen darf der Diensteanbieter im Einzelfall Auskunft über Bestandsdaten erteilen, soweit dies für Zwecke der Strafverfolgung, zur Gefahrenabwehr durch die Polizeibehörden der Länder, zur Erfüllung der gesetzlichen Aufgaben der Verfassungsschutzbehörden des Bundes und der Länder, des Bundesnachrichtendienstes oder des Militärischen Abschirmdienstes oder des Bundeskriminalamtes im Rahmen seiner Aufgabe zur Abwehr von Gefahren des internationalen Terrorismus oder zur Durchsetzung der Rechte am geistigen Eigentum erforderlich ist.

[…]

§ 15 – Nutzungsdaten

(1) Der Diensteanbieter darf personenbezogene Daten eines Nutzers nur erheben und verwenden, soweit dies erforderlich ist, um die Inanspruchnahme von Telemedien zu ermöglichen und abzurechnen (Nutzungsdaten). Nutzungsdaten sind insbesondere

1. Merkmale zur Identifikation des Nutzers,

2. Angaben über Beginn und Ende sowie des Umfangs der jeweiligen Nutzung und

3. Angaben über die vom Nutzer in Anspruch genommenen Telemedien.

(2) Der Diensteanbieter darf Nutzungsdaten eines Nutzers über die Inanspruchnahme verschiedener Telemedien zusammenführen, soweit dies für Abrechnungszwecke mit dem Nutzer erforderlich ist.

(3) Der Diensteanbieter darf für Zwecke der Werbung, der Marktforschung oder zur bedarfsgerechten Gestaltung der Telemedien Nutzungsprofile bei Verwendung von Pseudonymen erstellen, sofern der Nutzer dem nicht widerspricht. Der Diensteanbieter hat den Nutzer auf sein Widerspruchsrecht im Rahmen der Unterrichtung nach § 13 Abs. 1 hinzuweisen. Diese Nutzungsprofile dürfen nicht mit Daten über den Träger des Pseudonyms zusammengeführt werden.

(4) Der Diensteanbieter darf Nutzungsdaten über das Ende des Nutzungsvorgangs hinaus verwenden, soweit sie für Zwecke der Abrechnung mit dem Nutzer erforderlich sind (Abrechnungsdaten). Zur Erfüllung bestehender gesetzlicher, satzungsmäßiger oder vertraglicher Aufbewahrungsfristen darf der Diensteanbieter die Daten sperren.

(5) Der Diensteanbieter darf an andere Diensteanbieter oder Dritte Abrechnungsdaten übermitteln, soweit dies zur Ermittlung des Entgelts und zur Abrechnung mit dem Nutzer erforderlich ist. Hat der Diensteanbieter mit einem Dritten einen Vertrag über den Einzug des Entgelts geschlossen, so darf er diesem Dritten Abrechnungsdaten übermitteln, soweit es für diesen Zweck erforderlich ist. Zum Zwecke der Marktforschung anderer Diensteanbieter dürfen anonymisierte Nutzungsdaten übermittelt werden. § 14 Absatz 2 bis 5 findet entsprechende Anwendung.

(6) Die Abrechnung über die Inanspruchnahme von Telemedien darf Anbieter, Zeitpunkt, Dauer, Art, Inhalt und Häufigkeit bestimmter von einem Nutzer in Anspruch genommener Telemedien nicht erkennen lassen, es sei denn, der Nutzer verlangt einen Einzelnachweis.

(7) Der Diensteanbieter darf Abrechnungsdaten, die für die Erstellung von Einzelnachweisen über die Inanspruchnahme bestimmter Angebote auf Verlangen des Nutzers verarbeitet werden, höchstens bis zum Ablauf des sechsten Monats nach Versendung der Rechnung speichern. Werden gegen die Entgeltforderung innerhalb dieser Frist Einwendungen erhoben oder diese trotz Zahlungsaufforderung nicht beglichen, dürfen die Abrechnungsdaten weiter gespeichert werden, bis die Einwendungen abschließend geklärt sind oder die Entgeltforderung beglichen ist.

(8) Liegen dem Diensteanbieter zu dokumentierende tatsächliche Anhaltspunkte vor, dass seine Dienste von bestimmten Nutzern in der Absicht in Anspruch genommen werden, das Entgelt nicht oder nicht vollständig zu entrichten, darf er die personenbezogenen Daten dieser Nutzer über das Ende des Nutzungsvorgangs sowie die in Absatz 7 genannte Speicherfrist hinaus nur verwenden, soweit dies für Zwecke der Rechtsverfolgung erforderlich ist. Der Diensteanbieter hat die Daten unverzüglich zu löschen, wenn die Voraussetzungen nach Satz 1 nicht mehr vorliegen oder die Daten für die Rechtsverfolgung nicht mehr benötigt werden. Der betroffene Nutzer ist zu unterrichten, sobald dies ohne Gefährdung des mit der Maßnahme verfolgten Zweckes möglich ist.

§ 16 – Bußgeldvorschriften

(1) Ordnungswidrig handelt, wer absichtlich entgegen § 6 Abs. 2 Satz 1 den Absender oder den kommerziellen Charakter der Nachricht verschleiert oder verheimlicht.

(2) Ordnungswidrig handelt, wer vorsätzlich oder fahrlässig

1. entgegen § 5 Abs. 1 eine Information nicht, nicht richtig oder nicht vollständig verfügbar hält,

2. entgegen § 13 Abs. 1 Satz 1 oder 2 den Nutzer nicht, nicht richtig, nicht vollständig oder nicht rechtzeitig unterrichtet,

3. einer Vorschrift des § 13 Abs. 4 Satz 1 Nr. 1 bis 4 oder 5 oder Absatz 7 Satz 1 Nummer 1 oder Nummer 2 Buchstabe a über eine dort genannte Pflicht zur Sicherstellung zuwiderhandelt,

4. entgegen § 14 Abs. 1 oder § 15 Abs. 1 Satz 1 oder Abs. 8 Satz 1 oder 2 personenbezogene Daten erhebt oder verwendet oder nicht oder nicht rechtzeitig löscht oder

5. entgegen § 15 Abs. 3 Satz 3 ein Nutzungsprofil mit Daten über den Träger des Pseudonyms zusammenführt.

(3) Die Ordnungswidrigkeit kann mit einer Geldbuße bis zu fünfzigtausend Euro geahndet werden.

XXII. UWG – Gesetz gegen den unlauteren Wettbewerb

§ 3a – Rechtsbruch

Unlauter handelt, wer einer gesetzlichen Vorschrift zuwiderhandelt, die auch dazu bestimmt ist, im Interesse der Marktteilnehmer das Marktverhalten zu regeln, und der Verstoß geeignet ist, die Interessen von Verbrauchern, sonstigen Marktteilnehmern oder Mitbewerbern spürbar zu beeinträchtigen.

§ 17 – Verrat von Geschäfts- und Betriebsgeheimnissen

(1) Wer als eine bei einem Unternehmen beschäftigte Person ein Geschäfts- oder Betriebsgeheimnis, das ihr im Rahmen des Dienstverhältnisses anvertraut worden oder zugänglich geworden ist, während der Geltungsdauer des Dienstverhältnisses unbefugt an jemand zu Zwecken des Wettbewerbs, aus Eigennutz, zugunsten eines Dritten oder in der Absicht, dem Inhaber des Unternehmens Schaden zuzufügen, mitteilt, wird mit Freiheitsstrafe bis zu drei Jahren oder mit Geldstrafe bestraft.

(2) Ebenso wird bestraft, wer zu Zwecken des Wettbewerbs, aus Eigennutz, zugunsten eines Dritten oder in der Absicht, dem Inhaber des Unternehmens Schaden zuzufügen,

1. sich ein Geschäfts- oder Betriebsgeheimnis durch

   a) Anwendung technischer Mittel,

   b) Herstellung einer verkörperten Wiedergabe des Geheimnisses oder

   c) Wegnahme einer Sache, in der das Geheimnis verkörpert ist,

   unbefugt verschafft oder sichert oder

2. ein Geschäfts- oder Betriebsgeheimnis, das er durch eine der in Absatz 1 bezeichneten Mitteilungen oder durch eine eigene oder fremde Handlung nach Nummer 1 erlangt oder sich sonst unbefugt verschafft oder gesichert hat, unbefugt verwertet oder jemandem mitteilt.

(3) Der Versuch ist strafbar.

(4) In besonders schweren Fällen ist die Strafe Freiheitsstrafe bis zu fünf Jahren oder Geldstrafe. Ein besonders schwerer Fall liegt in der Regel vor, wenn der Täter

1. gewerbsmäßig handelt,

2. bei der Mitteilung weiß, dass das Geheimnis im Ausland verwertet werden soll, oder

3. eine Verwertung nach Absatz 2 Nummer 2 im Ausland selbst vornimmt.

(5) Die Tat wird nur auf Antrag verfolgt, es sei denn, dass die Strafverfolgungsbehörde wegen des besonderen öffentlichen Interesses an der Strafverfolgung ein Einschreiten von Amts wegen für geboten hält.

(6) § 5 Nummer 7 des Strafgesetzbuches gilt entsprechend.

§ 18 – Verwertung von Vorlagen

(1) Wer die ihm im geschäftlichen Verkehr anvertrauten Vorlagen oder Vorschriften technischer Art, insbesondere Zeichnungen, Modelle, Schablonen, Schnitte, Rezepte, zu Zwecken des Wettbewerbs oder aus Eigennutz unbefugt verwertet oder jemandem mitteilt, wird mit Freiheitsstrafe bis zu zwei Jahren oder mit Geldstrafe bestraft.

(2) Der Versuch ist strafbar.

(3) Die Tat wird nur auf Antrag verfolgt, es sei denn, dass die Strafverfolgungsbehörde wegen des besonderen öffentlichen Interesses an der Strafverfolgung ein Einschreiten von Amts wegen für geboten hält.

(4) § 5 Nummer 7 des Strafgesetzbuches gilt entsprechend.

§ 19 – Verleiten und Erbieten zum Verrat

(1) Wer zu Zwecken des Wettbewerbs oder aus Eigennutz jemanden zu bestimmen versucht, eine Straftat nach § 17 oder § 18 zu begehen oder zu einer solchen Straftat anzustiften, wird mit Freiheitsstrafe bis zu zwei Jahren oder mit Geldstrafe bestraft.

(2) Ebenso wird bestraft, wer zu Zwecken des Wettbewerbs oder aus Eigennutz sich bereit erklärt oder das Erbieten eines anderen annimmt oder mit einem anderen verabredet, eine Straftat nach § 17 oder § 18 zu begehen oder zu ihr anzustiften.

(3) § 31 des Strafgesetzbuches gilt entsprechend.

(4) Die Tat wird nur auf Antrag verfolgt, es sei denn, dass die Strafverfolgungsbehörde wegen des besonderen öffentlichen Interesses an der Strafverfolgung ein Einschreiten von Amts wegen für geboten hält.

(5) § 5 Nummer 7 des Strafgesetzbuches gilt entsprechend.

XXIII. VAG – Versicherungsaufsichtsgesetz

§ 26 – Risikomanagement

(1) Versicherungsunternehmen müssen über ein wirksames Risikomanagementsystem verfügen, das gut in die Organisationsstruktur und die Entscheidungsprozesse des Unternehmens integriert ist und dabei die Informationsbedürfnisse der Personen, die das Unternehmen tatsächlich leiten oder andere Schlüsselfunktionen innehaben, durch eine angemessene interne Berichterstattung gebührend berücksichtigt. Das Risikomanagementsystem muss die

Strategien, Prozesse und internen Meldeverfahren umfassen, die erforderlich sind, um Risiken, denen das Unternehmen tatsächlich oder möglicherweise ausgesetzt ist, zu identifizieren, zu bewerten, zu überwachen und zu steuern sowie aussagefähig über diese Risiken zu berichten. Es muss einzeln und auf aggregierter Basis eine kontinuierliche Risikosteuerung unter Berücksichtigung der zwischen den Risiken bestehenden Interdependenzen ermöglichen. Auf Verlangen der Aufsichtsbehörde haben die Versicherungsunternehmen einen Sanierungsplan (allgemeiner Sanierungsplan) aufzustellen. Der allgemeine Sanierungsplan muss Szenarien beschreiben, die zu einer Gefährdung des Unternehmens führen können, und darlegen, mit welchen Maßnahmen diesen begegnet werden soll.

(2) Zu den zu entwickelnden Strategien zählt insbesondere eine auf die Steuerung des Unternehmens abgestimmte Risikostrategie, die Art, Umfang und Komplexität des betriebenen Geschäfts und der mit ihm verbundenen Risiken berücksichtigt.

(3) Wenn Versicherungsunternehmen die Matching-Anpassung gemäß § 80 oder die Volatilitätsanpassung gemäß § 82 anwenden, erstellen sie einen Liquiditätsplan, der die eingehenden und ausgehenden Zahlungsströme in Bezug auf die Vermögenswerte und Verbindlichkeiten projiziert, die diesen Anpassungen unterliegen.

(4) Wird die Volatilitätsanpassung gemäß § 82 angewendet, umfassen die schriftlich festgelegten Leitlinien für das Risikomanagement gemäß § 23 Absatz 3 Leitlinien für die Kriterien zur Anwendung der Volatilitätsanpassung.

(5) Das Risikomanagementsystem hat sämtliche Risiken des Versicherungsunternehmens zu umfassen und insbesondere die folgenden Bereiche abzudecken:

1. die Zeichnung von Versicherungsrisiken und die Bildung von Rückstellungen,

2. das Aktiv-Passiv-Management,

3. die Kapitalanlagen, insbesondere Derivate und Instrumente von vergleichbarer Komplexität,

4. die Steuerung des Liquiditäts- und des Konzentrationsrisikos,

5. die Steuerung operationeller Risiken und

6. die Rückversicherung und andere Risikominderungstechniken.

Die innerbetrieblichen Leitlinien zum Risikomanagement müssen mindestens Vorgaben zu den genannten Bereichen machen.

(6) In Bezug auf das Kapitalanlagerisiko müssen Versicherungsunternehmen nachweisen, dass sie die Anforderungen des § 124 einhalten.

(7) In Bezug auf das Aktiv-Passiv-Management bewerten die Versicherungsunternehmen regelmäßig

1. die Sensitivität ihrer versicherungstechnischen Rückstellungen und anrechenbaren Eigenmittel in Bezug auf die Annahmen, die der Extrapolation der maßgeblichen risikofreien Zinskurve gemäß § 7 Nummer 21 zugrunde liegen;

2. wenn die Matching-Anpassung gemäß § 80 angewendet wird:

   a) die Sensitivität ihrer versicherungstechnischen Rückstellungen und anrechenbaren Eigenmittel in Bezug auf die Annahmen, die der Berechnung der Matching-Anpassung zugrunde liegen, einschließlich der Berechnung des grundlegenden Spreads gemäß § 81 Nummer 2, und die potenziellen Auswirkungen von Zwangsverkäufen von Vermögenswerten auf ihre anrechenbaren Eigenmittel;

b) die Sensitivität ihrer versicherungstechnischen Rückstellungen und anrechenbaren Eigenmittel in Bezug auf Änderungen der Zusammensetzung des zugeordneten Vermögensportfolios;

c) die Auswirkung einer Verringerung der Matching-Anpassung auf null;

3. wenn die Volatilitätsanpassung gemäß § 82 angewendet wird:

a) die Sensitivität ihrer versicherungstechnischen Rückstellungen und anrechenbaren Eigenmittel in Bezug auf die Annahmen, die der Berechnung der Volatilitätsanpassung zugrunde liegen, und die potenziellen Auswirkungen einer erzwungenen Veräußerung von Vermögenswerten auf ihre anrechenbaren Eigenmittel,

b) die Auswirkung einer Verringerung der Volatilitätsanpassung auf null.

Die Versicherungsunternehmen übermitteln die in Satz 1 genannten Bewertungen der Aufsichtsbehörde jährlich im Rahmen der gemäß § 43 zu übermittelnden Informationen. Falls eine Reduzierung der Matching-Anpassung oder der Volatilitätsanpassung auf null zur Nichteinhaltung der Solvabilitätskapitalanforderung führen würde, legt das Unternehmen darüber hinaus eine Analyse der Maßnahmen vor, die es in einer derartigen Situation anwenden könnte, um die anrechnungsfähigen Eigenmittel in der zur Einhaltung der Solvabilitätskapitalanforderung erforderlichen Höhe wieder aufzubringen oder das Risikoprofil zu senken, sodass die Einhaltung der Solvabilitätskapitalanforderung wiederhergestellt ist.

(8) Die Versicherungsunternehmen müssen eine unabhängige Risikocontrollingfunktion einrichten, die so strukturiert ist, dass sie die Umsetzung des Risikomanagementsystems maßgeblich befördert. Bei Versicherungsunternehmen, die ein internes Modell verwenden, hat die Risikocontrollingfunktion zusätzlich die Aufgabe, das interne Modell zu entwickeln, umzusetzen, zu testen, zu validieren und einschließlich späterer Änderungen zu dokumentieren. Darüber hinaus analysiert sie die Leistungsfähigkeit des internen Modells und berichtet dem Vorstand in zusammengefasster Form über diese Analyse, gibt ihm Anregungen zur Verbesserung des Modells und hält ihn über Korrekturmaßnahmen für festgestellte Schwächen oder Mängel auf dem Laufenden.

XXIV. WpHG – Wertpapierhandelsgesetz

§ 80 – Organisationspflichten; Verordnungsermächtigung

(1) Ein Wertpapierdienstleistungsunternehmen muss die organisatorischen Pflichten nach § 25a Absatz 1 und § 25e des Kreditwesengesetzes einhalten. 2Darüber hinaus muss es

1. angemessene Vorkehrungen treffen, um die Kontinuität und Regelmäßigkeit der Wertpapierdienstleistungen und Wertpapiernebendienstleistungen zu gewährleisten;

2. auf Dauer wirksame Vorkehrungen für angemessene Maßnahmen treffen, um Interessenkonflikte bei der Erbringung von Wertpapierdienstleistungen und Wertpapiernebendienstleistungen oder einer Kombination davon zwischen einerseits ihm selbst einschließlich seiner Geschäftsleitung, seiner Mitarbeiter, seiner vertraglich gebundenen Vermittler und der mit ihm direkt oder indirekt durch Kontrolle im Sinne des Artikels 4 Absatz 1 Nummer 37 der Verordnung (EU) Nr. 575/2013 verbundenen Personen und Unternehmen und andererseits seinen Kunden oder zwischen seinen Kunden untereinander zu erkennen und zu vermeiden oder zu regeln; dies umfasst auch solche Interessenkonflikte, die durch die An-

nahme von Zuwendungen Dritter sowie durch die eigene Vergütungsstruktur oder sonstige Anreizstrukturen des Wertpapierdienstleistungsunternehmens verursacht werden;

3. im Rahmen der Vorkehrungen nach Nummer 2 Grundsätze oder Ziele, die den Umsatz, das Volumen oder den Ertrag der im Rahmen der Anlageberatung empfohlenen Geschäfte unmittelbar oder mittelbar betreffen (Vertriebsvorgaben), derart ausgestalten, umsetzen und überwachen, dass Kundeninteressen nicht beeinträchtigt werden;

4. über solide Sicherheitsmechanismen verfügen, die die Sicherheit und Authentifizierung der Informationsübermittlungswege gewährleisten, das Risiko der Datenverfälschung und des unberechtigten Zugriffs minimieren und verhindern, dass Informationen bekannt werden, so dass die Vertraulichkeit der Daten jederzeit gewährleistet ist.

5. und 6. *(weggefallen)*

Nähere Bestimmungen zur Organisation der Wertpapierdienstleistungsunternehmen enthalten die Artikel 21 bis 26 der Delegierten Verordnung (EU) 2017/565.

(2) Ein Wertpapierdienstleistungsunternehmen muss zusätzlich die in diesem Absatz genannten Bestimmungen einhalten, wenn es in der Weise Handel mit Finanzinstrumenten betreibt, dass ein Computeralgorithmus die einzelnen Auftragsparameter automatisch bestimmt, ohne dass es sich um ein System handelt, das nur zur Weiterleitung von Aufträgen zu einem oder mehreren Handelsplätzen, zur Bearbeitung von Aufträgen ohne die Bestimmung von Auftragsparametern, zur Bestätigung von Aufträgen oder zur Nachhandelsbearbeitung ausgeführter Aufträge verwendet wird (algorithmischer Handel). Auftragsparameter im Sinne des Satzes 1 sind insbesondere Entscheidungen, ob der Auftrag eingeleitet werden soll, über Zeitpunkt, Preis oder Quantität des Auftrags oder wie der Auftrag nach seiner Einreichung mit eingeschränkter oder überhaupt keiner menschlichen Beteiligung bearbeitet wird. 3Ein Wertpapierdienstleistungsunternehmen, das algorithmischen Handel betreibt, muss über Systeme und Risikokontrollen verfügen, die sicherstellen, dass

1. seine Handelssysteme belastbar sind, über ausreichende Kapazitäten verfügen und angemessenen Handelsschwellen und Handelsobergrenzen unterliegen;

2. die Übermittlung von fehlerhaften Aufträgen oder eine Funktionsweise des Systems vermieden wird, durch die Störungen auf dem Markt verursacht oder ein Beitrag zu diesen geleistet werden könnten;

3. seine Handelssysteme nicht für einen Zweck verwendet werden können, der gegen die europäischen und nationalen Vorschriften gegen Marktmissbrauch oder die Vorschriften des Handelsplatzes verstößt, mit dem es verbunden ist.

Ein Wertpapierdienstleistungsunternehmen, das algorithmischen Handel betreibt, muss ferner über wirksame Notfallvorkehrungen verfügen, um mit unvorgesehenen Störungen in seinen Handelssystemen umzugehen, und sicherstellen, dass seine Systeme vollständig geprüft sind und ordnungsgemäß überwacht werden. 5Das Wertpapierdienstleistungsunternehmen zeigt der Bundesanstalt und den zuständigen Behörden des Handelsplatzes, dessen Mitglied oder Teilnehmer es ist, an, dass es algorithmischen Handel betreibt.

(3) Ein Wertpapierdienstleistungsunternehmen, das algorithmischen Handel im Sinne des Artikels 18 der Delegierten Verordnung (EU) 2017/565 betreibt, hat ausreichende Aufzeichnungen zu den in Absatz 2 genannten Angelegenheiten für mindestens fünf Jahre aufzubewahren. Nutzt das Wertpapierdienstleistungsunternehmen eine hochfrequente algorithmische Handelstechnik, müssen diese Aufzeichnungen insbesondere alle von ihm platzierten

Aufträge einschließlich Auftragsstornierungen, ausgeführten Aufträge und Kursnotierungen an Handelsplätzen umfassen und chronologisch geordnet aufbewahrt werden. Auf Verlangen der Bundesanstalt sind diese Aufzeichnungen herauszugeben.

(4) Betreibt ein Wertpapierdienstleistungsunternehmen algorithmischen Handel im Sinne des Absatzes 2 unter Verfolgung einer Market-Making-Strategie, hat es unter Berücksichtigung der Liquidität, des Umfangs und der Art des konkreten Marktes und der konkreten Merkmale des gehandelten Instruments

1. dieses Market-Making während eines festgelegten Teils der Handelszeiten des Handelsplatzes kontinuierlich zu betreiben, abgesehen von außergewöhnlichen Umständen, so dass der Handelsplatz regelmäßig und verlässlich mit Liquidität versorgt wird,

2. einen schriftlichen Vertrag mit dem Handelsplatz zu schließen, in dem zumindest die Verpflichtungen nach Nummer 1 festgelegt werden, sofern es nicht den Vorschriften des § 26c des Börsengesetzes unterliegt, und

3. über wirksame Systeme und Kontrollen zu verfügen, durch die gewährleistet wird, dass es jederzeit diesen Verpflichtungen nachkommt.

(5) Ein Wertpapierdienstleistungsunternehmen, das algorithmischen Handel betreibt, verfolgt eine Market-Making-Strategie im Sinne des Absatzes 4, wenn es Mitglied oder Teilnehmer eines oder mehrerer Handelsplätze ist und seine Strategie beim Handel auf eigene Rechnung beinhaltet, dass es in Bezug auf ein oder mehrere Finanzinstrumente an einem einzelnen Handelsplatz oder an verschiedenen Handelsplätzen feste, zeitgleiche Geld- und Briefkurse vergleichbarer Höhe zu wettbewerbsfähigen Preisen stellt.

(6) Ein Wertpapierdienstleistungsunternehmen muss bei einer Auslagerung von Aktivitäten und Prozessen sowie von Finanzdienstleistungen die Anforderungen nach § 25b des Kreditwesengesetzes einhalten. Die Auslagerung darf nicht die Rechtsverhältnisse des Unternehmens zu seinen Kunden und seine Pflichten, die nach diesem Abschnitt gegenüber den Kunden bestehen, verändern. Die Auslagerung darf die Voraussetzungen, unter denen dem Wertpapierdienstleistungsunternehmen eine Erlaubnis nach § 32 des Kreditwesengesetzes erteilt worden ist, nicht verändern. Nähere Bestimmungen zu den Anforderungen an die Auslagerung ergeben sich aus den Artikeln 30 bis 32 der Delegierten Verordnung (EU) 2017/565.

(7) Ein Wertpapierdienstleistungsunternehmen darf die Anlageberatung nur dann als Unabhängige Honorar-Anlageberatung erbringen, wenn es ausschließlich Unabhängige Honorar-Anlageberatung erbringt oder wenn es die Unabhängige Honorar-Anlageberatung organisatorisch, funktional und personell von der übrigen Anlageberatung trennt. Wertpapierdienstleistungsunternehmen müssen Vertriebsvorgaben im Sinne des Absatzes 1 Nummer 3 für die Unabhängige Honorar-Anlageberatung so ausgestalten, dass in keinem Falle Interessenkonflikte mit Kundeninteressen entstehen können. Ein Wertpapierdienstleistungsunternehmen, das Unabhängige Honorar-Anlageberatung erbringt, muss auf seiner Internetseite angeben, ob die Unabhängige Honorar-Anlageberatung in der Hauptniederlassung und in welchen inländischen Zweigniederlassungen angeboten wird.

(8) Ein Wertpapierdienstleistungsunternehmen, das Finanzportfolioverwaltung oder Unabhängige Honorar-Anlageberatung erbringt, muss durch entsprechende Grundsätze sicherstellen, dass alle monetären Zuwendungen, die im Zusammenhang mit der Finanzportfolioverwaltung oder Unabhängigen Honorar-Anlageberatung von Dritten oder von für Dritte handelnden Personen angenommen werden, dem jeweiligen Kunden zugewiesen und an diesen weitergegeben werden.

(9) Ein Wertpapierdienstleistungsunternehmen, das Finanzinstrumente zum Verkauf konzipiert, hat ein Verfahren für die Freigabe jedes einzelnen Finanzinstruments und jeder wesentlichen Anpassung bestehender Finanzinstrumente zu unterhalten, zu betreiben und zu überprüfen, bevor das Finanzinstrument an Kunden vermarktet oder vertrieben wird (Produktfreigabeverfahren). Das Verfahren muss sicherstellen, dass für jedes Finanzinstrument für Endkunden innerhalb der jeweiligen Kundengattung ein bestimmter Zielmarkt festgelegt wird. Dabei sind alle einschlägigen Risiken für den Zielmarkt zu bewerten. Darüber hinaus ist sicherzustellen, dass die beabsichtigte Vertriebsstrategie dem nach Satz 2 bestimmten Zielmarkt entspricht.

(10) Ein Wertpapierdienstleistungsunternehmen hat von ihm angebotene oder vermarktete Finanzinstrumente regelmäßig zu überprüfen und dabei alle Ereignisse zu berücksichtigen, die wesentlichen Einfluss auf das potentielle Risiko für den bestimmten Zielmarkt haben könnten. Zumindest ist regelmäßig zu beurteilen, ob das Finanzinstrument den Bedürfnissen des nach Absatz 9 Satz 2 bestimmten Zielmarkts weiterhin entspricht und ob die beabsichtigte Vertriebsstrategie zur Erreichung dieses Zielmarkts weiterhin geeignet ist.

(11) Ein Wertpapierdienstleistungsunternehmen, das Finanzinstrumente konzipiert, hat allen Vertriebsunternehmen sämtliche erforderlichen und sachdienlichen Informationen zu dem Finanzinstrument und dem Produktfreigabeverfahren nach Absatz 9 Satz 1, einschließlich des nach Absatz 9 Satz 2 bestimmten Zielmarkts, zur Verfügung zu stellen. Vertreibt ein Wertpapierdienstleistungsunternehmen Finanzinstrumente oder empfiehlt es diese, ohne sie zu konzipieren, muss es über angemessene Vorkehrungen verfügen, um sich die in Satz 1 genannten Informationen vom konzipierenden Wertpapierdienstleistungsunternehmen oder vom Emittenten zu verschaffen und die Merkmale sowie den Zielmarkt des Finanzinstruments zu verstehen.

(12) Ein Wertpapierdienstleistungsunternehmen, das Finanzinstrumente anzubieten oder zu empfehlen beabsichtigt und das von einem anderen Wertpapierdienstleistungsunternehmen konzipierte Finanzinstrumente vertreibt, hat geeignete Verfahren aufrechtzuerhalten und Maßnahmen zu treffen, um sicherzustellen, dass die Anforderungen nach diesem Gesetz eingehalten werden. Dies umfasst auch solche Anforderungen, die für die Offenlegung, für die Bewertung der Eignung und der Angemessenheit, für Anreize und für den ordnungsgemäßen Umgang mit Interessenkonflikten gelten. Das Wertpapierdienstleistungsunternehmen ist zu besonderer Sorgfalt verpflichtet, wenn es als Vertriebsunternehmen ein neues Finanzprodukt anzubieten oder zu empfehlen beabsichtigt oder wenn sich die Dienstleistungen ändern, die es als Vertriebsunternehmen anzubieten oder zu empfehlen beabsichtigt.

(13) Das Wertpapierdienstleistungsunternehmen hat seine Produktfreigabevorkehrungen regelmäßig zu überprüfen, um sicherzustellen, dass diese belastbar und zweckmäßig sind und zur Umsetzung erforderlicher Änderungen geeignete Maßnahmen zu treffen. Es hat sicherzustellen, dass seine gemäß Artikel 22 Absatz 2 der Delegierten Verordnung (EU) 2017/565 eingerichtete Compliance-Funktion die Entwicklung und regelmäßige Überprüfung der Produktfreigabevorkehrungen überwacht und etwaige Risiken, dass Anforderungen an den Produktüberwachungsprozess nicht erfüllt werden, frühzeitig erkennt.

(14) Das Bundesministerium der Finanzen kann durch Rechtsverordnung, die nicht der Zustimmung des Bundesrates bedarf, nähere Bestimmungen zur Anwendung der Delegierten Verordnung (EU) 2017/565 sowie zur Umsetzung der Delegierten Richtlinie (EU) 2017/593 der Kommission vom 7. April 2016 zur Ergänzung der Richtlinie 2014/65/EU des Europäischen Parlaments und des Rates im Hinblick auf den Schutz der Finanzinstrumente und Gelder von Kunden, Produktüberwachungspflichten und Vorschriften für die Entrichtung

beziehungsweise Gewährung oder Entgegennahme von Gebühren, Provisionen oder anderen monetären oder nicht-monetären Vorteilen (ABl L 87 vom 31.3.2017, S. 500), in der jeweils geltenden Fassung, und den organisatorischen Anforderungen nach Absatz 1 Satz 2 und Absatz 7, den Anforderungen an das Produktfreigabeverfahren und den Produktvertrieb nach Absatz 9 und das Überprüfungsverfahren nach Absatz 10 sowie den nach Absatz 11 zur Verfügung zu stellenden Informationen und damit zusammenhängenden Pflichten der Wertpapierdienstleistungsunternehmen erlassen. Das Bundesministerium der Finanzen kann die Ermächtigung durch Rechtsverordnung auf die Bundesanstalt übertragen.

Stichwortverzeichnis

Die angegebenen Zahlen verweisen auf die Randzahlen im Text.